Jean-Louis Crémieux-Brilhac

La France Libre

De l'appel du 18 Juin à la Libération

TOME II

Nouvelle édition revue et augmentée

Gallimard

L'ouvrage de Jean-Louis Crémieux-Brilhac, initialement publié en un volume, paraît en deux tomes dans la collection Folio histoire (nᵒˢ 105 et 106). Chaque tome comporte ses notes en fin de volume, ainsi qu'une liste des abréviations et un sommaire général de l'ouvrage.

Le lecteur trouvera la bibliographie générale ainsi que l'index général à la fin du deuxième tome.

Jean-Louis Crémieux-Brilhac est à vingt ans mobilisé et prisonnier en Poméranie ; il s'évade pour rejoindre de Gaulle à Londres et y devenir secrétaire du Comité de propagande et chef du service de diffusion clandestine de la France Libre. Cinquante ans plus tard, après une carrière de haut fonctionnaire et de conseiller d'État, il revient sur ce qui a été la grande affaire de sa vie pour tenter, en historien, une lecture dépassionnée du vécu. Il est également l'auteur de la monumentale étude, *Les Français de l'an 40* (deux volumes, Gallimard, 1990).

SOMMAIRE

TOME I

TOME II

ANNEXES

IV

LA RÉPUBLIQUE FRANÇAISE D'ALGER

(1943-1944)

Un seul combat pour une seule patrie !

GÉNÉRAL DE GAULLE.

Alger : le pouvoir bicéphale

Alger de la méfiance et de l'autosatisfaction, Alger
foyer d'intrigues, des hauts fonctionnaires hostiles et
de la bourgeoisie pétainiste où tout papote et com-
plote dans une lourdeur estivale : telle sera la première
impression des Français Libres. Ils n'aimeront jamais
l'Alger de la guerre.

Retour en terre française

De Gaulle y débarque d'un avion à croix de Lorraine
à la fin de la matinée du 30 mai 1943. Il fait dans la
ville une entrée que les autorités d'accueil ont voulue
discrète. Avec lui, deux commissaires nationaux, Massigli et Philip, et ses deux proches collaborateurs,
Palewski, le conseiller politique, et Billotte, le cerveau
militaire. Schumann, le porte-parole, et Closon, récemment rentré d'une mission auprès de Jean Moulin,
sont là depuis la veille.

Du déjeuner d'apparat servi chez Giraud, au Palais
d'Été, on retiendra ce qu'en rappelle de Gaulle[1] :

> D'un côté tout, de l'autre rien [...]. Je n'ai dans ce pays
> ni troupes, ni gendarmes, ni fonctionnaires, ni compte en
> banque, ni moyens propres de me faire entendre [...].
> Pourtant chacun, au fond de lui-même, sait comment
> finira le débat.

Diagnostic que quarante-huit heures suffisent à confirmer. Les immenses moyens dont dispose Giraud
sont plus fragiles que ne le croit Roosevelt, les faibles
moyens de De Gaulle s'accroîtront d'heure en heure.
L'honnête Giraud, malgré son prestige auprès des
cadres et le soutien américain, sera toujours un solitaire têtu sans réflexion ni réflexes, égaré en politique
dès lors que Jean Monnet prend ses distances. De
Gaulle a pour lui l'ascendant dû autant à sa légende
qu'à son talent, une rigueur de doctrine à quoi Giraud
n'a rien à opposer, et des équipes. Il en joue avec une
promptitude — ses adversaires diront une arrogance
— qui lui vaudra avantage sur avantage : jamais
depuis l'ascension de Staline une lutte pour le pouvoir
n'aura été menée avec une telle impétuosité. Mais
l'enjeu est de donner un gouvernement à la France en
guerre.

L'opinion publique s'exprime dès l'après-midi du
30 mai sur l'immense place de la Poste, cœur de la
ville française, lorsqu'il va déposer une gerbe à croix
de Lorraine au monument aux morts. Le mouvement
Combat a alerté les sympathisants. La foule, dit-on, est
immense : en fait, cinq à dix mille personnes ; mais
pas seulement des partisans. En six mois, le petit peuple ultra-pétainiste d'Alger est entré dans la guerre : les
Allemands tenaient la Tunisie, les familles ont subi la
mobilisation et les restrictions. Et il y a les curieux.
L'effusion patriotique est spontanée, sans rien d'hostile à Giraud. De Gaulle gravit les escaliers qui dominent la place, il apparaît au sommet de la levée de
terre où s'élève le monument. Après le dépôt de gerbe,
une minute de silence. Il se retourne… Les acclamations montent en rafales. Pour la première fois devant
une foule, il lève les bras en signe de « V » et il
entonne *La Marseillaise* ; la place entière chante. Les
notables et les colons ne se rallieront jamais, mais la

rue l'adopte : en peu de jours, le « plébiscite d'Alger »
préfigurera le « plébiscite de Bayeux ».

De retour à sa résidence, de Gaulle y trouve un message étonnant ; il émane du général Vuillemin : l'ancien
chef d'état-major général de l'armée de l'air de 1940 lui
demande à prendre le commandement d'une escadrille, avec le grade correspondant. Vuillemin n'est pas
un grand esprit, mais il a été un grand aviateur et un
patriote sans défaillance. Il se retrouvera lieutenant-
colonel[2]. Dans son geste, de Gaulle voit un grand symbole : « Ici comme ailleurs, le sentiment national a
choisi[3]. »

La difficile naissance du C.F.L.N. bicéphale

Et c'est le lendemain matin la première réunion de
travail. De Gaulle est assisté de Massigli et de Philip ;
Giraud est flanqué de Monnet et d'un assesseur imprévu, le général Georges, coadjuteur de Gamelin sur
le front de 1939-1940 : vieil ami de Churchill, celui-ci
vient de le faire sortir clandestinement de France. Giraud a accepté Catroux en surnombre.

On convient que les sept présents formeront le noyau
du Comité national de la France en guerre, mais de
Gaulle pose deux conditions préalables : que le Comité
ait le rôle d'un gouvernement auquel le commandement militaire devra être subordonné et que soient éliminés les féodaux hérités de Vichy ou ayant fait tirer
sur les alliés, c'est-à-dire les trois chefs de territoire
Peyrouton, Noguès et Boisson, et les quatre officiers
généraux qui incarnent le maréchalisme militant, Bergeret, Prioux, Mendigal et Michelier[4].

Giraud se refuse à tout et Georges l'appuie en tout.
Ce vieux chef n'a jamais renié la tradition républicaine,
mais il tient au respect des hiérarchies, il a approuvé
l'armistice de juin 1940 et il ne comprend pas mieux

l'esprit de la France Libre que celui des mouvements de résistance. De Gaulle l'a apostrophé lors du déjeuner de la veille[5] : « Le 18 juin, je me suis assis sur la défaite, aujourd'hui, je m'assieds à côté. » Chaque ligne de ses carnets montre l'abîme qui les sépare[6] :

> Violente discussion. M. Philip parle au nom de la « France »... De Gaulle se pose en homme d'État. Je leur conteste cette qualité. La France ? ils ne la connaissent plus. Leurs organisations (?), je sais ce qu'elles valent [...] : désordre, jalousies, rivalités, dénonciations, composition connue de la police, effectifs de militants absurdement exagérés. Il n'y a qu'une France — et pas de Pétainistes, de Gaullistes, de Giraudistes. Tous unis sur notre sentiment de haine de l'ennemi. C'est ce qu'il faut réaliser.
> On se sépare à midi sans avoir réussi à former le Comité. Sortie grotesque et discourtoise de M. de Gaulle.

Le fait est que de Gaulle, excédé, a ramassé ses papiers et est sorti en claquant la porte[7].

Le 1er juin, il reçoit les journalistes à la villa des Glycines où il siégera jusqu'à son retour en France, « une grande villa de petite banlieue » réquisitionnée d'où la vue plonge sur la ville blanche et la rade[8]. « Le succès de curiosité est prodigieux », note Bret, directeur de l'agence France-Afrique[9] :

> L'étonnante présence du chef, sa stature, sa voix autoritaire concourent à confondre légende et réalité. Il confirme de manière brève et tranchante sa position immuable : pouvoir central souverain établi en accord avec la masse de l'opinion.
> Au Palais d'Été et au Fromentin[10], l'indignation des méthodes publicitaires gaullistes se nuance de lassitude.
> — Giraud est dans les griffes de l'aigle, me dit Lemaigre-Dubreuil.

Dans la nuit, un incident tragi-comique met le feu aux poudres. À 23 heures, le gouverneur général de l'Algérie Peyrouton, flairant le vent, fait parvenir sa démission au général de Gaulle, « président du Comité exécutif ». Il a été secrétaire d'État à l'Intérieur de Vichy d'août 1940 à février 1941 et il espère qu'on lui saura gré d'avoir fait arrêter Laval à Vichy lors de la révolution de palais du 13 décembre 1940. Dans la demi-heure, il a la réponse : de Gaulle lui ordonne de se considérer comme mobilisé à l'armée du Levant et de laisser ses fonctions à son secrétaire général. À minuit, Palewski distribue l'échange de lettres à la presse. À minuit et demi, la radio américaine d'Alger, dont les journalistes sont des libéraux ardemment antivichystes, annonce la nouvelle et la commente :

> La démission de M. Peyrouton signifie que le nettoyage de l'Afrique du Nord a commencé. Ce nettoyage va-t-il continuer ? Il semble qu'une époque nouvelle commence : de Gaulle a vaincu Pétain *(sic)* ; la France Libre a triomphé de la France de Vichy.

Vers une heure et demie du matin, Palewski fait porter les lettres à Giraud « pour information ». Entretemps, Peyrouton, qui tenait son poste de Giraud, s'est avisé de lui adresser aussi sa démission et il reçoit de lui l'ordre de rester sur place pour assurer les affaires courantes. Mais la démission est acquise. La presse alliée en daubera.

Giraud, piqué au vif, n'imagine rien de mieux que de charger l'amiral Muselier du maintien de l'ordre à Alger et dans un rayon de quatre-vingts kilomètres, puis, poussé par Labarthe, il envoie à de Gaulle une missive incendiaire l'accusant de visées de type nazi et dénonçant son « B.C.R.A. Gestapo » et lui demandant de « désavouer ces projets et d'écarter leurs auteurs[11] ».

Pendant vingt-quatre heures, Alger vit dans la fièvre. De part et d'autre, on craint un putsch. Un putsch de De Gaulle ? Un putsch contre de Gaulle ? La rumeur court que trois mille permissionnaires de la division

Larminat seraient dissimulés autour d'Alger. Muselier
est résolu, pour sa part, « à mettre de Gaulle hors d'état
de nuire[12] » ; il consigne les troupes, appelle des régiments sûrs (dont le 5e régiment de chasseurs d'Afrique,
que les gaullistes appelleront le « 5e nazi » avant qu'il
ne se couvre de gloire en Italie), fait circuler des blindés dans la ville et bloque les aérodromes. On assure
qu'il a dicté un mandat d'amener contre de Gaulle[13].
Aux « Glycines », certains n'en mènent pas large[14] : le
Général a pour seule protection douze spahis. Mais
Billotte reçoit du colonel Van Hecke, un des conjurés
du 8 novembre, acquis de longue date à la France Libre
et auquel on promet les étoiles, l'assurance qu'il ne
marchera pas contre les gaullistes. De Gaulle aura, de
son côté, confirmation dans les quarante-huit heures
que l'homme fort de l'armée, son condisciple de Saint-
Cyr, le général Juin, auquel il assurera de grands commandements, ne se compromettra pas pour Giraud[15].

Péripéties de bon ou de mauvais aloi n'empêchent
pas les deux généraux de se retrouver le 3 juin au matin.
Monnet et Philip s'évertuent à faire taire les griefs. On
s'accorde cette fois pour constituer l'exécutif commun
avec les sept présents. Giraud ne subordonne plus
l'avenir français au maintien des proconsuls vichystes :
Peyrouton ayant démissionné et Noguès, le résident au
Maroc, offrant de se retirer, il s'accroche au maintien
du seul Boisson à Dakar. Les deux chefs peuvent signer
l'ordonnance et la déclaration qui instituent, sous leur
double présidence, le Comité français de la libération
nationale ou C.F.L.N. :

> Le Comité dirige l'effort français dans la guerre sous
> toutes ses formes et en tous lieux […]. Il exerce la souve-
> raineté française […].

Le C.F.L.N. s'engage à rétablir les libertés françaises
et à appliquer les lois de la République jusqu'à ce qu'il

ait pu remettre ses pouvoirs au futur gouvernement de la nation. Giraud et de Gaulle se donnent l'accolade.

Le surlendemain, les sept s'élargissent à quatorze et répartissent les tâches. Catroux et Georges sont commissaires d'État, titre que Catroux cumule avec le gouvernement général de l'Algérie, Massigli est aux Affaires étrangères, Philip à l'Intérieur, Monnet à l'Armement. Quatre des nouvelles recrues sont proposées par de Gaulle, Pleven (Colonies), Diethelm (Économie), Tixier (Travail) et Henri Bonnet (Information) ; trois par Giraud, le docteur Abadie (Justice), l'inspecteur des finances Couve de Murville (Finances) et l'ancien maître des requêtes et administrateur de sociétés René Mayer (Transports).

L'équipe est compétente. Les commissaires sont pour la plupart dépourvus d'esprit de clan et veulent sincèrement l'union. Mais déjà l'élargissement du Comité avantage de Gaulle. Ses candidats ont les ministères politiques ; le maintien de Philip à l'Intérieur lui assure un atout dont l'autre camp ne s'avisera qu'à retardement : il reste maître de l'action en France et de l'armée secrète. Georges Boris, qui dirige les services de « l'Intérieur » à Londres, ne s'y trompe pas : « Nous gardons la Résistance ! » On télégraphie à Jean Moulin qu'il est confirmé dans ses fonctions[16].

Pouvoir civil et pouvoir militaire : la crise de juin 1943

De Gaulle engage sans plus tarder ce qu'il appellera « la manche suivante[17] ». Qu'il veuille faire basculer la dyarchie à son profit, nul ne peut en douter ; mais, cette fois encore, de solides raisons de principe justifient son offensive. Car Giraud dispose, en tant que « commandant en chef », d'un immense domaine réservé échappant à tout droit de regard du C.F.L.N. et sur lequel il exerce les prérogatives non seulement d'un commandant des forces armées, mais d'un ministre de la Défense, sinon même d'un chef de gouvernement. Comme l'écrit Jean Monnet,

> la raison eût voulu que Giraud cessât de cumuler ses pouvoirs civils et l'ensemble des pouvoirs militaires. De Gaulle était fondé à rappeler le principe de cette séparation[18].

La rudesse avec laquelle il procède, huit jours seulement après la naissance du premier gouvernement de la République française restaurée, ouvre une crise auprès de laquelle les frictions précédentes sont des escarmouches et qui va mobiliser et Churchill et Roosevelt.

Le 8 juin, il demande au Comité de reconnaître l'incompatibilité entre les fonctions de « commandant en chef effectif » et celles de président ; le pouvoir militaire doit être subordonné au pouvoir civil ; Giraud, s'il optait pour la fonction de commandant en chef effectif, devrait prendre dès que possible un commandement en campagne et cesser par là même de faire partie du gouvernement. Tant qu'il cumule les fonctions, un commissaire à la Défense ou un comité présidé par de Gaulle devrait superviser l'organisation militaire et la réforme de l'armée.

Giraud ne veut rien entendre. L'armée est sa chose ; Georges le soutient ; l'appui américain renforce son intransigeance.

De Gaulle applique pour la deuxième fois sa tactique familière, la rupture : il avise par lettre chacun des membres du C.F.L.N. qu'il « refuse de s'associer plus longtemps aux travaux du Comité tel qu'il fonctionne » et les prie de ne plus l'en considérer « ni comme membre, ni comme président[19] ». Pendant ce temps, les désertions dans l'armée d'Afrique se poursuivent ; Billotte les encourage des « Glycines »[20]. Les évadés de France,

Soixante-quinzième année. — N° 1.   Le Numéro: 2 francs.   Jeudi 10 Juin 1943.

JOURNAL OFFICIEL
DE LA RÉPUBLIQUE FRANÇAISE

CONDITIONS D'ABONNEMENT		UN AN	SIX MOIS	LE NUMÉRO (1)
Prix de l'abonnement............................		300 fr.	175 fr.	4 fr.

Pour les abonnements, pour la vente au numéro et pour la publicité, s'adresser à l'AGENCE HAVAS, 57, rue d'Isly, Alger (Chèque postal : 7.80).
Réclamations. — Adresser les réclamations à l' « Imprimerie officielle du Gouvernement général de l'Algérie », 7 et 9, rue Trollier, Alger. (Joindre la dernière bande.)

(1) Frais de poste en sus: 0 fr. 50 par exemplaire.

Changement d'adresse: 1 fr. 50.

SOMMAIRE

ORDONNANCES

Ordonnance du 3 juin 1943 portant institution du Comité français de la libération nationale.

Le général Giraud, agissant en vertu de la déclaration et des ordonnances du 14 mars 1943,

Le général de Gaulle, agissant en vertu du mandat à lui délivré le 25 mai 1943 par le Comité national français,

Considérant que, du fait de l'occupation du territoire français par l'ennemi, l'exercice de la souveraineté du peuple français, fondement de tout pouvoir légal, est suspendu;

Que le Comité national français et le commandement en chef civil et militaire ont décidé d'unifier leur action pour assurer la direction de l'effort français dans la guerre, la défense des intérêts permanents de la France et la gestion des affaires concernant les territoires et les forces relevant jusqu'à présent de leur autorité respective,

Ordonnent:

Art. 1er. — Il est institué un pouvoir central français unique qui prend le nom de Comité français de la libération nationale.

Art. 2. — Le Comité français de la libération nationale dirige l'effort français dans la guerre, sous toutes ses formes et en tous lieux.

Art. 3. — Le Comité français de la libération nationale exerce la souveraineté française sur tous les territoires placés hors du pouvoir de l'ennemi; il assure la gestion et la défense de tous les intérêts français dans le monde; il assume l'autorité sur les territoires et les forces terrestres, navales et aériennes relevant jusqu'à présent soit du Comité national français, soit du commandement en chef civil et militaire.

Le Comité conclut les traités et accords avec les puissances étrangères, les deux présidents accréditent les représentants diplomatiques auprès des puissances étrangères, les représentants étrangers sont accrédités auprès d'eux.

Art. 4. — Conformément aux documents échangés antérieurement entre le Comité national français et le commandement en chef civil et militaire et, notamment, la lettre du général Giraud du 17 mai 1943 et la réponse du général de Gaulle du 25 mai, le Comité français de la libération nationale exercera ses fonctions jusqu'à la date où l'État de libération du territoire permettra la formation, conformément aux lois de la République, d'un Gouvernement provisoire auquel il remettra ses pouvoirs. Cette date sera, au plus tard, celle de la libération totale du territoire.

Art. 5. — Des décrets détermineront l'organisation et le fonctionnement du Comité français de la libération nationale.

Art. 6. — La présente ordonnance sera exécutée comme loi.

Alger, le 3 juin 1943.

GIRAUD.   DE GAULLE.

Juin 1943. L'union des forces et des terres françaises se fait à Alger sous le signe de la continuité républicaine : le numéro du *Journal officiel* qui publie l'ordonnance portant institution du Comité français de la libération nationale redevient le « *Journal officiel de la République française*, soixante-quinzième année, n° 1 ».

les libéraux, les juifs se refusent à servir sous des officiers vichystes. Les permissionnaires F.F.L. et le mouvement Combat d'Afrique du Nord leur prêtent la main. Si le phénomène n'a pas, on l'a dit, l'ampleur qu'on lui prête[21], il est voyant et de Gaulle ne le désavoue pas ; Giraud, Juin, les chefs américains en sont révulsés[22].

Le 15 juin, au sixième jour de vains conciliabules, Giraud et Georges demandent au Comité de prendre acte de la démission de De Gaulle ; Massigli, Philip et Catroux s'y opposent.

Le 17, de Gaulle profite de l'arrivée des commissaires appelés de Londres et d'Amérique pour revenir au Comité, qui tient sa première réunion plénière. Giraud reste sur ses positions : selon lui, la question du commandement ne relève pas d'« un Comité national incompétent et ignorant tout de l'Armée et de l'Afrique ».

C'est l'impasse. De Gaulle parle de se replier sur Brazzaville[23].

Les pressions anglaises...

Dès la veille, cependant, Giraud a demandé l'aide des Américains et Georges celle de l'Anglais Macmillan[24]. Ni Churchill ni Roosevelt n'ont attendu pour agir. Le 11 juin, Churchill a fait avertir de Gaulle que, s'il maintenait sa démission et rompait ainsi l'union, il ne serait pas autorisé à regagner l'Angleterre et que lui, Churchill, s'en expliquerait devant le peuple français[25]. Le 12, il a rédigé une « note d'orientation » exaspérée dont le journal du dimanche *l'Observer* a tiré, le 13, un « commentaire officieux » menaçant[26] :

> Ceux qui lui ont témoigné le plus de sympathie et de tolérance n'en peuvent plus [...]. Le général de Gaulle doit comprendre que c'est sa dernière chance de les retenir. La

patience américaine a déjà passé les bornes. Et nul ne permettra que les relations anglo-américaines soient compro-
mises pour [lui...]. Nous avons d'autres moyens de faire
notre devoir envers les Français.

Et Londres a avisé ses ambassadeurs que de Gaulle,
en raison

de son comportement autocratique et de son habitude de
jouer l'Angleterre contre l'Amérique [...], ne jouit plus du
soutien sans restrictions du Gouvernement de Sa Majesté.

Le 14, Churchill fait approuver par le cabinet de
guerre l'arrêt de tous virements de crédits à l'ancien
Comité national. Le fondé de pouvoir de l'ancien commissariat aux Finances, Richemont-Bozel, court au
Treasury ; il obtient que les versements soient assurés
jusqu'au 30 juin, mais non jusqu'à fin juillet[27]. Les
comptes de la France Libre ouverts par le gouvernement britannique en 1940 seront arrêtés au 30 juin
1943, sur constat d'une dette d'un montant de trente-
cinq millions de livres sterling[28].

Ce même 14 juin, le B.C.R.A. est avisé qu'aucun mouvement de fonds n'est plus autorisé vers la France ;
l'interdit s'applique aux quatre-vingts millions de francs
prêts à partir dans la nuit du surlendemain et destinés,
à concurrence de cinquante millions, aux réfractaires
fuyant le Service du travail obligatoire et aux maquis
de Haute-Savoie, noyau potentiel de l'armée secrète.
Le ministre responsable du S.O.E., lord Selborne,
arrache à la dernière minute à Churchill l'autorisation
de faire l'envoi, sous réserve que les fonds ne transi-
tent pas par le B.C.R.A. et qu'entre en vigueur la consigne dictée par le Premier ministre[29] :

Veiller à ce que la direction du mouvement de résistance
ne tombe pas sous le contrôle de De Gaulle ou de ses satel-
lites en Angleterre ; sinon, il usera de cet énorme pouvoir

à ses propres fins politiques en France et non dans l'intérêt de l'effort de guerre allié.

L'objectif est clair : seul le C.F.L.N., fonctionnant comme un organisme à responsabilité collective au sein duquel de Gaulle « sera noyé », doit avoir autorité sur la Résistance[30].

...et la mise en demeure américaine

Roosevelt va plus loin. Aiguillonné par Murphy[31], il proclame qu'il en a « par-dessus la tête », qu'il faut « divorcer d'avec ce de Gaulle » qui n'est « ni fiable, ni coopératif, ni loyal » et ne pense qu'« à ses machinations politiques » alors que l'armée américaine s'apprête à débarquer en Sicile. Ses instructions à Eisenhower, qu'il fait approuver par Churchill, sont celles d'un potentat en territoire conquis[32] :

> Nous occupons militairement l'Afrique du Nord et l'Afrique Occidentale, [...] en conséquence, aucune décision civile indépendante ne peut y être prise sans notre complète approbation.
> [...] Nous ne permettrons pas que de Gaulle dirige en personne, ou contrôle, grâce à ses partisans dans un quelconque comité, l'armée française d'Afrique, que ce soit sur le plan du ravitaillement, de l'instruction ou des opérations.

Sinon, Washington cessera d'équiper l'armée d'Afrique. Un télégramme qu'Eisenhower reçoit le 18 ajoute[33]

> qu'en aucun cas nous n'approuverons l'éviction de Boisson de Dakar, ni aucun changement dans [le] commandement qui n'ait votre approbation.

Eisenhower convoque en conséquence de Gaulle et Giraud pour le 19 juin. Il est affable, mais impératif[34] :

> — Je suis commandant en chef [...]. J'ai besoin d'une assurance que je vais vous demander à tous deux [...]. Il faut que l'organisation actuelle du commandement en chef français en Afrique du Nord ne subisse aucune modification tant que se dérouleront des opérations.

Il va attaquer l'Italie, il a besoin d'une sécurité totale sur ses arrières. Il est prêt à l'imposer. L'équipement de l'armée française d'Afrique en dépendra.

De Gaulle relève le gant devant un Giraud muet :

> — Je suis ici en ma qualité de président du gouvernement français. Si vous désirez m'adresser une demande concernant votre domaine, sachez que je suis d'avance disposé à y donner satisfaction, à condition, bien entendu, que ce soit compatible avec les intérêts dont j'ai la charge.

Eisenhower ayant demandé avec aménité que la responsabilité des armées françaises soit laissée à Giraud, de Gaulle insiste :

> — Je suppose que le C.F.L.N. décide que le général Giraud sera commandant en chef et qu'un commissaire national sera chargé de l'organisation et de l'administration des forces françaises...

Eisenhower répète que le général Giraud doit conserver ses attributions antérieures.

> DE GAULLE. — Vous avez fait état de vos responsabilités de commandant en chef vis-à-vis des gouvernements américain et britannique. J'ai moi-même des responsabilités vis-à-vis du C.F.L.N. et envers la France. Je les porte à certaines conditions, parmi lesquelles il y a d'abord celle-ci que l'interférence d'une puissance étrangère dans l'exercice des pouvoirs français doit être écartée.

Silence de mort.

On finira bien par y arriver

« L'esprit de Bir Hakeim »
Ce dessin du caricaturiste anglais Woop illustre le dernier numéro de *La Marseillaise* paru à Londres, le 13 juin 1943, avant que le journal soit suspendu par décision du gouvernement britannique et tandis que Roosevelt s'apprête à une dernière tentative pour casser de Gaulle. *D.R.*

DE GAULLE. — Vous qui êtes soldat, croyez-vous que l'autorité militaire d'un chef puisse subsister si elle repose sur le choix d'une puissance alliée et amie, mais étrangère ?

Après un « nouveau silence de mort », Eisenhower spécifie qu'il n'entend pas interférer dans des questions d'organisation interne qui relèvent du Comité, mais répète qu'il a des responsabilités militaires. À quoi de Gaulle oppose qu'en 1914-1918, la France a armé la Belgique, la Yougoslavie, les États-Unis sans jamais exiger

que ces fournitures fussent subordonnées à la désignation de tel ou tel chef, ni *a fortiori* à l'adoption d'un système politico-militaire déterminé.

Il demande à Eisenhower confirmation écrite de sa communication qui devra être soumise au C.F.L.N. ; puis, après une brève remarque de Giraud, il se lève et s'en va.

« Il a perdu son sang-froid, il est vraiment inapte à toute collaboration », dit Giraud[35]. Le directeur de son cabinet militaire, le général Chambe, pavoise : « L'armée n'a plus à craindre le général de Gaulle[36]. » C'est vite dit.

Le compromis du 22 juin

Le C.F.L.N. discute les 21 et 22 juin la communication d'Eisenhower[37]. De Gaulle donne à celle-ci le sens d'un ultimatum[38]. Après trente heures de débats et de conciliabules, Giraud admet, sous la pression opiniâtre de Monnet, une cote mal taillée qui fait l'unanimité, moins le général Georges : on s'abstiendra de répondre à la communication américaine, on gèle la situation du commandement, Giraud restant président et commandant en chef et de Gaulle gardant autorité sur les Forces Françaises Combattantes (y compris celles de la clandestinité). Mais un « Comité militaire permanent », présidé par de Gaulle et comprenant Giraud et les chefs d'état-major, aura délégation du C.F.L.N. pour arrêter les mesures relatives à l'organisation, au recrutement, à la fusion des forces françaises, ainsi qu'à leur répartition sur les théâtres d'opérations. Et les décisions majeures sur l'organisation de l'armée et la conduite de la guerre relèveront du Comité de la libération nationale siégeant en séance plénière[39].

Le général Béthouart, qui voit de Gaulle le 23 juin, note[40] :

> On sent qu'il a gagné la partie. Il est sûr de lui et il commande.

À Carlton Gardens, au contraire, où l'on a peine à suivre le fil des événements, on s'inquiète et on enrage. Soustelle adresse de Londres à de Gaulle un télégramme incendiaire contresigné par Cassin[41] :

> L'intolérable intervention [d'Eisenhower] prouve la faiblesse de Giraud, réduit à recourir à la pression étrangère. Ces faits justifieraient son arrestation pour manœuvres contraires à la Défense nationale. Le recours à la force qui finira sans doute par s'imposer devrait toutefois être précédé d'une active campagne de ralliement de tous les soldats français à l'armée de la France Combattante.

En fait, le compromis du 22 juin clôt la phase de mise en place de la dyarchie. Il renforce l'exécutif. Et de Gaulle, malgré le coup d'arrêt allié, a marqué des points sur plusieurs tableaux.

Tout d'abord, la majorité du Comité de la libération a penché de son côté, sans distinction d'origine. Elle a admis avec lui de ne pas obtempérer purement et simplement à l'injonction américaine. C'est un précédent.

Jean Monnet et René Mayer, qui sont des élus de Giraud, persisteront à déplorer « les excès de De Gaulle » — tout comme le font d'ailleurs Catroux et Massigli —, ils ne soutiendront pas moins l'homme du 18 juin chaque fois que la dignité nationale sera en cause. Un commissaire « giraudiste », Couve de Murville, changera même ouvertement de camp. L'exigence de la souveraineté nationale, sans cesse mise en avant par de Gaulle, sera le ciment du gouvernement français d'Alger.

Le problème de la fusion et de la modernisation de l'armée est d'autre part posé. Giraud a su faire combattre l'armée d'Afrique, mais elle reste l'armée de 1940. On commence à douter qu'il soit capable d'en faire l'armée de la France nouvelle et, d'abord, d'éliminer les inaptes et les fascistes parmi ses 185 officiers généraux.

Enfin, l'issue de la crise de juin 1943 marque un tournant dans les rapports de De Gaulle avec les Anglais et les Américains : ils renoncent désormais à l'éliminer. Churchill a eu beau couper les vivres et mettre à mort l'hebdomadaire *La Marseillaise*[42], c'est pour une bonne part au cabinet britannique que de Gaulle a dû sa survie politique. Churchill lui-même a conclu que la démission de De Gaulle serait une catastrophe si elle semblait imposée par l'étranger. Dès la fin de juin, Eden et la majorité du cabinet britannique jugent nécessaire d'accorder une forme de reconnaissance diplomatique au C.F.L.N., à la fois pour y consolider les modérés et pour favoriser le renouveau d'une France forte, nécessaire à l'Europe libérée[43].

Où s'amorce une entente
avec les militaires américains

Fait moins connu, de Gaulle est en passe d'être
accepté par les responsables militaires américains et
l'acceptation se changera peu à peu en concours tacite.
Les études de deux historiens qui ont eu accès aux
archives de l'armée et de la marine américaines, Mario
Rossi et Kim Munholland, sont sur ce point une révélation : de Gaulle n'aura réussi à prendre le contrôle,
puis la direction de l'effort militaire français au détriment de Giraud que grâce à la neutralité et à la compréhension de l'état-major américain, en premier lieu
d'Eisenhower[44].

À Londres déjà, de Gaulle s'était acquis la sympathie
de l'amiral Stark, représentant militaire des États-Unis
auprès de la France Combattante. Dès l'automne 1942,
Stark avait percé sa psychologie et compris son jeu
politique ; ses rapports, bien que sans effet sur la diplomatie américaine, ont fait impression au Pentagone.
En juin 1943, Stark a envoyé à Alger son collaborateur, le lieutenant-commander Kittredge, pour éclairer
Eisenhower sur le compte de De Gaulle. Ce commander Kittredge, qui a représenté la fondation Rockefel-
ler à Paris dans les années trente et passe pour un
spécialiste des affaires françaises, a la réputation d'un
antigaulliste dans les milieux français libres. Et il est
vrai qu'il a été influencé par Labarthe et Muselier et
qu'il redoute le tempérament « autocratique » de De
Gaulle. Mais, en 1943, il a évolué. Ses conversations
avec Jean Moulin et Delestraint et plus encore avec
Viénot l'ont impressionné. Il s'acquitte honnêtement
de sa mission auprès d'Eisenhower en lui expliquant
que de Gaulle est un partenaire difficile, mais solide,
sur lequel la force alliée peut s'appuyer. Son séjour à
Alger lui confirme que de Gaulle est « le seul choix

réaliste » pour diriger le gouvernement d'Alger ou tout gouvernement provisoire de la France libérée : il en persuadera Stark et il le fera directement savoir au Pentagone[45].

Eisenhower n'en est pas là. Son loyalisme à l'égard du Président est sans faille et il a de bonnes raisons de ne vouloir aucun trouble dans sa sphère de commandement[46] : il s'opposera à tout coup de force ou à tout « subterfuge » gaulliste. Il tient, en même temps, à ne s'engager qu'au minimum dans l'imbroglio français. Et il a découvert le personnage de Gaulle, face à un Giraud dont il brosse, à l'adresse de Roosevelt, un portrait acide :

> Son immense faiblesse est le sentiment inquiétant, répandu dans le pays, y compris l'armée et la population civile, qu'il est réactionnaire, vieux jeu, et inapte à se laisser convaincre de moderniser les forces françaises déjà organisées. Il faut admettre qu'il n'agit qu'avec une pesante lenteur. Il n'a pas la moindre, je répète, pas la moindre perspicacité politique.

Aussi Eisenhower juge-t-il contre-indiqué de « briser l'effort français d'unification » sous peine « de troubles locaux considérables ». Il rassure Roosevelt sur le compromis du 22 juin qui offre « toutes garanties de sécurité[47] ». Il est tout aussi pondéré quand de Gaulle arrache le 23 juin la démission du gouverneur général d'Afrique Occidentale Boisson : le Président s'excite[48], veut que Dakar soit « contrôlé au nom des Nations unies », parle d'y expédier « des forces navales et plusieurs régiments[49] ». Eisenhower minimise l'affaire : il s'accommodera sans problèmes du nouveau gouverneur général d'obédience gaulliste, Cournarie. Dès le mois d'août 1943, il recommande à Washington « une certaine forme de reconnaissance, même limitée », du C.F.L.N.

*Juillet 1943 : un mois de gouvernement
de Gaulle*

L'éviction de Giraud, menée par étapes, est étonnamment rapide. Il commet l'erreur fatale de disparaître tout le mois de juillet pour aller aux États-Unis, où
Roosevelt l'a invité, puis au Canada et à Londres. Il y
est célébré, mais ne s'y grandit pas. Il en revient gonflé
de son importance, car Roosevelt lui a confirmé ses
promesses d'armement, mais trop visiblement captif
de son bienfaiteur. Pendant ce temps, de Gaulle a gouverné. Il s'est installé, il a imposé son autorité, des
méthodes de travail contrastant avec les improvisations antérieures et la fin des complaisances pour
l'esprit vichyste. La valse des postes a commencé à
promouvoir des hommes nouveaux.

De Gaulle a non seulement gouverné, mais s'est installé dans le rôle du Prince. Mis à part une revue générale des troupes au centre d'Alger où les deux
présidents ont officié côte à côte la veille du départ de
Giraud, il est seul pendant quatre semaines au cœur
des célébrations. Il les suscite. À Alger, il préside en
majesté les cérémonies du 14 juillet — le premier
14 juillet républicain depuis 1939 — qu'il rehausse
d'une invocation à « Notre-Dame la France » propre à
attendrir les catholiques. « Français, ah ! Français, il y
a quinze cents ans que nous sommes la France », con-
clut-il. « [...] Serrons-nous fraternellement les uns
contre les autres et marchons tous ensemble, par la
lutte et par la victoire, vers nos nouvelles destinées ! »
À Tunis, il traite en suzerain le nouveau bey, reçoit
l'hommage des troupes et, dans le déferlement populaire de la place Gambetta, il annonce aux Français
leurs nouvelles destinées. Il est à Rabat au début
d'août. Sans se défaire de l'apparat officiel, il amorce
avec le sultan Mohammed ben-Youssef, qu'on dit trop

sensible aux sirènes américaines, une relation personnelle où la confiance semble bien l'emporter sur les
arrière-pensées[50]. Semaine après semaine, note Paul-
Louis Bret, observateur dénué d'indulgence, « il poursuit une campagne de discours d'une élévation et
d'une forme admirables[51] ».

La machine de propagande fonctionne à plein. Sous
l'égide du commissaire à l'Information Henri Bonnet[52],
tous les postes clefs passent aux mains de gaullistes
militants. Dès le 26 juin, l'aide de camp d'Eisenhower
a constaté que la popularité de De Gaulle grandissait
tous les jours. À partir de fin juin, il éclipse Giraud aux
actualités cinématographiques où le journal filmé souligne le rôle des Français Combattants de Leclerc :
« Tout cela donne à de Gaulle le mérite de la victoire
en Tunisie[53]. » En juillet, Giraud disparaît peu à peu
de la presse, des écrans, de la radio, « mais de manière
si insensible que personne n'y prend garde ». Dans
l'ancien magasin de la Légion où un portrait de De
Gaulle a remplacé Pétain, on vend des croix de Lorraine.

Si tout est mis en œuvre pour porter de Gaulle au
pinacle, le Général bénéficie d'abord d'un style qui
tend à l'héroïsation de la France et de son opposition
systématique aux empiétements étrangers. Les Américains sont deux cent cinquante mille en Afrique du
Nord, Alger est maintenant leur quartier général et
leur base de départ contre l'Italie. Si nécessaires
soient-ils, on les voit partout, bruyants, impatients des
routines françaises, affichant leur supériorité avec un
sans-gêne bon enfant. On s'irrite d'incidents mineurs.
Toute la brigade Leclerc s'indignera de l'affront infligé
à son chef en visite à Alger. Il occupait à l'*Aletti*, le
grand hôtel du centre-ville, une chambre confortable
avec vue sur le port. Un matin, on vient lui signifier
d'avoir à déguerpir dans les deux heures, l'étage étant
réquisitionné par les Américains ; il fait la sourde

oreille ; le lendemain matin, la direction vient le prier instamment de s'en aller s'il ne veut pas risquer d'être expulsé : un major américain doit occuper les lieux. Leclerc regagne la Tripolitaine, convaincu que Giraud, « dans sa vanité sans bornes et peut-être sans en être conscient », laisse le champ libre aux Américains, que ses troupes font le jeu américain et que les Français Libres restent « indispensables au maintien de l'indépendance[54] ».

À tous les niveaux la nouvelle équipe entend réagir. Aux « Glycines », on qualifie Murphy d'« Abetz américain ». On supporte mal que Giraud, lors de sa visite à Washington, ait soumis le texte de sa conférence de presse à la censure du département d'État[55]. André Philip met en garde la Résistance intérieure[56] :

> Par notre seule existence, nous sommes la preuve de l'erreur de la politique américaine.

On conteste les accords Clark-Darlan qui donnent à l'armée américaine les droits d'une puissance occupante, on s'emploie à en rendre caduques certaines clauses. Après la chute de Mussolini et l'armistice italien, on s'indigne de n'être pas admis au règlement des affaires italiennes.

De Gaulle symbole ajoute à un prestige bien cultivé le mérite de savoir dire non à ses alliés.

Les Antilles françaises,
premier exemple d'une libération

Les événements vont dans le sens du gaullisme : les derniers fiefs de Vichy se rallient à l'autorité commune.

Depuis trois ans, l'amiral Godfroy, imperturbablement fidèle au Maréchal, maintenait une flotte française dans une neutralité douillette au fond du port d'Alexandrie. Il ne se résigne à rentrer dans la guerre, le 21 juin, que sous la menace brandie par Churchill de suspendre le paiement des soldes. Sitôt sa flotte ramenée à Dakar *via* Le Cap, de Gaulle le fait mettre à la retraite d'office.

C'est la marque de l'autorité. Le ralliement de la Martinique et de la Guadeloupe, en revanche, est la marque du prestige populaire.

Depuis 1940, un autre amiral, Robert, haut-commissaire nommé par Pétain, maintenait les Antilles françaises dans l'obédience de Vichy. Lui aussi disposait d'une flotte inerte : le porte-avions *Béarn*, porteur de 106 avions achetés aux États-Unis, les croiseurs *Jeanne-d'Arc* et *Émile-Bertin*, ce dernier ayant à son bord 286 tonnes d'or de la Banque de France, 3 croiseurs auxiliaires et 8 pétroliers. Il avait obtenu que les Américains, moyennant la garantie de sa neutralité et le démontage des culasses de ses canons, reconnaissent la souveraineté de Vichy sur les îles et autorisent le trafic maritime nécessaire à leur ravitaillement. De Gaulle avait publiquement condamné ce *modus vivendi*. Il avait envoyé au printemps 1941 dans les Antilles britanniques le journaliste Jean Massip, *alias* colonel Perrel, avec mission de propager l'influence de la France Libre et d'expédier aux F.F.L. les volontaires qui s'évaderaient des îles.

Depuis le début de 1943, la situation locale était explosive. Le député maire de Fort-de-France Victor Sévère avait formé un Comité de libération de la Martinique ; à la Guadeloupe, le président de la commission exécutive du conseil général, Valentino, inspirait un Comité de résistance. Les Américains, devant le refus de coopérer de l'amiral Robert, avaient suspendu les facilités de ravitaillement, puis, le 26 avril, dénoncé le *gentleman's agreement* antérieur. La population grondait. Dès le mois de mars 1943, Robert avait pré-

venu Vichy qu'il lui serait difficile de faire face au
mécontentement général et à l'opposition « des éléments gaullistes associés à d'anciens politiciens locaux
et à des fonctionnaires franc-maçons[57] ». Une mutinerie à la Guadeloupe sur le *Jeanne-d'Arc*, fin avril, s'était
soldée par le départ de deux cents hommes vers les
Antilles anglaises. Une manifestation à Basse-Terre en
faveur de la France Combattante, le 2 mai, s'était ter-
minée par une fusillade sanglante. Une tentative de
putsch avait eu lieu à Pointe-à-Pitre, le 4 juin. À partir
du 24 juin, les manifestations sont quotidiennes à la
Martinique. L'amiral ne dispose plus d'aucune force de
police. L'armée « partage, écrit-il, les sentiments de la
population[58] ». Le dimanche 27 juin, une compagnie
d'infanterie coloniale se retranche avec armes et munitions au fort de Balata, « ayant à sa tête le commandant Tourter, gaulliste notoire ». L'amiral veut faire
appel à l'infanterie de marine embarquée sur les croiseurs, mais l'équipage de l'*Émile-Bertin* refuse les
ordres et s'oppose à toute mesure visant à saborder le
navire.

Le 30 juin, Robert ne voit d'autre issue que de
s'adresser aux Américains pour négocier « un changement d'autorité ». Ils lui signifient que c'est avec un
représentant du Comité d'Alger qu'ils discuteront des
Antilles françaises[59]. Conformément aux instructions
de Vichy, il fait saboter les pétroliers, échouer le croi-
seur *Béarn*, remplir ses chaudières d'eau de mer et
détruire l'intégralité des avions, mais les mutins empêchent le sabordage des navires et l'immersion de l'or.

Entre-temps, le Comité de libération de la Martinique a fait savoir que l'île célébrait « dans un enthousiasme indescriptible son ralliement à la France
Combattante[60] » : Alger a aussitôt mandaté comme
« délégué extraordinaire aux Antilles » le représentant
du C.F.L.N. aux États-Unis, l'ambassadeur Henri Hoppenot. Quand celui-ci débarque le 14 juillet à Fort-de-

France du contre-torpilleur *Le Terrible*, il est accueilli au milieu d'une ville en liesse,

> sous une mer de drapeaux à croix de Lorraine, dans la tempête des « Vive de Gaulle », avec l'immense concours du peuple[61].

L'insurrection donne pour la première fois à un ralliement l'allure d'une libération. Une étroite minorité réticente ou hostile groupe les mêmes éléments réactionnaires qu'ailleurs — officiers de marine, membres du clergé catholique et monde des affaires —, mais la quasi-unanimité de la population applaudit au changement de régime sous le signe de la croix de Lorraine et aux cris de « Vive de Gaulle ! Vive la République ! ». Hoppenot, qui n'est pas un fanatique du gaullisme, insiste le premier pour que

> les principaux postes de commande, civils et militaires, soient confiés à des Français Combattants, [...] parce qu'eux seuls peuvent posséder, auprès de l'opinion publique locale, qui les saura politiquement à son diapason, un crédit suffisant[62].

Même son de cloche en Guyane qui avait proclamé en mars son ralliement à la France Combattante. Un coup fourré américain avait permis à Giraud de prendre possession du territoire[63]. Le 28 juin, le président du conseil général écrit à de Gaulle pour lui demander de redresser la situation et d'en finir avec le vichysme : le C.F.L.N. nomme un nouveau gouverneur.

Spécialisation des présidents et subordination militaire

Quand Giraud regagne Alger fin juillet 1943, deux problèmes latents resurgissent. Il est inconcevable que de Gaulle, ayant dirigé le Comité avec brio pendant un mois, accepte de revenir à la paralysie des présidences alternées. Il est tout aussi inconcevable que la dualité des forces armées se perpétue : depuis le compromis du 22 juin, deux états-majors indépendants fonctionnent dans le même immeuble d'Alger, l'état-major de l'armée d'Afrique, que dirige le général Leyer, et l'état-major des Forces Françaises Combattantes, confié à Larminat.

Pour réaliser l'union, le bouillant Larminat ne reculerait pas devant un coup de force : la 1re division française libre, exilée en juin en Tripolitaine, a été autorisée à regagner la Tunisie, il la mobiliserait volontiers pour éliminer Giraud sans se soucier des alliés[64]. La tentation est dangereuse. Catroux s'y oppose. C'est bien l'avis de De Gaulle : on négociera.

Entre le 31 juillet et le 2 août, Giraud consent à un nouveau marché qui satisfait son amour-propre et rationalise le fonctionnement du C.F.L.N. Au lieu d'une présidence *alternée* des séances, on institue un régime de présidences *spécialisées* : Giraud ne présidera plus que les délibérations relatives aux affaires concernant la Défense nationale, de Gaulle dirigera les débats et suivra les décisions du Comité *pour tout ce qui concerne les autres affaires et la politique générale*[65].

Giraud a, en contrepartie, la satisfaction d'étendre son autorité, du moins nominale, aux Forces Françaises Combattantes : on unifie les états-majors de l'armée, de l'aviation et de la marine, dont les chefs seront les généraux Leyer et Bouscat et l'amiral Lemonnier avec pour sous-chefs d'état-major trois Français Libres pure souche : Kœnig, Valin et Auboyneau. Moyennant quoi, la subordination du haut commandement à l'exécutif est inscrite dans les textes : le C.F.L.N. « assure la direction générale de la guerre », il « dispose de l'ensemble des forces terrestres, navales et aériennes ». Giraud exercera ses fonctions en vertu d'un décret qui

le nomme commandant en chef et il accepte d'être
« assisté » par un commissaire-adjoint à la Défense qui
siégera au C.F.L.N. et qui sera le général Legentilhomme, un des chefs historiques de la France Libre.

La politique militaire relèvera, comme dans la France
de 1938, d'un Comité de défense nationale, version
améliorée du « Comité militaire permanent » mis en
place le 22 juin. Ce Comité, de Gaulle le préside, Legentilhomme en est membre de droit et Billotte en assure
le secrétariat[66].

C'est dire qu'en deux mois le chef de la France Libre
a gagné la bataille d'Alger. S'il ne tient pas l'armée, il a
encadré le haut commandement. Les autres leviers du
pouvoir sont dans ses mains : l'Algérie avec Catroux ;
l'Empire avec Pleven ; la propagande grâce à Radio
Brazzaville[67], à la nouvelle équipe de Radio Alger devenu
Radio France, et à Schumann, promu porte-parole du
C.F.L.N. à Londres ; l'action en France enfin, grâce
aux « Londoniens » Philip et Boris et au B.C.R.A.

La libération de la Corse et ses remous

La dyarchie ainsi aménagée dura jusqu'à l'automne.
L'affaire corse servit de motif — ou de prétexte — à une
première tentative d'exclusion de Giraud.

La Corse, fraction de la zone « libre » depuis 1940,
avait été occupée en novembre 1942 par quatre-vingt
mille soldats italiens. L'occupation avait puissamment
stimulé et le sentiment national et le particularisme
local. À la mi-décembre, le général Giraud y avait fait
débarquer clandestinement sur une plage déserte une
mission de quatre officiers dirigée par le commandant
de Saule, qui allait jeter les bases d'un réseau dit
« Pearl Harbor ». Auparavant déjà, quelques groupes
dispersés se réclamaient de Combat et de Franc-
Tireur ; deux principales organisations de résistance y

avaient pris racine : le réseau R2 Corse, créé par Fred
Scamaroni et rattaché au B.C.R.A., et le Front national, sous l'impulsion d'un jeune professeur communiste, Arthur Giovoni.

L'aventure tragique de Fred Scamaroni n'a cessé de
fasciner les Français Libres qui l'ont connu : on devine
en lui comme l'ébauche d'un Jean Moulin, un Jean
Moulin naissant. Républicain et radical lui aussi, fils
d'un préfet de la République et voué lui aussi au service de l'État, ce jeune chef de cabinet préfectoral a
tenu en 1939 à revêtir l'uniforme d'aviateur pour se
battre. Il s'est embarqué pour l'Angleterre le 19 juin
1940. Il a participé à l'expédition de Dakar ; membre
de l'équipe qui devait, avec Boislambert, tenter de soulever la population, il a été arrêté et transféré à Vichy.
Sa soumission feinte lui valut la mansuétude du Maréchal et il en a profité pour jeter en Corse les bases d'un
double réseau de renseignements et d'action avant de
rallier pour la seconde fois l'Angleterre en janvier 1942. Toute l'année 1942, ce petit homme ardent
s'est concentré sur un projet : le pilotage, par le B.C.R.A.,
du réseau R2 Corse, sa création. En janvier 1943, un
sous-marin britannique l'a déposé avec deux agents et
un poste émetteur près d'Ajaccio afin d'organiser et
d'unifier la résistance en vue d'un débarquement éventuel. Son action a été efficace, mais brève : arrêté avec
dix-huit membres de R2 Corse par la police italienne,
il s'est donné la mort dans sa prison le 19 mars en laissant ces quelques mots écrits avec son sang : « Je n'ai
pas parlé. Vive de Gaulle ! Vive la France ! »

R2 Corse démantelé, c'est le Front national, déjà
puissant, qui a unifié la Résistance corse, c'est sur lui
que le capitaine de gendarmerie Paul Colonna d'Istria,
envoyé par Giraud le 2 avril 1943, s'est appuyé comme
sur la seule force capable d'entrer en action, et c'est au
Front national qu'Alger a fait parvenir entre mai et
septembre huit mille mitraillettes et des fusils-mitrail-

leurs, véhiculés par le sous-marin *Casablanca*[68] ou para-chutés par la R.A.F. Ainsi, l'action clandestine, dominée sur le continent par les services français libres, a été monopolisée en Corse par les émissaires de Giraud et du S.O.E., s'appuyant, avec l'accord du commandant en chef, sur le Front national.

Du printemps à l'été 1943, le plan de libération de la Corse s'est conjugué avec la stratégie méditerranéenne des alliés[69]. Le débarquement en Sicile et, plus encore, la chute de Mussolini, le 23 juillet, ont attisé dans l'île les espoirs de libération. Le 8 septembre au soir, quand la B.B.C. a annoncé que le gouvernement italien avait signé un armistice, le Comité départemental de libéra-tion a donné l'ordre d'insurrection ; un télégramme de Colonna d'Istria, le 9 au soir, a avisé Giraud que les insurgés étaient maîtres d'Ajaccio et demandaient l'aide de l'armée. On apprenait bientôt que les forces italiennes pactisaient avec la Résistance, mais aussi que douze mille Allemands débarquaient et s'instal-laient en force à Bastia[70].

Dès le 8 septembre, Giraud est résolu à soutenir les insurgés. Mais l'état-major anglo-américain, qui l'a en-couragé, déconseille l'intervention, car tous ses moyens de transport sont requis pour renforcer les troupes alliées dangereusement engagées en Italie du Sud : si les Français interviennent, ce sera avec les moyens français.

Le risque est grand, la couverture aérienne inexis-tante, la capacité d'intervention limitée.

Le 9 septembre au matin, Giraud vient mettre de Gaulle au courant de la situation. Celui-ci ne cache pas son mécontentement. Il n'a jamais été averti de la mission de Colonna d'Istria. Il croit l'opération impro-visée et craint qu'elle n'échoue. Il condamne le mono-pole donné au Front national, c'est-à-dire aux chefs communistes : il sait, de plus, que le *leader* du Front national de Corse, Giovoni, était la veille à Alger et que

Giraud le lui a caché. Enfin, il est furieux que les alliés lui aient laissé ignorer leur projet d'armistice avec l'Italie alors qu'ils prétendent en avoir informé Giraud. Et il supporte évidemment mal l'idée que le premier territoire français libéré le soit indépendamment de lui.

On réunit d'urgence le C.F.L.N. Un commissaire, Diethelm, évoque le « bain de sang » dans lequel risque de se noyer le commandant en chef[71]. Mais peut-on abandonner les patriotes corses qui ont occupé Sartène et sont aux prises avec les Allemands dans Bastia ? Le C.F.L.N. autorise Giraud à envoyer des troupes en lui laissant l'entière responsabilité d'un échec éventuel ; le Comité désigne en même temps un préfet de la Corse en la personne d'un ancien contrôleur civil, Luizet, qui a été depuis l'été 1940 correspondant occulte de la France Libre au Maroc ; Luizet aura pour secrétaire général l'ancien directeur du cabinet civil de De Gaulle, Coulet.

Giraud prend donc seul la décision de lancer l'« opération Vésuve ». On empile cent neuf hommes sur le sous-marin *Casabianca* converti en transport de troupes ; ils sont l'avant-garde du « bataillon de choc » du commandant Gambiez, formé d'évadés de France entraînés à la guérilla par les Anglais du S.O.E. ; ils débarquent sans coup férir la nuit du 13 septembre dans la tête de pont d'Ajaccio « où ils sont accueillis avec des larmes de joie et des salves de mousqueterie[72] ». Des renforts suivront, au total six mille fantassins pauvrement équipés sous le commandement du général Henry Martin. En trois semaines, de concert avec les patriotes corses et des éléments des divisions italiennes, ils achèveront de libérer la Corse, obligeant du même coup les Allemands à évacuer la Sardaigne.

Ajaccio aura été la première ville de France libérée par les seuls patriotes et la Corse le premier département français à recouvrer la liberté. Ce succès, dû à Giraud, hâtera sa chute. On lui impute deux griefs. Le

premier est d'avoir tardé à informer de Gaulle et le
C.F.L.N. de sa décision d'intervenir, ce qui est en effet
un manquement à l'égard de l'autorité politique[73]. Le
second est d'avoir regroupé ou laissé regrouper les
patriotes insulaires dans une organisation unique de
création et de direction communistes : reproche discu-
table, car cette unification est, pour beaucoup, le fruit
de circonstances liées à la disparition de Scamaroni et
à l'activisme œcuménique du Front national[74]. Mais
cet enchaînement de circonstances engendre une confusion pleine de risques. Dans chaque commune libérée, des élections à main levée sont improvisées sur la
place publique et donnent naissance à une municipalité nouvelle à majorité Front national. Il faudra à Luizet deux mois de palabres et de fermeté pour restaurer
la légalité républicaine et obtenir une représentation
plus fidèle de la population dans les assemblées communales et au conseil que l'on baptise « Comité départemental de la libération nationale[75] ». D'autre part,
pendant plus d'un mois, l'autorité civile du préfet se
trouve en concurrence avec celle du général Mollard,
que Giraud a nommé gouverneur militaire de l'île et
investi des pouvoirs de l'état de siège : seuls, le loyalisme de ce chef et l'adresse de Luizet limitent les
empiétements militaires et les frictions.

Une crise avortée, une étape :
le commissariat à la Défense

L'affaire corse est ainsi un révélateur. Ce qui est en
cause, c'est la capacité qu'aura le C.F.L.N. d'imposer
l'autorité gouvernementale lors de la Libération de la
France. Cela, Giraud ne le voit pas : il voit seulement
qu'il porte ombrage à de Gaulle.

Celui-ci a cru trouver l'occasion d'en finir[76]. D'où la
minicrise de fin septembre, combinaison d'impatience

et de calcul que l'historiographie gaullienne a gommée ou faussée, sans doute parce qu'elle n'aboutit qu'à un demi-succès. Seuls les Carnets du général Georges et le Journal de Queuille permettent d'en restituer la trame.

Dès le 18 septembre, sans attendre l'issue des combats de Corse, de Gaulle a pris l'offensive devant le Comité. Il a adressé à Catroux un argumentaire justifiant l'abolition de la dyarchie : il lui demande de le faire approuver dans les quarante-huit heures par les commissaires. L'affaire corse, expose-t-il[77], prouve que le

> Comité n'est pas en mesure de jouer son rôle d'organe de gouvernement.

Il propose en conséquence un projet d'ordonnance aux termes duquel

> le Comité français de la libération nationale élit son président. Le président du Comité français de la libération nationale est en fonctions pour la durée d'une année. Il est rééligible.

Des décrets d'application rendraient en outre plus efficace le fonctionnement du C.F.L.N. et créeraient un commissariat à la Défense, que de Gaulle souhaite voir confier au général Legentilhomme ou, à défaut, à un républicain chevronné, Henri Queuille, et qui serait chargé de l'administration et de l'entretien des forces armées.

Le 20 septembre, il appelle Queuille : « Je ne puis gouverner. Donc Giraud ou moi ! » Si on ne le suit pas, il se retire !

Pour une fois, on ne le suit pas : le Comité, saisi le 21 septembre des projets de réforme pendant que Giraud inspecte les combattants corses, répugne à évincer ce dernier de la coprésidence par surprise[78].

En revanche, il est favorable à la création d'un commissariat à la Défense dont les pouvoirs seraient indépendants du commandant en chef.

De Gaulle a-t-il senti qu'il ne pouvait exiger plus au moment où le succès des opérations de Corse auréolait Giraud ? A-t-il conclu, suivant l'avis de Queuille, qu'ayant l'accord de tous pour créer un commissariat à la Défense, il était sage d'« accepter la transaction qui éviterait la rupture[79] » ? Il renonce à l'ordonnance instituant un président unique élu par le C.F.L.N.[80].

En conséquence, au retour de Giraud, le 25 septembre, une large majorité approuve trois décrets de réforme mis au point par René Mayer et Couve de Murville et qui entérinent non la suppression de la dyarchie, mais la création du commissariat à la Défense et une nouvelle réduction des pouvoirs de Giraud. Celui-ci ne veut rien entendre. On le conjure d'accepter. À son tour, il se retire :

> Messieurs, votre vote me met à la porte. J'ai mis l'Afrique du Nord dans la guerre, je l'ai libérée avec les alliés, j'ai obtenu l'armement pour l'armée que j'ai organisée. Dans quelques jours, je vous donnerai la Corse.
> J'ai tenu à rappeler tout cela au moment où je pars[81].

Il tient bon une semaine. Puis il se résigne, une fois de plus, à un compromis.

Le sens des décrets publiés au *Journal officiel*[82] est néanmoins clair : plusieurs dispositions de l'ordonnance mort-née y ont été reprises, qui réservent au général de Gaulle la direction effective du gouvernement. Comme le souligne Capitant dans *Combat*,

> 1) Les avantages de la présidence unique ont été pratiquement reconnus ;
> 2) Les pouvoirs du président politique ont été renforcés [...].
> Le *chef de l'État* reste provisoirement bicéphale, mais le

chef du gouvernement n'a plus qu'une tête, une tête qui a l'air de bien savoir ce qu'elle veut.

Le coprésident Giraud n'aura plus d'autre fonction que de contresigner « pour copie conforme » les ordonnances et les décrets. Et le nouveau commissariat à la Défense, doté de missions et de services propres, limitera d'autant ses prérogatives de commandant en chef.

L'exclusion de Giraud du C.F.L.N.

L'éviction de Giraud et de Georges du C.F.L.N. ne sera retardée que d'un mois. Elle est programmée. « La recette de l'artichaut qu'on mange feuille à feuille » est bien au point[83]. Octobre et novembre voient affluer les délégués sortis de la clandestinité pour siéger à l'Assemblée consultative. Leur militantisme renforce le militantisme français libre. « Un souffle âpre et salubre » change l'air d'Alger, relate de Gaulle. Giraud, cependant, après le sursis d'octobre, semble se croire intouchable. Il n'entend pas dévier de sa mission sacrée qui est de conduire l'armée à la victoire et de faire barrage grâce à elle au communisme[84]. Le 1er novembre, le général d'aviation Chambe, directeur de son cabinet militaire, qui n'a pas la réputation d'un extrémiste, lui adresse une dernière mise en garde ou, plutôt, une invite[85]. Le pays, lui écrit-il, ne veut pas revenir à une démocratie « patibulaire », ni subir les oukases d'un parti gaulliste prosoviétique :

> Il est grand temps d'agir. L'Armée est *encore* derrière vous, elle souhaite un ordre [...]. Vous êtes à un virage décisif, mon Général. Vous auriez pu être un personnage de l'Histoire de France. Vous pouvez l'être encore. Il vous suffit de faire un geste et le Pays sera sauvé.
> L'Armée est derrière vous, mon Général, et derrière elle le Pays !

Le couperet tombe le 9 novembre. Les membres du C.F.L.N. sont convenus de remettre leurs portefeuilles à la disposition du général de Gaulle pour qu'il donne un caractère plus représentatif à l'« organe du gouvernement ». Giraud y a souscrit. Le remaniement consacre son exclusion et celle de Georges. Il en est surpris au point de se refuser pendant deux jours à abandonner la présidence[86]. Le coup est d'autant plus rude qu'il est atteint, par ailleurs, dans ses affections : sa femme arrêtée par les Allemands, sa fille déportée. Ses fidèles complotent-ils un coup de force ? Le commissaire à l'Intérieur sortant, André Philip, le croit[87] : rien ne se produit. Giraud se bornera jusqu'en avril au rôle d'un commandant en chef réduit à une portion de plus en plus congrue.

La cohabitation, outre ses inconvénients, avait montré que les deux généraux n'étaient d'accord ni sur les relations avec les alliés, ni sur l'épuration de l'armée, ni sur la démocratisation, ni sur l'attitude à l'égard des communistes, ni sur la politique indigène.

Le nouveau Comité de la libération nationale, appuyé sur l'Assemblée consultative, aura le poids d'un vrai gouvernement.

25

Le gouvernement
de la France en guerre :

I. LES POUVOIRS PUBLICS

Capitale d'opérette, Alger ? On l'a dit du Vichy de 1940-1941, mais rarement de la capitale maghrébine de la France en guerre. Non que la part de l'artifice et de l'improvisation y soit moindre : le dépaysement colonial, le bord de mer et la chaleur donnent à la vie un air de vacances ; Jean Monnet, en hautes chaussettes rouges, rédige ses rapports dans les ruines romaines de Tipaza ; André Philip, venu en short au Comité, s'attire une apostrophe de De Gaulle qui fera le tour de la ville : « Mais Philip, vous avez oublié votre cerceau ! » Les centres de pouvoir français, américains ou anglais s'accommodent de villas réquisitionnées. Les nouveaux arrivants passent souvent leur première nuit dans un fauteuil ou dans des locaux de fortune. Au lycée Fromentin, campus champêtre dispersé dans un parc, les services centraux occupent le réfectoire, les dortoirs et des salles de classes dont certaines ont gardé leurs pupitres. Le téléphone est fantaisiste. La caisse de résonance des rumeurs reste le bar de l'hôtel Aletti d'où elles se propagent vers les états-majors, les salles de rédaction et les petits restaurants de marché noir toujours pleins. La capitale provisoire vit sur elle-même. Elle est plus éloignée des centres stratégiques et politiques interalliés de décision que l'étroit Carlton

Gardens. La guerre n'y est présente que par les passages en trombe des jeeps américaines, le va-et-vient des navires de guerre ou des transports de troupes dans la rade et le cercle des ballons qui la protègent des raids aériens, pareils à des jouets argentés dans le ciel.

Mais la France captive est présente dans tout esprit responsable : la Libération est en vue, qu'il faut préparer. Il y a sur le devant de la scène ce personnage démesuré, de Gaulle, et son grand dessein. Et en surface vibre une vie politique. Une opinion publique diversifiée s'exprime : le provincialisme et l'habituelle passivité des bourgeoisies locales n'empêchent pas que se manifestent toutes les nuances d'opinion, le trouble d'une société d'outre-mer, les querelles avec les alliés. Malgré la pénurie de papier, la presse, en grande partie nouvelle, compte cinq quotidiens dont l'éventail va du ci-devant maréchalisme au P.C.F. et onze hebdomadaires où se distinguent *Combat*, du fidèle René Capitant, *La Marseillaise*, de Quilici, résurgence hypergaulliste, antigiraudiste, anticapitaliste et antiparlementaire de l'hebdomadaire de Londres, *Liberté*, qui est la voix des communistes, et *Fraternité*, qui est celle des socialistes ; sans oublier aux côtés de *Fontaine*, la revue littéraire de Max-Pol Fouchet, un organe de réflexion prospective de bon niveau, *La Revue d'Alger*, invention du nouveau recteur de l'académie d'Alger, Laugier.

Entre les états-majors et les groupes antagonistes continue de s'affairer la curieuse équipe des jeunes correspondants de guerre et des membres des services d'information américains, ces francs-tireurs libéraux que révulsent l'incapacité politique de Giraud et l'esprit réactionnaire de son milieu autant que l'aveuglement de Murphy et de Roosevelt.

Et polarisant l'activité politique, le couple aux relations singulières que forment le Comité de la libération nationale et son miniparlement, l'Assemblée consultative provisoire.

La machinerie gouvernementale

Le C.F.L.N. a les assises d'une grande puissance renaissante, bien que dépourvue de base industrielle : il gouverne la Corse, un vaste empire mondial amputé de la seule Indochine, cinquante millions de sujets, une armée qu'on voudrait porter à trois cent mille hommes, une flotte en cours de modernisation et il s'estime assuré, en France, de l'adhésion largement majoritaire de l'opinion patriote. Aucun gouvernement en exil ne réunit de tels moyens.

Il a bénéficié le 26 août 1943 d'une reconnaissance soigneusement restrictive de la part des États-Unis, qui ne veulent voir en lui que « l'organisme gouvernant les territoires d'outre-mer qui reconnaissent son autorité » et d'une reconnaissance britannique également limitée, mais circonstanciée et bienveillante, qui laisse l'avenir ouvert[1]. Les Soviétiques, en revanche, cette fois encore, n'ont pas craint de s'engager, ils ont reconnu le Comité

> comme le représentant des intérêts gouvernementaux de la République française et comme le chef de tous les Français patriotes combattant contre la tyrannie hitlérienne[2].

Avant la fin de 1943, trente-sept pays auront reconnu le Comité de la libération nationale.

Le remaniement de novembre 1943 fait de celui-ci un gouvernement d'union nationale à dominante de gauche. De Gaulle a envisagé dès le mois d'août d'y faire entrer deux élus communistes[3], mais sans aboutir, car il prétend les choisir, tandis que la direction communiste entend désigner « ses représentants au gouvernement » : les communistes attendront jusqu'à

avril 1944 pour participer. En revanche, le nouveau
C.F.L.N. s'est ouvert à un panachage de députés de la
IIIe République et de figures emblématiques de la
Résistance. Sur dix-huit membres, on reconnaît trois
chefs du gouvernement et un président de la Chambre
de la future IVe République.

LE COMITÉ DE LA LIBÉRATION NATIONALE
COMPREND À PARTIR DE NOVEMBRE 1943 SOUS
LA PRÉSIDENCE DU GÉNÉRAL DE GAULLE :

Six parlementaires, dont
  deux radicaux :
  — le vétéran Queuille (commissaire d'État chargé
    de la « coordination intercommissariale », vice-
    président du Comité)
  — le capitaine aviateur Mendès France, du groupe
    Lorraine (Finances)
  trois socialistes :
  — Philip (chargé des rapports avec l'Assemblée)
  — Le Troquer (Guerre et Air)
  — Pierre-Bloch (commissaire adjoint à l'Intérieur)
  un modéré :
  — Jacquinot (Marine)

Quatre représentants de la Résistance choisis
parmi les plus anciens ralliés :
  — Emmanuel d'Astier, chef de Libération-Sud
    (commissaire à l'Intérieur)
  — Henri Frenay, l'homme fort du mouvement
    Combat (commissaire chargé des prisonniers,
    déportés et réfugiés)
  — le catholique François de Menthon, autre
    cofondateur de Combat (Justice)
  — le professeur René Capitant, pilier de Combat
    d'Algérie (Éducation nationale)

Quatre vétérans de la France Combattante :
— Catroux (commissaire d'État chargé des Affaires musulmanes)
— Pleven (Colonies)
— Diethelm (Ravitaillement et Production)
— le socialiste Tixier (Travail)

Quatre techniciens de renom :
— Massigli (Affaires étrangères)
— Monnet (commissaire en mission aux États-Unis)
— Henri Bonnet (Information)

Les centres de décisions ne sont plus ceux de l'Algérie de naguère : l'impressionnante bâtisse du Gouvernement général n'abrite plus que les bureaux d'une direction régionale ; le Palais d'été, la somptueuse résidence des gouverneurs généraux, avec ses arcades mauresques et ses marbres au milieu d'un parc aux essences rares où Giraud règne depuis janvier — aujourd'hui résidence du président algérien — n'héberge plus qu'une poignée de fidèles autour du commandant en chef déclinant. La ligne politique de la France en guerre est fixée à la villa des Glycines où de Gaulle et son étroite équipe se sont sommairement installés en mai. Mais la villa des Glycines n'est que sa demeure privée. Le lycée Fromentin réquisitionné est le siège officiel des structures gouvernementales, des principaux « ministères » et, en premier lieu, du secrétariat général du C.F.L.N. qui y fonctionnent dans un « fatras de tables d'écoliers, préaux et salles de classes[4] » : c'est là que se réunissent le Comité de libération et ses Comités.

L'autocréation de la machinerie gouvernementale se poursuit. On renouvelle les procédures[5]. L'efficacité et le légalisme y trouvent leur compte.

Sous l'influence de Cassin, qui en devient le président, a été créé un Comité juridique destiné à exercer en matière législative et réglementaire, les fonctions du Conseil d'État[6] : il étudie la révision des lois, donne la forme juridique aux décrets, veille à leur constitutionnalité, éclaire le C.F.L.N. de ses avis. Il est en outre chargé de préparer la révision de tous les textes législatifs et réglementaires promulgués par Vichy depuis le 10 juillet 1940. Cassin tient à ce que son Comité ait « réellement pour objet de contribuer à rajeunir et assainir » et se prononce en toute indépendance. Son visa est obligatoire, alors que le statut du Comité de législation de Londres était souvent violé[7]. En trois mois il aura étudié cent vingt dossiers de lois ou décrets.

Le Comité de la libération nationale lui-même sera bientôt assisté de formations spécialisées : Comité de défense nationale, Comité d'action en France, Comité de coordination des affaires économiques, Comité de la population et jusqu'à un Comité de la culture.

La plaque tournante de l'action gouvernementale est le secrétariat général du C.F.L.N., confié au futur ambassadeur et futur ministre Louis Joxe, intercesseur habile et discret, que seconde le « Londonien » Raymond Offroy, tandis qu'un jeune avocat prometteur, Edgar Faure, est préposé aux études législatives. Doit-on la création de cet état-major administratif à la formation militaire de De Gaulle, à l'exemple du Cabinet Office britannique ou à la simple nécessité ? Il rompt, en tout cas, avec la pratique artisanale du Comité national de Londres et avec les improvisations de la période Giraud comme avec l'organisation incertaine de la IIIᵉ République. Le secrétariat général prépare les dossiers du président du Comité et des ministres, met au point les ordres du jour des conseils, dresse les relevés de décisions, contribue à préparer les ordonnances, veille à la signature des textes, puis à leur publica-

tion au *Journal officiel de la République française*[8], et
rédige un bulletin de documentation exposant les
mesures prises. Il est la cheville ouvrière de l'organisation du travail collectif du Comité, l'organe de contrôle
de l'exécution de ses décisions, la courroie de transmission entre lui et les administrations. La machinerie
actuelle de l'hôtel Matignon en est le prolongement.
L'ordonnancement tripartite de l'ordre du jour de nos
conseils des ministres et la présence du secrétaire
général du gouvernement aux conseils, déjà imposée
par Blum en 1936, aujourd'hui de rigueur, sont un
héritage d'Alger[9].

Ces innovations vont de pair avec une inflexion du
style de gouvernement : car les problèmes ont changé
d'échelle et il faut préparer non seulement la libération
de la France, mais l'après-libération. Offroy a parlé de
« seconde phase du gaullisme ». À la symbolique gaulliste s'ajoute un pragmatisme résolu. Après le *one-man-
show* londonien, de Gaulle a admis que le C.F.L.N. soit
un organisme à responsabilité collective devant lequel
les commissaires sont responsables ; il a même tenu à
ce que ce double caractère soit spécifié par décret, afin
de soumettre Giraud aux décisions majoritaires[10] : pratique démocratique tardive dont il ne manquera pas
d'user et de se prévaloir. Il ne se prive pas pour autant
de gouverner à la façon d'un domaine réservé la politique étrangère, l'action en France et progressivement la
politique militaire. C'est ainsi qu'il écrit à Staline ou
donne des instructions à son haut-commissaire au
Liban sans en avertir Massigli[11]. Il aura de multiples
froissements avec ce grand diplomate, gaulliste de raison et qui tient à la survie de l'Entente cordiale. Il en
a avec Frenay qui ira jusqu'à lui reprocher de « s'isoler
à mesure qu'il s'élève » et contestera ses faits accomplis qui mettent les commissaires « dans une situation
impossible[12] » :

Devant toutes vos décisions, nous sommes toujours obligés de céder, parce que votre départ serait totalement absurde.

Il lui arrive de bousculer Queuille ou Monnet, qui s'inquiètent parfois aussi de sa politique du tout ou rien.

C'est qu'il se juge comptable — et lui seul — du destin de la France, certain qu'il est d'avoir avec les Français une relation privilégiée, et lorsqu'on s'offusque de la personnalisation de la propagande, il rétorque qu'on pourrait évidemment faire crier : « Vive le Comité français de la libération nationale à responsabilité collective et largement dépersonnalisé[13] ! » Il s'applique néanmoins à respecter les règles convenues ; ainsi, en novembre, quand les membres du C.F.L.N. remettent collectivement leurs portefeuilles à sa disposition, il juge bon que le Comité désigne trois de ses membres sortants pour l'assister dans la mission du remaniement et pour contresigner les décrets de nomination des nouveaux commissaires, décrets qui entérineront l'exclusion de Giraud[14]. Par la suite, il se laissera, non sans calcul sans doute, mettre en minorité dans quelques débats importants. Le futur gouvernement de la Libération doit en effet incarner l'unité nationale sous le signe de la démocratie. Il s'y emploie. Autour de lui, il y a maintenant des forces politiques, des intérêts divergents, des calculs, des manœuvres. Offroy, témoin de toutes les heures, assure[15] que, s'il lui arrive encore d'être brusque ou glacial, il ne pourra plus

ignorer superbement les points de vue et les réactions de son entourage ; il devra les prendre en considération ou, en tout cas, faire semblant [...]. Sa raideur devra souvent faire place à la bonhomie ; il se pliera avec complaisance aux habitudes de pensée d'un Vincent Auriol, d'un Félix Gouin, d'un Henri Queuille, voire d'un Fernand Grenier.

Il lui faut aussi tenir compte, bien qu'il refuse de l'admettre, de l'état d'esprit des militaires [...].

Il devient peu à peu, à Alger, un homme d'État, contraint de compter avec les exigences d'une conjoncture événementielle et humaine qu'il trouve souvent pesante, mais qu'il se résigne à accepter.

De plus, l'étape d'Alger lui fait prendre en compte une réalité que la première France Libre refoulait : « On ne gouvernera jamais qu'avec les Français... et ils ont été pétainistes », confie-t-il à Georges Boris[16].

L'Assemblée

Par la volonté du Général, l'activité politique a un second pôle qui est l'Assemblée consultative provisoire.

L'idée d'une assemblée représentative siégeant hors de France remonte à 1941. Elle émane de Cassin. Elle s'est précisée en février 1943, parallèlement au projet d'un Conseil de la Résistance siégeant en France. Le but, toujours le même, était de prouver l'union des Français résistants au sein de la France Combattante. Giraud en a admis le principe dès avant l'arrivée de De Gaulle à Alger. La commission londonienne de réforme de l'État que présidait Gouin avait élaboré un premier projet. Partant de là, le C.F.L.N. a adopté le 17 septembre, sur rapport d'André Philip, une ordonnance fixant les attributions et la composition de l'assemblée nouvelle[17].

Son originalité est de comprendre pour près de la moitié de ses membres — 40 sur 87, puis 49 sur 103 — des représentants des mouvements de résistance[18]. Aucun gouvernement en exil ne peut faire entendre ainsi la voix du pays occupé.

Mais l'Assemblée marque en même temps la continuité de la démocratie française en faisant place à vingt membres du Parlement tel qu'il se composait au jour de la déclaration de guerre[19], sous la seule réserve qu'ils n'aient pas voté la délégation du pouvoir constituant à Pétain le 10 juillet 194 0[20]. S'y ajoutent douze délégués élus par les conseils généraux des départements et colonies libérés, concession à l'esprit de la loi Tréveneuc. Enfin, douze représentants de la Résistance extra-métropolitaine[21].

Le mode de désignation doit obvier aux critiques[22] : les représentants de la Résistance intérieure sont désignés en France par le Conseil de la Résistance d'accord avec les mouvements ; à leur tour, ils désignent les délégués de la Résistance extra-métropolitaine. Quant aux parlementaires, ils sont élus par leurs collègues se trouvant hors de France[23].

Deux bombardiers britanniques Hudson ont réussi l'exploit d'atterrir clandestinement en France dans la nuit du 14 octobre pour amener à Londres dix-huit délégués qui gagnent Alger avant la fin du mois.

L'Assemblée est massivement de gauche : la droite résistante est maigre, la représentation parlementaire de la droite quasi inexistante. Pour assurer l'équilibre, de Gaulle a fait savoir en France qu'il souhaitait pourvoir « cinq sièges encore vacants réservés à des modérés ayant voté contre Vichy » et qu'il désirait « personnellement » la venue de Champetier de Ribes, Louis Marin, Lionel de Moustiers, Robert Schuman et Oberkirch[24]. Seul Louis Marin sera en mesure de quitter la France en avril 1944.

L'Assemblée siège au palais Carnot, sur le boulevard à arcades qui longe le port d'Alger. L'immeuble, doté d'un hémicycle, de salles de commissions et de bureaux, abritait les « délégations financières », le Parlement-croupion de l'Algérie d'avant-guerre. Les fonctionnaires du gouvernement général, « viscéralement pétainistes », avaient commencé par refuser les locaux pour héberger la nouvelle assemblée dans un cinéma de la ville ; Catroux leur a forcé la main[25]. Un ancien secré-

Hier à 15 heures
au Palais des Délégations
financières

ALGER RÉPUBLICAIN

Sous la présidence
de M. Georges BUISSON
délégué de la Résistance

L'Assemblée Consultative Provisoire a tenu sa séance inaugurale

Après avoir applaudi
les discours du doyen d'âge
et du Président du Comité
de la Libération nationale

44 délégués ont assisté à la première réunion

« Nous n'accepterons pas que la France soit frustrée de la grande espérance qui s'est levée en elle au plus profond de son malheur. »
(Georges BUISSON)

« Sur la route cruelle que gravit la nation et qui la mène vers la grandeur, la réunion de l'Assemblée consultative provisoire marque une étape capitale. »
déclare le général de GAULLE

Sur l'ensemble du front la 8ᵉ armée accentue sa pression

Les Américains s'emparent de Fratella et Gallo

L'aviation alliée attaque en Autriche

Puissant raid sur Wilhelmshaven

En bref...

Le souffle ardent des blés

En tutelle

L'armée rouge a atteint la mer Noire à 60 kms à l'ouest de Perekop

---

CE QUE DISENT LES ORATEURS À LA SÉANCE INAUGURALE DU 3 NOVEMBRE 1943

Georges Buisson, secrétaire confédéral (socialiste) de la C.G.T., doyen d'âge

Les temps n'ont pas permis que le peuple français, librement consulté, fixe lui-même dès maintenant son destin, mais vous aurez à cœur de répondre à cet espoir.

[...] Le peuple français attend de cette guerre de libération que soient détruits à jamais les fascismes fauteurs de guerre et d'oppression. Il souhaite [...] que se construise une démocratie véritable où, dans la liberté, les hommes sentent bonne la vie ; une France digne, forte et grande, maîtresse de son avenir [...] et dont le destin ne soit plus, comme hier, commandé par les féodalités de l'argent, maîtresses de nos détresses.

Le général de Gaulle, coprésident du C.F.L.N.

Il nous a fallu créer des pouvoirs provisoires. Ces pouvoirs sont, par avance, soumis au jugement de la nation dès qu'elle pourra l'exprimer.

[...] La résistance, telle est aujourd'hui l'expression élémentaire de la volonté nationale.

[...] D'abord, nous faisons la guerre [...]. Notre redressement ne sera réalisable que dans l'atmosphère d'une victoire à laquelle la nation aura participé.

[...] Le C.F.L.N. revendique, dès à présent, la possibilité de présenter, parmi les grandes nations, les solutions qu'elle estime nécessaires de voir apporter au règlement de cette guerre et à l'organisation du monde qui la suivra. En cette matière, notamment, l'appui et le concours prêtés par l'Assemblée consultative au Comité seront comme la voix perçant son bâillon.

[...] La France aura subi trop d'épreuves et elle aura trop appris sur son propre compte et sur le compte des autres pour n'être pas résolue à de profondes transformations [...]. L'étude des projets et des modalités, l'orientation des esprits et des âmes vers leur réalisation, voilà ce que d'ores et déjà le pays attend de vous.

[...] Cette réunion n'est, en effet, ni plus ni moins qu'un début de résurrection des institutions représentatives françaises [...].

taire-rédacteur à la Chambre des députés, Émile Katz-Blamont, qui assume les fonctions de secrétaire général[26], a remis en usage le cérémonial du Parlement. Le 3 novembre 1943, à 15 heures, quand s'ouvre la séance inaugurale en présence de Giraud et de Gaulle, les délégués voient leur doyen d'âge, le syndicaliste Georges Buisson, représentant de la C.G.T. clandestine, s'avancer de son bureau vers la salle des séances, tambour battant, entre les gardes présentant les armes, l'officier saluant de l'épée. Comme à la Chambre, il monte occuper le « perchoir » d'où il domine la tribune de l'orateur et l'hémicycle. Devant lui, routiers de la politique et combattants de l'ombre sont mêlés sans distinction. Le député paysan Antier s'installe à gauche, son collègue socialiste Pierre-Bloch à droite, l'anticlérical Cerf-Ferrière, rédacteur en chef de *Combat* clandestin, prend place entre le royaliste Henri d'Astier et l'ecclésiastique de l'assemblée, le R.P. Carrière, et près du lieutenant F.F.L. Bissagnet, qui sera tué en Normandie. Cent journalistes se pressent dans les galeries. Dans une tribune réservée, l'Anglais Macmillan, le Soviétique Bogomolov et l'Américain Murphy observent[27].

La « Consultative » a été créée pour avoir un rôle figuratif. Elle n'est ni législative ni encore moins souveraine ; « ses attributions sont à peu près celles d'un conseil d'arrondissement », déplore le chef de file des socialistes, Félix Gouin[28]. Elle n'a pas initialement d'autres pouvoirs que de donner des avis qui n'engagent pas le C.F.L.N. ; elle peut toutefois porter à son ordre du jour, sur l'initiative des deux tiers de ses membres, « toute question présentant un intérêt d'ordre national » et demander, dans les mêmes conditions, à tout membre du Comité « un exposé verbal sur une question déterminée présentant un intérêt d'ordre national ». Elle aspire très vite à un rôle politique et, très vite, elle l'assume. De Gaulle ne s'y oppose pas,

même s'il lui arrive de s'en agacer. Car une circonstance aux effets imprévisibles a modifié entre-temps
l'équilibre de ses relations avec la France intérieure : le
Conseil de la Résistance lui échappe. De Gaulle avait
voulu le Conseil de la Résistance pour qu'il atteste sa
légitimité en même temps qu'il lui permettrait de coiffer les organisations résistantes ; or, depuis l'arrestation de Moulin, le C.N.R. a élu son propre président et,
sans ménager un appui de principe au Général, cède à
des influences centrifuges. Ainsi c'est à l'Assemblée consultative qu'il revient de témoigner devant le monde
libre pour la France opprimée : elle le fait avec parfois
une propension au bavardage et à la grandiloquence
dont Palewski se gausse. Siégeant au grand jour dans
des formes démocratiques, elle n'en est pas moins
pour de Gaulle un instrument de pouvoir spectaculaire
et plus contrôlable que le Conseil de la Résistance.
Mais elle a son quant-à-soi ; elle est bon enfant et susceptible. Elle se voudra d'autant plus autonome qu'elle
se sentira plus nécessaire à l'exécutif.

Le cadre étroit de ses prérogatives lui assure la
liberté d'expression et quelques possibilités de manœuvre. Ses débats sont publics ; le *Journal officiel* les
reproduit. Elle a l'autonomie financière et administrative, « garantie d'indépendance dans la tradition du
constitutionnalisme français[29] », et ses membres ont
droit à une indemnité parlementaire. Dès la deuxième
séance, après avoir élu au scrutin secret son président,
Félix Gouin, et son bureau, elle approuve un règlement intérieur calqué sur celui du Sénat, alors que
l'ordonnance du 17 septembre prévoyait qu'il s'inspire-
rait de celui des conseils généraux. Elle use de son
droit de nommer son propre personnel, hiérarchiquement indépendant du Comité de la libération nationale, et de siéger non seulement en sessions ordinaires
d'une semaine tous les deux mois, mais aussi en sessions extraordinaires, et de désigner des commissions

spéciales pouvant siéger hors session. Dès le 10 novembre, Gouin précise ses visées[30] :

> L'Assemblée [...] sera ce que nous la ferons. Aucun problème d'ordre national ou international n'échappera à sa compétence. Certes les textes limitent son pouvoir.
> Mais l'autorité ne se donne pas, elle se prend.
> Eh bien, nous la prendrons...

Elle obtient le 12 décembre, à l'instar de la Chambre des communes, de poser des questions orales auxquelles le commissaire responsable est tenu de répondre. Le 11 janvier 1944, sa commission de réforme de l'État demande que tous les textes d'ordonnances préjugeant de la constitution des pouvoirs publics, des assemblées locales ou des élections lui soient soumis pour avis[31]. Si elle se prête aisément aux votes de confiance préfabriqués, elle voudrait que le gouvernement aille plus vite et plus loin en matière d'épuration et de réformes coloniales, que certains commissaires soient moins désinvoltes et l'informent mieux, que le Général soit plus souvent présent. Il lui arrive d'être tumultueuse et critique à l'égard de Massigli, de Menthon, voire de Philip. Non contente d'être l'interprète de la Résistance, elle aurait voulu, rapporte Joxe, bon témoin, équilibrer le rôle des « fonctionnaires[32] ». Elle ira jusqu'à envoyer des délégations à de Gaulle pour suggérer telle réforme de l'agencement du C.F.L.N. ou la désignation de tels généraux au commandement des troupes d'Italie[33]. Lui accueille ces démarches avec une mansuétude narquoise. Il viendra néanmoins plus de vingt fois à l'Assemblée et l'on s'étonnera du talent avec lequel il plie son éloquence aux rites parlementaires[34].

C'est à Philip, commissaire d'État aux relations avec la « Consultative », qu'il revient de monter quotidiennement en ligne. Ardent gaulliste et parlementaire démocrate, il s'y trouve plus d'une fois entre deux feux.

Le cégétiste Charles Laurent, pourtant lié aux socialistes, le traite un jour de ministre du second Empire. À l'Assemblée, Philip répète que « l'union derrière celui qui conduit le combat est pour chacun de nous un devoir absolu » ; à de Gaulle, ses étonnantes lettres de mise en garde rappellent que le métier d'homme d'État est un dur métier et que plus de tact et de contacts éviteraient les frictions[35] ; leur tonalité traduit toutefois une inflexion significative par rapport à la période londonienne :

> Mon Général,
>
> [...] Il faut établir un contact humain ; la tragédie, avec vous, c'est que vous ne sentez pas cela : *votre intelligence est républicaine, vos instincts ne le sont pas*. C'est cela qui est à la source de vos difficultés avec l'Assemblée : elle souffre de votre manque d'égards, de considération pour elle, elle a le sentiment qu'on s'est servi d'elle pour améliorer la situation internationale du Comité et que maintenant, le citron étant pressé, on est prêt à la rejeter [...].
>
> Pour ma part, je ne puis accepter d'être ni le garde-chiourme de l'Assemblée ni le chaouch qui lui transmet vos ordres. Concrètement, je vous fais les propositions suivantes :
>
> 1) Il faut admettre et dire *publiquement [...] que vous, le Comité et l'Assemblée, nous sommes à des degrés divers responsables devant la Nation*. C'est la vérité [...]. Songez en outre que cette Assemblée est une répétition générale, un précédent pour ce qui se passera plus tard [...].
>
> 2) À cette Assemblée responsable, il faut donner *les informations nécessaires* : [...] la publicité et le recours à l'opinion publique constituent l'essence même de la démocratie [...].
>
> 3) Cette Assemblée est *consultative*, elle doit donc être consultée, ne serait-ce que pour lui donner le sentiment de remplir un rôle utile [...]. Nous ne l'avons pas fait pour [la décision] la plus essentielle, celle des réformes musulmanes [...]. Cela ne saurait durer [...].
>
> 4) Lorsque l'avis de l'Assemblée a été demandé, il faudrait accepter de le suivre dans ses grandes lignes. Il n'y a rien de pire que de créer, comme nous l'avons fait solen-

nellement pour les Affaires musulmanes, une commission d'enquête, lui faire entendre des témoins, la laisser travailler sans lui donner une ferme orientation et, lorsqu'elle a abouti à l'élaboration d'une doctrine, lui opposer notre veto ; c'est exactement la procédure qui décourage les gens et en fait des adversaires [...].

5) Enfin, lorsqu'un avis a été exprimé, l'Assemblée a le droit d'être informée des décisions prises par le Comité et d'être assurée de l'exécution de celles-ci [...].

Ces frictions sont en réalité mineures et s'il y a de vraies divergences, elles sont ailleurs, on le verra[36]. Elles s'atténuent quand l'avis préalable de l'Assemblée devient de rigueur pour toute disposition touchant aux libertés individuelles et au statut des pouvoirs publics en France[37]. Ce qui importe dans l'immédiat est que l'Assemblée et le C.F.L.N. soient d'accord sur les points essentiels : effort militaire, armement de la Résistance, restauration de la souveraineté française, restauration de la démocratie avec de Gaulle. Ils le sont. Et l'Assemblée, toute respectueuse qu'elle soit du général Giraud, facilite son élimination par son hostilité au pétainisme ambiant[38].

Témoigner pour de Gaulle
et le Comité de la libération

Avant tout, l'Assemblée témoigne, et elle le fait avec passion.

On a dit que Roosevelt n'avait pas voulu la prendre au sérieux et que Churchill s'était irrité de sa fureur d'épuration. C'est vrai. Mais elle impressionne heureusement les opinions publiques et l'entourage d'Eisenhower. Les diplomates alliés rendent compte favorablement de ses travaux, le correspondant du *Manchester Guardian*, Alexander Werth, bon connaisseur des affaires françaises, affirme au lendemain de sa séance inaugurale qu'elle marque une étape capitale ; cette réunion n'est en effet ni plus ni moins qu'un début de résurrection d'une institution représentative de la France,

d'où il conclut que de Gaulle devient « le chef d'une France vraiment nouvelle ». Même *l'Observer*, subtilement perfide envers de Gaulle, en viendra à souligner

ce fait important : le travail extrêmement utile de l'Assemblée consultative sous la présidence intelligente de M. Félix Gouin.

Les débats d'Alger renforcent en Angleterre le courant favorable au Comité de la libération et à son président. En mars 1944, le Foreign Office jugera l'indépendance de l'Assemblée « très encourageante du point de vue démocratique » et la probabilité d'un de Gaulle dictateur « plus éloignée que jamais[39] ».

En cinquante séances, elle discute de la politique générale, du budget, du Liban, de la réforme de l'État, du statut de la presse, de l'épuration, de l'armement de la Résistance, de la Défense nationale. De Gaulle lui fait grief dans ses *Mémoires* d'avoir esquivé les vrais problèmes. Si faibles que soient ses pouvoirs, elle talonne le Comité, tant en séance plénière qu'en commission. Elle se flattera d'avoir précipité par ses débats la décision alliée d'armer la Résistance, ce qui est présomptueux. En revanche, la mise au point des textes applicables lors du débarquement en France et dont certains engagent l'avenir constitutionnel est, pour une part, le fruit d'une collaboration Comité-Assemblée. Les trois quarts de ses propositions ou amendements en matière législative auront été retenus.

L'Assemblée a ses plus grandes heures à la mi-mai 1944, à la veille du débarquement en Normandie, quand le socialiste Vincent Auriol, ancien ministre des

Finances du Front populaire et futur président de la République, se lève pour affirmer, face aux alliés, la légitimité du Comité, qu'il tient pour le vrai gouvernement de la France[40] :

> « On » ne reconnaît pas le Comité ni l'Assemblée pour ne pas préjuger de l'avenir du peuple français [...]. Mais pour qu'il vote, ce peuple, il faut bien qu'un gouvernement le convoque, prépare les lois électorales, administre le territoire. Quelle autorité peut faire cela ? Ni Pétain, ni Hitler, ni certains dont nous parlons. C'est donc le gouvernement *de fait* qui assurera cette tâche.

Il poursuit soutenu par les applaudissements, devant les diplomates présents attentifs :

> Ce gouvernement, c'est le peuple qui l'adoptera. C'est à lui qu'on donne des armes, c'est lui que tous les partis, anciens ou nouveaux, ont choisi, car il est fidèle à la France, à ses alliés, à la République [...].

Auriol se tourne vers de Gaulle :

> Quand on me dit qu'il ne faut pas encourager la dictature, ce sont les ouvriers de Ferryville qui répondent à votre cri de « Vive la République ! », Monsieur le Président, par le double cri de « Vive la République ! Vive de Gaulle ! ».
>
> [...] Oui, Monsieur le Président, nous sommes avec vous par amour de la France et par raison [...]. Ce que nous faisons, nous le faisons en pleine raison et c'est parce que nous chérissons la liberté que nous vous reconnaissons comme le chef du gouvernement provisoire.

Et de conclure sous les applaudissements en lisant le plus récent appel du Conseil national de la Résistance, qu'il a « lu et relu les larmes aux yeux » :

> Le Conseil national de la Résistance [...] rappelle [...] qu'un gouvernement, le Comité français de la libération

nationale, image fidèle de la nation en guerre, est le gouvernement légitime de la France [...].

Trois jours plus tard, l'Assemblée approuve à l'unanimité un vœu du groupe de la Résistance métropolitaine, souhaitant

> que le Comité français de la libération nationale prenne
> ouvertement le nom de Gouvernement provisoire de la
> République française.

Témoigner pour le renouveau

Avec le recul du temps, on perçoit mieux une autre
aspiration de l'Assemblée d'Alger : elle affirme ou confirme la volonté de renouvellement. Car la France de
1944 n'est plus la France de 1939 et Roosevelt se
trompe en imaginant qu'il suffira de renouer le fil
brisé. Tous ces patriotes qui rejettent Vichy, beaucoup
avec exécration, déplorent ou condamnent en même
temps les faiblesses de la IIIe République. Tous ou presque aspirent à un ample renouveau, générateur d'une
République « pure et dure ». Et, comme le dit l'un
d'eux,

> il s'agit de ne pas laisser perdre de temps à la France. Un
> pays n'a souvent que quelques mois pour agir. Après il
> vivra cinquante ans d'habitudes[41].

Bien entendu, les motivations et les voies imaginées
diffèrent. Le groupe de la Résistance métropolitaine se
repaît de la notion vague d'un « socialisme humaniste »
échappant au dogmatisme marxiste. Ainsi Frenay, l'un
des champions de cette « Démocratie nouvelle » qui
veut associer libération et rénovation, fera approuver
une « Charte des hommes libres » lors du premier
« Congrès général de Combat[42] » ; il imagine

des idées rajeunies mariées avec des hommes nouveaux surgissant ensemble pour faire cette Révolution qui est bien dans nos traditions puisqu'elle fera rentrer dans les faits l'immortelle devise Liberté-Égalité-Fraternité.

Du côté socialiste, André Philip et Jules Moch souhaitent une démocratie économique vivifiée par un dirigisme éclairé, des nationalisations et la sécurité sociale. Les délégués communistes militent pour une démocratie délibérément soumise aux pressions d'une base populaire qu'ils sauraient mobiliser. Quant aux « résistants d'outre-mer », ceux qui se croient les plus fidèles à l'idéal gaulliste rêvent d'une démocratie vigoureuse associant discipline et générosité sociale pour faire « la vraie Révolution nationale » dans l'esprit de la France Libre.

Que ce soit à l'Assemblée ou dans les administrations, des groupes de travail cherchent à dépasser les généralités. Le projet de réforme de l'enseignement de la commission Capitant préfigure le plan Langevin-Wallon ; le recteur Laugier prône la création d'une école d'administration.

Mais les recommandations finales sont souvent confuses, parfois contradictoires : ces projets à moyen terme, que seule une véritable Assemblée nationale aurait pu valider, resteront pour la plupart à l'état de projets, sauf en ce qui concerne les mesures de transition institutionnelle à prévoir pour les lendemains de la Libération.

De plus, les divergences dans la convergence ne vont pas sans remous. Parmi les résistants de France, plus d'un s'irrite de la place qu'occupent les parlementaires. Numériquement minoritaires, ils dominent l'Assemblée par le talent oratoire, les connaissances juridiques et l'expérience des débats. Par leur solidarité aussi, faite de fidélité à la tradition républicaine et à ses formes.

On le découvre lors de l'élection du président. Félix
Gouin est en concurrence avec le juriste André Hauriou, délégué de la Résistance toulousaine. Frenay
déclare tout net devant les délégués de la Résistance
intérieure réunis à huis clos que jamais les mouvements n'accepteront à la présidence de l'Assemblée un
revenant de la III[e43]. C'est assez pour que les parlementaires fassent bloc, y compris ceux qui sont les délégués de mouvements de résistance : Hauriou s'efface,
il se contentera d'être premier vice-président.

Hors de l'Assemblée, l'allergie aux parlementaires est
encore plus vive chez certains officiers, qu'ils viennent
de la France Libre ou de l'armée d'Afrique. On y vomit
Jules Moch et Pierre Cot, « symboles des méfaits du
Front populaire », et plus encore Marty, le mutin de la
mer Noire et le « bourreau d'Albacete ». Le jeune Christian Fouchet, F.F.L. de juin 1940 et futur ministre de la
République, exprime avec emportement, comme il
l'avait fait à Londres, dans le premier numéro de *La
Marseillaise* paru à Alger la méfiance des ultras du gaullisme[44].

> Ce ne serait point une union que celle entre les mares
> stagnantes de la capitulation et de la décadence politique
> et l'ardente flamme de la Résistance française, entre cette
> eau bourbeuse et ce feu [...].

Ces remous s'atténueront pourtant : l'union pour la
Libération passe avant tout. Les officiers réticents font
assez confiance à de Gaulle pour voir en lui autre chose
que le chef d'un Front populaire élargi et ils se soucient
plus de la guerre que des jeux parlementaires. À l'Assemblée même, l'amalgame se fait. Il préfigure l'avènement
d'une génération politique nouvelle : la solidarité des
Français Libres et des résistants, qu'ils soient ou non
parlementaires, allait, en dépit de divergences durables,
imprégner pour trente ans la vie politique française.

L'épuration

Un autre thème sur lequel l'Assemblée veut faire entendre la voix de la France est l'épuration. Le député socialiste Pierre-Bloch l'évoque dès le 10 novembre 1943[45]. Le bouillant Médéric, délégué de « Ceux de la Libération », qui, rentré en France trois mois plus tard, devait y choisir une mort héroïque, fait chorus ; le R.P. Carrière, gaulliste de souche, prend le relais :

> Un personnage haut placé me disait récemment : « Mon Père, l'heure de la charité a sonné, et l'heure du pardon également ! »
> Je lui ai répondu : « L'heure de la charité est apparue lorsque le Christ est descendu sur la terre. Mais aujourd'hui a sonné l'heure de la justice. »

Le Comité de la libération nationale a pris les devants. De Gaulle, sitôt éliminés les proconsuls et les généraux symboliques du vichysme ou ayant fait tirer sur les alliés, a stigmatisé à Casablanca, le 8 août 1943, les hommes de la capitulation et de la collaboration. Il a proclamé, en une phrase lapidaire : « Le pays, un jour, connaîtra qu'il est vengé. »

Des premières mesures ont suivi : le C.F.L.N. s'est engagé, par une ordonnance du 3 septembre, à assurer au plus tôt l'action de la justice contre

> ceux qui ont capitulé ou collaboré avec l'ennemi [...], qui ont livré les travailleurs français à l'ennemi et fait combattre des forces françaises contre les alliés ou contre ceux des Français qui continuaient la lutte.

La collaboration avec l'ennemi et l'« abdication de la souveraineté nationale » sont qualifiées d'actes de trahison. Le maréchal Pétain lui-même est visé.

Des ordonnances complètent — ou compléteront — l'arsenal juridique de la IIIᵉ République : ordonnances sur l'épuration administrative, sur la répression des faits de collaboration y compris la collaboration économique, sur le crime de délation, ordonnance, enfin, créant la peine d'indignité nationale applicable à tous les ministres, secrétaires d'État, responsables de la propagande ou de fonctions antijuives du gouvernement de Vichy, ainsi qu'aux dirigeants de la Légion des combattants et aux membres des organisations collaborationnistes[46]. C'est dire que cette législation prend pour base la thèse de l'illégalité et de l'inconstitutionnalité du gouvernement de Vichy, soutenue par la France Libre depuis la Déclaration de Brazzaville de novembre 1940 et que Giraud a entérinée bon gré mal gré.

À la mi-septembre, a été mise en place auprès du C.F.L.N. une commission d'épuration de cinq membres dotée de larges pouvoirs d'enquête[47]. Elle doit faire, pour l'Afrique du Nord, le criblage des dossiers

> des élus, fonctionnaires et agents publics qui, depuis le 16 juin 1940, ont, par leurs actes, leurs écrits ou leur attitude personnelle, soit favorisé les entreprises de l'ennemi, soit nui à l'action des Nations unies et des Français résistants, soit porté atteinte aux institutions constitutionnelles et aux libertés publiques fondamentales.

Dans chaque cas, elle adresse au commissaire à la Justice ses recommandations : demande de sanction administrative ou de sanction pénale avec renvoi devant un tribunal.

En vertu des ordonnances des 2 et 21 octobre 1943 un « tribunal d'armée à compétence particulière » sera habilité à juger les crimes et délits commis

> dans l'exercice de leurs fonctions par les membres ou anciens membres de l'organisme de fait se disant gouvernement de l'État français[48].

L'expérience nord-africaine de l'épuration n'est qu'un prélude, et sur un terrain particulier : car la population n'a connu ni fusillades d'otages ni déportations de masse, seule la Tunisie a subi, pendant six mois, l'occupation ennemie et la collaboration n'a pris qu'exceptionnellement une forme active ; mais l'hyper-pétainisme a fleuri, avec ses abus de pouvoir, ses exclusions et son anglophobie.

Réconciliation ? justice ? vengeance ? Dès qu'il s'agit d'appliquer les textes, les incertitudes et les oppositions apparaissent. Sur 1 473 dossiers que la commission d'épuration a constitués fin mars 1944, elle en retient 998 et se prononce sur 507. Mais elle est dépourvue de moyens, harcelée de recommandations d'indulgence de la part des états-majors et des notables locaux, et elle s'estime peu soutenue par le commissaire à la Justice François de Menthon : sur les 507 sanctions qu'elle propose, 93 seulement seront prononcées[49].

En revanche, dans l'armée et la marine la hache s'abat plus durement. Les limites d'âge des officiers généraux et officiers supérieurs sont ramenées au-dessous des plafonds de 1938[50]. Au 30 janvier 1944, Jacquinot, commissaire à la Marine, a fait quitter le service à la moitié des amiraux et leur a même interdit l'accès des ports. Le Troquer, commissaire socialiste à la Guerre, se targue, à la même date, d'une rigueur que le corps des officiers ne lui pardonnera jamais : onze cents sanctions d'épuration en trois mois[51].

L'épuration du corps diplomatique pose un problème symbolique. Français Libres et résistants sont d'accord pour estimer que les élites ont failli et que la France nouvelle aura besoin d'élites nouvelles. Or la majorité des diplomates ralliés a représenté Vichy et a animé sa propagande jusqu'à la fin de 1942, voire 1943. Ils pouvaient choisir, ils ont préféré le devoir d'obéissance au devoir de désobéissance. Mais peut-on institutionnali-

ser le délit d'opinion ? Et à partir de quel point sanctionner la soumission aux ordres de Vichy ? Le rigide
Massigli est indulgent pour les ralliés de la onzième
heure. Il a chargé l'un d'eux d'un poste important à
son cabinet et il a obtenu l'aval de De Gaulle pour
nommer son ancien collaborateur Henri Hoppenot au
poste capital de délégué du C.F.L.N. aux États-Unis.
Hoppenot est pur de toute complaisance pour la politique de collaboration, sa correspondance privée en
fait foi[52], et, ayant assimilé l'esprit du gaullisme, il sera
auprès du Département d'État un interlocuteur aussi
habile que son prédécesseur Tixier l'a été peu ; mais il
a été ambassadeur de Vichy en Uruguay jusqu'à octobre 1942, avant de représenter Giraud à Washington ;
reçu en 1943 à New York par le Comité directeur de
France Forever, il commet un lapsus célèbre à l'époque et qui illustre la difficulté des changements de
régime : il termine son allocution par un Vive le Maréchal qu'il corrige aussitôt !

La mansuétude de Massigli ou son esprit de corps
indignent non seulement un gaulliste ardent tel que
Soustelle[53] ou l'universitaire libéral qu'est Mayoux, de
Ceux de la Résistance, mais un homme aussi respectueux des autres que le socialiste Pierre Viénot, qui
fait fonction d'ambassadeur du C.F.L.N. à Londres et
qui n'hésite pas à entrer en lice pour dénoncer « l'invraisemblable prétention » des diplomates de l'équipe
d'Alger « d'empêcher le renouvellement de leur maison » alors qu'ils sont, pour les trois quarts, « composés de vichystes mal lavés qui ne comprennent rien à
la France nouvelle[54] ».

Autour de Viénot, des anciens de la France Libre
s'en prennent agressivement aux diplomates tard venus.
Ces tensions de coulisse sont telles que Massigli en
appelle à de Gaulle. Il conteste « des critiques non jus-
tifiées » inspirées par des rancunes locales ou des partis pris :

J'ai tenu [...] à écarter les agents dont l'administration d'Alger avait accepté le ralliement et qui, par leur attitude antérieure, étaient indignes de représenter le Comité. Je suis prêt à admettre que, parmi ceux qui restent, tous n'ont pas fait preuve, au cours des trois dernières années, des qualités de courage et de perspicacité qu'on aurait aimé trouver chez tous les Français.

Mais je n'en estime pas moins devoir continuer à employer dans des postes actifs tous ceux contre lesquels aucun fait sérieux n'a été relevé, ne fût-ce qu'en raison du fait que je n'ai pas les moyens de les remplacer[55].

Le problème d'avenir reste posé : comment, à l'échelle de la France, fixer les justes sanctions et jusqu'où étendre le châtiment ? L'accord à peu près unanime sur les principes recouvre deux attitudes contraires.

L'écrivain aviateur Saint-Exupéry, qui était venu en mai 1943 rejoindre à Oudja son escadrille de 1939-1940 et qui, sans être pétainiste, n'a cessé de croire aux mérites du pétainisme patriotique, déplore « le climat de haine » qui envahit Alger. Et il est vrai qu'au niveau des cadres subalternes et des militants locaux, le clan franc-maçon, les socialistes, les communistes et les syndicalistes, dénoncés, brimés, exclus pendant deux sinon trois ans, poursuivent farouchement leur revanche sur les extrémistes de la Révolution nationale qui, dans les petites villes et la Mitidja, n'ont pas désarmé et écoutent Radio Paris comme les Français de France écoutent la B.B.C.

L'Assemblée consultative aura exercé une pression constante dans le sens de la rigueur. Avec Vincent Auriol, qui n'a rien d'un Fouquier-Tinville, elle veut « une justice rapide, exemplaire, salutaire ». Le commissaire à l'Intérieur d'Astier lui-même serait favorable à l'établissement de listes de proscription[56]. Le paisible Gazier ira jusqu'à réclamer « des tribunaux populaires », le communiste Pourtalet, « la mise hors la loi » des membres du gouvernement de Vichy et des collaborateurs : tout patriote pourrait dès lors les abattre[57]. Pour le parti communiste, la Libération doit être l'occasion de faire table rase et, notamment, d'éliminer la classe dirigeante de l'économie. Le durcissement de la répression contre les patriotes en France renforce l'esprit de vindicte.

La motion votée à l'unanimité le 12 janvier 1944, à l'issue du débat sur l'épuration, regrette « les retards apportés au châtiment des traîtres et des collaborateurs » et réclame sans délai « des procédures spéciales » en vue d'assurer une justice « rapide et totale »[58].

Cependant, à l'intérieur même de l'Assemblée, un autre son de cloche se fait entendre. Selon Mayoux, « un seul crime sera à poursuivre, celui de trahison[59] » et les traîtres doivent être, tout compte fait, peu nombreux : c'est le sentiment du commissaire à la Justice Menthon, de l'ancien secrétaire d'État socialiste Viénot ou du juriste algérois Viard comme des parlementaires radicaux et modérés. Ils recevront un renfort inattendu de Frenay qui publie le 16 avril 1944 dans *Combat* d'Alger un retentissant article où il réclame la mansuétude pour « les victimes de l'escroc Pétain » :

> Je le dis tout net, cette suspicion et cette réprobation sont odieuses. Il est temps, il est grand temps que chacun [des] accusateurs choisisse son camp : Sectarisme ou Rassemblement national. Pour ma part, et avec de Gaulle, j'ai choisi, je suis pour le Rassemblement national.

L'article soulève des polémiques d'autant plus passionnées qu'à son arrivée à Alger, Frenay avait proclamé que « la France ne se contenterait pas d'un simulacre de vengeance » et que cinquante morts au poteau criaient justice[60]. Le fait est que Frenay, rival conscient ou inconscient de De Gaulle, rêve maintenant de rassembler les Français dans le cadre d'un grand parti de la Résistance qui prolongerait les mouvements clandestins. Aussi souhaite-t-il ce qu'écrivait Simone Weil peu avant sa mort[61] : que les cas éclatants de trahison reçoivent un châtiment solennel, mais

> que les défaillances des hommes de second plan et au-dessous, survenues après la défaite, soient oubliées. Autrement la France vivrait des années dans une atmosphère atroce, dégradante, de haine et de peur.

Le procès Pucheu

Les actes de De Gaulle vont dans ce sens. Les amiraux Michelier et Derrien, coupables, l'un d'avoir canonné les Américains, l'autre d'avoir livré Bizerte aux Allemands, sont jetés en prison, le général Barré, qui a commandé dignement sur le front tunisien, est mis à la retraite d'office pour avoir, le 10 novembre 1942, laissé les Allemands prendre possession de l'aérodrome de Tunis sans réagir. En revanche, le général Juin ne pâtira pas de ses ambiguïtés. C'est pourtant lui que vise — injustement — Le Troquer lorsqu'il rappelle à la tribune que la France de 1871 avait exclu de l'armée les officiers prisonniers qui, pour prix de leur libération, s'étaient engagés à ne pas reprendre les armes contre la Prusse[62]. Le rapport de la commission d'enquête sur les événements de Tunisie qui met Juin en cause pour son attitude pendant plusieurs jours incertaine en novembre 1942 sera étouffé[63]. Quand une délégation de résistants vient demander à de Gaulle de ne pas donner à Juin le commandement du corps expéditionnaire en Italie, le Général les éconduit[64] : il connaît Juin pour un formidable meneur d'hommes, Juin tient solidement en main l'armée d'Afrique — et ne fera rien contre lui.

De sorte que l'épuration en Afrique du Nord, dans la mesure où elle dépend de De Gaulle, combine la mansuétude et les grands exemples. Plus que la condamnation et l'exécution des tortionnaires des camps de concentration locaux ou des membres de la Phalange africaine qui ont combattu en Tunisie aux côtés des Allemands, plus que l'arrestation symbolique de Boisson, Flandin et Peyrouton, qui indigne Churchill et Roosevelt[65], le grand exemple donné est celui de Pucheu.

Ce normalien de la rue d'Ulm était passé avant la guerre au service de la grande industrie et avait soutenu le Parti populaire français de Doriot. Il est l'un des technocrates à poigne, souvent qualifiés de « synarques », dont Darlan vice-Premier ministre s'est entouré à Vichy. Ministre de l'Intérieur de février 1941 à avril 1942, il a été associé aux lois scélérates de l'été 1941. Après les premiers attentats communistes contre les Allemands, il a poussé l'anticommunisme jusqu'à assumer le choix des otages — tous communistes — fusillés à Châteaubriant. Dès l'été 1942, pourtant, il a compris que les Allemands ne gagneraient plus la guerre et le jour où ils ont occupé la « zone libre », il est passé en Espagne. De Barcelone, il a adressé à plusieurs reprises des demandes d'engagement militaire à Giraud. En février 1943, celui-ci l'a autorisé à venir s'engager sous un nom d'emprunt. Fort de ce qu'il croyait être un sauf-conduit, il a débarqué le 9 mai à Casablanca. Giraud, arguant de prétendus impératifs militaires, l'a néanmoins fait interner dans le Sud marocain. Le 14 août 1943, le C.F.L.N. a ordonné son incarcération aux fins de jugement.

On n'attend pas la libération de la France pour le juger. Le procès s'ouvre le 5 mars 1944. L'atmosphère est passionnée. Les communistes, mais aussi les gaullistes ardents, stimulés par *La Marseillaise* de Quilici, veulent la tête du « nazi Pucheu ». De France, le Conseil de la Résistance et la Délégation générale clandestine la réclament[66]. Mais c'est en vain que les autorités d'Alger leur ont demandé des preuves juridiquement valables contre l'accusé[67], on ne les trouvera qu'après la Libération. Le procès est mal conduit et dans des formes discutables. Giraud vient affirmer à la barre qu'il ignorait tout des activités de Pucheu lorsqu'il l'a invité. Le point culminant des débats est le tête-à-tête au cours duquel le témoin Fernand Grenier, rescapé de Châteaubriant, qualifie au nom des martyrs Pucheu d'assassin, à quoi l'ancien ministre riposte en dénonçant la « trahison communiste ». Le chef d'accusation relatif à la désignation des otages doit être abandonné, faute de preuves. Pucheu est néanmoins condamné à mort. Malgré l'intervention de Giraud, de Gaulle refuse sa grâce : « Je le dois à la France ! » dit-il, tel Richelieu, à son aide de camp Pampelonne.

L'exécution de Pucheu, le 22 mars, est à la fois un gage donné à l'aile marchante de la Résistance et aux communistes et une ultime mise en garde aux agents de Vichy. Cependant, de Gaulle a assuré aux avocats du condamné qu'il ferait plus tard tout ce qu'il pourrait « pour assurer l'éducation physique et morale » de ses enfants et, le 18 mars, il a défini devant l'Assemblée l'esprit qui doit inspirer l'épuration et en fixer les limites[68] :

> L'erreur, l'illusion de beaucoup ne furent, hélas ! que trop explicables et d'autant plus qu'elles procédaient dans presque tous les cas de l'espérance secrète en un redressement calculé [...].
> Le gouvernement que j'ai l'honneur de présider appelle tous les Français au rassemblement national.

Ni escamotage, ni abus de vengeances, ni déchaînement d'exécutions sommaires, tel est son arbitrage, celui qui sera le plus propice au rassemblement des Français. L'épuration relève, en tout cas, de la seule autorité de l'État.

C'est ce que doivent permettre deux batteries d'ordonnances qui, une fois assurées les mesures de réparation (amnistie, annulation ou révision des condamnations prononcées, nullité des spoliations, 1er, 6 juillet et 12 novembre 1943), serviront de base à l'épuration administrative (27 juin 1944) et permettront de sanctionner pénalement les coupables (26 juin, 26 et 28 août 1944).

En tout état de cause, le Général entend éviter ou limiter les excès. Rassemblement national, restauration de l'État, grandeur de la France, tels sont en effet ses leitmotive dans cette phase ultime qui conduit à la Libération.

26

*Le gouvernement
de la France en guerre :*

II. VERS UNE RÉPUBLIQUE NOUVELLE ?

N'est-elle qu'un intermède entre l'épopée de la France Libre et la légende dorée de la Libération, cette République française d'Alger ? Il faut, pour prendre la mesure de son œuvre, avoir en vue l'objectif premier de ses dirigeants : ressusciter l'État, le faire à partir d'un territoire d'outre-mer et pourtant en liaison avec la Résistance intérieure, de sorte que le Comité de la libération nationale, autorité insurrectionnelle, se substitue sans heurts et dans la plénitude de la souveraineté française au gouvernement de Vichy. L'étonnant est qu'ils y aient réussi.

Le « second C.F.L.N. », celui de novembre 1943 que de Gaulle domine seul, ne vibre sans doute pas de la fièvre révolutionnaire d'un Comité de salut public, mais il est beaucoup plus qu'un gouvernement de techniciens. Il vit sous la pression de l'urgence. Il poursuit son but avec une remarquable cohérence. L'étendue des problèmes qu'il brasse fait ressortir la naïveté d'un Giraud qui croyait suffisant de gagner des batailles : problèmes de la reconstitution, de l'organisation moderne et de l'amalgame des forces armées ; problèmes coloniaux attisés par le choc de la guerre ; avant tout, problèmes de la préparation politique et économique de la Libération et de l'après-Libération, tout cela

à concevoir ou à négocier avec des alliés coopératifs
mais toujours méfiants, et avec une Résistance multi-
forme, jamais vraiment organisée, qu'il faut s'évertuer
à unir et souder dans l'action. Sans oublier, au
Maghreb même, le poids du quotidien : l'opinion réticente, les difficultés d'intendance, la liquidation des
vestiges de Vichy, les frictions renaissantes avec
Giraud — et déjà la suspicion entre de Gaulle et les
partis, entre de Gaulle et les communistes.

Les difficultés au quotidien :
administration, finances, ravitaillement

Le C.F.L.N. a beau disposer d'un capital humain
sans rapport avec celui de la France Libre, il manque
de cadres. Ni le ralliement progressif des diplomates et
des notables de l'étranger, ni l'apport des vingt-cinq
mille patriotes évadés par l'Espagne, et discrètement
libérés des camps d'internement de l'Èbre à partir de
mai 1943, n'y remédient complètement.

On le voit dans l'administration. On n'y manque ni
d'inspecteurs des finances qui ont quitté la France à
temps, ni de juristes. Mendès France et Monnet
s'appuient sur une pléiade d'experts qui domineront
pendant des années la politique financière et les échanges extérieurs[1] ; Cassin, Menthon et Massigli peuvent
compter sur un peloton d'agrégés de droit et d'avocats,
tant à leur cabinet qu'à la « Consultative ». René Mayer,
aux Transports, peut réunir lui aussi un petit état-major
brillant[2]. Mais ni Diethelm et son conseiller Richemont-
Bozel à l'Industrie, ni Tixier aux Affaires sociales, ni
Frenay aux Prisonniers n'ont les moyens de leurs ambitions malgré le concours de deux fidèles « Londoniens »
bien au fait des questions sociales, Henry Hauck et Bernard Mélamède. Des pans de l'administration vacillent.
Les cadres intermédiaires locaux sont déficients ou peu

empressés. Les mesures d'exécution suivent mal. Partout on manque de responsables ayant l'expérience de l'organisation. Spécialistes de tous ordres, ingénieurs, techniciens, contremaîtres, ouvriers qualifiés font défaut. Le patronat français n'est pas venu. L'appel indiscriminé sous les drapeaux aggrave la pénurie. On s'arrache un bon gestionnaire ou un vrai mécanicien.

Le quotidien, c'est aussi l'étranglement financier. De novembre 1942 à juin 1943, sous Darlan et Giraud, les ressources « normales » n'ont alimenté le budget qu'en proportion infime : moins d'un milliard et demi sur vingt-trois milliards et demi. Les dépenses ont été couvertes grâce à l'émission de huit milliards de bons du Trésor et grâce à huit milliards d'avances de la Banque d'Algérie qui sont pratiquement consommés et sur lesquels deux milliards représentent une inflation « pure et simple[3] ». À l'arrivée de De Gaulle, la trésorerie est à sec. Churchill a compliqué les choses en stoppant au 30 juin tout virement au compte de l'ancienne France Libre et, à partir d'août, tout versement destiné, *via* le B.C.R.A., à la Résistance[4].

L'inspecteur des finances Couve de Murville compose en août le premier budget du C.F.L.N. : il ne peut que juxtaposer les documents budgétaires évaluant les dépenses du commandement en chef civil et militaire et du Comité national[5]. Il faut ensuite prendre en charge la Corse, ouvrir 273 millions de crédits exceptionnels d'aide à la Résistance et valider par un collectif 566 millions de charges supplémentaires[6].

C'est seulement pour 1944 que Mendès France, nouveau commissaire aux Finances, est en mesure de faire approuver un budget intégré[7]. Il a beau instituer un effort fiscal rigoureux et imposer, comme en Angleterre, le prélèvement à la source sur les soldes, traitements et salaires, c'est encore par émissions de bons du Trésor et avances au Trésor qu'on finance l'effort de guerre. Le C.F.L.N. vivra toujours dans l'improvisation financière.

Mendès France opère toutefois en février 1944 une réforme technique importante en unifiant les monnaies de la France Libre et du reste de l'Empire. Depuis l'automne 1942, les alliés avaient fixé en Afrique du Nord et en Afrique occidentale par voie d'autorité la parité entre le franc et la livre sterling à trois cents francs d'abord, à deux cents francs ensuite : de sorte que l'Empire réunifié vivait sur la base de deux monnaies de valeur inégale, le sterling étant coté deux cents francs pour le franc d'Alger et cent soixante-seize francs pour le franc des anciens territoires français libres. Mendès France en finit avec cette anomalie : la dévaluation du franc de la France Libre assimile ce dernier au franc d'Alger[8].

Mais le quotidien, c'est aussi la crise du ravitaillement. L'alimentation des masses musulmanes d'Algérie avait été à peu près assurée jusqu'au printemps 1943. En juin, les céréales ont disparu des marchés et leurs prix ont doublé[9]. Il a fallu rationner le pain à 200 grammes par jour en maints endroits et limiter en Kabylie les distributions de grain à 1 680 grammes par personne et par mois. On craint des troubles. À partir d'octobre, il faut assurer en outre le ravitaillement de la Corse, soit 23 000 quintaux, s'ajoutant aux 300 000 quintaux fournis aux alliés. Le 12 octobre, Catroux rend compte à ses collègues que la situation est mauvaise, avec un sérieux déficit pour les céréales et les légumes : Alger a été à court de pain, le ravitaillement y reste précaire, les autres villes manquent de l'essentiel ; la situation est pire pour la viande, on n'a reçu aucune importation, les Américains ont abattu trois cent mille moutons pour leur ravitaillement,

l'Algérie se trouvera hors d'état de faire face à ses charges à partir de décembre 1943 à moins de détruire définitivement le cheptel[10].

Il n'y a plus de locomotives ni de charbon pour les transports civils. On n'affecte à l'agriculture et au ravitaillement que 370 wagons par jour là où il en faudrait 650.

La situation s'aggrave au printemps 1944 : « les indigènes meurent de faim, il faut du blé à tout prix », signalent les préfets ; or la récolte de 1944 s'annonce très déficitaire.

Le pire est évité grâce aux livraisons américaines[11], mais ces importations, il faut les financer. Le C.F.L.N. craint pendant plusieurs mois que Washington ne se paie d'autorité sur les devises et l'or français bloqués aux États-Unis, ultime capital que les experts français tiennent à réserver à la France libérée. Les Américains seront compréhensifs. Tant que l'Afrique du Nord a été « théâtre d'opérations » — en fait jusqu'à l'été 1943 —, Washington a assimilé le ravitaillement des populations locales à des dépenses de guerre financées par le prêt-bail, c'est-à-dire livrées gratuitement. À partir de septembre 1943, l'aide alimentaire relève d'un « prêt-bail remboursable » ; mais, grâce à un « *modus vivendi* sur l'aide réciproque en Afrique du Nord et en A.O.F.[12] » qu'a négocié Jean Monnet, les livraisons et dépenses faites par les Français au bénéfice des Américains viendront en déduction de leurs dettes et l'apurement des comptes n'aura lieu qu'après la guerre.

*Monnet et la méthodique négociation
de l'aide américaine*

Le mérite revient à Jean Monnet non seulement d'avoir piloté cette première négociation, mais d'avoir, dès septembre 1943, institué, tant à Alger qu'à Washington, les organes de coordination et de centralisation des demandes françaises de biens de toute nature[13].

Car on demande aux Américains non seulement d'équiper l'armée, non seulement de combler les besoins de l'Afrique du Nord, mais d'assurer l'approvisionnement de la France libérée.

La préparation civile de la Libération comporte, en effet, un volet économique dont on a oublié l'importance. Deux noms y sont liés, Monnet et Mendès France.

En novembre 1943, Monnet, s'étant fait décharger de ses attributions relatives à l'armement, s'installe à Washington en qualité de commissaire en mission : il se consacre aux problèmes d'approvisionnement civil et de reconstruction[14]. Selon les prévisions des experts, qui se révéleront exagérément pessimistes, vingt-deux des trente-neuf millions de Français ne pourront être nourris que grâce à des importations dans les six premiers mois qui suivront leur libération. On craint d'autant plus les pénuries matérielles que la France, comme toute l'Europe, manquera de dollars. On vit dans la hantise du *dollar gap*.

Monnet s'attaque au double problème. Certes, à l'automne 1943, l'Amérique a compris qu'il lui faudra aider les pays libérés et elle commence à mettre en place l'immense machine connue sous le nom d'U.N.R.R.A. ou Administration de secours et de reconstruction des Nations unies ; mais l'aide qu'on en attend risque de ne parvenir que des mois après la Libération et suppose une importante participation préalable en or et en devises. Le Pentagone prévoit, de son côté, qu'à mesure de l'avance alliée en Europe, le commandement fera exécuter un programme de réparations dont les effets seront évidemment profitables à l'économie française : remise en état immédiate des ports de débarquement, des grands itinéraires ferroviaires et routiers et des services d'eau et de gaz des villes, apport de 25 000 camions[15], mais le Comité d'Alger a d'autres exigences et veut être maître de la répartition.

De novembre 1943 à août 1944, l'équipe de Monnet mène une lutte ininterrompue sur deux fronts : il lui faut obtenir, du côté français, une programmation, c'est-à-dire l'établissement de programmes échelonnés, définissant secteur par secteur les besoins civils, alors qu'on ne sait pas bien, à Alger, où en est l'économie française, que le commissariat à la production de Diethelm n'a aucune expérience de la planification, que Pleven veut privilégier les colonies et qu'Henri Queuille, nommé président de la commission du ravitaillement, s'épuise à mettre tout le monde d'accord. En fait, c'est à Washington l'équipe du Conseil français des approvisionnements qui doit tout combiner et coordonner.

Monnet, secondé par Hervé Alphand, s'emploie à obtenir des Américains l'aide maximale, aux conditions les plus favorables et dans les délais les plus rapides. Il a réussi à faire admettre la France continentale au bénéfice du prêt-bail. Au 1er août 1944, il a fait approuver par les Américains un plan dit « de six mois », comprenant un million de tonnes de produits alimentaires, mais aussi des semences et des matières premières essentielles ; les approvisionnements nécessaires aux trois premiers mois sont déjà en route ou stockés en Afrique du Nord.

Il a fait approuver en outre un plan dit « de remise en marche » composé de « biens d'équipement de longue durée en rapport avec la guerre, mais dont l'utilité pourrait se prolonger au-delà de la guerre » (locomotives, wagons, bateaux, équipement industriel).

L'ensemble des deux plans, s'ajoutant au milliard de dollars consacrés à l'équipement de l'armée française, représente une valeur de plus de deux milliards et demi de dollars. Pour les deux tiers, le règlement, reporté après la guerre, tiendra compte des prestations de contrepartie fournies par la France ; pour le tiers restant, le gouvernement français n'aura à payer à la livraison qu'un acompte de 20 %. Le paiement des dettes, assorti d'un intérêt de 2,375 %, s'échelonnera sur trente ans[16].

Le C.F.L.N. a obtenu parallèlement des Anglais de bénéficier de leurs stocks de sécurité ; il a passé des commandes en Amérique latine et en Afrique du Sud et ponctionne les colonies. Le maximum aura été fait pour parer aux pénuries et à la ruine de la France libérée.

Mendès France

Autant que les pénuries, la crainte de l'inflation en territoire libéré obsède le jeune commissaire aux Finances Pierre Mendès France. La colossale indemnité d'occupation exigée par les Allemands a pesé lourdement. La circulation des billets est passée en France métropolitaine de 140 milliards en 1939 à près de 500. Plus de la moitié — 260 milliards contre 120 en 1939 — est formée de dépôts à vue à la disposition des particuliers. Comme les biens à acheter seront rares, on court le risque, « en quelques semaines », de voir se produire une catastrophe monétaire analogue à celle qu'a connue l'Allemagne après 1918. C'est, selon Mendès France, « le plus grave des dangers économiques ».

Pour l'endiguer, il présente au C.F.L.N. un programme qu'il a élaboré dès février 1944[17] : le blocage des comptes en banque, la taxation ou la confiscation des enrichissements, enfin l'échange des billets, opération pour laquelle il commande en Amérique pour trois cents milliards de francs de nouveaux billets. Il estime de plus qu'il faut donner au commissariat aux Finances la direction générale des affaires économiques, y compris un bureau du Plan à créer, en bref, toutes les attributions du ministère de l'Économie et des Finances de Vichy, et le pouvoir de « s'opposer à toute modification des échelles des prix, des tarifs ou des salaires » comme d'écarter toutes les mesures qui, directement ou indirectement, matériellement ou psychologiquement, provoqueraient une hausse des prix, une diminution des marchandises disponibles ou un accroissement de la circulation fiduciaire.

Sa clarté de vue, son énergie valent à Mendès France, comme à Monnet, un accueil favorable auprès de l'administration américaine : il a vite la confiance du secrétaire américain au Trésor Morgenthau ; il se distingue en juillet 1944 à la conférence monétaire de Bretton Woods ; c'est pour beaucoup à lui que la France devra d'avoir un siège permanent à la Banque mondiale et au Fonds international de stabilisation des changes et il n'a pas trop de peine à faire admettre que la France libérée maintienne le taux de change de deux cents francs pour une livre, parité favorable, bien que factice. Mais il doit mener à Alger un rude combat dont l'issue sera encore douteuse quand le gouvernement provisoire s'installera à Paris. On mesure ici, comme à propos des institutions futures, combien le rassemblement national réalisé par de Gaulle est fragile dès lors qu'il s'agit d'imposer des solutions tranchées : le réveil des forces politiques, les contraintes d'un gouvernement de coalition et le souci de l'opinion amènent de Gaulle à transiger ou à temporiser sur les choix qu'il ne juge pas vitaux.

Le programme de Mendès France divise le Comité de la libération nationale et inquiète Pleven[18], Queuille et René Mayer, soucieux de rassurer les classes moyennes. Mendès France, tout en estimant justifiée une hausse importante des salaires, demande qu'elle ne soit pas promulguée dès la Libération, mais seulement annoncée et étalée sur un an : au contraire, Tixier, poussé par les syndicalistes de l'Assemblée — qui ne veulent pas être moins sociaux que les communistes —, entend créer à l'arrivée en France un choc psychologique par une hausse immédiate des salaires. De même, Mendès France tient à maintenir en activité, après les avoir épurés, les organismes professionnels de répartition et les Comités d'organisation de la production créés par Vichy, alors que l'équipe Diethelm prône leur suppression rapide, car il estime indispensable un strict dirigisme économique dans la période de réinstallation et de reconstruction, le simple jeu des intérêts privés ne pouvant assurer l'équilibre de la production et un niveau « suffisant » d'emplois. Il se trouve en accord, du moins sur ce point, avec des libéraux tels que Monnet et Queuille, mais il s'oppose à Queuille en soutenant qu'une fois satisfaits « les besoins physiologiques de la population », il importera d'affecter le maximum de forces productives « au profit du redressement plutôt qu'au profit de la consommation »[19].

Le 15 mars 1944, ne s'estimant pas soutenu, il adresse sa démission à de Gaulle[20]. Il la retire après le discours-programme magistral que le Général prononce le 18 mars à la « Consultative », où celui-ci affirme qu'en matière économique la « Libération de la France ne marquera pas du tout le commencement de l'euphorie » et que le gouvernement devra

> prendre les mesures rigoureuses qui s'imposeront quant au rationnement, aux prix, à la monnaie, au crédit, afin que chacun, je dis chacun, puisse recevoir sa part de ce qu'il est vital de consommer[21].

Mais tout sera encore en suspens en août 1944 : de Gaulle ne veut prendre une orientation effective qu'« au moment de la réforme gouvernementale qui accompagnera le retour en France[22] ». Pourtant le remède Mendès France a été expérimenté avec succès en Corse. Bien qu'instinctivement d'accord avec Mendès France[23], de Gaulle donnera le pas aux considérations politiques immédiates : il renoncera à faire accepter par les communistes et la classe ouvrière ce qu'on appelle autour de lui « une cure d'égalité dans la misère ». Le prix à payer pour cette concession sera lourd[24].

La restauration de la légalité républicaine

Si vitale que soit l'aide économique, préparer la Libération et l'après-Libération, c'est d'abord rétablir l'ordre démocratique et aménager le cheminement vers des institutions définitives.

En Algérie même, l'ordre juridique républicain est, pour l'essentiel, rétabli en novembre 1943 quand « le second C.F.L.N. » entre en fonctions. Après les réformes que Jean Monnet a arrachées à Giraud au printemps et le rétablissement des conseils municipaux et des conseils généraux, de Gaulle et les siens ont imposé la réparation des spoliations, la réintégration des fonctionnaires et salariés victimes de mesures arbitraires, le rétablissement de la liberté d'association, la restitution de leurs attributions aux syndicats et l'abrogation des mesures prises à l'encontre des sociétés secrètes. Enfin, après un délai dû à l'obstruction de Giraud et à la crainte de réactions dans les milieux musulmans, le décret Crémieux qui assure la plénitude de la citoyenneté française aux juifs algériens a été rétroactivement remis en vigueur[25]. Par ailleurs, la création d'un Comité temporaire du contentieux et d'une Chambre provisoire de cassation a rétabli au bénéfice des justiciables les garanties d'une procédure légitime.

Restaurer en France métropolitaine la légalité de la IIIe République pose des problèmes autrement complexes. On ne peut pas supprimer d'un trait de plume l'intégralité des lois de Vichy : certaines valent d'être maintenues, il faut pour d'autres soit en corriger les effets, soit adopter des dispositions transitoires. L'ordonnance du 9 août 1944, élaborée dès avril, stipule que

sont nuls les lois et règlements postérieurs au 16 juin
1940, dernier jour « du dernier gouvernement légitime
de la République » ; mais cette nullité ne sera effective
que si un texte, promulgué ultérieurement, la constate
expressément dans chaque cas[26] : un énorme travail
d'abrogation et de codification a été entrepris à Alger[27],
il devra être poursuivi en France.

Disons-le nettement, la notion de « restauration de
la légalité républicaine », chère à l'historiographie de
la France Libre, ne peut être prise à la lettre. Ce à quoi
tendent les dirigeants d'Alger, c'est bien davantage à
restaurer, d'une part, la fidélité aux principes démocratiques tels qu'ils résultent de la Déclaration des
droits de l'homme et de deux siècles de tradition républicaine, d'autre part, un ordre juridique conforme à
cette tradition[28].

Deux raisons supplémentaires font que la « restauration de la légalité républicaine » sera seulement partielle : la situation exceptionnelle implique des mesures
exceptionnelles ; et le formidable espoir de renouveau,
commun à la Résistance et à la France Libre, exige des
voies nouvelles vers une République nouvelle. À défaut
de fixer les modalités des réformes d'avenir, on s'accorde
sur les procédures qui y conduiront : elles sont, dans
plus d'un cas, en rupture avec le droit traditionnel et
l'on ne recule pas devant des mesures d'exception,
notamment en matière d'épuration[29].

Convoquer le Parlement élu en 1936 pour lui faire
proclamer l'illégitimité des actes de Vichy serait
« légal » : seuls trois délégués radicaux proposent de
ressusciter des assemblées discréditées. Appliquer à la
France libérée la loi Tréveneuc de 1872, qui stipule
qu'en l'absence de représentation de la nation, on
compose une Assemblée nationale au moyen de délégués des conseils généraux[30] ? Ce serait une assemblée
de notables ruraux élus en 1934 et dont la moitié, dans
certains départements, mériterait l'indignité natio-

nale : ni les délégués de la Résistance, ni les socialistes, ni les communistes, ni en France le Conseil de la
Résistance ne veulent en entendre parler.

Le Comité de la libération a innové en créant la
« Consultative ». Il innovera de même pour faire face
aux conditions inédites d'une libération qui aura des
aspects révolutionnaires. Il le fait en accord avec
l'Assemblée et en liaison avec les organismes centraux
de la Résistance qui sont consultés à chaque étape. À
Londres déjà, deux organismes d'étude — peu consis-
tants — ont discuté des problèmes de la prise du pouvoir par les autorités nouvelles et de la transition à
moyen terme, la Commission de débarquement, présidée par Henri Queuille, et la Commission de réforme
de l'État, confiée à Félix Gouin[31]. La Commission de
débarquement a été reconstituée à Alger fin août 1943
et Queuille a pu adresser le 8 novembre à de Gaulle et
aux membres du C.F.L.N. un bilan des travaux déjà
impressionnant.

Tout se précipite quand de Gaulle prend les rênes. Le
temps presse. André Philip multiplie les groupes
d'étude. On reçoit les projets élaborés en France par le
Comité général d'études. Dans cette fièvre, deux hommes ont une influence modératrice et médiatrice qui se
conjugue avec le souci de légalité républicaine de René
Cassin pour tempérer le jeu : ce sont deux parlementaires radicaux qui se veulent les garants de la tradition
républicaine, sinon même de l'esprit de la Constitution
de 1875, le sénateur de la Corse Giacobbi, président de
la Commission de réforme de l'État et de la législation
de l'Assemblée[32], et le vétéran Queuille[33], maintenant
commissaire d'État chargé des « commissions inter-
commissariales », gaulliste de raison après avoir été
gaulliste de passion, homme de sagesse et conseiller
discret du Général, qu'il remplace, dans ses absences, à
la présidence du C.F.L.N. De Gaulle révise avec soin les
textes les plus importants.

Du flot des cent trente et une ordonnances mises au point pour la plupart par le Comité juridique[34] et promulguées de juin 1943 à août 1944, on mentionnera seulement ici quelques-unes des mesures prises en vue de la prise du pouvoir lors du débarquement prochain ; ces mesures seront examinées plus en détail dans le cadre de ce qu'on a pu appeler la mise en place de l'« État clandestin[35] ».

Disons déjà que les préfets régionaux de Vichy doivent laisser place à des commissaires régionaux de la République : nommés par décret sur proposition du Conseil de la Résistance et dotés de pouvoirs extrêmement larges, ils devront, à mesure de la libération du territoire, pourvoir à l'administration, rétablir la légalité républicaine et s'employer à satisfaire par tous moyens aux besoins de la population[36]. De nouveaux préfets seront également nommés par décret ; ils seront assistés dans chaque département, durant la phase de transition, par un Comité départemental de la libération composé d'un délégué de chaque mouvement de résistance, organisation syndicale et parti politique représentés au Conseil national de la Résistance.

Organisation des pouvoirs publics après la Libération ? La « Consultative » se transportera en France ; elle sera élargie par des représentants des mouvements de résistance et de délégués élus par chaque département. Ses attributions seront étendues : elle élira le président du gouvernement provisoire, votera le budget et fixera le mode d'élection à la future Assemblée constituante. Celle-ci sera convoquée

> dès que les circonstances permettront de procéder à des élections régulières et au plus tard dans le délai d'un an après la libération complète du territoire[37].

Sur le plan local, les conseils municipaux et généraux en exercice en 1939 seront rétablis. Ceux de leurs membres qui auraient collaboré seront remplacés par des membres nommés par les préfets sur avis des Comités départementaux de la libération (C.D.L.). Des assemblées nouvelles devront être élues au plus tôt.

Ainsi l'engagement de rendre la parole aux Français sera tenu. La parole sera donnée par la même occasion aux Françaises : comme de Gaulle l'avait annoncé dès 1942, elles seront électrices et éligibles à tous les degrés.

Ces dispositions sur la transition institutionnelle et la constitution des assemblées nouvelles n'ont toutefois pas été élaborées ni acceptées sans peine. En janvier 1944, la « Consultative » a été saisie de trois projets concurrents[38]. Le premier, œuvre du commissaire à la Justice Menthon, prévoyait des élections à deux degrés ; il a été dénoncé par Pierre Cot et Fernand Grenier comme ouvrant la voie « à une démocratie autoritaire, à un vichysme sans Vichy » et condamné en France par le Conseil de la Résistance. Le deuxième projet, émanant du groupe communiste, a fait scandale : il proposait que, dans les territoires libérés, on commence par élire à main levée sur les places publiques, comme en Corse, des délégations patriotiques de communes ; leurs représentants formeraient des délégations patriotiques départementales ; au sommet, une délégation patriotique nationale de cinquante membres, représentant les mouvements patriotiques et « émanation de la base », remplacerait l'Assemblée consultative[39]. Le troisième projet, proposé par Vincent Auriol, était soutenu par la Commission de réforme de l'État de l'Assemblée. La « Consultative » a écarté les trois.

C'est finalement le projet remanié et amendé du C.F.L.N. que l'Assemblée a approuvé le 24 mars par 62 voix contre 4, après quatre jours de débats confus et parfois hargneux[40]. Le général de Gaulle s'est déclaré satisfait de l'accord du gouvernement et de l'Assem-

blée et prêt à se ranger à l'avis de la majorité sur les
points de désaccord, ce que devait confirmer le texte
de l'ordonnance du 21 avril 1944.

Le dernier acte de l'assemblée est sa contribution
formelle, mais symboliquement importante, à l'ordonnance fondamentale du 9 août 1944 sur le rétablissement de la légalité républicaine. S'il est vrai que le
dispositif du texte, élaboré par René Cassin, est d'initiative gouvernementale, l'Assemblée en a non seulement modifié l'ordonnancement, mais en a modifié
avec éclat la rédaction. Au texte proposé pour l'article Iᵉʳ, « la République n'a jamais cessé d'exister » que
de Gaulle reprendra au soir du 25 août à l'Hôtel de
ville de Paris, elle a substitué son énoncé lapidaire :
« La forme du Gouvernement de la France est la République. En droit, celle-ci n'a jamais cessé d'exister ».

Tel quel et tout limité qu'il soit aux mesures
d'urgence, le bilan législatif est imposant : en six mois,
le Comité de la libération nationale a achevé de restaurer un ordre juridique républicain, défini les structures
de l'« État clandestin » qui devra se substituer aux
autorités de Vichy et fait approuver, tant par l'Assemblée que par le Conseil de la Résistance, les étapes
conduisant par des voies démocratiques à la République nouvelle[41].

Des germes de division

L'Assemblée d'Alger aura donné, du moins dans ses
votes, toutes les apparences de l'union sacrée autour de
De Gaulle. On peut présumer pourtant qu'il ne peut
s'agir d'une union à long terme ni sans luttes de pouvoir.

Il y a deux failles dans cette union. La première, peu
apparente, est celle qui conduira finalement le Général
à la démission en janvier 1946.

Chacun est d'accord sur le principe de la souveraineté du peuple et sur le nécessaire renforcement du pouvoir exécutif. Cet accord cache une divergence fondamentale qui a trait à la nature de la démocratie à instaurer et, plus confusément, à la procédure qui doit y conduire.

Tout donne à croire que de Gaulle caressait, dès 1942, l'idée d'un régime présidentiel ou semi-présidentiel. Il avait découvert avec une admiration mêlée d'envie le fonctionnement efficace de la « République impériale » américaine tout en répugnant l'idée que les candidats à la présidence soient désignés par les partis. Le pouvoir quasi monarchique dont il s'est trouvé investi, le lien personnel qui s'est établi entre les Français et lui, la conscience grandissante qu'il a d'être le symbole dont tout procède n'ont pu que l'inciter à persévérer dans cette voie. Dans son discours-programme du 18 mars 1944, il se borne à appeler de ses vœux à la fois

> un fonctionnement législatif et politique très différent de celui qui finit par paralyser le Parlement de la III⁰ République,

et un gouvernement qui soit

> mis à même de porter [la charge du pouvoir exécutif] avec la force et la stabilité qu'exigent l'autorité de la France et la grandeur extérieure de la France[42].

Il se garde d'être précis, car les impératifs immédiats imposent « le rassemblement national », mais il ne dissimule pas à des interlocuteurs de confiance comment il conçoit la mission qui lui incombe pour l'après-Libération. En réalité, expose-t-il à Macmillan,

> la crise française avait commencé en 1789 et avait duré jusqu'à la déclaration de guerre à travers différents systè-

mes temporaires et sans jamais trouver de solution permanente.

C'était son devoir à lui, de Gaulle, de forger une unité
nationale telle qu'elle rendît possible la solution des problèmes sociaux et économiques de la France tout en évitant le désordre d'un côté et l'extrémisme de l'autre[43].

La « solution permanente » à laquelle il songe sans
en avoir étudié les modalités est manifestement de
même inspiration que celle qu'il proposera en 1946 à
Bayeux.

Or tous les projets constitutionnels élaborés en
dehors de lui à Londres et à Alger ou connus à Alger
en 1943-1944 s'inscrivent, à une exception près, dans
le cadre de la démocratie parlementaire[44]. Que ces projets maintiennent deux chambres ou n'en gardent
qu'une, qu'ils limitent ou non la durée des sessions
parlementaires, ils ont à peu près tous pour ambition
de concilier autorité, stabilité et démocratie grâce à un
gouvernement de législature investi par une assemblée
souveraine[45]. Tous se situent dans le droit fil de la tradition issue de la Révolution de 1789 qui n'imagine
pas la souveraineté nationale s'incarnant autrement
que dans une assemblée élue, constituante, puis législative. Le modèle de stabilité qu'offre la démocratie
parlementaire anglaise confirme les réformateurs dans
ces vues ; aucun d'eux ne s'avise que le système des
deux partis qui gouvernent l'Angleterre en alternance
n'a rien à voir avec la réalité française.

La divergence tournera ultérieurement au conflit. Il
arrive déjà qu'un républicain de tradition tel qu'Henri
Queuille se demande si le Général saura plier son formidable ego aux règles d'une démocratie qui ne soit
pas autoritaire ; pour sa part, il ne l'accepterait pas. Le
oui des parlementaires cache souvent un *oui, mais*[46].

Le politologue d'aujourd'hui peut se demander si le
de Gaulle de l'après-Libération, fort de son prestige

mythique, aurait été ou non en mesure d'imposer démocratiquement une Constitution du type 1958 au pays libéré[47]. Il était impensable — et Jean Moulin avait, dès 1943, exclu cette hypothèse — de renouveler le précédent du 10 juillet 1940 en faisant donner délégation au gouvernement du général de Gaulle de procéder à la réforme[48]. Compte tenu des rapports de forces, de la renaissance de partis aspirant à persévérer dans leur être, enfin du souci que lui-même avait d'incarner aussi longtemps que possible l'unité nationale en restant au-dessus de la mêlée, tout n'était-il pas joué dès Alger ?

Entre le maintien du « rassemblement national » qu'il incarnait et l'instauration démocratique d'un régime privilégiant l'exécutif comme il le voulait, la voie était en tout cas étroite. Et le temps était compté.

De Gaulle et le P.C.F. ou l'alliance conflictuelle

Plus immédiatement redoutable est la rivalité à peine voilée entre de Gaulle et le parti communiste. L'entente est entre eux nécessaire, mais elle est conditionnelle. De part et d'autre, on se considère comme l'avant-garde de la Résistance et l'on veut en être le moteur. De part et d'autre, on propose une foi : le gaullisme un idéal patriotique fort de sa priorité dans le refus et du rayonnement mythique de l'homme du 18 Juin, le communisme la certitude d'aller dans le « sens de l'Histoire » avec le prestige d'un activisme qu'exaltent les victoires de l'U.R.S.S.

Jusqu'à l'automne 1943, on affiche de part et d'autre la solidarité et le fair-play. Fernand Grenier, délégué du Comité central clandestin auprès de la France Libre, a été, on l'a vu, accueilli chaleureusement, « fraternellement » même, par certains gaullistes. Le seul dissentiment, de son côté, dans la phase londonienne,

a tenu à l'« attentisme » qu'il subodorait chez les dirigeants du B.C.R.A. et au refus de la B.B.C. de diffuser
les communiqués militaires extravagants des Francs-
Tireurs et Partisans (ce qui n'empêche pas Schumann
de célébrer « les vaillants F.T.P. »). De Gaulle a rendu
hommage à son « gaullisme » et, recevant le 28 août
1943 une délégation de députés communistes, il leur a
fait remarquer qu'ils étaient le premier groupe politique auquel il accordait une audience. Entre-temps,
Philip a donné instruction de rétablir la subvention
que la délégation générale clandestine du C.F.L.N. en
France servait au Front national et aux F.T.P. et que
Jean Moulin leur avait supprimée en avril 1943[49].

Cependant, la solidarité n'exclut pas les arrière-pensées. De Gaulle, sitôt arrivé à Alger, a exposé à Murphy que le communisme constituait un danger pour la
France d'après-guerre et que « lui seul, de Gaulle, était
capable de le contenir[50] » ; il le lui a répété à toute
occasion :

> Les communistes participent à l'effort de libération de la
> France, mais il fait les plus grandes réserves sur leurs aspi-
> rations pour l'après-guerre et il s'efforce de les contrer[51].

Il le redit le 10 novembre 1943 en recevant le nouveau représentant américain à Alger Wilson[52] et, le
même jour, devant l'Anglais Macmillan, puis, en 1944,
au nouvel ambassadeur britannique Duff Cooper, tous
très impressionnés. Une seule solution pourrait, selon
lui, éviter en France « les complications et même la
guerre civile » :

> Le C.F.L.N., avec lui-même à sa tête, doit se saisir du
> gouvernement dès le départ des Allemands. Le moindre
> intervalle serait dangereux et donnerait aux communistes
> une chance de prendre le pouvoir.
> Il ne doute pas de pouvoir tenir les choses en main
> jusqu'à ce que le moment soit venu d'élire une assemblée

constituante. Si cette dangereuse période intermédiaire
est surmontée, tout pourra s'arranger. Lui seul a assez
d'autorité pour contrôler la situation[53].

Impossible d'en douter, ces propos sont avant tout à
usage diplomatique. Mais entre septembre et novembre 1943, trois faits ont en outre changé les perspectives et donné une tonalité moins affable à ses relations
avec les communistes.

Le premier est l'affaire corse, elle marque un tournant. La prise en main de l'île par le Front national
avec élections à main levée dans les villages ne devra
pas se renouveler en France : de Gaulle le dit, les commissaires à l'Intérieur Philip, puis d'Astier le répètent.
Il ne faut pas qu'il y ait le moindre délai entre le
départ des Allemands et l'installation d'autorités dési-
gnées par le C.F.L.N. D'où la hâte à organiser dès
avant la Libération l'« État clandestin[54] ».

Le deuxième fait est le refus de De Gaulle de laisser
entrer des communistes dans le C.F.L.N., sinon à ses
conditions : il prouve qu'il sait leur tenir la dragée
haute. Non seulement il veut être libre du choix des
commissaires nationaux et se refuse à leur déléguer
les pleins pouvoirs dans leur secteur, mais il tient à ce
que ces commissaires, qu'on appellera bientôt ministres, soient issus, comme Grenier ou Mercier, de la
Résistance intérieure et non pas, comme le parti le
demande, du groupe des vingt-six députés récemment
libérés des prisons d'Afrique du Nord et qui avaient été
condamnés en avril 1940 pour leur refus de désavouer
le pacte germano-soviétique. Il n'entend pas leur
accorder un brevet de patriotisme que le corps des
officiers, au surplus, ne comprendrait pas.

Un troisième fait notable est l'arrivée de Moscou, le
13 octobre 1943, d'André Marty qui vient siéger à
l'Assemblée. Si de Gaulle refuse toujours de dédouaner
Thorez, secrétaire du parti communiste, condamné à

mort en 1940 pour désertion devant l'ennemi et réfugié à Moscou, le C.F.L.N. n'a pas cru pouvoir dire non à la venue de Marty. Figure historique du parti, militant extrémiste et gauchiste sectaire, Marty est influent parmi les siens ; il est le représentant et le correspondant occulte de ce qui subsiste à Moscou de l'Internationale communiste : sa présence entraîne un durcissement du groupe communiste d'Alger[55]. Ce dernier ne s'aligne pas toujours sur lui : il n'incarne que la tendance dure. Le message de Nouvel An que « la délégation du Comité central du P.C.F. » adresse à de Gaulle sous la signature de Billoux, Bonte et Marty, confirme la volonté d'entente[56] :

> Monsieur le Président,
> En ce 1er janvier 1944, nous venons vous assurer de l'appui total de notre grand parti...

Mais autant Maurice Thorez, cloué à Moscou, se veut rassurant et ouvert à la coopération, autant Marty verse de l'huile sur le feu communiste.

Thorez, au cours d'un entretien, le 21 janvier 1944, avec le représentant du Comité de la libération nationale à Moscou, affirme

> que les communistes ne songent pas à prendre le pouvoir, ni maintenant, ni après la Libération.

Il confirme que « la volonté indiscutable » de son parti est non seulement de soutenir le Comité, mais

> de participer à ses responsabilités de gouvernement aussi bien pour la période de la Libération qu'au stade de la reconstruction[57].

Marty, au contraire, dans des communications à Dimitrov de février 1944, qualifie de Gaulle d'« ennemi » et d'ancien cagoulard[58]. Il n'hésite pas à imputer au

B.C.R.A. l'« assassinat » du député communiste Cos-
sonneau, qui a trouvé la mort en décembre 1943 alors
qu'il regagnait la France (l'avion anglais qui le trans-
portait a été abattu par la D.C.A. allemande). Marty
n'est pas le seul parmi les communistes à dénoncer
l'absence de tout délégué du Front national à l'Assemblée comme une manœuvre de Soustelle et de Passy.
Les documents aujourd'hui connus prouvent que la
direction nord-africaine du parti considère bel et bien
de Gaulle comme un obstacle, le rempart de la bourgeoisie, dont il faudra, à terme, se débarrasser, car il
est

> impossible de croire à la coexistence pacifique durable des
> deux systèmes, ni entre États capitalistes et États socialis-
> tes, ni entre les partis politiques à l'intérieur de la
> France[59].

De leur côté, entre novembre 1943 et juin 1944, de
Gaulle et ses proches prennent conscience, souvent
avec retard, de la force croissante et des tactiques du
parti. Dès juin 1943, ils ont su que le P.C.F. avait été le
seul, lors de la création du Conseil de la Résistance, à
faire des réserves sur la motion exigeant que de Gaulle
ait le pas sur Giraud. Ils ont reconnu ensuite à plus
d'un signe que les communistes souhaitaient entre les
deux généraux un équilibre qui limite la prépondérance de De Gaulle. La préférence communiste se
révèle le plus crûment lors du débat à l'Assemblée consultative sur la Défense nationale, le 18 janvier 1944[60] :
« Un commandant en chef français est-il nécessaire ? »
demande l'orateur du parti communiste Billoux. « À
notre avis, oui », répond-il. Au commandant en chef
Giraud il assigne des attributions qui englobent implicitement l'action en France : il souhaite qu'il ait « la
haute main » sur les combattants français *où qu'ils se
trouvent* et qu'il s'intéresse aussi bien au corps expédi-

tionnaire en Italie ou à l'escadrille Normandie qu'« au partisan qui fait sauter une usine ou une voie de chemin de fer en France ».

Ce ne sont là que des mots. Il y a aussi les actes. À l'automne 1943, le C.F.L.N. a découvert les progrès de l'activité communiste déployée en Afrique du Nord par le bloc des vingt-neuf députés que la guerre y a rassemblés : non seulement ils font assaut de surenchère et de pressions sur le C.F.L.N., disposent depuis juillet 1943 de l'hebdomadaire *Liberté* dont le tirage atteint 62 000 exemplaires, jouissent de la sympathie croissante d'un des meilleurs quotidiens, *Alger Républicain*, et voient les effectifs de leur parti dépasser ceux de 1939, mais en outre ils se sont réparti localement les tâches, Costes, Bartolini et Gaou chargés de Constantine, Demusois et Martel d'Oran, Croizat de Tunis, Grésa du Maroc, Fajon, Lozeray et Waldeck Rochet de la propagande et de la formation au bénéfice du parti communiste algérien, dont ils inspirent et soutiennent l'action émancipatrice et revendicatrice[61].

C'est, de même, à partir de l'automne 1943 que de Gaulle et ses proches s'inquiètent de découvrir que le parti communiste et le Front national tentent depuis le début de l'année en France une entreprise de contournement qui pousse à la création locale de « Comités de la France Combattante » et de « Comités populaires » dont ils tirent les ficelles. À partir de l'automne 1943, des rapports de France soulignent le double effort du parti pour coloniser les principaux organes clandestins — Comité parisien de libération, bureau du Conseil de la Résistance, commission militaire du Conseil de la Résistance (C.O.M.A.C.) —, pour faire monter la température et pousser les résistants à l'action armée immédiate ; cet activisme, assurent de bons observateurs, aurait

comme but véritable [...] le déclenchement d'une insurrection, indispensable pour que le peuple ne soit pas frus-
tré du bénéfice de sa résistance[62].

Les 8 et 9 janvier 1944, le *Journal de Genève* rend ces
accusations publiques : il reproduit sous le titre « Les
idées de la France Combattante » des extraits d'un rapport implicitement attribué à Frenay qui dénonce la
politique communiste de noyautage et prête aux communistes le désir

> de faire de De Gaulle un Kerensky qui ferait la révolution
> de Février, cependant qu'eux-mêmes se réserveraient la
> révolution d'Octobre.

Encore ignore-t-on à Alger jusqu'au printemps de
1944 que le Front national et ses Francs-Tireurs et
Partisans, « le seul groupement (ou à peu près) qui ait
jamais fait de l'action immédiate en zone nord[63] », sont
en train de s'implanter solidement dans l'ancienne
« zone libre ».

Ainsi, de novembre 1943 à juin 1944, la vigilance ne
cesse de s'accroître entre de Gaulle et les communistes
et le jeu de se durcir. L'alliance n'en est pourtant pas
compromise, car chacun a besoin de l'autre : de Gaulle
de la force combative du P.C.F. qu'il veut mobiliser
« pour la bataille suprême » tout en veillant à « le tenir
à la main » ; les communistes d'une accession au pouvoir qui les lavera de leurs palinodies de la « drôle de
guerre » et leur fera partager les postes et le prestige
de la Libération.

Les relations ne se réduisent pourtant pas à un jeu
de ruses. À coup sûr, l'état-major algérois de l'action
clandestine — Soustelle, Dewavrin-Passy, Billotte —
de même que l'équipe anglaise du S.O.E. en Afrique
du Nord et le Général lui-même sont depuis l'affaire
corse d'une méfiance tenace à l'égard des communistes. Mais on se gardera d'oublier la solidarité affective

qui relie, à Alger et à Londres comme — bien plus
encore — en France, tous les combattants de la Résistance intérieure, qu'ils soient communistes ou non
communistes ; les communistes se sont acquis le respect par leur courage et leurs martyrs ; jusqu'aux plus
hauts niveaux civils on persiste à espérer qu'ils ont
changé, qu'ils ont réintégré définitivement et sans réticences la communauté nationale. « Nous ne pouvons
pas plus faire la France sans les communistes que les
communistes ne peuvent faire la France sans nous »,
déclare le délégué de Ceux de la Résistance Jean-Jacques Mayoux[64]. D'où d'étonnantes ambivalences.
L'entrée des communistes au Comité de la libération
nationale est recommandée aussi bien par l'anticommuniste Frenay[65] et par les socialistes, pourtant pré-
cautionneux[66], que par l'unanimité des délégués des
mouvements. Elle se réalise par transaction le 4 avril
1944. Le groupe des parlementaires communistes
d'Alger a reçu en mars des consignes de Moscou prescrivant la coopération dans la légalité[67] : le parti consent à ce que de Gaulle affecte autoritairement Grenier
au commissariat à l'Air, moyennant la participation
emblématique au Comité de Billoux, Billoux, dénonciateur du « fauteur de guerre Daladier » et porte-
parole, en mars-avril 1940, devant le tribunal militaire,
des députés communistes qui ont refusé de désavouer
le Pacte germano-soviétique[68].

De Gaulle tient cependant le cap. Quand le directeur
de *L'Écho d'Alger*, maréchaliste non repenti, s'inquiète
de sa « collusion » avec les communistes qui « veulent
saper dans ce pays tout ce qui est français » et « dresser les musulmans contre la France », il s'explique
sans ambages[69] :

> Si nous voulons éviter que les communistes prennent le
> pouvoir, il n'est d'autre solution que de faire une politi-
> que... gauchisante, étayée sur les socialistes.

Et il ne transige pas sur le retour de Thorez, condamné à mort pour désertion en 1940 : Thorez ne rentrera en France que bien après la Libération, à la fin de novembre 1944. Ce veto est un défi permanent. C'est beaucoup plus qu'un symbole si l'on sait le poids irremplaçable qu'est celui du secrétaire général dans un parti communiste.

Ni de Gaulle ni la plupart de ses délégués en France, Bingen, Parodi, Laffon, plus tard Chaban-Delmas, ne croient d'ailleurs à l'éventualité d'un putsch communiste à l'occasion de la Libération. Lui-même a donné assez de gages au moins verbaux à « la chère et puissante Russie » pour compter — avec raison — que Staline maintiendra les communistes français dans une relative discipline. Le jour du débarquement en Normandie, il n'hésitera pas à affirmer à son porte-parole à Londres, André Gillois, qui s'inquiète : « *Ils* ne feront rien[70] ! »

Il n'en est pas moins convaincu que l'épreuve de force avec les communistes sera pour l'après-Libération.

L'attente du débarquement et l'éviction totale de Giraud

Avril 1944 est un mois charnière. Cent indices annoncent un débarquement proche en France. Dans cette perspective, outre la mise au point des ordonnances sur l'exercice du commandement et sur les pouvoirs publics en territoire libéré, de Gaulle prend coup sur coup quatre décisions qui renforcent l'autorité du futur « Gouvernement provisoire » et la sienne.

Il sait vivre avec la liberté de la presse, mais n'aura jamais été particulièrement tolérant en la matière. Depuis des mois, il entend disposer des organes centraux de l'efficacité informative, la radio et l'agence nationale de presse, afin qu'elles soient « la voix de la

France » dans la phase critique de la Libération. Pas de
problèmes pour Radio Alger ni pour Radio Brazzaville
qui sont aux mains d'équipes sûres. Grâce à la compréhension d'Éden, les gaullistes partageront le contrôle des émissions françaises de la B.B.C.[71]. L'agence
de presse d'Alger, France Afrique, en revanche, a conservé pour directeur un professionnel de grande classe
et d'esprit indépendant, Paul-Louis Bret, qui n'est pas
resté à Londres en 1940 et qui, sans jamais donner de
gages à la collaboration, a servi sous Weygand, Darlan
et Giraud. « Je ne veux plus de cette agence de Darlan ! » répète de Gaulle. Il n'est pas plus indulgent
pour l'Agence française indépendante de Londres,
l'A.F.I., fondée en 1940 par Pierre Bourdan et toujours
financée par le ministère de l'Information britannique :
de leur fusion devrait renaître une agence mondiale
apte à prendre la relève de l'agence Havas déconsidérée.
Palewski pousse à la roue. L'opération aboutit fin
mars : Bret et Bourdan doivent s'effacer derrière le
directeur de Radio Brazzaville, Géraud Jouve, pro-
pulsé à la tête de la nouvelle « Agence française de
presse » ou A.F.P.[72]. Une ordonnance charge celle-ci
du monopole de la distribution des nouvelles sur le
territoire métropolitain au cours de la Libération[73]. Le
ministre de l'Information en assurera le contrôle.

Derniers préparatifs politiques : le 4 avril 1943, en
même temps que les communistes Billoux et Grenier
entrent au C.F.L.N., le socialiste Le Troquer devient
commissaire délégué aux territoires libérés. À Paris, le
maître des requêtes Alexandre Parodi, pseudonymes
Quartus, Cérat et Belladone, prend les fonctions de
délégué général clandestin.

Dernières péripéties au niveau du commandement
en chef : le 7 avril, le général Giraud, devenu un obstacle à l'action unifiée des services secrets en France,
s'entend signifier que ses fonctions sont supprimées ;
le président du Comité de la libération nationale sera,

conformément à la législation républicaine, le chef des armées : la décision nécessaire est imposée avec un mélange cruel d'obstination et de gaucherie. Giraud, refusant toute prime de consolation, se cantonnera dans la retraite avec son chagrin[74].

Quelques jours plus tard enfin, le général Kœnig est nommé délégué militaire du C.F.L.N. à Londres auprès du « commandant suprême » des forces alliées en Europe Eisenhower. Kœnig ajoutera bientôt à cette fonction le commandement des Forces Françaises de l'Intérieur. Le général Cochet est nommé délégué militaire pour le théâtre sud[75].

Reste à attendre la rencontre avec la France, si les alliés ne mettent pas des bâtons dans les roues...

27

Faire l'armée de la Libération

Mobiliser toutes les ressources de l'Empire, créer en un an, à partir de l'armée d'Afrique et des unités de la France Libre, les forces capables de participer efficacement à la libération de la mère patrie, de Gaulle, président du C.F.L.N., et Giraud, commandant en chef jusqu'à avril 1944, ont au moins cet objectif en commun.

Pour de Gaulle, il s'agit en outre de rendre à la France, au feu des combats, son rang d'alliée à part entière avec la plénitude de sa souveraineté.

Que de difficultés, ici encore, et de heurts ! Problèmes d'effectifs et d'encadrement, difficultés de la fusion entre Français Libres et cadres maréchalistes, conversion des fantassins de 1940 en une force moderne, dépendance politique et matérielle à l'égard des Américains, à quoi s'ajoutent les divergences de vues entre le président du C.F.L.N. et le commandant en chef...

Équiper de gros bataillons

L'Empire passe pour un réservoir d'hommes. Leur emploi a des limites. Une note du 15 octobre 1943 du secrétariat du Comité de défense nationale à l'usage des Américains fait état de 575 000 hommes et femmes sous les drapeaux, les effectifs devant atteindre, après la libération de la France, un million, dont 350 000 indigènes à la fin de 1944 et 1 425 000 à la fin de 19 45[1] : chiffres gonflés et qui incluent, outre les combattants, les effectifs territoriaux et les forces de souveraineté. Les autochtones maghrébins fourniront cependant — non sans réticences en Kabylie — 280 000 mobilisés, soit en février 1944, 233 000 hommes effectivement sous les drapeaux, dont 134 000 Algériens (autour de 2 % de la population), et les noirs d'Afrique Occidentale 42 000. L'apport des citoyens français résidant en Afrique sera, en proportion, huit fois plus élevé. Au total, vingt-quatre classes seront appelées, de dix-neuf à quarante-deux ans. On comptera lors de la Libération 176 500 Français d'Afrique du Nord sous les drapeaux, soit près de 17 % du total de la communauté française. Même si l'on en déduit la vingtaine de milliers de patriotes évadés de France par l'Espagne et engagés dans l'armée, la part des « pieds noirs » est encore de 14,5 % pour l'ensemble maghrébin, soit près de 30 % de la population masculine, et près de 50 % au Maroc[2]. Si, en 1943, Giraud a engagé 80 000 hommes en Tunisie, le C.F.L.N. pourra en engager, en 1944, 110 000 en Italie et en réunir 250 000 quand se prépare le débarquement allié en Provence.

1943-1944 aura ainsi été l'année d'un phénomène historique méconnu par la postérité : l'Empire venant au secours de la métropole et apportant un concours majeur au rétablissement national. L'armée française de la Libération aura été pour les trois quarts recrutée en Afrique ; elle sera pour moitié indigène[3]. Mais telles sont les vicissitudes de l'Histoire : les « pieds noirs » pardonneront mal à leurs concitoyens de méconnaître leurs sacrifices du temps de guerre et les droits qu'ils croiront avoir acquis sur l'Algérie et sur la France ; quant aux indigènes, c'est dans les rangs français que les cadres futurs de la rébellion algérienne — tel le premier président de l'Algérie indépendante, Ben Bella[4] — auront appris le métier des armes.

De cette armée, les trois chefs opérationnels sont désignés avant la fin de 1943 : Juin pour le corps expéditionnaire en Italie ; Leclerc, que de Gaulle investit secrètement, par un message de décembre 1943 confié au jeune capitaine de Boissieu, de la mission d'être — envers et contre tout — le libérateur de Paris[5] ; de Lattre de Tassigny, nouveau venu outre-mer, qui présidera au débarquement français en Provence.

Une armée ou deux armées ? La difficile fusion

La levée en masse ne doit pas le dissimuler : le schisme entre maréchalisme et gaullisme se prolonge. Il a provoqué parmi les officiers la crise la plus grave depuis l'affaire Dreyfus.

Les désertions de l'armée d'Afrique vers les unités françaises libres, bien que de plus en plus faibles, ne cessent pas avant l'automne 1943. Pourtant, Giraud et de Gaulle sont convenus d'y mettre fin par un protocole du 20 juin ; de Gaulle a obtenu que les « changements de corps spontanés » antérieurs au 7 juin ne soient pas sanctionnés, mais soient validés, ce qui scandalise l'état-major de Giraud. Quand un sous-marin s'échappe de Casablanca pour rallier les F.N.F.L., l'amiral Michelier, encore en poste, parle de faire fusiller son commandant. Le Corps franc d'Afrique reste jusqu'en juillet 1943 le foyer de la contestation. Cette brigade de volontaires était, on l'a vu, ardemment antivichyste[6]. Une convention Giraud-de Gaulle du 9 juillet autorise, d'ici le 25 du mois, les personnels de la brigade à passer à leur gré soit aux F.F.L., soit aux « commandos » de la 3e division d'infanterie algérienne du général de Monsabert[7]. Un bataillon, en état de rébellion larvée, refuse de tenir compte de l'accord. Après palabres et marchandages, la moitié de l'effectif de la brigade rejoint les forces de Larminat et de Leclerc, l'autre moitié opte pour Monsabert sur la promesse que sa division sera la première engagée en Italie. Le « changement de corps spontané » le plus notable des semaines suivantes est celui d'un détachement de fusiliers marins qui, refusant de servir sous commandement vichyste, rejoint l'ex-1re division française libre que commande maintenant le général Brosset. Kœnig, promu entre-temps sous-chef d'état-major, adresse une vive remontrance à Brosset. Passé l'automne, seuls des légionnaires cherchent encore refuge dans les unités F.F.L., ce qui entretient la zizanie entre la 13e demi-brigade de Légion, orgueil de la France Libre, et le dépôt traditionaliste de la Légion de Sidi Bel Abbès.

La constitution, en août 1943, d'un état-major unifié des forces françaises est une étape vers la fusion : les trois sous-chefs d'état-major gaullistes, Kœnig, Auboyneau et Valin, esprits modérés, s'emploient à éviter ou limiter les heurts. L'amalgame demandera pourtant du temps.

La fusion présente le moins de difficultés psychologiques dans l'arme la plus « démocratique », l'aviation, malgré certaines incompatibilités initiales cruelles[8]. Mais les aviateurs français libres et ceux de l'armée d'Afrique ne sont pas sur les mêmes théâtres d'opérations. Et surtout, de l'été 1943 à l'été 1944, se crée une armée de l'Air entièrement renouvelée sous l'impulsion du nouveau chef d'état-major commun à toutes les forces aériennes françaises, le général Bouscat. Les Forces Aériennes Françaises Libres se limitent en juin 1943 à deux groupes de chasse et un groupe de bombardement en Grande-Bretagne et au groupe de chasse Normandie en Union soviétique ; les uns et les autres sont animés d'une même passion et auront fourni leur gerbe de héros[9] ; il s'y ajoute, en Afrique Équatoriale et au Levant, quelques unités légères de surveillance et de police ainsi qu'une unité de transport. L'aviation de l'armée d'Afrique, qui a perdu quatre cents avions en

vol et au sol lors des combats livrés contre les alliés du
8 au 11 novembre 1942, peut se prévaloir nominalement de vingt-cinq groupes ; mais ceux-ci sont dotés
d'avions disparates absolument inadaptés à la guerre
du moment, ils n'ont joué qu'un très faible rôle pendant la campagne de Tunisie et les Américains ne leur
font guère confiance. La nouvelle armée de l'Air, que
le général Giraud s'est résigné, sous la pression américaine, à laisser déconnecter de son propre commandement en chef, bénéficie, dans le cadre du « plan VII » de
juillet-septembre 1943, d'un équipement substantiel en
appareils modernes fournis par les Anglais et les Américains ; le « plan VII » prévoit en même temps l'utilisation de 20 250 militaires et de 6 500 employés ou
employées civils, ce qui implique le recrutement intense
et la formation accélérée de nouveaux personnels. On
sollicite et on encourage les passages clandestins d'aviateurs de France en Algérie par l'Espagne. On crée un
« corps féminin de l'air » dont les effectifs atteignent
rapidement 5 000 volontaires. De juin 1943 à août 1944,
25 groupes de combat de première ligne sont réarmés[10]
et engagés, il est formé tant en Afrique du Nord qu'aux
États-Unis, en Grande-Bretagne et au Canada 2 745
pilotes, 2 044 navigants divers, 2 582 spécialistes et
mécaniciens liés directement aux avions[11]. Partout, le
maniement d'appareils modernes, le goût de la perfor-
mance et l'engagement rapide des escadrilles forgent
vite la solidarité de combat.

Les frictions semblent également limitées dans la
Marine : c'est que les Forces Navales Françaises Libres
combattent pour la plupart dans le cadre de la flotte
britannique. Mais ici les rancunes sont tenaces.
Comme l'écrit Planchais dans son *Histoire politique de
l'armée*, « l'esprit de corps empêche toute manifestation spectaculaire : on se hait en famille[12] ».

La Marine reste un monde à part, maréchaliste et
anglophobe. L'épuration faite par Jacquinot y est

sévère ; en 1944 encore, on y sanctionnera des manifestations ostentatoires de vichysme et des brimades
de gaullistes. Cependant, le nouveau chef d'état-major,
Lemonnier, le seul amiral de la flotte de Vichy jugé
acceptable à la fois par de Gaulle et par Giraud, est un
habile homme. Les officiers de Darlan reprochent-ils à
leurs camarades de la France Libre un avancement
qu'ils estiment dû à la seule croix de Lorraine ? Qu'à
cela ne tienne : il inscrit sur le premier tableau d'avancement tous les officiers de marine qui étaient au
tableau de Vichy, « afin qu'ils n'aient pas perdu en
passant à l'Administration nouvelle[13] ». De son côté,
Auboyneau veille à la défense des F.N.F.L., secondé
par le non conformiste commandant Barjot, le seul
marin qui ait participé à la conjuration proalliée du
8 novembre 1942[14].

Toute l'année 1943, ce sont encore les unités combattantes et les 300 000 tonneaux de bateaux mar-
chands battant pavillon à croix de Lorraine qui
prennent la plus lourde part aux opérations ; le cuirassé *Richelieu* et les croiseurs d'Alexandrie et de la
Martinique doivent être réparés ou modernisés aux
États-Unis ; ils ne sont pas opérationnels avant la fin
de 1943 ou même le printemps de 1944. Ils servent
alors avec la même vaillance contre les Allemands que
naguère contre les Anglo-Saxons. Mais les cinquante
officiers de carrière des F.N.F.L. ne pèseront pas lourd
dans la Marine réunifiée : sauf exceptions, les cadres
de la flotte de Darlan reprendront peu à peu les commandes.

Un corps d'officiers traumatisé

Les frictions et les cas de conscience sont plus
voyants dans l'armée de terre. Larminat, que ses anciens
camarades de Syrie restés vichystes ont couvert d'outra-

ges et qui est toujours prêt à rompre des lances, a adressé le 17 juillet 1943 au Comité militaire permanent une note sarcastique sur « la responsabilité des officiers généraux » : il y déplorait que « les étoiles soient trop souvent considérées comme des parapluies » ; d'après lui, les généraux qui se sont opposés au débarquement de novembre 1942 ont péché soit par inintelligence, soit par manque de caractère, soit par défaut de sens national : il faut les éliminer[15].

Il est toutefois plus nuancé dans les notes de service qu'il fait ensuite diffuser dans les unités et par voie de presse. Il a « constaté certaines incompréhensions et certaines préventions », il tient à mettre les choses au point[16].

> Beaucoup se plaignent de ce que nous aurions une attitude injurieuse à l'égard des camarades restés en France ou en Afrique du Nord, que nous mépriserions pour ne pas avoir eu le courage de nous rejoindre.
> Ceci est un grave malentendu [...]. Nous considérons sans arrière-pensée comme un camarade de combat tout Français qui n'a cessé de considérer l'Allemand comme l'ennemi et de se préparer à le combattre.

Il résout avec originalité « la question du Maréchal » :

> Nombreux sont ceux qui lui conservent leur vénération [...]. Nous considérons le Maréchal comme responsable des actes du gouvernement qu'il couvre par sa présence. L'essentiel reste que ces actes soient considérés comme nocifs et ne pouvant en aucun cas être obéis.
> Ceci étant, bien entendu, il n'y a pas d'inconvénient majeur à ce que soit vénéré un Maréchal dépouillé des formes sous lesquelles il se manifeste, en quelque sorte désincarné.
> Nous sommes tout prêts à respecter ce culte de la fidélité, mais nous demandons qu'il ne se manifeste pas de manière ostensible dans la vie courante. Un officier ayant une vénération particulière pour le Pape n'aura pas l'idée

d'afficher son effigie à la popote ou dans son bureau, de crier « Vive le Pape » à toute occasion, de chanter publiquement des cantiques en son honneur, ni de porter son insigne. Nous estimons qu'il doit en être de même vis-à-vis du Maréchal.

Leclerc prêche, lui aussi, la réconciliation à sa manière, qui n'a rien de théâtrale[17] :

> En juin 1940, nous avons été obligés de sortir de l'armée française […]. Aujourd'hui, l'armée française reprend le combat, notre mission est terminée […]. Mais il faut conserver intact l'esprit de la France Combattante.
> Quant aux gens d'Afrique du Nord, je n'en veux qu'aux grands […] qui se sont montrés indignes de la confiance du pays.
> Pour les autres, sauf évidemment ceux qui ont manifestement trahi et collaboré avec ostentation, […] ils ont été trompés. Il peut leur être difficile de le reconnaître. Du moment qu'ils travaillent au but commun, nous devons les considérer tout simplement comme des Français. Il faut savoir oublier.

Ce qui ne l'empêche pas, quand la 2e D.B. se constitue au Maroc, d'accueillir en termes tranchants les marins affectés à son régiment de chasseurs de chars. Ce sont les anciens canonniers de la flotte d'Alexandrie, qui se sont prélassés trois ans au soleil égyptien[18] :

> Messieurs, je ne vous ai pas demandés. Il existe entre vous et la nation un fossé profond. Ce fossé, il vous appartiendra de le combler avec vos cadavres.

Et il leur retire la fourragère rouge, acquise pendant la guerre de 1914, qu'il ne leur rendra qu'en Alsace.

Les officiers français libres qui ont fait la campagne de Syrie sont tout aussi raides envers les officiers de Vichy[19] :

934 *La république française d'Alger*

Nous les méprisions de ne rien avoir fait. Nous l'affichions. L'état-major de la division nous a imposé de faire des déjeuners d'officiers des différentes unités. On y allait, on arrivait, il y avait un portrait de Weygand ou de Pétain. On partait. Ou on faisait exprès de lancer un mot provocant qui interrompait tout[20].

Parce qu'ils ne s'étaient pas battus. Qu'ils avaient tout accepté...

« Il sera bien difficile de les réintégrer dans la nation », soupire un héros de Bir Hakeim, le capitaine de Sairigné :

Aucun dynamisme, aucun ressort, une mentalité de vaincus. Ils sont sans contact avec leurs hommes. Ils sont une caste[21].

De leur côté, les chefs issus de l'armée de l'armistice estiment n'avoir pas démérité. Le dialogue est impossible avec quelques-uns des plus capables. Quand Leclerc, de passage en Algérie, rend visite le 27 juillet 1943 à son ancien instructeur à Saumur auquel il reste lié par une estime mutuelle, le général Touzet du Vigier, qui a été chef du 3ᵉ bureau de l'état-major de Vichy en 1940-1941, l'entretien est à la fois amical et raide et Leclerc note au retour :

Cette conversation montre combien l'entente est près... de la guerre civile[22].

À l'automne 1943, Larminat, qui voudrait « ressouder l'armée à la nation », réunit des chefs de l'armée d'Afrique avec deux socialistes délégués à l'Assemblée consultative, Évrard et Froment, tous deux résistants récemment arrivés de France occupée. L'incompréhension est totale[23] : le général Touzet du Vigier, à qui vient d'être confié le commandement de la 1ʳᵉ division blindée, demande pourquoi on ne parle jamais de l'armée de l'armistice dont les officiers ont été « les premiers résistants » et pourquoi on fait partir « la résistance française » du 18 juin 1940 et non pas du 10 mai 1940, jour où l'armée française a commencé à « résister » aux Allemands. Et maintenant qu'André Marty est à Alger, il ne voit pas pourquoi on ne ferait pas aussi bien partir la « résistance française » du 22 juin 1941, date de l'entrée en guerre de l'U.R.S.S. Quant aux « résistants » de France, oui, bien sûr, ce sont « de braves types »...

La chasse aux gaullistes et aux « salopards » met du temps à cesser dans certaines unités. À Rufisque, en octobre 1943, des punitions répétées s'abattent encore sur les soldats et sous-officiers européens gaullistes du 16e régiment de tirailleurs sénégalais ; les camps du régiment sont interdits sans autorisation préalable à tous les militaires F.F.L. Le 1er octobre, le colonel déclare[24] :

> J'ai un sous-officier que je considérais comme un honnête homme que je poussais à l'avancement. Je viens d'apprendre qu'il est en possession d'une carte de la France Combattante. Je veux éliminer tous ces éléments gaullistes qui sont des voyous et des communistes.

Si les cadres de l'armée d'Afrique tiennent moins ostensiblement le haut du pavé à partir de l'automne 1943, les rapports de cette période sur le moral attestent leur désarroi. Le discrédit progressif du général Giraud l'aggrave. Certains considèrent leur serment au Maréchal comme toujours valable. Les procès qui menacent d'anciens chefs militaires comme les amiraux Derrien et Estéva troublent un bon nombre d'officiers supérieurs au point que l'état-major américain s'en inquiète. Mais, surtout, ils se sentent en porte à faux par rapport aux hommes de la France Libre qui ont l'air de les tenir pour « des patriotes de deuxième zone » et de se croire « des droits imprescriptibles sur la France[25] » :

> On leur reproche d'avoir obéi, alors que toute leur for-
> mation leur avait représenté l'obéissance comme la pre-
> mière des vertus [...].
> On leur reproche leur attachement au maréchal Pétain,
> car Pétain est pour nous le symbole détesté d'une politique
> déshonorante [...] ; mais lorsque parfois ils défendent
> Pétain, c'est à leurs yeux l'armée même, l'ensemble du
> Corps des officiers qu'ils protègent.
> Enfin, alors qu'ils ont tous la volonté de se battre, ce
> qui, à leurs yeux et sans qu'ils l'avouent, serait une réha-
> bilitation, ils sont laissés dans l'inaction.

Juin, Leclerc, de Lattre,
chefs militaires de la Libération

Ce n'est en effet qu'au combat et par la préparation au combat que l'union se fera. Juin, Leclerc et de Lattre s'y emploient. Pas un chef de corps de 1940 n'avait soumis ses hommes à une telle formation.

Juin, avant d'aller commander en Italie, impose pen-dant tout le second semestre de 1943 « des conditions de vie spartiate », les écoles à feu, les manœuvres à tir réel, l'apprentissage de l'esprit offensif, ainsi que la lutte « contre l'à-peu-près, le bricolage, le débrouil-lage ». Il ne doit plus être question de « système D » avec les matériels modernes[26]. Les cadres des trois divisions nord-africaines du Corps expéditionnaire en Italie n'en restent pas moins massivement fidèles au Maréchal.

Leclerc, après deux mois et demi d'exil en Tripoli-taine[27], a été transféré avec sa brigade[28] à Témara, au Maroc, pour y former la 2e D.B. Celle-ci est, au départ, incroyablement hétérogène. Outre les anciens du Tchad, elle comptera progressivement dans ses rangs deux

mille cinq cents hommes qui sont des évadés de France
par l'Espagne, qui ont connu l'occupation allemande
et qui, répartis à travers toutes les unités, apportent
« une extraordinaire bonne volonté pour s'instruire,
s'entraîner et reprendre le combat[29] ». Elle a reçu les
optants du Corps franc d'Afrique qui comprennent
aussi bien des intellectuels antifascistes que des repris
de justice patriotes. Elle a reçu son lot de républicains
espagnols, regroupés pour la plupart sous les ordres
du capitaine Dronne dans la 9e compagnie du 3e régiment de marche du Tchad, qu'on appellera « la *nueve* »
parce que la langue usuelle y est l'espagnol. Mais les
deux tiers de l'effectif de la division viennent de
l'armée d'Afrique. Le colonel Paul de Langlade, combattant respecté de la guerre de 1914 et commandant
du 12e régiment de chasseurs d'Afrique, a donné le
premier, au début d'août, son accord à Leclerc pour
servir sous ses ordres : Leclerc, au moins, « n'a pas de
sang français sur les mains », à la différence de Larminat ! Cette adhésion lui a apporté deux mille hommes
instruits et bien encadrés et a ébranlé le mur des
méfiances.

À tous, Leclerc veut donner « l'esprit France Libre » :

> J'assimile les vichystes notoires par unités constituées
> en faisant tomber progressivement les barrières qui nous
> séparaient[30].

En octobre 1943, il décide que la croix de Lorraine
remplacera tous les autres insignes sur les véhicules
des unités issues des Forces Françaises Libres. En mars
1944, il étendra la mesure à ses autres régiments :
Langlade s'y pliera sans joie, mais certains de ses officiers s'y refuseront d'abord.

L'amalgame, Leclerc le réalise en s'imposant à tous,
comme au Tchad, en « superprofessionnel » qui a l'œil
à tout et ne laisse rien au hasard, ni de la technique, ni

de l'organisation, ni de l'entraînement[31], présent partout, attentif aux écoles de tir comme aux transmissions et à la circulation routière, vivant dans sa caravane à portée de ses téléphonistes et de ses radios, les griffes dehors quand il a l'impression, parfois justifiée, qu'Alger bloque l'équipement ou le recrutement de sa division[32]. Il initie progressivement ses cadres à une articulation nouvelle des unités en « groupements tactiques », fondés sur une union intime chars-infanterie-artillerie[33]. Les cadres de l'armée d'Afrique l'apprécient vite. « Ils ont été d'autant plus pro-Leclerc qu'ils étaient plus antigaullistes », raconte un de leurs anciens camarades[34]. Les rapports entre les officiers des divers régiments, exécrables au début, resteront froids, pour quelques-uns, jusqu'à l'Alsace ; l'instrument de combat n'en sera pas moins rigoureusement homogène dès avant les premiers engagements.

Le général de Lattre de Tassigny, préposé au commandement de l'armée qui devrait débarquer en Provence, mène lui aussi ses hommes à un train d'enfer. Il arrive à Alger en décembre 1943 précédé d'une double et flatteuse réputation : il a été, avec de Gaulle et Juin, l'un des rares divisionnaires qui se sont distingués en mai-juin 1940 ; et il est le seul chef militaire français qui ait tenté d'organiser, le 11 novembre 1942, une résistance à l'occupation de la zone sud par les Allemands ; condamné pour ce fait à dix ans de prison, le B.C.R.A. l'a fait évader en septembre 1943 de la prison de Riom. Séduisant, théâtral, fastueux, il joue volontiers au politique et au diplomate. À Londres, où un avion anglais l'a amené clandestinement de France en octobre, il a prôné la confiance dans le C.F.L.N. et vanté les possibilités d'action de la Résistance. Il est venu à Alger bien résolu à ne pas se mêler aux querelles des généraux. À de Gaulle, qui l'a complimenté de n'avoir pas vieilli, il a répondu d'un mot dont il est fier[35] : « Mais vous, vous avez grandi. »

De tous, il pousse le plus loin le désir de « ressouder l'armée d'Afrique à la nation », au point de faire donner dans ses unités des cours sur la Résistance. On y fait du zèle parce qu'il ne supporte pas qu'on n'en fasse pas. Ici encore, c'est l'épreuve des combats qui refera l'union des officiers.

Le réarmement et ses avatars

L'afflux des armes modernes facilite en tout cas les choses. Les armes, c'est Giraud qui les a obtenues des Américains. Elles ne lui porteront pas chance.

À la conférence d'Anfa, en janvier 1943, Roosevelt a promis de lui équiper onze divisions dont trois divisions blindées et de lui fournir cinq cents avions de combat. Le Président américain s'y est engagé malgré les réticences de ses conseillers et du chef d'état-major impérial britannique Alan Brooke qui jugeait imprudent de confier à l'armée d'Afrique autre chose que la garde des arrières. Les livraisons ont été activées après la campagne de Tunisie. De Gaulle et Giraud rappelleront que ce n'est qu'un prêté pour un rendu, la France ayant fourni entre 1917 et 1918 au corps expéditionnaire américain en Europe l'essentiel de son matériel lourd et la quasi-totalité de ses avions[36]. Quoi qu'il en soit, à la mi-septembre 1943, les livraisons portent déjà sur 450 000 tonnes de matériel, de quoi équiper quatre divisions d'infanterie et deux divisions blindées, ainsi que quatre bataillons de blindés de reconnaissance et trois régiments d'artillerie lourde. En juin 1944, l'armée de terre a reçu des Américains, outre les équipements d'infanterie, 1 139 chars, soit la dotation de trois divisions blindées et de sept bataillons de reconnaissance ou de découverte, y compris les matériels d'entraînement et de remplacement. La flotte de guerre, remise en état, modernisée et accrue de deux

cents destroyers et bâtiments légers, sera en mesure
d'aligner pour le débarquement de Provence un cuirassé, huit croiseurs et une flottille d'unités légères.
Quant à l'aviation, elle disposera en septembre 1944 de
vingt-quatre escadrilles sur le front occidental, dont
dix-neuf de chasseurs ou de bombardiers américains.
En 1945, le volume total des matériels militaires ou
assimilés fourni par les États-Unis atteindra 3 250 000
tonnes[37].

Mais ce flot a submergé les intendances. On n'a en
Afrique ni les entrepôts, ni les ateliers (les Américains
ont réquisitionné toutes les surfaces couvertes à Casablanca et à Oran), ni surtout les personnels aptes à
réceptionner, comptabiliser, surveiller, assembler les
millions d'armes, de pièces détachées et d'objets de
toute nature débarqués. On ouvre les caisses en plein
champ[38]. Impossible de s'y retrouver, puis d'utiliser les
matériels sans techniciens américains.

Une deuxième difficulté, qui dégénère en conflit,
tient à la conception différente que se font les Américains et les Français — en l'occurrence le général
Giraud et son état-major — des unités et de leur emploi.
La division moderne américaine a son autonomie tactique et logistique ; elle comprend, outre les forces de
combat, une proportion déterminée d'unités de « service » et de « soutien » qui en feront l'un des éléments
certains de la supériorité alliée[39]. Or, du côté français,
on veut pouvoir engager le maximum d'effectifs combattants ; Giraud croit connaître la guerre mieux que
les Américains. Ils ont exigé, lors de la crise de juin
1943, qu'il reste leur interlocuteur unique en matière
militaire : il en profite pour opposer son obstination à
leurs idées arrêtées. Il est habitué à la frugalité des
tirailleurs nord-africains ; il tourne en dérision un luxe
de nouveaux riches qui va jusqu'à prévoir des blan-
chisseries de campagne dans les divisions. À l'état-
major d'Eisenhower, on riposte que Giraud et les siens

n'ont rien compris à « la guerre industrielle » moderne[40] :
puisque les unités françaises doivent être engagées
dans le cadre de l'armée américaine, on les veut à
l'américaine. D'octobre 1943 à janvier 1944, c'est un
dialogue de sourds.

Le 27 octobre, Eisenhower hausse le ton. Il signifie à
Giraud qu'il n'engagera pas les forces françaises « même
en France métropolitaine », si elles ne s'alignent pas
sur le modèle américain. Giraud « ne comprenant pas
ou feignant de ne pas comprendre », les expéditions
d'armes sont suspendues.

Fait plus grave, à la fin d'octobre 1943, l'état-major
d'Eisenhower en vient, chiffres en main, à la conviction, justifiée, que les ressources de l'Afrique du Nord
et de l'Afrique Occidentale en cadres militaires, en spécialistes et en techniciens interdisent d'y former plus
de huit ou neuf divisions structurées à l'américaine.
Giraud, en revanche, réclame maintenant l'armement
de douze divisions[41].

De Gaulle, Eisenhower
et l'explication de décembre 1943

On en est là quand surgit un incident qui dégénère
en conflit à propos de l'emploi des divisions réarmées.

Depuis juillet 1943, les états-majors Giraud et Eisenhower sont en cheville en vue d'engager en Italie deux
et, éventuellement, quatre divisions françaises[42]. La
première est à pied d'œuvre en novembre 1943 et la
deuxième suit. Le 18 novembre, Giraud désigne
comme 3e division pour l'Italie l'unité gaulliste par
excellence, celle de Bir Hakeim, l'ex-1re D.F.L. de Larminat et Kœnig, rebaptisée 1re division motorisée
d'infanterie (1re D.M.I.) que commande le général Brosset[43]. Eisenhower applaudit à ce choix qui devrait couper court à toute critique. Mais le commandant en

chef interallié en Italie, Alexander, fait bientôt savoir qu'il juge « sans intérêt » l'appoint d'une telle division équipée à l'anglaise, disposant d'une dotation d'armement « inférieure à la normale » et dépourvue de réserves de matériel. Il ne l'accepterait que rééquipée à l'américaine. La conversion exigeant plusieurs mois, Giraud est invité le 3 décembre à désigner une division de remplacement capable d'embarquer le 20 du mois : il désigne sans broncher et sans en prévenir de Gaulle une division déjà rééquipée de l'armée d'Afrique[44].

L'exclusion de la « division gaulliste » met le feu aux poudres du côté français libre. Elle ouvre une de ces crises brèves et violentes que l'on qualifierait de tragicomiques si de Gaulle ne s'entendait, cette fois encore, à en tirer un bénéfice politique majeur.

Le président du Comité de la libération réagit d'autant plus vivement qu'il flaire un mauvais coup de la part des Américains. Dans les vingt-quatre heures, le Comité de défense nationale renverse la décision de Giraud, maintient la désignation de la division Brosset[45] et décide qu'aucun renfort ne sera affecté au corps expéditionnaire en Italie tant qu'un accord de puissance à puissance ne sera pas intervenu avec les alliés sur la situation de l'armée française.

Eisenhower est ouvert à la discussion, mais l'Italie a besoin de renforts et il n'aime pas les mises en demeure. Il réplique le 14 décembre par une lettre comminatoire à Giraud à l'intention du C.F.L.N. ; il y souligne « les graves conséquences tactiques » du renversement de décision[46] : le réarmement des forces françaises ne pourra continuer, déclare-t-il,

à moins que le Comité de la libération nationale ne donne l'assurance que l'emploi de ces forces, lorsqu'elles seront rééquipées, sera commandé uniquement par des considérations militaires et que cet emploi sera soumis aux décisions du Comité conjoint des chefs d'état-major anglo-américains[47] par l'intermédiaire de son représentant, le commandant en chef interallié sur ce théâtre.

De Gaulle répond coup pour coup. Par une double initiative du 16 décembre, il porte l'affaire au niveau politique. Un décret sur l'organisation du haut commandement vide presque totalement de contenu les pouvoirs du commandant en chef[48] qui se trouve dépouillé de toute autorité dans les relations avec les états-majors alliés[49]. Le même jour, il convoque l'ambassadeur américain Wilson. Il l'avise qu'il tient pour inacceptable la mise en demeure d'Eisenhower : le C.F.L.N. n'y répondra pas. Le problème qu'il entend soulever est celui de la souveraineté française. Il admet parfaitement qu'il appartient au seul commandement interallié de diriger les opérations des forces qui lui sont confiées.

> Mais pour les forces françaises, il ne s'agit que de celles que le gouvernement français lui a lui-même attribuées. Encore entendons-nous être consultés sur l'emploi qui en est fait. Mais nous rejetons absolument la conception suivant laquelle l'armée française appartiendrait, comme en toute propriété, au commandement américain, parce qu'elle aurait reçu des armes américaines. C'est au gouvernement français — et à lui seul — qu'appartient l'armée française. Si, pour un but stratégique, nous mettons certaines de nos forces à la disposition du commandement allié, c'est dans des conditions que nous fixons nous-mêmes.

Et d'évoquer le plan des opérations qui seront lancées en France, au Nord et au Sud, en 1944 :

> Si [...] la participation de nos armées n'était pas prévue d'une manière qui nous paraisse répondre à l'intérêt national, nous reprendrions nos armées et notre liberté d'action[50].

Non seulement il ne donnera pas à Eisenhower les assurances que celui-ci demande, mais c'est lui qui réclame, par-dessus la tête d'Eisenhower, des assurances de la part des gouvernements anglais et américain.

On comprend mieux sa vivacité si l'on se rappelle que les seules dispositions ayant trait aux rapports militaires franco-américains en Afrique du Nord sont celles des accords Clark-Darlan de novembre 1942, qui y instituaient un régime de quasi-protectorat. Depuis juillet 1943, le Comité militaire permanent, devenu Comité de défense nationale, demande voix au chapitre. Par deux fois, il a fait savoir aux interlocuteurs alliés que le théâtre d'opérations italien était secondaire du point de vue français, que pour les forces françaises, la priorité devait être donnée aux actions à entreprendre en France et qu'il était essentiel que la force interalliée qui libérerait Paris « soit *très largement* française ». Ces vues ont été développées dans un « plan de guerre » du 21 juillet 1943 qui a été communiqué à Eisenhower, puis dans une lettre adressée le 18 septembre à Churchill, Roosevelt et Staline sous signature conjointe de De Gaulle et Giraud : aucune réponse n'y a été faite. Le 3 novembre, le Comité de défense nationale a pris note de ce silence en termes significatifs[51] :

> Meubler le front d'Italie avec des forces françaises en leur faisant miroiter la vaine gloire de délivrer Rome tandis que les forces anglo-américaines seraient « réservées » pour l'action principale du Nord, est un plan qui sert les intérêts anglais et américains et néglige délibérément les nôtres.
>
> Il n'est pas possible que nous puissions courir ce risque au moment de l'action décisive en France.

L'incident que provoque de Gaulle est ainsi à double fin : affirmer la souveraineté française, mais aussi obtenir la promesse d'une participation majeure — et sous commandement français — à la libération de la France.

Cette fois, il est entendu. Les plus hautes instances alliées en Afrique du Nord s'émeuvent. Le 27 décembre se tient, sous sa présidence, une réunion au sommet à laquelle participent, outre Giraud, une forte délégation de l'état-major d'Eisenhower conduite par l'*alter ego* de celui-ci, le général Bedell Smith, ainsi que les représentants anglais et américain Wilson et Macmillan[52]. Du côté français, on a préparé le texte d'un accord interallié en bonne forme : le projet définit à chaque niveau ce que devraient être les modalités de coopération militaire, le C.F.L.N. se réservant la possibilité d'en appeler aux gouvernements de Londres et de Washington si l'emploi des forces qu'il mettrait à la disposition du commandement interallié n'était pas conforme à ses « intérêts vitaux ». Mais ce projet a de telles incidences politiques que la discussion s'enlise. Bedell Smith prend alors sur lui de jouer cartes sur table : il révèle les plans dressés aux conférences de Téhéran et du Caire concernant les prochaines opérations en France. Au Caire, le 7 décembre, le Comité conjoint des chefs d'état-major anglais et américains est, en effet, convenu que le débarquement à travers la Manche (ou « Overlord ») aurait lieu le 1er mai et serait doublé d'une offensive sur le sud de la France (nom de code « Anvil ») ; toutes les forces françaises, y compris les divisions d'Italie, devraient participer à cette offensive, tandis qu'une force française symbolique — une division si possible — serait associée à Overlord. Que la division française engagée pour Overlord soit une division blindée est toutefois douteux, faute de moyens de transport.

Le problème est posé comme le voulait de Gaulle. Il pousse l'avantage, car le sort de Paris est un enjeu essentiel :

> Si les troupes alliées entrent à Paris sans les troupes françaises, les conséquences seront très graves à tous égards.

Bedell Smith ne dit pas non :

> Le général Eisenhower appellera l'attention des chefs
> d'état-major alliés sur ce point.

Moment décisif dans l'histoire française de la guerre
que ces derniers jours de 1943 ! Devant de telles assurances données au nom du général Eisenhower, dont
la parole est désormais directement engagée dans
l'affaire, de Gaulle ne peut qu'acquiescer à l'emploi des
divisions françaises sous commandement interallié[53].
Deux nouvelles divisions iront sur le front italien. Il
admet d'ores et déjà de les aligner sur les standards
américains et de ne pas s'accrocher à la chimère des
onze ou douze divisions à réarmer[54]. Le 23 janvier
1944, le Comité de défense nationale se résoud, malgré
un baroud d'honneur de Giraud, à limiter le programme nominal de réarmement à dix divisions, en
réalité à huit, dont cinq divisions d'infanterie et trois
divisions blindées, à quoi s'ajoutera le matériel américain de deux cent quarante-cinq services, unités de
soutien et formations non endivisionnées[55]. Le gros de
ces forces participera à la bataille de France.

L'entente occulte

Si de Gaulle a satisfaction sur l'emploi des forces
françaises, il n'a pas obtenu d'être associé, comme il le
souhaitait, aux prises de décisions stratégiques portant
sur la conduite de la guerre. La France n'accédera au
niveau des « Grands » qu'en 1945, pour signer les armistices. Le projet d'accord remis le 27 décembre 1943 à
Wilson et Macmillan ne sera jamais entériné sur ce
point par Londres et Washington, et quand de Gaulle
réitérera la demande en avril 1944, on lui opposera

une fin de non-recevoir[56]. Mais sur le plan pratique et pour les prochains mois, cela importe peu. Cela importe d'autant moins que l'accord de principe du 27 décembre 1943 se double, depuis le 30 décembre, d'un accord d'homme à homme entre Eisenhower et de Gaulle.

Eisenhower, désigné pour diriger Overlord, est en effet venu, avant de quitter Alger, faire une visite impromptue d'adieu au président du C.F.L.N. Non seulement l'entretien est, pour la première fois, amical, mais il se conclut par un *gentleman's agreement* qui est bel et bien un accord de coopération mutuelle. Qu'on ne se méprenne pas sur la cordialité d'Eisenhower — et de Gaulle ne s'y est sûrement pas trompé —, l'Américain, qui n'est pas un sentimental, n'outrepassera jamais les directives de Roosevelt qui lui imposent de ne prendre aucun engagement politique en matière française. Mais Bedell Smith et lui ont compris qu'on peut lui faire confiance. Ils ont cessé de faire fond sur Giraud. Il leur faut le concours des Français pour gagner la guerre en France ; ce concours passe par de Gaulle : Eisenhower en tire les conséquences.

L'entretien porte d'abord sur les forces que le C.F.L.N. mettra en œuvre au jour J. Eisenhower conseille de ne pas être obnubilé par le nombre de divisions :

> Mieux vaut avoir une division complètement organisée que plusieurs qui le sont mal.

De Gaulle en convient sans peine. Eisenhower est, de son côté, étonnamment compréhensif au sujet des forces françaises qui participeront à l'« opération du Nord » ; le tonnage faisant défaut, il imagine une solution : on pourrait transporter une division blindée d'Afrique en Angleterre *sans son matériel* et trouver à l'y rééquiper sur stocks.

LE GÉNÉRAL DE GAULLE. — Vous verrez cela sur place. Mais, je vous le répète, n'arrivez pas à Paris sans troupes françaises.

LE GÉNÉRAL EISENHOWER. — Soyez certain que je n'entrerai pas à Paris sans les Français à mes côtés.

La conversation prend soudain un tour plus direct :

LE GÉNÉRAL EISENHOWER. — Je demanderai maintenant au général de Gaulle de m'expliquer avec lui sur le plan personnel.

On me fait une réputation de brusquerie et je crois, mon général, qu'à votre arrivée à Alger, vous vous êtes quelque peu basé sur cette réputation dans vos rapports avec moi. J'ai eu, à ce moment-là, l'impression que vous me jugiez arbitrairement et que vous ne teniez pas compte des problèmes qui se posaient à moi dans l'exécution de ma mission et vis-à-vis de mon gouvernement.

Je n'ai qu'un but : mener la guerre à bonne fin. Il m'a semblé que vous ne vouliez pas m'apporter votre entier concours. Je comprends que vous avez et que le Comité de la libération a, en tant que gouvernement, ses problèmes, mais les responsabilités du commandant en chef des forces alliées pour la conduite des opérations sur ce théâtre dominent néanmoins la situation si l'on se réfère au but : gagner la guerre.

Je reconnais aujourd'hui que j'ai commis une injustice à votre égard et j'ai tenu à vous le dire.

LE GÉNÉRAL DE GAULLE. — Je suis très touché de ce que vous venez de dire. You are a man.

Tout cela ne compte pas. […] Nous ferons tout pour vous aider dans votre mission. Quand une difficulté surgira, je vous prie de me faire confiance et de prendre contact avec moi si vous le jugez bon.

LE GÉNÉRAL EISENHOWER. — Il nous appartient, en effet, d'aplanir entre nous les frictions quand elles se produisent.

Je doute qu'aux États-Unis il me soit possible de me taire sur la question de nos rapports communs. De même que le Comité a ses responsabilités devant l'opinion des Français, nous avons à tenir compte de l'opinion publique américaine. Elle est extrêmement importante. Ce sont les opinions publiques qui gagnent les guerres.

Si j'y suis appelé, je suis prêt à faire une déclaration exprimant la confiance que j'emporte de mes contacts en reconnaissant l'injustice que j'ai commise à votre égard et en ajoutant que vous vous êtes déclaré prêt, en ce qui vous concerne, à nous apporter votre collaboration entière[57].

La noblesse du ton frappe. Et de tels propos vont loin. L'homme du 18 Juin en a-t-il mesuré toute la portée ? Ce n'est pas sûr. Il peut avoir contre lui le Président des États-Unis, il a pour lui le commandant en chef des forces alliées en Europe : or, du jour où les opérations sont engagées, la liberté d'initiative d'un général en chef américain est totale. Et derrière lui, il y a *l'establishment* militaire washingtonien[58].

Les Français en Italie, une action brillante

La campagne d'Italie voit pour la première fois la participation en force de la nouvelle armée française. L'Anglais Alexander commande le théâtre d'opérations, l'Américain Mark Clark commande la Ve armée américaine à laquelle est rattaché le corps expéditionnaire français : et, pour la première fois, des unités issues de la France Libre et de l'armée d'Afrique sont engagées sous un même chef.

Elle abonde en paradoxes, cette campagne ! Et d'abord qu'elle ait laissé si peu de traces dans le souvenir des Français, hors les participants, bien qu'elle ait été l'une des plus dures et des plus meurtrières des théâtres d'opérations occidentaux[59] : plus de 32 000 tués, disparus et blessés dans les rangs français, pour un effectif combattant moyen de 76 000 hommes. Mais les célébrations et la mémoire se sont focalisées sur les combats de la Libération, riches de souvenirs multiples, et sur la 2e D.B. de Leclerc, libératrice de Paris.

Paradoxal aussi le contraste entre la relative modicité de la participation française (quatre divisions sur
vingt et une) et son exceptionnelle efficacité. À l'automne
1943, les chefs militaires alliés étaient encore incertains de la valeur des forces françaises. Le général
Marshall avait spécifié à la conférence de Téhéran que
leur engagement ne devait être que progressif : la conduite de la première unité engagée aurait valeur de
test, avait-il dit[60]. Lorsque cette unité, la 2e division
d'infanterie marocaine du général Dody (ou 2e D.I.M.),
débarque en Italie en novembre 1943, le général Clark
l'accueille avec réserve : il n'envisage d'utiliser les unités françaises que comme des « troupes de complément » mises à la disposition de ses différents corps
d'armée[61]. Le climat change vite. Les premiers engagements de la 2e D.I.M. en décembre dans les Abruzzes
dissipent les préventions : les tirailleurs marocains
progressent pied à pied dans la pluie ou la neige à travers un enchevêtrement de montagnes culminant à
deux mille quatre cents mètres, ils s'emparent des
massifs du Pantano et de La Mainarde, devant lesquels
les Américains ont piétiné quinze jours. Clark accorde
en conséquence au général Juin, commandant du
corps expéditionnaire, « un petit créneau » de corps
d'armée autonome dans le dispositif allié[62].

La campagne d'hiver s'intensifie à la mi-janvier
1944, tandis qu'un corps allié débarque à Anzio dans
l'espoir de tourner les Allemands. Le terrain montagneux et le froid intense favorisent l'ennemi qui s'accroche à la « ligne Gustav », en travers de la botte italienne,
de la mer Tyrrhénienne à l'Adriatique ; le pivot de sa
défense est le mont Cassin. Ce haut lieu, Clark décide
de l'attaquer de front et il demande à Juin de le couvrir sur sa droite. Alors que tous les efforts alliés contre
le mont Cassin échouent désespérément, les régiments
algériens et tunisiens franchissent la rivière Rapido,
balaient la première ligne de positions allemandes,

escaladent une falaise de cinq cents mètres et s'installent sur le promontoire du Belvédère : ils s'y maintiennent malgré la fureur des assauts ennemis, le froid, le manque de ravitaillement et de munitions, les lourdes pertes. Les pitons sont plusieurs fois perdus et repris. L'ensemble du massif reste pourtant aux mains des Français qui ont poussé un coin profond de vingt kilomètres dans le dispositif ennemi et fait douze cents prisonniers : l'exploit est aussi un sacrifice, car le succès reste local. Clark et Juin n'ont pas de réserves pour l'exploiter. Les Américains, malgré de nouveaux et furieux engagements, ne perceront ni en février ni en mars.

L'offensive reprend seulement à la mi-mai 1944. Juin a maintenant sous ses ordres quatre divisions dont l'ex-1re D.F.L. du général Brosset, enfin rééquipée à l'américaine (mais restée symboliquement fidèle au port du casque britannique), et trois régiments de tabors marocains ; on n'omettra pas la présence, pour la première fois sur un théâtre d'opérations, d'auxiliaires féminines.

Juin a proposé le plan d'une manœuvre large devant aboutir à la prise de Rome. Ce plan n'a pas été retenu au départ ; il sera pourtant exécuté. Il le sera grâce aux Français qui créent la surprise tactique : ils se sont fait attribuer le secteur le plus difficile, celui du massif des monts Aurunci qui dominent la plaine côtière de la mer Tyrrhénienne, au nord de Gaète. Victorieux sur le Garigliano, ils poussent dans l'enchevêtrement des montagnes qui devrait interdire une progression rapide, parfois au corps à corps, à la grenade et au coupe-coupe, en dépit d'une défense adverse acharnée. Leur avance rompt l'équilibre des fronts : elle ouvre la route de Rome, elle oblige les Allemands à reporter leur résistance au sud de Florence. Le corps expéditionnaire français participe avec les Anglais et les Américains, le 5 juin, au défilé de la victoire dans la capitale libérée.

Juin constitue aussitôt, sous les ordres du général de Larminat, un « corps de poursuite » comprenant une division marocaine et « la division gaulliste », dont les combattants, tous volontaires, auront été, pendant cinq ans, de tous les combats, de l'Érythrée à l'Alsace par Bir Hakeim et l'Italie[63]. En dix jours, le « corps de poursuite » brise les résistances et atteint la plaine de Toscane ; il entre dans Sienne le 3 juillet.

Entre-temps, les 18 et 19 juin 1944, les forces de De Lattre, sous les ordres du commandant Gambiez, l'homme du « bataillon de choc », se sont saisies de l'île d'Elbe.

La victoire d'Italie aura été « de nature française » par sa conception et une bonne partie de son exécution[64]. Elle est l'ultime étape de la restauration militaire avant le retour en France : la campagne de Tunisie avait prouvé aux alliés que les Français étaient réellement disposés à combattre les Allemands ; la campagne d'Italie démontre leur aptitude à vaincre. Les hommages d'Eisenhower, d'Alexander, de Churchill concordent avec celui de l'adversaire, le maréchal Kesselring. Ferveur des F.F.L. et des évadés de France, solidité des cadres de l'armée d'Afrique, confiance en soi que donne maintenant la supériorité des matériels[65], ils ne sont plus seulement, comme à Bir Hakeim ou au Tchad, des combattants de l'honneur : une armée se bat, pour la première fois dans l'histoire de France, pour la libération de la mère patrie. Ses jeunes cadres sont à l'unisson de l'infanterie maghrébine qui fournit 56 % des effectifs, tirailleurs algériens et tunisiens qui sont des modèles d'endurance et de courage, montagnards marocains « capables de franchir rapidement les terrains réputés infranchissables avec leurs armes lourdes chargées sur des mulets[66] ».

L'opinion française ignorera le revers de la médaille, et, quand elle le découvrira à la lumière du roman de Moravia, *La Ciociara*, adapté au cinéma par Vittorio De

Sica en 1960, elle le refoulera, alors que les *marocchinate* ont infligé à l'Italie un traumatisme encore durable. Les *marocchinate*, c'est-à-dire les dizaines d'opérations de razzia tolérées par les officiers des trois divisions nord-africaines au Latium après la chute de la ligne Gustav, puis en Toscane après la chute de Rome, et par-dessus tout le déchaînement des viols — 1 341 officiellement attestés par le gouvernement italien, plus vraisemblablement autour de 5 000 — commis principalement par des indigènes maghrébins et surtout marocains, agressions condamnées par le haut commandement, mais faiblement sanctionnées[67].

Tout autant que la troupe aux vertus guerrières exceptionnelles, le commandement s'est distingué. Juin et son chef d'état-major Carpentier ont conçu le plan de l'offensive de mai, toutes leurs prévisions ont été confirmées. Juin fait figure de gagneur. Ce fantassin pied-noir si différent des gentilshommes-cavaliers Leclerc et de Lattre avec son visage plein et court, sa lourdeur plébéienne, son allure de colon plutôt que de stratège et sa feinte simplicité, est sans égal en terrain difficile.

Après la chute de Rome, il piaffe : s'il pouvait arracher quelques renforts à l'inertie alliée, il serait déjà sur l'Arno ! À la mi-juin, il s'indigne qu'on l'empêche de foncer vers la plaine du Pô afin de rentrer en France par les Alpes[68], ou de pousser vers la Vénétie, l'Europe centrale et le Danube, et devancer les Russes à Vienne, comme le voudrait Churchill, et comme l'avait imaginé le général Giraud[69], quitte à renoncer au débarquement de Provence.

Mais Churchill n'obtiendra pas des Américains qu'ils modifient leurs plans : la France est leur objectif prioritaire et, sur ce point, de Gaulle les approuve. Sourd à l'indignation de Juin, il pèse de tout son pouvoir en faveur des débarquements en France en annonçant qu'il ne maintiendra pas ses divisions au-delà de l'Arno[70].

Il est sourd de même aux invites de l'état-major allié qui, pour commander le corps français de débarquement en Provence, préférerait à de Lattre le vainqueur du Garigliano, « le plus capable et le plus déterminé des chefs de corps français, le seul à la hauteur d'une telle tâche[71] ». A-t-il préféré éviter que l'ancien second de Weygand, qui a fait en 1941 le voyage de Berlin, rentre en France en libérateur ? Des Américains, et non des moindres, l'ont cru[72]. Juin, promu chef d'état-major général, aura la charge d'organiser les armées de l'après-Libération[73].

Ce qui importe, quatre ans jour pour jour après l'armistice de 1940, est qu'une division blindée française aux ordres de Leclerc parfait son entraînement dans les camps du Yorkshire tandis qu'une armée moderne de 250 000 hommes — peu de chose sur l'échiquier mondial des forces, mais enfin une armée ! — s'apprête, au nom de la République, à libérer la France par le Sud.

28

Décolonisation
ou consolidation impériale ?

Novembre 1943, mois dramatique : la crise franco-libanaise sonne le glas du mandat français, elle met en péril ce qu'on n'ose plus appeler l'Entente cordiale. L'historien, prophète du passé, y reconnaît le prologue humiliant à vingt années de décolonisation malheureuse.

Le paradoxe est que le Comité de la libération est plus ouvert aux problèmes d'outre-mer qu'aucun gouvernement antérieur : la volonté libérale de Catroux, le discours sur l'avenir algérien que de Gaulle prononce à Constantine en décembre 1943, la conférence de Brazzaville de janvier 1944 annoncent une relation nouvelle entre colonisateurs et colonisés. Ce changement d'attitude est d'autant plus notable que bien rares sont ceux qui, comme Catroux, pressentent la rapidité des processus d'émancipation. Mais le C.F.L.N., organisme de fait, peut-il engager l'avenir ? Et de Gaulle, qui se veut le restaurateur de la grandeur française, peut-il faire figure de liquidateur ? C'est bien un des dilemmes de la France Libre. Le souci de maintenir l'emportera presque inévitablement sur le désir d'ouverture.

Beyrouth, Constantine, Brazzaville : trois jalons d'un parcours où s'entremêlent libéralisme et conservatisme et où la hardiesse bute contre l'esprit de possession.

I. CRISE À BEYROUTH

De la déplorable crise du Levant de 1943, l'histoire officielle a retenu surtout l'exaspération de l'antagonisme franco-anglais. Nous en voyons mieux aujourd'hui le sens : partout, la guerre a stimulé l'éveil ou la poussée des nationalismes devant lesquels les puissances coloniales seront souvent embarrassées. La promesse de l'indépendance faite par de Gaulle en 1941 a ouvert la boîte de Pandore : dans la partie triangulaire qui se joue à Beyrouth et à Damas, ce sont les nationalistes qui auront le dessus en jouant des Anglais contre les Français. Le 6 mars 1943, Catroux, avant de quitter Beyrouth pour présider aux négociations avec Giraud, a souligné à l'intention du Comité de Londres que le temps ne favorisait plus la France, maintenant que « la Charte de l'Atlantique [était] le nouvel évangile international[1] » :

> Nous devons nous efforcer de lier au plus tôt les deux États à la France par un traité et, par suite, nous devons essayer de brusquer, sur le plan gouvernemental et parlementaire, les solutions les plus propres à assurer des résultats.
> C'est la seule politique qui s'offre à nous, elle doit être libérale, le libéralisme peut nous créer un bénéfice moral ; elle doit aussi persévérer et ne pas se laisser rebuter.

Le 24 janvier 1943, le Comité national avait donné son feu vert à la tenue d'élections prochaines ; impossible d'éluder la décision après les victoires alliées d'El Alamein et de Stalingrad qui enlevaient définitivement au Levant son caractère de théâtre d'opérations. Aussi, le 23 mars, Catroux a pris des décrets qui remettront en vigueur les Constitutions syrienne et libanaise d'avant-guerre dès que seront réunis les Parlements prochainement élus.

Les élections ont lieu à la fin de juillet en Syrie, les 25 août et 5 septembre au Liban. Elles sont en Syrie un triomphe pour les nationalistes ; même au Liban, où le quart seulement du corps électoral vote, les candidats de l'administration ne l'emportent que dans les fiefs de la montagne maronite et à Beyrouth. Dès la fin d'octobre 1943, les deux gouvernements issus des élections adressent au successeur de Catroux, l'ambassadeur Jean Helleu, des lettres concertées demandant à recouvrer la plénitude des pouvoirs législatif et administratif : la Délégation générale de la France Libre devrait être transformée en représentation diplomatique.

Du faux pas du délég énéral...

Helleu leur oppose une fin de non-recevoir et part le 28 octobre consulter le Comité d'Alger. Celui-ci, qui se considère comme « exerçant les attributs de la souveraineté française », refuse de laisser unilatéralement modifier un statut et une Constitution « résultant d'obligations internationales souscrites par la France et toujours en vigueur ». C'est ce que Helleu télégraphie le 5 novembre au nouveau président libanais, Béchara El Khoury. Ce dernier, maronite prudent qui allie le nationalisme à la francophilie, recommande de ne pas publier une telle communication ; la Délégation générale de France à Beyrouth passe outre.

Dès lors, tout se précipite. Le gouvernement du Liban annonce, le 7, sa volonté d'abolir sans délai le mandat. Helleu lui fait demander du Caire de ne pas le mettre devant le fait accompli, sinon il réserverait « son entière liberté d'appréciation et d'action ». La Chambre riposte en abrogeant les articles de la Constitution relatifs au mandat et à l'usage du français, seconde langue officielle.

Helleu répond par la force. Le 11 novembre à 4 heures du matin, des marins français viennent tirer de leur lit et transfèrent à la forteresse de Rayah le président Béchara El Khoury, le chef du gouvernement Riad Sohl et trois ministres ; des arrêtés suspendent la Constitution, annulent les amendements votés, dissolvent la Chambre et confient le pouvoir « à titre provisoire » à l'ancien président de la République Émile Eddé, maronite « ostensiblement assujetti à l'obédience française[2] ». Ni le ministre-conseiller Châtaigneau ni le général commandant supérieur des forces françaises n'ont été avertis.

La réaction publique est immédiate et puissante : dès le matin, la population de Beyrouth barre les rues aux militaires qui se rendent au défilé de la Victoire. La grève du commerce est générale dans les villes. Couvre-feu, échauffourées, la troupe française tire, on compte dans la semaine treize tués et trente-deux blessés. Les ministres restés libres prennent le maquis sous la protection d'un millier de guerriers druzes et, avec l'appui du patriarche maronite, se proclament gouvernement légitime reconnu par Spears. Des manifestations ont lieu dans tous les pays voisins.

Le 13 novembre, le gouvernement britannique, « ne pouvant tolérer des troubles sérieux au Levant pendant la guerre », informe Alger qu'il envisage « l'intervention éventuelle de forces britanniques en vue de rétablir l'ordre » et réclame « la libération du personnel gouvernemental libanais » et le rappel d'Helleu[3]. Washington, mais aussi Moscou l'appuient. La note du département d'État est un rappel à l'ordre cruel[4] :

> Le gouvernement américain s'étonne que le C.F.L.N., alors que la métropole gémit sous la botte allemande, ne comprenne pas les aspirations à l'indépendance d'un autre peuple.

Massigli refuse de l'accepter. De Gaulle, quant à lui,
ne consentira à aucune disposition « susceptible d'alté-
rer notre position mandataire, de droit et de fait », la
France se retirerait plutôt du Liban. Il entend le faire
savoir au plus tôt à Londres, Washington et Moscou. Il
le confirme, ce 13 novembre, par une note de sa main
à Massigli[5] :

> Mon impression est que la situation locale n'est pas
> mauvaise, que les gens du Liban et de Syrie attendent de
> voir si nous restons fermes pour s'accommoder de notre
> énergie ou tirer parti de notre faiblesse. Dans ce dernier
> cas, l'affaire est perdue et elle ne doit pas l'être.

... à l'ultimatum britannique

C'est dans cet esprit qu'il dépêche le général Catroux
au Liban ; celui-ci, conformément aux ordres, engage
sans hâte des consultations. Le 19 novembre, le gouvernement anglais, n'ayant reçu aucune réponse, envoie
son ministre-résident au Moyen-Orient, l'Australien
Casey, lui remettre un ultimatum à Beyrouth même :
si les internés ne sont pas libérés le 22 novembre à dix
heures, l'armée britannique les délivrera ; le ministre-
résident proclamera la loi martiale, qui implique « la
prise en main du pays par le général commandant les
forces britanniques au Moyen-Orient ».

À distance, on a peine à s'expliquer une telle crise.
Si ambigu qu'ait été depuis 1941 l'exercice du mandat,
on n'en serait pas venu là du temps de Catroux. On
n'en serait pas non plus venu là si vite sans Spears.

Ici comme partout, les clans coloniaux les plus conservateurs ont pesé. L'opposition des équipes françaises et anglaises s'est envenimée depuis le début de
l'année : les Anglais ont donné toutes les apparences
de vouloir annexer le chemin de fer Haïfa-Bagdad ; les

officiers politiques de Spears président à la répartition
des céréales jusqu'à l'échelon des villages. Lui-même
manifeste une telle « volonté de dénigrement à l'égard
de tout ce qui est français » que Massigli, pourtant
enclin à l'apaisement, ne verra « pas de possibilité de
réconciliation franco-britannique au Levant, tant que
Spears sera là[6] ». Spears tient la « mégalomanie » de
De Gaulle pour un danger public, il est intervenu à
Londres pour entraver l'union de la France Combattante avec Giraud, il s'est fait le champion de « la
nation arabe ». D'après lui, puisque les Français ont
reconnu l'indépendance de la Syrie et du Liban, les
seuls pouvoirs qu'ils peuvent y exercer sont ceux qui
dérivent de l'état de guerre ; les Britanniques sont
donc habilités à

> les en priver sans violer aucunement les assurances don-
> nées par le Premier ministre lorsqu'il a reconnu la situa-
> tion privilégiée et prédominante de la France au Levant[7].

Telle n'est pas la thèse d'Eden[8] et du Foreign Office qui
le jugent « aussi insupportable que de Gaulle » et l'ont
avisé qu'ils ne le soutiendraient pas contre les Français,
sauf cas de force majeure. C'est ce cas de force majeure
qu'il a tout fait pour provoquer : il a versé de l'huile sur
le feu, il aurait, à en croire l'équipe d'Helleu, contreba-
lancé l'action de l'administration en soutenant à coups
de millions les candidats antifrançais aux élections[9] et il
s'est montré assez habile pour apparaître comme un
arbitre dans la désignation du président libanais. C'est
à lui que les victimes du coup de force ont aussitôt fait
appel ; sa femme et lui ont abrité la famille du président Béchara El Khoury pendant la semaine chaude[10].
Nous comprenons aujourd'hui que les dirigeants
nationalistes ont joué de lui autant qu'il a joué d'eux.

Les Français du Levant ont été aussi acharnés et
sûrement moins habiles. Depuis 1941, Catroux n'avait

pas réussi à compenser la faiblesse de l'encadrement administratif et militaire due au rappel des fonctionnaires de Vichy, mais, connaissant bien le monde arabe, il en avait déduit — à la différence de De Gaulle — qu'il fallait hâter les transferts de compétences et maintenir constamment une négociation en cours. Depuis son départ en mars 1943, les nostalgiques de l'autorité se sont évertués à reprendre par bribes ce qu'il avait concédé, marchandant avec les bourgeoisies nationales et s'égarant dans l'imbroglio des luttes de clans. Helleu, homme usé et que les mauvaises langues diront d'une lucidité à éclipses, a cédé à leur emprise[11] ; il s'est laissé convaincre de relever le défi libanais en défiant l'Angleterre.

Il dira avoir agi suivant les instructions de De Gaulle. Il est vrai que, depuis 1941, celui-ci sous-estime la force du nationalisme arabe. Il est vrai aussi que, résolu avant tout à ne pas céder au chantage des Britanniques et de leurs amis et toujours méfiant à l'égard de ses propres diplomates, il a multiplié les consignes de fermeté. Tout donne cependant à penser, contrairement à ce qu'a supposé Massigli, qu'il n'a jamais ordonné d'aller jusqu'à un coup de force[12].

Catroux a été immédiatement sévère pour l'initiative d'Helleu : « une c... ». Il découvre au Liban l'ampleur de la protestation nationale. Le 20 novembre, il recommande au C.F.L.N. de l'autoriser à faire « le geste généreux d'oubli et de réparation que le Liban attend de nous » : la libération et la remise en place des internés. Il pense avoir gardé assez de crédit pour accomplir ce geste « sans faire subir à la France une perte de prestige[13] ».

Le C.F.L.N. partagé

Le Comité de la libération ne le suit qu'en partie : il annonce le 21 novembre 1943 qu'il rappelle Helleu et

qu'il autorise la libération des internés et la remise en
fonction du président de la République libanaise, mais
non la remise en fonction de l'équipe gouvernementale.
De Gaulle, persuadé que les Anglais bluffent, continue
d'agiter comme un contrebluff la menace d'évacuer le
Liban. La menace tombe cette fois à plat. Comme
l'ambassadeur du C.F.L.N. Viénot l'a câblé de Londres,
les alliés occuperaient immédiatement la place vide et
le Général n'aurait pour recours que d'en appeler à
l'opinion publique française contre l'Angleterre[14] :

> Cette attitude ne correspondrait qu'à affirmer devant le
> peuple français, avant même sa libération, le grand prin-
> cipe de l'Action française : « La France, la France seule ».

À Beyrouth, la libération du président El Khoury, de
Riad Sohl et des ministres est loin de calmer le jeu. Ils
sont reçus en triomphe, les chefs maronites modérés
les appuient, Damas proclame sa solidarité avec eux et
l'Angleterre, qui a retardé de quarante-huit heures le
terme de son ultimatum, exige qu'ils soient rétablis
dans leurs fonctions. Pour Catroux, il n'en est que
temps, sous peine de « créer l'irrémédiable entre la
France et le Liban ». Le 22 novembre, il télégraphie à
de Gaulle et au C.F.L.N. qu'il ne se sent « pas le droit »
d'exécuter leurs instructions et qu'il donnera dans
l'après-midi du 23 son agrément à la réinstallation du
ministère libanais[15]. Un second message à de Gaulle,
personnel celui-ci, et d'une gravité inaccoutumée, confirme et explique son choix[16] :

> La suspension du régime constitutionnel et l'emprison-
> nement brutal du gouvernement [...] ont été ressentis
> comme une offense à la dignité nationale et un signe de
> la décadence de la France. Ils ont provoqué à notre
> adresse une réprobation mêlée de stupeur. Et il faut bien
> que l'on sache que le coup du 11 novembre a produit
> comme une cristallisation de l'idée nationale et a, plus que

la défaite de 1940, affaibli la foi et l'admiration des Libanais pour la France.

On ne reconnaît plus en nous les fils spirituels de la
Révolution française [...].

C'est pourquoi notre redressement doit être effectué sur
le plan moral, là où nous avons péché contre l'esprit en
employant la force [...]. Notre situation morale, qui est
notre seule force, ne peut être sauvegardée et refaite qu'à
ces conditions.

Tout est en balance du 22 au 23 novembre. De Gaulle
est inflexible : outré par la brutalité de Churchill[17], il
refuse ce qu'il considère comme une capitulation. Le
22 à 19 heures, il adresse à Catroux par-dessus la tête
de Massigli un télégramme catégorique[18] :

Étant donné l'ultimatum anglais que le monde entier
connaît et qui est toujours suspendu sur nous, vous ne
pouvez pas rappeler Riad Sohl sans que ce rappel prenne
le caractère d'une humiliation infligée à la France par
l'Angleterre [...].

Vous ne pouvez rappeler Riad Sohl tant que le Comité
s'y oppose. Or, il s'y oppose.

Catroux reçoit ce télégramme le 23 novembre vers
13 heures. Il s'incline. Il avise aussitôt Alger qu'il
renonce à rappeler Riad Sohl. Il ne pourra toutefois
pas, ajoute-t-il, l'empêcher de reprendre ses fonctions :
user de la force serait « la plus lourde des erreurs ».
« J'ignorerai officiellement ce gouvernement[19]. »

Mais, entre-temps, le C.F.L.N., réuni ce même dimanche 23 novembre au matin et bien qu'indigné par le
procédé britannique, a donné raison à Catroux contre
de Gaulle.

Un voile pudique dissimule depuis cinquante ans cet
épisode. « Y a-t-il eu de nouveaux ultimatums ? » a
demandé ironiquement le Général en ouvrant la
séance[20]. Massigli a donné lecture du télégramme de
Catroux de la veille (qu'on a lu plus haut) annonçant

son intention de passer outre aux décisions du Comité ;
il a déclaré que, pour sa part, il l'approuvait. Le Général a réagi si violemment que Massigli a offert sa
démission en pleine séance, mais les nouveaux commissaires, Le Troquer en tête, appuyé par Frenay et
d'Astier, ont fait cause commune avec lui. La commission des Affaires étrangères, puis le groupe de la Résistance à l'Assemblée consultative avaient fait savoir
qu'ils ne comprendraient pas qu'on sacrifie l'entente
interalliée à des intérêts périphériques. Le tour de
table final donne douze voix contre trois. De Gaulle a
préféré se laisser mettre en minorité plutôt que de se
déjuger[21].

Le 23 novembre au soir, Catroux peut annoncer le
rétablissement de la Constitution et du gouvernement
libanais. Le 22 décembre, il conclut avec ce dernier,
ainsi qu'avec le gouvernement syrien, un accord qui
lui transfère les services dits « d'intérêt commun[22] ».
L'habile homme a réussi à maintenir, du moins en
droit, le principe du mandat[23], même si les prérogatives qui en résultent sont réduites. Le délégué par intérim Châtaigneau pourra rendre compte que

> notre situation, jugée désespérée il y a trois mois, s'est sen-
> siblement rétablie et ne pourra que s'améliorer si nous
> poursuivons notre politique [de libéralisation][24].

D'autres rebondissements auront encore lieu avant
l'échec final. De Gaulle tient à lier le Liban et la Syrie
à la France par des traités, ce qui est une exigence
dépassée. Spears, n'ayant pu éliminer la France, redou-
blera d'intrigues. Catroux, de son côté, n'a pas aboli,
en quelques jours passés au Levant, « le vieil esprit
mandataire ». Quand il a expliqué au cercle des officiers de Beyrouth que l'intérêt supérieur du pays impo-
sait d'accepter « ce nouveau Fachoda », certains l'ont
accusé entre eux de trahison. Des jeunes ont parlé de

« lui faire la peau ». Il en a fait mettre plusieurs aux arrêts[25].

Le mandat français achèvera de mourir lorsque, en mai 1945, un de ces contestataires, le général Oliva-Roget, convaincu, lui aussi, d'agir dans l'esprit de De Gaulle, ripostera à une provocation en faisant bombarder Damas[26].

II. LES CRISES LARVÉES DU MAGHREB

La poussée nationaliste est plus quotidiennement sensible en Afrique du Nord qu'au Levant, mais elle y est perçue comme un phénomène marginal : le Comité de la libération ne soupçonne pas qu'il affronte les prémices de crises qui, en vingt ans, mèneront les trois pays à l'indépendance.

Novembre 1942 a été le tournant. L'image traditionnelle de la France au Maghreb avait survécu au désastre de 1940 ; un bon observateur n'a pas hésité à dire qu'elle y était morte avec le débarquement allié[27]. L'installation américaine, la mainmise allemande sur Tunis ont montré le nouveau rapport des forces et stimulé les premières aspirations à l'indépendance. L'année 1943-1944 voit l'accélération des mouvements nationalistes, elle est la première phase de leur radicalisation.

Transition difficile en Tunisie

La Tunisie est un cas à part : elle sort de six mois d'occupation allemande. C'est le plus petit des trois pays du Maghreb (les Français y sont cent soixante mille sur trois millions d'habitants), le plus évolué aussi. La contestation n'y est pas nouvelle. Depuis 1936, le Néo-Destour, le parti d'Habib Bourguiba, milite ouvertement pour l'indépendance. Il a été dissous à la suite d'une émeute survenue à Tunis le 9 avril 1938, ses *leaders* ont été emprisonnés et transférés en France ou en Algérie, mais la répression n'a pas étouffé le zèle militant ; si la bourgeoisie s'en est tenue à des manifestations dans le cadre légal, des troubles de rues et jusqu'à des sabotages ont témoigné en 1941 d'une certaine excitation populaire.

L'arrivée au trône de Moncef Bey en juin 1942 a ouvert une voie politique nouvelle : il a entrepris de rajeunir et de démocratiser un pouvoir désuet. Aussitôt populaire, confiant dans Washington, dont il croyait recevoir des encouragements par la voix d'un consul général américain très anticolonialiste, il a présenté en août 1942 un plan de « tunisification » de l'administration et des rouages gouvernementaux accompagné d'une lettre au maréchal Pétain[28]. C'était assez pour que les autorités de Vichy, mais aussi les équipes d'Alger voient en lui le champion du nationalisme antifrançais : six jours après la libération de Tunis, le général Juin le contraignait à abdiquer. Pourtant, il avait, sous l'occupation allemande, mis en place de sa propre autorité un gouvernement neutraliste et s'était refusé à toute collaboration avec les occupants. Il y avait eu du mérite, alors que Vichy ne refusait rien à ceux-ci et qu'une fraction des milieux populaires et la plupart des dirigeants du Néo-Destour avaient misé sur la victoire de l'Axe[29]. Des manifestants avaient applaudi les Allemands à Tunis, des fellahs avaient guidé la poussée de Rommel sur Kassérine et pillé des fermes françaises. Ce que paie Moncef, le « bey du Destour », est d'avoir noué des liens avec les Américains et animé pendant quatre mois le premier gouvernement autonome de la Tunisie.

Quand de Gaulle prend les rênes, l'autorité française

est rétablie, mais le statut du protectorat a été bafoué et l'unité sentimentale se renoue autour du bey martyr, dans l'amertume d'une répression jugée arbitraire qui entraîne dix mille arrestations et internements hâtifs, et bientôt des condamnations à mort parmi les miliciens tunisiens recrutés par les Allemands. Le résident général Mast, prenant pour de la francophobie l'hostilité à une administration directe pesante, dira que 95 % des Tunisiens étaient alors antifrançais[30].

Répression ? Ouverture ? Que peut faire le C.F.L.N. ?

Tension au Maroc

Nouvelle étape également au Maroc. Une photographie prise en janvier 1943 pendant la conférence d'Anfa et abondamment reproduite par la presse montrait le sultan assis entre Churchill et Roosevelt, tandis que le général Noguès, représentant de la France, était relégué dans l'ombre au second plan : l'image symbolique était propre à rehausser le prestige du souverain.

Nul doute que le sultan Mohammed ait trouvé un puissant encouragement dans le dîner que le Président américain offrit en son honneur le 22 janvier 1943 et dans le tête-à-tête qui suivit : « Un nouvel avenir pour mon pays ! » dit-il. Trois mois plus tard, il adressait au Département d'État une étrange requête qu'ont révélée les documents diplomatiques américains : les Français n'étant plus en état d'assurer la protection du Maroc, ce qui rendait, selon lui, caduc le traité de 1912, il suggérait d'y substituer, comme prélude à l'indépendance, un protectorat conjoint des États-Unis, de la Grande-Bretagne, de la France et peut-être de l'Espagne[31].

À l'automne de 1943, le malaise entre la Résidence et le Palais est patent : le sultan « recherche l'atténuation du protectorat » et veut « poser au chef du jeune Maroc[32] » ; cependant le mouvement nationaliste, qui n'a jamais été qu'un phénomène urbain, paraît démembré et ne semble plus vouloir lutter que dans le cadre légal[33].

C'est alors qu'éclate, le 11 janvier 1944, comme un coup de tonnerre précurseur de l'orage, le manifeste de l'indépendance du *leader* moderniste de Rabat Ahmed Balafrej, qui va de pair avec la création de l'Istiqlal, ou parti de l'Indépendance. Les manifestations en sa faveur se succèdent. Elles tournent à l'émeute à partir du 28 janvier, quand la sécurité militaire fait arrêter Balafrej. Les blindés de Leclerc se montrent dans Rabat et Salé. Des heurts violents ont lieu à Fez. On compte quarante-deux tués et cent blessés.

Comment, ici encore, concilier répression et ouverture ?

Le « Manifeste du peuple algérien »

Entre-temps, l'Algérie, elle aussi, a bougé. Seul jusqu'alors le parti populaire algérien de l'extrémiste Messali Hadj revendiquait l'indépendance[34], mais il n'avait guère d'écho que parmi les travailleurs algériens de France ; les têtes de file du mouvement contestataire en Algérie, le docteur Bendjelloul ou le pharmacien de Sétif Ferhat Abbâs, et le Parti communiste algérien lui-même se bornaient à revendiquer l'égalité des droits dans le cadre français. Ils avaient applaudi en 1936 au projet Blum-Violette, qui aurait étendu les droits politiques à vingt et un mille musulmans de l'élite algérienne. Certains avaient même espéré dans la révolution nationale du maréchal Pétain.

Entre novembre 1942 et mai 1943, les *leaders* réformistes ont brusquement franchi un pas : ils ont mis en avant l'idée d'une fédération franco-algérienne.

Le 20 décembre 1942, alors que Darlan et Giraud appelaient à la levée d'une armée de trois cent mille hommes, Abbâs et ses amis ont adressé un « Message aux autorités responsables » : ils prétendaient subordonner l'effort de guerre demandé à la réunion d'une assemblée musulmane qui discuterait un nouveau statut de l'Algérie. La demande étant tombée dans le vide, ils ont adressé le 31 mars 1943 au gouverneur général Peyrouton, puis aux représentants alliés à Alger, un *Manifeste du peuple algérien* contresigné par trente notables musulmans. Le 10 juin enfin, ils ont remis au général de Gaulle, depuis dix jours à Alger, un *Additif au Manifeste* qu'avaient signé vingt et un des vingt-quatre délégués musulmans à l'assemblée territoriale dite des « Délégations financières ». Ces deux textes, qui font date dans l'histoire du mouvement national algérien, revendiquaient « la nationalité et la citoyenneté algériennes » et une constitution propre garantissant

     — la liberté et l'égalité absolue de tous [les] habitants sans distinction de race et de religion ;
     — la suppression de la propriété féodale et le droit au bien-être de l'immense prolétariat agricole ;
     — la reconnaissance de la langue arabe comme langue officielle au même titre que la langue française.

Le gouverneur général avait accepté le *Manifeste* comme « base de réformes à venir » et avait demandé aux élus musulmans de définir un programme plus concret. *L'Additif*, en réponse à sa demande, revendiquait la résurrection du peuple algérien par la naissance, à la fin des hostilités, d'« un État algérien démocratique et libéral » préservant le « droit de regard de la France[35] ».

Sans doute ces revendications émanent-elles d'une élite urbaine d'évolués et d'élus tenus à l'écart de la citoyenneté et des emplois publics et auxquels se joignent très vite les étudiants. Mais les rapports officiels signalent aussi un malaise dans les masses populaires soumises aux restrictions et à la conscription. Le « climat général défavorable » se traduit par « de la hargne et de l'indocilité, de la répugnance à s'employer dans les exploitations françaises », une fuite devant les convocations militaires — en fin de compte, une aspiration confuse à l'égalité des droits[36].

Deux facteurs compliquent la situation. L'un est le déséquilibre grandissant entre la démographie et la production. La population musulmane est passée depuis 1900 de quatre à sept millions ; or, elle ne dispose que du tiers des terres ensemencées : les meilleurs terroirs et les périmètres irrigués sont accaparés par les colons. En quarante ans, la production céréalière indigène a stagné, l'élevage indigène des ovins est tombé de huit à six millions de têtes[37]. La détérioration du niveau de vie ne peut que s'accentuer, aggravant les mécontentements.

L'autre nœud de complications est que « l'Algérie est la France » : elle n'est, en fait, ni colonie ni territoire métropolitain. Son statut politique ambigu aggrave le déséquilibre économique et social. Dans cette population à intérêts divergents, la minorité européenne — un million d'habitants sur huit — vit de l'inégalité sociale et d'un protectionnisme irréfléchi. Son vichysme extrême a été une forme de défense sociale. Colons et notables, même sensibles au prestige de De Gaulle, sont raidis contre toute réforme, *a fortiori* contre toute atteinte au statut du territoire.

Les Américains sapent-ils, de surcroît, la domination française ? On ne cesse de s'en plaindre du côté français et leur désinvolture n'est pas pour rehausser le prestige national. Le grief n'est pourtant qu'en partie fondé. Certes, les « évolués » des trois pays ont cru en l'évangile de la Charte de l'Atlantique, deux consuls américains, à Marrakech et surtout à Tunis, ont ouvertement fait profession d'anticolonialisme, le Département d'État conclut, sur la foi des rapports de ses services de renseignements[38], que le régime inégal instauré au Maghreb ne doit ni ne peut durer longtemps et Roosevelt lui-même n'a que piètre estime pour l'action colonisatrice de la France. Mais les directives d'Eisenhower, de Murphy et celles de Patton au Maroc contredisent ce messianisme émancipateur : le commandement américain veut l'ordre sur ses arrières et l'effort de guerre maximum ; aussi tient-il à ce que les autorités françaises gardent la situation en main[39]. Il applique même la politique du statu quo avec tant de résolution que le Département d'État s'en émeut, sans toutefois la contrarier.

De Gaulle, Catroux : une volonté de réformes

La question arabe en Afrique du Nord reste ainsi l'affaire des Français. De Gaulle, qui découvre les problèmes, entend rendre à la France libérée un patrimoine intact, mais il voit en même temps que l'évolution en cours menace l'avenir et requiert sans délai des remèdes spécifiques. Ces remèdes, Catroux, commissaire d'État chargé des Affaires musulmanes, les conçoit avec une largeur de vues et une hardiesse prémonitoires. Il ne sera que partiellement suivi. Les débats qui se déroulent dans les coulisses du C.F.L.N. illustrent à la fois son intelligence politique et l'étendue de son échec.

Pour les pays de protectorat, sa position est claire. Il faut faire preuve d'autorité, en particulier face à un sultan peu sûr, mais il faut aussi, comme il le dit à la conférence des résidents du 23 octobre 1943, « en revenir à la politique de Lyautey » :

> Il y a actuellement des fonctionnaires français à tous les échelons. Il faut réserver aux jeunes intellectuels l'accès aux fonctions administratives.

Il le répète avec plus de force à propos de la Tunisie lors de la conférence de décembre[40] :

> Le Protectorat est en réalité toujours sous le régime de l'administration directe ; il demande que l'administration actuelle soit transformée en une véritable administration tunisienne aux côtés de laquelle serait installé un contrôle français [...]. Tel est le sens d'un véritable régime de protectorat.

À ces deux conférences, de Gaulle appuie Catroux. Il renchérit même au sujet de la Tunisie :

> Ce serait une grande erreur si la France voulait administrer directement la Régence, erreur qui risquerait de rendre la Tunisie définitivement hostile à la France.

Ces velléités tourneront court. Au Maroc, après le manifeste de l'Istiqlal de janvier 1944, les autorités françaises serrent les boulons. Le leader nationaliste Ahmed Balafrej est arrêté et sera envoyé en résidence forcée à Madagascar. Le contrat moral conclu en août précédent entre de Gaulle et le sultan Mohammed se réduisait, semble-t-il, à une alternative : la France garantirait son trône au souverain pour autant qu'il ne prendrait aucune initiative contre elle. Le 28 janvier 1944, Massigli vient signifier derechef au sultan le refus du Comité de la libération de voir mettre unilatéralement en cause le traité de protectorat. Le résident général obtient oralement de Mohammed V le renouvellement de l'allégeance moyennant promesse de réformes.

Jacques Berque, témoin perspicace, écrira qu'il fallait « répondre au virage par l'accélération[41] ». De Gaulle, si lucide soit-il, désire surtout, à ce stade, maintenir et gagner du temps : « L'autonomie interne…. tout cela finira par l'indépendance », dit-il à André

Philip. En août 1944, à la veille du débarquement en Provence, il donne des instructions strictes pour « empêcher que l'Afrique du Nord ne glisse entre nos doigts pendant que nous libérons la France[42] ».

La montagne berbère, pourtant, ne bouge pas, les populations marocaines de l'intérieur restent fidèles grâce aux cadres indigènes, pachas et caïds, qui ont combattu dans les rangs français et sont couverts de décorations. Mais la fissure au sommet est difficilement réparable. À Rabat, un résident général bien intentionné siège, immobile, flanqué de conseillers hostiles à tout abandon et qui « ne voient au problème qu'une solution, la destitution du sultan[43] » : bref, les mêmes freins qu'au Liban. Après le retour à Paris, vite suivi de la suppression du ministère des Affaires musulmanes, la réforme marocaine se perdra dans les sables.

La Tunisie semble plus propice à une politique d'association : Catroux revient à la charge, à la réunion intermaghrébine du 9 mars 1944, pour souligner en présence de De Gaulle la nécessité de créer à Tunis un véritable gouvernement national[44]. La pression ne sera pas sans effet[45], mais de Gaulle a d'autres priorités. Il ne sera plus question d'autonomie interne avant que Mendès France l'impose à chaud en 1954.

Un programme ambitieux pour l'Algérie

L'Algérie est la clef de voûte de l'Empire : le pari de Catroux est de l'attacher à la France par l'octroi de droits civils et l'intégration des élites à la communauté nationale. N'est-il pas déjà trop tard ? Il se le demande. Du moins joue-t-il cette carte à fond sans rien céder aux indépendantistes[46] : quand Ferhat Abbâs proclame le boycott des Délégations financières, il l'envoie pour six semaines en résidence forcée.

Dès juillet 1943, il a fait prendre un premier train d'ordonnances (sur l'élargissement de la fonction publique, sur l'enseignement primaire, etc.) ; les nationalistes les ont déclarées anodines. La « Consultative » pousse aux réformes. Les délégués métropolitains sont des combattants de la liberté ; tous adhèrent au credo de base : « L'Algérie, c'est la France », mais ils découvrent avec stupeur une société coloniale. Le 3 octobre, les vingt-sept députés communistes demandent que « les populations d'Algérie forment un bloc sans distinction de race ni de religion[47] ». Le 8 décembre, le congrès du parti socialiste, réuni sous la présidence de Vincent Auriol, réclame l'égalité des droits[48]. Là où Giraud ne voyait qu'agitation « de la racaille corrompue des villes », de Gaulle et Catroux se convainquent de l'urgence de réformes politiques. Elles doivent être dans le droit fil du projet Blum-Violette de 1936 si l'on ne veut pas, dit Catroux,

> arriver à un conflit qui nous obligerait à donner ultérieurement à ce pays le statut de Dominion ou qui aboutirait à une situation analogue à celle du Liban[49].

Ces réformes, de Gaulle les annonce en termes superbes le 12 décembre 1943 à Constantine :

> Après cette guerre, dont l'enjeu est la condition humaine, chaque nation aura l'obligation d'instaurer, *au-dedans d'elle-même*, un plus juste équilibre entre tous ses enfants.

Le programme approuvé par le C.F.L.N. qu'il rend public secoue l'opinion. Il se propose

> a) de conférer aux élites musulmanes, sans plus attendre et sans abandon du statut personnel coranique, la citoyenneté française ;
> b) d'augmenter la représentation des Musulmans dans les assemblées délibérantes algériennes et d'élargir le droit de suffrage des Musulmans ;

c) de faire accéder les Musulmans à un plus grand nombre de postes administratifs ;

d) de tracer et de réaliser un programme complet d'ascension sociale et de progrès économique [...].

Une commission composée en nombre égal de membres musulmans et non musulmans, dont deux parlementaires métropolitains[50], doit préparer les propositions de réformes. Catroux la préside. Elle auditionne les *leaders* nationalistes[51]. Elle adopte fin janvier un premier volet de propositions, dit projet Valleur (du nom du maire de Tlemcen) qui traite des réformes politiques.

Le projet est libéral ; il peut même, à l'époque, passer pour révolutionnaire. Il va incomparablement plus loin que le projet Blum-Violette de 1936 et que le discours de Constantine. Il prévoit d'accorder la citoyenneté française à tous les musulmans avec maintien de leur statut personnel, ce qui implique leur admission à tous les emplois, l'égalité des traitements et des soldes, le bénéfice des libertés publiques et le droit d'élire des représentants au Parlement.

Toutefois, pour ne pas donner aux Algériens un poids excessif dans les affaires françaises, le projet dissocie les droits politiques et la qualité de citoyen.

Deux collèges électoraux sont prévus : l'élite musulmane — 86 000 à 90 000 personnes — viendrait grossir les 200 000 électeurs du collège européen ; les autres musulmans seraient électeurs dans un collège séparé qui élirait un nombre de députés et de sénateurs égal au nombre des parlementaires non musulmans. On prévoit quinze députés musulmans à la Chambre des députés.

Catroux se fait devant le Comité de la libération nationale le champion du projet. Pour lui, les objections juridiques (« le Comité n'est pas le gouvernement légal de la France ») ne tiennent pas devant l'urgence.

Il est ardemment soutenu par André Philip qu'inspire un socialisme humaniste tout aussi clairvoyant. Par une chance rare, les textes des principales interventions ont été conservés. Les débats du Comité sur la question algérienne sont de ceux où se joue l'avenir.

Le C.F.L.N., à sa dernière séance de février 1944, approuve l'extension de la citoyenneté, mais plusieurs de ses membres, « peut-être même la majorité, s'inquiètent de la hardiesse et des conséquences de cette décision ».

Catroux leur adresse un plaidoyer passionné[52] :

> Je ne puis que redire que [la masse] veut avant tout être affranchie de la condition humiliée dans laquelle elle est tenue et obtenir, par la qualité de citoyen, l'abolition d'un régime de discrimination [...].
>
> Faut-il décourager cette masse, la livrer aux propagandes hostiles à la France et laisser se cristalliser le nationalisme algérien dans une atmosphère de ressentiment [...] ? Faut-il, en nous aliénant les Algériens, les rapprocher des Marocains et des Tunisiens et doubler, à notre grand dommage, le lien de solidarité islamique par le lien de solidarité politique [...] ?
>
> C'est autant de questions que je me suis posées et auxquelles j'ai, pour ma part, répondu par la négative.
>
> J'ajouterai la dernière remarque que voici : les occasions sont fugitives et l'âme indigène est mobile. Une solution dont, aujourd'hui, les Algériens se contenteraient, cesserait dans quelques mois de les satisfaire, soit parce qu'ils se seraient lassés d'attendre, soit parce qu'ils se sentiraient en mesure d'exiger davantage. Qu'on se rappelle avec quelle faveur fut accueilli le modeste projet Violette qu'aujourd'hui ils déclarent périmé [...].

Suit une mise en garde prophétique :

> Le Comité peut réserver la décision de la France. Il doit cependant être averti qu'en pareille occurrence, il sera astreint à une politique d'autorité et de très grande fermeté. S'il veut éviter d'avoir à faire de la répression, il

devra interdire les propagandes et les sanctionner dès les premières infractions par des arrestations qui, pour être efficaces, devront être suivies de peines durables et rigoureuses. Car c'est un problème de force qui se posera entre le gouvernement et les partis nationaliste et communiste.

Enfin, le Comité devra s'assurer le concours de troupes sûres, ce qui exigera le maintien sur le territoire algérien de troupes blanches ou de couleur sous un commandement organisé, disposant d'éléments blindés et de moyens de transport rapides [...].

L'ombre de Caracalla

La discussion reprend le 3 mars, puis le 5 en comité restreint. Pour Catroux, une ordonnance élevant tous les musulmans algériens à la citoyenneté serait, dit-il, le pendant de l'édit de Caracalla qui, en l'an 212 de notre ère, fit de tous les habitants de l'empire des citoyens romains. Il a fait distribuer à ses collègues le texte latin de l'édit. Il est toutefois clair, ou devrait l'être à ses interlocuteurs, qu'il ne vise pas à l'assimilation et à l'intégration généralisée de la masse musulmane à la France. Il veut assurer sur place la coexistence sans fracture des deux communautés. Il renouvelle son plaidoyer[53] :

> Le malaise dont souffre la grande masse du peuple algérien procède du sentiment d'infériorité où elle est maintenue [...]. La condition de sujet est devenue odieuse à ces Musulmans, car elle perpétue la discrimination raciale et sociale entre eux et le groupe français qu'ils appellent les colons.

Il croit « sage et nécessaire de débrider l'abcès » et de « provoquer un puissant choc psychologique » pour apporter « dans les milieux indigènes un apaisement au malaise algérien ».

« Le même heureux effet peut-il être escompté »

parmi les Français d'Algérie ? Il ne peut l'affirmer, car
« les préjugés sont tenaces ». La majorité leur restera
en tout cas acquise dans les assemblées locales[54] :

> Il leur appartiendra de savoir s'y imposer par la supé-
> riorité de leur savoir, de leur compétence et de leur désin-
> téressement.
> Il dépendra d'eux que les Français demeurent en Algérie
> l'élite véritable. Il leur faudra à cette fin faire appel à leur
> patriotisme, dépouiller l'esprit qui les a longtemps animés
> et s'inspirer de l'esprit de la France.

L'adversaire le plus résolu du projet est Pleven. Français Libre de 1940, commissaire aux Colonies depuis
1941, il est auréolé du succès récent de la conférence
de Brazzaville[55]. Ce fervent gaulliste est par tempérament hostile à toute solution tranchée : il le montre.

Il se félicite que la commission préparatoire ait
écarté la solution « d'une autonomie, ou ce qui revient
au même, d'une citoyenneté algérienne ». Mais on a
recherché, dit-il, des solutions politiques, or, « il ne
semble pas que la politique soit la meilleure école de
la responsabilité » pour les populations en développement. Ce faisant, on a laissé sans réponse des questions qui sont aussi importantes, plus importantes
sans doute : la réforme administrative en Algérie, la
réforme sociale et l'éducation de la masse.

Et d'en venir à l'édit de Caracalla, dangereusement
mis en avant par Catroux. Il retourne l'argument contre lui :

> Il va s'agir pour le peuple français de cohabiter avec huit
> millions de citoyens musulmans [...]. Dès lors, la France,
> après avoir été le vieux foyer occidental, disons même
> chrétien que l'on connaît et que l'on aime, ne deviendrait-
> elle pas une nation mixte [...] ? Pense-t-on que cette nou-
> velle nation française christiano-musulmane [...] aura les
> mêmes instincts politiques, la même résistance, la même
> volonté que la précédente [...] ?

Que l'édit de Caracalla soit considéré comme la cause ou la conséquence de la déchéance romaine, il n'en constitue pas moins, dans sa ressemblance avec le projet Valleur, un précédent.

Sa conclusion : « Il eût fallu être plus empirique », trouver une solution moyenne entre « l'idée de fédération appliquée à l'Algérie et l'idée d'assimilation totale ».

De Gaulle a peu apprécié, lui aussi, la référence à l'édit de Caracalla[56]. Pouvait-il, de surcroît, engager ainsi l'avenir à quelques mois de la libération de la France ? À André Philip, qui avait insisté auprès de lui en faveur de l'autonomie politique de l'Algérie, il avait répondu : « L'autonomie, Philip, vous savez bien que tout cela finira par l'indépendance[57] ». Henri Queuille, René Mayer et Jean Monnet estiment eux aussi que la citoyenneté ouverte à tous précipiterait la fin de l'Algérie française. Le C.F.L.N. s'en tient à une demi-mesure : accorder la citoyenneté française assortie des droits de vote correspondants à 70 000 musulmans, tout en admettant que l'ensemble des musulmans a vocation à accéder à la citoyenneté ; l'Assemblée constituante en décidera après la Libération. Le texte approuvé stipule toutefois que les Français musulmans d'Algérie « jouissent de tous les droits et sont soumis à tous les devoirs des Français non musulmans » et que « tous les emplois civils et militaires leur sont accessibles ».

Catroux ne lâche pas prise. Il propose le 7 mars au Comité en séance plénière d'étendre la citoyenneté complète avec droit de vote non pas à 70 000, mais à 128 000 musulmans en l'accordant aux anciens combattants. Le nombre total des électeurs d'Algérie au Parlement passerait ainsi à 328 000[58]. Seuls Henri Bonnet, Mendès France et Philip l'appuient[59]. Le C.F.L.N. maintient sa décision.

Telle quelle, l'ordonnance du 7 mars 1944 sur le statut des Français musulmans d'Algérie[60] est un net progrès. Même si le C.F.L.N. achoppe sur le dilemme dont la IVe République sera prisonnière, le nouveau statut rompt avec l'ordre juridique antérieur. On se représente mal à distance l'audace et l'autorité qu'exige un tel choix. Mais, comme le dit Catroux, il apporte trop ou pas assez : trop aux yeux des Français d'Algérie, pas assez pour créer un choc psychologique parmi les musulmans.

De Gaulle lui-même le pressent. Avant de quitter l'Algérie pour la France, à la mi-août 1944, il a donné des instructions sans équivoque au général Henry Martin, commandant du 19e corps d'armée qu'il a chargé de la coordination de l'action militaire en Afrique du Nord : « Il s'agit d'empêcher que l'Afrique du Nord ne glisse entre nos doigts pendant que nous libérons la France[61] ».

Les rapports officiels en témoignent, l'ordonnance du 11 mars accentue entre les « Pieds-Noirs » et de Gaulle, entre les Français d'Algérie et la masse de l'opinion française, une fêlure qui ne sera plus réparée[62]. Du côté musulman, si les leaders réformateurs baissent le ton un moment, Ferhat Abbas ne crée pas moins, juste après l'annonce de l'ordonnance, les Amis du Manifeste et de la Liberté pour en populariser les idées et revendiquera en 1945 500 000 adhérents nettement plus radicalisés ; les manifestations sporadiques d'hostilité populaire se renouvellent[63], multipliant les signaux d'alerte jusqu'au printemps 1945. Selon un rapport du début de l'été 1944 sur la région de Sétif qu'Emmanuel d'Astier transmet à Catroux, « la masse musulmane est antifrançaise ». Elle l'est d'autant plus qu'« elle est plus malheureuse » ; une explosion menace :

Les indigènes meurent de faim [...]. S'il est impossible de donner satisfaction à l'indigène, les couteaux se lèveront et la poudre parlera [...]. *Il faut du blé à tout prix.*

Catroux objecte que la jeunesse des villes, les étudiants et les scouts sont en effet dans leur majorité
touchés par les idées nationalistes, mais que la situation « ne semble pas très redoutable tant que nous
tiendrons les masses [rurales] » ; or, celles-ci semblent surtout préoccupées de leur bien-être[64]. La
réponse de la France doit être, selon lui, un plan de
développement économique et social sans précédent.
Ce plan inséparable de la réforme politique, la commission d'étude y a travaillé d'arrache-pied jusqu'à
juillet 1944, Catroux le présente au gouvernement
provisoire le 8 août à Alger, puis en seconde lecture
le 23 octobre à Paris. Enseignement primaire obligatoire, construction de 20 000 classes, transfert en
trois ans de 250 000 hectares à 36 000 familles indigènes, irrigation, programme industriel : au bas mot,
21 milliards de dépenses et vraisemblablement plus
de 25 milliards en vingt ans, par tranches quinquen-
nales[65].

Le plan de développement économique et social ne
sera pas mieux réalisé que le projet politique[66]. Catroux
n'a que jusqu'à mi-route le soutien de De Gaulle. Sa
nomination comme ambassadeur à Moscou et la suppression du ministère des Affaires musulmanes en janvier 1945 sonnent le glas de la politique volontariste
qui a été celle du C.F.L.N. Le ministère des Finances
refuse les investissements : la France ruinée de 1944-
1945 manque de moyens et elle a des soucis plus pressants.

L'insurrection de Sétif du 8 mai 1945, qui sera écra-
sée dans le sang, marquera la fin des espoirs réformistes.

III. BRAZZAVILLE

À la différence de la crise du Levant ou de la réforme algérienne, la « conférence africaine française » de Brazzaville reste un événement phare. Elle nourrit un mythe toujours vivant, symbole de la clairvoyance gaullienne et prélude à la politique de décolonisation. Ou faudrait-il n'y voir qu'un expédient, le miroir aux alouettes que des critiques récents s'acharnent à démystifier ?

Il faut avant tout s'interdire tout anachronisme, la replacer dans son époque, celle de l'Empire français, d'un Empire d'outre-mer de soixante millions d'habitants qu'à peu près tous les Français tiennent pour leur bien légitime. Il faut savoir aussi qu'elle traite essentiellement des « colonies », c'est-à-dire, puisque l'Indochine est toujours sous occupation japonaise, du bloc noir africano-malgache, dissocié durant trois ans entre Vichy ou ses succédanés et la France Libre et regroupé depuis peu sous l'autorité du C.F.L.N. Le niveau socioculturel y est parfois si modeste que, sur les six millions d'habitants de l'Afrique Équatoriale, on n'en a trouvé que trois cent vingt et un qui, se prévalant de bonnes vie et mœurs et du niveau du certificat d'études, puissent accéder à la dignité de « notables évolués[67] ».

Si l'on réunit la conférence sans attendre la libération du territoire national, c'est pour reconnaître la fidélité de l'Empire : on l'a soumis à une rude contrainte, il a fourni des soldats en abondance et on va lui demander une contribution massive au ravitaillement de la France. Mais on tient tout autant à contrecarrer les velléités anticolonialistes des Américains. Éboué a alerté Pleven au printemps 1943[68] :

Ils sont en train de « découvrir l'Afrique ». Notre politique indigène est passée au crible et même critiquée. Vous savez que l'idée d'un contrôle international sur les colonies est non seulement dans l'air, mais a été préconisée par certaines personnalités anglo-saxonnes [...]. N'est-ce pas un devoir national de parer à ce que nous considérons comme un danger, comme une atteinte à la souveraineté française, en nous efforçant, pour mieux marquer notre position, d'appliquer les idées nouvelles ?

Le Comité de la libération nationale ignore que Roosevelt songe à transformer Bizerte et Dakar en bases des Nations unies et à placer l'Indochine sous tutelle internationale, mais son rival malheureux Willkie a prôné la fin des empires dans un livre retentissant, *One World*, le secrétaire d'État Hull a publiquement affirmé, le 13 septembre 1943, le droit de tous les peuples à une indépendance que Washington souhaite combiner avec une inquiétante « politique des bases » ; des *congressmen* et des journalistes éminents renchérissent, oubliant l'état dans lequel les États-Unis laissent le Liberia où seules les plantations d'hévéas les intéressent[69]. Le Sud-Africain Smuts milite, de son côté, pour l'institution de commissions régionales qui deviendraient, sans considération des métropoles, les organes de contrôle des gestions coloniales[70]. De Gaulle suspecte le pire.

De Gaulle à Brazzaville : un discours « révolutionnaire »

La conférence a été annoncée en octobre 1943. De Gaulle l'ouvre « en grande solennité » le 30 janvier 1944. Il parle après Pleven et Gouin. Son discours inaugural est une de ces synthèses grandioses par lesquelles il s'entend à transcender la complexité des problèmes. Il célèbre l'œuvre coloniale de la France, il exalte ses pionniers, les Gallieni, Brazza, Marchand, Gouraud, Mangin. Puis il rappelle que « l'enjeu de cette guerre est en réalité la condition de l'homme ». Cette réalité, la France est plus digne que toute autre puissance de la comprendre,

> parce que son génie est comme destiné à élever pas à pas les hommes vers les sommets de la dignité et de la fraternité où tous pourront s'unir un jour.

Il assume l'enjeu et sa réponse est une promesse :

> Nous sommes sûrs qu'aucun progrès n'est, ni ne sera un progrès, si les hommes qui vivent dans leur terre natale à l'ombre de notre drapeau ne devaient pas en profiter moralement et matériellement, si ce développement ne devait pas les conduire à un niveau tel qu'ils puissent un jour être associés chez eux à la gestion de leurs propres affaires.
> Voilà ce qui est le devoir de la France. Tel est le but vers lequel nous devons marcher[71].

Il préside ensuite à la cérémonie de décoration de la fille de Malako, roi des Batékés, qui avait offert à Savorgnan de Brazza le terrain sur lequel Brazzaville devait être construite, et il inaugure un monument à la mémoire de l'explorateur. Grand moment :

> Lorsque, dans le rapide crépuscule, de Gaulle, sur la rive du Congo, décora la fille du roi qui avait traité avec Brazza et, avec une gaucherie superbe, lui donna l'accolade, ces Français dont j'étais, venu d'un pays encore humilié, se sentirent transportés d'espoir,

raconte Jacques Berque, observateur délégué par Rabat[72].

La conférence, dans les locaux étroits du Cercle civil français, consacre une semaine à l'étude des mesures d'ordre politique, administratif, économique, social, propres, dans chacun des territoires d'Afrique noire, « à faire franchir », selon l'expression de Pleven, « aux millions d'êtres qui vivent sous le Tricolore, une grande étape de progrès humain ». Pleven préside de bout en bout, assisté de son directeur des affaires politiques Laurentie.

Assimilation ou marche au fédéralisme ?

Que le contexte soit « authentiquement colonial, dans le meilleur sens du mot, moralement, socialement, intellectuellement », il suffit pour s'en convaincre de relire les souvenirs frémissants d'un autre témoin, Français Libre et esprit libre, le directeur des affaires malgaches et futur gouverneur des colonies Paul-Henri Siriex[73]. Non pas États généraux d'outre-mer, mais conférence administrative où seuls ont voix délibérative, avec Laurentie et son adjoint Georges Peter, dix-neuf gouverneurs généraux et gouverneurs des colonies[74]. Les perspectives ouvertes sont soigneusement encadrées, dès le préambule des recommandations adoptées :

> Les fins de l'œuvre de civilisation accomplie par la France dans les colonies écartent toute idée d'autonomie, toute possibilité d'évolution hors du bloc français de l'Empire. La constitution éventuelle, même lointaine, de *self-government* dans les colonies est à écarter.

Ces phrases ne semblent pas avoir été dictées par de Gaulle, mais elles reflètent sa pensée. Il s'en était curieusement expliqué avec Lapie, son gouverneur du Tchad de 1940, qui avait recommandé, à l'Assemblée consultative, la création d'une « Fédération française[75] » :

> L'autonomie ? Je ne crois pas sage actuellement de l'accorder, pour diverses raisons dont la principale est celle-ci : les Européens de l'Afrique du Nord saisiraient

l'occasion pour détacher l'Afrique du Nord de la métropole et créer une Afrique du Sud ségrégationniste à Alger ;
cela ne serait pas digne de la France, et nous ne pouvons
pas en prendre le risque[76].

Que ce soit d'ailleurs à la conférence ou à la « Consultative », le jacobinisme domine. Le porte-parole du
parti communiste, Mercier, est le premier à prôner
une République « une et indivisible » où citoyens de la
métropole et d'outre-mer seront libres et égaux en
droits[77]. À première vue, la conférence semble ainsi
opter à terme pour l'assimilation des populations coloniales à celles de la France. C'est bien ce que recommande cet autre gouverneur, Raphaël Saller, Antillais
descendant d'esclaves comme Éboué, qui allait — paradoxalement — devenir, quinze ans plus tard, l'expert
économique de la Côte d'Ivoire indépendante.

Pourtant, la conférence recommande, en premier
lieu, « l'accession des Africains à la responsabilité » et
leur association progressive « à la gestion de la chose
publique de leur pays[78] », ce qui permettra aux divers
territoires de

> s'acheminer par étapes de la décentralisation administra-
> tive à la personnalité politique.

Ce qui amène à se demander en quoi la « personnalité politique » diffère du *self-government*. L'historien
Charles-Robert Ageron, expert en matière d'histoire de
la décolonisation, a clairement montré que les réformateurs de Brazzaville les plus favorables à la libéralisa-
tion n'échappaient pas à une ambiguïté fondamentale.
Ils hésitent entre deux tendances : assimilation ou
fédéralisme, laissant le choix au gouvernement et à la
nation libérée.

Éboué, Laurentie et le rêve
de la « Communauté française »

Il s'y ajoute un facteur généralement sous-estimé : la fascination du Commonwealth sur les Français Libres. Ils rêvent d'un Commonwealth, mais à la française, qui combinerait « les franchises politiques des territoires » avec la libre adhésion des populations à la francité et à l'idéal universaliste, en préservant, par une sorte d'harmonie préétablie, la souveraineté française.

C'est vers ce fédéralisme-là que penchent les deux hommes qui auront, avec Pleven, conçu et marqué de leur empreinte la politique coloniale de la France Libre, Félix Éboué et Henri Laurentie. Éboué, unique gouverneur noir en 1940 et le seul gouverneur qui ait alors choisi la France Libre, est un sage, dont Pleven donne la gestion en exemple ; mais il est, lors de la conférence de Brazzaville, malade et diminué par la surdité ; aussi pèse-t-il moins sur les débats que son ancien secrétaire général Laurentie, homme de caractère lui aussi, qui joint à l'expérience de l'Afrique celle du Levant[79]. En trois ans de collaboration, Éboué et Laurentie ont défini une doctrine originale, cohérente jusque dans ses illusions, qui a trouvé sa première expression dans la « circulaire Éboué » de 1941[80]. Leur « nouvelle politique indigène » veut abolir l'administration directe en préservant le cadre traditionnel africain et en s'appuyant sur l'échelon intermédiaire des chefs traditionnels ; mais elle facilite en même temps la promotion sociale et politique de ceux qui ont accédé à la connaissance de la langue et de la culture françaises. Éboué, qui a la confiance de De Gaulle et de Pleven, a obtenu du Comité de Londres en 1941-1942 l'approbation de deux décrets novateurs[81] : l'un fixait le statut des « notables évolués », qualité qui fait de ceux-ci « des citoyens de la colonie » et leur ouvre des droits politiques[82] ; l'autre créait en Afrique Équatoriale des « communes indigènes » que doit administrer un corps municipal de notables évolués.

Ainsi, après la mort prématurée d'Éboué au printemps 1944, verra-t-on Laurentie, interprète des vœux de Brazzaville, dénoncer comme « inacceptable » l'assimilation, « conception fausse et inintelligente », et l'administration directe, « qui permet de se passer des institutions locales ou de les détruire » ; il s'appliquera, au contraire, à faire prévaloir « le bon système » des « institutions indigènes », qui donne « aux anciennes autorités des moyens et des responsabilités », comme les Anglais l'ont fait au Nigeria. Mais, pas plus que de Gaulle et Pleven, il n'admet que la France s'enferme à l'instar de l'Angleterre dans une politique de « développement séparé » : l'enseignement donné en français doit être le moyen de la promotion africaine. Dès le lendemain de Brazzaville, Pleven prescrit aux gouverneurs des autres territoires coloniaux d'adopter un statut des « notables évolués » plus libéral encore que celui de l'Afrique Équatoriale et « qui doit correspondre dès à présent à des droits et des obligations réels[83] ».

Sur sa lancée émancipatrice, Laurentie ne craindra pas d'étudier ce que pourra être l'autonomie des colonies, « système laissant à chaque colonie sa liberté ». Ce qui ne l'empêche pas de se déclarer

> absolument hostile à la naissance de tout nationalisme à l'intérieur de nos colonies. Autant nous aurons cherché à favoriser le patriotisme local [...], autant nous devons nous opposer à ce que le nationalisme devienne la doctrine de ces pays qui arriveront prochainement à l'indépendance.
>
> Notre système devrait tendre — et il tendra, là où nos moyens nous le permettront — à intégrer dans un ensemble français des pays qui seraient théoriquement égaux les uns aux autres, à former une sorte de fédération, et, par

conséquent, à provoquer à la fois le sens de la liberté chez chacun des pays membres de cette fédération en même temps qu'on donnera à chacun le sens de la solidarité vis-à-vis de l'ensemble[84].

Il y a là un étonnant mélange de pragmatisme et de rêve. Ainsi, durant tout le premier semestre de 1944, les réformistes d'Alger caressent l'idée d'une « communauté française » ou d'une « union française ». Pleven, tout en affirmant devant la « Consultative » que les postes de commande de l'Empire devront rester aux Français[85], admet l'idée d'une assemblée fédérale comprenant pour moitié des Français et pour moitié des représentants des territoires. Laurentie est plus audacieux : devant la commission chargée « d'étudier les moyens d'établir les colonies dans la nouvelle Constitution française », il suggère d'instituer, outre une « assemblée de la Communauté française », une haute cour fédérale de justice, des ministères fédéraux et un budget fédéral. Mais dès qu'on cherche à préciser les projets, on bute sur le réel.

> Il ne peut y avoir de fédération qu'avec des pays ayant la maturité nécessaire pour faire fonctionner de façon viable une Constitution locale comportant suffrage universel intégral et responsabilité gouvernementale,

objecte le socialiste Jules Moch, qui préférerait s'en tenir dans un premier temps à une « Communauté des peuples français ». René Cassin conteste le projet Laurentie parce qu'il propose de faire de l'Algérie et des Antilles des « provinces autonomes » au sein de la fédération française :

> Je vous ai dit les dangers que je verrais à donner un statut trop autonome à l'Algérie, à raison du peu de maturité actuelle des musulmans d'Algérie et des abus que les minorités françaises actuellement dirigeantes pourraient

faire d'une autonomie trop poussée. C'est là le point crucial de la Fédération[86].

On touche là, en effet, au cœur des contradictions
dans lesquelles s'enfermera et s'enferrera la IVe République. Un régime présidentiel tel que le souhaitait de
Gaulle aurait peut-être eu plus de commodités pour
aménager des institutions fédérales. Il aurait été de
toute façon en butte à la poussée des nationalismes.

Le bilan : une étape et un gage

La conférence de Brazzaville aura nourri, dans
l'ambiguïté, une grande ambition sans lendemain : l'assimilation a rapidement montré ses limites, les structures
fédérales conçues depuis 1944 ont été balayées en
moins d'une génération.

Le « programme de Brazzaville » n'en est pas moins
le volet le plus positif de la politique coloniale de la
France en guerre. Il a affirmé (ce qui n'était peut-être
qu'une révolution verbale) que les peuples indigènes
sont à la base même des colonies, que rien ne doit être
fait contre eux et qu'il convient en premier lieu d'agir
pour eux si l'on ne veut pas contredire et notre tradition et la raison[87].

Mais il a de plus, dans un délai très bref, conduit à
deux sortes de réformes :

— en matière politique, il a débouché sur la promotion d'élites africaines, l'accession progressive des
sujets à la citoyenneté, leur représentation au Parlement français et l'élection d'assemblées locales délibé-
rantes ; Brazzaville a sonné le glas de l'administration
directe ;

— sur le plan économique, et en relation avec la
transformation de la Caisse centrale de la France libre
en Caisse centrale de la France d'outre-mer[88], Brazza-

ville a conduit l'État français à prendre en charge les dépenses de souveraineté et de gros investissements des territoires et à assurer à ceux-ci une capacité commerciale, financière et fiscale sans précédent.

La conférence de Brazzaville n'a pas été ce qu'a cru y voir Laurentie, l'équivalent de la fête de la Fédération du 14 juillet 1790. « Elle aura été, plus simplement, un gage de bonne foi et de sincérité vis-à-vis des populations et de leurs représentants nés à la vie politique au cours des années qui suivirent », pourra dire Paul-Henri Siriex. Il n'est pas excessif d'y voir en même temps la première phase d'une véritable révolution politico-financière : la colonisation française était caractérisée jusqu'à la guerre par l'absence de contre-pouvoirs et de représentation élue des populations, ainsi que par une « autonomie financière », qui obligeait chaque colonie à pourvoir à ses dépenses sans aide du budget métropolitain. Brazzaville a préparé les évolutions à venir en mettant l'accent à la fois sur les droits progressifs des populations et sur le devoir d'aide au développement qui incombe à la métropole, tant il est vrai que « la pire dépendance est celle de la misère[89] ».

À Brazzaville, de Gaulle, Pleven, Éboué, Laurentie ont réintroduit le facteur social, mais aussi « le facteur politique dans le champ colonial[90] ». Ils ont suscité une grande espérance, d'autant plus grande peut-être qu'elle était vague et que les aspirations nationalistes étaient encore à peine formulées. C'est pour beaucoup à la faveur de cet espoir et de la confiance faite à la France par les pays d'Afrique noire que la décolonisation s'y est déroulée pacifiquement.

Accords ou désaccords
de débarquement ?

Si pressants que soient les problèmes qui assaillent
le C.F.L.N., problèmes administratifs, économiques, militaires, coloniaux, la perspective du retour en France
commande tout.

Elle implique d'obtenir des alliés occidentaux la
reconnaissance du Comité de la libération nationale,
non plus seulement comme une autorité militaire et
coloniale, mais comme le gouvernement potentiel de la
France libérée, ou de s'assurer, à défaut, leur agrément
tacite. C'est l'objet d'un an de turbulences diplomatiques : de septembre 1943 à juin 1944, les dissentiments
et les ressentiments s'aggravent, jusqu'à l'incroyable
empoignade au sommet de juin 1944, qui va secouer
l'alliance au moment même où l'armada du débarquement lève l'ancre pour la Normandie.

Normalisation diplomatique

Pourtant, un grand pas a été franchi à la fin de l'été.
1943. La reconnaissance du Comité d'Alger assure des
relations diplomatiques régulières à un pouvoir civil
français établi dans une capitale française[1]. Le C.F.L.N.,
pas plus que le Comité de Londres, n'est admis à la
dignité de représentant d'une des « Nations unies » et
l'emprise militaire américaine en Afrique du Nord
reste forte, tout en ayant de moins en moins l'allure

d'une occupation. Les progrès sont à la fois dans la nature juridique des rapports interalliés et dans leur pratique quotidienne ; en même temps, l'image de la France dans le camp allié se renforce.

En Afrique du Nord, le commandant en chef interallié n'est plus l'interlocuteur exclusif et il a bientôt transféré son quartier général en Italie. Des missions diplomatiques sont accréditées à Alger. Les relations extérieures autres que purement militaires sont centralisées par le commissaire aux Affaires étrangères André Massigli, chef de file autoritaire et inquiet qui voit son rôle grandir, même si de Gaulle tient à lui rappeler qu'il n'est qu'un second. Son interlocuteur britannique à Alger est, à partir de novembre 1943, Alfred Duff Cooper. Le C.F.L.N., n'étant pas un gouvernement en nom, n'aurait pas qualité pour qu'on accrédite auprès de lui des ambassadeurs ; Churchill a accordé néanmoins à titre personnel à Duff Cooper la dignité d'ambassadeur, avec promesse de l'ambassade britannique à Paris. Cet aristocrate au franc-parler, historien de talent, amateur en toutes choses, est une personnalité politique de poids : homme supérieur, écrira de Gaulle[2]. Il est francophile et il admire le Général. Sa désignation est un gage auquel les Français sont sensibles. Il a pour pendant à Londres Pierre Viénot, député socialiste des Ardennes et sous-secrétaire d'État aux Affaires étrangères dans le ministère Blum de 1936-1937, qui a, lui aussi, rang d'ambassadeur. Viénot, patriote et discret, la finesse de l'esprit jointe à l'intelligence du cœur, mettra autant d'énergie à renouer l'Entente cordiale que Duff Cooper à Alger. Massigli et lui entretiennent, en marge du courrier diplomatique, une correspondance privée suivie afin de limiter, s'il se peut, la portée des crises et de maintenir une relation de confiance avec Eden.

De même, un nouveau représentant américain a été substitué à Murphy. Il ne s'agit plus d'un chargé de mission du Président ni d'un conseiller politique auprès du commandement allié, mais du représentant officiel des États-Unis d'Amérique. La tonalité des relations change : l'ambassadeur Edwin C. Wilson s'entremettra en faveur du C.F.L.N. au point de faire l'aller et retour Alger-Washington-Alger pour exposer le point de vue français[3]. À Washington même, le chef de la mission française est Henri Hoppenot, diplomate de charme et d'autorité, qui bénéficie au département d'État d'une tout autre cote que le syndicaliste Tixier. Le principal négociateur français de l'hiver 1943-1944 aux États-Unis est en réalité Jean Monnet. Membre du C.F.L.N. en mission, il se dépense avec succès pour faire étendre le bénéfice du prêt-bail aux populations civiles et obtenir une aide économique massive pour la France libérée. Il connaît toute la haute administration américaine ; il parle l'anglais. Il a un singulier pouvoir de conviction ; il en joue pour tenter d'élargir, pas à pas, à la faveur d'accords techniques, le champ des prérogatives politiques reconnues au C.F.L.N.

Le général de Gaulle, sans contester la responsabilité collective du Comité de la libération nationale, pilote sa politique étrangère. Il fait valoir en toute occasion la « remontée de la France ». D'un discours à l'autre comme dans ses entretiens avec les ambassadeurs étrangers ou les *leaders* de l'exil, tel le Tchèque Bénès, il pose les jalons d'une diplomatie qu'il veut celle de l'indépendance et de la grandeur française[4].

Pour ramener la France dans le concert des grands, il poursuit avec constance le rapprochement avec l'U.R.S.S. Seule l'alliance russe, combinée avec le soutien britannique, peut assurer, selon lui, la France libérée contre un retour offensif du germanisme et faire contrepoids aux aspirations hégémoniques des États-Unis. Dans l'immédiat, la bienveillance de Moscou, même limitée à quelques gestes, incite le Parti communiste français à coopérer. Le Général répond aux gestes soviétiques par des avances de plus en plus insistantes. Le 8 octobre, à la veille de l'arrivée à Alger de l'ambassadeur Bogomolov et de ses trente collaborateurs, il salue, d'Ajaccio libéré, la Méditerranée, « la mer latine, cette mer par où nous est venue la civilisation [... et] qui est l'un des chemins vers notre alliée naturelle, la chère et puissante Russie ». La « chère et puissante Russie » (il ne mentionne jamais l'Union soviétique), ce sont les mots qu'il reprendra dans son discours du 10 mai 1944, à Tunis.

Une autre voie d'après-guerre qu'il explore est celle d'un groupement économique de l'Europe occidentale. Churchill l'a évoquée six mois plus tôt. René Mayer la remet sur le tapis, Massigli en esquisse le schéma et en souligne les difficultés à la séance du C.F.L.N. du 12 octobre 1943. Dès le premier jour se dessinent les divergences d'avenir : de Gaulle caresse le projet d'un groupement non fédératif unissant, sous l'égide de la France, la Belgique, la Hollande, le Luxembourg, peut-être l'Italie et, si possible, la Rhénanie ; Jean Monnet commence, de son côté, à songer à une « Europe européenne », réconciliée et comportant une part de supra-nationalité[5]. L'idée du groupement occidental chemine tout l'hiver 1943-1944, freinée par l'insuccès des pourparlers avec les Belges, mais stimulée par la mystique européenne commune à la plupart des délégués de la Résistance. Le général de Gaulle la présente avec éclat à l'Assemblée consultative le 18 mars 1944.

La « remontée de la France » est le plus sensible au Canada et en Amérique latine ; le crédit du C.F.L.N. s'y consolide à mesure que s'y accentue le discrédit de Vichy. Le C.F.L.N. reprend en compte, avec plus de moyens que le Comité de Londres, la politique d'action culturelle à l'étranger dont témoignent l'appui donné à l'Alliance française[6] et la prise en charge de l'Alliance israélite universelle, décidée au printemps 1943 avant le départ pour Alger. Les délégués français sont admis dans les conférences économiques interalliées et s'y font écouter. En matière de châtiment des crimes de guerre, ils posent au niveau international le problème de la responsabilité collective de la Gestapo et des S.S.

Ainsi la diplomatie française, encore impuissante, mais présente, se manifeste dans un climat plus détendu.

Les tensions sous-jacentes avec les alliés transparaissent pourtant de mois en mois, dans un communiqué du C.F.L.N., un discours à l'Assemblée consultative et, plus couramment, une déclaration du général de Gaulle rappelant qu'il n'appartient pas aux étrangers, fussent-ils alliés, de décider des intérêts de la France.

Dès que la souveraineté nationale paraît en jeu, le Comité de la libération fait bloc avec de Gaulle, il adopte ses ambitions pour la France, ses craintes et ses colères. Des hommes qui supportent avec peine la dramaturgie du Général et trouvent sa diplomatie trop personnelle comme Jean Monnet, Massigli ou Catroux, des commissaires qui s'inquiètent de « la politique du tout ou rien » comme René Mayer, Diethelm ou Henri Bonnet, des chefs de mission initialement aussi réticents que Hoppenot ou incertains que l'amiral Fénard, se sentent contraints par la contagion de l'exigence nationale à se raidir face aux alliés anglo-saxons : sauf dans la crise libanaise, l'esprit intransigeant de la France Libre entraîne progressivement l'équipe. Chaque fois que les Américains se mêlent de faire pression en faveur de Giraud, le Comité unanime leur oppose une fin de non-recevoir. Eisenhower finit par admettre en décembre 1943, après sa rude explication avec de Gaulle, que l'armée n'est pas un pouvoir autonome en Afrique française et que le C.F.L.N. — et lui seul — assume l'intérim des pouvoirs de l'État[7].

Mais c'est précisément ce que Roosevelt n'admet pas. Dans sa méfiance pour de Gaulle, il s'obstine d'abord à perpétuer la dyarchie nord-africaine. Le 26 août

1943, en même temps que Washington reconnaissait l'existence du C.F.L.N., il a prescrit au commandant en chef de « traiter directement avec les autorités militaires françaises, et non avec le Comité, de toutes les questions ayant un rapport avec les forces françaises[8] ». Il n'en démordra pas, une fois Giraud rentré dans le rang. Le 12 février 1944, l'arsenal de Washington doit livrer aux autorités françaises le torpilleur *Sénégalais* ; il décide de présider la cérémonie ; il y prend la parole : c'est pour spécifier qu'il remet le navire à la Marine française, en évitant ostensiblement de mentionner le C.F.L.N., qui reste à ses yeux une autorité transitoire et sans légitimité.

Marquer la place de la France

Ainsi la normalisation diplomatique laisse le Comité dans un statut mineur.

On le voit à l'occasion du triple contentieux interallié où il est engagé.

C'est d'abord la renégociation des accords Clark-Darlan[9]. Massigli en a demandé la révision le 10 septembre 1943. En novembre, les pourparlers n'ont pas commencé : les militaires américains répugnent à se charger seuls d'une responsabilité qui touche à des problèmes de souveraineté ; il faut attendre l'arrivée de l'ambassadeur Wilson. On discute ensuite article par article. Le 15 mai 1944, rien n'est encore conclu. De Gaulle prend sur lui de déclarer devant l'Assemblée consultative que « la France ne se considère pas comme engagée par des arrangements qui purent être faits naguère entre l'autorité militaire alliée d'une part et Darlan d'autre part ». Il le confirme le lendemain à Murphy, de passage à Alger : les accords Clark-Darlan « sont lettre morte[10] ». Dénonciation unilatérale ? Non pas. Simple coup de semonce. L'accord de révision ne sera conclu qu'en juillet.

En réalité, le régime des accords Clark-Darlan est déjà largement en veilleuse. Les Américains ont cessé de faire directement des réquisitions et adressent leurs demandes à l'autorité militaire française ; le règlement des fournitures et services s'inscrit déjà dans le cadre de l'accord bilatéral d'aide réciproque ; seules restent irritantes, quand de Gaulle fait son éclat, la question de la réparation des dommages commis par les forces alliées ou leurs membres et celle du privilège de juridiction — celui-ci à coup sûr exorbitant — dont jouissent non seulement les militaires américains, mais les citoyens ou sujets français employés par les forces américaines. En fait, ce qui est enjeu est surtout un principe. La longueur des marchandages aura entretenu l'agacement mutuel et renforcé le mythe d'un protectorat américain qui se perpétuerait.

Irritante aussi, et politiquement plus conséquente, l'affaire italienne.

La chute de Mussolini survenue en juillet 1943, puis l'occupation rapide de la Sicile par les alliés ont fait espérer un armistice prochain avec l'Italie. Le C.F.L.N. tenait à être associé à la discussion de ses clauses. Il l'a fait savoir à Eisenhower le 10 août par une note circonstanciée. Or, quand le 8 septembre, un communiqué du quartier général interallié a annoncé la conclusion de l'armistice, il n'avait été ni consulté ni même informé, et la reddition italienne remontait en fait au 3 septembre. Désillusion. Irritation cachée.

En fin de compte, un Comité consultatif pour les affaires italiennes sera malgré tout institué dans lequel, à partir de février 1944, Massigli, puis Couve de Murville siégeront aux côtés de Macmillan, Murphy et Vichinski. Mais la compétence de ce Comité est limitée par l'existence parallèle d'une Commission de contrôle pour l'Italie, qui ne fait de place ni aux Français ni aux Soviétiques. Et l'on apprendra en mars 1944 que la France est exclue du partage de la flotte italienne, au grand dépit de De Gaulle qui escomptait quelques réparations de l'Italie sous forme de navires. « On nous écartait sans nous exclure », écrira-t-il. Américains et Soviétiques ont simplement jugé que les Français auraient pu faire meilleur usage de leur propre flotte. Le C.F.L.N. n'est toujours pas un allié à part entière.

La menace de l'A.M.G.O.T.

L'objet d'irritation majeur, de septembre 1943 à juillet 1944, est l'affaire des « accords de débarquement ». Tout le monde s'attend à ce que l'assaut décisif donné à l'Europe ait lieu en France. Le C.F.L.N. estime qu'il lui appartient de prendre en charge les territoires libérés. Mais le principe est loin d'être acquis. Et comment se fera pratiquement le transfert des pouvoirs du commandement interallié à l'autorité civile française ? L'enjeu est capital. La partie est à la mesure de Charles de Gaulle.

Le problème de l'administration de pays libérés n'est pas nouveau, puisque des territoires coloniaux ont déjà été occupés par les alliés et qu'il a fallu les administrer : pour les uns, Syrie, Madagascar et Afrique du Nord, des accords ont reconnu les droits de la France, pour d'autres, Libye, Érythrée, Somalie, le gouvernement y est assuré par une administration militaire britannique. Mais le problème de l'administration des territoires libérés en Europe s'est posé pour la première fois dans son ensemble le 17 juillet 1943, lorsque le haut commandement allié à Alger a annoncé la nomination du général Alexander au poste de gouverneur militaire de la Sicile et la création d'une organisation anglo-américaine qui porte le nom d'A.M.G.O.T. (Gouvernement militaire allié des territoires occupés). Une proclamation d'Alexander aux Italiens a fait savoir que le gouvernement et l'administration des territoires occupés étaient placés sous le contrôle de l'A.M.G.O.T., et que l'administration civile de la Sicile était confiée, sous ses ordres, à un général américain. L'A.M.G.O.T. s'est installé à Palerme et a mis en place ses six « départements » : service législatif, services des finances, ravitaillement, santé, sécurité publique et gérance de la propriété publique. Il a suspendu les pouvoirs du roi d'Italie, dissous le parti fasciste, emprisonné un millier de responsables fascistes et nommé de nouveaux maires.

Des officiers anglais et américains forment le noyau de l'A.M.G.O.T. sicilien. Car dès juillet 1942, l'armée américaine a créé un centre de formation d'officiers dits des affaires civiles à Charlottesville (Virginie), la Marine américaine un autre à l'université Columbia. De leur côté, les Britanniques ont, dès juin 1942, institué un Comité pour l'administration territoriale (Europe), puis ont ouvert en février 1943 à Wimbledon un centre de formation aux affaires civiles.

Qu'en sera-t-il en France ? Les informations sont imprécises et fluctuantes. Les vues anglaises et américaines divergent, pour autant qu'on le sache à Alger. Le Foreign Office, il n'en fait pas mystère, s'oppose à ce que l'A.M.G.O.T. s'applique aux pays libérés et amis dotés de gouvernements reconnus ; en dehors de la zone des combats, l'administration civile devrait y être transférée aussitôt que possible aux autorités nationales ; des pourparlers dans ce sens se sont engagés à Londres en août 1943 avec les gouvernements belge, hollandais et norvégien.

La France, toutefois, ne répond pas à la définition d'un « territoire ami doté d'un gouvernement reconnu ». Certes, on imagine mal qu'elle puisse être soumise à l'administration directe des Anglo-Américains, encore que certains Français le redoutent. Mais entre le régime de l'A.M.G.O.T. et la remise des pouvoirs à l'autorité civile nationale, les alliés sont susceptibles d'imaginer des formules intermédiaires qui subordonneraient, sous des prétextes militaires, l'administration des zones libérées à l'autorité du commandant en chef interallié : c'est cela qu'on craint surtout du côté français[11].

On n'est pas resté inactif. Depuis février 1943, la Commission française de débarquement, présidée d'abord par André Philip, puis par Henri Queuille, a étudié, d'abord à Londres, puis à Alger, les problèmes juridiques et institutionnels de la Libération. Une initiative plus pratique a été prise au lendemain même de la création de l'A.M.G.O.T. : le 20 juillet, le général d'Astier, commandant des forces françaises en Grande-Bretagne, a institué à Londres un Service militaire d'études administratives. Ce service a été conçu par le contrôleur de l'armée Pierre Laroque, maître des requêtes au Conseil d'État, arrivé quelques mois plus tôt de France à Londres où son autorité est déjà grande. Le service, tel que Laroque l'a défini, est chargé d'« étudier l'ensemble des questions intéressant les populations civiles dans la zone des armées, en cas de libération partielle du territoire pendant des opérations basées en Grande-Bretagne » ; il est seul habilité à avoir des liaisons avec les services alliés analogues ; il doit être le conseiller technique des autorités militaires pour la formation des « officiers de liaison-population ». L'organisation Laroque sera la cheville ouvrière de toute la machinerie française des affaires civiles.

Le 31 juillet, Laroque a pris contact avec son homologue britannique, le brigadier Lee, chef de la section française du service britannique des affaires civiles récemment créé. Lee se propose de recruter dix-sept cents officiers des affaires civiles britanniques, américains et français (ce que Laroque juge peu réaliste) pour administrer la zone militaire du nord de la France et de la Belgique : les uns seraient des officiers

de liaison auprès des divisions, ayant compétence militaire et administrative, les autres des « officiers de
liaison-population » à compétence territoriale. Conscient de l'énormité de la tâche, Lee accueillerait volontiers des officiers français aux stages de Wimbledon.
Pierre Laroque, sans attendre, a lancé, au camp français de Camberley, un premier cours purement français d'officiers d'affaires civiles : car il est clair que les
alliés s'en remettront seulement au C.F.L.N. s'ils ont
l'assurance qu'il a les moyens d'assurer l'administration des zones libérées. Et il a alerté Alger : les militaires anglais sont tout disposés à engager avec lui des
discussions techniques, mais celles-ci risquent d'être
constamment interrompues faute d'accord préalable
sur les principes[12] : qui aura qualité pour mettre en
place de nouveaux maires dans les territoires libérés ?
pour investir des fonctionnaires ? Qui assurera le maintien de l'ordre ? À partir de quel moment les armées
alliées passeront-elles la main au C.F.L.N. ?

Au début d'août 1943, le commissaire aux Finances
Couve de Murville a perçu un son de cloche analogue
quand il a voulu aborder la question des moyens de
paiement à mettre à la disposition des forces de débarquement : on lui a opposé des préalables que seuls les
gouvernements alliés pouvaient lever. Le secrétaire
général adjoint du Foreign Office Strang a conseillé
que les Français posent les problèmes du débarquement sur le plan politique[13].

Les propositions du 7 septembre 1943

Ainsi tout concourait pour que le C.F.L.N., sitôt con-
solidé, prenne l'initiative d'une négociation au plus
haut niveau. Qui plus est, s'il obtenait qu'une telle
négociation s'engage, il se trouverait implicitement
reconnu comme l'autorité française légitime.

Les mesures pratiques et l'action diplomatique sont allées de pair. De Gaulle a signé le 30 août 1943 un ordre chargeant le directeur adjoint de son cabinet, le commandant de Boislambert, du commandement du détachement des officiers de liaison français sur le futur front du Nord-Ouest, qu'il s'agisse des officiers de liaison tactique ou des officiers de « liaison-population ». Boislambert connaît bien l'anglais, il a un entregent phénoménal, il est un fidèle entre les fidèles qui pourra à tout moment recourir à l'autorité du Général. Pierre Laroque est confirmé dans ses missions au nom du C.F.L.N. : il dirigera, sous l'autorité de Boislambert, la formation des agents et officiers de liaison administrative ; il assurera, en cas de débarquement, la direction des équipes techniques et administratives françaises venues d'Angleterre. Une ordonnance du 2 octobre 1943 officialise la création du corps des officiers de liaison administrative.

L'opération diplomatique est lancée parallèlement le 7 septembre 1943. Massigli remet à Macmillan et Murphy une note et un projet d'accord dans lesquels le C.F.L.N. propose de distinguer, en cas de débarquement en France[14] :

— une zone dite de combat, où l'autorité militaire interalliée disposerait de pouvoirs très étendus ;

— des zones militarisées (ports de débarquement, lieux de déploiement ou de concentration des éléments d'armée), où les autorités françaises normalement compétentes seraient en place, mais garantiraient toutes facilités au commandement militaire ;

— et une zone dite de l'intérieur, dans laquelle toutes décisions relèveraient normalement de l'« Autorité française compétente[15] ».

Le sens des propositions du 7 septembre est clair : le Comité français de la libération nationale ne demandera pas à être reconnu comme le gouvernement de la France, il fait seulement savoir qu'il doit être considéré comme l'autorité qualifiée pour prendre en main l'administration de la France dès les premières étapes de sa libération.

Quand, neuf mois plus tard, les avant-gardes alliées prendront pied en Normandie, non seulement le C.F.L.N. n'aura pas obtenu un accord sur ces propositions, mais aucune négociation avec lui n'aura été sérieusement engagée. Il n'aura reçu aucune réponse précisant officiellement la position alliée. Pendant neuf mois, ses interlocuteurs éludent ou se renvoient la balle. Les informations qu'il recevra seront jusqu'au bout contradictoires et incertaines, issues de confidences ou de rumeurs, mais elles ne cesseront de confirmer ce qu'il devine, à savoir, d'une part, la divergence de vues entre Anglais et Américains et, d'autre part, le refus du Président américain de prendre aucun engagement envers lui.

Les autorités alliées admettent bien qu'elles devraient s'occuper le moins possible des questions politiques et administratives et que les responsabilités civiles devraient être transférées ultérieurement à une autorité provisoire française ; mais ce qui caractérise tous leurs projets est l'absence de tout pouvoir gouvernemental reconnu dans les territoires libérés[16]. Viénot va représenter à Eden que « les Français ne comprendraient pas pourquoi, après avoir vécu sous la férule allemande, il leur serait demandé de vivre, une fois libérés, sous un régime étranger, fût-ce un régime allié[17] ». Eden est embarrassé et compréhensif. Il précise sa position aux Communes en termes encourageants : le commandant en chef allié devra exercer temporairement les pouvoirs civil et militaire dans les territoires libérés, mais le gouvernement britannique n'envisage de soumettre *aucun* des pays amis d'Europe occidentale à un gouvernement militaire.

Ces assurances rassurent d'autant moins le C.F.L.N. qu'il a connaissance d'un mémorandum d'un interventionnisme radical, puisqu'il ne tend à rien de moins qu'à instituer, dans la phase initiale du débarquement, un véritable protectorat sur l'administration civile française. En fait, ce texte, dû à des militaires proches de l'A.M.G.O.T., ne sera à aucun moment pris en considération par les gouvernements anglais et américain ; le général de Gaulle l'a néanmoins pris assez au sérieux pour le reproduire comme pièce à conviction dans ses *Mémoires de guerre*[18].

Un seul point fait l'objet de pourparlers franco-alliés à l'automne 1943, celui de la monnaie à émettre pour approvisionner les forces du débarquement au cours de leur avance en France. Jean Monnet mène la négociation à Washington. Il a fait admettre, en accord avec Mendès France, nouveau commissaire aux Finances, que les monnaies anglaise et américaine ne seraient pas utilisées en territoire français jusqu'à ce que l'économie soit assainie. Les forces débarquées feront donc leurs paiements en francs. Mais les billets font défaut. Les Américains préparent une maquette de billet portant les trois pavillons américain, britannique et français et la mention : « Commandement militaire interallié ». Monnet proteste : les Français se refusent de reconnaître le droit régalien de battre monnaie au commandement en chef américain. Il propose la mention : « émis par le C.F.L.N. ». Comme Mendès France envisage, de son côté, de faire fabriquer aux États-Unis pour les besoins du C.F.L.N. deux cents milliards de francs de billets, la même fabrication couvrirait tous les besoins. Cette fois, ce sont les Américains qui s'y opposent sur instructions du Président : admettre le droit d'émission du Comité d'Alger serait le reconnaître d'avance comme gouvernement de la France libérée ! Les billets seront finalement fabriqués unilatéralement par les Américains, *sans mention d'autorité émettrice*. Ils porteront la seule indication « France » ou « Émis en France » au recto, le drapeau français et la devise

« Liberté, Égalité, Fraternité » au verso. La suppression de toute mention de l'autorité émettrice aura, en
outre, cet effet singulier que la « monnaie additionnelle » ne sera garantie par personne, à moins d'un
engagement officiel des autorités américaines ou d'un
accord négocié avec le C.F.L.N.[19]. « Fausse monnaie ! »
protestera de Gaulle.

*Les faux-fuyants alliés
et les directives de Roosevelt*

Sur les autres points évoqués dans la note française
du 7 septembre, aucune réponse. Et à partir de janvier 1944, c'est la douche écossaise. Le 6 janvier, Massigli remet aux représentants anglais et américain à
Alger une note de rappel insistante. Il y fait valoir que,
faute d'accord avant le débarquement, les deux gouvernements n'auraient d'autre choix que de traiter sur
place avec les autorités de Vichy, ou d'établir un
régime d'administration directe. Le département d'État
proteste, le 8, que Washington n'a aucune intention de
traiter avec Vichy ni avec aucune personne connue
pour avoir collaboré avec l'ennemi.

Janvier est donc à l'optimisme : Monnet s'est fait un
allié de John McCloy, sous-secrétaire américain à la
Guerre et président du nouveau Comité interallié des
affaires civiles. Il croit avoir 70 % de chances d'obtenir
la reconnaissance du C.F.L.N. comme gouvernement
provisoire de la France. À Londres, Eisenhower,
nommé commandant du théâtre d'opérations du
Nord-Ouest, ne souhaite pas s'encombrer d'affaires
politiques ni d'administration civile lors du débarquement ; on en déduit que « le souci de maintenir l'ordre
public, qui doit être un souci dominant du commandant suprême, joue à l'avantage du C.F.L.N., comme le
prouve l'expérience algérienne[20] ».

En mars, les espoirs retombent. L'échec diplomati-que de Monnet est patent. McCloy a soumis plusieurs fois au Président des projets d'accord avec Alger ; il n'en est rien sorti. Le 7 mars, le factotum de Churchill, Desmond Morton, révèle à Hervé Alphand que « la fameuse formule se trouve sur la table du Président ; mais chaque fois qu'elle remonte à la surface, le Prési-dent, en silence, la replace sous la pile et ce manège menace de s'éterniser[21] ». Le 15 mars, Roosevelt se décide enfin à signer un projet d'instructions au géné-ral Eisenhower relatif aux affaires civiles en France. Il ne s'agit encore une fois que d'un projet qui requiert l'approbation du gouvernement britannique, lequel ne l'avalisera pas (seul le gouvernement soviétique l'approu-vera). Ses clauses, partiellement connues à Alger à la faveur d'une indiscrétion britannique, sont les plus propres à soulever l'indignation. Le but assigné à Eisenhower en territoire français libéré est d'« assurer la liberté de choix pour la désignation d'un gouverne-ment autre que celui de Vichy ». À cet effet, s'il faut en croire l'informateur anglais haut placé qui a commu-niqué à Viénot l'esprit du document original[22],

> le général Eisenhower peut consulter le C.F.L.N. Mais, si cela lui paraît désirable, il peut traiter avec n'importe quelle autorité de fait qui pourrait se constituer en France.
> Il lui est toutefois interdit d'entrer en contact avec le gouvernement de Vichy en tant que tel, si ce n'est pour le détruire.

En bref, le Président des États-Unis s'en remet à son commandant en chef des dispositions à prendre sur le terrain. Le C.F.L.N. n'imagine pas un instant que ce projet soit, de la part de Roosevelt, une semi-conces-sion qui permettrait à Eisenhower, après le débarque-ment, de laisser le champ libre au Comité d'Alger. Il n'y voit qu'un risque de graves désordres :

Que peut-il [en] résulter d'autre que l'anarchie ou
l'A.M.G.O.T. ?
Dans une ville, le commandant en chef nommera, par
exemple, un fonctionnaire qui sera partisan du C.F.L.N.
Dans un autre district, ce sera un sympathisant de Vichy
et, dans tel autre, un communiste. Qui pourra coordonner
ces différentes autorités, sinon le Comité français ? Ce
serait en tout cas un terrible fardeau pour le commandant
en chef et, en fin de compte, il se verrait obligé d'administrer la France[23].

Les proches du général de Gaulle voient surtout
dans l'initiative de Roosevelt la preuve qu'il est résolu
à appuyer toutes les dissidences, et sans doute à les
susciter. Des indices venus de France les entretiennent
dans cette crainte. Même l'engagement répété du
département d'État de « n'avoir aucun contact avec le
régime de Vichy, sinon pour le liquider », prête à suspicion. « L'idée de détruire Vichy peut justifier n'importe
quelle tractation », va jusqu'à écrire Viénot[24]. L'historien américain Mario Rossi, observateur expérimenté
des gouvernements en exil, affirme que ceux-ci souf-
frent tous d'une « psychose du complot » et, plus que
tous autres, les Français Combattants, ces « écorchés
vifs ». Le secrétaire d'État Hull fait-il une déclaration
radiodiffusée encourageante le 9 avril[25], on y décèle
une manœuvre destinée à endormir l'opinion. On
échafaude les pires hypothèses : « L'Amérique entend
obtenir de nous une sorte de suicide par persuasion[26] » ; on « diabolise » Roosevelt de même que Roosevelt « diabolise » de Gaulle[27]. Les journaux qui passent
pour proches du Sérail donnent le la. Dans le chau-
dron algérois, la méfiance anti-américaine bouillonne ;
mais elle cimente la cohésion gaulliste[28]. Les marques
de sympathie anglaises ne suffisent pas à rassurer, car
autant Eden est amical, autant Churchill se montre
évasif[29]. Et les marques de sympathie soviétiques ne

vont pas jusqu'à faire pression sur les Américains, car Staline évite soigneusement de se mêler ouvertement de l'A.M.G.O.T. pour ne pas donner prétexte aux Occidentaux de se mêler de l'administration future de la Pologne[30].

La rupture des communications Londres-Alger, ultime écueil

Le général de Gaulle affiche cependant une sérénité pleine de colère. Il relèvera le défi américain, il en fera la querelle de la France :

> Le Comité sait que les Français le considèrent comme le gouvernement de la France. C'est le seul choix qui compte pour lui en définitive et qui dicte son attitude[31].

Le 18 mars, devant l'Assemblée consultative, il condamne déjà les tentatives de division[32] :

> Tout essai de maintien, même partiel ou camouflé, de l'organisme de Vichy, comme toute formation artificielle de pouvoir extérieur au gouvernement, seraient intolérables et, par avance, condamnés. Localement, dès l'instant où se feront connaître les autorités désignées par le Comité de la libération nationale, les citoyens auront la stricte obligation de se conformer à leurs instructions.

Il le répète à la radio pour tous les bons entendeurs le 4 avril. Dans sa conférence de presse du 21 avril, il met les points sur les i. Le gouvernement français, explique-t-il, a « arrêté des décisions » ; elles ne sont pas ouvertes à discussion[33] :

> Le gouvernement français organise le fonctionnement de l'administration publique en territoire libéré au fur et à mesure de la Libération. Cela est une chose. Et puis des arrangements pratiques sont nécessaires pour la coopéra-

tion entre les armées alliées et la population française. Cela est autre chose.

En Angleterre, Pierre Laroque fait du vieux camp F.F.L. de Camberley un centre de formation des officiers de liaison administrative. Il constitue des sections de formation spécialisées, animées chacune par un responsable de haut niveau[34].

Au 27 novembre 1943, trente-six officiers et sous-officiers ont été reçus à la première et à la deuxième série de cours. Douze volontaires féminines ont été également admises à les suivre.

Les difficultés sont multiples. Les chefs de corps répugnent à lâcher les candidats. Les plans établis au 15 mars 1944 prévoient deux cent cinquante officiers français des affaires civiles. À la date du 15 avril, on ne dispose encore que d'une trentaine de spécialistes et de quarante-huit officiers polyvalents.

L'objectif de Boislambert et de Laroque est qu'il y ait des officiers français dans chaque groupe interallié des affaires civiles d'armée, à niveau égal avec les officiers anglais et américains, qu'il y ait un officier français dans chaque équipe de base sur le terrain et que, le plus tôt possible, chaque ville libérée par les alliés voie apparaître un officier français capable de piloter ou superviser la reprise en main de l'administration par des nationaux issus de la Résistance. Mais le projet ne cesse d'être agité d'incertitudes, car la doctrine des états-majors alliés est à la fois coopérative et confuse.

Quand, le 28 avril, Laroque donne leurs directives aux officiers de liaison français, convoqués en réunion plénière, et stipule qu'il n'est pas question d'instaurer dans les zones libérées une *administration militaire*, américaine, anglaise ou française, mais que la mission des officiers des affaires civiles, quelle que soit leur nationalité, est de faciliter le redémarrage d'une *administration nationale*, conformément aux directives d'Alger, les représentants de l'état-major Eisenhower applaudissent. En sens inverse, à la mi-mai, le projet de « Manuel des affaires civiles » préparé par les Américains donne des instructions qui, à toutes les pages, impliquent un A.M.G.O.T. Ce n'est pas sans peine que Boislambert et Laroque obtiennent de le faire amender[35].

ANNEXE

PRÉPARATION DES OFFICIERS FRANÇAIS
DE LIAISON ADMINISTRATIVE
Exercice pratique du 15 avril 1944 de la section
« Administration-Police »

Vous êtes officier de liaison près de la 8ᵉ division cuirassée anglaise. L'état-major s'établit à Hazebrouck libéré, mais sous le feu de l'artillerie lourde allemande et où les Allemands ont fait sauter usine à gaz, lignes de force, station de pompage. Une bombe a crevé le principal égout.

Le maire nommé par Vichy a perdu tout crédit. Le secrétaire général a participé à la Résistance.

Les effectifs de police ont été emmenés par les Allemands sauf deux. La gendarmerie est restée.

Des manifestations ont lieu devant les boulangeries fermées faute de farine.

Un ancien maire a convoqué la population à manifester l'après-midi à 14 h, sur la Grand-Place à l'effet d'élire une municipalité.

D'autre part, de nombreux éléments étrangers à la ville sont arrivés la veille, prétendant être réfugiés. Il y aurait parmi eux des éléments suspects.

Résumez en trois pages au maximum votre activité au point de vue de l'administration et de la police pendant votre première journée d'Hazebrouck[39].

Simultanément, à Alger, le C.F.L.N. confirme ostensiblement par une cascade d'initiatives sa volonté de
prendre en charge l'administration des zones
libérées[36].

Une ordonnance du 14 mars publiée le 1er avril organise sous la direction du C.F.L.N. l'exercice des pouvoirs civils et militaires sur le territoire métropolitain
au cours de sa libération.

Le 28 mars, le général Kœnig est désigné pour remplacer à Londres le général d'Astier comme délégué
militaire pour le théâtre d'opérations nord ; responsable
des missions militaires de liaison en territoire libéré, il
aura le commandement en chef des Forces Françaises
de l'Intérieur. Le général de division aérienne Cochet est
nommé délégué militaire pour le théâtre du sud.

Le 4 avril, le député socialiste Le Troquer est nommé
commissaire national pour les territoires libérés.

Le 22 avril, est publiée l'ordonnance sur l'organisation des pouvoirs publics en France après la Libération.

Et puisque Eisenhower a la responsabilité des
« arrangements pratiques » concernant les territoires
libérés, c'est avec lui qu'on tente d'engager des pourparlers officieux, à Londres et non plus à Washington.
Kœnig en est chargé, Eisenhower en tombe d'accord.
La négociation s'ouvre le 25 avril dans un climat amical. On s'entend pour former des groupes de travail
spécialisés[37], on n'esquivera pas « des problèmes militaires ayant des implications civiles[38] ».

Un événement imprévu brouille le jeu. Pour assurer
le secret des préparatifs de débarquement, le gouvernement britannique interdit la sortie des personnes,
l'acheminement des valises diplomatiques scellées et
les communications chiffrées avec l'étranger ; seules
sont exemptées les ambassades des États-Unis et de
l'U.R.S.S. Le C.F.L.N. va se trouver ainsi à peu près
coupé de relations avec ses représentants en Grande-

Bretagne jusqu'au débarquement. Il voit dans cette mesure une brimade ; le 6 mai, le général de Gaulle déclare la poursuite de la négociation impossible. Elle est suspendue, cependant que les accords de débarquement entre les puissances alliées et les trois gouvernements de la Belgique, des Pays-Bas et de la Norvège sont signés le 16 mai sans avoir soulevé l'ombre d'une difficulté.

Les Français n'ont-ils pas manqué là l'occasion d'un accord ? Eden a assuré aux Communes, le 3 mai, que l'autorité française avec laquelle les alliés auraient à traiter en France serait le C.F.L.N. Mais, en fait, la négociation Kœnig-Eisenhower pouvait-elle aller bien loin alors que le Président américain confirme qu'il s'oppose à ce que les alliés prennent aucun engagement *politique*, c'est-à-dire confèrent d'avance, même implicitement, autorité au C.F.L.N. sur les zones libérées ? Roosevelt l'a dit et le répète, l'Amérique ne reconnaîtra un gouvernement provisoire que lorsqu'elle aura la preuve qu'il est accepté par la nation française.

À douze jours du débarquement en Normandie et alors que la résistance armée s'apprête en France à passer à l'action, l'impasse politique et diplomatique est totale entre le Comité de la libération nationale et le gouvernement américain.

V

« LA PROMESSE DE L'AUBE »

(1943-1944)

L'heure la plus sombre de la nuit est la plus proche du jour.

JEAN GIRAUDOUX.

30

Les grandes batailles
de la guerre des ondes

22 juin 1942, 20 heures : Pierre Laval s'adresse au pays. Il est revenu au pouvoir en avril, sous la pression allemande. Radio Vichy et Radio Paris ont annoncé sa communication depuis la veille. À Londres, nous entourons Schumann dans la petite salle du service d'écoute de Hill Street. Laval prononce ce soir-là la phrase qui, selon son propre témoignage, « va faire aux Français l'effet d'acide sulfurique sur des blessures » : « *Je souhaite la victoire de l'Allemagne parce que, sans elle, le bolchevisme demain s'installerait partout.* » Dans la foulée, il annonce la « relève » : il faut que des ouvriers français partent nombreux pour l'Allemagne ; celle-ci libérera, en contrepartie, cinquante mille prisonniers : « Ouvriers de France, c'est pour la libération des prisonniers que vous allez travailler en Allemagne. »

Une heure plus tard, à 21 h 25, Maurice Schumann apporte avec violence la réplique de la France Libre : l'homme qui a choisi le camp de l'ennemi, l'homme qui ose souhaiter la victoire de l'Allemagne « s'est exclu de la France, il s'est condamné à mort ». Laval est « un Judas doublé d'un maître chanteur et triplé d'un négrier ». La consigne de la France Libre est catégorique : « Non au chantage aux travailleurs français. »

« *Ne va pas en Allemagne...* »

La bataille qui a pour enjeu la main-d'œuvre française est engagée par dessus la Manche. En un an, de
l'été 1942 à l'été 1943, elle va contribuer à faire pencher vers la Résistance la masse encore attentiste de
zone sud et la majorité de la paysannerie.

On se représente mal, avec le recul du temps, le
battage de propagande que la dictature des médias
permet au gouvernement de Vichy. Face à cette campagne de toutes les heures qui pare le travail en
Allemagne de tous les mérites, les Français Libres
dénoncent l'« escroquerie de la relève » et la menace
qu'elle constitue. Très vite, ils sont en mesure de révéler le dessous des cartes : le 27 juillet 1942, ils diffusent le compte rendu d'une réunion qui s'est tenue le
30 mai à l'hôtel Matignon, au cours de laquelle Laval a
annoncé aux représentants du patronat que l'Allemagne exigeait de la France 350 000 travailleurs. Le
13 août, Schumann ajoute une information que les
médias de Vichy et de Paris ont reçu l'ordre de censu-
rer : « Il faut trois ouvriers *qualifiés* pour libérer un
prisonnier. » Or, au 1er août 1942, 38 000 travailleurs
ont pris le chemin de l'Allemagne, dont 8 000 seulement ont été reconnus par l'ennemi comme ouvriers
qualifiés. C'est dire que la livraison de 38 000 travailleurs entraînera, au mieux, la libération de 2 700
prisonniers.

Laval et son équipe multiplient les pressions : une
loi publiée à Vichy le 13 septembre permet la réquisition de tous les Français de seize à cinquante ans, de
toutes les Françaises de vingt et un à trente-cinq ans et
célibataires. Elle ne sera appliquée qu'en février 1943.
Mais, dès la mi-septembre 1943, la France Libre se
déchaîne :

C'est donc fait ! L'Anti-France de Vichy a décrété la mobilisation générale des Français et des Françaises dans l'armée industrielle de l'ennemi.

Londres lance le mot d'ordre de fuite nationale devant la conscription. La date fixée pour la livraison des 150 000 premiers travailleurs est le 15 octobre 1942. Des manifestations ouvrières ont lieu à Lyon, Saint-Étienne, Grenoble. Laval doit reporter l'échéance au 30 novembre. Le 20 octobre, il brandit la menace :

> Le gouvernement est résolu à ne pas tolérer les résistances individuelles ou concertées de patrons ou d'ouvriers qui, au mépris de l'intérêt national, resteraient sourds à l'appel que je leur adresse.

À ce stade, la bataille pour la « relève » marque le dernier effort des collaborationnistes, avant l'occupation de la « zone libre », pour « mériter à la France sa place dans l'Europe ». « La collaboration est compromise par la faute des propagandes extérieures », explique le meilleur orateur de Vichy, Philippe Henriot. En vain ! Au 31 décembre 1942, 240 000 travailleurs ont été expédiés outre-Rhin, mais le chiffre de 150 000 spécialistes, qui permettrait la libération de 50 000 prisonniers, n'est toujours pas atteint alors que déjà le Reich présente de nouvelles exigences. Et il a des moyens de pression accrus, puisqu'il occupe maintenant la totalité du pays.

La bataille du S.T.O.

La phase la plus dramatique de la bataille de la main-d'œuvre commence le 15 février 1943 au matin, quand la Radio nationale annonce l'institution du Service du travail obligatoire, le « S.T.O. » : fini le volontariat ! Les jeunes gens nés en 1920, 1921 et 1922 sont appe-

lés, afin d'aller en Allemagne « poursuivre la Relève »
dont la deuxième tranche vient d'être entamée et qui
doit permettre le rapatriement de 50 000 nouveaux
prisonniers en échange de la fourniture de 250 000
nouveaux travailleurs. Concurremment est entrepris le
recensement général des jeunes de vingt et un à trente
et un ans.

Le même soir, avec la promptitude maintenant habituelle, la riposte vient de Londres : « Non au recensement ! », « Le devoir sacré est de tout faire pour
demeurer sur le sol de France ». Comment ? Par la
résistance passive d'abord, par l'« abstention discipli-
née », c'est-à-dire « en ne se présentant pas à la convocation des négriers » ; et en même temps par le
sabotage administratif que pratiqueront les fonctionnaires et les secrétaires de mairie.

> Dorénavant, une minute gagnée peut tout gagner, une
> journée sauvée peut tout sauver. Car, ne l'oubliez pas, la
> victoire n'est plus un espoir, c'est une certitude accélérée.

La radio de Londres est comme portée par les événements : devant la conscription, plus aucune famille
française n'est à l'abri, les fils de paysans et les polytechniciens aussi seront appelés. Henri Frenay, le chef
du mouvement clandestin Combat, télégraphie à Londres que la fuite devant le recensement prend « une
ampleur qui dépasse les prévisions » ; des préfets rendent compte de « l'exaspération mal contenue de la
population ». Le journaliste résistant Pierre Limagne
note, en mars 1943, que « la vague de déportations[1]
transforme d'heure en heure l'opinion publique ». Le
S.T.O. fait de l'hostilité à l'occupant un phénomène
collectif. La nation passe de l'attentisme à l'attente de
sa libération.

La campagne des Français de Londres contre la
« déportation » des travailleurs dépasse à tous égards,

et de loin, les campagnes radiophoniques antérieures — en intensité, en temps quotidien d'émission et en durée : dénonciation des dirigeants de Vichy, récits enflammés des manifestations auxquelles donnent lieu les départs des convois, consignes de sabotage administratif. Il s'y ajoute un extraordinaire feu roulant de slogans, de saynètes, de ritournelles pour lesquels toute l'équipe française de la B.B.C. est mobilisée avec le renfort de Frenay lors de ses séjours à Londres : « Français, n'y allez pas ! », « L'Allemagne, c'est le bagne », « Tout vaut mieux que l'Allemagne ! », « Pas un homme pour l'Allemagne ! », « Si tu veux raccourcir la guerre, ne travaille pas pour Hitler ! », « L'Allemagne est fichue, gagnez du temps, gagnez du temps ! ». Le slogan « Ne va pas en Allemagne ! », chuchoté par Jean Oberlé sur l'air des lampions, aura été répété plus de quinze cents fois au cours de l'année 1943.

En même temps, la radio fait appel avec une insistance croissante à la solidarité agissante des Français, patrons, fonctionnaires, policiers et surtout paysans.

> Paysans de France, formez par village, par hameau des comités chargés d'assurer l'alimentation des jeunes gens menacés de déportation et d'organiser des refuges.
> (Henri Queuille, ancien ministre de l'Agriculture, 16 mai 1943.)
> Travailleurs de France, la C.G.T. vous demande de tout mettre en œuvre pour empêcher la déportation des jeunes Français !
> (G. Buisson, secrétaire confédéral de la C.G.T., 28 juin 1943.)

Jamais la radio de Londres n'a été aussi clairement à l'unisson de l'opinion française : fidèle aux adjurations qui viennent de France, elle accompagne le refus populaire et l'amplifie.

Au 1er août 1943, le total des départs a atteint 674 000, mais il manque encore 60 000 spécialistes promis au

titre de la deuxième « relève » et la liste des réfractaires compte 85 000 noms.

La campagne menée de Londres prend aussi un
caractère nouveau depuis la constitution du C.F.L.N.,
les Français Libres donnent par radio, avec l'accord
tacite du Foreign Office, des ordres qui se prévalent de
l'autorité du *vrai gouvernement de la France*. C'est Brossolette, porte-parole par intérim, qui, le 16 juillet 1943,
ordonne aux travailleurs requis de *ne pas* aller faire
timbrer leur carte de travail dans les mairies, contrairement aux instructions comminatoires de Vichy[2]. C'est
au nom de l'État que le maître des requêtes Pierre Laroque et que « l'ancien chef d'organisme économique »
Roland Pré, récemment échappés de France, *ordonnent*
l'un aux fonctionnaires, l'autre aux patrons, de faire
leur devoir : « empêcher la déportation[3] ». Le 24 septembre et le 1er octobre 1943 enfin, Schumann, se réfé-
rant à l'un des tout premiers appels du Conseil de la
Résistance, lance une mise en garde qui se double d'un
ordre, celui de passer à l'illégalité[4].

> Jeunes gens de la classe 43, [...] préparez-vous dès
> maintenant de fausses identités, quittez votre domicile
> pour vous chercher un refuge éloigné, ne vous présentez
> pas aux commissions médicales, faites dès maintenant
> usage, avant qu'il soit trop tard, de votre droit de légitime
> défense.

Un dialogue maintes fois répété à partir d'octobre 1943 montre bien où est la légitimité[5] :

> (Musique : *Marche lorraine*)
> — L'obéissance ?
> — Depuis novembre 1942 personne ne peut plus croire
> au droit d'obéissance envers Vichy, aux droits d'obéis-
> sance envers l'ennemi.
> — Policiers, magistrats, fonctionnaires, c'est la France
> maintenant, c'est la France qui commande !
> (*Marche lorraine*)

La fuite devant la conscription aura bientôt pris tant d'ampleur que le ministre Bichelonne en viendra à proposer aux Allemands une méthode nouvelle qui est un aveu d'échec : faire travailler les Français du S.T.O. pour le Reich en France même, les mobiliser sans plus les contraindre à s'expatrier.

La B.B.C., station phare de la propagande française libre

Tous les belligérants se sont exagéré à l'époque le pouvoir de la radio. Elle est efficace dans la mesure où l'opinion est déjà sentimentalement favorable aux alliés. Les événements font le lit de la propagande : la conscription et la rigueur de la répression suffiraient à répandre une « haine inexpiable » de l'occupant[6] et rares sont les Français qui croient encore à la victoire de l'Axe après Stalingrad et la chute de Mussolini. L'apport de la radio est de donner leur sens aux événements, elle rompt l'enfermement carcéral, elle est un amplificateur d'espérance et le catalyseur de l'opinion, et l'on voit à des détails journaliers qu'elle peut en être le guide : lorsque, en novembre 1942, elle a lancé la consigne de stocker la monnaie de nickel, les jetons de nickel ont en quelques jours disparu de la circulation[7].

> Nous avons à peu près perdu la guerre des ondes pres- que autant que la bataille militaire,

reconnaît en février 1943 l'écrivain André Demaison, directeur des programmes de la Radiodiffusion natio- nale[8]. L'enquête menée en 1943 par les délégués à la propagande de Vichy en zone sud est encore plus explicite[9] :

> L'instituteur, le secrétaire de mairie, le président de la Légion, tout le monde est à son poste aux heures où Londres parle et l'on accepte tout ce que l'on entend comme parole d'Évangile.

Cette guerre des ondes, la B.B.C. n'est pas seule à la mener du côté allié. Juin 1943 voit le remembrement de la souveraineté radiophonique française. Le C.F.L.N. dispose désormais d'un ensemble de stations qui participent au même combat, quoique en ordre dispersé, et dont deux ont un rôle national, Brazzaville et Alger.

Radio Brazzaville est devenue depuis le 18 juin 1943 une des stations à ondes courtes les plus puissantes du monde[10]. C'est l'organe du gaullisme pur et dur et de l'antimaréchalisme ardent, qui ne ménage pas non plus la politique américaine. Si ses émissions demeurent peu audibles à Paris, elles sont loin d'être inconnues en France[11].

À Alger, Radio France, qui a si longtemps prêché le conformisme vichyssois et le paternalisme colonial, se voudrait le poste national de la France non asservie. Les Américains ont accru sa puissance. La station émet journellement sur trois fréquences dans les ondes moyennes pendant dix-huit heures d'affilée. Elle se flatte de témoigner pour l'indépendance de l'esprit et la vitalité de la culture française, elle accueille Gide et Saint-Exupéry. Elle ne néglige pas pour autant la propagande vers la France. Elle commence à y trouver un public. Le normalien Georges Gorse, chargé de mission au cabinet du général de Gaulle, lui transmet les orientations politiques et se charge souvent de l'éditorial. À partir de l'automne 1943, Jacques Soustelle, nouveau directeur des Services spéciaux, lui communique des consignes ou des messages pour la Résistance. Au printemps 1944, Radio Paris prendra à partie aussi souvent « les Gorse et les Bénazet d'Alger » que « les enragés de Londres[12] ».

où qu'ils **SOIENT**
quoi qu'ils **FASSENT**
les **TRAITRES**
seront
CHATIES ✝

Tract du commissariat à l'Intérieur envoyé de Londres aux mouvements de résistance à l'automne 1943 et en février 1944.

Face à la répression qui ensanglante le pays, les résistants, et plus particulièrement les communistes, réclament le renforcement de l'action directe et le durcissement de la propagande à l'encontre des collaborateurs. Jacques Bingen, bien que modéré, s'exprime dans le même sens. La propagande radiophonique et par tracts de la France Libre se radicalise. Le B.C.R.A. fournit les éléments de plus nombreuses émissions de « piloris » dénonçant nommément les dénonciateurs. Un autre tract gommé du commissariat à l'Intérieur représente un cercueil avec pour légende : « Ici habite un collaborateur. »

Le mouvement Libération-Sud réclame à Londres 100 000 exemplaires de ces tracts qui ont « un succès considérable »

La B.B.C. reste pourtant sans rivale[13]. Elle diffusera jusqu'à dix-huit émissions par jour en français totalisant six heures d'antenne. Ce n'est plus la B.B.C. de 1940 : elle est toujours alerte, rapide, vivante, et continue de faire grand usage de musiques militaires. Mais les slogans font place aux consignes de résistance, l'humour devient rare et cruel :

> Léningrad, Stalingrad !
> qu'est-ce qu'ils prennent pour leurs grades !

Aux ritournelles succèdent, à partir de l'automne 1943, les refrains de plus en plus impitoyables du chansonnier Pierre Dac, rescapé de la Gestapo et du camp de Miranda.

> (Air : *L'Opéra de quat'sous, complainte de Macky*)
> Gens d'milice
> Et complices
> Des polices
> De Vichy
> Traquent nos frères
> Réfractaires
> Qui se terrent
> Dans les maquis.
>
> Sale engeance
> Sans conscience
> Ni décence,
> Vous devrez,
> Tristes êtres,
> Disparaître :
> Pour les traîtres
> Pas de pitié[14]

Sous la pression des mouvements de résistance, les émissions de « piloris » qui rendent publics les noms et adresses de dénonciateurs et de collaborateurs actifs se succèdent au rythme de trois par mois. La radio est devenue une arme d'intervention tactique.

Dire ce que Vichy cache aux Français

Elle regorge en outre d'informations sur la France. Car à chaque lunaison, il parvient à Londres, plaque tournante des liaisons et communications avec les résistances européennes, des dizaines de kilos de documents et de journaux clandestins qui sont retranscrits à rythme accéléré. André Philip, commissaire à l'Intérieur, a sur sa table, en février 1943, le rapport du 30 novembre 1942 du contrôle postal de Vichy où il peut lire ces mots[15] :

> Farouchement anti-allemande, la masse ne peut pas suivre un gouvernement qui « considère comme un crime de désirer la délivrance ».
> L'unanimité depuis longtemps est faite contre la collaboration.

Pour la première fois, le commissariat à l'Intérieur reçoit à Londres en septembre 1943 le rapport de la Sûreté générale du mois précédent ; à partir de février 1944, il dispose chaque mois de la dernière synthèse des rapports des préfets ainsi que des derniers rapports de la préfecture de police et de la direction des Renseignements généraux[16]. Jacques Bingen, délégué du C.F.L.N. en France occupée, fait de la délégation clandestine une véritable agence d'informations : des dizaines de radiogrammes, dont certains adressés nommément à Schumann, signalent les forfaitures de Vichy, les exploits des maquisards et poussent à la lutte contre « la déportation » et les miliciens[17].

> (Télégramme arrivé le 25 septembre 1943.)
> Depuis 15 juillet, six mille réfractaires seulement sur soixante mille ont pu être déportés en Allemagne. Deux

cents fonctionnaires allemands, commissaires de Sauckel, sont mis en place à Paris et province pour prélever directement la main-d'œuvre dans les usines.

Exhortez patrons à truquer leur comptabilité pour justifier la présence de toute leur main-d'œuvre.

Ordonnez aux fonctionnaires de refuser leur aide aux commissaires allemands de Sauckel.

(Télégramme arrivé le 8 novembre 1943.)
Repassez les conseils aux médecins.

(Télégramme du 23 novembre, reçu le 29 novembre 1943.)
Toulon, mots d'ordre [11 novembre] exécutés partout.

Nantes, grève tout l'après-midi à O.S.M.S., Métallurgie et Chantiers Batignolles.

Dijon dito, grosse manifestation monument guerre 14 pendant qu'Allemands gardent monument 70 par erreur.

À Tergnier, cheminots hissent drapeau tricolore et Marseillaise en dépit présence Allemands et fleurissent monument aux morts.

(Télégramme du 23 novembre, reçu le 29 novembre 1943.)
Au Palais une gerbe portant l'inscription « Aux avocats et magistrats morts pour la victoire 14-18/39-43 » a été déposée devant monument aux morts et à 15 heures, trois cents avocats recueillis dans minute de silence.

Contrairement à impression précédente, multiples indications [...] que mouvements grève 11 novembre ont été généralisés dans toutes usines zone nord et région Paris.

Allemands ont manifesté grande faiblesse conseillant à patrons accorder satisfaction partielle aux ouvriers, leur enjoignant éviter à tout prix extension grèves.

Beaucoup patrons ont aidé ouvriers.

C.A.D.[18], C.G.T. et nous-mêmes vous prions instamment commencer à mentionner à Radio Brazza, Alger, B.B.C. l'ampleur mouvement et les considérants ci-dessus[19].

En 1939-1940, Radio Stuttgart passait — à tort — pour savoir tout ce qui se passait en France. C'est le tour des Français Libres et des Anglais de savoir et de dire[20].

Ainsi, chaque jour, la Résistance intérieure stimule l'action radiophonique ; chaque jour, les radios extérieures soutiennent l'action clandestine.

Un pilotage politique bien rodé

Rien d'étonnant si la stratégie radiophonique et le pilotage tactique quotidien échappent de plus en plus aux journalistes. L'improvisation n'a plus cours.

La main passe du côté anglais au P.W.E.[21], le service de direction de la guerre subversive créé par Churchill en 1941, qui contrôle les « radios noires » de Grande-Bretagne et produit le *Courrier de l'air* jeté chaque semaine par la R.A.F. sur la France à des millions d'exemplaires ; bien que n'intervenant pas dans les émissions de la B.B.C., le P.W.E. élabore à leur usage des directives et une extraordinaire documentation.

Du côté français, le Comité exécutif de propagande de Hill Street prend une influence grandissante à mesure que s'affirme le rôle de Georges Boris. L'ancien directeur de l'hebdomadaire *La Lumière*, chef du cabinet économique de Blum en 1938, est un des plus anciens Français Libres, mais il est resté deux ans dans l'ombre. Il est, depuis la mi-1942, l'homme clef du commissariat à l'Intérieur aux côtés d'André Philip, puis d'Emmanuel d'Astier, et s'impose en 1943 et 1944, en liaison étroite avec le porte-parole Maurice Schumann, comme le principal inspirateur de la politique radiophonique.

Outre Boris, Philip et Schumann, le commissaire à l'Information Soustelle et un représentant du B.C.R.A. (habituellement Bingen, occasionnellement Brossolette) participent de droit au Comité exécutif jusqu'à l'été 1943. Sont de plus invités à siéger en 1943-1944, suivant le flux des passages à Londres, des chefs de la Résistance, à commencer par Henri Frenay, Emma-

nuel d'Astier et Jean-Pierre Lévy, des parlementaires,
des syndicalistes, enfin, de manière continue, un délégué du parti communiste, d'abord Fernand Grenier,
puis Waldeck Rochet[22]. Ainsi les orientations proposées sont définies, au nom du C.F.L.N., par un directoire de plus en plus représentatif de la Résistance. De
Gaulle, tenu au courant, lui fait confiance. Les Britanniques prennent largement en compte ses recommandations. Ils n'élargissent pas les durées d'émissions
concédées à la France Combattante, mais ils sacrifient
le « poste noir » Radio Patrie, dont la création occulte
avait soulevé des tempêtes[23], et y substituent, en juin
1943, une nouvelle station pseudo-clandestine baptisée
« Honneur et Patrie, poste de la Résistance française » ; celle-ci est désormais placée sous condomi-
nium franco-anglais, avec une équipe rédactionnelle
brillantissime[24]. Sur ce terrain du moins, l'Entente cordiale est restaurée en dépit de quelques accrochages.

À l'automne 1943, Gilberte Brossolette est accréditée
auprès de la B.B.C. pour faire avec moi la liaison entre
le commissariat à l'Intérieur et le comité de rédaction
des émissions françaises ; à la fin de l'année, le chef
anglais de cette section, Gillie, est régulièrement invité
à l'une des trois séances hebdomadaires du Comité
exécutif de propagande.

Célébrations et omissions

Si réfléchie que soit une propagande, elle peut avoir
des retombées imprévisibles et des lacunes qui étonnent. Les émissions de Londres, qui ont imposé l'image
précoce d'une France activement résistante et dont
Georges Bidault n'a pas hésité à dire qu'elles avaient
« fait de Gaulle », auront aussi largement contribué à
l'héroïsation de l'U.R.S.S. et du Parti communiste
français. Les victoires de l'Armée Rouge et son extra-

ordinaire popularité en Angleterre, la volonté de solidarité interalliée, l'activisme de Fernand Grenier et de Waldeck Rochet suffisent à l'expliquer.

Moins compréhensible avec le recul des années est le fait que, passé l'été 1943, ces émissions n'aient plus dénoncé que de façon sporadique les persécutions antisémites contre lesquelles elles s'étaient déchaînées en 1942, et que le Comité national avait résolument condamnées. Les radios connaissent et mentionnent l'existence des chambres à gaz et l'ampleur de l'extermination des juifs d'Europe centrale et orientale. Mais pas une fois la question n'est débattue au Comité exécutif de propagande. Elle ne l'est pas davantage en France par le Conseil de la résistance. Certes, nul n'a conscience dans la France Libre du caractère systématique de l'entreprise criminelle du nazisme, ni de son ampleur. La spécificité du « crime contre l'humanité » n'apparaît pas encore. Les mieux renseignés sur les atrocités de la Shoah sont les Polonais de Londres, avec lesquels les relations se distendent. On ajoutera qu'il n'y a jamais eu de clan juif et encore moins de lobby juif à la France Libre, contrairement à ce qu'affirmait Radio Paris. Le Français Libre le plus sensible au martyre juif, René Cassin, n'est plus à Londres, mais à Alger. Pour les porte-parole de la conscience chrétienne aussi bien que pour Boris, Bingen ou Manuel, juifs laïques et patriotes français, les persécutions juives ne sont qu'un aspect parmi d'autres des infamies de Vichy et des crimes hitlériens[25]. Il n'y a de leur part ni indifférence, ni moins encore abandon. Le « problème juif » n'est pas central, l'exigence première est la préparation psychologique et militaire de « l'insurrection nationale » et d'une libération qui mettra un terme aux atrocités.

« Ce sont ceux des maquis »

Ce qui prime à partir de l'automne 1943 est le soutien aux maquis et à la lutte armée, un soutien prudent et modulé.

Du mot d'ordre de « fuite devant la conscription » à la consigne de résistance armée, il y a un grand pas ; il n'est franchi que tardivement, sous la pression de la Résistance intérieure, malgré la répugnance de l'état-major britannique et du S.O.E., et lorsqu'on s'est convaincu à Londres de l'ampleur du mouvement.

Pierre-Olivier Lapie, le premier sur les ondes de la B.B.C., prescrit le 12 novembre 1943 aux réfractaires de devenir de surcroît des soldats :

> Allez dans les forêts, dans les montagnes, les lieux retirés de France. Allez en groupes, des groupes d'une dizaine. Choisissez-vous un chef. Choisissez votre retraite.
> Gardez-la secrète. Organisez la résistance.

Le 24 novembre 1943, le porte-parole du C.F.L.N. prend explicitement position :

> Le maquis c'est un front, un front français ; les réfractaires, c'est une armée, une des armées qui font l'armée française.

Schumann ajoute ces précisions singulières qui sont demandées de France et qui visent à attirer au maquis les cadres de l'armée de l'armistice[26] :

> Puisse la France ne jamais oublier que les anciens du maquis auront sur nous les droits des anciens combattants, que les veuves des morts du maquis auront sur nous les droits de veuves de guerre, leurs orphelins les droits de pupilles de la nation.

Jusqu'à la fin de janvier 1944, les équipes françaises de Londres se demandent s'il n'est pas criminel de pousser les réfractaires à l'action ouverte alors qu'on est dans l'impossibilité matérielle de les armer.

Mais la radio est, avec les parachutages, un des deux facteurs techniques qui ouvrent à la guerre de partisans des possibilités totalement nouvelles. En 1943-1944, les alliés et le C.F.L.N. disposent de deux séries de moyens de communication avec les maquisards : les transmissions clandestines (par radiotélégraphie ou courriers parachutés) qui sont destinées aux cadres relativement peu nombreux des organisations résistantes, et les émissions radiophoniques de la B.B.C. qui touchent un large public, qu'elles soient en clair ou diffusent des messages convenus ou codés.

Soutenir les maquis par la radio consiste d'abord à rompre leur isolement, à rassurer ceux qui risqueraient de flancher. L'hiver 1943-1944 est rude. La population se décourage. Beaucoup de Français s'indignent que les Anglo-Saxons, qui ont tant promis, tardent tant, beaucoup de maquis sont sans vêtements chauds, à court de vivres. Les intempéries empêchent pendant deux mois les parachutages d'argent. « C'est le dernier hiver, répond la propagande, il faut tenir, le premier devoir est de durer. » Soutenir les maquis, c'est aussi orienter et conseiller les réfractaires[27] :

> Si tu ne parviens pas à trouver la filière, tu quitteras la ville et gagneras un abri, une cache chez des camarades ou des parents.
> Puis de proche en proche, tu retrouveras tes frères de lutte : ici un maquis, là un mouvement de résistance, là encore, un comité de lutte contre la déportation.
> Quelque difficiles que soient les jours, de l'évasion à la planque, du soleil à la pluie, du maquis au coup de main, de la maigre pitance au repas plus heureux, tu vivras libre.

Le 7 mars 1944, Schumann est plus impératif encore ;
il annonce aux jeunes de la classe 1944 que le fichier
central du recensement a été détruit par la Résistance[28]
et il en tire cette conclusion :

> C'est dans les meilleures conditions possibles que cha-
> cun d'entre vous peut désormais accomplir son devoir de
> réfractaire et que votre classe — la classe 44 — s'incorpore
> dans le maquis, c'est-à-dire dans l'armée.

De février à avril 1944, la B.B.C. renouvelle les consignes opérationnelles de prudence, de harcèlement et
de dispersion.

Les représentants communistes à Londres, Fernand
Grenier en 1943, Waldeck Rochet en 1944, voudraient
davantage. Jour après jour, ils font pression pour donner à la propagande un tour plus combatif en prônant
partout l'action offensive à l'instar des Francs-Tireurs
et Partisans. Le décalage de ton est frappant entre
leurs appels (et plus encore ceux de Radio France de
Moscou) et le reste des émissions de la B.B.C. :

> Faire dérailler les trains ennemis, harceler les troupes
> qui se déplacent en vue d'attaquer les maquis, s'emparer
> des armes, détruire la production de guerre, exterminer
> les miliciens qui assassinent pour le compte des Boches.
> L'organisation de la guérilla dans tout le territoire, voilà
> la première réplique !
> [...] Mort aux envahisseurs ! Mort aux traîtres ! Vive la
> France ![29]

Il est clair aujourd'hui que la minorité résistante qui
est au maquis est en avance sur les intentions de Londres où l'on craint des soulèvements prématurés et
voués à l'échec. Ainsi l'apport des radios est moins
opérationnel que moral. Les maquis peuvent apprendre ce que le monde libre dit d'eux grâce aux postes
dont certains disposent, ou aux relais qu'ils ont dans

les villages. La B.B.C. leur assure qu'ils ne sont pas seuls et qu'ils sont une force. La relation du défilé de la Résistance, le 11 novembre 1943, dans les rues d'Oyonnax, le kidnapping complaisamment narré de la statue de La Fayette au Puy (« La Fayette a pris le maquis ») sont exaltés comme des hauts faits. En 1944, la B.B.C. célèbre quotidiennement la geste des maquisards, « élite de la France nouvelle[30] » et donne corps à la légende dorée des maquis : ils sont des exemples pour les patriotes et l'avant-garde des combattants de la Libération.

Schumann contre Henriot :
un enjeu d'importance stratégique

La guerre des ondes prend maintenant souvent l'allure de joutes oratoires par-dessus la Manche. Depuis décembre 1943, le secrétaire d'État à la Propagande de Vichy est Philippe Henriot, naguère député de la Gironde ; il s'est enrôlé dans la Milice et s'est lié par serment au Maréchal et au Führer. Il a une exceptionnelle capacité d'improvisation et d'invective. Pour la première fois, un porte-parole de Vichy est écouté. Son audience est énorme, d'adversaires comme de convaincus. « Des familles décalent leurs heures de repas pour ne pas le manquer[31]. » Il parle à la radio deux fois par jour, à 12 h 40 et à 19 h 40, sur tout le réseau des deux zones, et certaines de ses émissions sont radiodiffusées jusqu'à trois fois. 40 % d'entre elles sont consacrées à dénoncer les maquisards comme des terroristes apatrides et des communistes assassins, à dévoiler « l'affreux guet-apens » où tombent les jeunes gens qui ont eu la faiblesse, pour fuir le S.T.O., d'aller au maquis ; 20 % stigmatisent les « massacreurs anglosaxons » qui bombardent les villes de France.

Entre Français de Londres ou d'Alger et Français de

Vichy ou de Paris, l'enjeu dépasse de loin la survie des
maquis : ce qui est en jeu est l'attitude qu'adoptera la
masse de la nation française lors des combats de la
Libération. Car il faut que les Français participent à
leur libération, et les résistants ont besoin, pour subsister, de la tolérance, et si possible de l'aide de la population : pour reprendre une image célèbre, il faut qu'ils
soient parmi celle-ci comme des poissons dans l'eau.
C'est ce qu'Henriot veut empêcher. Son but est clair :
intimider les réfractaires, paralyser la masse flottante
ou passive, bref, couper la Résistance du reste de la
nation. Son argument : la peur. Il sait que les Français
n'en peuvent plus d'attendre, que les maquisards sont
contraints de vivre sur le pays, que des « excès
affreux » sont commis et que si la majorité de la population leur est favorable, une large fraction éprouve des
sentiments partagés ou même hostiles. Et de dénoncer
« la frénésie de meurtre de Londres et d'Alger » :

> Quand j'entends les misérables qui, aux postes d'Alger
> et de Brazzaville, font l'apologie de crimes sans nom qui
> s'accomplissent sous nos yeux, quand je les entends met-
> tre au compte du patriotisme les attentats les plus mons-
> trueux, quand je les entends célébrer un ramassis de
> voyous et de dépravés comme des héros, je ne peux me
> résoudre à croire que de Gaulle, Giraud, de Menthon —
> savent la vérité...[32]

Londres n'ignore pas les crimes et les pillages commis sous le couvert de soi-disant maquis. De France, le
délégué général clandestin par intérim, Jacques Bingen, presse de Gaulle de se désolidariser des provoca-
teurs et des terroristes[33]. Mais la propagande préfère
accuser que paraître s'excuser. Schumann retourne
l'accusation contre les accusateurs :

> Les terroristes existent en effet, ils portent l'uniforme
> allemand ou, comme Henriot, celui des miliciens.

Il révèle les fusillades, les massacres à leur actif, les noms des bourreaux nazis ou des assassins patentés par Vichy. Le 27 décembre 1943, il apostrophe nommément les miliciens meurtriers du vieux *leader* radical Maurice Sarraut. Les Français connaîtront par lui, puis par le porte-parole qui lui succède, André Gillois, les massacres d'Ascq, de Signes, de Tulle et d'Oradour. Quotidiennement, Pierre Dac dénonce « la vermine en vert-de-gris », les « hommes de Darnand, bourreaux, mouchards, traîtres et salauds de basse police ».

Au contraire, « la Résistance, c'est la France » ! L'argument de Schumann est celui du courage et de l'honneur.

Jusqu'au débarquement allié — et au-delà —, la guerre des ondes ne fait plus trêve. Henriot s'acharne à « dévoiler le complot diabolique des ploutocrates de la City associés aux judéo-bolcheviks de l'Est européen », tandis que Schumann en appelle à la solidarité des patriotes. Toutes les radios extérieures concentrent le tir sur Henriot. Les rapports parvenus au C.F.L.N. continuent de souligner qu'il est redoutable : « Ses émissions provoquent l'admiration, la fureur, jamais l'indifférence. »

Fin mai 1944, le colonel Buckmaster, chef de la section française du S.O.E., en vient à dire, en ma présence, à Boris et Manuel : « Kidnappez-le, je me charge du transport à Londres[34] ! »

Cependant, les observateurs notent aussi les limites de son influence. Les préfets soulignent que, malgré la baisse hivernale du tonus et en dépit d'une sorte de hargne envers « les matamores » de la B.B.C. qui « semblent ignorer les souffrances des Français », « la germanophobie exacerbée n'a pas baissé d'un iota[35] ». La contre-propagande de Philippe Henriot, conclut l'un d'eux, ne peut lutter avec un « état d'esprit affermi par plus de trois ans de propagandes étrangères ».

Au printemps de 1944, plus de 70 % des foyers français ayant un récepteur prennent l'écoute de Londres[36].

En même temps, le concours de la B.B.C. au pilotage quotidien de l'action clandestine s'intensifie, les « messages personnels » qu'elle diffuse depuis 1941 se multiplient. Ils ajoutent aux émissions une touche de mystère rendue plus intrigante par leur forme souvent poétique, voire surréaliste : « La lune est pleine d'éléphants verts », « Melpomène se parfume à l'héliotrope », « Le premier accroc coûte deux cents francs ». Rédigés par le B.C.R.A., l'Intelligence Service ou le S.O.E. à l'intention des formations ou des responsables clandestins, ils annoncent une opération aérienne, lancent une mise en garde, donnent une consigne secrète d'action...

31

L'action en France :

I. LE B.C.R.A. EN QUESTION

Repaires londoniens mystérieux que le commissariat
à l'Intérieur et plus encore le Bureau central de renseignements et d'action, plus connu sous le sigle de
B.C.R.A. ? Le commun des Français Libres en ignore
tout. Les initiés disent « Duke Street » pour le B.C.R.A.
et « Hill Street » pour l'Intérieur. C'est d'eux que relève
l'action en France[1].

L'un et l'autre ont émigré au début de 1942 loin du
Quartier général. Un petit immeuble sans apparence
héberge le B.C.R.A. à deux pas de la foule et des grands
magasins d'Oxford Street, mais aussi de la centrale
anglaise du S.O.E. L'hôtel particulier du commissariat à
l'Intérieur, à mi-chemin entre Carlton Gardens et le
B.C.R.A., a la discrétion aristocratique de Mayfair :
aux 17 et 19 Hill Street, derrière une façade nue de
briques sombres, une porte à fronton triangulaire soutenu par deux colonnes blanches donne accès à ce qui
fut la demeure des ducs de Portland. L'héritier du titre
l'a cédée à la France Libre pour un loyer symbolique.
L'escalier à rampe de fer forgé conduit à la salle de
réception victorienne devenue bureau ministériel :
murs couleur vert d'eau à filets d'or, portes d'acajou
massif à pommeaux de bronze doré. En retrait de la
demeure des maîtres, ouvrant sur une impasse, un

bâtiment annexe où logeaient domestiques et cochers
abrite des semi-clandestins. C'est là, sous la protection
de Philip et de Closon, que Simone Weil, vagabonde
sans baluchon, rédige *L'Enracinement* et imagine le
régime futur d'une France d'utopie en se laissant mourir de faim. C'est là que Morin-Forestier, membre de
l'état-major de l'armée secrète échappé des griffes de
la Gestapo, installe fin 1943, avec l'accord condescen-
dant de De Gaulle, la délégation à Londres des mouvements de résistance, voulue par Frenay pour mieux
associer la Résistance aux décisions de l'exécutif.

Hill Street

Hill Street est une maison étrangère à la discipline
militaire et où, contrairement à la règle de la France
Libre, on porte la tenue civile[2], une maison sans protocole où les chefs de service entrent librement dans le
bureau du commissaire. Hill Street vit au jour le jour
au contact de la France. On n'est pas en mesure d'y
préparer les réformes de la Libération : le gros des
effectifs de 1943 est absorbé par la machinerie de la
propagande[3] qui, en liaison avec Schumann, oriente
les émissions de la B.B.C. et des radios noires et qui,
depuis l'été 1942, envoie à chaque lune en France,
comme suite à une demande de Moulin et de Pineau,
une trentaine de volumineux dossiers de documentation politique et quelques tracts. Il s'y ajoute, à partir
de décembre 1943, le service du « Courrier civil/Arri-
vée » qui retranscrit et redistribue la masse des documents politiques reçus de France.

L'état-major censé piloter l'action civile et politique
en France se limite, à la fin de 1943, à sept personnes.
Cinq conseillers représentent les forces politiques et
résistantes : le pâle député paysan Antier ; le délégué
du parti communiste Waldeck Rochet, qui remplace

Grenier, appelé à Alger ; un représentant de la C.G.T. clandestine, Guigui, le bouillant Médéric, chef de Ceux de la Libération, impatient qu'un avion le ramène en France ; Morin-Forestier, de Combat, et, plus tard, Lucie et Raymond Aubrac, de Libération. Ils ont au mieux voix consultative. Seul Waldeck Rochet représente une force politique. L'homme qui mène la barque est Georges Boris, « chargé de la direction générale des services de l'Intérieur » et promu en 1944 délégué civil du Comité d'action en France (le C.O.M.I.D.A.C. d'Alger). Près de lui, le maître des requêtes Pierre Laroque, arrivé clandestinement de France en avril 1943, sert de conseiller juridique avec le titre de directeur, mais s'emploie surtout à former la M.M.L.A., la Mission militaire de liaison administrative qui doit accompagner en France les forces de débarquement et présider à la mise en place de l'administration civile nouvelle en territoire libéré[4].

Hill Street n'est plus, à partir de juin 1943, qu'un commissariat sans commissaire, celui-ci siégeant surtout à Alger. Mais Hill Street sera, avec Duke Street, le poste de commandement avancé de la Libération, car Londres reste la plaque tournante des relations avec la France.

Le commissariat à l'Intérieur à Alger était une coquille vide. Emmanuel d'Astier, qui succède en novembre 1943 à Philip au poste de commissaire, y est secondé par le député socialiste de l'Aisne Pierre Bloch, commissaire-adjoint. Ils s'emploient à lui donner une consistance. On y veille, sans moyens, au rétablissement de la légalité républicaine en Corse, on se préoccupe, avec le concours des équipes de Queuille et parfois le renfort juridique de René Mayer, de faire adopter les ordonnances fixant les pouvoirs des commissaires de la République et le rôle des Comités départementaux de libération et l'on prépare les nominations des responsables civils du territoire libéré. Outre un certain renforcement du contrôle du pouvoir civil sur les services secrets, le double apport personnel d'Emmanuel d'Astier, pour lequel il mobilise son talent de parole et sa force de séduction, est, en janvier 1944, d'obtenir de Churchill l'armement de la Résistance avec probablement deux mois d'avance sur les plans des états-majors alliés[5] et d'arracher concurremment à de Gaulle une consigne claire de passage à la lutte armée sur le plan local.

La relation avec la Délégation générale clandestine en France — en fait, avec le seul Bingen jusqu'à sa mort —, c'est bien davantage Boris qui l'assure : c'est lui qui inspire la continuité de la ligne politique suivant les directives discontinues et souvent tardives du C.O.M.I.D.A.C. d'Alger[6]. L'historiographie gaullienne a oublié le rôle capital joué par cet homme discret ; ce rôle ne se limite pas à l'action radiophonique : homme de gauche, économiste keynésien et sensibilité d'artiste, Georges Boris, avant de devenir l'éminence grise de Mendès France sous la IVᵉ République, aura été de 1942 à 1944 l'esprit le plus intuitif et le plus avisé sur lequel de Gaulle ait pu se reposer quant à l'action politique en France. Il a été avec Closon le mentor d'André Philip en 1942-1943, il est le mentor d'Emmanuel d'Astier en 1943-1944, il tient pendant un an le commissariat à l'Intérieur à bout de bras, car on y manque dramatiquement d'hommes. Pour aller seconder Jean Moulin, Hill Street n'a eu longtemps personne à proposer ; les *missi dominici* civils envoyés en France en 1943-1944 ont été les rares volontaires qui se sont proposés : Serreulles venait du cabinet de De Gaulle, Bingen de la Marine marchande en passant par le B.C.R.A.[7] et Morandat rentrait d'une première mission d'un an en France ; les autres se comptent sur les doigts d'une main : l'attaché financier Closon et un trio brillant d'ingénieurs arrivés par l'Espagne au début de 1943, Émile Laffon, Jacques Maillet et Roland Pré[8].

Le B.C.R.A., « une grande maison »

Il est hasardeux de parler d'un service secret. Assez de faits sont connus, assez de documents sont accessibles pour qu'on puisse voir dans le B.C.R.A. la plus impressionnante réussite technique de la France Libre. Le jeune colonel André Dewavrin, *alias* Passy, qui l'a créé et dirigé près de quatre ans, est, on l'a vu, un polytechnicien officier du génie. Il est très réservé, d'esprit très clair, net dans ses explications au point de faire figure de pédagogue, et autoritaire. Lui et son adjoint André Manuel ont déployé depuis 1940 dans la construction et l'emploi du B.C.R.A. une intelligence organisatrice et une capacité d'adaptation exceptionnelles. Le service, longtemps modeste en effectifs — 53 personnes en poste à Londres au début de 1942, 151 au début de 1943 —, se gonfle dès la fin de 1943 à près de 350 personnes, soit 157 militaires et 193 civils, malgré le départ de quelques-uns de ses cadres pour Alger[9]. Cette expansion répond au développement exponentiel des mouvements et des réseaux et à l'accroissement massif du courrier reçu de France à partir du printemps 1943, ainsi qu'à la création d'un bureau des études (A/E) chargé de concevoir et de coordonner l'action sur le terrain[10]. Fin août 1944, le B.C.R.A. compte 570 personnes à Londres[11]. Aussi le B.C.R.A. essaime dans des appartements de location autour de Duke Street. Mais il est toujours à court d'hommes de compétence ; il s'évertue à recruter en Afrique du Nord ; il n'hésite plus à faire venir des spécialistes de France.

Le B.C.R.A. est un État dans l'État gaulliste. Il l'est par le secret auquel il est tenu et parce qu'il est le lien presque exclusif entre les hommes de l'intérieur et de l'extérieur. Il l'est aussi parce qu'il appartient au domaine réservé de De Gaulle. Pour la part militaire

de ses activités, le renseignement et l'action armée, il a
été soumis de janvier 1942 à fin mai 1943 à la supervision confiante mais étroite du commandant, puis lieutenant-colonel Billotte, chef de l'état-major particulier
du Général, supervision qui a cessé quand de Gaulle et
Billotte sont partis pour Alger. Il ne fait ni confiance
ni réelle obéissance au général François d'Astier, commandant en chef des forces françaises en Grande-Bretagne. Quant aux activités de caractère civil les plus
secrètes, aucun membre du Comité national, en
dehors — à titre personnel — du commissaire national
à l'Intérieur et occasionnellement de Soustelle, n'en a
été informé dans la période londonienne. Ce n'est
pas avant janvier 1944 qu'une instance à la fois politique et militaire, le Comité d'action en France ou
C.O.M.I.D.A.C., institué en septembre 1943 à Alger,
fixe collectivement la stratégie et les priorités, décide
des crédits qui seront affectés à l'action et approuve
la désignation des responsables de l'État clandestin.
Le C.O.M.I.D.A.C. comprend, sous la présidence de
De Gaulle, le commandant en chef Giraud (jusqu'à
avril 1944), les commissaires à l'Intérieur (d'Astier) et
à la Guerre (Le Troquer, puis Diethelm) et, s'il y a lieu,
le commissaire aux Finances (Mendès France), ainsi
que le nouveau directeur général des services secrets
du C.F.L.N. Soustelle et le colonel Billotte. Mais le
C.O.M.I.D.A.C. siège très haut par rapport à la piétaille
résistante et il est très loin de la plaque tournante londonienne.

Durant tout le second semestre de 1943, le B.C.R.A.
a été l'un des enjeux de la lutte de pouvoir entre
Giraud et de Gaulle. Giraud considère le renseignement comme une des prérogatives traditionnelles du
commandement en chef. Il a auprès de lui le colonel
Rivet et le général Ronin, qui ont été les chefs des services de renseignements de l'état-major de 1939-1940,
puis de l'armée de l'armistice, et qui se sont envolés

opportunément de Vichy en novembre 1942 avant
l'arrivée des Allemands. Ces deux spécialistes tiennent
les hommes du B.C.R.A. pour des apprentis. Ils avaient
réussi, malgré l'armistice et la montée de la collaboration, à maintenir le contact avec l'Intelligence Service.
À Alger, ils ont reconstitué sous l'autorité de Giraud
une partie des services spéciaux de Vichy, dans le
cadre d'une Direction des services spéciaux et d'une
Direction des services de renseignement et de sécurité
militaire. Durant les premiers mois de 1943, tandis
que Moulin et le général Delestraint s'efforçaient de
donner consistance à une Armée secrète encore sque-
lettique, ils ont misé sur les cadres patriotes de l'armée
de l'armistice dissoute et soutenu dans la clandestinité, avec l'appui du S.O.E., le développement de ce
qui allait devenir l'Organisation de résistance de
l'armée (O.R.A.). En Corse, après la disparition de Scamaroni, ils ont pris en compte la résistance corse et
soutenu l'insurrection libératrice de septembre 1943.
Depuis la rencontre Giraud-de Gaulle à Anfa, en janvier 1943, ils ont pu installer une antenne à Londres
animée par d'excellents professionnels et ils n'ont
cessé de prôner la fusion entre le B.C.R.A. et leurs services, c'est-à-dire l'absorption du B.C.R.A. sous l'autorité du commandant en chef Giraud.

De Gaulle n'a cessé de leur opposer que l'action en
France, avec son double aspect politique et militaire,
était une affaire de gouvernement et il a constamment
manœuvré pour maintenir le B.C.R.A. sous sa coupe.
Une tentative de coordination des services secrets des
deux bords sous l'autorité d'un résistant de la première
heure, le général Cochet, a été un fiasco. Sitôt Giraud
écarté du C.F.L.N., en novembre 1943, la création par
décret d'une direction générale des services secrets (la
« D.G.S.S. ») coiffant à la fois le B.C.R.A. et les services de Rivet a consacré le triomphe du B.C.R.A. Outre
que la nouvelle organisation a Soustelle pour directeur

général et Passy pour directeur technique, elle est conçue pour intégrer les services de Giraud dans un cadre
élargi où le B.C.R.A. reste dominant. Dans ce cadre, le
B.C.R.A. se perpétue avec deux branches, celle de
Londres (le « B.R.A.L. ») que dirige le commandant,
puis lieutenant-colonel Manuel, et celle d'Alger (le
« B.R.A.A. »), dont un ancien de la maison, le polytechnicien Pélabon, tient les commandes[12].

Non seulement le B.C.R.A. se trouve ainsi confirmé
et renforcé, mais sa branche londonienne peut désormais s'étoffer grâce au renfort d'officiers de haute
compétence venus des services giraudistes, au point
que l'un d'eux, Pierre Lejeune, s'impose à la direction
des services Action. Celle-ci bénéficie d'une croissance
exponentielle[13], le nombre moyen d'agents qu'elle
envoie dans la clandestinité passe de huit par mois au
cours du premier semestre 1943 à vingt-quatre par
mois de janvier à mai 1944. De surcroît elle assume
entre décembre 1943 et mai 1944 des prérogatives qui
débordent de loin les tâches d'un service d'exécution,
et sont celles d'un état-major de l'action en France.
C'est en effet le B.R.A.L. qui prépare, à l'aide d'une
section nouvelle baptisée « Bloc Planning », les plans
du soutien militaire que la Résistance intérieure apportera au débarquement allié[14] ; ces fonctions exceptionnelles, il les exercera jusqu'à ce que le général Kœnig
vienne prendre, à l'approche du jour J, le commandement des Forces Françaises de l'Intérieur.

Entre-temps, Soustelle a arraché à de Gaulle l'éviction totale de Giraud qui s'obstinait à vouloir garder
en sous-main la maîtrise d'un secteur de l'action en
France, avec peut-être l'ultime espoir d'être l'homme
providentiel de la Libération. En relevant, en avril
1944, Giraud de ses fonctions de commandant en chef,
de Gaulle fait bien plus que mettre un terme à une
querelle de services secrets : il impose la nécessaire
unité de commandement de l'action militaire clandes-

tine lors du débarquement ; il confirme du même coup le rôle sans partage de la D.G.S.S. et de son poste avancé, l'antenne londonienne du B.C.R.A.

Le général d'Astier exagère à peine lorsqu'il rend compte à de Gaulle qu'en ce domaine et à cette date, le B.C.R.A. londonien,

> abandonné à lui-même, longtemps impénétrable à tout contrôle du commandement, a contracté l'habitude de prendre à son compte la plupart des décisions concernant l'action en France[15].

Le B.C.R.A. bouc émissaire

Rien d'étonnant si le B.C.R.A. attire sur lui « des foudres et des rancunes innombrables et tenaces[16] ». Les critiques de circonstance se conjuguent avec les accusations politiques ; plusieurs historiographes de la Résistance intérieure se sont employés à les perpétuer, comme si la Résistance autochtone seule était digne de lauriers.

On accuse le B.C.R.A. d'être désordonné. Il l'est, dans la mesure où il est condamné à l'improvisation et vit avec des moyens toujours inférieurs à sa tâche.

Imprudent, incapable de discrétion, le B.C.R.A.[17] ? Le reproche, apparu sporadiquement au printemps 1943[18], est lié pour une large part à la résurgence de la campagne antigaulliste qui soutient, depuis Dakar, qu'on ne peut pas faire confiance aux Français Libres. Sans doute, ceux-ci appliquent les consignes de secret avec une rigueur moins scrupuleuse que les Anglais, et des agents parachutés en France ont été bavards ou imprudents. La maison mère n'en porte pas la faute ; rien des activités de renseignement, des opérations aériennes ni des plans de coups de main ou sabotages n'a filtré à Londres et si, pour le reste, de rares fuites

furent détectées, elles émanaient d'un dénonciateur
antigaulliste et de secrétaires anglaises recrutées avec
la caution du S.O.E.[19].

Service dangereux, le B.C.R.A. ? Les griefs viennent
de trois sources : des résistants de France, des commissaires à l'Intérieur, de la nébuleuse antigaulliste.
Laissons de côté l'entourage de Giraud pour qui la
seule existence du B.C.R.A. faisait obstacle au rêve
d'une résistance giraudiste.

Entre le B.C.R.A. et les résistants, les malentendus
sont normaux et les frictions inévitables. De part et
d'autre, on s'agace d'être incompris. La communication avec le monde clandestin est aléatoire. Les hommes de l'intérieur ignorent les contraintes de la
marche d'un service secret en terre étrangère. Même
quand le gros des organisations résistantes est uni
sous l'égide de De Gaulle, les résistants se sentent
abandonnés, ils trouvent toujours insuffisant ce qui
leur vient du dehors, ils protestent par des télégrammes véhéments et reprochent au B.C.R.A. tout ce qui
ne va pas (comme ils l'ont reproché à Moulin) : de ne
pas leur apporter d'argent ou d'armes, de ne pas leur
répondre, de faire écran entre de Gaulle et la base[20].
On en veut à tels parachutés de vouloir dicter leurs
oukases à la résistance autochtone. Inversement, tels
visiteurs de France sortant tout juste de leur vie de
dangers et d'angoisses se hérissent à Duke Street au
contact d'hommes des bureaux[21]. Pourtant, en 1943, à
mesure que le débarquement approche et que les préparatifs sont plus fiévreux, l'interpénétration devient
plus intime, la compréhension plus personnelle entre
ceux qui guettent l'heure dans la clandestinité et ceux
qui, dans la fièvre de Duke Street, étudient les plans,
transmettent les instructions d'état-major, suivent avec
anxiété les progrès et trop souvent la chute de leurs
camarades que, de plus en plus souvent, ils vont rejoindre : car à peu près tous les chefs de service du

B.C.R.A. ont à cœur de faire des missions en France et, pour certains, d'y prendre durablement leur place au combat. Peut-être les chefs de réseaux ou les délégués militaires sont-ils plus choyés à Duke Street, plus attentivement confortés (ils sont d'ailleurs moins focalisés sur l'autonomie de la résistance intérieure) que les hommes des mouvements, initiateurs précoces de la « résistance-représentation » et dont certains laissent transparaître leurs ambitions ministérielles. Une chansonnette due à Stéphane et Vitia Hessel, *Les Gars des M.R.U.*, traduit bien l'affection teintée d'humour narquois que l'équipe du B.C.R.A. porte aux trois chefs de mouvements les plus anciennement liés à la France Libre, d'Astier, Frenay et Jean-Pierre Lévy[22] :

   — Je suis bohème, je suis génial
   Et j'ai le sens du national.
   Libération, c'est un foutoir,
   Mais l'Intérieur est pour Bernard.

   — C'est moi Charvet, c'est moi le Chef,
   Et pour les dames je m'appelle Nef.
   Les camarades de Combat
   M'ont dit : Restez, restez là-bas !

   — Je ne m'appelle pas vraiment Lenoir
   Et ma moustache de flambard
   C'est pour tromper l'envahisseur :
   C'est moi l'papa de Franc-Tireur.

   Fraternellement nous nous aimons,
   Si j'te joue un tour de cochon,
   C'est que vraiment, en toute conscience,
   C'est que moi seul j'suis la vraie France.

   Refrain :
   Ils n'nous aiment pas tant, au B.C.R.A.,
   Ils n'savent pas ce qu'on trime, au B.C.R.A.
   Ils ne nous croient pas vraiment, au B.C.R.A.,
   Mais c'est nous qui sommes la vraie France.

L'habillage politique d'un procès

Entre Duke Street et Hill Street, les frictions sont d'une autre nature, mais là aussi dans l'ordre des choses. Les deux maisons sont complémentaires : le B.C.R.A., qui relève hiérarchiquement de l'état-major particulier du général de Gaulle, est depuis l'été 1942 l'agent de transmission des directives et des fonds du commissariat à l'Intérieur pour l'action civile. Le chevauchement des responsabilités est de fondation ; il l'est plus encore du fait de l'entremêlement du civil et du militaire au sein de la Résistance. Chacune des deux maisons prétend à un droit de regard et de jugement sur l'autre, d'où une collaboration tantôt sereine, tantôt jalonnée d'incidents qu'avivent des questions de personnes. Passy peut être raide. Il est, à l'occasion, un rude jouteur. En 1942, il n'a coopéré que du bout des lèvres avec les services « inconsistants et accapareurs » du commissaire à l'Intérieur Diethelm. Dans l'été 1943, il s'en prend à Philip pour son désordre (qui est de notoriété publique) et se plaint qu'il n'ait encore « conçu, en ce qui concerne l'action civile, aucun plan », qu'il se contente « d'imposer les personnes à envoyer en France sans même préciser leur mission » ni s'assurer qu'elles sont aptes à la vie clandestine, allusion féroce et partiale aux plus récents délégués civils, Serreulles, Bingen et Closon. Cette véhémence tient à ce que Brossolette, qu'il juge le plus qualifié pour succéder à Jean Moulin, réclame vainement un ordre de mission pour la France. Le B.C.R.A. devrait, affirme-t-il,

> avoir dans la mesure du possible *le choix* et *la responsabilité* des moyens à employer. C'est son rôle de choisir et de mettre en place les hommes capables d'obtenir les résultats demandés par le commandement[23].

Les heurts de circonstance tournent au duel acharné quand Emmanuel d'Astier devient commissaire à l'Intérieur en novembre 1943. Une inimitié mutuelle oppose d'Astier et Passy. Celui-ci accusera le commissaire à l'Intérieur d'envoyer secrètement en France des instructions procommunistes contraires aux directives du C.O.M.I.D.A.C. D'Astier répliquera en accusant Passy, comme le fera Philip, d'abuser de la maîtrise qu'il a des transmissions :

> Quand les directives ne lui plaisaient pas, les télégrammes étaient indéchiffrables, tandis que n'arrivaient jamais les informations transmises par le C.N.R., mais opposées à la volonté du B.C.R.A.[24].

D'Astier assure qu'on ne le consulte pas, qu'on lui cache des visiteurs de France, qu'on ne lui transmet pas tous les télégrammes reçus[25]. L'examen des télégrammes enregistrés au B.C.R.A. oblige à relativiser l'accusation : tels messages n'ont été émis de France qu'avec trois semaines de délai, d'autres ont été retardés au déchiffrement à Londres du fait de l'encombrement des services, d'autres sont incompréhensibles. Et l'on voit mal pourquoi tels messages purement factuels auraient été dissimulés[26].

La section « non militaire » (NM) du B.C.R.A. convient toutefois, que, surchargée, il lui est arrivé de ne transmettre à Boris que les documents et télégrammes les plus importants et de répondre directement à des télégrammes destinés au commissariat à l'Intérieur sans être habilitée à le faire[27].

D'Astier marque des points en décembre 1943 : il fait transférer à Hill Street la section « Courrier politique à l'arrivée », puis, en janvier 1944, la section « non militaire » du B.C.R.A. et, le 3 mars 1944, il obtient du C.F.L.N. un décret fixant à son avantage les rapports

des services secrets avec le commissaire et le commissariat à l'Intérieur. Il présidera le C.O.M.I.D.A.C. en
l'absence de De Gaulle, fixera la répartition des crédits
affectés par le C.O.M.I.D.A.C. à l'action en France,
prescrira l'envoi des missions civiles, assurera les relations avec la Résistance dans le cadre des décisions du
C.O.M.I.D.A.C. et aura même droit de regard en matière
militaire[28]. À l'en croire, ç'aurait été un coup d'épée
dans l'eau[29]. En réalité, tant que Passy et d'Astier sont
tous deux éloignés de Londres, la communication
entre les deux maisons est sans problèmes et leur coopération est totale ; elle est facilitée par la liaison quotidienne qu'assure de l'une à l'autre Vitia Hessel, qui a
la confiance de Manuel comme celle de Boris, tous
deux d'une rectitude sans faille.

Derrière ces escarmouches, une seule vraie question,
par-delà celle du contrôle effectif des services secrets
par les autorités gouvernementales : le B.C.R.A. a-t-il
voulu jouer un rôle politique propre ? Qu'il ait voulu
unir la Résistance sous l'autorité de De Gaulle, oui, et
telles étaient ses consignes. Qu'il ait comploté l'avènement en France d'une dictature gaulliste, on n'en voit
aucun signe. La légende calomnieuse d'un Passy « cagoulard[30] » et d'un B.C.R.A. fasciste[31] a été une invention
d'André Labarthe, relayée par l'amiral Muselier et les
siens, accréditée auprès de la gauche du Labour et du
député socialiste Félix Gouin, représentant de Léon
Blum auprès du général de Gaulle, puis prise en
compte aux États-Unis par le chef du F.B.I., Edgar
Hoover, qui dénoncera Passy à Roosevelt comme étant
« le Himmler » de De Gaulle. Or, elle est sans fondement ; le clan antigaulliste l'a néanmoins propagée
assidûment pendant quatre ans[32]. Il n'y eut d'ex-cagou-
lard avéré au B.C.R.A. que Duclos, *alias* Saint-Jacques,
l'autre « suspect », Pierre Fourcaud, dont la culture
politique était proche des socialistes, ayant contre lui
d'avoir été un familier du 2e Bureau de l'entre-deux-

guerres et d'y avoir conservé des relations. Ni l'un ni l'autre n'ont jamais eu de fonction ni d'influence politique à Londres ; en revanche, les responsables de la section « non militaire » du B.C.R.A., créée en 1942, ont tous été des hommes de gauche pour qui gaullisme et restauration démocratique allaient de pair, qu'il s'agît du député socialiste Pierre-Bloch, évadé des prisons de Vichy[33], du socialiste Louis Vallon, de Bingen, ou encore de Manuel, qui dirigea le B.C.R.A./Londres de juillet 1943 à août 1944[34]. Tout confirme, d'ailleurs, la neutralité politique de la direction du B.C.R.A. jusqu'à Brossolette : promu numéro 2 de Duke Street, il a ouvert un conflit de doctrine en prônant la mise en sommeil des partis, puis en contestant le projet de création du C.N.R., et Passy l'a suivi ; cependant Brossolette lui-même n'a jamais rompu avec la famille socialiste et, si personnelles qu'aient été ses initiatives lors de la mission Arquebuse-Brumaire, de Gaulle et André Philip ont imposé, on l'a vu, le respect des décisions majeures.

Le grief politique le plus articulé que d'Astier ait énoncé, bien après la guerre, à l'encontre des chefs du B.C.R.A. est d'avoir cherché à brider la Résistance pour empêcher toute dérive révolutionnaire à la Libération[35] :

> Tout occupés de la mainmise sur le nouvel État [...], ils se méfiaient des mouvements de résistance, de l'action étendue à tout un peuple, qui prenait la forme du sabotage généralisé, du harcèlement, des maquis, pour aboutir à l'insurrection nationale. Celle-ci risquait d'avoir un fumet révolutionnaire et d'échapper au Général et aux alliés.

On perçoit ce grief dans la gauche résistante et dans les rangs communistes à partir du printemps 1944, et les polémiques de la période de la guerre froide l'ont amplifié comme une manière oblique de disqualifier

de Gaulle ; il est aussi sujet à caution que le sont en
sens contraire les accusations rétrospectives de crypto-
communisme lancées par Soustelle et Passy contre
d'Astier, commissaire à l'Intérieur.

Il faut ici s'en tenir aux faits. J'en distinguerai deux.

Le B.C.R.A. a-t-il été responsable de la modicité des
envois d'armes aux résistants communistes ? Il est
hors de doute que l'insurrection corse et la tentative de
mainmise du Front national sur l'île, à l'automne
1943, ont suscité une méfiance résolue de la part de
Soustelle, grand maître de la branche algéroise du
B.C.R.A., comme de la part de l'antenne nord-africaine
du S.O.E. À partir de cette date, Alger n'a guère favo-
risé les parachutages aux maquis « rouges ». En revanche, à Londres, d'où partirent les cinq sixièmes des
armements destinés à la Résistance, ni le B.C.R.A., ni
le S.O.E., ni encore moins l'O.S.S. américain ne semblent avoir fait de discrimination en fonction de la
couleur des résistants, seule l'efficacité militaire étant
prise en compte. Une exception, Paris, où le « Bloc
Planning » du B.C.R.A. a résolument déconseillé une
insurrection ouverte. Il n'en est pas moins avéré que la
pénurie dont se sont plaints les communistes a été
avant tout imputable pendant deux ans à la lenteur de
leurs circuits de décision et parfois à la méfiance, sur
le terrain, de délégués militaires régionaux.

Est-il vrai, d'autre part, que le B.C.R.A. ait freiné
jusqu'au début de 1944 le passage de la Résistance à
l'action armée et se soit opposé à une insurrection
nationale prématurée, ce qui peut sembler contredire
le slogan gaullien de la libération nationale inséparable de l'insurrection nationale. C'est globalement vrai,
encore que le B.C.R.A. n'ait jamais condamné le principe de l'action immédiate. Mais il est clair aujourd'hui
que ce choix répondait à une conception moins politique que *militaire* de l'action résistante, ce qui était
dans la logique d'un organisme lui-même militaire,

alors que le commissariat à l'Intérieur a défendu en 1943-1944 avec d'Astier une conception plus *politique* de la Libération. Il est clair également que le refus tenace des Britanniques d'armer la Résistance avant février 1944 enfermait les possibilités de passage à l'action armée dans des limites étroites.

On reviendra sur ce débat qui fut important et grave ; du moins faut-il le situer dans sa juste perspective. On verra plus loin aussi ce qu'il en fut de l'« insurrection nationale ».

L'affaire Dufour

Ces divergences et ces heurts sont restés internes à la France Combattante jusqu'à la Libération et, en France, à une fraction dirigeante de la gauche résistante. Il n'en est pas de même des campagnes publiques qui furent lancées à partir de Londres contre le B.C.R.A. pour déconsidérer de Gaulle. Le mythe du « B.C.R.A. Gestapo » s'ajoutant au mythe du « B.C.R.A. cagoulard » a été accueilli avec délectation par le clan antigaulliste, propagé auprès de Giraud par Labarthe, répandu à satiété en Amérique par Henri de Kerillis ; il a provoqué l'émoi de la Maison-Blanche et menacé de faire scandale à Londres. Je ne m'y attarderais pas si de Gaulle lui-même n'avait pas hésité à y consacrer cinq pages dans ses *Mémoires de guerre* à propos d'un épisode mineur devenu prétexte à machination politique, l'affaire Dufour[36].

La petite histoire rejoint ici la plus grande. Un matin de février 1943, le capitaine Thierry-Mieg (Vaudreuil), industriel havrais chargé depuis peu de la section contre-espionnage du B.C.R.A., avertit Scotland Yard qu'un homme récemment arrivé de France s'est suicidé dans la nuit à Duke Street. L'homme avait subi l'épreuve des services de sécurité anglais qui l'avaient envoyé pour interrogatoire complémentaire au B.C.R.A. Les invraisemblances de son récit avaient étonné. Dans la soirée, l'homme avait avoué être un agent allemand. Vu l'heure tardive, il avait été convenu avec le service anglais M.I.5 de le garder jusqu'au matin à Duke Street. Enfermé dans une soupente, il s'y était pendu[37].

L'enquête ouverte par Scotland Yard confirme les faits, l'autopsie et le tribunal concluent au suicide. L'affaire a cependant filtré. Le détective chargé des affaires françaises à Scotland Yard confie à un diplomate très antigaulliste de l'ambassade des États-Unis, Ronald Matthews, qu'on a recueilli d'autres indices de brutalités et de séquestrations à Duke Street. Trois semaines plus tard, Eden est à Washington : Roosevelt lui met sous les yeux un rapport accusateur de Matthews. Dès son retour à Londres, il s'enquiert :

> Duke Street doit être nettoyé [...]. Nous ne pouvons pas tolérer ce genre de méthodes à Londres, si elles existent[38]...

Quand Churchill va à son tour à Washington en mai, Roosevelt revient sur l'affaire.

Pendant ce temps, des rumeurs accréditées par le clan antigaulliste courent à Londres : le B.C.R.A. aurait dénoncé en France aux Allemands des résistants hostiles à de Gaulle ; à Londres même, les tortionnaires n'hésiteraient pas à recourir aux méthodes nazies pour se débarrasser des gêneurs. Le gendre médiocrement gaulliste du poète Supervielle aurait été embarqué pour l'Afrique afin d'y être fusillé[39]. L'excellent chef des études d'opinion de la B.B.C., Delavenay, a appris qu'un avocat algérois, Gilbert Mantoux, amené à Londres par le S.O.E. et qui avait rendez-vous au B.C.R.A., n'avait pas reparu : redoutant le pire, il a alerté le chef de cabinet du ministre sir Stafford Cripps[40].

Dans ce climat d'intoxication — rendu plus passionné par les soubresauts de la négociation Giraud-de Gaulle —, un témoin miraculeux apparaît. Il s'appelle Maurice Dufour. Il affirme avoir été brutalisé un an plus tôt à la section contre-espionnage du B.C.R.A. : pour lui extorquer de prétendus aveux, on l'y aurait laissé sans nourriture, contraint à s'agenouiller sur une règle, frappé avec une matraque et détenu arbitrairement dix jours[41]. En août 1943, Dufour, ayant trouvé un financement opportun, porte plainte devant la justice anglaise contre le général de Gaulle, le colonel Passy et six officiers français libres pour séquestration arbitraire et sévices[42]. L'ambassadeur du Comité d'Alger Viénot, appelé au Foreign Office, s'entend dire que le gouvernement britannique ne peut arrêter le cours de la justice : on lui conseille un arrangement amiable avec le plaignant.

Les archives aujourd'hui ouvertes permettent d'apprécier les dessous de cette étrange affaire. Dufour, prisonnier de guerre en Allemagne, rapatrié en France en mars 1941, était alors entré dans l'administration pénitentiaire de Vichy à Nîmes ; en février 1942, il avait aidé à s'évader des officiers anglais incarcérés sous accusation d'espionnage avec lesquels il avait pris le large, puis il avait, grâce à eux, franchi la frontière espagnole ; le consul de Grande-Bretagne à Barcelone l'avait pourvu de papiers au nom de Maurice Dalton grâce auxquels il avait gagné Lisbonne et Londres sans encombre. Il s'y était engagé aux F.F.L. en mai 1942 dans des conditions singulières, car M.I. 6 avait demandé qu'on ne l'interroge pas sur son activité de résistant, les officiers qu'il avait aidés à s'évader étant restés en France.

Pour son malheur, Dufour, en s'engageant, s'était dit sous-lieutenant du génie et chevalier de la Légion d'honneur ; ces affirmations n'avaient pas résisté à l'examen et lui avaient valu à titre conservatoire trente jours de prison infligés par le commandant Billotte.

Pour son malheur aussi, la section de contre-espionnage du B.C.R.A., créée fin 1941, avait été confiée à un
officier résistant récemment venu de France, le lieutenant Warin dit Wybot, policier remarquablement efficace, formé aux méthodes du Service des menées
antinationales de Vichy et qui devait être en charge de
la direction de la surveillance du territoire, après la
guerre. Wybot avait créé un outil précieux, le fichier
central du B.C.R.A., où l'on enregistrait tous les noms
connus en France, de « sympathisants », d'« indiffé-
rents » et d'« éléments hostiles » et qui devait comprendre cent mille noms à la Libération. Voulant en
savoir plus sur le réseau anglais, il avait « poussé son
interrogatoire à fond ». Après quoi, on avait déféré
Dufour au tribunal militaire français de Camberley qui
l'avait condamné à six mois de prison pour port illégal
de décoration et usurpation de grade. En juillet 1942,
il s'était échappé de Camberley ; le tribunal militaire,
saisi à nouveau, l'avait condamné par défaut à dix ans
de prison pour désertion. Les services anglais l'avaient
recueilli. En décembre 1942, ils avaient demandé aux
autorités F.F.L. de résilier son engagement, souscrit
dans des conditions douteuses : la demande avait été
acceptée, ce qui le faisait dorénavant échapper au privilège de juridiction de la France Libre[43].

Entre-temps, Wybot avait été contraint de démission-
ner. De Gaulle qui l'avait reçu en novembre 1942 avait
conclu qu'il était un « illuminé ». Des rapports anglais
confirment que toutes dispositions ont été prises dès
lors à Duke Street pour « prévenir d'autres abus[44] ».

Quand de Gaulle apprend, en octobre 1943, que
plainte a été déposée contre lui, il s'indigne : c'est un
coup de Churchill pour l'atteindre, il n'en doute pas ; il
interdit qu'aucun avocat réponde en justice en son
nom ou en celui de ses subordonnés et qu'aucune
transaction soit envisagée : « On ne traite pas avec un
imposteur et un déserteur[45]. »

L'affaire est rendue publique en novembre 1943 : un bulletin « confidentiel », la *King-Hall Newsletter*, affirme avec force détails que Duke Street a été le siège d'au moins deux suicides (!) et qu'on y torture les Français suspectés de connexions avec Vichy. La famille Astor, propriétaire du grand journal du dimanche *The Observer*, mène le jeu ; elle est aussi antigaulliste qu'elle sera progaulliste par la suite. Le 6 janvier 1944, une délégation de membres du Parlement conduite par le major William Astor vient questionner sans aménité Eden sur la « Gestapo » de Duke Street[46]. Le ministre dédramatise non sans embarras : « Cette bombe à retardement menace de détruire sa politique française[47] ». Toute la presse londonienne s'en mêle ; Dufour a été doté d'avocats pugnaces. Le procès doit être appelé entre le 7 et le 20 juin 1944.

Le 1er juin 1944, le cabinet britannique s'interroge. Churchill vient d'inviter de Gaulle en prévision du débarquement en Normandie. Doit-on l'exposer à être cité à la barre d'un tribunal[48] ? Même si Dufour n'est qu'un maître chanteur financé par des meneurs de jeu américains, comme on le pense au Foreign Office[49], ses allégations non contredites feront condamner les Français Libres et leur chef.

Churchill s'y refuse. Il en coûtera au gouvernement de Sa Majesté 2 500 livres dont 500 en remboursement des honoraires de l'avocat de Dufour pour que celui-ci retire sa plainte[50]. Comme Eden l'avait dit aux membres du Parlement venus le questionner en janvier,

> si le colonel Passy était relevé de ses fonctions [...], ce serait un désastre : lui et ses officiers nous apportent un concours excellent en des matières qui sont de première importance pour les opérations prochaines.

1943, année des catastrophes,
année de grand essor

C'est que le tableau de la Résistance a changé au cours de l'année 1943. Jusqu'à 1942, la Résistance comptait à peine. À partir de l'été 1943, la certitude de la victoire a transformé l'esprit des acteurs. Le B.C.R.A., tendu vers la préparation du débarquement, a prouvé son irremplaçable efficacité.

Pourtant, les drames n'ont pas manqué et l'année 1943 a été coûteuse. Le choc le plus rude, on le sait, a été l'arrestation le 9 juin à Paris du général Delestraint, suivie le 21 de l'arrestation à Caluire de Jean Moulin et de sept membres de l'état-major clandestin de zone sud.

Le coup de filet de Caluire n'est lui-même que le point culminant de la contre-offensive lancée depuis mai 1943 par l'occupant contre la Résistance. Le S.D. allemand, sans dévier de la chasse aux communistes, traque les réseaux de renseignements et l'armée secrète : un rapport de Frenay détaillant l'organigramme de l'A.S., son tableau d'effectifs — 105 000 hommes — et ses projets, l'a alerté. Le document, saisi à Lyon par la police de Vichy et transmis aux Allemands en application des accords Oberg-Bousquet, est remonté au sommet de la Gestapo, à Berlin, et jusqu'à Hitler[51]. Repérage goniométrique des émetteurs, dénonciations, noyautage : aucun secteur de l'activité résistante n'est épargné. Que de chefs de mouvement tombent dans cette dernière année de lutte ! Les principaux responsables de l'action militaire disparaissent, Marchai (Morinaud), délégué militaire pour la zone nord, arrêté le 21 septembre à son arrivée de Londres, Touny, chef de la branche militaire de l'O.C.M. en octobre ; de même, les deux premières générations de dirigeants de l'Organisation de résistance de l'armée, les généraux Frère, Grandsard et Gilliot, puis Verneau et Olleris[52]. Les réseaux sous contrôle anglais ne sont pas épargnés : Prosper, filiale parisienne du S.O.E., Alliance, l'énorme agence de renseignements qu'animent le commandant Faye et Marie-Madeleine Méric (Fourcade), sont démantelés avant la fin de 1943. À Bordeaux, la trahison d'un chef régional, Grandclément, provoquera une hécatombe. Paris voit la chute du réseau Manouchian, dernière branche vive de l'organisation communiste de lutte urbaine, engagée par le parti jusqu'à ce que mort s'ensuive.

L'année 1943 n'en est pas moins celle de l'expansion de la Résistance et le début d'un spectaculaire redressement des « circuits » liés au B.C.R.A. La suppression de la ligne de démarcation en fait une année de regroupement. La base résistante reste composée de petits groupes dont aucun chef n'a une vue globale, mais les réfractaires au S.T.O. atteignent des effectifs croissants ; les groupes s'agglomèrent ou bourgeonnent autour de mouvements qui eux-mêmes s'étendent et se rapprochent. Paris devient capitale de la Résistance. Outre le Conseil de la Résistance lui-même, le Comité directeur des mouvements de zone sud s'y installe, de sorte que les décisions importantes sont prises à l'échelon national. Fin 1943, les mouvements des deux zones autres que le Front national fusionnent eux-mêmes pour former le Mouvement de libération nationale (M.L.N.)[53].

Les actes de résistance s'articulent en opérations complexes et collectives, concertées et organisées, qu'il s'agisse des éditions clandestines (certains journaux dépassent cent mille exemplaires), des manifestations de ménagères, nombreuses dans le Midi, des sabotages et des coups de main, tels que l'attaque en plein jour à Lyon sous la conduite de Lucie Aubrac d'un camion cellulaire allemand[54], de l'exécution de traîtres ou de la guérilla urbaine, active à Paris, naissante à Marseille, et surtout des maquis. L'opposition se durcit entre des collaborateurs plus violents et des résistants plus hardis : la « Résistance-manifestation » de zone sud se transforme en Résistance-action et, comme l'a noté un bon analyste, elle « cesse d'être un territoire urbain[55] ».

En changeant d'échelle, elle change de nature : elle devient l'ébauche d'un contre-pouvoir ; elle s'affirmera dans les manifestes du C.N.R. Elle pénètre les services publics : Ponts et Chaussées, Eaux et Forêts, P.T.T.[56], S.N.C.F. et même gendarmerie et police. Le N.A.P., l'organisation de noyautage des administrations, comptera jusqu'à quinze cents membres et trois à quatre cents collaborateurs occasionnels. L'humiliation infligée à l'armée de l'armistice dissoute pousse des officiers vers la résistance. Le discrédit de Vichy s'accroît. À partir de fin 1943, des maires cesseront — en fin de compte par centaines — d'exercer leurs fonctions ; des cantons entiers, dans l'Ain, la Saône-et-Loire, la Haute-Savoie, la Corrèze, la Dordogne, le Lot, le Morbihan, échapperont, au moins par intermittence, aux autorités. En quelques mois s'amorce la trame d'une administration parallèle, tantôt militante et tantôt opportuniste, cependant que les délégués d'Alger préparent une administration de rechange.

Dans cet élargissement du milieu résistant, les relations internes évoluent et les rapports de forces se modifient. L'attente du débarquement précipite les changements ; ils se font dans une confusion que les arrestations aggravent : les initiatives de Londres et d'Alger, celles des chefs de la résistance intérieure et la poussée de la base se conjuguent, s'ignorent, se contrecarrent ; l'effort d'organisation progresse pourtant d'à-coup en à-coup et va de pair avec une professionnalisation et une spécialisation des activités résistantes où se lit la marque du B.C.R.A. et, d'abord, de son antenne londonienne le B.R.A.L., dont l'activité connaît une croissance sans précédent.

Le renseignement

Le renseignement reste, tout au long de 1943, le point fort du B.C.R.A. Passy affirme en août 1943 qu'il fournit au moins 75 % du total des renseignements sur la France obtenus par tous les S.R.[57]. Ni les excellents réseaux polonais, ni le réseau Bruno issu du S.R. de Vichy et que le commandant Pourchot continue de tenir en main à partir de Berne avec l'aide des Américains[58], ni les trois ou quatre filières que les services de Giraud réussissent à constituer ne peuvent se comparer aux vingt réseaux principaux, aux quatre-vingt-dix réseaux régionaux pouvant recourir à cent seize chefs et opérateurs radio dont le B.C.R.A. disposera au printemps de 1944 en dépit des terribles coups subis.

L'été 1943 marque, en un certain sens, l'apogée des grands réseaux de renseignements français. La Confrérie Notre-Dame de mai 1942 était déjà une belle réussite, mais isolée ; à partir de 1943, il n'y a plus seulement deux ou trois réseaux, mais un filet couvrant la France entière et dont les mailles se resserrent chaque jour. La Confrérie Notre-Dame, la « C.N.D. », reste à tous égards le premier des réseaux, malgré de sérieux avatars dans l'été 1942. Elle aurait compté deux mille membres et affiliés, à égalité avec le réseau Alliance du S.O.E.[59]. Elle reçoit de Londres cinq millions par mois. Rémy, rentré définitivement à Londres, a laissé sa place au commandant Tellier. De janvier à octobre 1943, onze courriers arrivent, toujours égaux à eux-mêmes ; la C.N.D. réussit cinq opérations maritimes, cinq parachutages et six atterrissages dont trois comportant deux avions. Elle a créé une structure indépendante de liaisons et de transmissions, la centrale « Coligny », qui recueille également le courrier de plu-

sieurs autres réseaux de zone nord (Centurie, réseau
de l'O.C.M., Cohors, de Libération-Nord, Fana du
P.C.F.). De nouveaux réseaux, eux aussi issus de mouvements de zone nord, sont nés après la mission
Arquebuse du printemps 1943. Grâce à l'aide de groupes de jeunes techniciens, ils constituent une seconde
centrale de transmissions de zone nord du nom de
Prométhée, rebaptisée finalement Praxitèle. Et de plus
en plus, les chefs de réseaux viennent se former, s'expliquer, comprendre à Londres, pour un ou deux mois.

Mais à l'automne 1943, le double édifice de zone
nord s'effondre. La centrale Prométhée est démantelée
en octobre. Au moment où l'on essaie de la remonter,
la Confrérie Notre-Dame disparaît. L'arrestation du
chef radio provoque la catastrophe. Le nouveau chef
de la C.N.D., Alex, est tué en protégeant les siens. La
Gestapo est bien renseignée : successivement secrétaires, radios, agents de liaison, équipe des opérations
aériennes, équipage du bateau de liaison sont pris. De
la centrale ne subsistent qu'une secrétaire, un inspecteur d'agence et un radio qui peuvent alerter Londres.
Pendant plusieurs semaines, la Gestapo, qui a saisi un
poste et un code, expédie des messages auxquels on
répond fidèlement. Un à un, les trois rescapés sont
arrêtés. Certaines agences de zone sud subsistent ; au
printemps 1944, deux réseaux, Andalousie à Toulouse
et Castille en zone nord, pourront être reconstitués sur
ces vestiges.

L'année 1943 s'achève ainsi de façon tragique, les
deux centrales effondrées, les réseaux de zone nord
gravement atteints ; beaucoup des chefs et des hommes arrêtés périront[60]. Pourtant, il se trouve toujours
des remplaçants, des chefs, des informateurs, des
agents de liaison.

C'est de zone sud que vient la relève : avec Phalanx,
de Christian Pineau, démantelé en avril 1943, mais
dont une fraction (Icare) subsiste ; avec Brutus[61], qui

survit à l'arrestation de tout son état-major en novembre 1943 ; avec Marco Polo, du commandant sous-marinier Sonneville, parachuté de Londres, réseau que reprend le directeur de l'école de sourds-muets de Lyon Pellet, arrêté et fusillé en août 1944 ; avec Phratrie, établi sur des bases solides fin 1942[62], prolongé par une série de sous-réseaux et qui n'aura pas de grave crise avant le printemps 1944 ; avec Nestlé[63] ; avec Ajax, réseau interne à la police du commissaire Achille Peretti ; avec Gallia, qui, créé à Lyon[64] pour collecter les renseignements issus des Mouvements unis de résistance (M.U.R.), couvre les six régions de zone sud, et, remarquablement organisé, avec une stricte discipline, envoie en 1944 deux courriers par mois.

Tous ces réseaux de zone sud, longtemps en retard, se trouvent fin 1943 en situation bien meilleure que leurs aînés de zone nord. Ils vont déborder la ligne de démarcation, créer des secteurs nouveaux en zone nord, souvent y récupérer des groupes entiers privés de contact, notamment Phratrie, qui devient pratiquement un réseau de zone nord quand sa centrale, menacée à Lyon, vient s'installer à Paris[65].

Le potentiel renseignements du B.C.R.A. s'accroît quand sa branche d'Alger (le « B.R.A.A. ») devient pleinement opérationnelle. En janvier 1944, le décorateur Tony Mella vient de Londres y prendre la direction de la section « R ». Sous son impulsion, une base d'opérations est montée en Corse : les liaisons air, mer, radio avec le Midi de la France s'intensifient, apportant à Alger renseignements, courrier, agents. En avril, le réseau Alliance de Marie-Madeleine Fourcade, jusqu'alors dans la seule dépendance de l'Intelligence Service, se rattache, au moins nominalement et financièrement, au B.R.A.L.[66].

Au printemps 1944, grâce aux réseaux et à l'essor de la photographie aérienne, il n'y a pas un kilomètre du mur de l'Atlantique dont les alliés ne connaissent les défenses, pas un dépôt allemand dont ils ignorent le lieu, pas une unité dont ils ne suivent les déplacements, peu de sites de V1 qui ne soient repérés. « On estime, écrira le chef des services secrets américains (O.S.S.) Donovan, que le B.C.R.A. a fourni 80 % des renseignements ayant permis le débarquement en Normandie[67]. »

La bataille des transmissions

Les postes émetteurs sont le talon d'Achille des organisations résistantes. Sur 171 opérateurs utilisés en France par le service Action, dont 69 venant de Londres, 77 ont été arrêtés avant la Libération, pour la plupart abattus, fusillés ou morts en déportation[68]. La détection par le service spécialisé allemand, la *Funkabwehr*, a provoqué en 1942-1943 parmi eux une hécatombe — le taux de pertes jusqu'à avril 1943 a été de 80 % —, d'où la chute de trop nombreux réseaux[69]. L'année 1943-1944 est celle d'une course au progrès, qui est aussi une course de vitesse, entre la radiogoniométrie allemande, bientôt pourvue d'enregistreurs automatiques des signaux, et une radio clandestine toujours plus perfectionnée : cette course, la Résistance et les alliés la gagnent. Les progrès techniques apportés par les Anglais puis par les Américains, la réduction de poids des émetteurs à quinze puis, *in extremis*, à neuf kilos, l'amélioration par le S.O.E. des méthodes de chiffrement y sont pour beaucoup, mais moins que la refonte de l'organisation même des transmissions, conçue et, on peut le dire, imposée par les Français.

On voit ici comment les initiatives venues de l'intérieur et de l'extérieur se conjuguent. L'artisan de la réforme est un ingénieur des télécommunications ; il s'appelle Fleury (*alias* Panier) ; il a spontanément créé en 1942 à Lyon un petit réseau de transmissions du nom d'« Électre », avec un, puis deux, puis trois opéra-

teurs locaux, tous professionnels des radiocommuni-
cations. Les réseaux de renseignements de zone sud
ayant des déboires avec leurs postes parachutés, ils les
leur ont confiés et, en peu de temps, ils ont centralisé
tout le trafic France-Angleterre du renseignement en
zone sud. Ils limitent les risques en séparant l'émission, seule dangereuse, de la réception, et en permu-
tant fréquemment les fréquences et les indicatifs des
différents opérateurs, afin de dérouter les Allemands.
Fleury, venu à Londres pour quelques jours en janvier-
février 1943, a proposé aux Anglais de l'Intelligence
Service de généraliser Électre pour desservir les réseaux
de renseignements ; il n'a pas été entendu. En avril, un
spécialiste des télécommunications venu de France sur
recommandation de Fleury est nommé responsable
des transmissions de l'Action. Il convainc en juillet le
S.O.E. d'appliquer la méthode Électre aux transmissions du service action.

C'est un tournant. Des arrestations catastrophiques
viennent de se produire dans la région de Lyon où le
trafic radio est arrêté. Le plan mis en œuvre ne se contente pas de séparer l'émission de la réception, avec
multiples changements de fréquences et d'indicatifs. Il
sera appliqué en fonction des besoins nouveaux de la
décentralisation. Chacune des douze régions militaires
devant être dotée d'une délégation militaire et d'un
réseau d'atterrissages-parachutages, il est prévu de
créer vingt-trois « chaînes de transmission » séparées
par des « cloisons étanches », soit une chaîne par
région militaire et sept chaînes spécialement affectées
au fonctionnement des opérations aériennes. Chaque
chaîne devrait comporter trois opérateurs, avec des
postes de radio séparés pour la réception et la transmission. Le S.O.E. fournit les postes émetteurs et les
quartz mobiles qui déterminent les fréquences, mais
les opérateurs manquent : une école de radios camou-
flée dans des fermes du Dauphiné convertira en opéra-

teurs clandestins des professionnels provenant de l'ex-
armée de l'armistice ou du service des télécommunications de Vichy : d'octobre 1943 à juin 1944, quarante-
deux opérateurs sont ainsi mis sans incident grave à la
disposition des réseaux d'action, renfort d'autant plus
appréciable que le B.C.R.A. s'évertue avec peu de succès à recruter des « pianistes » pour la clandestinité.

À l'automne 1943, Fleury part pour Londres ; il y est
nommé chef de la section « R » du B.C.R.A. L'objectif est de doter le renseignement d'une organisation
de transmissions semblable à celle de l'action. Fin
1943, le plan C.A.P.S. (Préparation à l'offensive en
France) prévoit la création de vingt-trois centres
d'antennes, assortis de points d'émission locaux : les
centres d'antennes seront régionalisés, mais ils seront
de surcroît autonomes par rapport aux réseaux de renseignements dont ils doivent écouler le trafic. Il faut
pour cela redistribuer les opérateurs de tous les
réseaux entre les centres d'antennes. Le retard d'organisation ne sera qu'en partie rattrapé et les derniers
mois de l'occupation seront marqués par des coups
sévères, l'un des plus graves étant l'arrestation en
juillet 1944 de l'organisateur-inspecteur venu de Londres, Stéphane Hessel (Greco). Cependant la section
Action du B.C.R.A. a été en mesure d'envoyer en
France 110 postes émetteurs par mois de janvier à
mai 1944 et, lors du débarquement, les services de
Londres et d'Alger peuvent compter en France sur
environ cinquante centres d'antennes disposant d'un
nombre plusieurs fois supérieur de postes émetteurs
ou récepteurs et sur près de deux cents opérateurs
radio. Certains ne fonctionnent qu'irrégulièrement ou
sont en sommeil. Néanmoins, le trafic « renseignements » triple presque en six mois.

Réussite spectaculaire ! *Pour les seuls services d'action*,
le nombre des télégrammes envoyés de France à Lon-

dres était en moyenne de 226 par mois au premier semestre 1943 ; il culminera avec 3 472 télégrammes reçus en juillet 1944. Si l'on y ajoute les télégrammes des réseaux de renseignements, le total de juillet 1944 s'élève à 5 255 télégrammes reçus par les seuls services français, soit 170 par jour :

Mars 1944	Renseignement :	633	Action :	1 101
Avril 1944		1 090		1 221
Mai 1944		1 103		1 624
Juin 1944		920		2 396
Juillet 1944		1 783		3 472

Quand s'engage la bataille de Normandie, les Allemands ne peuvent plus endiguer la montée du trafic radio[70]. Le délai dans lequel le mouvement d'une unité allemande est signalé à Londres aura été abaissé de quatre à moins d'une semaine. L'économie des moyens humains est allée de pair. Si longue que soit la liste des radios, hommes et femmes[71], arrêtés, torturés, déportés, exterminés, les pertes diminuent dans de fortes proportions : de 83 % pour les nouveaux engagés du premier semestre 1943, elles tombent au-dessous de 25 %, peut-être au voisinage de 15 % pour les opérateurs engagés entre juillet 1943 et juillet 1944, après l'extension d'Électre.

Sabotages et saboteurs

Le B.C.R.A., « centrale d'action », s'est manifesté par des raids sur le terrain dès 1940. Ses interventions se diversifient en 1943-1944 avec le trafic discret des réseaux d'évasion : le pionnier Robert Mitchell, ainsi que les réseaux Brandy, de Christian Martel, fondé en 1942, puis Bourgogne, de Georges Broussine, à partir de 1943, assurent le départ, surtout par l'Espagne, de

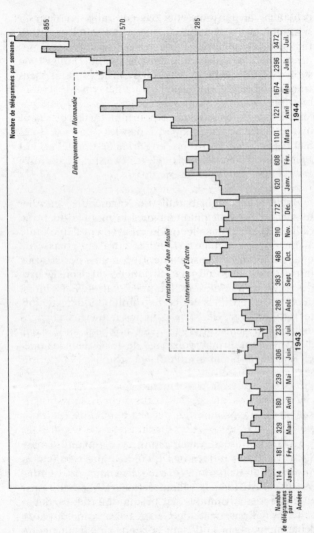

Diagramme des télégrammes envoyés de France à Londres par semaine en 1943-1944.
Source : *Les Réseaux Action de la France Combattante.*

centaines de patriotes et d'aviateurs alliés rescapés[72]. S'y ajoutent maintenant des interventions efficaces au moyen de sabotages.

Les sabotages de 1943 montés par le B.C.R.A. ne sont plus seulement symboliques ; s'ils n'affectent encore que de façon limitée le potentiel ennemi, ils sont bien plus que des piqûres d'épingle. Ils éclipsent par leur ampleur les sabotages pourtant très professionnels et spectaculaires opérés par les « *circuits* » du S.O.E. dans le Nord ou en Franche-Comté et, du moins jusqu'à l'automne 1943, les entreprises sporadiques de la Résistance intérieure.

Les saboteurs F.F.L. sont formés en trois à quatre mois de cours intensifs dans les écoles du S.O.E. ; ils sont entraînés à l'emploi des explosifs et des artifices. Comme l'écrit Soustelle, ils ont appris

> à pétrir la pâte jaunâtre du « plastic », à en fixer des cartouches [...] aux pièces maîtresses des machines, à forer un trou dans un morceau de charbon pour le bourrer de pâte explosive noire, à crever la coque des péniches sous l'eau avec des cartouches de « 808 » ou de gélignite, à choisir les « crayons » allumeurs à retardement (rouges : une demi-heure ; blancs : deux heures ; verts : six heures) ; à placer sur les rails le *fog signal* que la locomotive déclenche[73].

Ils sont dressés au parachutage, aux marches d'approche camouflées, au combat corps à corps, le *silent killing*, et au tir instinctif au pistolet auquel on les initie dans des galeries désaffectées du métro de Londres.

Trois ensembles d'opérations spectaculaires marquent le second semestre de 1943. Le premier est la mise hors d'usage du système de canaux du Centre-Est. En juillet 1943, les alliés viennent de prendre pied en Sicile ; les Allemands ont besoin de vedettes, construites à Chalon-sur-Saône, pour parer aux nouveaux débarquements ; ils utilisent la Saône et le Rhône pour les transporter en Méditerranée. Il faut entraver ce trafic. C'est l'œuvre de deux équipes d'une audace et d'une compétence stupéfiantes.

L'objectif numéro un est la destruction du barrage de Gigny-sur-Saône. Une maquette du barrage a été reconstituée en Angleterre. On sait qu'il est gardé par des miradors et des sentinelles. Deux parachutés, Pellay et Boutoule, et le chef départemental Guillermin s'y attaquent. Ils sont pourvus de deux scaphandres et de quatre mines sous-marines de vingt-cinq kilos de plastic munies de flotteurs. Dans la nuit du 26 juillet 1943, favorisés par une pluie battante, ils s'emparent d'une barque, rament sur la Saône et immergent leurs charges à quatre mètres de profondeur un peu en amont de la digue. Les photos aériennes montreront une large brèche dans le barrage et de nombreux chalands échoués.

Le 14 août, ce sont les écluses et le siphon d'alimentation du canal de Briare qui sautent à Javacière : trois mille embarcations sont immobilisées sur le réseau fluvial. Toujours en août, le canal de la Marne-au-Rhin est bloqué pour six semaines par la destruction des écluses de Mauvages, près de Toul.

Enfin, l'équipe Pellay détruit dans la nuit du 8 novembre dix vannes et le pilier central du barrage de Port-Bernalin, à quatre-vingts kilomètres en amont de Chalon-sur-Saône, tandis que Gigny, à peine réparé, est mis hors d'usage pour la seconde fois[74].

Deuxième ensemble d'opérations, la neutralisation du Creusot. Les usines ont été attaquées en 1942 par soixante-quinze Lancaster mais n'ont pas subi de graves dommages et le bombardement a fait quatre cents morts. L'équipe Basset-Jarrot de la mission « Armada I », parachutée le 16-17 août 1943, détruit cinq des neuf transformateurs et cinq pylônes (dont deux traversées de la Saône) de la centrale électrique de Chalon-sur-Saône qui fournit deux millions de kilowatts à l'Allemagne et 20 % de son courant électrique au Creusot et qui sera paralysée pour six mois ; la même nuit, d'autres membres d'Armada I détruisent les postes de Germolles et Henri Paul ainsi que les lignes d'interconnexion qui alimentent les aciéries du Creusot : le dommage est irréparable pour la durée de la guerre.

De retour à Londres en octobre, l'équipe Armada accepte une autre mission qui vise les lignes à haute tension alimentant les grands centres industriels. Parachutée en novembre, « Armada II » détruit avant la fin du mois deux transformateurs du barrage d'Éguzon et réussit douze coupures de lignes à haute tension vers la région parisienne : puis les pylônes s'effondrent dans l'Indre, la Saône-et-Loire, la Haute-Marne, la Marne, l'Aube, l'Ain, soit cent quatre-vingt-deux au total ; l'équipe renouvellera ou entretiendra les sabotages en 1944[75].

Un troisième cycle, qui s'ouvre en novembre 1943, a pour objectifs les usines de guerre elles-mêmes. Ainsi la mission Patchouli (Marcel Suarès, François Fouquat et Pierre Briout), avec l'aide du nouveau délégué militaire régional de la région de Paris, André Rondenay, met hors d'usage, entre janvier et fin avril 1944, les usines SKF d'Ivry-sur-Seine et l'usine Bronzavia de Courbevoie, les machines servant à fabriquer les roulements à billes des usines de Levallois, Gennevilliers et Aubervilliers ainsi qu'un des ponts roulants de Renault. Il s'agit de réduire le potentiel ennemi tout en préservant l'essentiel de l'infrastructure industrielle nationale, en évitant aussi des bombardements alliés coûteux. Mais rares sont les directions d'entreprises qui, comme chez Peugeot ou Bronzavia, donnent leur concours aux saboteurs pour éviter un raid aérien. De leur côté, les chefs du Bomber Command britannique, sûrs de leur force de frappe, font trop peu confiance aux équipes résistantes : Berliet est bombardé en décembre

1943 alors que les plans de sabotage sont prêts, de même les usines d'aviation Dewoitine à Toulouse. En 1943, toutefois, le commissariat à l'Intérieur et le B.C.R.A. obtiennent que la R.A.F. accepte de « surseoir provisoirement au mitraillage des locomotives », moyennant la promesse d'une action intense des réseaux et groupes de l'intérieur. Le nombre des locomotives immobilisées par sabotage dans les dépôts ou par déraillement, le plus souvent grâce au concours des cheminots, s'élève de 137 en décembre 1943 à 322 en janvier 1944, mais il retombe à 198 en février[76] : l'aviation alliée passe de nouveau à l'action.

En 1944, l'ampleur des sabotages industriels et ferroviaires leur donne une incidence stratégique ; la résistance locale est enfin en mesure d'y participer efficacement. Pour favoriser ou encadrer son action, le B.C.R.A. parachute des instructeurs de sabotage, telle l'étudiante en chimie Jeanne Bohec, « volontaire française » de 1940, qui viendra apprendre l'usage du « plastic » aux résistants bretons[77]. Les délégués militaires régionaux nouvellement mis en place se voient confier l'initiative et la coordination des sabotages dans leur région. À la veille du débarquement allié, toutes les usines d'armement de la région parisienne sont stoppées ou travaillent au ralenti.

Rien de tout cela n'aurait été possible sans la coopération entre Résistance intérieure et Résistance extérieure, renseignement et action. Rien sans la contribution logistique trop longtemps occultée du S.O.E., sans laquelle ni l'action du B.C.R.A., ni celle de la Résistance intérieure n'auraient pu être ce qu'elles ont été. Rien non plus sans le développement des liaisons aériennes clandestines. Deux séries d'acteurs ont joué ici un rôle capital : d'une part, les officiers régionaux d'opérations, qui ont permis la multiplication des parachutages et des atterrissages, tels « Marquis » (Rivière) en région Rhône-Alpes, « Arthur »

(Pierre Rateau) dans le Centre ou « Archiduc » (Rayon) dans le Sud-Est et dont dix payèrent leur dévouement de leur vie[78] ; les pilotes anglais des escadrilles 138 et 161 de la R.A.F., d'autre part, dont le colonel Verity a retracé l'épopée après avoir lui-même atterri clandestinement plusieurs dizaines de fois sur le sol français[79].

D'après les archives — incomplètes — de la Royal Air Force, celle-ci, aurait tenté 323 atterrissages clandestins entre octobre 1940 et septembre 1944 et en aurait réussi 224, déposant en France 445 agents et en ramenant 655. Les Dakota américains stationnés en Grande-Bretagne effectuèrent en outre pour le compte du S.O.E. en 1944 deux missions, amenant 62 passagers et en « ramassant 108 ». Si l'on y ajoute les quelque 210 passagers déposés par des opérations maritimes dont un de leurs héros, sir Brooks Richard, a révélé en 1995 les mystères, ainsi que les agents parachutés et les personnels infiltrés par l'Espagne à travers les Pyrénées, ce sont vraisemblablement entre 1 100 et 1 200 missionnaires français et britanniques, accessoirement polonais ou américains, agents, mais aussi membres de la Résistance faisant l'aller et retour France-Angleterre, qui ont été envoyés clandestinement en France entre juillet 1940 et le 6 juin 1944[80]. Ce total, inférieur aux évaluations avancées précédemment, est néanmoins considérable, même s'il laisse subsister des incertitudes. Les plus récentes recherches permettent de conclure que le B.C.R.A. pour sa seule part aurait envoyé en France un peu moins de 200 agents pour le renseignement, entre 200 et 250 pour des missions d'action avant le débarquement, dont certains ayant fait deux ou trois missions[81], tandis que la section F du S.O.E. aurait, selon le témoignage du colonel Buckmaster, envoyé 420 agents, mais en incluant dans ce chiffre les parachutés de l'été 1944, vraisemblablement quelque 250 à la date du

6 juin 1944. Tous volontaires au service de la même cause, même s'ils furent parfois rivaux, et dont beaucoup, connus ou inconnus[82], ont leur place au martyrologe de notre libération.

32

L'action en France :

Après l'arrestation le 9 juin 1943 à Paris du général Delestraint, délégué militaire national, celle de Moulin et de sept responsables de la Résistance de zone sud à Caluire, aux portes de Lyon, le 21 juin, a décapité l'organisation résistante de la France Libre. Elle a ouvert une césure dans l'histoire clandestine.

Caluire et ses suites

La dernière lettre de Moulin à de Gaulle, écrite à la main d'un seul jet le 15 juin 1943, « testament arraché par le hasard à un mort en sursis », témoignait de ce qu'avait été son combat solitaire[1] :

> Mon Général,
> Notre guerre, à nous aussi, est rude.
> J'ai le triste devoir de vous annoncer l'arrestation par la Gestapo à Paris de notre cher Vidal.
> Les circonstances ? Une souricière dans laquelle il est tombé avec quelques-uns de ses nouveaux collaborateurs.
> [...] Permettez-moi d'exhaler ma mauvaise humeur, l'abandon dans lequel Londres nous a laissés en ce qui concerne l'A.S.

[...] Vidal [...] s'est trop exposé, il a trop payé de sa personne [...]. Aura-t-il fallu que le pire arrive pour que des mesures soient prises ?

Étant donné la situation présente ici, il n'y a plus qu'une issue : nous envoyer d'urgence, c'est-à-dire cette lune,

1) un officier général ou un officier supérieur qui prenne la succession de Vidal,

2) les trois officiers que nous avons jusqu'à ce jour réclamés en vain.

[...] Il n'y a pas une minute à perdre. Tout peut encore être réparé.

[...] Dans cette affaire, plusieurs de mes meilleurs collaborateurs civils ont été pris. J'ai pu, une fois encore, m'en sortir.

Vous pouvez compter sur toute mon ardeur et toute ma foi pour réparer le mal qui a été fait.

C'est l'A.S. qu'il faut sauver. Je vous en supplie, mon Général, faites ce que j'ai l'honneur de vous demander.

Votre profondément dévoué,

REX.

À Londres, on a espéré jusqu'en août. Vain espoir ! Rex avait succombé à force de tortures, sans qu'on lui eût arraché un mot.

Les circonstances du drame de Caluire sont connues et leurs mystères à peu près déchiffrés. Cinquante ans de présomptions concourent à accréditer la responsabilité de René Hardy, chef de l'organisation de sabotage-fer des M.U.R., en dépit de verdicts qui l'ont deux fois acquitté. De scrupuleuses études récentes et la conjonction des documents de police allemands et français renforcent les soupçons, aussitôt conçus tant en France qu'à Londres, après qu'il se fut miraculeusement échappé devant la villa du guet-apens[2]. Hardy avait été, quelques jours plus tôt, arrêté, longuement questionné, puis relâché par les Allemands. Est-ce après avoir été soumis à un affreux chantage qu'il servit à l'ennemi de « poisson-pilote » ? Des imprudences, des hasards malencontreux et les « étourderies » fatales d'un responsable de Combat, Henri Aubry, chef d'état-major du général Delestraint, avaient précipité l'irréparable. Hardy n'aurait jamais dû être présent à Caluire à une réunion qu'il n'avait pas à connaître, et d'autant moins que Moulin éprouvait quelque méfiance à son égard. Pourquoi fut-il invité à y participer ? Il est aujourd'hui avéré qu'il avait confié avoir été arrêté au nouvel homme fort du mouvement Combat, Guillain de Bénouville. Ce dernier et Aubry ont enfreint les règles intangibles de sécurité afin que « ce bon militant de Combat » participe à la délibération où se discuteraient les mesures intérimaires à prendre pour la succession du général Delestraint — car pour les fidèles de Frenay dressés contre l'« impérialisme » de Moulin, « ce n'était pas rien que le contrôle de l'A.S. ». Les incertitudes ne vont pas plus loin[3].

La crise de l'été 1943

Peu avant le drame de Caluire, Moulin avait envoyé son secrétaire Daniel Cordier à Paris pour y installer les services de la Délégation et il lui avait lancé en guise d'au revoir cet encouragement, qui devait être un adieu : « Le Général a tant besoin de nous ! »

De Gaulle avait-il encore vraiment besoin de Moulin à la mi-1943 ? Mouvements, syndicats et partis politiques, unis dans le Conseil de la Résistance, s'étaient rangés sous sa bannière et l'avaient cautionné. L'étape ultime ne devait plus consister qu'à piloter jusqu'aux jours critiques de la Libération les forces clandestines nominalement unifiées.

Mais cette étape allait prendre des voies bien différentes de celles qu'avait tracées Moulin. Sa disparition a deux effets : le Conseil de la Résistance à peine créé échappe à de Gaulle ; et l'organisation pyramidale léguée par l'unificateur est largement transformée.

Sur place, il faut avant tout renouer les fils. Le
mérite en revient au plus récent des *missi dominici* de
Londres, Claude Serreulles (pseudonymes : Sophie,
Scapin ou encore Sauvier). Il a été parachuté le 16 juin
pour être l'adjoint de Moulin en zone nord ; il est à
Lyon ; Moulin et lui ont eu le temps de conférer ; il a
manqué le rendez-vous de Caluire. Dès le 22, il alerte
Londres, prend en main le secrétariat, retrouve les
contacts, s'enquiert des moyens de faire délivrer Rex.
Il a trente et un ans et n'a aucune expérience de la
clandestinité, mais il a le prestige de l'aide de camp de
De Gaulle : « Il pouvait nous donner sur lui des détails
dont nous étions avides », dira un chef de mouvement[4]. Et sous l'apparence d'un mondain dont l'impec-
cable serviette de cuir et le parapluie roulé font
l'amusement de ses interlocuteurs, ce *nouveau venu*
est maître de ses nerfs.

De Londres, sitôt informé, on lui télégraphie, le
27 juin, des encouragements : « Félicitations pour sang-
froid. Vous faisons confiance. » On lui prescrit des
mesures de sécurité : préparer le changement des codes,
installer des services de guet pour toute réunion importante, disperser les services dont la présence n'est pas
indispensable à Lyon[5]. La consternation n'empêche
pas de préparer l'avenir. De Gaulle, le commissaire à
l'Intérieur Philip et le chef du B.C.R.A., Passy, sont à
Alger où les crises se suivent en cascade. Georges
Boris assure la permanence à l'Intérieur et André
Manuel au B.C.R.A. Ils sauront plus d'une fois prendre
des responsabilités qui incomberaient à la plus haute
instance. La coupure entre Londres, plate-forme des
liaisons avec la France, et Alger complique pourtant
les problèmes et ralentit les décisions.

Quel successeur donner à Moulin ? Brossolette, le
plus entreprenant, connaît le mieux le terrain, mais il
s'est opposé à Moulin, il a outrepassé les instructions
de De Gaulle ; le Général souhaitera d'ailleurs toujours

pour délégué un membre d'un grand corps, entraîné à parler au nom de l'État. Le 29 juin, Boris, « en accord avec nos amis », écrit-il, suggère à Alger « un haut fonctionnaire » ami de Philip, selon toute évidence Émile Bollaert, qui a été désigné secrètement en mars pour être le préfet de police de la Libération[6] : dernier préfet républicain du Rhône, il a été relevé de ses fonctions par Vichy dès septembre 1940[7]. Entre-temps, on avait pensé au professeur Pasteur Vallery-Radot, petit-fils de Pasteur, chef de file des médecins résistants et de l'aide sanitaire aux maquis. Et une partie de l'équipe de Hill Street, Closon notamment, avait été d'accord avec les chefs de la Résistance présents à Londres pour recommander la candidature d'un homme que Moulin tenait en grande estime, le maître des requêtes Alexandre Parodi (Quartus), ancien directeur général du Travail et de la Main-d'œuvre, membre du Comité général d'études créé par Moulin pour préparer les réformes de la Libération, fils et petit-fils d'universitaires démocrates réputés et frère d'un magistrat mort aux mains des Allemands.

Sans attendre qu'Alger se prononce, on renvoie en France trois des quatre chefs de mouvement présents à Londres, Emmanuel d'Astier, Jean-Pierre Lévy et Médéric[8] — seul Frenay, qu'on juge indésirable en France, est retenu sur place[9] —, et l'on dépêche entre juillet et septembre, ce que Moulin n'avait jamais obtenu, plusieurs chargés de mission de haut niveau pour être affectés à la Délégation générale clandestine[10]. Parmi eux, Jacques Bingen, chef de la section « non militaire » du B.C.R.A., devra présider le Comité directeur de la Résistance de zone sud tandis que Serreulles, déjà sur place, aura les mêmes fonctions en zone nord, tous deux étant subordonnés au successeur de Moulin. Les deux hommes sont amis : grâce à eux, la Délégation clandestine se survivra en attendant le nouveau délégué général.

Mais l'intérim va se prolonger. L'exécutif clandestin est fragile, surtout en zone nord. Plusieurs chefs de mouvement ont vu dans la disparition de Moulin le signal de leur émancipation. « La Résistance est majeure », répète le chef militaire de l'O.C.M., le colonel Touny, « nous n'avons pas besoin d'Eux pour faire notre travail » : d'« EUX », c'est-à-dire des gens de Londres[11].

Une première esquisse de fronde a lieu dès le 25 juin. Au cours d'une réunion commune des représentants des huit mouvements des deux zones représentés au Conseil de la Résistance, deux d'entre eux, tous deux de zone nord, l'O.C.M. et Ceux de la Résistance, proposent que ces huit mouvements se constituent en un « Comité central », qui exercerait une autorité collective pour diriger la Résistance en France sans délégué général et en dehors des partis. Ils envisageraient de proclamer de Gaulle président (d'honneur !) de ce Comité et de choisir parmi eux un vice-président exécutif : ainsi Jean Moulin n'aurait pas besoin d'être remplacé. Mais Combat est seul à approuver le projet. Et Serreulles est assez habile pour récupérer dès juillet le Comité central des mouvements et s'en faire reconnaître président[12].

Le Comité central, moins lourd que le Conseil de la Résistance, subsistera concurremment avec celui-ci jusqu'aux premiers mois de 1944 comme coordinateur de l'action, le Conseil de la Résistance restant l'instance politique. Il aura le temps de créer ou de coiffer une demi-douzaine d'organes spécialisés préexistants, dont le N.A.P. (commission de noyautage des administrations publiques) qu'anime Claude Bourdet, la Commission des désignations administratives (qui, grâce au concours du jeune Michel Debré, proposera des noms de fonctionnaires d'autorité pour la Libération), ou encore le Comité d'action contre la déportation, chargé de l'aide aux réfractaires du S.T.O.

La fronde des mouvements a plus de succès en ce qui concerne l'armée secrète. Dès juillet 1943, Combat fait désigner l'un des siens, le colonel Dejussieu (Pontcarral), comme chef d'état-major de l'armée secrète en zone sud. Parallèlement, le Comité militaire des mouvements se recrée en zone nord sous la présidence du colonel Touny : l'O.C.M. reprend du même coup le commandement d'une armée secrète de zone nord bien fantomatique[13]. De sorte que le général Delestraint, en tant que commandant en chef de l'armée secrète, n'aura pas de successeur désigné par de Gaulle.

Nul ne prévoit à quelles dérives entraînera ce démembrement. Quand le malheureux Touny aura été arrêté à l'automne et aura disparu ainsi que les vieux colonels qui l'entourent, une tout autre équipe, à dominante finalement communiste, prendra les rênes de ce qui deviendra, après maintes péripéties, le Comité d'action de la Résistance (ou C.O.M.A.C.), rattaché à partir de mai 1944 au C.N.R.[14].

Poussée d'autonomie, enfin, au Conseil de la Résistance lui-même. Après l'arrestation de Moulin, ses proches ont vu en Georges Bidault l'homme le plus qualifié pour lui succéder dans sa double qualité de délégué général et de président du Conseil de la Résistance. Cet agrégé d'histoire aux reparties acérées a été avant la guerre l'éditorialiste de *L'Aube*, le quotidien antimunichois du petit groupe des démocrates chrétiens ; il a été très tôt résistant et gaulliste ; Moulin l'a chargé du « B.I.P. », le Bureau d'information et de presse de la Délégation, qui a déjà édité quelque cent trente numéros polycopiés du *Bulletin d'information de la France Combattante* destiné aux journaux clandestins. C'est dire qu'il a été avec Daniel Cordier le plus intime collaborateur de Moulin. Serreulles s'appuie sur lui et ne cesse de le recommander dans ses rapports et ses télégrammes[15], au point que Bidault se considérera comme promis à la succession. Mais ni

Londres ni Alger ne se prononcent. Serreulles ne se
croit pas habilité à assumer la présidence du Conseil
de la Résistance comme il l'a fait pour le Comité central. Le 16 août, il rend compte à de Gaulle des pressions qui s'exercent[16] :

> Un certain nombre de membres du Conseil de la Résis-
> tance, constatant la carence des autorités de Londres et
> d'Alger, désirent que le Conseil [...] se choisisse un prési-
> dent. Je les ai jusqu'à maintenant détournés de prendre
> cette initiative, jugeant préférable que le choix du prési-
> dent soit fait par le général de Gaulle.
> Mais si la situation se prolonge, je ne retiendrai plus les
> membres du Conseil de mettre à exécution un projet que
> les circonstances justifient. Je m'efforcerai seulement
> d'orienter leur choix et j'ai des raisons de penser qu'il
> s'arrêtera sur le nom de Rousseau [Bidault].

Les chefs de mouvements débattent en effet de la
question le 25 août. À l'instigation d'Emmanuel d'Astier,
de retour de Londres, ils s'accordent sur le nom de
Parodi pour présider le Conseil de la Résistance et sur
celui de l'ancien officier de marine Jean de Vogüé (de
Ceux de la Résistance) pour en être secrétaire général.
Le Comité central doit se prononcer le 30 août. Ni Serreulles ni l'ancien entourage de Moulin n'entendent
lâcher Bidault qui a, d'autre part, l'appui du Front
national[17]. Les membres du Comité, soigneusement tra-
vaillés, renversent la proposition initiale ; le 30 août, ils
portent Bidault à la présidence du Conseil de la Résistance ; ils en confient en même temps le secrétariat à
Pierre Meunier, ancien chef de cabinet de Pierre Cot et
collaborateur lui aussi de Moulin[18]. Seul d'Astier a
soutenu jusqu'au bout Parodi.

« Journée des dupes », note un chef de mouvement[19]. Le choix de Bidault a en effet toutes les apparences d'une victoire de l'appareil gaulliste. Double
journée des dupes, en réalité, qui va assurer l'autono-

mie du Conseil de la Résistance. Bidault a été élu, comme il l'a écrit, « avec la pensée et le désir de reconstituer par la suite l'unité d'impulsion » en sa personne[20]. Ce ne sera pas le cas. Le 2 septembre, de Gaulle opte officiellement, suivant l'avis d'André Philip, en faveur du préfet Bollaert pour la fonction de délégué général. On ne l'apprendra en France qu'à la mi-septembre : il sera hors de question de retirer sa présidence à Bidault[21]. De Gaulle doit se résigner à la séparation des fonctions. Un télégramme qu'envoie d'Alger un des chefs les plus « indépendantistes » de l'O.C.M., Jacques Simon (Sermois), dit bien le sens de l'événement[22] :

> Général a admis [que] Conseil Résistance et Comité coordination choisiront leur président et agiront sous leur propre responsabilité.
> Nouveau représentant Général [...] sera installé par Brumaire [Brossolette].
> Aura auprès organismes Résistance pouvoirs ambassadeur, conformément au désir exprimé[23].

Un ambassadeur auprès de la Résistance ! Moulin est bien mort ! Il a suffi de trois mois pour renverser l'échiquier. Bollaert, lui, dira avoir conçu son rôle auprès du Conseil de la Résistance comme « celui d'un préfet auprès d'un conseil général[24] ».

De Gaulle, dans ses *Mémoires*, explique le retard de la décision par ses soucis nord-africains — autrement pressants pour lui — et par la difficulté du choix[25]. Le fait est que pendant deux mois une compétition ardente a fait rage en coulisse autour de lui, le colonel Passy ne ménageant rien ni personne pour faire prévaloir la nomination de Pierre Brossolette, alors que le commissaire à l'Intérieur Philip et son conseiller Boris, jugeant Brossolette difficilement contrôlable, lui opposaient la candidature du préfet Bollaert[26]. Accessoirement, l'absence d'André Philip, retourné à Londres pour une quinzaine en juillet, a, elle aussi, fait traîner la désignation. Un si long délai étonne pourtant. Tout s'est passé comme si de Gaulle, sans être aucunement indifférent à la question comme on l'a parfois pensé, avait cru n'avoir plus besoin des mouvements de résistance : comme si, pour cautionner sa légitimité, il lui suffirait de la « Consultative », qui ferait mieux que le Conseil de la Résistance !

Si l'on s'est attardé à ces péripéties, c'est qu'elles ouvrent une phase nouvelle : celle d'une reprise d'autonomie de la Résistance, d'une Résistance dont l'interprète en France, le Conseil de la Résistance, ou plutôt l'équipe qui forme son bureau, prétendra tout comme de Gaulle à la légitimité.

Sans doute Moulin, s'il avait survécu, aurait-il dû infléchir ses rapports avec les mouvements et avec le parti communiste. Ses successeurs n'ont ni sa carrure ni son prestige. De plus, la phase d'intérim et de turbulences qu'ouvre sa disparition se prolongera tout l'hiver, car Bollaert, grand préfet formé dans les arcanes de la République radicale, ne connaît ni la Résistance ni de Gaulle, et n'a plus, à soixante-cinq ans, la flexibilité nécessaire à la vie clandestine[27]. Et Bollaert, sitôt mis au courant des affaires, suspend ses activités pour aller conférer à Londres et à Alger où il ne parviendra jamais. De sorte que c'est seulement en avril 1944 qu'entrera en fonctions l'homme qui sera le délégué général de la Libération, Parodi.

D'autres vicissitudes contribuent, entre-temps, à affaiblir la Délégation clandestine. Pendant une première phase, elle est pratiquement dédoublée et sérieusement désunie : le retour à Paris de Brossolette bat en brèche l'autorité de Serreulles et de Bingen, qui assurent conjointement l'intérim du délégué général en attendant que le titulaire prenne les commandes[28]. « Brumaire », assoiffé d'action, n'ayant pas reçu de De

Gaulle un rôle à sa mesure, répugnant à assumer des tâches administratives dans le cadre de la direction londonienne du B.C.R.A. (dont il a probablement sous-estimé le rôle dans la période à venir), a tenu à toute force à être chargé d'une mission en France. « Si vous tenez absolument à aller au casse-pipe, allez-y ! » lui a concédé de Gaulle. Un Lysander l'a déposé près d'Angoulême le 19 septembre 1943. Il a avec lui le colonel Yeo Thomas (Shelley), Anglais de Paris, naguère directeur de la maison de haute couture Molyneux, qui l'avait accompagné déjà lors de la mission Arquebuse du printemps précédent[29]. Brumaire n'a cette fois qu'une mission ambiguë : installer Bollaert et coopérer aux projets de réforme du statut de la presse.

Cette mission imprécise lui permet de donner libre cours à sa capacité d'initiative. Il est le mentor de Bollaert. Mieux introduit que quiconque dans le milieu résistant de zone nord, visant toujours l'essentiel, persuasif, toujours pressé, il multiplie les contacts[30]. Son intervention ainsi que celle de Yeo Thomas marque un jalon en matière de coopération militaire[31] : les deux hommes participent le 26 octobre à la réunion des chefs régionaux de zone sud du service national maquis ; ils provoquent le 27 une réunion du Comité militaire de zone nord. Ils renouvellent les directives de la mission Arquebuse-Brumaire de mars précédent[32].

Mais cette activité foisonnante ne va pas sans frictions[33]. Elles sont aggravées à la suite de deux alertes dramatiques : le colonel Marchal (Morinaud), délégué militaire pour la zone nord arrivant de Londres, a obtenu par le secrétariat de la Délégation générale un hébergement de hasard rue de la Michodière ; il y a été arrêté la première nuit qu'il y a passée et s'est donné la mort. Deux jours plus tard, le 25 septembre, la Gestapo investit le siège du secrétariat de la Délégation, rue de la Pompe, arrête secrétaires et agents de

liaison et saisit trois valises de documents parmi lesquels les derniers rapports de Serreulles ; lui-même
n'échappe que de justesse.

Yeo Thomas et Brossolette signalent aussitôt à Londres ce qu'ils tiennent pour l'inexpérience et l'imprudence de l'équipe de la Délégation, qui serait brûlée.
Brossolette y ajoute des commentaires d'une cruauté
sarcastique dans des lettres personnelles au colonel
Passy[34]. Le B.C.R.A. et le S.O.E. réagissent instantanément en prescrivant aux réseaux, délégués militaires et
officiers d'opérations aériennes de suspendre les contacts avec Serreulles et Bingen, qui seraient filés par la
Gestapo. Passy, au nom de la sécurité des agents dont
il se tient pour le seul juge, s'emploie, comme il le fait
depuis l'été, à peser sur le choix des délégués politiques clandestins du C.F.L.N. Les intéressés protestent[35].
De Gaulle coupe court en ordonnant le rappel et de
Brossolette et de Serreulles[36].

Le drame de l'homme Brossolette rejoint ici la tragé-
die de l'Histoire. L'esprit politique le plus brillant de la
France Libre ne s'y est pas fait sa place et sa mission
en France touche à son terme. Il devrait regagner Londres avec Yeo Thomas par un avion Lysander qui
atterrit dans la nuit du 15 novembre. Il prend sur lui
de ne pas partir pour poursuivre une mission capitale
à ses yeux. Il ignore qu'il scelle son destin. Dans cette
épopée de l'insoumission qu'est la Résistance, dont la
trame est faite d'initiatives et d'engagements individuels, rarement choix humain aura si tragiquement
commandé la fatalité. Passé le 15 novembre et jusqu'à
mi-février 1944, la tempête ou le brouillard interrom-
pent les liaisons aériennes et maritimes entre l'Angleterre et le continent. Toutes les tentatives sont des
échecs. Un avion est abattu par les Allemands, un
autre s'embourbe en France, deux s'écrasent en flam-
mes sur la côte anglaise, les autres renoncent ou s'égar-
rent. Cédant à un ordre de départ impératif, Brossolette

piétine deux mois d'abri en abri avec Bollaert qu'il a reçu mission d'escorter outre-Manche. Faute de mieux, les deux hommes embarquent le 2 février dans le Finistère sur un rafiot, *Le Jouet des flots*, qui heurte un récif, tombe en panne, prend l'eau et regagne difficilement la côte à l'aube. Deux passagers membres de la Délégation générale, Laffon et Maillet, s'échappent à pied à travers la campagne ; Bollaert et Brossolette choisissent de ne pas les suivre ; une dénonciation les fait arrêter près d'Audierne, d'où ils sont incarcérés à la prison de Rennes. Pendant cinq semaines, on s'ingénie à les faire évader[37]. Le 15 mars 1944 — effet d'une imprudence, d'un hasard ou déduction des polices —, les Allemands les identifient[38]. Bollaert sera déporté à Buchenwald. Brossolette, transféré le 19 à Paris, est amené dans les locaux de la Gestapo, 84 avenue Foch ; il y est torturé un jour et demi. Le 22 mars, il échappe un instant à l'attention de ses gardes et, du quatrième étage, se jette sur le pavé[39].

Six semaines plus tard, le 12 mai, Bingen, qui a assuré l'intérim de la Délégation générale jusqu'à l'entrée en fonctions de Parodi, se donne lui aussi la mort : à Clermont-Ferrand, poursuivi et sur le point d'être arrêté, il avale le cyanure dont le S.O.E. l'a muni.

*Quand le Conseil de la Résistance
joue son propre jeu*

Plus que les crises internes et la mutation de la Délégation générale importe la nouvelle configuration des forces résistantes. À partir de fin 1943, c'est moins avec les féodaux des mouvements que les délégués d'Alger en France doivent compter qu'avec le parti communiste, avec l'Organisation de résistance de l'armée, l'« O.R.A. », présumée giraudiste, mais aussi avec le Conseil de la Résistance.

Le Conseil a pris depuis décembre 1943 le nom de Conseil *national* de la Résistance. Contraint d'éviter les séances plénières[40], il s'est doté (ou on l'a doté) d'un bureau[41]. Ce bureau a siégé tout l'hiver une à deux fois par semaine en présence de Bingen, délégué du C.F.L.N. Il est composé exclusivement de représentants des mouvements[42] : outre Bidault qui préside, il comprend Pascal Copeau (Salard), de Libération-Sud, l'une des personnalités les plus fortes et les plus originales issues des mouvements de résistance, le très conservateur Maxime Blocq-Mascart, de l'O.C.M., Saillant, de la C.G.T., et Villon, du Front national, qui est l'aile marchante du bureau et l'homme du parti communiste[43].

Frenay a cru pouvoir attribuer une certaine dérive du C.N.R. à la pression communiste — qui a été, en effet, puissante — et à une secrète connivence qu'auraient eue avec le parti communiste deux membres du bureau, Pascal Copeau et Saillant, ce qui est une simplification trop rapide[44]. On a parfois reproché aussi à Bidault d'avoir manqué de fermeté à leur égard dans le « souci de ne s'aliéner personne » ; et il est vrai qu'il était sensible à la solidarité affective si puissante qui liait les résistants, et qu'il estimait de son devoir de préserver. Mais « très gouvernemental sans trop le laisser paraître », il se concertait chaque semaine avec le délégué général « pour fixer d'un commun accord les questions venant à l'ordre du jour[45] » et son esprit de conciliation ne l'a pas empêché de mettre plus d'une fois une borne aux prétentions communistes.

Je reviendrai sur l'action de Villon et sur les visées de la direction communiste. La tendance du Conseil de la Résistance à l'autonomie a d'abord des causes intrinsèques enracinées dans le passé des mouvements et qui tiennent au particularisme de la Résistance intérieure. Les représentants des mouvements, sans distinction de tendance, se rencontrent sur une conception du

C.N.R. qui est radicalement différente de celle de Moulin. Pour celui-ci, comme pour de Gaulle, le C.N.R. ne devait être qu'une amorce de représentation nationale, sans plus ; ni l'un ni l'autre n'avaient envisagé de lui reconnaître des pouvoirs que de Gaulle se garde bien de concéder à l'Assemblée consultative[46]. Au contraire, les chefs de mouvements participant au C.N.R. voient en ce dernier un *organe exécutif* qui sera appelé à jouer, à la Libération, ne serait-ce que pendant quarante-huit heures, le rôle d'un Comité de salut public en attendant l'installation à Paris du gouvernement provisoire. Ce scénario de la Libération leur semble évident. Pascal Copeau l'explique dans une lettre adressée à Londres en décembre 1943[47] :

> Le président du C.N.R. fera, en fait, figure de chef de la Résistance et il sera amené à se manifester publiquement dans des déclarations radiodiffusées ou autres.

Teitgen, démocrate chrétien d'un loyalisme total envers les autorités d'Alger et l'un des plus anciens membres du Comité général d'études, imagine de même le C.N.R. investissant de Gaulle au nom de la Nation et de la République, lors de l'entrée des alliés à Paris[48].

Le bureau du C.N.R., émanation de la Résistance autochtone, se tient pour le directoire de cette Résistance. Les communistes poussant l'idée à l'extrême tendront à faire du C.N.R. un rival potentiel du Comité d'Alger — l'ébauche d'un troisième pouvoir face à Vichy et à de Gaulle. Le désir de Bidault d'étendre la compétence du Conseil de la Résistance tout en appuyant le délégué général concourra avec leurs visées[49]. Le C.N.R. supplantera le Comité central des mouvements qui, passé mars, cessera de se réunir. Entre mars et mai 1944, tous les organes civils et militaires relevant du Comité central seront rattachés au C.N.R.

Le bureau du Conseil national de la Résistance, *shadow cabinet* de la France clandestine, mais dépourvu de moyens sinon de ceux que mobiliserait le parti communiste, voudra se prononcer sur tout, sur le statut de la presse, sur les Comités départementaux de libération, sur les futures nominations, sur la stratégie et la tactique. Certes, il reconnaît l'autorité du C.F.L.N. et produira plusieurs manifestes dont de Gaulle pourra se prévaloir et dont la B.B.C. diffusera des extraits. Il sera suffisamment fidèle pour que le Foreign Office et les services secrets anglais jugent désormais impraticable et dangereuse toute tentative de diviser la Résistance[50].

L'ambiguïté des rapports entre C.F.L.N. et C.N.R. ne cessera pourtant plus jusqu'à la Libération. « Votre C.N.R., il en prend à son aise, il faut le remettre au pas ! » dira bientôt de Gaulle à Emmanuel d'Astier. Dès juillet 1943, le Front national a fait avaliser, par consultations verbales des membres du Conseil, un appel significatif à la nation que Moulin avait fait écarter à la réunion constitutive du 28 mai :

> Le Conseil de la Résistance, expression complète et unique de la Résistance, *revendique sur tout le territoire les droits et les responsabilités de gérant et d'organe provisoire de la souveraineté nationale.*
>
> Contre l'ennemi et la trahison, le Conseil de la Résistance *assume*, en communauté étroite avec le C.F.L.N., fidèle à la doctrine de la France Combattante, *la mission d'inspirer, de coordonner et de diriger la lutte du peuple français sur son propre sol*[51].

Le C.N.R. approuve le 15 mars 1944 un programme d'action de la Résistance à tonalité révolutionnaire et anticapitaliste portant la griffe communiste qui sera un des textes de référence de l'après-Libération, au point de rejeter dans l'ombre la Déclaration de De Gaulle d'avril 1942[52]. Le C.N.R. multiplie, à partir de

février-mars 1944, les appels à l'action militaire immédiate, prélude à l'insurrection nationale.

Une divergence plus caractéristique surgit quant à la
responsabilité du commandement de la lutte armée en
France. Le 1er février 1944, le Comité central des mouvements décide que « les forces armées de la Résistance sont placées sous l'égide du Conseil national de
la Résistance » (en fait de son Comité militaire d'action,
le C.O.M.A.C.) et que le chef d'état-major national
désigné par les organismes résistants sera responsable
— il faut ici encore peser les mots —

> de l'organisation générale des Forces Françaises de l'Inté-
> rieur, de leur administration, de la répartition des objec-
> tifs immédiats et des objectifs du Jour J, de la répartition
> des armes et du contrôle de la répartition des finances[53].

La doctrine d'Alger est rigoureusement contraire :
selon le plan d'organisation de l'action en France que
de Gaulle approuve le 10 mars 1944, le Comité militaire national clandestin

> ne constitue pas un organe de commandement, mais
> répartit entre ses membres des fonctions d'inspection et
> de contrôle[54].

Ainsi le gouvernement « monarchique » de la Résistance sous Moulin s'est mué en « dyarchie ». Et l'autonomie du C.N.R. pose un double problème de pouvoir,
l'un qui résulte de la dualité des institutions
C.F.L.N./C.N.R., l'autre qui découle de la concurrence
entre de Gaulle et le parti communiste. S'il faut, en
effet, se défendre de la trop facile explication conspira-
toire des événements qui conduirait à voir en tout la
main de Moscou ou de Villon, la rivalité — et parfois
la compétition — entre communistes et gaullistes n'en
est pas moins réelle.

La première mise en garde émanant d'un des *missi*

dominici du C.F.L.N. est venue de Closon en octobre 1943[55]. Après avoir décrit les progrès de l'emprise communiste, il soulignait que l'un des « buts véritables » du parti communiste était « la prise du pouvoir par le peuple » et il tirait le signal d'alarme :

> Les communistes sont puissants, bien organisés, en possession d'une doctrine générale dont ils savent tirer des règles d'action précises, décidés à jouer un rôle actif dès le jour de la Libération.
> Qu'avons-nous de constructif à leur opposer ?
> Quels hommes pouvons-nous mettre en face des leurs ?

Bingen, tout en s'efforçant d'entretenir de bons rapports avec Villon et les communistes, est lui aussi conscient de l'importance des enjeux futurs[56] :

> Le parti communiste et ses succédanés ? C'est la grande force mystérieuse et dynamique [...].
> Que va-t-il sortir de cette mêlée ?
> Les mouvements survivront-ils à la Libération ? Ou bien les partis traditionalistes de gauche hériteront-ils de tous leurs militants ? La France de demain sera-t-elle démocratique avec ses vieux partis ? Ou avec des rassemblements neufs ?
> Ou toutes les hypothèses ne sont-elles qu'utopie et allons-nous tout droit au communisme ?

En février 1944, Bingen est en butte à une offensive de récriminations du parti communiste doublée d'une démarche du commandement des F.T.P. qui proteste « en termes violents, discourtois et menaçants » contre les « agissements anticommunistes » imputés aux représentants du général de Gaulle. Car le parti a adopté une tactique rigoureusement comparable à celle de De Gaulle à l'égard des Anglais et des Américains, qui est de ne rien laisser passer sans protester. Bingen s'efforce de trouver une solution aux difficultés techniques[57] et a « bon espoir d'apaisement » après « cet accès de colère »,

mais tient à informer Londres et Alger que celui-ci a
« des causes profondes et permanentes » qu'il prend la
peine de détailler longuement[58] :

> 1) Le fait que les communistes ne font pas partie du
> gouvernement d'Alger ;
> 2) La crainte de voir s'établir, après la Libération, une
> discrimination contre les déserteurs de 1939 et, par suite,
> de voir éliminer Thorez ;
> 3) La volonté de se réserver la possibilité d'un coup de
> force au cas où le pouvoir central serait faible ;
> 4) La crainte de voir se former un bloc solide des mou-
> vements résistants qui, dans le cas d'une participation
> communiste au premier gouvernement créé par de Gaulle,
> ferait échec à la prépondérance communiste ;
> 5) L'inquiétude que leur inspire l'accord passé avec
> l'O.R.A. et [Revers] dont les communistes [...] me tiennent
> pour principal responsable [...] ;
> 6) L'anticommunisme réel ou maladroit que manifes-
> tent les dirigeants de certains partis ou mouvements.

L'alliance conflictuelle prendra au printemps et au
cours de l'été 1944 sur le terrain une âpreté croissante.
Le P.C.F., dont les militants et les chefs sont les mieux
adaptés à la lutte clandestine, ne ménagera rien pour
s'assurer le maximum de positions de force, notamment dans la hiérarchie militaire de la Résistance. Non
seulement il disposera à la veille du débarquement de
la majorité au C.O.M.A.C., grâce à quoi le poste de chef
d'état-major des mouvements, puis le commandement
des F.F.I. de l'Île-de-France reviendront à des communistes plus ou moins avoués[59], mais, à en croire l'historien Philippe Buton, il serait parvenu à détenir
ouvertement ou secrètement, en la personne d'adhérents, de sympathisants ou de compagnons de route
présumés, une vingtaine des trente-huit postes les plus
importants de la hiérarchie militaire[60].

Pourtant, et si méfiants que soient Closon et son collègue Roland Pré[61], comme le sont à Alger Soustelle et

Billotte depuis l'affaire corse, ni la direction de la Délégation clandestine, ni les délégués militaires nationaux
Bourgès-Maunoury et Chaban-Delmas, ni le commissariat à l'Intérieur, ni de Gaulle lui-même ne croient que
les communistes veuillent profiter de la Libération pour
s'emparer du pouvoir : « Ils ne pourraient d'ailleurs rien
contre l'enthousiasme que suscitera de Gaulle », écrit
Laffon[62]. De Moscou, Thorez a affirmé son allégeance
au C.F.L.N. Pour qui a, comme le général de Gaulle,
une vision planétaire de la stratégie communiste, une
raison supplémentaire de confiance s'y ajoute, c'est que
Staline ne veut sûrement pas tailler des croupières à ses
alliés anglo-américains dans leur offensive à l'Ouest.

La Délégation générale

Face aux dérives et aux obstacles, l'effort des hommes de Londres et d'Alger comme de l'équipe de la
Délégation tend à mettre en place, avec l'appui du
pouvoir résistant, les cadres d'un *État clandestin*[63] : des
cadres à la fois capables d'assumer à la Libération les
fonctions régaliennes à la place des hommes de Vichy
et d'éviter les aléas d'une prise de pouvoir révolutionnaire.

Si fragile qu'ait été la Délégation générale dans l'été
1943, elle se consolide et s'étoffe. Elle finira par prendre figure d'organisme collectif et réussira à s'imposer
comme l'émanation de l'État à l'heure de la Libération.
L'œuvre accomplie en un an au prix de multiples transactions est une prouesse. Si la France libérée n'a pas
connu les convulsions qui ont secoué l'Italie ou la
Yougoslavie et ensanglanté la Grèce, elle le doit à de
Gaulle, mais aussi pour une large part à l'équipe qui
fut aux commandes de l'exécutif clandestin et qui
mériterait l'éloge fameux de Churchill : *Rarement
autant d'hommes auront dû autant à si peu d'hommes.*

Car ils n'auront jamais été plus de six ou sept, secondés par l'intendance anonyme et vulnérable des secrétaires, des agents de liaison et des radios[64] : une Délégation générale ambulante cernée par les miliciens et les policiers, sans archives, cloisonnant ses activités, où chacun ignore les vrais noms et les adresses des autres, mais doit multiplier les rencontres, des rencontres de rue surtout, afin d'obtenir le consensus au sein de la Résistance et de préparer une prise de pouvoir démocratique. Délégation toujours à court d'argent et trop souvent contrainte d'improviser, car Alger et Londres ne répondent pas toujours aux demandes, ou y répondent à côté ou trop tard. Constante autocréation qui n'aura sa structure définitive qu'au printemps 1944, quand Parodi prendra ses fonctions après des délais dus à son extrême réserve et à des malentendus qui n'étaient peut-être pas tous involontaires[65].

Parodi en place, le Comité d'Alger lui déléguera à la veille du débarquement tous pouvoirs de nomination ou de mutation de délégués, commissaires de la Républiques ou secrétaires généraux en cas d'urgence ou de rupture des communications. L'homme imposera le respect à l'ensemble de la Résistance par sa noblesse et son courage. La postérité sait trop peu qu'il contribua à sauver Paris en août 1944.

C'est Jacques Bingen qui a la charge de l'intérim de décembre 1943 à la fin de mars 1944. Nous admirions Brossolette, nous avons aimé Bingen. Je n'oublierai pas son dernier après-midi à Londres, mêlé d'humour et de nervosité. Vitia Hessel et moi l'avons escorté sous un azur d'août radieux du parc Saint James à la petite maison de Dorset Square, terminal des départs aériens, où il reçut le viatique du S.O.E., la pilule de cyanure enrobée de caoutchouc. Homme de bonne compagnie et de charme que ce juif qui ne croyait pas au ciel, mais croyait, sans aveuglement, en de Gaulle, ce beau-

frère de l'industriel Citroën qui voulait contribuer à
faire naître, par-delà la Libération, un grand parti travailliste unissant les socialistes de Léon Blum et de
Daniel Mayer et les forces neuves de la Résistance ;
dilettante apparent qui cachait son anxiété sous l'allégresse nonchalante et trouva son accomplissement
dans l'action : figure émouvante, car nul ne semblait
mieux fait pour le bonheur, ni si peu fait pour la souffrance qu'il y préféra la mort.

Bingen, médiateur souriant, consolida la Délégation.
Il contribua à l'adoption des nouvelles modalités de
financement de la Résistance et au progrès de l'unification militaire. Mieux que quiconque, il aura su faire
comprendre aux organisations clandestines, communistes compris, dans un climat de bonnes relations, ce
qu'étaient les objectifs et les contraintes de De Gaulle,
en même temps qu'il signifiait à Londres et à Alger
que, sans précipiter l'insurrection nationale, l'heure de
l'action était venue[66].

La mise en place de l'État clandestin et les C.D.L.

La grande œuvre de 1943-1944, voulue dès le milieu
de 1943 par Hill Street sur le plan civil, conçue dès la
même période par le B.C.R.A. sur le plan militaire, c'est,
redisons-le, la mise en place des cadres de la Libération.

Une première instruction d'André Philip à Rex de
juin 1943 portait sur « la préparation des cadres administratifs de la France libérée[67] ». Il est indispensable,
disait le commissaire à l'Intérieur,

> 1) qu'en cas de débarquement entraînant une libération
> partielle ou totale du territoire, toutes mesures aient été
> prises en vue d'assurer la mise en place immédiate, dans
> tous les emplois locaux de direction, de personnes présen-
> tant des garanties suffisantes ;

2) que les équipes appelées à occuper les postes les plus importants [...] aient été préparées avec le plus grand soin.

Il fallait plus de cent responsables pour assumer les pouvoirs de l'État au fur et à mesure de la Libération : préfets, commissaires de la République ayant les attributions de proconsuls régionaux, secrétaires généraux, qui, avant l'arrivée du gouvernement provisoire, prendraient possession des ministères et en tiendraient les commandes en pleine insurrection. Les propositions de désignation devaient être établies par les organisations de résistance locales ou centrales, révisées par le Conseil de la Résistance et transmises à Londres avec avis motivé, pour décision.

En fait, les choses se passèrent autrement. Le choix des hommes et leur mise en place exigeaient, sous peine de querelles sans fin, un pouvoir d'initiative et d'arbitrage qu'aucune instance résistante ne détenait. Ce fut pour l'essentiel l'œuvre de l'envoyé de Londres Émile Laffon, secondé par Michel Debré qui animait déjà la commission clandestine dite des désignations[68]. Laffon, ingénieur des mines, avocat, premier secrétaire de la conférence du stage, chargé par André Philip de prendre contact avec le Comité général d'études (le C.G.E.), pose, en liaison avec ce dernier, entre le 15 juillet et le 12 septembre 1943, les bases de la préparation administrative de la Libération[69]. À la mi-septembre, il vient rendre compte à Londres et à Alger et, sans délai, il regagne la France, cette fois comme membre permanent de la Délégation générale chargé des désignations. Sa force de conviction, son tempérament autoritaire le servent. La Résistance veut un État rénové, lui veut un État fort. Les opérations militaires en France risquent d'isoler chaque région : raison de plus pour y placer des hommes sûrs et fermes. Il refuse d'admettre comme allant de soi la nomination aux préfectures des chefs régionaux de la Résistance qu'il trouve en place, il veut des hommes sans compromission joignant à la volonté de renouveau la compétence et l'autorité :

> Agent du pouvoir central à un moment où, malgré ce combat magnifique, le désordre et l'indiscipline relèvent la tête, j'estime de mon devoir de dire qu'il faut mettre en place *les hommes d'une valeur indiscutable [...]. Il faut des hommes capables d'arbitrer*[70].

Les communistes préféreraient qu'on s'en remette à la spontanéité du peuple qui saurait « dégager les élites[71] » dans l'élan de la Libération. Il les convainc, obtient sur ses choix le consensus de la Résistance intérieure, puis le feu vert d'Alger. Le 3 octobre, sur proposition du Comité général d'études et de la Commission clandestine des désignations, de Gaulle signe trois décrets portant nomination d'une première série de préfets et de commissaires de la République.

La plus rude contestation porte sur la désignation de ces ministres intérimaires de la phase de libération que l'on qualifie de secrétaires généraux. Le parti communiste revendique les secrétariats généraux de la Guerre et de la Justice ; de Gaulle et d'Astier s'y opposent. Bingen, puis Parodi arrachent la décision finale : elle concède aux communistes la Justice et l'Éducation nationale. Les nominations auront été le fruit d'un incessant dialogue avec la Résistance intérieure et de multiples consultations avec Alger.

À la veille du débarquement en Normandie, plus de la moitié des préfets sont en place et onze sinon douze commissaires de la République[72]. Leur degré de réussite sera variable, mais aucun d'eux n'échouera : partout l'autorité de l'État sera rétablie dans le cadre des institutions républicaines[73].

L'idée s'est imposée en outre, à l'automne 1943, qu'à côté des préfets de la Libération devraient siéger des

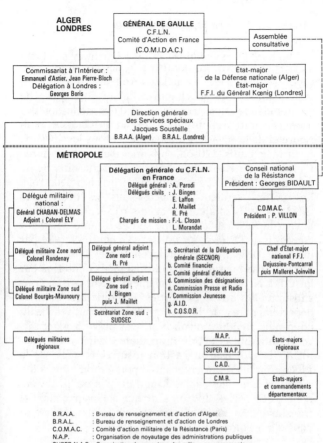

ALGER LONDRES

GÉNÉRAL DE GAULLE
C.F.L.N.
Comité d'Action en France
(C.O.M.I.D.A.C.)

Assemblée consultative

Commissariat à l'Intérieur :
Emmanuel d'Astier, Jean Pierre-Bloch
Délégation à Londres :
Georges Boris

État-major
de la Défense nationale (Alger)
État-major
F.F.I. du Général Kœnig (Londres)

Direction générale
des Services spéciaux
Jacques Soustelle
B.R.A.A. (Alger)   B.R.A.L. (Londres)

MÉTROPOLE

Délégation générale du C.F.L.N.
en France
Délégué général : A. Parodi
Délégués civils : J. Bingen
E. Laffon
J. Maillet
R. Pré
Chargés de mission : F.-L. Closon
L. Morandat

Conseil national
de la Résistance
Président : Georges BIDAULT

C.O.M.A.C.
Président : P. VILLON

Délégué militaire
national :
Général CHABAN-DELMAS
Adjoint : Colonel ÉLY

Délégué militaire Zone nord
Colonel Rondenay

Délégué général adjoint
Zone nord :
R. Pré

a. Secrétariat de la Délégation
générale (SECNOR)
b. Comité financier
c. Comité général d'études
d. Commission des désignations
e. Commission Presse et Radio
f. Commission Jeunesse
g. A.I.D.
h. C.O.S.O.R.

Chef d'État-major
national F.F.I.
Dejussieu-Pontcarral
puis Malleret-Joinville

Délégué militaire Zone sud
Colonel Bourgès-Maunoury

Délégué général adjoint
Zone sud :
J. Bingen
puis J. Maillet

Secrétariat Zone sud :
SUDSEC

Délégués militaires
régionaux

N.A.P.

SUPER N.A.P.

C.A.D.

C.M.R.

États-majors
régionaux

États-majors
et commandements
départementaux

B.R.A.A.   : Bureau de renseignement et d'action d'Alger
B.R.A.L.   : Bureau de renseignement et d'action de Londres
C.O.M.A.C.   : Comité d'action militaire de la Résistance (Paris)
N.A.P.   : Organisation de noyautage des administrations publiques
SUPER N.A.P. : Organisation de noyautage des milieux gouvernementaux
C.A.D.   : Comité d'action contre la déportation
C.M.R.   : Comité médical de la Résistance
C.O.S.O.R.   : Comité des œuvres sociales des organisations de résistance
A.I.D.   : Agence d'information (fusion du B.I.P. et des centres d'information
                des M.U.R.) et de documentation

Les institutions centrales de la Résistance : Alger, Londres et le pouvoir clandestin à la fin du printemps 1944.
N.B. Un organigramme de la Résistance ne peut être qu'indicatif et approximatif : [le]s institutions clandestines sont mouvantes, plus ou moins bien délimitées et [in]tercommunicantes ; leur vitalité est inégale et leur autorité incertaine ; leur rôle [fl]uctue en fonction des événements, de même que leurs responsables changent au [ry]thme des arrestations.

Comités départementaux de libération ou C.D.L.
L'expérience corse en confirme le besoin : il est légitime — et inévitable — que le pouvoir résistant ait localement aussi voix au chapitre. La mise en place de
l'« État clandestin » s'accompagne d'une définition des
rapports entre représentants de la Résistance extérieure et de la Résistance intérieure à tous les niveaux.
À Francis-Louis Closon, homme d'autorité comme
Laffon, impérieux même, revient la tâche difficile de
constituer les C.D.L. et d'abord de préciser leur rôle.
Les préfets seraient-ils placés sous les ordres des
C.D.L. dont ils seraient les agents d'exécution, comme
le veut la Résistance de zone sud et comme d'Astier y
consentirait ? Closon s'y refuse[74]. Le statut élaboré par
lui et la Délégation générale en février 1944, adopté
par le Conseil national de la Résistance et entériné par
le C.F.L.N.[75], accorde finalement des satisfactions
substantielles aux deux parties. Il donne aux Comités
départementaux de libération des prérogatives beaucoup plus étendues qu'on ne l'avait prévu à Alger : ils
coordonneront l'« action immédiate » dans le département, ils y dirigeront l'action insurrectionnelle de la
Libération, ils représenteront la population auprès des
autorités nouvelles ; mais il ne faut pas qu'ils deviennent « des soviets locaux » ni que « l'insurrection se
transforme en anarchie généralisée ». Ils doivent se
considérer comme

> placés sous les ordres des commissaire de la République,
> responsables du maintien de l'ordre et du succès de la
> prise du pouvoir.

Constituer les Comités département par département
n'est pas non plus une plus mince affaire. Chaque tendance veut avoir la majorité dans chaque C.D.L., le
parti communiste y demande des places à la fois pour
lui et pour ses filiales, la représentation de la C.G.T.

donne lieu à une lutte entre socialistes et communistes. Closon arbitre, avec fermeté et diplomatie. Pendant neuf mois, il aura fonctionné « en roue libre », sans directives d'Alger. Ses arbitrages auront assuré un compromis entre les aspirations de la Résistance et la volonté de De Gaulle qui, sans s'opposer au regroupement des résistants, entend que les autorités qu'il nommera ne soient pas contestées. Comme l'écrit le Général dans ses *Mémoires*, les Comités départementaux de libération auront permis d'attribuer à la Résistance

> un rôle dans la remise en marche, un moyen normal d'expression, voire un exutoire à d'inévitables bouillonnements[76].

Soixante et onze C.D.L. existent le 10 mai 1944.

La prise en main de l'organisation militaire

La préparation militaire de la Libération fait pendant à sa préparation civile. Elle s'inspire de principes assez semblables. La parade imaginée et mise en œuvre par le B.C.R.A. après l'arrestation de Delestraint est aussi originale que prompte.

Dans la nuit du 12 au 13 septembre 1943, trois Lysanders de la Royal Air Force se succédant en un « triplé » de neuf minutes déposent dans l'Indre, à 1 500 mètres du village de Rivarennes, six officiers de la France Combattante. Deux nuits plus tard, un bombardier léger Hudson en dépose six autres près de Cosges, à quinze kilomètres de Lons-le-Saunier.

La plupart de ces officiers ont une fonction toute nouvelle, celle de « délégués militaires régionaux » (D.M.R.) ; deux d'entre eux sont « délégués militaires de zone », le commandant Louis-Eugène Mangin, fils

aîné du général Mangin de 1914-1918, pour la zone
sud, le lieutenant-colonel Marchal (Morinaud) pour la
zone nord.

Delestraint avait tenté de réaliser une organisation
centralisée et pyramidale de l'action militaire. On
s'engage dans une voie nouvelle, celle de la décentralisation : chacune des douze régions militaires sera constituée en unité autonome dotée de moyens propres de
transmission ; chacune préparera elle-même son action
militaire en vue du débarquement ; chacune devra être
capable, si les communications étaient alors coupées
entre les régions, d'exécuter le programme militaire qui
lui sera assigné en recevant directement de Londres
instructions, armes et officiers.

Cette réorientation répond à une exigence impéra-
tive des Britanniques. Ils sont convaincus que c'est la
manie française de la centralisation qui a permis aux
Allemands d'infiltrer les états-majors de la Résistance
et a causé leur perte. Caluire a réactivé la divergence
de doctrine qui divise depuis 1940 les services secrets
français et anglais. Le S.O.E. et l'I.S. ne démordent
pas du schéma d'une résistance organisée qui devrait
consister seulement en noyaux ou réseaux de renseignements ou d'action localisés, ayant des missions
déterminées, encadrés par des professionnels et sans
communication entre eux sinon par le détour de Londres. Les Français, au contraire, n'ont pas renoncé à
miser sur l'expansion naturelle des mouvements de
résistance afin de faire naître un esprit de résistance
national et d'engager en vue de la Libération toutes les
ressources du patriotisme français. Les documents du
cabinet de guerre britannique montrent le pessimisme
des services anglais après Caluire. Selon le chef
suprême de l'Intelligence Service, le général Menzies,

les groupes de résistance sont à leur plus bas niveau et ne
peuvent être considérés comme un facteur sérieux, à

moins que et jusqu'à ce qu'ils soient reconstruits sur une base plus étroite et plus saine[77].

Le S.O.E., moins pessimiste, estime la capacité militaire de la Résistance française réduite de moitié ; le seul concours stratégique à en attendre est l'aide qu'elle pourrait apporter aux alliés dans la phase initiale du débarquement en Europe grâce au sabotage des communications, mais cela suppose une reprise en main vigoureuse. Le S.O.E. a mis le B.C.R.A. en demeure de décentraliser l'organisation militaire clandestine et de séparer la Résistance militaire de la Résistance civile[78].

Du côté français, on n'a pas attendu cette mise en demeure pour changer de cap : Jean Moulin y avait, semble-t-il, songé. Décentraliser répond aux exigences de sécurité et au besoin de liaisons rapides avec Londres en période d'opérations ; décentraliser répond aussi à la nécessité de doter chaque région d'un commandement militaire efficace et reconnu par la base. Le B.C.R.A. y répond en plaquant sur la France résistante une double structure de douze officiers régionaux d'opérations et de douze délégués militaires régionaux. La multiplication des parachutages et atterrissages fera des chefs régionaux d'opérations de vrais chefs de réseaux bénéficiant d'une large autonomie et dont certains se considèrent comme des patrons. Dotés à l'automne 1943, selon les régions, de 400 000 à 750 000 francs par mois, ils doivent un rapport mensuel d'activité au B.C.R.A. Chacun s'entoure d'adjoints parfois parachutés, responsables d'un département ou groupe de départements, d'adjoints par tâches (transport d'armes, matériel), d'agents de liaison, d'un secrétariat ; ils ont accès à une chaîne radio dirigée par un chef radio. Plusieurs dizaines d'agents, auxquels il est demandé de souscrire un engagement dans les Forces Françaises combattante, donnent leur activité au

réseau. Avec les chefs de terrain et agents occasionnels, un tel réseau pourra compter plusieurs centaines
de membres.

L'originalité du projet du B.C.R.A. quant aux délégués
militaires régionaux est qu'ils n'ont pas de fonctions de
commandement : ils doivent être « des ambassadeurs et
des conseillers techniques ». « C'était une nécessité
absolue de ne pas apparaître comme imposant
l'importation de chefs », expliquera Passy[79]. La doctrine nouvelle, ce n'est pourtant pas Passy, parti
pour Alger auprès de De Gaulle qui l'a mise au point,
mais son adjoint depuis l'été 1940, André Manuel : elle
est arrêtée le 4 août. En envoyant dans chaque région
militaire un délégué des Forces Françaises Combattantes qui y fera fonction de conseiller, on veut d'abord
obliger les chefs locaux de la Résistance à s'entendre
pour qu'ils désignent un chef militaire de région et des
chefs militaires départementaux, ce qui est loin d'être
le cas, notamment dans la zone nord. De ces chefs
militaires, le D.M.R. devra obtenir, le moment venu,
les équipes nécessaires à l'application au jour J des
neuf « plans » de paralysie des communications ennemies — plans vert, jaune, bleu, violet, etc. — qui sont
élaborés grâce à l'étroite collaboration de la Résistance
et des services français et anglais de Londres.

Ce programme, dressé avec une célérité extraordinaire, nécessite pour la France entière, estime-t-on dans
l'été 1943, l'envoi de cent huit officiers[80]. En moins de
deux mois, alors que Churchill, obsédé par la querelle
Giraud-de Gaulle, menace de couper les vivres à la
Résistance[81], le B.C.R.A. fait accepter par le S.O.E. dix-
huit chefs de mission, sept officiers opérateurs, douze
saboteurs et trois chargés des « plans », qui forment la
première tranche du programme de reprise en main.

La plupart des D.M.R. ne sont pas des officiers
d'active : malgré les efforts de prospection faits à
Alger, l'armée d'Afrique ne fournit que tardivement

des officiers volontaires. En janvier 1944, sept D.M.R. seulement sont en fonction, ce n'est pas avant le mois de mai que tous les postes seront pourvus. Les D.M.R. sont soigneusement sélectionnés. Presque tous sont des évadés de France. Pour un bon nombre anciens polytechniciens ou élèves d'autres grandes écoles, pour la plupart fonctionnaires ou officiers de réserve, âgés en général d'une trentaine d'années, sauf leur doyen, Claude Bonnier, ingénieur des mines et héros de la Grande Guerre, qui en a quarante-trois[82], tous ont suivi les stages de formation du S.O.E. Tous ont été avertis que la moitié d'entre eux seraient arrêtés avant la fin de leur cinquième mois de mission et tous ont été munis de la précieuse capsule de cyanure. La mission qui leur incombe a été mise au point en accord avec les chefs résistants présents à Londres. Leur force est qu'ils possèderont le nerf de la guerre. Alors que les liaisons et transmissions (mis à part les réseaux de renseignements) étaient précédemment centralisées sous la coupe de Moulin, ils disposeront de la liaison radio avec Londres, ils recevront les fonds destinés à l'armée secrète et aux maquis, c'est eux qui adresseront à Londres les demandes d'armes et, à partir d'avril 1944, il est convenu que c'est eux qui en assureront ensuite la répartition, en même temps qu'ils auront la responsabilité des sabotages dans leur région et veilleront à l'exécution des « plans ».

Tâche ardue, surtout en zone nord. Leur intégration dans un milieu résistant hostile à leur intrusion est lente et difficile. Plus d'un soulève la colère des mouvements et des responsables locaux qui prétendent qu'on veut débaucher leurs recrues. Ils sont investis d'une mission insuffisamment précisée, en butte à la réticence et parfois à l'insoumission de l'officier d'opérations aériennes en place qui répugne à se laisser coiffer, contestés ensuite dans leur rôle, depuis Paris, par le Comité d'action de la résistance qu'a accaparé le parti communiste. Partout ils doivent faire face à la prolifération des maquis et aux demandes d'armes ; or ils sont impuissants jusqu'à février-mars 1944 à les procurer en raison de la politique anglaise restrictive et de la préférence accordée par l'état-major anglo-américain aux maquis contrôlés ou assistés par le S.O.E.

Au printemps 1944, on découvrira qu'il est nécessaire de les décharger de certaines tâches ou de les étayer par l'envoi de missions à rôle technique (missions maquis, missions sabotage, inspecteurs des plans) et, pour certains, par le renfort de délégués départementaux. Eux-mêmes se feront couramment assister d'adjoints départementaux recrutés dans la Résistance. En mai 1944, Kœnig leur subordonne les officiers régionaux d'opérations ; qui plus est, ils sont chargés du financement, désormais décentralisé, de toute la Résistance dans un pays tronçonné par les bombardements. Ils joueront dans la phase de libération un rôle incontournable dans la plupart des régions où ils avaient été d'abord honnis. Chefs de bande locaux ou coordinateurs régionaux, ils paieront un lourd tribut : Fassin (région Nord) mort en déportation, Abeille (Normandie-Bretagne) abattu, Rondenay (région de Paris) et Kammerer (Normandie-Bretagne) fusillés, Bonnier (Aquitaine-Charente) suicidé, Boulloche (région de Paris) grièvement blessé et déporté, Bourgès-Maunoury (Rhône-Alpes et délégué zone sud) grièvement blessé. Leur image n'en a pas moins été éclipsée, voire occultée après la guerre. Tout compte fait, leur réussite aura été comparable à celle des préfets et commissaires de la République clandestins.

Les délégués de zone
et le délégué militaire national

Si la décentralisation est de règle, le B.C.R.A. a toutefois jugé indispensable d'envoyer aussi en France, malgré les Anglais et d'abord à leur insu, un délégué militaire pour la zone nord et un pour la zone sud : officiers supérieurs de qualité, ils sont accrédités auprès des mouvements pour veiller à l'installation des D.M.R.[83]. Les deux délégués militaires de zone, Marchal et Louis Mangin, à peine débarqués en France en septembre 1943, ont découvert que tous les mouvements et tous les organismes centraux de la Résistance étant maintenant installés à Paris, il fallait qu'il y ait auprès d'eux une représentation militaire capable de traiter à leur niveau. Marchal a commencé à jouer ce rôle et à exercer, de fait, les fonctions de délégué militaire national. Après sa disparition, Mangin lui a succédé avec l'accord de la Délégation générale, puis Bourgès-Maunoury (Polygone), le 1er février 1944. On mesure ici, comme dans le cas de Closon, la capacité d'initiative des hommes du terrain : c'est seulement le 10 mars 1944 que de Gaulle créera officiellement la fonction, à laquelle le colonel Ély, puis le jeune inspecteur des finances Chaban-Delmas seront successivement nommés à la veille du débarquement[84].

Le délégué militaire national de 1944 a une mission bien différente de celle de Delestraint : il n'est que l'inspecteur général des délégués militaires régionaux et le conseiller militaire des organismes centraux de la Résistance. Il tire son autorité du crédit qu'on lui fait autant que de sa désignation par le Comité d'Alger. Progressivement, il s'intégrera à la Délégation générale qui tendra ainsi à devenir la représentation à la fois civile et militaire du C.F.L.N.

Une des tâches majeures des délégués militaires nationaux est de faire passer sous l'autorité du C.F.L.N. les forces paramilitaires restées autonomes à la fin de 1943 : les Francs-Tireurs et Partisans, qui ne relèvent que du Front national et du parti communiste, et la force nouvelle issue de l'armée de l'armistice, l'Organisation militaire de l'armée, O.M.A. ou O.R.A., qui est liée à Giraud et se considère comme l'avant-garde de l'armée d'Afrique.

Au terme de deux mois de négociations, Mangin et Bourgès-Maunoury obtiennent la signature d'un accord d'action commune liant les Francs-Tireurs et Partisans et l'armée secrète. Cet accord, qui englobe les maquis, recueille l'assentiment de Bingen et à la mi-janvier 1944 du bureau du C.N.R. Sur proposition de Mangin, il est créé un Comité d'action de la Résistance, le C.O.M.A.C., qui se substituera aux comités militaires existants ; on pense qu'il aura chance d'être efficace, car il ne comprendra que trois membres ayant voix délibérative, qui représenteront respectivement les mouvements paramilitaires de zone nord, de zone sud et du Front national. Le délégué militaire national assistera aux réunions du nouveau Comité en tant que conseiller technique. Accord équivoque, car s'il prévoit la fusion des états-majors régionaux et départementaux de l'A.S. et des F.T.P., ces derniers conservent leur autonomie d'organisation et de commandement et, dès le lendemain de l'accord, le parti communiste appelle à la création de nouvelles forces paramilitaires difficiles à contrôler, les « milices patriotiques », et s'assurera bientôt les positions qu'on a vues dans le dispositif de commandement militaire[85].

Également équivoque est l'accord qui intègre l'O.R.A. à ce qu'on appellera bientôt les Forces Françaises de l'Intérieur. Les communistes s'opposent à l'accord jusqu'à février 1944 ; Bingen et Bourgès-Maunoury, qui le jugent indispensable, partagent les réticences communistes envers le chef de l'O.R.A., le général Revers, en raison de son passé vichyste. On attribue aux dirigeants de l'O.R.A. la triple tare d'un esprit réactionnaire, de connexions occultes avec l'état-major et les services secrets du général Giraud et de connivences avec les Anglo-Américains. Il faut, pour arriver à un compromis, l'intervention cumulée de Mangin et de Bourgès-Maunoury, de Serreulles, Bingen et Bidault, un débat au Comité central des mouvements, une comparution orageuse de Revers, le 14 février 1944, devant le bureau élargi du Conseil de la Résistance, enfin un engagement solennel et écrit souscrit par lui aux conditions qui lui sont imposées : outre la répudiation de Vichy et la promesse de s'abstenir de « toute immixtion politique » et de toute participation à des opérations de maintien de l'ordre, il doit s'engager à mettre en commun les armes provenant des dépôts de l'armée de l'armistice et à soutenir l'insurrection nationale[86]. Moyennant quoi, le général Revers obtient un strapontin de conseiller technique au C.O.M.A.C.[87]. Des officiers de l'O.R.A. participeront aux combats de la Libération en plus grand nombre que l'historiographie gaulliste ne l'a généralement admis ; la suspicion envers son chef ne fléchira jusque-là ni au C.N.R. ni autour de De Gaulle[88].

Le 28 mai le colonel Zdrojewski, *alias* colonel Daniel, signe avec le délégué militaire national Chaban-Delmas un accord soumettant au commandement français les formations combattantes polonaises en France.

Au jour J, le rassemblement du potentiel militaire qu'avaient voulu Moulin et Delestraint sera accompli : les trois groupes de forces seront intégrés, au moins sur le papier, aux Forces Françaises de l'Intérieur que commandera de Londres le général Kœnig[89]. Si grande qu'ait été la contribution militaire des mouvements et des maquis, c'est pour beaucoup grâce aux délégués militaires régionaux qu'auront progressé l'encadrement et la mobilisation des forces régionales. Intermédiaires obligés entre la base résistante et les états-majors alliés, il leur reviendra alors d'assurer, région par région, le respect d'ordres d'opérations conformes à la stratégie commune.

33

L'insurrection nationale
aura-t-elle lieu ?

Des armes ! C'est le S.O.S. que lancent les responsables des maquis tout l'automne 1943, c'est la revendication unanime de l'Assemblée consultative au début de janvier 1944 : des délégués vont jusqu'à accuser les Anglais et les Américains d'étrangler la Résistance pour des raisons politiques. C'est la requête que le C.F.L.N. adresse officiellement aux chefs d'état-major britanniques, qui en discutent le 19 janvier. C'est l'appel véhément que Bingen fait parvenir à Londres le 9 février[1] :

> On ne comprend pas [...].
> *Des bruits fâcheux se répandent que le gouvernement anglais ne veut pas armer la Résistance française.*
> [...] Que se passe-t-il ? Pourquoi cette injustice ? Pourquoi ce sabotage ? Pourquoi ne plus alimenter par son canal normal, organisé par les Britanniques, la Résistance française ? Pourquoi avoir dépensé des dizaines de millions de francs et continuer pour la zone sud, à raison de deux millions par mois, à monter des réseaux de réception d'armes et avoir sacrifié des dizaines et des dizaines de membres de nos équipes de parachutage, pour nous refuser les armes auxquelles nous avons droit [...] ?
> Il nous faut des armes [...].

Le fait est que jusqu'à janvier 1944 les envois ont été minimes : au premier semestre 1943, de quoi armer seulement 2 700 hommes. Sur huit cents tonnes parachutées du printemps 1942 à la fin de 1943, les explosifs et les grenades comptent pour les deux tiers et la majeure partie des envois a été destinée aux réseaux Buckmaster. Dans toute l'année 1943, il n'a été expédié pour les effectifs se rattachant au B.C.R.A. que 7 837 mitraillettes, 5 278 pistolets et 12 fusils. Tout a concouru à freiner les envois, le faible nombre d'avions disponibles comme la rivalité entre services secrets anglais, enfin la chute de Moulin et Delestraint, qui prouvait, selon les chefs d'état-major britanniques, la fragilité de l'organisation française. Hostiles à des soulèvements inconsidérés et sans portée stratégique, ils ont confirmé en août 1943 leur opposition à l'extension des maquis et exclu toute guérilla en France dans l'année, l'action directe devant se limiter aux sabotages. Churchill a suivi leur avis et donné jusqu'à la fin de 1943 la priorité aux maquis yougoslaves et grecs, puis italiens[2]. En janvier 1944 encore, le Bomber Command, qui a l'oreille des chefs d'état-major, s'oppose à ce que des bombardiers supplémentaires soient affectés à d'autres tâches que le pilonnage de l'Allemagne.

Downing Street, 27 janvier 1944

Janvier 1944 marque pourtant un tournant. Le débarquement de Normandie est décidé : Eisenhower prend ses fonctions de commandant en chef. Le Comité des chefs d'état-major britanniques a beau douter que la Résistance puisse apporter « un plus » aux forces de débarquement, le ministre de la Guerre économique, lord Selborne, dont dépend le S.O.E., est d'un avis radicalement opposé — « l'intervention de la Résistance contre l'Allemagne peut être vitale dans les six mois à venir » — et Eden l'appuie :

> Nous aggraverons immensément nos difficultés si nous
> ne faisons pas en sorte qu'au jour J les groupes de résis-

tance [...] aient confiance dans le haut commandement allié et soient disposés à coopérer avec lui[3].

Tout dépend de Churchill. « Héros de l'*Iliade*, maître solitaire et jaloux de l'effort de guerre britannique[4] », son autorité seule, enflammée par l'imagination de grands exploits, peut infléchir le cours des choses. L'intervention auprès de lui de trois témoins de poids s'ajoute à la pression du S.O.E. Le premier est Emmanuel d'Astier, venu plaider la cause des résistants le 14 janvier 1944 à Marrakech où le Premier ministre se remettait d'une pneumonie au retour de la conférence de Téhéran ; Churchill lui a dit : « Revenez me voir à Londres. » De son côté, Yeo Thomas, le compagnon de Brossolette dans ses missions clandestines, vient de regagner l'Angleterre ; il a assisté à Paris au Comité militaire des mouvements et il a visité trois maquis du Sud-Est : il obtient une audience du « Premier » et lui rend compte avec feu de ce qu'il a vu. Plus convaincant peut-être, le chef national maquis, l'avocat Michel Brault, *alias* Jérôme, est à Londres, lord Selborne demande à Churchill de le recevoir : Brault a visité des dizaines de maquis, il en a rapporté des photos et un film qui montrent des sections de maquisards faisant le salut au drapeau, il enflamme Churchill[5].

Le 27 janvier 1944 après-midi, celui-ci convoque à Downing Street un conseil interministériel auquel participent le ministre de l'Air Sinclair assisté du chef d'état-major de l'Air, le ministre de la Guerre économique Selborne lui-même, assisté par les numéros deux et trois du S.O.E., ainsi que le fidèle Morton, préposé à la liaison avec les services secrets, et deux représentants du Foreign Office. Emmanuel d'Astier et Georges Boris, bien que n'étant pas sujets de la Couronne, ont été conviés comme des égaux[6].

Churchill, vêtu, au sortir de sa sieste, d'une invraisemblable salopette bleue, dit l'importance qu'il attache à la Résistance française. Il demande à d'Astier l'assurance que l'armement « des armées clandestines » en France n'aura pas pour effet « une intensification des rivalités politiques ». D'Astier répond en soulignant que les maquis sont dans une situation dramatique : « Si on ne les arme pas, ils sont menacés de disparaître. » Il ajoute avec quelque hardiesse

> qu'ils tuent deux Allemands pour chacun des leurs qui tombe, mais ils ne pourront pas continuer sans aide.

Churchill devient lyrique :

> Il souhaite — et il croit la chose possible — voir se développer, dans la zone comprise entre le Rhône et la frontière italienne, entre le lac de Genève et la Méditerranée, une situation comparable à celle de Yougoslavie.
> Il évoque « le feu et la cendre dans les villages des Alpes » et prédit « l'action désespérée du maquis et des francs-tireurs sur la frontière ».

Les ordres suivent. Sans ralentir l'offensive des bombardiers alliés ni empiéter sur les services de renseignements, la Résistance française reçoit pour la première fois depuis 1940 la priorité. Lord Selborne a proposé un plan de parachutage visant à armer seize mille maquisards en février ; Churchill exige qu'on double ce chiffre en mars[7]. Deux réunions techniques ont lieu dès le lendemain chez lord Selborne et au S.O.E. Des conférences franco-britanniques se succèdent les 2, 9, 16 et 23 février 1944[8].

Le mauvais temps contrarie les renforts : 160 sorties de bombardiers sont prévues pour des opérations de parachutage en février, 58 seulement sont réussies, apportant à la Résistance, outre les explosifs, 11 000 mitraillettes, 7 000 pistolets et 50 000 grenades. En revanche, la France bénéficie en mars, avec le renfort de la base d'Alger, de plus de 400 sorties réussies. Pour la première fois, au cours de ce premier trimestre, les réseaux du B.C.R.A. sont mieux servis que les réseaux alliés.

Mais entre-temps, à la mi-mars, sont arrivés de France des télégrammes alarmants, annonçant que la Wehrmacht passe à l'offensive contre les maquis de Savoie[9]. Boris et le B.C.R.A. s'inquiètent d'autant plus que l'enthousiasme de Churchill semble se détourner[10]. Inquiétude sans fondement : le fait nouveau est qu'à compter du 23 mars les services secrets anglo-américains passent sous l'autorité d'Eisenhower, le ravitaillement de la Résistance relève désormais de l'état-major interallié, mais le vieux lion britannique veille et les envois ne cessent de progresser : vraisemblablement 531 sorties réussies en mai, soit 7 300 containers largués contre 875 en janvier 1944. Au total, de janvier à fin mai, en comptant les envois d'Afrique du Nord, plus de 3 500 tonnes de matériel auront été parachutées, soit l'armement sommaire d'environ 125 000 hommes[11].

On aurait souhaité davantage : malgré les priorités de février et mars, la moitié est destinée aux organisations réputées sous contrôle anglais[12], jugées par le S.O.E. plus efficaces et plus disciplinées. Il s'agit pour les quatre cinquièmes d'armes légères (mitraillettes et pistolets dotés de munitions pour une journée de combat) et seulement de 4 500 fusils-mitrailleurs ; on peut supposer que le tiers de ce matériel a été récupéré par les Allemands ou la Milice. C'est néanmoins un changement radical et l'effort sera encore multiplié à partir de juin par les parachutages de masse américains : le volume total livré équivaudra au 31 août à l'armement d'au moins 360 000 hommes, avec cette fois une proportion plus adéquate de vraies armes de combat[13].

Le passage à l'action armée immédiate

Des armes pour quoi faire ? La question étonne. Pourtant, les responsables de la Résistance sont loin d'y faire les mêmes réponses. On aborde ici un débat ou, plutôt, deux débats passionnés qui ont été lourds d'incidences aussi bien tactiques que politiques.

Il s'agit, en premier lieu, de décider dans quelle mesure la Résistance peut et doit passer à l'action armée immédiate ; en second lieu, de décider comment et quand déclencher l'*insurrection nationale* dont de Gaulle a dit qu'elle était inséparable de la libération nationale[14].

Le débat sur l'action immédiate couve depuis 1941, quand le P.C.F. a donné le signal des attentats terroristes alors que de Gaulle lançait la consigne de ne pas tuer d'Allemands afin d'éviter des représailles de masse. Des petites équipes de choc communistes, fidèles à la ligne prescrite à tous les partis communistes européens, ont multiplié par la suite les attentats. La Résistance non communiste et les états-majors de Londres sont restés en arrière de la main, ce qui leur vaut, de la part des communistes, le qualificatif méprisant d'« attentistes ». Leur prudence tient autant à des raisons de principe qu'à des données de fait. Ils ont été bridés par les Britanniques qui jugent la France, on l'a vu, géographiquement peu apte à la guérilla et affirment qu'une résistance armée immédiate y serait sans portée stratégique. De plus, la conception de l'armée secrète ne va pas non plus dans le sens de l'action immédiate : selon Moulin et de Gaulle lui-même, l'A.S. devait faire surgir l'équivalent de cinquante mille parachutistes sur les arrières allemands quand les alliés débarqueraient. À la fin de 1943, on attribue à l'armée secrète quelque trois cent mille hommes (ce qui est généreux), mais elle n'a jamais été qu'une force potentielle, émiettée de surcroît, la réserve de volontaires auxquels on ferait appel au jour J. De Gaulle, après la mission Arquebuse-Brumaire, a approuvé, dans son Instruction du 21 mai 1943, « le principe d'actions immédiates », celles-ci incombant aux seuls corps francs et aux cellules professionnelles[15]. Ainsi, les effectifs réellement disponibles pour l'action sont restés très limités jusqu'à l'automne 1943 ; c'étaient ceux des mouvements et non de l'armée secrète, à savoir :

— les groupes francs (presque uniquement en zone sud, dont le groupe franc de Jacques Renouvin à Combat avait été le prototype en 1941-1942), qui se sont employés surtout jusqu'ici à intimider ou à exécuter des collaborateurs et auxquels leur fragmentation interdit toute action d'ensemble ;

— les groupes d'action ouvrière, qui ont pour tâche le sabotage permanent de la production et, pour certains, des actions plus importantes sur des usines déterminées ou des grèves en vue de leur arrêt total ;

— les groupes du Service fer, chargés du sabotage des voies et du matériel roulant ;

— les Francs-Tireurs et Partisans, enfin, formations mobiles du Front national (en réalité du parti communiste), intervenant partout où cela peut gêner l'ennemi, actifs bien que moins nombreux que la propagande du parti ne l'assure.

C'est pourquoi, jusqu'au printemps 1943, s'il y a bien eu des actions armées, elles ont été sporadiques et ont souvent relevé de projets individuels. Et jusqu'à l'automne 1943, les responsables de Londres et d'Alger ont maintes fois mis en garde contre « une révolte armée qui, insuffisamment aidée de l'extérieur, n'aboutirait qu'à des catastrophes[16] ».

Or, entre octobre 1943 et février 1944, tout a basculé sous la poussée des maquis et la pression communiste. En septembre 1943, les rapports les plus prudents émanant de la Résistance évaluaient les effectifs contrôlés et encadrés de maquisards et de F.T.P., y compris les groupes francs des diverses obédiences, à quelque trente-deux mille, non compris « les planqués individuels en fermes ou en entreprises et mobilisables d'un instant à l'autre », qui étaient estimés à une vingtaine de mille ; ils n'auraient disposé, pour la France entière, que de huit cents fusils-mitrailleurs français souvent dépourvus de munitions, d'un millier de mousquetons, d'un millier de mitraillettes et de trois ou quatre mille revolvers[17]. En janvier 1944, Passy estime encore impossible de réunir en France quatre mille hommes armés[18]. Depuis l'automne 1943, cependant, des chefs de bandes audacieux, souvent auto-investis et difficiles à contrôler, multiplient les coups de main en n'hésitant pas, à la façon des F.T.P., à s'en prendre aux Allemands isolés, tandis que la répression s'intensifie. Les responsables des maquis tolèrent mal que certains délégués militaires venus de Londres et certains officiers d'opérations aériennes continuent de stocker les armes parachutées en prévision du jour J. D'Astier s'indignera en apprenant que cette pratique répond à une consigne renouvelée par le B.C.R.A. en décembre 1943[19]. À la Délégation générale clandestine, Bingen est acquis dès novembre 1943 aux arguments des partisans d'actions immédiates, et il n'est plus le seul :

> Les chefs de mouvements commencent à être convaincus qu'ils ont fait fausse route, ou plutôt qu'ils ont été égarés par les ordres reçus de l'état-major français et des états-majors alliés.

La « passivité » à laquelle on les a induits freine les efforts de recrutement et décourage les maquisards :

> Maintenant que le 11 novembre a prouvé la faiblesse des Allemands, il y a *nécessité d'actions immédiates* en

fonction d'un plan bien établi chez vous, dans ses grandes lignes, avec les alliés, si on ne veut pas voir le Front national, les F.T.P. et la C.G.T. mobiliser l'action[20].

Les positions de plus en plus activistes du Comité central des mouvements de résistance, de son Comité militaire, du bureau du C.N.R. sont bien plus qu'un reflet de la seule influence communiste : il devient impossible de tenir les maquisards dans l'inaction ; la maturation de la Résistance, le climat de violences et de drames que vient aggraver la promotion du milicien Darnand à la tête de la police française interdisent les atermoiements. À Londres, les politiques sont à l'unisson : pour l'équipe du commissariat à l'Intérieur, d'Astier, Boris et leurs conseillers résistants, le dynamisme de la France militante commande. Schumann ne peut pas saluer, comme il le fait, l'avant-garde de la France au combat dans les maquis sans qu'on leur donne des armes et qu'on les autorise à s'en servir. Du côté britannique, le S.O.E., en avance sur le Comité des chefs d'état-major de Sa Majesté, pose comme principe que « l'organisation de la guérilla en vue du jour J est une priorité absolue[21] ». Dès le début de février 1944, Londres soutient les opérations d'envergure engagées aux Glières. Fin février, à Alger, le Comité d'action en France, entraîné par d'Astier, se prononce unanimement pour l'activisme. Le 1er mars, ordre est télégraphié en France aux officiers d'opérations aériennes de

remettre immédiatement les armes reçues ou à recevoir aux délégués militaires ou à défaut aux chefs départementaux maquis ou militaires des Mouvements unis en vue de distribution immédiate avec priorité absolue[22].

Il est spécifié que les F.T.P. devront bénéficier des armes réparties au même titre que les autres mouvements. Un télégramme du 1er avril confirme à Bingen la doctrine officielle telle que lui-même la concevait, conforme à ce qu'est pour lui l'esprit de la France Libre[23] :

> Le général de Gaulle a décidé : « L'action militaire doit être maintenant le but principal de la Résistance. »

C'est déjà le cas dans plusieurs régions. En Haute-Savoie comme en Saône-et-Loire, en Corrèze comme en Morbihan, les Allemands ne circulent plus guère qu'en convois. Des zones d'insoumission s'étendent.

Mais l'encouragement venu d'Alger et de Londres n'implique pas d'« agir seuls », ni de « pousser à l'action généralisée », comme le réclame le P.C.F. Que les maquis se défendent et multiplient le harcèlement, oui, mais qu'on se garde de mobiliser les sédentaires de l'A.S. et de provoquer des soulèvements populaires ! Le 21 mars, le B.C.R.A. signifie à la Délégation clandestine en France qu'elle doit, « dans toute la mesure du possible, freiner l'insurrection nationale[24] ». Le 5 mai, alors qu'on attend d'un jour à l'autre le débarquement en France, Manuel confirme au nom du B.C.R.A. (et implicitement au nom de l'état-major Kœnig) par une note personnelle portée à Boris, à Hill Street[25],

> qu'il importe pour le succès de nos plans que ne se déclenche en France ni insurrection générale, ni soulèvement partiel, ni grève générale.
> Je vous serais obligé d'agir sur les représentants syndicaux présents à Londres, C.G.T., etc. pour que ne soit pas déclenchée de grève générale de la S.N.C.F.

Les plans militaires du « Bloc Planning »[26]

Ce message stupéfie la plupart de ceux qui le lisent : alors que le slogan de *la libération nationale inséparable de l'insurrection nationale*, lancé par de Gaulle le

18 avril 1942, est devenu un credo commun aux résistants de l'intérieur et de l'extérieur, l'observateur peut se demander si la Libération ne va pas se faire sans insurrection nationale.

Le fait est là : non seulement le choix du moment, mais la conception de l'insurrection nationale divisent les responsables français de Londres et d'Alger et opposent dramatiquement les résistants.

Très tôt, le P.C.F. a accaparé la formule de « l'insurrection nationale » ; la majorité des Mouvements unis de résistance caressent, eux aussi, le rêve romantique d'une levée en masse libératrice visant à la fois à bouter l'Allemand hors de France et à renverser le régime de Vichy pour « faire triompher la volonté populaire ». La Délégation générale clandestine elle-même vit jusqu'au printemps 1944 sur l'idée que le débarquement allié donnera le signal de l'insurrection. Cette insurrection, les mouvements affirment, de surcroît, que ce sont le bureau du C.N.R. et son Comité militaire de la Résistance, le C.O.M.A.C., qui doivent la diriger sur place en accord avec les plans de l'état-major allié.

Cependant, depuis l'été 1943, tout l'effort des services secrets français est tendu vers la préparation du débarquement dans une perspective rigoureusement différente qui est celle de l'efficacité technique. Ce que le commandement britannique attend de la Résistance française est précis, limité et n'a pas varié : c'est qu'elle retarde, ne serait-ce que de quarante-huit heures, dans la phase initiale du débarquement, la concentration des renforts allemands vers la tête de pont allié. Au printemps 1943, un premier plan de paralysie des renforts allemands ou *plan Vert*, prévoyant le sabotage des voies ferrées, a été dressé par le B.C.R.A. sur propositions de Résistance-fer. Il s'agissait d'un plan non sélectif de toutes les destructions possibles. En septembre 1943, Giraud et de Gaulle ont créé à Alger un

« état-major F », sous le commandement du général
Cochet, pour préparer l'action clandestine en rapport
avec le débarquement, mais l'« état-major F » a été
démantelé dès novembre sans avoir été plus loin que
la préparation de quatre études techniques et la tâche
amorcée est revenue à la branche londonienne de l'ex-
B.C.R.A., qu'on appelle, dans le jargon des sigles, le
« B.R.A.L. ». Le B.R.A.L. (Bureau de renseignement et
d'action de Londres) l'a confiée à une section spéciali-
sée, le « Bloc Planning[27] », qui est chargé de faire un
plan rationnel de participation de la Résistance au
succès de la stratégie alliée. La difficulté est qu'il
ignore le lieu du débarquement. Aussi, le cerveau stratégique du Bloc Planning, le capitaine Miksche, a commencé par lancer une étude pour déterminer les zones
de débarquement plausibles ; son rapport, présenté le
20 janvier 1944, conclut que des quatre hypothèses
envisageables, un débarquement sur les plages du
Cotentin serait le plus facile et pourrait être combiné
avec un débarquement en Méditerranée. Selon ses prévisions, les opérations s'échelonneraient en trois pha-
ses : la bataille côtière (5 jours), la bataille de la tête de
pont (4 à 6 semaines), la bataille de la Libération (4 à
6 mois).

Le S.O.E., qui ignore aussi le lieu du débarquement,
est intéressé. Il demande une deuxième étude précisant les modalités d'aide de la Résistance au succès du
débarquement. En fonction de la chronologie et des
hypothèses de débarquement définies par Miksche, les
quatre plans majeurs de paralysie du dispositif ennemi
imaginés en 1943 sont révisés et répartis en tranches
régionales :

— le plan *Vert* vise à paralyser les mouvements de
l'ennemi par voie ferrée pendant le délai nécessaire à
l'établissement de la tête de pont ; il sera en bonne
partie l'œuvre des cheminots ;

— le plan *Tortue*, devenu plan *Bibendum*, veut entraver les déplacements routiers dans le quart nord-ouest de la France ; sa mise en place sera préparée sur le terrain par un jeune polytechnicien de forte carrure, André Rondenay[28] ; les maquis pourront y participer avec leurs moyens ;

— le plan *Violet*, mis au point à Londres par le lieutenant-colonel Combaux, est dirigé contre les transmissions allemandes, en particulier les lignes téléphoniques souterraines à grande distance ; il sera appliqué par les spécialistes des P.T.T.[29] ;

— le plan *Bleu* a pour cible les lignes de transport à haute tension ; il doit priver de courant les voies ferrées électrifiées et les zones côtières : les saboteurs des équipes « Armada » prouvent déjà sa validité.

Les sabotages seront systématiquement entretenus quinze jours, puis poursuivis en fonction de la situation. Leur déclenchement sera commandé par des messages d'alerte, puis d'exécution, que diffusera la B.B.C.

Le « Bloc Planning » a prévu un second volet de l'action militaire, celui de la guérilla ; soixante-dix mille hommes la mèneraient à partir de six zones peu pénétrables et pouvant être considérées comme des *réduits* — Massif central, Alpes, Jura, Morvan, Vosges, Pyrénées. Ces six réduits sont conçus non pas comme des bases de défense statique, ce que croiront de trop nombreux officiers de la vieille école, mais comme des zones de réserve et de refuge propres à la création de maquis permanents et d'où seraient lancées des opérations de flanc sur les arrières allemands. Ils joueraient en outre, à mesure de l'afflux des réfractaires, le rôle de « centres mobilisateurs » ; le Bloc Planning déconseille pourtant de recruter plus d'hommes qu'il n'est possible d'en équiper et recommande de fragmenter les maquis en petites unités mobiles sous commandement décentralisé.

Ces programmes, approuvés par le S.O.E. et dont le premier volet le sera *in extremis* par l'état-major interallié[30], donnent lieu le 31 mars 1944 à une « Instruction sur l'action militaire de la Résistance française » que signe André Manuel. Elle est envoyée en microphotographie à tous les responsables militaires clandestins régionaux, avec des ordres précis d'exécution[31]. Elle bouleverse les idées acquises, celles en vigueur parmi les responsables français de Londres et d'Alger et, plus encore, celles des dirigeants de la Résistance dans la mesure où elle traduit une conception purement militaire et technicienne de la Libération. Non seulement elle ignore « l'insurrection nationale », d'accord en cela avec les Britanniques qui, pour des raisons politiques autant que militaires, sont allés jusqu'à interdire l'expression sur les ondes de la B.B.C. depuis l'été 1943, mais elle rejette en outre la conception d'un jour J qui mettrait en œuvre toutes les forces de la Résistance. Il s'agit de préparer les forces de l'Intérieur en leur donnant « les moyens de coordonner leurs efforts pendant une campagne de plusieurs mois avec ceux des troupes alliées de débarquement ». Pour le B.C.R.A. et les responsables militaires alliés, l'action spontanée des patriotes doit laisser place à une action coordonnée, échelonnée dans le temps, sous l'inspiration d'un commandement et des délégués militaires régionaux avertis de leurs objectifs et résolus à les atteindre.

La mission Socrate

Ces vues militaires tardivement élaborées, le général de Gaulle, à Alger, les partage : le débarquement ne doit pas être le signal de l'insurrection générale, ce serait une sanglante erreur ; aucune action de masse ne doit avoir lieu avant que les armées alliées aient pu se déployer sur le continent et passer à l'offensive.

C'est ce qu'un envoyé personnel est chargé de faire

comprendre de sa part aux membres de la Délégation
générale et aux dirigeants de la Résistance[32]. Le mis-
sionnaire s'appelle Lazare Rachline, dit Lucien Rachet,
pseudonyme Socrate. Industriel, créateur d'une importante entreprise de literie, il a été associé pendant
deux ans à la direction d'un réseau britannique d'éva-
sions. Il est brûlé en France, mais il n'a peur de rien.
D'Astier lui a confié la section « courrier civil/arrivée »
et l'ancienne section « non militaire » (ou « N.M. »)
qui ont été transférées en décembre 1943 du B.C.R.A.
à Hill Street. Cet « homme de courage et de finesse »
accomplit la plus importante mission clandestine de
1944. On est au début d'avril, toutes les opérations
aériennes de la lunaison sont terminées. Passy obtient,
par une extraordinaire faveur de l'Intelligence Service,
qu'une vedette rapide le dépose sur la côte bretonne,
ainsi que le colonel Ély, nommé délégué militaire
national et qui doit apporter en France l'Instruction
sur l'action de la Résistance française du 31 mars[33].
Rachline mène à bien sa mission : la notion d'insurrection nationale est jusqu'ici très confuse dans les
milieux dirigeants de la Résistance et à la Délégation
générale ; il la renverse, ou simplement l'éclaircit,
secondé par le colonel Ély, avant de regagner Londres,
en mai, *via* l'Espagne.

Le 16 mai 1944, de Gaulle confirme la doctrine en
signant, avec l'accord du Comité d'action en France
d'Alger, une « Instruction concernant l'emploi de la
Résistance sur le plan militaire au cours des opérations de la Libération » : les mots d'« insurrection » et
d'« insurrection généralisée », qui figuraient dans les
versions initiales du document, n'y figurent plus[34].

La nouvelle Instruction distingue toutefois trois
zones où les modalités d'action seront différentes ;
modalités qu'il importe de rappeler, tant le déroulement militaire fut conforme aux prévisions :

— *une zone nord*, zone de manœuvres stratégiques allemandes où la prépondérance doit être marquée par les
sabotages sur les lignes de communications ennemies, les
opérations de soulèvement, soit local (Paris), soit généralisé, n'y étant réalisables que dans des cas exceptionnels ;
— *une zone sud-ouest/centre*, où les F.F.I. peuvent nourrir l'espoir de constituer un élément essentiel dans la *libération de cette zone* [...] : la mise en œuvre de la Résistance
doit viser à libérer simultanément dans leur totalité les
départements les plus faiblement tenus ;
— *une zone stratégique sud/sud-est*, avec effort normal
de sabotage sur le couloir Rhône et possibilités d'opérations visant en temps utile à la libération du groupe
Savoie-Dauphiné-Jura du Sud [...].
Il semble possible, en raison de *sa nature montagneuse*,
de *la vitalité particulière de la Résistance dans les Alpes du
Dauphiné et de Savoie*, de mûrir progressivement une
action insurrectionnelle visant, en *temps opportun*, à canaliser les mouvements ennemis dans le couloir du Rhône
et à les y harceler[35].

Les opérations du Centre/Sud-Ouest et du Sud/Sud-
Est ainsi envisagées dans l'hypothèse d'un débarquement allié en Provence ou en Languedoc sont précisées
sous le nom de « plan Caïman dans un Mémoire annexe
à l'Instruction du 16 mai[36]. Elles viseraient à créer, à
partir des régions où les maquis sont solidement
implantés (Massif Central et bloc alpin), des zones
d'action au profit des forces alliées débarquées, telles
que l'ouverture de l'axe Alès-Clermont-Ferrand et de
l'axe Sisteron-Grenoble-Bellegarde vers Besançon, des
actions de harcèlement dans le couloir rhodanien, voire
la libération du Sud-Ouest. Une version plus ambitieuse
du Plan Caïman, conçue en juin, prévoira une puissante
opération aéroportée française exécutée depuis Alger
que le Commandement suprême allié bloquera.
Les experts militaires français et de Gaulle lui-même
n'entendent ainsi utiliser les Forces Françaises de
l'Intérieur qu'à des actions clairement spécifiées dont
ils s'efforceront de conserver la direction, à savoir :

— des sabotages, complétant l'action des spécialistes ;

— le ralentissement des activités ennemies sur les arrières du champ de bataille ;

— enfin, des opérations visant à la libération partielle ou totale par les maquisards de zones faiblement tenues du Sud-Ouest et des Alpes, mais après la percée des forces de débarquement et en fonction de leur stratégie.

C'est ainsi que dans l'appel radiodiffusé qu'il prononce le soir du débarquement, de Gaulle ne parle ni d'insurrection ni de soulèvement[37], et il confie à son porte-parole André Gillois que c'est de propos délibéré. Il souligne en revanche la nécessité de *durer*, car la campagne sera longue.

Stratégie et politique :
une insurrection pour quoi faire ?

De Gaulle ne voulait-il donc pas vraiment l'insurrection ? « On peut se le demander sans donner de réponse », a écrit le général Delmas.

La question est moins simple qu'il ne peut paraître. Car les propos que le Général tient devant l'Assemblée d'Alger restent dans la continuité de toutes ses déclarations depuis 1942. Le 18 mars 1944, il assure l'Assemblée que l'action des organisations combattantes de l'intérieur,

> *appuyée au moment voulu par l'insurrection nationale contre l'envahisseur*, pèsera lourdement sur la situation stratégique.

Il renouvellera l'engagement le 25 juillet, même si le terme subversif d'« insurrection » a désormais disparu de son vocabulaire :

> Notre effort à l'intérieur ne cessera pas de grandir *jusqu'au jour du soulèvement général par lequel la nation,*

dressée *tout entière* sous l'autorité du Gouvernement de la
République et de ses représentants, saura faire en sorte,
en liaison avec ses armées et celles de ses alliés, qu'aucun
Allemand sur son sol ne soit autre chose qu'un cadavre ou
un prisonnier.

Déconnecter le « soulèvement général » du jour J ne
signifie donc pas qu'il y renonce : le « soulèvement
général » serait au contraire l'ultime effort de la
nation. Il s'agit d'abord, pour la Résistance, de durer.

Que l'« insurrection nationale » ou le « soulèvement
général » reste malgré tout dans sa perspective, on ne
peut en douter. En annexe à l'instruction du 16 mai
1944 telle qu'on la diffuse à Londres figure, « *à titre
d'information, ce que pensait Clausewitz de l'insurrection populaire contre l'ennemi, après le soulèvement de
la Prusse de 1813* ». L'annexe comprend deux extraits
dont le premier illustre la « *notion de progressivité*[38] » :

> Les levées en masse et les bandes populaires armées [...]
> doivent *au début agir sur [...] les côtés du théâtre de guerre
> [...] où l'assaillant ne peut parvenir qu'en forces médiocres.
> S'amoncelant ensuite comme des nuées d'orage sur les arrières
> de l'ennemi, elles doivent dès lors le suivre pas à pas. Le feu
> s'étend* ainsi et dévore *les lignes de communication*, c'est-à-
> dire les organes mêmes de l'existence de l'ennemi [...].

Cette annexe ne figure pas dans le texte original de
l'instruction approuvé par de Gaulle. En revanche, y
sont intégrées dès l'introduction, les phrases suivantes
de Clausewitz que de Gaulle a rectifiées de sa main,
sans doute à l'intention de Eisenhower :

> *C'est en les appuyant par de petits détachements tirés de ses
> troupes qu'un général en chef demeure maître de disposer,
> à son gré et selon ses vues, du soulèvement des populations
> [...]. Plus les détachements que le général en chef destinera
> à cet objet seront forts, et plus ils enthousiasmeront et
> entraîneront les masses.*

Si le militaire de Gaulle tient à éviter la folie d'un soulèvement généralisé au jour J qui risquerait d'être écrasé dans le sang, s'il conçoit la Libération en termes d'état-major avec le souci de tenir en main l'action armée de la Résistance et de l'échelonner dans le temps, le politique de Gaulle n'entend renoncer ni au mythe de l'insurrection nationale ni à la réalité d'un soulèvement atteignant « au moment voulu » une « ampleur nationale », sous réserve qu'il puisse le contrôler. Il ne veut ni ne peut en abandonner l'idée à la fois pour des raisons de tactique (il faut maintenir l'alliance communiste) et de calcul gouvernemental (il souhaite mettre les alliés devant le fait accompli d'une prise de pouvoir généralisée au nom du C.F.L.N.) ; il y tient sans doute par orgueil, car le général de Gaulle ne peut ni se dédire ni tolérer que quiconque puisse se prétendre plus national que lui ; il importe enfin pour l'honneur national — et ce n'est sûrement pas la moindre de ses raisons — d'accréditer par des faits l'image des Français se libérant eux-mêmes. Le réalisme gaullien se conjugue une fois de plus avec l'ambition de « conduire les Français par les rêves ».

Difficile équilibrisme entre les exigences du militaire et les calculs du politique ! Moins difficile qu'on ne pourrait toutefois penser, d'abord parce que de Gaulle a le talent de transcender les contradictions, mais aussi parce que l'écart doctrinal n'est pas insurmontable entre les praticiens du « Bloc Planning » ou du B.C.R.A., artisans d'une libération sans insurrection nationale, et les politiques du commissariat à l'Intérieur, d'Astier et Boris, flanqués des représentants non communistes de la Résistance, tel Aubrac, partisans d'une nécessaire insurrection nationale.

C'est que la notion d'insurrection nationale n'a pas cessé d'être équivoque. Pour d'Astier, comme c'était le cas avant lui pour Diethelm et Philip et comme ce l'est

sans doute pour de Gaulle, la phase insurrectionnelle
doit être courte et son objectif est moins militaire que
politique : elle doit assurer la prise du pouvoir sur les
décombres de Vichy. C'est bien ainsi que la définissait
Emmanuel d'Astier dans une note d'octobre 1943 au
Comité central des mouvements de résistance[39] :

> *L'insurrection* doit s'insérer dans le court espace de
> temps qui se placera entre le départ des Allemands (ou
> leur affaiblissement décisif) et l'arrivée des Anglo-Saxons.

De sorte que le 29 mai, à moins d'une semaine du
débarquement, de Gaulle et d'Astier rédigent chacun à
l'adresse du délégué général clandestin Parodi des instructions apparemment contradictoires, mais en réalité
complémentaires, et qu'emportera le même messager.

« Le jour du début est proche », explique de Gaulle[40],

> mais le développement n'ira pas vite. Il faut donc que la
> Résistance [livre ?] sa bataille en profondeur dans le temps.

« Je suis toujours convaincu de la nécessité d'une
période insurrectionnelle, écrit d'Astier[41], et quant à
son développement plusieurs points sont essentiels » :

> *1er point :* La période insurrectionnelle doit être termi-
> née à l'arrivée du premier soldat allié et les fonctionnaires
> du C.F.L.N. mis en place.
> *2e point :* Il est nécessaire qu'elle soit de courte durée.
> Elle ne doit pas excéder trois ou quatre jours, quarante-
> huit heures si c'est possible [...].
> *3e point :* Il serait extrêmement grave que l'insurrection
> nationale n'ait pas lieu et qu'elle ne soit pas relativement
> généralisée. Mais elle doit être dirigée et, pour éviter tout
> risque de surenchère, elle doit rester entre les mains des
> comités départementaux de libération, contrôlés autant
> que possible par le C.N.R.

L'insurrection nationale et les communistes

Tant d'ambiguïtés, un ajournement aussi résolu de l'insurrection nationale en même temps que son maintien non moins résolu comme objectif à terme ne peuvent pas ne pas soulever des difficultés politiques, sans même penser aux difficultés d'exécution.

Difficultés avec les Britanniques qui, depuis un an, ne veulent pas entendre parler d'insurrection nationale. Difficultés dues aux hésitations de l'état-major Eisenhower, auquel le B.C.R.A. et le général Kœnig avaient réussi à faire accepter tous les plans militaires du « Bloc Planning ».

Difficultés en sens inverse avec les communistes qui, depuis des mois, tendent à organiser le mûrissement de l'insurrection nationale pour la rendre le plus vite possible inévitable et qui tiennent à ce qu'elle coïncide, au plus tard, avec le débarquement. Maurice Thorez, secrétaire général du parti communiste, se met de la partie le 18 mai sur les ondes de Radio Moscou :

> Que l'esprit de Valmy et de Verdun soulève notre peuple tout entier pour la guerre sainte de libération nationale !

Il précise que le moment de l'insurrection armée sera « naturellement » fixé par les organismes responsables de la Résistance nationale agissant sur place et il rappelle les consignes communistes d'appel aux armes, sans faire la moindre allusion aux autres forces résistantes ni à la stratégie alliée :

> Aussitôt l'insurrection déclenchée et sans attendre de nouvelles directives, les Comités régionaux et locaux de libération et du Front national doivent agir :
> a) mobiliser toute la population, la rassembler, l'encadrer avec des groupes armés, lui procurer des armes [...] ;

b) paralyser entièrement l'activité économique et les transports en déclenchant la grève générale ;

c) abattre ou faire prisonniers les miliciens, policiers et gendarmes qui résisteraient au peuple insurgé, libérer sans délai les patriotes emprisonnés ;

d) occuper les bâtiments publics, préfectures, mairies, centraux télégraphiques et téléphoniques, stations de radio ; destituer partout les représentants usurpateurs de Vichy ; les remplacer par des délégations de groupements patriotiques qui prendront en main l'administration publique et l'organisation du ravitaillement.

Telles sont les consignes de la Résistance nationale pour la préparation et la marche de l'insurrection armée qui libérera la France avec l'aide de nos alliés et de la nouvelle armée de la République.

Le lendemain 19 mai, Waldeck Rochet, représentant du Comité central du Parti communiste français à Londres, adresse « au général Kœnig, délégué militaire du gouvernement provisoire », une note pressante en faveur du déclenchement de l'insurrection[42] :

L'Insurrection nationale ne saurait être une simple conséquence de l'effondrement allemand, mais elle doit hâter, précipiter celui-ci [...].

Laisser s'écouler un mois ou deux après les premiers débarquements sans organiser le soulèvement armé du peuple, ce serait faire le jeu de l'ennemi.

Waldeck Rochet, député de la Seine, passe pour un élément modéré du parti communiste dont il sera secrétaire général après Thorez, de 1964 à 1972. Il faut huit jours de discussions pour qu'il batte en retraite et consente, le 26 mai, à ne pas appeler à l'insurrection immédiate dans les allocutions radiodiffusées qu'il prononcera. S'il fait cette concession, c'est parce que le P.C.F., qui participe depuis avril au Comité de la libération nationale, entend bien y rester, quitte à laisser les mains libres à la direction clandestine du parti et à prendre des gages en France sur le terrain. C'est

aussi parce que Boris lui présente une doctrine de
l'insurrection nationale qu'il a concoctée avec le chef
d'état-major de Kœnig, Ziegler (colonel Vernon), pour
concilier les plans militaires et les impératifs politiques, doctrine à laquelle lui-même croit, qui inspirera
sous son impulsion les émissions diffusées par la
B.B.C. jusqu'à la Libération et que Waldeck Rochet
finit par juger acceptable :

> 1) Il faut une insurrection nationale ;
> 2) Déconnectée du jour J du débarquement allié, « elle
> prendra des formes différentes selon les catégories de Fran-
> çais, les régions et les lieux de résidence (villes et campa-
> gnes), et elle pourra être échelonnée dans le temps » ;
> 3) L'insurrection nationale sera néanmoins le couron-
> nement de la Libération : le jour viendra où tous les
> patriotes devront participer à visage découvert à l'action
> dont le Gouvernement provisoire donnera le signal.

Du côté allié, on fait aussi une concession : moyennant le report de l'insurrection nationale à un avenir
imprécis, on lève l'interdit sur l'emploi de l'expression
« insurrection nationale » à la B.B.C.

Rivalité de commandement, capacité d'encadrement

L'offensive alliée de libération ne s'engage pas moins
dans un climat de graves divergences. Divergences entre
la droite et la gauche de la Résistance[43], divergences au
sein de ses organes centraux — Délégation générale et
délégué militaire national, d'une part, C.O.M.A.C.,
d'autre part —, divergences entre l'état-major F.F.I. de
Londres et le commandement F.F.I. de France.

La divergence porte non seulement sur la stratégie,
mais aussi, comme les derniers rapports le laissaient
prévoir, sur la responsabilité du commandement.

Alger avait tranché sur ce second point, par décision du 10 mars 1944[44], en stipulant que le Comité militaire national de Paris, le C.O.M.A.C., n'était pas un organisme de commandement. En sens inverse, le Conseil de la Résistance reconnaît le 13 mai au C.O.M.A.C. le commandement suprême des Forces Françaises de l'Intérieur pour ce qui est de la préparation au combat et la direction de l'action immédiate. La Délégation générale clandestine admet, par souci de conciliation, que ce commandement, contraire aux directives d'Alger, puisse s'exercer jusqu'au jour J, à condition qu'il revienne ensuite au général Kœnig, nommé commandant en chef des F.F.I. à Londres. Cela n'empêchera pas le commandement des Francs-Tireurs et Partisans de zone sud d'adresser le 6 juin, jour du débarquement, à tous les officiers, sous-officiers et soldats qui relèvent de lui un ordre d'insurrection généralisée sans objectifs sélectionnés[45] : « À la tête du peuple en armes, sus à l'ennemi ! »

Face aux prétentions du C.O.M.A.C., Kœnig a pour lui le prestige de De Gaulle et le soutien de l'état-major allié, mais surtout la présence sur le terrain de cinquante-quatre délégués militaires régionaux et départementaux ou officiers d'opérations aériennes et de soixante et un instructeurs de sabotage assistés de cent quatre opérateurs radio, auxquels s'adjoignent, en dépit des rivalités antérieures, les conseillers militaires britanniques ou les « organisateurs » de la cinquantaine de réseaux et groupes d'action qu'a mis en place le S.O.E. Il s'y ajoutera à partir du débarquement quatre-vingt-neuf équipes tripartites ou *jedburghs* — composées d'un officier français, d'un Anglais ou d'un Américain en uniforme et d'un radio — qui doivent être parachutées pour compléter la liaison avec les F.F.I.

L'encadrement mis en place depuis l'été 1943 donne à Londres la maîtrise des transmissions, du ravitaillement en armes et du financement de la Résistance.

Mais le succès est incertain, aussi incertain que les initiatives locales restent imprévisibles.

ANNEXE

LE FINANCEMENT DE LA RÉSISTANCE

L'argent ! Jamais il n'a été plus visiblement le nerf de la guerre ou, plus précisément, de l'action résistante, qu'à partir de la mi-1943. Le S.O.E. quadruple ou presque les montants envoyés à ses réseaux d'action, ils s'élèvent de quelque 79 millions en 1943 à près de 280 millions en 1944. Mais du côté français, les besoins vont passer en moins d'un an du simple au vingtuple.

Jean Moulin, centralisateur et répartiteur des crédits, avait disposé (les réseaux de renseignements étant alimentés directement de Londres indépendamment de lui) de 18,5 millions en mars 1943, de 19 millions en avril, de 15 millions en mai pour les mouvements et les services centraux de la Résistance. Il s'agissait uniquement de soutenir l'infrastructure régionale civile, de faire vivre les journaux clandestins, de secourir quelques militants incarcérés et de financer les quelques cadres centraux de l'armée secrète en vue de l'action militaire future. Entre la mi-décembre 1942 et la fin mai 1943, il n'avait encore eu à répartir entre les groupes et mouvements qu'un peu moins de 70 millions. L'argent, confié à des chargés de mission ou transporté en colis plombés lors d'opérations d'atterrissage, provenait des réserves de billets français de la Banque d'Angleterre.

À partir de l'été 1943, la multiplication des réfractaires et l'action croissante des corps francs ont ouvert une phase nouvelle qui exige d'aider des milliers de clandestins n'ayant pour moyens de subsistance que l'aide alimentaire fournie par la population sympathisante, avec, à défaut, pour ultime recours, le vol et les rapines.

Cette montée verticale des besoins a coïncidé en juin-juillet 1943 à la fois avec l'installation d'un pouvoir unifié à Alger et avec la rupture du cordon ombilical financier entre l'Angleterre et la France Combattante : le C.F.L.N. a dû, pour alimenter la Résistance, recourir à toutes les réserves de billets français, ceux de la Banque d'Algérie, les billets retirés de la circulation en Tunisie après la capitulation de l'armée allemande d'Afrique du Nord, et les stocks récupérés en Corse après l'échange des billets. Un décret de septembre 1943, non publié au *Journal officiel*, a régularisé les procédures : il a ouvert dans les écritures du Trésor central à Alger un compte d'opérations à régulariser sous l'intitulé « Dépenses de souveraineté dans la métropole » ; le C.O.M.I.D.A.C., sous la présidence de De Gaulle, fixe chaque mois le montant des budgets accordés, compte tenu des besoins et des disponibilités en billets français.

Les demandes croissent de mois en mois ; Alger y fait face non sans peine : on en est à 80 millions en septembre 1943, on passe à 100 millions en novembre[46] dont 70 pour les maquis, non compris les services de renseignements, le total évoluant entre 120 et 180 millions par mois.

L'interruption des communications aériennes entre l'Angleterre et la France due aux intempéries de fin d'année est une catastrophe. « Pas d'argent pour ce mois », télégraphie Bingen à d'Astier le 11 janvier 1944 :

> Situation financière effroyable ; maquis devront rançonner la population ; journaux clandestins cessent de paraître ; dettes contractées par tous les services ; tous les militants scandalisés ; à quoi sert votre présence au gouvernement ?

Si nous ne recevons rien, je donnerai à un banquier bien choisi *ordre* (avec menaces et promesses) de verser 200 millions à la Délégation.

Si cette livraison non effectuée, tenterons moyens de force sur grosse agence de banque.

Conseil de la Résistance a donné plein accord[47].

Le 19 janvier, le Comité central des mouvements fait savoir qu'il envisage la dissolution des maquis. Les appels au secours fusent, l'amertume déferle : « L'avenir dépend de vous ! » « Le C.F.L.N. se désintéresse du devoir sacré de solidarité. » Boris, poussé par Frenay, demande aux Anglais de transférer en Suisse pour la Résistance l'équivalent en sterling de cent cinquante millions de francs pour acheter des francs suisses qui seraient convertis en francs français et introduits en France en contrebande ; le ministère des Finances britannique s'y refuse, les réserves de change de Sa Majesté sont trop basses[48].

Les envois aériens reprennent malgré tout. On atteint 213 millions de francs par lunaison, y compris les crédits du renseignement[49], total porté à 226 millions pour la troisième lune, à 245 millions pour la quatrième[50], à près de 300 millions pour l'ensemble du mois de mai, à un « budget de sécurité », pour le mois de juin, au départ de Londres, de 500 millions, dont 350 pour l'action et 150 pour le renseignement. Les besoins changent en effet d'échelle avec la multiplication non plus seulement des réfractaires, mais des petites troupes au combat dont l'intendance et l'instruction coûtent de plus en plus cher. À raison de 750 à 1 000 francs par tête et par mois, c'est vraisemblablement près de vingt-cinq mille maquisards qui vivent, au moins en partie, des fonds importés. Les Mouvements et l'organisme commun d'aide aux victimes, le C.O.S.O.R., doivent en outre secourir les familles des nouveaux emprisonnés et des fusillés[51], encourager les paysans victimes de représailles (deux cents fermes sont brûlées en un mois dans le seul département de l'Ain), stimuler, enfin, gendarmes et C.R.S. dont beaucoup ne passeront à la Résistance que sur la promesse que leur famille ne sera pas abandonnée[52]. Or les transferts de grosses sommes sont de plus en plus risqués : il faut vingt valises très lourdes et facilement repérables pour transporter deux cents millions. En mars, quatre-vingt-quinze millions tombent aux mains de la Gestapo ou de la police.

Le 22 avril, Bingen demande qu'en vue des opérations prochaines et de la rupture prévisible des communications intérieures, on constitue en France une réserve clandestine correspondant à deux mois de dépenses, dont un million par département et par mois. Le 27 avril 1944, le C.O.M.I.D.A.C. débloque cinq cents millions supplémentaires pour mai afin d'apurer le passé et constituer une première réserve[53]. Dès la mi-mai, cependant, Boris et Kœnig, faisant écho au délégué militaire pour la zone sud, Bourgès-Maunoury, alors présent à Londres, et au Comité financier de la Résistance, concluent qu'il faut voir la situation sous un jour entièrement nouveau[54] :

> Le budget de l'action va tendre à devenir le budget de la France métropolitaine en guerre. Il devra faire face non seulement aux besoins purement militaires des F.F.I., mais à une proportion qui ira croissant des autres dépenses publiques de la métropole.

Ils demandent en conséquence la mise à disposition de la Résistance, dès la lune suivante, d'une réserve supplémentaire de deux milliards de francs et le déblocage, à toutes fins utiles, de cinq milliards de francs en Angleterre et en Corse. Or Mendès France, commissaire aux Finances, dispose en tout et pour tout de deux milliards six cent millions en billets français, dont un milliard en coupures de cent francs ou moins[55]. Le total des montants parachutés d'Angleterre au nom du C.O.M.I.D.A.C. entre novembre 1943 et juillet 1944 plafonnera en fait à un milliard trois cent cinquante millions. Il faut recourir à d'autres ressources.

Ces ressources, c'est en France même qu'on les trouvera. La solution, recommandée par Boris dès l'été 1943, écartée alors par le C.F.L.N.[56], remise en avant par Bingen comme remède à la crise de l'hiver, adoptée enfin à titre d'essai pour un montant limité par le C.O.M.I.D.A.C. le 28 février 1944, consiste à remettre à des prêteurs généreux des chèques tirés sur le Trésor d'Alger ou à placer en France des bons du Trésor du C.F.L.N., qui seront remboursables après la Libération avec un intérêt de 2,25 %.

Il s'agit d'une des opérations les plus originales et les moins connues de la Résistance[57]. Pour emprunter en France au nom du C.F.L.N., il faut un organisme clandestin d'une rigueur insoupçonnable, inspirant confiance aux bailleurs de fonds et disposant de relations financières : ce sera le C.O.F.I. ou Comité financier de la Résistance. Émanation de la Délégation clandestine, Jacques Bingen et Georges Bidault, président du C.N.R., en ont décidé la création en février 1944. Le C.O.F.I. est présidé par le directeur de la Banque de Paris et des Pays-Bas André Debray ; il comprend notamment l'économiste agrégé de droit René Courtin, membre du Comité général d'études ; l'auditeur au conseil d'État Michel Debré ; les inspecteurs des finances Jacques Chaban-Delmas, bientôt promu délégué militaire national, Félix Gaillard, futur président du Conseil, et François Bloch-Lainé, représentant du délégué général, ainsi qu'un chargé de mission venu de Londres dès 1942, Jacques Soulas (Lézine), qui assure le secrétariat. Les réunions hebdomadaires se tiennent souvent dans la salle du conseil de la Banque de Paris et des Pays-Bas.

La première opération est une opération de prêt
franc à franc : Radio Alger fait savoir par un message
convenu, « L'aigle a attrapé quinze petits lapins », slogan inventé par Michel Debré, qu'un premier montant
de quinze millions de francs est à la disposition de la
Résistance à la Banque d'Algérie ; André Debray va
aussitôt trouver des relations sûres et leur remet pour
quinze millions de chèques qu'il signe du pseudonyme
de « Bossuet ». Par la suite, il fait fabriquer des imprimés de banque spéciaux filigranés ; on y inscrit le nom
de l'intéressé et sa date de naissance ; ils seront paya-
bles après la Libération sur présentation de l'acte de
naissance du bénéficiaire. Ces chèques sur la Banque
d'Algérie sont tous signés « Bossuet », signature enre-
gistrée à Alger et qui deviendra une griffe connue sur
la place de Paris, bien que clandestine. Avant même
l'arrivée des premiers bons du Trésor parachutés au
début de mai, la Délégation générale a recueilli trente
millions sur chèques. Deux jeunes filles transportent à
bicyclette dans Paris les fonds recueillis.

Lorsque, en mai 1944, Boris et Kœnig demandent
que soient constituées deux réserves de deux et cinq
milliards, c'est sous forme de chèques sur Alger et de
bons du Trésor qu'elles seront consenties. Mendès
France est d'abord réticent, considérant qu'on n'obtiendra pas un tel volume de souscriptions clandestines et
qu'il y a risque de voir placer des bons chez des sous-
cripteurs indésirables

> qui s'efforceraient de se procurer des certificats de patrio-
> tisme. Des noms ont circulé : certains sont considérés
> comme caractéristiques soit de la trahison et de la colla-
> boration, soit d'oligarchies financières dont les intentions
> politiques sont évidemment incompatibles avec celles que
> le Gouvernement et la Résistance ont maintes fois affir-
> mées[58].

De Gaulle est encore plus réticent, il a « une peur affreuse de tout ce qui touche à la finance et de la possibilité de scandales[59] ». Mais nécessité oblige : le C.O.M.I.D.A.C., siégeant en son absence, ordonne l'impression de titres de paiement d'un montant total de deux milliards — deux tiers en chèques, un tiers en bons — pour provision à constituer en France[60]. Tout compte fait, il aura été imprimé à Alger pour trois milliards huit cents millions de francs de bons du Trésor ; seule une fraction en sera expédiée[61]. Le succès du débarquement en Normandie et plus encore la percée d'Avranches faciliteront les souscriptions. À la mi-juillet, le délégué général Parodi réclamera l'envoi d'urgence de nouveaux bons, tout le stock parachuté étant placé[62]. Au total, six cent quatorze millions de francs auront ainsi été recueillis par le C.O.F.I., sans une erreur ni un faux, s'ajoutant aux quelque trois milliards et demi envoyés en billets depuis 1941 tant par les services français que par le S.O.E.[63].

Un ultime recours financier est la réquisition ou le prélèvement opéré de gré ou de force par des autorités de la Résistance, en principe sur remise d'un ordre signé ou d'un reçu en règle.

Le 3 février 1944, d'Astier a autorisé les délégués des zones nord et sud à se faire « consentir des avances de trésorerie par les caisses publiques ». Réquisitions et prélèvements restent peu nombreux et de faible volume jusqu'à juin 1944, mis à part la saisie par les F.T.P. à Clermont-Ferrand, le 9 février, d'un convoi d'un milliard trois cents millions en billets dont la moitié sera restituée après la Libération. Les prélèvements se multiplieront de juin à septembre dans les sièges de la Banque de France, les perceptions, voire les bureaux de poste ou de tabac, opérés soit par des F.F.I. (ce sera le cas le plus fréquent), soit par des autorités clandestines ou par des préfets de la Résistance afin de financer les nouveaux pouvoirs. Le montant avalisé atteindra quatre milliards deux cents millions de francs[64].

Toutes ressources confondues, le financement de la Résistance aurait ainsi coûté au budget français une dizaine de milliards de francs de l'époque, l'équivalent de trois semaines d'indemnité d'occupation.

34

Glières

> Alerte aux maquis ! Alerte à la Haute-Savoie ! Allô, allô,
> maquis de Haute-Savoie, S.O.S, S.O.S. *L'Oberführer* Joseph
> Darnand a décidé de déclencher demain 3 février une atta-
> que massive contre les patriotes retranchés dans les mon-
> tagnes de Haute-Savoie [...].
> Soldats sans uniforme des maquis de Haute-Savoie, il
> faut que vous appliquiez, sans perdre une minute, votre
> dispositif de défense.

Cette mise en garde à laquelle la grande voix de
Maurice Schumann donne une intensité inoubliable,
tous ceux qui prennent le 2 février 1944 au soir l'écoute
de Radio Londres l'ont entendue[1]. Le porte-parole précise les effectifs engagés contre les maquis ; il interpelle
nommément les officiers de police responsables de
l'opération :

> Chaque goutte de sang qui demain, peut-être par votre
> faute, coulera dans les ravins et les gorges de notre Haute-
> Savoie retombera sur vos têtes.

Quatre jours plus tard, le 6 février, dès six heures et
demie du matin, il renouvelle son appel : « Allô, allô,
S.O.S, S.O.S, Savoyards, Savoyards... ! »
Cette fois, il y ajoute une consigne d'action sans précédent, reçue la veille au soir de « Triangle » (lieutenant-colonel Charles Gaillard), l'adjoint du délégué
militaire pour la zone sud Bourgès-Maunoury (« Poly-

gone »), qui a demandé que ces ordres soient diffusés à toutes les émissions. Il ordonne en conséquence à tous les sédentaires armés de Haute-Savoie de rejoindre les maquis, aux ouvriers de faire grève, à tous les patriotes de multiplier les sabotages. C'est un ordre de mobilisation, toute la journée du 6 février, la B.B.C. répète le message.

Pour la première fois, un épisode de la résistance militaire intérieure est rendu public sur le vif comme l'a été deux ans plus tôt Bir Hakeim ; les auditeurs vont le suivre avec le seul délai imposé par le décodage des télégrammes clandestins. Et avec l'anxiété d'une issue incertaine.

L'« affaire des Glières » débute. Elle se prolongera près de deux mois. C'est une très simple histoire qui a sa place dans notre histoire, celle du défi lancé par quatre cent soixante maquisards qui, les premiers depuis 1940, hissent les couleurs sur une fraction libérée de notre sol et qui succombent, héros et victimes d'une décision qui leur a été sciemment imposée : le choix, contraire aux règles de la guérilla, de tenir coûte que coûte un réduit.

L'épisode des Glières est mémorable comme l'affirmation collective d'une révolte. Il est le plus clair révélateur des problèmes de la résistance armée à l'approche du débarquement et, d'abord, des malentendus entre exécutants et décideurs. Il est aussi un sommet de la guerre des ondes.

Les Savoies, « foyer de résistance active »

La bataille clandestine, les Savoies la connaissent en janvier 1944 depuis un an. Occupées en novembre 1942 par les Italiens, puis en septembre 1943 par les Allemands, elles sont devenues, au dire des autorités de Vichy, un des « foyers d'insécurité » les plus actifs de France. Ce sont des zones de refuge : le Service obligatoire du travail y a fait affluer les réfractaires des autres régions, s'ajoutant aux réfractaires locaux pour atteindre avec ceux-ci à partir de l'automne 1943 un total d'au moins 6 000 sinon 10 000 jeunes illégaux. Cet afflux s'est conjugué avec la naissance de l'armée secrète. Celle-ci est devenue une réalité en Haute-Savoie grâce au commandant Vallette d'Osia, l'ancien commandant du 27e bataillon de chasseurs alpins d'Annecy. Passé à la clandestinité dès novembre 1942, il est entré en contact aussi bien avec le général Delestraint, délégué militaire national de la France Libre, qu'avec les généraux patriotes de l'ancienne armée de l'armistice qui s'efforçaient de constituer ce qu'on commençait à appeler l'Organisation de résistance de l'armée[2] ; fort de son prestige auprès de ses anciens officiers, il a entrepris d'encadrer et d'organiser les premiers maquis et les sédentaires mobilisables. Il a obtenu des subsides américains en Suisse. Deux premiers accrochages avec les forces italiennes ont eu lieu au début d'août, dont l'un, près de Cluses, a coûté aux occupants un mort, un sous-lieutenant, et sept blessés. Les actions armées se sont multipliées à l'automne : cent soixante dix-sept attentats en octobre et novembre dans le département, d'après le préfet, qui a parlé de climat de « préguerre civile ». Des dénonciateurs ont été exécutés. Un jeune chef, François Servant, connu comme le lieutenant Simon, s'est illustré par ses coups de main avant d'être tué en janvier 1944. Les représailles allemandes ont été féroces.

Vallette d'Osia, arrêté en octobre 1943, a réussi à s'échapper et gagnera Londres. Le commandement militaire local a alors été assumé par le chef de l'armée secrète de l'Ain, Romans-Petit, publiciste et capitaine d'aviation de réserve, animateur et organisateur exceptionnel ; Romans-Petit s'était distingué par deux opérations hardies, la saisie du matériel de l'intendance, en pleine ville de Bourg-en-Bresse, et un défilé des maquisards dans Oyonnax le 11 novembre 1943, exploit au large retentissement. Romans-Petit, venu donc en Haute-Savoie, y a créé en décembre 1943, au hameau de Manigod, une école de formation de cadres qui enseigne les règles de la guérilla. Comme Vallette d'Osia, il s'appuie sur les cadres du 27ᵉ B.C.A., et notamment sur le jeune lieutenant Théodose Morel, dit Tom, ex-instructeur à l'École de Saint-Cyr repliée à Aix-en-Provence, qu'il prend pour adjoint. En marge se constituent quelques maquis F.T.P., sous contrôle communiste. Les coups de main se multiplient. Un rapport allemand de janvier 1944 note que[3]

> les terroristes sont de jour en jour plus provocants. Sur les routes de Haute-Savoie, ils attaquent en plein jour les voitures allemandes qui ne peuvent circuler qu'en convois protégés.
> À un passage à niveau intentionnellement fermé, ils ont assailli une voiture occupée par des officiers de la police militaire qui ont tous été blessés.

Les archives allemandes signalent entre le 15 et le 21 janvier un attentat contre des douaniers allemands et douze attaques dans la région d'Annecy, puis, dans les six derniers jours du mois, l'enlèvement de trente-deux véhicules et de trois tonnes d'explosifs et l'attaque d'un convoi allemand près du Petit-Bornand. L'intendant de police d'Annecy déplore publiquement que des cantons entiers échappent à l'autorité gouvernementale.

Rien d'étonnant si c'est d'abord sur la Haute-Savoie que s'abat la répression. Depuis décembre 1943, des extrémistes de la collaboration participent au gouvernement de Vichy : Joseph Darnand, chargé du Maintien de l'ordre, Philippe Henriot, responsable de la Propagande. Laval veut justifier la confiance des occupants en assurant la sécurité de leurs arrières. Le

20 janvier 1944, la Haute-Savoie a été dotée de cours martiales devant lesquelles tout détenteur d'armes arrêté doit être traduit ; le jugement sans appel est exécutoire dans les vingt-quatre heures. Le département est mis en état de siège, des renforts roulent vers Annecy : selon les renseignements reçus à Londres, douze escadrons de gardes mobiles et cinq groupes mobiles de réserve, ou G.M.R., seront engagés. On ignore à Londres que s'y ajoute la deuxième unité de la France-Garde de la Milice, commandée par le commandant de la Milice pour la région R1 (Rhône-Alpes), Jean de Vaugelas.

Face à cette mobilisation, la « compagnie » de maquisards Jourdan-Joubert a reçu dans l'après-midi du 30 janvier l'ordre de monter au plateau des Glières où déjà cantonnent une vingtaine de réfractaires : cent vingt maquisards des villages de Manigod, Serraval et du Bouchet sont ainsi montés le 31 au plateau.

Pourquoi cette décision et pourquoi Glières ?

Tom Morel, nommé par Romans-Petit chef des maquis de Haute-Savoie, s'en est expliqué :

> Laisser les camps existants isolés sans armes, sans ressources, revenait à les livrer les uns après les autres.
> Alors fallait-il faire la guérilla pour se défendre ? C'était impossible : nous manquions d'armes suffisantes pour équiper chacun de nos camps ; la neige empêchait toute mobilité[4].

D'où l'idée de grouper tout le monde, avec les quelques armes existantes, dans une zone facile à défendre qu'on interdirait coûte que coûte, le temps de recevoir les parachutages qui permettraient de reprendre la guérilla.

Car le manque d'armes est une obsession. Aucun parachutage n'a eu lieu depuis des mois, mais, en janvier 1944, Romans-Petit espère : il a près de lui un

officier de liaison britannique qui a l'oreille du S.O.E. ;
il a signalé Glières comme une zone de parachutage
exceptionnelle. Ce bastion montagneux proche d'Annecy
encadre, à quatorze cents mètres d'altitude, des hauts
plateaux faiblement ondulés : dix kilomètres à vol
d'oiseau du nord au sud entre les points extrêmes et
sept d'est en ouest. Glières a été homologué à Londres
sous le nom de code d'« Hippopotame » comme un des
rares sites alpestres capables de recevoir plus de quatre-vingts « conteneurs ». Romans-Petit a aussitôt désigné Morel

> pour commander un détachement d'une centaine d'hom-
> mes avec pour unique mission de résider sur place afin de
> recevoir et d'acheminer à n'importe quel moment, sans
> délai, les containers vers les unités.

Jamais, à aucun moment, il n'a été question de
constituer un réduit[5].

Or, les appels des Savoyards coïncident avec le
changement de l'attitude alliée à l'égard de la Résistance. La décision de débarquer en Normandie en
1944 transforme la perspective. Au cours de la réunion
franco-britannique du 27 janvier à Downing Street,
Churchill a ordonné, on l'a vu, qu'on fasse le nécessaire pour armer en février seize à vingt mille hommes
dans l'ensemble alpin et le Massif central, avec priorité
aux grandes Alpes[6]. Sa vision romantique de l'arc alpin
s'embrasant du Rhône à la Méditerranée va à l'encontre de la doctrine étroitement technicienne de son état-
major ; les mesures d'exécution suivent néanmoins : la
Royal Air Force se fera prêter des avions par les Américains, on affectera les équipages les plus expérimen-
tés au ravitaillement des maquis français. À la réunion
du 7 février, le commissaire à l'Intérieur Emmanuel
d'Astier demande des mesures exceptionnelles pour la
Haute-Savoie menacée et où « un échec aurait une

répercussion d'une extrême gravité sur l'ensemble de la Résistance[7] ».

Solidarité résistante : oui.
Insurrection régionale : non

En ce début de 1944 fait fonction de délégué militaire en Haute-Savoie un homme qui va jouer dans l'affaire des Glières un rôle majeur, le capitaine Jean Rosenthal, pseudonyme Cantinier, nom de code : Apothème. Rosenthal a trente-sept ans ; il est le fils d'un des joailliers les plus en vue de Paris dans l'entre-deux-guerres ; il a franchi les Pyrénées à la fin de 1942 et gagné Londres où il s'est engagé dans les F.F.L. Il s'y est lié avec Maurice Schumann. Affecté aux forces françaises en Tripolitaine, il y a été grièvement blessé et, sitôt rétabli, il s'est porté volontaire pour une mission en Haute-Savoie, région qu'il connaît bien. La mission Musc, première mission militaire franco-britannique d'information, l'a associé à un officier anglais, le lieutenant-colonel Heslop, dit Xavier ; cette mission devait en l'espace d'une lunaison, entre septembre et octobre 1943, évaluer les ressources en combattants potentiels des dix départements de la région de Lyon. Rosenthal-Cantinier, de retour à Londres, ont fait état de 2 350 hommes encadrés et prêts à combattre. La hâte des services était telle que Heslop et lui ont été renvoyés en France à la même lune en qualité d'officiers de liaison auprès de l'armée secrète des trois départements de l'Ain, du Jura et de la Haute-Savoie, c'est-à-dire auprès de Romans-Petit.

Mais Romans-Petit doit se replier, au début de février 1944, sur l'Ain où les Allemands lancent une offensive contre les maquis. Rosenthal va être ainsi pendant trois mois l'interlocuteur attitré du B.C.R.A. en Haute-Savoie. Sans exercer de commandement, il a un rôle clef. Entreprenant, ardent, il a l'auréole du Français Libre qui a vu de Gaulle. Il dispose de postes émetteurs. Les hauts responsables militaires de la clandestinité l'ont assuré de leur confiance[8]. Il sait les difficultés qui opposent de Gaulle à ses alliés, aussi a-t-il une vue non pas seulement militaire, mais politique de la Résistance : comme de Gaulle et la plupart des Français Libres, il la conçoit comme un mouvement national qui doit témoigner avec éclat pour la France. Ayant découvert Glières, il a voulu Glières.

Devant l'offensive de Vichy, c'est lui qui a alerté Londres et agité les états-majors clandestins. Dans la première décade de février, toutes les autorités civiles et militaires clandestines ont réclamé à la fois une aide matérielle et la mobilisation de toutes les ressources de la Résistance au profit de la Haute-Savoie. Bourgès-Maunoury, délégué militaire pour la zone sud, est intervenu dans ce sens, mais aussi le futur général Descours, commandant clandestin de la région lyonnaise (Rl), officier respecté, auteur d'un télégramme inquiétant qu'Emmanuel d'Astier lit le 7 février devant les états-majors londoniens et qui remontera à Eisenhower[9] :

> Très urgent. Donnons ordre prêter main-forte à Savoie. Vous demandons instamment envoi urgence troupes parachutées et armes, surtout fusils-mitrailleurs, ainsi qu'attaques par aviation [...].
> Sommes prêts à soutenir lutte, mais avons besoin aide extrême urgence.

Le lendemain 8 février, le délégué général par intérim en France du Comité d'Alger Bingen vient à la rescousse : il signale que le bureau confédéral de la C.G.T. clandestine demande l'intervention de parachutistes et d'aviation, ainsi que la distribution des armes stockées et la diffusion par la B.B.C. de consignes appelant au harcèlement des forces de répression et à la grève générale dans la région ; le bureau du Conseil national de la Résistance fait chorus[10]. C'est dire que l'appel radiodiffusé de Schumann, le 6 février 1944, répondait à une demande concertée et renouvelée venue de France.

Mais à Londres, après ce premier appel mobilisateur, on s'est épouvanté soudain. Dans la nuit du 6 au 7 février, les Anglais ont consulté deux officiers supérieurs de marque, tout juste arrivés de France, le colonel Ély, futur chef d'état-major général, et Vallette d'Osia, le premier des chefs militaires de Haute-Savoie ; Vallette d'Osia a dit que l'appel était une folie. D'Astier et Boris pour le commissariat à l'Intérieur, Manuel du B.C.R.A., Buckmaster du S.O.E., Beck du P.W.E., se concertent. Une réunion est convoquée qui assemble, aux côtés des représentants du S.O.E., de l'O.S.S. et de la R.A.F., tous les responsables français — le commissaire à l'Intérieur (Emmanuel d'Astier), les délégués militaire et civil du C.O.M.I.D.A.C. (le général d'Astier et Georges Boris), le chef du B.R.A.L. (André Manuel), mais aussi Vallette d'Osia et Michel Brault (*Jérôme*). Compte tenu de la gravité des dernières informations reçues, Emmanuel d'Astier demande l'envoi de parachutistes, des parachutages de jour et le bombardement des colonnes allemandes. Seuls en résulteront des parachutages d'armes[11] et, dans l'immédiat, on décide de freiner une mobilisation qui risque de dégénérer en une insurrection désastreuse pour la résistance[12]. Ce revirement sera contesté par les responsables français de la clandestinité : ce sera la première escarmouche opposant, à l'approche du jour J, les autorités de Londres aux activistes de la Résistance partisans de l'action immédiate[13]. Le 7 février au soir, donc, Schumann donne un coup d'arrêt ; il renverse les consignes antérieures : il prescrit la tactique du harcèlement et du décrochage, car, dit-il,

la France d'aujourd'hui aura toujours trop de martyrs,
la France de demain n'aura jamais trop de soldats.

Le 9 février, la B.B.C. explique qu'« il ne faut jamais
résister jusqu'au bout si l'ennemi est supérieur ».

Avec Morel aux Glières,
« Vivre libres ou mourir »

Décrocher, la question ne se pose pas en ces termes
pour les maquisards de Glières. La neige rend le plateau inaccessible. Ils y sont en sécurité. Au contraire,
les camps de vallée sont durement éprouvés, car les
barrages de police se multiplient et des patrouilles
fouillent les villages. Pour échapper à la menace, cin-
quante-six républicains espagnols, affectés à des camps
de travail en montagne, pour la plupart bûcherons et
qui risquent d'être déportés en Allemagne, rejoignent
le plateau, ainsi que des groupes de La Clusaz, du
Grand-Bornand et d'Entremont. Après le premier
parachutage, vite connu, le prestige du maquis grandit : une équipe de Thorens monte à son tour, puis
deux sections de Francs-Tireurs et Partisans menacées. On préfère les laisser venir s'armer sur place plutôt que d'avoir à transporter les armes.

Plusieurs facteurs concourent à faire durer le groupement.

Le premier parachutage ne vient qu'en fin de lune,
le 14 février, et il est modeste. Encore plus modeste le
parachutage du 4 mars : deux avions, vingt-neuf containers et colis. On en espère d'autres. Tom Morel tient
à assurer la sécurité aussi longtemps que dureront les
parachutages ; il est ainsi lui-même entraîné à faire
durer l'implantation et désire même la renforcer.

Le fait de durer renforce la confiance. Pourtant, la

vie est rude dans la citadelle du plateau, même si une quarantaine de chalets qu'on aménage sommairement offrent des abris. Les vêtements chauds, les chaussures font défaut ; le blocus policier rend le ravitaillement difficile, on doit bientôt le monter à dos d'hommes. Cantinier demande à Londres, outre des munitions, des vivres et des vêtements chauds. Le plus gros parachutage n'apportera que deux à trois jours de nourriture. Fin mars, le blocus sera près d'affamer les défenseurs.

Le moral est néanmoins élevé. Le lieutenant Morel donne sa mesure de chef. Saint-cyrien de 1937 fait chevalier de la Légion d'honneur pour avoir capturé, en juin 1940, une compagnie italienne sur le front des Alpes, il s'est à nouveau distingué en adressant à ses camarades de promotion, un an après la dissolution de l'armée de l'armistice, une lettre qui était un appel de clairon[14] :

> Nous n'avons pas eu le geste héroïque qui aurait lavé notre uniforme du déshonneur.
> Il est temps de vous demander où vous en êtes et ce que vous avez fait de votre idéal cyrard. Votre place n'est plus dans des organisations douteuses qui font le travail de l'ennemi, encore moins dans des situations civiles ou des études de petits bourgeois amorphes.
> C'est le sort de notre pays qui se joue.
> Cyrards de la promo « Charles de Foucauld », en exemple de votre patron, il faut tout quitter pour servir la France.

Cet homme ardent est l'âme de Glières. Il n'y aura jamais plus de cinq officiers et aspirants assistés de quelques sous-officiers d'active pour encadrer ce qui devient un bataillon : Bastian, Griffolet d'Aurimont, Jourdan, Lalande, auxquels se joindra le noble capitaine Anjot.

Douze sections sont constituées, chacune avec son

secteur, ses avant-postes, ses emplacements d'armes automatiques, ses igloos édifiés pour y monter la garde ; le poste de commandement est relié aux sections par des coureurs qui, les jours de tempête, avancent péniblement dans la neige. Morel constitue un corps franc de vingt-cinq jeunes éclaireurs-skieurs bien armés.

« Il s'est passé en haut un phénomène étonnant », raconte un survivant :

> Nous étions des hors-la-loi. Sur le plateau, nous nous sommes sentis des hommes libres. L'enthousiasme vous prenait. Quelque chose de différent, un climat unificateur, la naissance d'une communauté, une nouvelle relation officiers-soldats.

« L'esprit Glières » permet la conjonction, si rare sous un même commandement, des maquis de l'armée secrète et des sections de Francs-Tireurs. Cet esprit Glières est l'œuvre de Morel. Il voit en ses hommes une avant-garde de l'armée de la Libération. Ce saint-cyrien qu'on dit proche de l'Action française refuse de faire une différence entre sections communistes et non communistes, bien que les premières soient accusées par la propagande vichyste d'avoir délibérément massacré un groupe de policiers civils. Le drapeau tricolore frappé de la croix de Lorraine flotte sur tous les chalets ; chaque matin, il y a, pour chaque section, le salut aux couleurs et les exercices en armes, le soir, les veillées et les chants. Le dimanche 20 février, lors d'un rassemblement général des maquisards, Morel fait adopter la devise : « Vivre libres ou mourir. » Et tous savent, grâce à leur poste de radio, que le monde extérieur connaît leur existence.

Pendant un mois et demi, les maquisards assiégés ont la maîtrise des opérations. Ils ont ordre de ne pas ouvrir le feu en premier sur des Français. Ils se heurtent à la garde mobile dès le 7 février et à la Milice le

9. Le 12 février, un accrochage à l'Essert, qui est
déploré de part et d'autre, coûte à la garde mobile quatre tués et trois prisonniers ; Tom, en signe de bonne
volonté, libère ceux-ci après trois jours. Le 19 février,
Londres reçoit de Cantinier le compte rendu suivant[15] :

> Admirable moral de nos maquis qui prennent chaque
> jour davantage figure de troupes régulières, disciplinées,
> parfaitement encadrées.
> Si ravitaillement par avion se poursuit, nous aurons là
> une réserve d'hommes pour le jour J.

Les maquisards s'enhardissent. Dans la nuit du
2 mars, ils font un coup de main sur Saint-Jean-de-
Sixt pour libérer l'un des leurs, le médecin du maquis :
sans un coup de feu, ils se rendent maîtres du petit village et de trente soldats des groupes mobiles de
réserve surpris dans leur sommeil ; ils obtiennent la
promesse que le médecin prisonnier sera libéré. Le
8 mars, ils repoussent les attaques de la Milice. Tout
Annecy en parle ; la population est de cœur avec eux ;
les gendarmes et une partie des gardes mobiles fer-
ment les yeux.

Cependant, la répression se durcit. Darnand y veille.
Il est venu à Annecy du 16 au 18 février. Le 20 février,
la cour martiale d'Annecy condamne sept hommes à
mort et celle de Thonon cinq, qui sont aussitôt exécutés ; cinq autres le sont à Annecy le 6 mars ; ils tombent
sous les balles françaises en chantant <i>La Marseillaise</i>.

Le 9 mars, Tom Morel tente son raid le plus hardi.
Le médecin du maquis capturé n'a toujours pas été
libéré ; cinq autres maquisards ont été faits prisonniers sur une route que la police avait promis de laisser libre : Morel organise de nuit une descente en
force sur Entremont. Il veut prendre en otages des
hommes des groupes mobiles de réserve afin de recouvrer ses prisonniers par voie d'échange. Il a dit : « Je

ne veux pas d'effusion de sang. » Mais des chiens donnent l'alarme, la fusillade éclate ; les maquisards s'emparent des deux hôtels où les G.M.R. sont cantonnés et les font prisonniers, y compris leur commandant. Celui-ci a demandé à garder son arme ou a caché une arme. Il tire à bout portant sur Morel qui s'effondre. L'officier de police est à son tour abattu. Soixante G.M.R. prisonniers sont conduits sur le plateau, en même temps que la dépouille du lieutenant Morel. Des photographies nous ont conservé les images, dans la neige, du cortège funèbre du jeune héros à qui ses compagnons rendent les honneurs, celle de la chapelle ardente où il repose sous un drapeau tricolore à croix de Lorraine.

Anjot, pseudonyme « Bayart »

La nuit qui suit la mort de Morel, celle du 10 au 11 mars 1944, a lieu le plus important parachutage. Vingt quadrimoteurs se sont envolés d'Angleterre vers Glières. La B.B.C. a diffusé la phrase code : « Le petit homme aime le Byrrh. » Quatre grands bûchers jalonnent le plateau, dix-sept avions parviennent au but et lâchent leur charge[16]. Les containers de cent cinquante kilos s'enfoncent dans la neige profonde. La livraison est énorme, sans doute proche de cinquante tonnes[17]. Elle dépasse les moyens d'évacuation : il faut des jours d'efforts pour en récupérer le plus gros.

La disparition de Morel cause un profond désarroi. Les maquisards gardent néanmoins la maîtrise des opérations : le 11 mars, ils repoussent une attaque des G.M.R. sur Notre-Dame-des-Neiges et en capturent dix, ce qui porte le total de leurs prisonniers à soixante-dix. Le 12, des renforts des maquis du Giffre et du Chablais portent l'effectif du plateau à près de cinq cents hommes. Le 20 mars, la Milice qui attaque sur plusieurs points sous couvert de tirs de mortiers est rejetée avec pertes.

Entre-temps, Glières a accueilli le nouveau chef dont le nom est inséparable de la dernière phase des opérations, le capitaine Anjot. Plus âgé que Morel — quarante ans —, officier d'expérience, froid et réfléchi, instructeur à Saint-Cyr pendant six ans, il s'est mis dès 1941 au service de la Résistance et il a été en 1943, aux côtés de Vallette d'Osia, l'artisan de l'armée secrète en Haute-Savoie. Il a participé à des coups de main, l'arme au poing. Il est l'adjoint du commandant Clair, chef de l'armée secrète de Haute-Savoie. Le 15 mars, cet homme de conscience et de foi accepte le commandement des Glières. Il semble qu'il l'ait sollicité. La lettre qu'il laisse à sa femme dit bien dans quel esprit :

> Nombreux sont ceux qui, par des raisonnements plus ou moins faux et lâches, se détournent du devoir national. En tant qu'officier, je ne puis le faire[18].

Il a conscience d'assumer une mission de sacrifice. Il monte au plateau en emportant sa vareuse d'officier de chasseurs et le drapeau dont il avait la défense en 1940 : car s'il doit mourir, il tient à « mourir Anjot ». Il prend son commandement le 18 mars, devant tous les hommes rassemblés, sauf ceux qui sont aux postes de garde. Il demande : « Voilà, je prends le commandement, est-ce que vous voulez de moi ? »

L'énigme des Glières

C'est déjà le commencement de la fin. Depuis trois semaines, le commandant des forces de police allemandes en France, Oberg, a avisé Darnand que les opérations devaient être terminées le 12 mars, sinon la Wehrmacht prendrait les choses en main[19].

Une question se pose ici, toujours lancinante après cinquante ans : pourquoi les maquisards des Glières n'ont-ils pas décroché, comme Kœnig a su le faire à Bir Hakeim, sans attendre que l'encerclement soit infranchissable et que le dégel ouvre la voie aux Allemands ? La question a donné lieu à des polémiques violentes dans les années de la guerre froide : le parti communiste, en la personne de l'ancien commandant en chef des F.T.P. Tillon, a dénoncé « l'irresponsabilité calculée du B.C.R.A. », partisan de la tactique des « maquis de masse », des « zones fortes » et des « foyers insurrectionnels » et responsable, en fonction de ses « suspectes combinaisons improvisées », d'un maintien délibéré sur place, qualifié de criminel[20].

En réalité, jamais le B.C.R.A. ni le S.O.E. n'ont prescrit de tenir Glières jusqu'à s'y faire tuer sur place. Le service anglais a toujours déclaré qu'il n'armait pas les maquis pour une guerre statique. Schumann a rappelé par deux fois la consigne de mobilité ; le B.C.R.A. télégraphie le 21 mars que « les maquis attaqués doivent tenter de décrocher[21] ». Et sitôt connue la chute de Glières, les responsables londoniens déplorent un rassemblement aussi nombreux[22].

Cela étant, il faut voir combien la liaison entre maquis et bureaux de la France Libre est aléatoire et propice aux malentendus. Outre que les télégrammes de Savoie reçus à Londres sont décryptés avec un délai de un à six, voire huit jours, trois éléments d'incertitude obèrent les décisions.

Une situation militaire telle que celle des Glières, comportant le passage ostensible d'unités encadrées à l'action armée, est sans précédent pour les équipes londoniennes. Les conditions d'emploi militaire de la Résistance sont en pleine discussion. La doctrine de la guérilla n'est pas clairement définie. Les Anglais et les meilleurs experts français récusent la notion statique de « réduit », mais elle fascine beaucoup de F.F.L.

comme elle fascine beaucoup d'officiers supérieurs venus de l'ancienne armée de l'armistice. On la rejette, mais on admet qu'après le débarquement les massifs montagneux et le Vercors deviennent des bases d'opérations qui seraient une autre forme de « réduits[23] ». La montée en puissance de la Résistance militaire se fait dans l'improvisation. Il faudra attendre fin avril pour que soit constitué autour de Kœnig un état-major F.F.I. et la mi-mai pour que de Gaulle signe l'instruction sur les opérations en France.

Le dossier Glières révèle, en deuxième lieu, un malentendu qui a trait à l'intervention éventuelle d'unités de parachutistes alliés pour soutenir les maquis. Cantinier et l'état-major clandestin ont demandé plusieurs fois une telle intervention ; il faut bien qu'ils l'aient crue possible ; à Londres, Emmanuel d'Astier et son frère le général François d'Astier ont appuyé la demande. Le 15 mars encore, le délégué militaire national Bourgès-Maunoury télégraphiait au B.C.R.A. que Glières pouvait « recevoir tous effectifs ». Cantinier a supplié jusqu'au 27 mars qu'on envoie un bataillon de paratroupes. Or, dès la mi-février, l'état-major allié avait écarté cette éventualité, de même qu'il écartait la possibilité de faire intervenir l'aviation contre les forces allemandes dans les vallées des Alpes. Mais ces impossibilités n'ont jamais été signifiées aux délégués militaires sur le terrain, et elles ne pouvaient pas l'être.

Troisième élément d'incertitude, les responsables français de Londres et d'Alger ignorent la date du débarquement. À la mi-février, les services anglais leur ont signifié qu'il ne fallait pas donner à croire que le débarquement était imminent. Mais en février-mars 1944, le front allemand de l'Est s'écroule, les Soviétiques atteignent la frontière polonaise. Rien d'étonnant si Cantinier a cru Glières en mesure de résister aux forces de Vichy jusqu'au jour J.

Deux facteurs ont contribué à l'irrémédiable.

L'un est la fascination des armes parachutées. Les maquisards en sont devenus prisonniers. Comment abandonner sans combat les tonnes de matériel reçues et comment justifier vis-à-vis des alliés un tel abandon ? Qui plus est, Londres a annoncé pour le 17 mars une nouvelle opération de vingt avions, annulée en dernière minute[24], et en laisse prévoir une nouvelle le 20 mars. Comment ne pas y voir la promesse d'un soutien résolu ? C'est dire que ni le B.C.R.A. ni le S.O.E. n'ont perçu à temps la gravité de la situation. De part et d'autre, on donne de faux espoirs en attendant du partenaire plus qu'il ne peut donner.

Une seconde raison incite à tenir bon : c'est que les défenseurs prennent conscience d'assumer une mission qui dépasse le cadre local. La propagande radio y a été pour beaucoup. Jour après jour, la B.B.C. affirme que les maquis sont l'honneur de la France. Cette publicité, Rosenthal-Cantinier l'alimente. Pour lui, affirme un témoin, les actions de sabotage, de guérilla même, n'étaient pas suffisantes[25] :

> Il fallait fournir à Londres la preuve que la Résistance ne s'exprimait pas seulement en paroles, mais par des faits, qu'elle représentait une force considérable avec laquelle les Allemands devaient compter.

Le 2 mars, exalté par les premiers succès de Morel, il a télégraphié à Londres[26] :

> Nous vous demandons de nous aider et de dire aux alliés de la France que nous sommes fiers de pouvoir nous battre, de pouvoir incarner la Résistance, que nous sommes heureux d'être le symbole du pays qui refuse de se soumettre. Nous sommes l'avant-garde du combat qui nous rendra nos libertés.

Journellement, il rend compte ; il télégraphie parfois nommément à Schumann les informations à diffuser, les hauts faits à magnifier. Il ne cessera de le faire. La B.B.C. répercute.

Il y a plus. Le 9 mars, avant le coup de main sur Entremont, il est monté au plateau et il a fait valoir à Morel, qui songeait peut-être à disperser sa troupe, que Glières était une tête de pont pour le débarquement allié qui ne devrait pas tarder. Il l'a redit avec force après la mort de Tom, au cours d'une réunion décisive tenue à Annecy le 15 ou le 16 mars. Il en a convaincu les chefs départementaux réticents et qui doutaient de pouvoir durer. Les responsables de Glières se sentent désormais tenus de prouver aux alliés et que la Résistance militaire existe et qu'ils sont prêts à jouer leur partie dans les opérations du débarquement.

En ce milieu de mars 1944, pour les Londoniens de la France Libre, les Glières égalent Bir Hakeim, comme l'a voulu Cantinier. Le 21 mars, Schumann les magnifie dans un solennel hommage aux maquis de Haute-Savoie, au chef de groupe franc Simon, et d'abord à Morel[27] : « Il s'appelait Tom. Il était officier d'active, ancien instructeur à Saint-Cyr... »

Lorsque le capitaine Anjot monte aux Glières, il sait quel est le sens et l'enjeu de l'affrontement engagé sur ce premier lambeau de terre libérée. Il juge l'issue sans espoir, mais il juge aussi « l'évacuation psychologiquement impossible ». Si soucieux qu'il soit du sort de ses hommes, il se sent investi d'une responsabilité plus lourde, qui est de témoigner. Quand on lui suggère d'évacuer, il répond : « Je continue. »

La fin

Depuis le 8 mars, des avions de reconnaissance allemands survolent le plateau ; le 12, le 17, le 23, l'aviation allemande bombarde ou mitraille. Le 20 mars, le général Pflaum, commandant la 157e division alpine

allemande, vient prendre contact avec les chefs de la
Milice. On se répartit les rôles : trois bataillons et une
compagnie de chasseurs alpins bavarois, appuyés par
de l'artillerie de montagne, prennent position ; la
Milice complète le bouclage. Le dégel rend le plateau
accessible : quelque quatre cent cinquante maquisards
ne pourront pas tenir un tel périmètre.

Jusqu'au bout, les autorités relevant de Vichy souhaitent éviter l'intervention des Allemands, mais la
gendarmerie et la garde mobile, peu sûres, ont dû être
retirées et la Milice continue d'être partout repoussée.
Le 23 mars, les chefs miliciens envoient des émissaires
pour obtenir la reddition de Glières : « On » serait prêt
à distinguer entre les réfractaires au passé honnête et
les « terroristes », qui seraient livrés à la justice. La
réponse que fait porter Anjot est claire[28] :

> Il est regrettable que des Français tels que vous l'avez
> été fassent en ce moment le jeu de l'ennemi.
> Quant à moi, j'ai reçu une mission : il ne m'appartient
> pas de parlementer.

Le 25 mars, Darnand est à Annecy : c'est avec le concours de ses tueurs que l'armée allemande montera à
l'assaut[29]. À partir du 24, de sévères bombardements
d'artillerie, puis deux bombardements aériens détruisent le poste de commandement d'Anjot et incendient
la plupart des chalets. Les 20, 24 et 26 mars au matin,
les miliciens sont successivement repoussés. Le dimanche 26 mars après-midi, un détachement allemand en
vêtements blancs opère ce qui semble être une reconnaissance vers le hameau de Monthiévret : il submerge
et anéantit le poste de défense qui couvre le versant.
L'accès au plateau est ouvert[30]. Cependant la nuit
tombe. « Je crois pouvoir affirmer que l'honneur est
sauf », dit Anjot. Se maintenir serait vouer ses hommes au massacre. À 22 heures, il adresse aux sections

l'ordre écrit de rejoindre les vallées où elles se disperseront pour traverser les barrages et regagner leurs maquis d'origine.

Le drame ne fait pourtant que commencer. Les pertes du maquis sont encore faibles, les pertes allemandes minimes[31]. Les groupes descendent dans la nuit avec parfois de la neige jusqu'au ventre. Les chasseurs alpins bavarois prennent possession du plateau du 27 au 30 mars. Dans les vallées, la circulation est interdite. C'est pendant quatre jours la chasse à l'homme. Allemands et miliciens se prêtent la main. L'après-midi du 27, Anjot tombe dans une embuscade près de Naves. Fusillades un peu partout. Le lieutenant Griffolet d'Aurimont et deux de ses camarades sont abattus à Thorens par la Milice.

Les exécutions se poursuivront tout avril. Les prisonniers épargnés sont entassés à Annecy au quartier Dessaix. Le 4 mai, la cour martiale d'Annecy condamne à mort neuf jeunes gens qualifiés de chefs du maquis : cinq sont aussitôt fusillés. Le bilan final sera lourd : outre le monceau d'armes perdues[32], l'organisation démantelée, l'espoir momentanément brisé, on compte deux cent trente-sept prisonniers dont cent quarante-neuf mourront, abattus sur place, fusillés après jugement ou disparus en déportation, non compris les victimes dans la population[33]. Philippe Henriot dénonce sur Radio Paris « un ramassis de déserteurs et de gamins », « ces visages où l'on retrouverait les plus sinistres photos des brigades internationales », « tous ces hommes lâchés par leurs chefs... La légende est morte », affirme-t-il. « L'armée secrète est en fuite. Bayard *(sic)* a fui. » Bayart, c'est Anjot. Henriot mettra dix jours avant d'oser parler du « cyrard Morel ». Ni Vichy ni Paris ne révéleront que c'est l'armée allemande qui a achevé Glières.

« Glières a été une défaite des armes, mais une victoire des âmes », écrira Romans-Petit. Défaite des armes, oui. Et défaite aussi pour Vichy, pour ses polices, pour sa pseudo-souveraineté. Pourtant, grâce à l'ordre ultime d'Anjot, deux cent cinquante à trois cents hommes ont réchappé et, sitôt les forces de Maintien de l'ordre retirées, la Résistance de Haute-Savoie renaît de ses cendres. Un mois plus tard, les maquisards de Jourdan, le seul officier survivant, monteront faire une manœuvre au plateau et le 1er août 1944, prélude à la libération du département, deux mille cinq cents F.F.I. recevront en plein jour aux Glières le parachutage le plus massif de la guerre[34].

« Victoire des âmes », l'expression traduit l'esprit d'une époque. À deux mois du débarquement allié, Schumann et le commentateur de la radio suisse René Payot peuvent attester qu'un bataillon de patriotes menés par des officiers d'active a été ouvertement aux prises avec l'Allemand sur le sol de France. Le porte-parole du C.F.L.N. peut s'écrier, le 8 avril[35]. « Allô ! ceux des Glières, merci ! » Il leur attribuera, sur la foi de télégrammes de Rosenthal et des rumeurs qui courent Annecy, la mort de quatre cents Allemands. Tandis que le Maréchal adjure les Français de rester à l'écart d'une guerre qui n'est pas la leur, la leçon d'honneur et de courage des Glières, exaltée par la radio de Londres en un long « chant funèbre » qui est aussi un hymne guerrier, prépare les Français à participer à leur libération. L'épisode est limité, mais symbolique : « Avec ses héros chevaleresques, ses jeunes rebelles, ses Espagnols rouges, ses juifs, son ambiance enthousiaste, sa noble cause » et ses martyrs[36], il a déjà tous les éléments constituants d'un mythe. Comme l'ont voulu ses protagonistes.

VI

DÉBARQUEMENTS,
LIBÉRATIONS,
SOUVERAINETÉ NATIONALE

(juin-août 1944)

Ami, entends-tu
Les cris sourds du pays
Qu'on enchaîne ?
Ohé partisans,
Ouvriers et paysans,
C'est l'alarme ;
Ce soir l'ennemi
Connaîtra le prix du sang
Et les larmes.

MAURICE DRUON,
ET JOSEPH KESSEL,
Chant des partisans[1].

1. Le *Chant des partisans* fut lu pour la première fois en février 1944 au micro de la B.B.C. Il fut diffusé sur la musique d'Anna Marly en avril, puis le 19 août 1944.

35

Dans les coulisses de Londres
et de Washington

L'invitation au voyage[1]. Le C.F.L.N.
se proclame gouvernement provisoire

Comment douter que ce soit un sentiment de victoire qu'éprouve de Gaulle, ce 23 mai 1944, quand
l'ambassadeur de Sa Majesté britannique à Alger, Duff
Cooper, lui remet une invitation de Churchill ? Le Premier ministre souhaite qu'il vienne à Londres, avec
Massigli et éventuellement d'autres commissaires,
pour régler les questions pendantes concernant l'administration de la France au cours de l'avance alliée ; il
ne propose aucune date, mais, pour souligner ses bonnes intentions, il fait dire qu'il s'est entendu avec le
général Eisenhower afin de compléter l'équipement de
la 2e D.B. de Leclerc, récemment transportée du Maroc
en Angleterre. Par une coïncidence que nul ne croit
fortuite, l'amiral Fénard, arrivant trois jours plus tard
de Washington, annonce que le Président Roosevelt
sera heureux d'accueillir le général de Gaulle, s'il souhaite venir en Amérique[2].

De Gaulle, dans un premier mouvement, se déclare
prêt à aller à Londres à n'importe quelle date ; à la
réflexion, il se montre moins empressé. Il voit dans
ces deux messages un signe de fléchissement, peut-
être aussi un piège. Il prend connaissance le 25 au
matin du discours que Churchill a prononcé la veille
aux Communes, un discours aussi chaleureux que

plein de réserves[3] : c'est assez pour réveiller sa méfiance.

D'abord, il veut être assuré, s'il va à Londres, de pouvoir communiquer librement avec Alger. À la séance du C.F.L.N. du 26 mai, il déclare qu'il ne peut transiger ni sur la monnaie, ni sur la « supervision » que prétendrait exercer en France le commandant en chef allié, ni sur la direction de la Résistance, ni sur l'autorité civile en zone militaire[4] et il signifie le 27 mai à Duff Cooper qu'il ne viendra que si un Américain officiellement investi participe à la discussion des plans concernant la France.

Un nouveau message de Churchill, pressant celui-ci, lui est remis le 2 juin au matin :

> Venez, je vous prie, avec vos collègues le plus tôt possible et dans le plus profond secret.
> Je vous donne mon assurance personnelle que c'est dans l'intérêt de la France[5].

Il sera « l'hôte du gouvernement de Sa Majesté ». Le Premier ministre a envoyé deux avions à Alger, dont son avion personnel, pour le transporter ainsi que sa suite.

Le Comité de la libération nationale siège l'après-midi du 2 juin de 17 à 22 heures : cinq heures de débat pour décider si le Général doit aller à Londres sans avoir reçu l'assurance d'une participation américaine aux conversations. Seuls quatre commissaires votent pour le refus, Philip, Jacquinot, Pleven et Billoux.

« Je n'ai pas l'honneur d'avoir la majorité », constate-t-il, comme s'il avait vraiment souhaité un autre vote...

Avant qu'on se sépare, il fait approuver le changement d'appellation du Comité : celui-ci, non sans quelques hésitations, se proclame gouvernement provisoire de la République française, conformément au vœu émis par l'Assemblée consultative le 15 mai[6]. C'est la réplique au dernier discours de Churchill, un ultime défi au Président américain.

Il réserve encore sa réponse à Duff Cooper jusqu'au lendemain 3 juin à 10 heures. Le 3 juin à 11 heures, il prend congé du Comité :

> Il faut regarder loin dans l'avenir, celui des relations franco-britanniques. [...]. Il ne faut pas qu'on puisse dire que la France était absente du Quartier général dans l'assaut de l'Europe.

« Il parle en grand homme d'État », note le commissaire aux Transports René Mayer[7].

Il partira sans qu'aucun membre du Comité l'accompagne, afin de pouvoir répondre à Churchill qu'il ne vient pas pour négocier. Seuls l'escortent des membres de son cabinet, Palewski, Courcel et Teyssot, deux militaires de haut rang, le chef d'état-major Béthouart et le secrétaire du Comité de défense nationale Billotte, et deux « techniciens », Hervé Alphand, pour le cas où l'on parlerait « monnaie », enfin Soustelle, pour qu'il prenne langue avec les services secrets. Duff Cooper est du voyage.

Le général de Gaulle retourne à Londres quatre ans après la défaite de 1940, mais non plus en vaincu. Il est résolu à parler haut et fort.

L'homme de la France : incertitudes et soupçons

Il faut s'arrêter à cet instant où l'acteur de l'Histoire se prépare à un cinquième acte dramatique, cornélien ou shakespearien.

Depuis des mois, Charles de Gaulle mûrit l'affrontement à venir. Il suffit pour s'en convaincre de feuilleter sa correspondance ou de lire les propos qu'il tenait

à l'automne 1943 à l'ambassadeur Edwin Wilson tout
juste arrivé à Alger[8]. Wilson lui ayant dit qu'il souhaitait éclaircir les malentendus entre Washington et
Alger : « Vous croyez qu'il y a seulement des malentendus ? lui a demandé de Gaulle.

— Que pensez-vous qu'il y ait ?

— J'en suis venu à me demander s'il ne s'agissait
pas d'une politique délibérée de votre gouvernement ? »

Et comme l'Américain s'étonnait, il s'est expliqué :

> — Je ne peux pas m'empêcher de conclure que le gou-
> vernement américain a délibérément cherché à me rabais-
> ser, à me mettre à une place subordonnée pour hisser sur
> le pavois d'autres Français avec qui il préférait traiter.

Tous les griefs sont remontés à la surface : Anfa, les
promesses politiques faites à Giraud, la volonté de le
subordonner, lui, de Gaulle, à Giraud, les multiples
interventions pour le contrecarrer ou le briser. Les
Américains le laisseront-ils même venir en France au
moment de la Libération ? Il l'espère, car si l'autorité
et l'ordre ne sont pas immédiatement assurés, il y aura
risque de guerre civile. Une action rapide sera avant
tout nécessaire pour empêcher les communistes de
prendre les commandes.

Puis il en est venu à parler du *gaullisme*. Il est
devenu, lui, de Gaulle, le symbole de la résistance. Il
s'est prononcé pour la résistance dès le début, c'est ce
qui a fait sa force. Après de telles épreuves, il tient à ce
que la France ne retombe pas dans le régime d'impuissance de naguère : il veut un gouvernement démocratique, mais doté d'un exécutif fort. S'il y a « malentendu »,
il est dans l'esprit de ceux qui lui prêtent des visées
dictatoriales. Croire que les Français s'y plieraient,
c'est ne pas les connaître.

On saisit sur le vif la dialectique de l'homme et du symbole : la restauration nationale et son combat sont plus que jamais inséparables. S'en prendre à l'Homme-Symbole, comme Roosevelt s'y acharne, c'est s'en prendre à la France. L'Homme-Symbole ne transigera pas sous peine d'abaisser la France.

Excessif, il l'est sans aucun doute, et injuste dans sa clairvoyance, même si les chausse-trappes et les faux-fuyants de Londres et Washington poussent au noir sa vision de l'Histoire : car il replace toujours les faits dans l'Histoire. Un des chefs de la Résistance métropolitaine, Lecompte-Boinet, venu pour quelques semaines à Alger, a fidèlement retranscrit le monologue que de Gaulle a développé toute une soirée devant lui[9] :

> L'Angleterre est gouvernée par des hommes tortueux, pas très intelligents, qui méprisent et craignent l'intelligence. Les Anglais ne peuvent pas vouloir que la France devienne un grand pays [...].
>
> À la paix, les trois puissances ne toléreront pas que nous puissions discuter : premièrement, parce que nous avons des griefs et des revendications envers l'Allemagne, que nous voudrons faible ; deuxièmement, parce que les Américains ne voudront plus entendre parler de la sécurité française ; troisièmement, parce que les Anglais savent que toutes les petites nations d'Europe feront bloc avec nous.
>
> Et puis le gaullisme représente quelque chose qu'ils ne connaissent pas : il était si facile de gouverner la France de la IIIe *(sic)* en achetant les généraux et les hommes politiques !
>
> En conséquence, le gouvernement de Gaulle ne recevra pas d'appuis. La France ne sera ravitaillée ni en armes ni en matières premières et ne pourra reconstruire les usines que les Américains détruisent à plaisir. Ils refuseront d'accéder à nos demandes.
>
> Mais si nous tenons, ils finiront par s'incliner. Du reste, il en a toujours été ainsi : ils nous ont toujours tout refusé et ont toujours accepté le fait accompli.

Nous déchiffrons mieux aujourd'hui, grâce à l'ouverture des archives anglaises et américaines, ce dont il a
la juste intuition, ce qu'il ignore et ce qu'il méconnaît.
Il se dit sûr de lui quand il s'envole pour Londres : le
projet de Roosevelt, reconduit pour la métropole, « n'y
aurait même pas un commencement d'application »,
écrira-t-il[10]. « Nous ne demandons rien. Il y a nous ou
bien le chaos[11]. » Il tient la Résistance. On peut douter
pourtant qu'il mesure à quel point il est en position de
force. Car les dirigeants américains, mis à part Roosevelt entraînant Churchill dans son sillage, ne voient
plus en 1944 les affaires françaises des mêmes yeux
qu'un an plus tôt. Il y a maintenant deux politiques
françaises aux États-Unis comme c'était le cas depuis
1942 en Angleterre. Une autre politique, résolument
favorable au C.F.L.N., n'a cessé d'y gagner du terrain
depuis l'automne 1943, c'est celle de pragmatistes et
de responsables de rang élevé ou moyen qui, ayant
pratiqué le général de Gaulle et les siens, les ont compris et appréciés : c'est, en fin de compte, à mesure
qu'approche le débarquement, la politique de deux
équipes et de deux institutions puissantes, la machinerie diplomatique britannique et l'*establishment* militaire américain.

De Gaulle a enfin pour lui une force qu'il retrouve
dans les grands moments : l'opinion publique anglaise.

*Roosevelt : de l'animosité
à la politique de puissance*

La capacité d'obstruction du couple Roosevelt-Churchill est énorme, et Alger ne voit qu'elle. Il est vrai que
jusqu'au débarquement rien n'a permis de la surmonter. Le Président américain s'en tient à deux préceptes
dont il ne dévie pas :

1) Les considérations militaires sont prioritaires dans la poursuite de la guerre ;

2) La souveraineté réside dans le peuple : aussi long-temps que 90 % du peuple français ne sont pas libres d'exercer leurs droits politiques, aucun individu ou aucun groupe ne sera reconnu par les États-Unis comme le gou-vernement de la France ou de l'Empire français[12].

En réalité, les rapports sur la France que reçoit Washington depuis l'automne 1943 ne laissent plus de place au doute : même les synthèses venant du très peu gaulliste directeur des services secrets américains Donovan, et dont la collection est conservée dans les archives personnelles du Président, montrent claire-ment que de Gaulle est seul reconnu par la Résistance et constitue la seule force unificatrice existant en France. Tout au plus certains rapports ajoutent-ils que les Français applaudissent de Gaulle chef de la Résis-tance, mais ne voudraient pas d'un de Gaulle dictateur et que des groupes-freins pourraient apparaître après la Libération. C'est apparemment la seule leçon que Roosevelt veuille en tirer.

Car de Gaulle est le dernier à qui il soit disposé à donner des gages. Il ne le laissera pas « faire main basse sur la France ». Sa méfiance, rappelons-le, est plus qu'« une excentricité personnelle[13] ». La personni-fication du pouvoir, le culte du héros charismatique sont, on l'a vu, étrangers à la tradition politique amé-ricaine pour qui Washington et Lincoln n'ont jamais été que des citoyens. Mais Roosevelt pousse à l'extrême l'obstination dans l'hostilité. Depuis qu'il a décidé de voir en de Gaulle, à Anfa, « un fanatique » et « une nature fasciste », son aversion n'a pas fléchi pour l'aventurier présomptueux de Dakar et de Saint-Pierre-et-Miquelon, l'« autocrate », le militaire « arrogant » qui conteste la politique américaine, le nationaliste dont il ne se lasse pas de raconter qu'il se prend pour Jeanne d'Arc et Clemenceau réunis, sinon pour leur

fils naturel. Cette méfiance est entretenue par son dialogue télégraphique quotidien avec Churchill, par
quelques complaisants et par le trio des anciens de
l'ambassade américaine à Vichy — l'amiral Leahy,
Murphy et Ronald Matthews —, acharnés à justifier
leurs compromissions ou leur aveuglement : Murphy,
qui a pourtant fini par reconnaître l'incapacité de
Giraud, Matthews, promu en 1944 directeur de l'Office
des affaires européennes au département d'État et qui
est allé jusqu'à qualifier de Gaulle d'« Adolf français[14] »,
Leahy surtout, sans cesse présent à la Maison-Blanche
et qui parlera jusqu'au bout du pétainisme des Français[15].

De sorte que chaque « provocation gaulliste » — et
elles ont été nombreuses à la fin de 1943 et au printemps de 1944 — a suscité des mouvements d'humeur
et un raidissement du Président. Il considère les mesures prises à Alger et les prétentions du C.F.L.N.
comme exorbitantes du droit et annonciatrices d'une
prise de pouvoir révolutionnaire qu'il redoute au plus
haut degré[16] ; il y voit en même temps des provocations envers lui, *leader* trois fois élu de la République
libératrice. Il a tenu pour des défis l'exécution de
Pucheu, l'éviction « sans consultation » de Giraud, le
discours que de Gaulle a prononcé le 7 mai 1944 pour
l'anniversaire de la libération de Tunis et dans lequel il
ne mentionnait nommément ni l'Angleterre ni les
États-Unis, mais affirmait que les Français voulaient
être « des alliés permanents pour la chère et puissante
Russie ». Il s'est cabré en lisant, le 8 avril, le mémorandum qui réclamait pour le C.F.L.N. le droit de se prononcer sur l'emploi des divisions françaises et sur les
plans comportant cet emploi. Il a télégraphié sur-le-
champ à Churchill pour dénoncer

une communication qui frise le dictatorial [...]. Je ne
pense pas que nous puissions donner des informations

militaires à une source qui a d'aussi mauvaises références en matière de secret[17].

Refus qu'il a confirmé cinq jours plus tard au Premier ministre : pas d'informations confidentielles au C.F.L.N. « sous peine de compromettre nos plans, ce qui pourrait avoir des conséquences désastreuses ».

Ces réactions épisodiques, parfois épidermiques, le ramènent toujours à son argument essentiel : la France n'existe plus puisqu'elle ne peut pas s'exprimer. La notion de légitimité, telle que l'invoquent de Gaulle et le C.F.L.N., lui est étrangère. Il fait si peu de cas de la représentativité du C.F.L.N., il s'est à tel point habitué à tenir l'Afrique du Nord pour un territoire occupé qu'en décembre 1943, aiguillonné par Churchill que scandalise l'arrestation de Flandin, Boisson et Peyrouton, il n'a pas hésité à prescrire à Eisenhower une démarche comminatoire auprès du Comité français : le commandant en chef devait « enjoindre » à celui-ci,

de n'engager actuellement aucune action contre Boisson, Peyrouton et Flandin, en raison de l'aide que ces trois personnes ont apportée aux armées alliées pendant la campagne d'Afrique[18].

Il n'a renoncé à cette mise en demeure que sur les pressions conjuguées d'Eden, de Macmillan, d'Eisenhower, d'Edwin Wilson, et sur l'assurance donnée par le C.F.L.N. que les trois ex-vichystes incarcérés ne seraient jugés qu'après la Libération.

Son anticolonialisme ne l'incite pas davantage à la sollicitude envers une France qui a, selon lui, déplorablement géré ses possessions d'outre-mer, ni envers un de Gaulle crispé sur une domination impériale qu'il juge rétrograde. Il souhaite de plus une organisation du monde d'après-guerre fondée sur la sécurité collective, celle-ci étant assurée, sous l'égide des Nations unies, grâce à des bases militaires internationales en des points clefs du globe. S'il est douteux qu'il ait mûri des plans précis pour démanteler l'Empire français, sa logique ne l'incline pas à favoriser la venue au pouvoir d'un homme dont on devine qu'il s'opposerait obstinément aux efforts des Nations unies pour instituer un régime de tutelle internationale en Indochine ou ailleurs[19].

Mais à l'approche du débarquement, son obstination à brider de Gaulle tout en souhaitant une participation maximale des Français à la guerre l'enferme dans une impasse. L'historien anglais Hurstfield a bien vu ce qu'il y avait de contradictoire dans cette manière de dissocier les problèmes :

> Lui, le civil, croit ce que de Gaulle, le militaire, ne croit pas, à savoir que les aspects civils et militaires de la guerre peuvent être rigoureusement séparés et que les problèmes politiques peuvent être réservés jusqu'après la fin des hostilités[20].

Ce point de vue était celui de Giraud, il coïncide avec celui des quelques émigrés « constitutionnalistes » d'Amérique qui mènent campagne avec Henri de Kerillis, dans l'hebdomadaire *Pour la victoire*, contre de Gaulle et sa « Gestapo[21] », et pour qui les Français n'ont qu'à s'en remettre au commandement militaire allié pendant la phase de libération et jusqu'aux élections générales.

Car les États-Unis sont le seul pays du monde libre où a existé jusqu'à la Libération un parti français ouvertement antigaulliste et doté d'un organe de presse important, que subventionne, d'ailleurs, le Département d'État[22]. Le plus notable des opposants, Alexis Leger, qui est avare de manifestations publiques, n'a pas hésité à peser directement sur l'opinion de Roosevelt. Dans une lettre de novembre 1943, il lui a rappelé qu'il avait entre ses mains « le dépôt même de la confiance

française » et qu'il était pour la France « une sauve-
garde de ses libertés publiques[23] ». Il est allé beaucoup
plus loin dans la lettre qu'il lui a adressée le 31 janvier
1944 « sur l'application en France libérée de la Loi
constitutionnelle française imposant la convocation
des conseils généraux ». Cette lettre (qui ne sera rendue publique que trente ans plus tard) était contesta-
ble dans ses termes, puisque la loi Tréveneuc, à laquelle
elle se référait, ne pouvait, en aucune façon, être qualifiée de « Loi constitutionnelle sur laquelle le peuple
français a entendu lui-même fonder ses garanties
démocratiques » ; elle était grave dans son esprit, qui
poussait l'aveuglement, au nom du légalisme, jusqu'à
disqualifier le Comité d'Alger et ses efforts de restauration nationale. Elle se voulait une solennelle mise en
garde au Président américain :

> Aucun organisme d'administration provisoire française
> ne saurait se refuser à [l'application de cette loi fondamen-
> tale] sans rupture avec la légalité constitutionnelle fran-
> çaise, ni sans abus de pouvoir envers une volonté
> nationale encore inexprimable. Aucun gouvernement allié
> ne saurait s'y prêter sans supporter lui-même cette double
> responsabilité, politique et morale.

À la lettre était joint un mémoire juridique minutieu-
sement argumenté affirmant que le Comité d'Alger,
après avoir rompu avec l'ordre légal « sous l'autorité de
son unique Président », « s'engage désormais résolument dans la conception révolutionnaire d'une *prise de
pouvoir par la Résistance française* » c'est-à-dire dans la
voie d'« une prise de pouvoir illégale[24] ».

Si l'on ne doit pas exagérer l'influence d'Alexis
Leger, son message a néanmoins porté : Roosevelt en a
repris l'argumentation six semaines plus tard dans un
entretien avec l'ambassadeur à Alger Edwin Wilson,
auquel il a expliqué

que les Français n'ont aucun besoin d'un pouvoir central et [...] que, dans la période qui suivra la Libération et jusqu'à ce qu'ayant retrouvé leur équilibre après les chocs de la guerre, ils puissent s'occuper des questions constitutionnelles, la France pourrait être gouvernée par les autorités locales des départements et des communes, comme elle l'a été effectivement pendant des années sous la IIIᵉ République[25].

C'était mal connaître l'Histoire de France, mais c'était surtout ne rien soupçonner du bouleversement des forces politiques en France depuis 1939. Roosevelt se dit convaincu qu'à la Libération des partis démocratiques et des *leaders* issus de la Résistance ou des corps constitués se révéleront en France qui feront contrepoids à de Gaulle ou l'éclipseront. Le 14 juin encore, le jour où de Gaulle se fait acclamer dans les premières localités libérées de Normandie, il affirme être déjà au courant de la formation de ces partis[26].

Est-il allé jusqu'à prescrire à l'O.S.S. de susciter d'autres rivaux à de Gaulle après l'éviction de Giraud ? Rien à ce jour ne l'indique, même si la prise en charge par les Américains des anciens réseaux de renseignements vichystes et giraudistes n'a pas été exempte d'arrière-pensées politiques. On ne voit pas, à en juger du moins par les archives accessibles, qu'il ait encouragé une action délibérée visant à fomenter une dissidence politique ou un contre-pouvoir dans la clandestinité française. Le Roosevelt de 1944 semble avoir moins cherché à susciter à de Gaulle d'introuvables rivaux qu'à laisser le champ libre à ceux qui ne manqueraient pas de surgir.

L'obstination de Churchill ou la double tentation

L'antigaullisme de Churchill, qui pèse lourd lui aussi, n'a pas le même caractère d'implacable hostilité. C'est une relation d'amour-haine. Et c'est un va-et-vient entre deux calculs. Churchill n'oublie pas juin 1940. Et il a assez pratiqué de Gaulle pour connaître ses mérites. Il s'en est expliqué clairement dans la correspondance qu'il a échangée avec le « trop gaulliste » Duff Cooper à l'automne 1943 avant de l'envoyer à Alger[27] :

> Je ne souhaite aucunement me dissimuler les bonnes qualités de De Gaulle, et je ne sous-estime certainement pas la ferveur ni la force explosive de sa nature, ni le fait qu'il est un personnage qui a de la grandeur.

Dans un télégramme de décembre 1943 à Roosevelt où il condamnait les « folies » de De Gaulle, il mentionnait aussi « sa grandeur », *his magnitude*. Il y est revenu en janvier 1944 : « Il est plus grand à sa façon que tous ceux qui l'entourent[28]. » En janvier 1944 encore, à Marrakech, devant Emmanuel d'Astier, il est allé jusqu'à la louange[29] :

> Il est incontestable que le Général est l'homme de la France, qu'il a réussi... Mais qu'il cesse de me donner des soufflets... !

Ses griefs, pourtant, vont au-delà de mouvements d'humeur. Pour l'édification de Duff Cooper, il est entré dans le détail, sans craindre de forcer la note :

> De Gaulle, je le crains, a contracté une profonde antipathie pour [nos] deux pays [l'Angleterre et les États-Unis]. C'est un homme d'esprit fasciste, opportuniste, sans scrupule, ambitieux au dernier degré, et dont la venue au pouvoir dans la France nouvelle conduirait à de graves divisions et éloignerait considérablement la France des démocraties occidentales.

C'est le thème qu'il reprend en mai 1944 pour modérer le « gaullisme » d'Eden[30] :

Malgré toute sa grandeur, il est le seul obstacle à des relations harmonieuses entre l'Angleterre et les États-Unis d'une
part et le squelette ou le fantôme de la France de l'autre.

Le vrai grief est toujours là. Pour Churchill, la relation avec l'Amérique n'a pas cessé de primer. L'exceptionnelle entente de charme, de sentiments et d'intérêts
qui le lie à Roosevelt et qu'illustre, depuis décembre 1941, le ton de leurs messages quotidiens, n'est
jamais exempte de calculs. Il s'acharne, à travers elle,
à faire prévaloir les objectifs qu'il tient pour majeurs.
Il veut maintenant qu'on renonce à l'assaut envisagé
sur la Provence en complément d'Overlord ; il bataille
pour qu'on y substitue une offensive contre « le ventre
mou de l'Europe », par l'Italie et la Grèce en direction
de Vienne et Budapest et qu'on tente d'y devancer les
Soviétiques. Il s'accroche d'autant plus à Roosevelt
que de premières lézardes apparaissent dans le bloc
anglo-saxon. La bataille de Stalingrad et les victoires
américaines dans le Pacifique et en Afrique ont fait
émerger deux supergrands : l'année 1943 a préfiguré le
partage de la domination du globe entre Washington
et Moscou. Roosevelt est tenté de construire l'après-
guerre en s'entendant directement avec Staline. Churchill tient à l'amitié du Président pour préserver la
place de l'Angleterre dans le directoire mondial et
maintenir l'intégrité de l'Empire britannique.

Il est clair pourtant qu'il souhaite un accord avec le
C.F.L.N. Cet accord, l'Angleterre et le commandement
militaire interallié en ont également besoin. Entre janvier et juin 1944, Churchill a, par quatre fois, tâté le
terrain pour amener le Président à des vues plus con-
ciliantes ou susciter une rencontre Roosevelt-de
Gaulle. Il ne s'est pas obstiné. À ceux qui le pressaient
d'insister, il ripostait : « Ne me demandez pas de me
disputer avec le Président pour de Gaulle[31] ! » Ou il
piquait une colère.

Le fait nouveau, auquel il est plus sensible que Roosevelt, est que des relais d'influence favorables au C.F.L.N. et à de Gaulle se sont multipliés au point de constituer en mai-juin 1944 une espèce de coalition tacite qui multiplie les pressions sur les deux décideurs suprêmes. De sorte que la crise franco-alliée de juin 1944 ne se réduit pas à une image d'Épinal, celle du chevalier à la croix de Lorraine faisant plier les deux géants malintentionnés de l'alliance : elle s'éclaire à la lumière de tout ce qui s'est tramé les mois précédents autour des affaires françaises dans les coulisses de Londres et de Washington.

Le poids du Foreign Office

Côté anglais, il y a Eden avec le Foreign Office et la majorité du cabinet de guerre, les services secrets d'action en France (S.O.E.) et de guerre psychologique (P.W.E.) et, de plus en plus, le Parlement, la presse et l'opinion publique. Macmillan a lancé d'Alger, en septembre 1943, une première mise en garde à propos de l'A.M.G.O.T.[32] :

> Toute cette affaire s'effondrera en trois semaines [...] et ne peut que s'effondrer dans tout pays d'Europe qui se respecte [...]. Je vous avertis très sérieusement que, si vous tentez une telle absurdité en France, vous vous trouverez aux prises avec une grave révolte.

Eden mène le jeu. Loyal à Churchill et d'autant plus discret qu'il est son dauphin reconnu, mais tenace, il a une assez large autonomie de manœuvre. Les Américains ont découvert avec stupeur que « le Foreign Office est le seul ministère que le Premier ministre ne contrôle pas[33] ». Eden n'a pas varié depuis 1942 : l'Angleterre aura besoin après la victoire d'une France

forte solidement amarrée à la Grande-Bretagne ; le
C.F.L.N., il ne cesse de le répéter, est plus représentatif
que bien des gouvernements en exil ; il a prouvé sa
compétence et son autorité ; les Anglais seraient « fous
de suivre Roosevelt [qui] est aveuglé par son aversion
absurde et mesquine pour de Gaulle[34] ». Depuis mars,
il refuse d'avaliser le projet de directive de Roosevelt
sur les affaires civiles. Il a fait pression sans succès
pour que le Président y change un mot, un mot qui
simplifierait tout : « Le commandant en chef *devra*
(au lieu de *pourra)* entrer en consultation avec le
C.F.L.N.[35]. » Il a poussé à la roue pour qu'à défaut
d'accord diplomatique, les pourparlers s'engagent
entre Kœnig et l'état-major d'Eisenhower. Le 19 avril,
quand on lui a demandé aux Communes si ce serait
bien avec le C.F.L.N. que le gouvernement de Sa
Majesté traiterait en France, il a fermement répondu :
« *Yes, sir !* » Il l'a confirmé plus explicitement le 3 mai,
puis le 25[36]. Au lendemain du vote de l'Assemblée
d'Alger réclamant la conversion du C.F.L.N. en gouvernement provisoire, il a rappelé au Premier ministre

> que la contribution française à l'effort de guerre dépasse
> celle de tout autre allié en dehors des Trois Grands [...] et
> combien il est désirable d'éviter que nos relations avec les
> Français se détériorent, entre maintenant et le jour J[37].

Ses collaborateurs — son *alter ego*, Oliver Harvey, le
numéro un de la hiérarchie du Foreign Office, Cadogan, et l'affable ambassadeur Charles Peake, conseiller
politique du commandement interallié — partagent
ses vues, bien qu'ils aient longtemps supporté avec
impatience les « excès » du Général. Ils se relaient
pour soumettre le Premier ministre à « un bombardement constant ». Au sein du cabinet de guerre, Eden
est solidement étayé, notamment par Brendan Bracken, le ministre conservateur de l'Information, et par

les deux chefs de file travaillistes, Bevin et surtout Attlee, le *leader* du Labour Party, dont l'avis est catégorique :

> Je suis très sensible à tout ce que nous devons au Pré-
> sident, mais cela ne doit pas nous conduire à accepter une
> politique qui est une erreur[38].

À cette pression s'ajoute celle du Parlement et de
l'opinion publique. Le 25 mai, aux Communes, Churchill est durement pris à partie, après son discours
ambigu, par des interpellateurs aussi marquants que
Harold Nicolson, l'éditorialiste du *New Statesman*, et
Vernon Bartlett, l'éditorialiste du *News Chronicle*. Les
succès des troupes du général Juin en Italie, leur marche victorieuse sur Rome aux côtés des Américains
sont salués avec enthousiasme par la presse. À la fin
de mai 1944, une vague profrançaise déferle sur
l'Angleterre qui ne comprend pas l'ostracisme imposé
au Comité d'Alger[39].

La pression des militaires américains

Du côté américain, l'administration militaire, pour
être plus discrète, n'est pas moins convaincue ni opiniâtre que le Foreign Office. Des historiens américains[40] ont récemment mis en lumière l'influence
continue qu'ont exercée sur le Pentagone depuis la fin
de 1942 l'amiral Stark et son homme de confiance
pour les affaires françaises, le commander Kittredge.
Stark, commandant des forces navales américaines en
Europe, assurait, au nom du gouvernement américain,
en 1942-1943, la liaison avec le Comité national français. Il a continué de suivre les affaires françaises. Au
printemps 1944, il préside la délégation militaire américaine à Londres : cette délégation fait valoir que le

débarquement en France risque d'être le signal d'une insurrection révolutionnaire que seul de Gaulle peut prévenir ou dominer ; aussi presse-t-elle Washington de l'associer aux préparatifs des opérations afin qu'il assume la direction de la résistance militaire en France. Les rapports de Stark et de Kittredge sont lus par toute la hiérarchie du Pentagone ; ils atteignent le général Marshall ; ils ont convaincu le secrétaire à la Marine Knox.

Plus importante, dans la dernière phase, est la pression qu'exerce Eisenhower sur les centres de décision américains. Ce grand organisateur est un diplomate avisé et tenace. Il a quitté Alger au jour de l'an 1944, convaincu que c'était sur de Gaulle et de Gaulle seul qu'il fallait s'appuyer. Passant par Washington, il l'a dit le 12 janvier à Roosevelt. Il l'a confirmé à l'influent secrétaire à la Guerre Henry Stimson et à son sous-secrétaire John McCloy (qui en était déjà convaincu), en soulignant la nécessité militaire de négociations immédiates avec le C.F.L.N. Sitôt arrivé à Londres, il a télégraphié à Marshall, le 19 janvier pour réclamer

> la concrétisation immédiate des plans relatifs aux affaires civiles en France. Cela implique des conférences avec les autorités françaises dûment accréditées. Je suppose, bien entendu, que ces autorités seront des représentants du C.F.L.N.
> Je demande en conséquence que le général de Gaulle soit prié de désigner la ou les personnes avec qui je puisse entrer en négociations immédiates à Londres, Je ne puis trop souligner la nécessité d'une action rapide[41].

C'est seulement à ce stade qu'Eisenhower a découvert que Roosevelt ne le suivait pas. Lui et son chef d'état-major Bedell Smith — qui est le cerveau politique du Grand Quartier général — ont néanmoins persisté à penser que le C.F.L.N. était le seul « véhicule » avec qui traiter des affaires tant civiles que militaires

concernant la France et que, si l'on ignorait le Comité
sur le plan des affaires civiles, de Gaulle ne coopére-
rait pas sur le plan militaire. C'est sous la pression
conjointe de ces généraux et du sous-secrétaire
McCloy que Stimson a arraché à Roosevelt la signature de la directive du 15 mars[42]. Stimson professe que
de Gaulle est un mal, mais qu'il est pire de ne pas traiter avec lui. Dans son esprit et dans celui du secrétaire
d'État Hull qu'il en a persuadé, la directive du
15 mars, bien que détestable aux yeux des Français
d'Alger, marque une inflexion dans l'attitude de Roosevelt ; elle devrait assurer la liberté de manœuvre
d'Eisenhower : une fois le débarquement opéré, celui-
ci n'aurait qu'à remettre par étapes la gestion des
affaires civiles aux représentants du C.F.L.N.

Le « commandant suprême » ne s'est pas tenu pour
battu quand la négociation avec Kœnig s'est trouvée
bloquée par suite de l'interruption des liaisons avec
Alger, mais aussi du fait de nouvelles instructions de
Roosevelt, si exorbitantes qu'il a jugé impossible d'en
faire ouvertement état[43]. Il en a appelé le 11 mai, sur le
conseil d'Eden, à la plus haute autorité militaire de
l'alliance, le Comité conjoint des chefs d'état-major
qu'il savait disposé à le seconder. Il a expliqué[44] qu'il
avait besoin d'un accord avec le C.F.L.N., « seule autorité représentée ici », pour régler les problèmes de ses
arrières et, « celui, plus important que tout autre, des
relations initiales avec la population » : car il n'entendait pas, dans une opération aussi complexe et péril-
leuse, avoir à se préoccuper de l'administration civile ;
il avait besoin, de plus, de l'influence du Comité pour
mobiliser la Résistance et faire accepter par les Français les bombardements alliés.

Pour sortir de l'impasse, il demandait en conséquence, soit qu'on autorise Kœnig à communiquer
librement par télégrammes chiffrés avec Alger afin que
le général français puisse reprendre les pourparlers et

qu'on l'autorise, lui, Eisenhower, à révéler à Kœnig le lieu et la date du débarquement, soit qu'on fasse venir à Londres le général de Gaulle pour tout régler d'un commun accord avec ce dernier : c'est ce qu'Eden recommandait depuis plusieurs jours ; c'était, à son propre avis, la solution de loin préférable. De concert avec Eden, il a persuadé Churchill d'agir auprès de Roosevelt pour obtenir son agrément à la venue de De Gaulle[45].

Dans les trois semaines qui ont précédé le débarquement, ses échanges avec le Président à propos des affaires françaises se sont multipliés, Eisenhower s'efforçant de tourner ou d'infléchir le veto présidentiel, Roosevelt d'autant plus buté qu'il sentait qu'on cherchait à lui forcer la main. On peut en reconstituer jour par jour les étapes.

Le 13 mai, Roosevelt se résigne à autoriser Eisenhower à traiter directement avec de Gaulle de la coopération franco-alliée en matière politique et militaire, mais sous la double condition que la négociation n'engage pas le gouvernement futur de la France et que de Gaulle ne soit pas autorisé à regagner Alger jusqu'au jour du débarquement[46].

Le 14, Bedell Smith riposte télégraphiquement que cette dernière condition ne peut qu'être « rejetée avec indignation par le Comité d'Alger ». Le Comité est « la seule organisation française disponible » et il faut ne jamais avoir traité avec un gouvernement étranger,

> à court terme, comme nous le faisons, pour ne pas comprendre que lorsqu'un chef militaire opère en territoire étranger, il n'y a pas de ligne de démarcation claire entre les questions militaires et civiles et les questions politiques[47].

Le 16 mai, Eisenhower lui-même revient à la charge auprès du général Marshall — son meilleur intercesseur auprès de Roosevelt — pour confirmer ses vues :

il n'entend pas outrepasser ses instructions, mais, ajoute-t-il, il faut comprendre, que

> selon les informations provenant d'agents et de prisonniers évadés, il n'existe aujourd'hui en France que deux groupes dominants dont l'un est la clique de Vichy *(the gang of Vichy)* et dont l'autre est caractérisé par une admiration irraisonnée pour de Gaulle[48].

Il précise une dernière fois sa position dans un mémorandum du 3 juin[49] :

> Tous nos renseignements nous conduisent à croire que la seule autorité que les groupes de résistance désirent reconnaître est celle de De Gaulle et de son Comité [...].
> De Gaulle contrôle les seules forces militaires qui puissent prendre part à l'opération. En conséquence, du point de vue purement militaire, et du moins jusqu'au moment où il est concevable que d'autres forces militaires puissent être organisées indépendamment de son mouvement, nous sommes tenus de traiter avec lui seul [...], si nous voulons nous assurer l'aide maximale des Français, tant à l'intérieur qu'à l'extérieur du pays.

Entre-temps, toujours sous l'influence conjuguée d'Eden et d'Eisenhower, Churchill, comprenant qu'il faut « une sorte ou une autre d'accord avec le Comité français[50] », a demandé à Roosevelt qu'un représentant américain de haut niveau, le sous-secrétaire d'État Stettinius, par exemple, vienne participer aux pourparlers avec le président du C.F.L.N.[51] : Roosevelt s'y est refusé, au risque de bloquer une fois de plus la situation.

Des gages plus que symboliques

Pourtant, à la veille du débarquement, tous les acteurs présents à Londres et toute l'administration militaire américaine savent que la ligne imposée par Roosevelt — coopération militaire et boycott diplomatique[52] — n'est plus tenable. Tous sont à l'affût d'un moyen qui leur permette, sans lui faire perdre la face, de passer la main aux Français.

Le Foreign Office et le haut commandement des forces alliées en Europe, qu'on appelle couramment le S.H.A.E.F., se sont d'ailleurs engagés envers ceux-ci bien au-delà des limites fixées par le Président américain. Eisenhower est allé jusqu'à confier dès le 8 mai au colonel de Boislambert, chef de la mission française de liaison, non pas la date, mais le lieu du débarquement[53]. Le 30 mai, au cours d'une conférence franco-anglo-américaine, le commandement interallié s'est déclaré d'accord pour reconnaître Kœnig comme commandant en chef des Forces Françaises de l'Intérieur, excluant en principe par là même toute résistance militaire dissidente. Et, du côté anglais, on a pris une initiative qui élargit singulièrement la compétence politique des autorités d'Alger à l'égard de la métropole : depuis le 9 mai, l'ensemble des émissions françaises de la B.B.C. est passé sous direction conjointe franco-britannique. Un délégué du C.F.L.N. supervise le service français de la B.B.C., toute la propagande radiophonique en langue française au départ de Londres applique désormais les directives politiques du « gouvernement » d'Alger en même temps que les directives militaires de S.H.A.E.F.[54].

Ainsi, et c'est ce qui rend la position de De Gaulle si forte, les chefs de guerre alliés sont vis-à-vis de lui *en situation de demandeurs*. Incroyable retour des choses ! Quatre ans après la chute de la France, il leur faut son concours pour l'opération de juin. Il leur importe d'en appeler à la nation française au jour du débarquement et il n'y a que lui pour le faire.

À l'approche du jour J, les conciliabules se multiplient en coulisse à propos des affaires françaises devenues un casse-tête, Churchill et Eden ou Churchill et Cadogan s'accrochent jusqu'à 3 heures du matin au téléphone, les télégrammes se croisent entre la Maison-Blanche et Downing Street, entre S.H.A.E.F. et le Pentagone. Alors que la préparation militaire du débarquement requiert toutes les énergies, une même question les obsède : « Sur quelles bases traiter avec de Gaulle ? »

36

Un certain 6 juin

Pour qui connaissait le dessous des cartes comme le connaissaient les acteurs anglais et américains rassemblés à Londres — et tel que le découvre l'historien d'aujourd'hui —, il ne pouvait y avoir de doute que si le débarquement réussissait, de Gaulle obtiendrait le contrôle de l'administration civile en France, avec toutes les conséquences politiques qui en découleraient. Il lui suffisait d'attendre quelques jours, au pire quelques semaines[1], mais au prix sans doute de quelques couleuvres supplémentaires à avaler. Et la légende dorée de la France Libre en eût été imparfaite.

Sa colère n'est pas feinte lorsqu'il se retrouve à Londres, même s'il lui arrive d'en jouer en habile tacticien : on l'a tenu pendant neuf mois dans une quasi-ignorance des intentions alliées, on n'a cessé de le suspecter ostensiblement ; Washington, malgré quelques gages encourageants pour l'avenir de la France, a laissé le C.F.L.N. dans une semi-quarantaine et semble vouloir lui susciter des pouvoirs rivaux, alors qu'il est cautionné sur le territoire national comme le sont peu de gouvernements en exil. À ces griefs s'ajoute la méfiance passionnelle qu'inspire à de Gaulle la malignité de Roosevelt dont il redoute les pires connivences. Et il peut craindre des troubles civils, si la Libération n'est pas pilotée d'une main ferme.

Il ne cédera rien, et signifiera ainsi aux Anglo-Saxons qu'on ne se joue pas impunément d'une France toujours vivante. Il les obligera à confesser qu'ils ont besoin d'elle et qu'ils ne peuvent avoir d'autres partenaires français que ceux qui luttent avec lui depuis le 18 juin 1940. Il défiera Roosevelt, ce que le puissant Churchill lui-même se garde de faire. En provoquant l'affrontement, il se placera d'emblée — et la France avec lui — au niveau des Trois Grands. L'image historique compte autant que le succès immédiat. *Francia farà da se.*

De Gaulle, acteur de l'Histoire, va s'imposer une fois de plus en s'opposant. Il soutient ici sa plus grande querelle. Il fera preuve de sa plus grande audace. Il est permis, après coup, de dire que le risque était limité.

Les premières passes d'armes

Les deux avions envoyés par Churchill se posent sur le sol anglais le 3 juin 1944 à 18 heures. Les Français sont hébergés à l'hôtel *Claridge's*. Une lettre chaleureuse du Premier ministre y accueille de Gaulle : « Bienvenue sur ces rivages ! » Churchill l'invite pour le lendemain à déjeuner dans son train qui est près du quartier général d'Eisenhower ; celui-ci espère aussi sa visite pour lui exposer la situation militaire.

Le 4 juin, à 11 heures, des voitures viennent prendre de Gaulle et les siens, Béthouart et Billotte auxquels se sont joints Kœnig et Viénot. Il a appris auparavant l'entrée des troupes françaises dans Rome et il a adressé au général Juin un télégramme, comme l'écrit Lacouture, « dans le style de Bonaparte » :

> L'armée française a sa large part dans la grande victoire de Rome. Il le fallait ! Vous l'avez fait ! Général Juin, vous-même et les troupes sous vos ordres êtes dignes de la patrie[2].

Churchill attend « l'invasion » du continent dans un train stationné à Droxford, près de Portsmouth[3]. Il accueille ses visiteurs sur le ballast, les bras ouverts, entouré de deux membres du cabinet de guerre, Eden et Bevin, du secrétaire militaire du cabinet, le général Ismay, ainsi que du maréchal Smuts, le Premier ministre sud-africain qui, en novembre 1943, a proclamé que la France était finie.

Dans un des wagons, devant une table à tapis vert, Churchill révèle l'imminence du débarquement : « Il devait avoir lieu ce matin, mais le mauvais temps nous en a dissuadés. » Il précise les lieux choisis : entre la Seine et le Cotentin (ce sont les sites mêmes proposés par Billotte dans le plan établi à Carlton Gardens au printemps 1943). Il détaille les forces engagées, trente-cinq divisions de premier échelon, onze mille avions, quatre mille bateaux. Il termine en demandant à de Gaulle d'adresser une proclamation aux Français le jour du débarquement.

De Gaulle rend hommage au courage du Premier ministre et à la grande entreprise. Moment d'émotion, « souffle d'estime et d'amitié[4] ».

Après le déjeuner, servi dans le wagon voisin, Churchill propose que l'on parle politique.

« Politique ? Pourquoi ? » réplique sèchement de Gaulle.

Churchill expose son plan : engager entre Britanniques et Français des conversations sur l'administration des territoires libérés, trouver des bases d'accord ; après quoi, de Gaulle pourrait aller à Washington obtenir l'agrément du Président, auprès duquel Churchill serait intervenu et qui pourrait difficilement ne pas s'y rallier.

« Faites la guerre, rien ne presse. Après, on verra ! » se borne à répondre de Gaulle.

Churchill insiste. De Gaulle se borne à répéter : « C'est la guerre. Faites la guerre ! »

Mais comme Bevin intervient pour déclarer que le parti travailliste « serait offensé » qu'il se refuse à des conversations avec la Grande-Bretagne, il éclate :

> Comment ? Nous vous avons envoyé des propositions depuis septembre dernier. Vous ne nous avez jamais répondu ! Il ne sert donc à rien de dire que le parti travailliste serait offensé. La bataille va commencer, et je parlerai à la radio, soit. Mais quant à discuter des questions d'administration, il est clair que le Président n'a jamais voulu me voir, et voilà que tout à coup on me dit qu'il faut que j'aille lui parler[5] !
>
> Pourquoi semblez-vous croire que j'aie à poser devant Roosevelt ma candidature pour le pouvoir en France ?
>
> Le gouvernement français existe. Je n'ai rien à demander dans ce domaine aux États-Unis d'Amérique, non plus qu'à la Grande-Bretagne. Ceci dit, il est important pour tous les alliés qu'on organise les rapports de l'administration française et du commandement militaire [...]. Nous-mêmes y sommes prêts. Mais où est, pour ce règlement, le délégué américain ? [...]. Je m'attends à ce que demain, le général Eisenhower [...], d'accord avec vous, proclame qu'il prend la France sous son autorité. Comment voulez-vous que nous traitions sur ces bases[6] ?

Et d'ajouter, selon Béthouart : « Allez, faites la guerre avec votre fausse monnaie[7] ! »

Sur quoi Churchill, touché au vif, explose à son tour[8] :

> — Et vous, comment voulez-vous que, nous, Britanniques, prenions une position séparée de celle des États-Unis ? Nous allons libérer l'Europe, mais c'est parce que les Américains sont avec nous pour le faire. Car sachez-le ! Chaque fois qu'il nous faudra choisir entre l'Europe et le grand large, nous choisirons le grand large ! Chaque fois qu'il me faudra choisir entre Roosevelt et vous, je choisirai Roosevelt !

Aveu ou provocation, l'apostrophe fameuse amène Bevin à spécifier que le Premier ministre ne parle pas au nom du cabinet britannique.

Jusqu'à 4 heures de l'après-midi, Churchill, Eden et
Bevin se relaient pour expliquer à un de Gaulle inflexible que le cabinet a refusé d'avaliser la directive de
Roosevelt du mois de mars et pour le convaincre de
choisir la voie de l'entente avec le Président. Qu'il
accepte d'aller à Washington, les conversations pourraient commencer à Londres et l'ambassadeur américain Winant pourrait y assister. Churchill renchérit :
lui, Churchill, a toujours cru en « l'idée de Gaulle » et
toujours voulu que le Général rentre en France avec
les armées de la Libération. « Il serait vraiment triste
qu'il faille l'en laisser à l'écart[9]. » Ces arguments ne
font que renforcer de Gaulle dans son intransigeance.

Avant de quitter la table, Churchill lève malgré tout
son verre « à de Gaulle qui n'a jamais accepté la
défaite ». En réponse, le Général porte au Premier britannique un toast dont le brave général Béthouart
n'aura pas de sitôt fini de s'étonner : « À l'Angleterre, à
la victoire, *à l'Europe.* »

Aux prises avec Eisenhower

Churchill accompagne ensuite de Gaulle au quartier
général d'Eisenhower, une grande tente en forêt, à
quelques centaines de mètres ; le commandant en chef
lui expose ses plans et l'inquiétude que lui cause le
mauvais temps, et il a la bonne grâce de lui demander
son avis. Avant qu'ils ne se quittent, Eisenhower l'avise
qu'il adressera, le jour du débarquement, une proclamation à la population française, il souhaiterait qu'il
en fasse une également.

« Vous, une proclamation au peuple français ? De
quel droit ? Et pour quoi leur dire ? » s'exclame-t-il[10].

L'Américain lui en donne le texte, il le parcourt. Il le
juge inacceptable : pas une allusion au Comité français de la libération nationale ! Comme si tout ce qu'il

a fait depuis 1940 était vain ! Eisenhower se donne
l'air de prendre la France en charge, il adresse des
ordres aux Français :

> Je sais que je puis compter sur vous pour obéir aux
> ordres que je serai appelé à donner.
> L'administration civile de la France doit effectivement
> être assurée par des Français. Chacun doit demeurer à son
> poste [...]. Ceux qui ont fait cause commune avec l'ennemi
> [...] seront révoqués. Quand la France sera libérée, vous
> choisirez vous-même vos représentants, ainsi que le gou-
> vernement sous l'autorité duquel vous souhaitez vivre [...].

Eisenhower est surpris par la vivacité de la réaction : il se dit prêt à modifier son texte. On convient
que de Gaulle lui enverra le lendemain ses observa-
tions. Comment un chef aussi avisé a-t-il pu faire une
telle fausse manœuvre ? Ignore-t-il que son état-major
lui avait préparé dès le mois d'avril un projet de proclamation qui mentionnait explicitement le Comité
français de la libération nationale et son président, et
que ce projet a été rejeté par le Département d'État ?
C'est celui-ci qui a concocté le paragraphe le plus
litigieux[11] de la mouture finale. Le 28 mai, les chefs
d'état-major britanniques ont demandé des corrections
minimes au texte : Washington les a refusées. L'appel
d'Eisenhower est déjà enregistré sur disque. Qui plus
est, une proclamation de teneur voisine est imprimée
depuis dix jours à quarante millions d'exemplaires et
prête à être larguée sur la France.

De Gaulle fera porter à Eisenhower, dans la matinée
du lendemain 5 juin, les modifications qu'il souhaite :
elles sont prudentes. Ce sera pour apprendre qu'elles
sont trop tardives.

Dans l'après-midi du 5 juin, Kœnig l'informe d'une
décision alliée prise sans même que l'état-major français ait été consulté et qui peut être lourde de conséquences : la B.B.C. a diffusé le 1er juin au soir des

« messages personnels » valant instruction d'alerte à l'adresse de *tous* les mouvements de résistance et réseaux, tant français que britanniques, sur *tout* le territoire français : par décision d'Eisenhower, ces messages vont être confirmés, le soir même, par l'ordre donné à *tous* de passer à l'action, y compris à la guérilla. Rien qui ressemble davantage à une consigne préliminaire à l'insurrection générale !

La nuit la plus longue

Lorsque, à 17 heures, ce 5 juin, le conseiller politique anglais du Grand Quartier général, l'ambassadeur Charles Peake, vient trouver le général de Gaulle pour lui confirmer que le débarquement aura lieu dans la nuit et que l'on souhaite qu'il lance un appel radiodiffusé aux Français le 6 au matin, après les autres chefs d'État d'Europe occupée et aussitôt après Eisenhower, il refuse net. Si net que Peake comprend qu'il se refuse à toute intervention à la radio. Il ajoute qu'il refuse aux alliés le concours de la Mission française de liaison administrative, la « M.M.L.A. ».

Celle-ci a maintenant formé sous la direction de Pierre Laroque cent soixante officiers et plus de cinquante volontaires féminines[12]. D'autres sont attendus d'Alger. Outre ceux qui seraient préposés à l'administration proprement dite, on a sélectionné des officiers spécialisés dans les questions de police, de justice, de ravitaillement, d'organisation industrielle, de travaux publics et de transports, ainsi qu'une section d'aide médicale et sociale à quoi s'ajoute la section presseradio-cinéma. Leur mode d'intégration dans le dispositif interallié n'est pas encore clair, car, d'une part, S.H.A.E.F. a prévu pour la zone France-Belgique-Hollande la constitution de deux cent quarante « détachements de base » des affaires civiles — équipes

interalliées composées d'un officier britannique, d'un
officier américain et d'un officier du pays administré
—, mais, d'autre part, Eisenhower et Bedell Smith ont
répété à tous les échos que l'administration civile
devait être assurée en France par des Français, et il
ressort des conversations Kœnig-Eisenhower que les
relations entre les armées alliées et les autorités locales françaises doivent être établies par l'intermédiaire
des organismes militaires français de liaison[13] ; ce bon
vouloir semble confirmé par un télégramme qu'Eisenhower a adressé le 23 mai à Alger pour demander
d'urgence en appoint un effectif français de liaison de
553 personnes, pour la plupart officiers ; le 25, il a fait
demander à Kœnig, en vue du débarquement, une
contribution initiale de 80 officiers de liaison français
dont 55 pour les affaires civiles[14]. C'est dire l'intérêt
qu'il y porte.

Le retrait de la M.M.L.A. est sans incidences immédiates ; au pire, il embarrassera le commandement
dans ses premiers rapports avec les populations côtières libérées. Mais le silence de l'homme du 18 Juin au
jour du débarquement voudrait dire qu'il se désolida-
rise des opérations, ou qu'il en est exclu, avec tous les
effets d'une telle abstention sur la Résistance.

Le double refus de De Gaulle est communiqué à
Churchill à 18 heures ; le cabinet se réunit à 18 h 30 ;
il emplit la séance de ses imprécations[15]. Eisenhower,
averti par téléphone, fulmine lui aussi :

> — Qu'il aille au diable ! Et s'il n'en revient pas, nous
> traiterons avec quelqu'un d'autre[16] !

La crise la plus violente qui ait opposé de Gaulle à
ses alliés anglo-américains atteint son paroxysme
dans la soirée du 5 juin. Qui imaginerait, parmi les
troupes déjà en mer ou dans les maquis prêts à
l'action, que le Premier ministre de Grande-Bretagne

et le chef de la France Libre passent la nuit du débarquement à vitupérer l'un contre l'autre ? « Opéracomique ! » écrit l'excellent historien militaire américain Pogue. « La nuit la plus atroce que j'aie vécue ! » confieront, l'un comme l'autre, les deux acteurs témoins engagés en première ligne, Viénot et Eden.

Toute la nuit, Viénot fait la navette entre de Gaulle, Eden et Churchill[17]. Eden l'a convoqué à 22 h 30 pour lui signifier que la crise peut conduire à une rupture complète des relations franco-anglaises ; le cabinet exige du Général des explications après qu'il a refusé aux alliés le concours de la mission militaire de liaison. Un malentendu vite éclairci allège quelque peu la tension : Viénot proteste que de Gaulle ne refuse pas de lancer un appel aux Français, mais qu'il entend le faire à son heure, indépendamment de la proclamation d'Eisenhower.

À 23 h 30, Viénot rend compte à de Gaulle. Le Général est effectivement disposé à s'adresser aux Français, mais il ne cédera pas sur la Mission militaire de liaison, pas plus qu'il n'acceptera de négocier à Londres avec les seuls Anglais sur les affaires civiles, puisque la décision dépend de Washington. Il s'emporte : Churchill lui a tendu un piège pour lui faire avaliser la politique anglo-américaine, Churchill est « un gangster », « on a voulu m'avoir, on ne m'aura pas ». Viénot lui objecte que le C.F.L.N. aurait dû avertir par avance les alliés que, faute d'accord sur les affaires civiles, ils ne disposeraient pas de la Mission française de liaison ; lui-même a conseillé de les en prévenir dès la fin mars, le C.F.L.N. ne l'a pas suivi : « Le C.F.L.N. n'existe pas, riposte de Gaulle, ce sont des gens sans consistance. »

Viénot se retrouve à une heure du matin chez Churchill : c'est pour subir deux heures durant le pire des réquisitoires. De Gaulle est coupable de « trahison en pleine bataille », Churchill ne tolérera pas « ses chantages », il le dénoncera à la face du monde en pleine séance du Parlement et fera au besoin, en séance secrète, le procès de ses tendances dictatoriales. Le malheureux Viénot est lui-même insulté au point de sortir de ses gonds, soutenu par Eden.

À peine Viénot s'est-il retiré que Churchill dicte une lettre à de Gaulle lui enjoignant de regagner immédiatement Alger[18]. On racontera même en coulisse que Churchill a appelé son collaborateur Morton pour faire dire chez Eisenhower

> [qu'on] mette de Gaulle en avion et qu'on le renvoie à Alger, enchaîné si c'est nécessaire. Il ne faut pas le laisser rentrer en France[19].

Il faut la vigueur du ministre de l'Information Brendan Bracken pour empêcher le Premier ministre d'envoyer la lettre et obtenir qu'on la brûle.

C'est seulement à l'aube, à l'heure où les parachutistes alliés se regroupent à Sainte-Mère-Église et où les premières barges de débarquement accostent, que le ton baisse. À quatre heures du matin, on fixe les modalités de diffusion de l'appel que de Gaulle adressera aux Français : Eisenhower parlera à neuf heures et demie ; de Gaulle, lui, sera enregistré à la B.B.C. à midi et demi pour une émission à 18 heures. « Il a humilié l'adversaire, il peut pardonner », note Viénot, qui relève chez lui « à la fois le regret d'avoir été trop loin et la satisfaction orgueilleuse » : il a sa place au niveau des grands de ce monde, c'est aussi une victoire pour la France.

Au petit matin, Duff Cooper lui arrache son accord pour qu'il laisse partir vingt officiers de liaison administrative avec les unités de débarquement — en fait, trente sont déjà partis ou embarqués, que Boislambert ne rappellera pas[20]. « C'est toujours moi qui fais des concessions ! gronde-t-il. On ne m'en fait jamais ! »

« Bon Dieu ! » commentera Churchill en apprenant le propos[21].

Le jour le plus long

Le 6 juin 1944, de Gaulle est à midi et demi à la Maison de la radio de Bush House pour faire enregistrer son appel. Les Anglais ont vainement cherché à en obtenir communication. Il affirme n'avoir pas de texte écrit. Il l'a dans sa poche. La B.B.C. le retranscrit en hâte d'après le disque d'enregistrement, pour le soumettre à Eden, qui juge prudent de le laisser passer tel quel. Dans la voiture qui le ramène à Carlton Gardens, le Général dit à André Gillois, son nouveau porte-parole : « Je viens d'envoyer faire foutre Eisenhower[22] ! »

Le fait est qu'il a développé les trois thèmes qu'il avait demandé vainement à Eisenhower d'inclure dans son propre appel : « Suivre les ordres de l'autorité française qualifiée », ne pas se lancer dans « une insurrection prématurée », « l'administration appartient à l'autorité française ». Il a rendu à Eisenhower la monnaie de sa pièce en ne le mentionnant pas, non plus que les armées américaines, et en ne faisant aucune allusion à sa proclamation du matin. Il a donné de surcroît à l'acte radiophonique qu'il a accompli ce 6 juin 1944 une portée politique de grande ampleur : il affirme en ce jour historique, avec tous les signes d'une caution britannique, que le seul pouvoir habilité à donner des ordres en France est le *gouvernement français* :

> La première [condition au bon ordre dans la bataille] est que les consignes données *par le gouvernement français et par les chefs français* qu'il a qualifiés pour le faire à l'échelon national et à l'échelon local soient exactement suivies.

C'est marquer un point, que l'on relèvera avec aigreur à Washington. Pour le reste, c'est le grand style :

> La Bataille suprême est engagée [...]. C'est la bataille de France et c'est la bataille de la France [...]. Cette bataille, la France va la mener avec fureur [...]. Voici que reparaît le soleil de notre grandeur[23].

Le 6 juin au soir, à Downing Street, Churchill et plusieurs de ses collaborateurs dont le général Ismay, secrétaire militaire du cabinet de guerre, font cercle autour d'un poste de radio pour écouter parler de Gaulle. Ismay regarde le Premier ministre et n'en croit pas ses yeux : des larmes coulent sur ses grosses joues roses.

« Grand lard, vous n'avez donc pas de sensibilité ? » lui lance Churchill dans un grognement[24].

37

De Bayeux à Washington

Passé le 6 juin et le succès initial des forces de débarquement, rien d'essentiel, sur le plan politique, n'a vraiment changé. Churchill, revenu de son attendrissement, ne décolère pas et fait partager télégraphiquement son exaspération à Roosevelt. De Gaulle, toujours aussi soupçonneux, glacial avec ses interlocuteurs britanniques, campe sur ses positions. Le télégramme qu'il adresse le 7 juin à Queuille, Massigli, Pleven et Bonnet, est violent : « Mon voyage a pour principal objet de couvrir leur marchandise [...]. Churchill est devenu aveugle et sourd[1]. » À Alger, le gouvernement provisoire est partagé : cinq de ses membres, Bonnet, Capitant, Catroux, Diethelm et René Mayer, contestent ce que l'un d'eux appelle « la politique du tout ou rien[2] ». Mais le Général est d'autant plus intraitable que, le 8 juin, Eisenhower annonce l'introduction en France de la « monnaie additionnelle » et que Washington a imprimé pour quarante milliards de ces « francs d'occupation », beaucoup plus que les montants d'abord annoncés. Massigli remet une protestation aux chargés d'affaires anglais et américain, et de Gaulle lui-même porte le débat sur la place publique : il donne le 10 juin à l'Agence française indépendante de Londres, l'« A.F.I. », une interview où il qualifie d'« inacceptable » la situation créée par la proclamation du 6 juin du général Eisenhower et dénonce l'émission en France d'une monnaie soi-disant française, sans aucun accord et sans aucune garantie de l'autorité française, [ce qui] ne peut conduire qu'à de sérieuses complications[3].

Il se radoucit cependant. Il sait qu'en persistant à rejeter « la fausse monnaie », il contraint les Alliés à honorer les billets émis, c'est-à-dire à supporter les financements qu'ils feront en France. Et en quelques jours, éclairé par Viénot, Kœnig et Boislambert, il découvre la réalité londonienne : il ne peut plus douter ni de la sincérité et de la capacité de manœuvre d'Eden, ni de la force du sentiment profrançais et de l'impatience à l'égard de Roosevelt qui se sont amplifiés au cours des derniers mois jusqu'au sein du cabinet de guerre. Encore ignore-t-il avec quelle énergie il est appuyé par Attlee et Bevin. Ce dernier a adressé au Premier ministre une véritable sommation d'avoir à composer avec de Gaulle : quant à Bevin, actionné par « ses amis syndicalistes » d'Alger, il craint une prise de pouvoir communiste en France si on ne donne pas sa chance au Comité d'Alger[4].

Pour de Gaulle comme pour Churchill, rester intraitable à ce stade serait contrarier le courant de sympathie et de compréhension qui entraîne l'immense majorité du Parlement, de l'opinion et de la presse. Quand, par une lettre remise à Viénot le 9 juin, Eden propose, au nom du cabinet de guerre, une négociation franco-britannique portant sur les affaires civiles sans en exclure la monnaie et y ajoute l'assurance que l'accord éventuellement conclu serait soutenu auprès de Washington par le gouvernement britannique, de Gaulle penche pour l'acceptation[5]. Il s'opposera seulement à ce que des membres du gouvernement provisoire participent à la négociation : celle-ci devra rester au niveau de l'ambassadeur Viénot, le gouvernement provisoire gardant sa liberté d'appréciation. Incroya-

ble retournement des choses, c'est maintenant le cabinet britannique qui est demandeur et de Gaulle qui
pose des conditions ! Encore discutera-t-il jour après
jour avant de dire oui à ce qu'il présente comme une
« concession » de sa part.

Plébiscite à Bayeux ?

Auparavant, sa visite en Normandie, le 14 juin, lui
met en main les derniers atouts. Churchill lui avait promis cette visite, s'est ravisé au dernier moment, mais
n'a pas été suivi par le cabinet. La presse anglaise, de
son côté, s'étonne que le Premier ministre, qui s'est
empressé d'aller visiter la tête de pont, l'ait fait avec
Smuts et sans de Gaulle. Les correspondants de guerre,
après avoir d'abord montré une population normande
en majorité passive et aux idées politiques confuses,
envoient maintenant des témoignages sans équivoque :
« Le peuple français est solidement derrière de Gaulle. »
Les rapports de l'Intelligence Service et du service de
renseignements américain, l'O.S.S., qui n'afflueront que
dans la seconde quinzaine de juin, seront moins affir-
matifs, mais concordants : la minorité agissante des
résistants et des gaullistes est la seule force politique
et n'est contestée par personne.

Bayeux sera le test du transfert de souveraineté.
Bayeux, avec ses quinze mille habitants, est la localité
la plus importante de la tête de pont. Les alliés l'ont
occupée intacte le 7 juin. Le ravitaillement y est abon-
dant. La vie y continue sans grands heurts, malgré la
proximité des combats. La ville est du ressort d'une
équipe interalliée d'officiers des affaires civiles dont le
chef est un commandant canadien assisté de deux Britanniques et deux Américains. Ils ont fait connaître
leur intention de se tenir « absolument à l'écart de la
politique, qui est l'affaire des Français ». Ils se sont

« LES VOYAGES DE GULLIVER »

Le géant de Gaulle est ligoté sur le rivage par des lilliputiens anglais et américains qui l'empêchent de se rendre en Normandie. Ce dessin, qui veut tourner en dérision la politique de Churchill en matière française, est un des nombreux signes de l'attitude critique de l'opinion britannique et de sa sympathie pour les Français Libres.

Il a paru dans le journal libéral *The News Chronicle*, le 14 juin 1944, avant l'annonce de la visite de De Gaulle à Bayeux qui eut lieu le même jour. *D.R.*

contentés d'ordonner la livraison des armes, d'interdire les réunions publiques et d'imposer un couvre-feu
à 23 heures. Moyennant quoi, Bayeux, huit jours après
sa libération, continue d'être administrée par son conseil municipal, sous la tutelle du sous-préfet nommé
par Vichy qui préside, de concert avec l'évêque pétainiste, aux secours aux blessés et aux réfugiés.

Mais déjà la Résistance locale et la Résistance extérieure se sont reconnues. Le capitaine Maurice Schumann, porte-parole du général de Gaulle depuis 1940,
débarqué avec les premières vagues alliées, a pu
s'adresser à la population sur la grand-place le 8 juin
après-midi. Seul officier français dans le secteur, il a
constitué de jeunes volontaires en un groupe franc de
renseignements et d'action portant le brassard à croix
de Lorraine pour opérer dans le *no man's land*. Il a
rencontré les responsables locaux de la Résistance,
surgis de la clandestinité ; parmi eux, le secrétaire du
Comité départemental de libération, l'avocat Raymond
Triboulet. Le chef de la mission militaire de liaison
auprès des forces débarquées, le lieutenant-colonel
Chandon, se joint à eux. Ils sont l'objet « des plus tou-
chantes attentions et parfois aussi des plus bruyantes
manifestations ». Ils suscitent, le 12, la création d'un
Comité de libération de l'arrondissement de Bayeux ;
celui-ci entreprend aussitôt de faire placarder dans
l'arrondissement une proclamation où il se réclame du
général de Gaulle et demande l'exclusion des fonctionnaires ayant servi Vichy, en l'occurrence du sous-
préfet[6]. De nombreux jeunes gens demandent à s'engager. Il est clair pourtant que Bayeux ne donnera pas de
soi-même le signal du changement.

Ce signal, c'est de Gaulle qui l'impose. Le voici à
nouveau dans son rôle d'acteur de l'Histoire. Dans
l'après-midi du 12 juin, il a averti son ancien directeur

de cabinet François Coulet qu'il allait le surlendemain dans la tête de pont et qu'il l'y laisserait, assisté de Geoffroy de Courcel, en qualité de commissaire de la République de la zone libérée ; le décret de nomination, rendu public le 13 à Alger, est signalé le même soir par la B.B.C. Coulet se fera accompagner du commandant Laroque ; le colonel de Chevigné, Français Libre de juin 1940, sera commandant de la subdivision militaire.

Le général de Gaulle, ayant embarqué à Portsmouth à bord du torpilleur *La Combattante* avec les principaux dignitaires français présents à Londres, retrouve la terre de France à la limite de Courseulles, le 14 juin 1944 : jour pour jour au quatrième anniversaire de l'entrée des Allemands à Paris.

Il va saluer à son quartier général Montgomery, commandant en chef du groupe d'armées ; en le quittant, il lui lance négligemment qu'il laissera derrière lui le commandant Coulet « qui s'occupera de la population[7]... ». Puis, de Bayeux à Isigny et Grandcamp, il se fait reconnaître des Français.

À Bayeux, où Coulet et Kœnig l'ont précédé, une camionnette munie d'un haut-parleur a annoncé sa venue. Un journaliste anglais est présent ; il se joint à sa suite tandis qu'il remonte la Grande-Rue :

> Tout au long de la rue, les fenêtres claquaient et les gens se mettaient aux fenêtres pour acclamer. Après avoir longé un pâté de maisons, il avait déjà une foule derrière lui. Il descendit du trottoir et marcha au milieu de l'étroite rue pavée. la foule augmentait comme une boule de neige. À chaque pas, de Gaulle s'arrêtait pour embrasser un enfant, serrer la main d'un vieux Français, recevoir un bouquet de fleurs d'une jeune fille. La circulation militaire était complètement arrêtée par cette manifestation spontanée.

Le Général fait halte au château de Bayeux, où il reçoit l'évêque et où le sous-préfet de Vichy se met à

ses ordres (on apprendra que Boislambert a invité
ledit sous-préfet à grimper sur une chaise pour décrocher le portrait de Pétain). De Gaulle réapparaît sur la
place du château où quelque deux mille personnes
sont assemblées. On y a dressé une petite estrade avec
une banderole tricolore. Il y monte, avec Kœnig et
Béthouart. Le capitaine Maurice Schumann lance
l'annonce devenue traditionnelle : « Honneur et Patrie,
voici le général de Gaulle ! » et lui tend un micro. Il
promet de continuer la guerre « jusqu'à ce que la souveraineté de chaque pouce du territoire soit rétablie ».
« On crie *Vive de Gaulle*, on applaudit vigoureuse-
ment », rapporte le journaliste anglais présent. Faut-il
parler de « plébiscite » ? François Coulet semble donner la juste note[8] :

> L'accueil [...] fut sans réticence et plein d'un enthou-
> siasme chaleureux et sympathique, mais nullement déli-
> rant et curieusement empreint de naturel, un peu comme
> si — tenues bourgeoises, robes claires, quelques gendar-
> mes, point de soldats — un dignitaire républicain et très
> populaire était venu, par un beau dimanche du temps de
> paix, inaugurer une foire-exposition. Rien qui rappelât les
> excès de la Corse !

S'il y a « plébiscite » du cœur, c'est à trente kilomètres au-delà de Bayeux, à Isigny. La ville est presque
rasée. Des ruines d'où l'on retire encore des cadavres
de dessous les décombres, « hommes, femmes, vieil-
lards, enfants échappés au massacre, [acclament] ce
soldat en uniforme kaki qui [lève] les bras vers eux ».
Les témoins bouleversés évoqueront la « stupeur »,
l'« élan », l'« abandon » de ces rescapés, puis leur
« communion » avec l'homme du 18 Juin dans *La Marseillaise* chantée en chœur[9].

Le peuple français a-t-il vraiment prouvé en cet instant « à qui il s'en remet du devoir de le conduire »,
comme l'affirmera de Gaulle[10] ? D'après Viénot, qui

accompagne de Gaulle, les Normands libérés « réalisent mal que nous sommes le gouvernement[11] ». La preuve est du moins faite que dans cette province conservatrice, qui n'a jamais été terre d'élection du gaullisme, il n'y a pas d'autre source d'autorité, une fois le sous-préfet écarté et l'évêque pétainiste amené à résipiscence. Le coup de pouce donné à l'Histoire est décisif : le fait accompli de l'installation de Coulet ne sera pas remis en cause.

Laissé seul avec Courcel, Laroque et Chevigné, presque sans liaison avec Londres et Alger pendant plus de quinze jours, le nouveau commissaire de la République promène sur les arrières du champ de bataille son humour narquois et son chapeau noir à bords roulés. Partout, il affirme l'autorité française, c'est-à-dire celle du gouvernement provisoire, et il crée de nouveaux faits accomplis. La mécanique de la mission de liaison administrative tardant à se mettre en place, il s'appuie sur le noyau des résistants et sympathisants locaux, à mesure qu'ils se révèlent. Il remplace le sous-préfet de Vichy par le secrétaire du Comité de libération Triboulet, qui prescrit, dans chaque localité, le recensement des vivres. Sitôt un nouveau village libéré, on y dépêche un messager à bicyclette pour confirmer ou investir le maire avant que l'autorité alliée ne se manifeste. On crée grâce aux presses locales le premier journal libéré, *La Renaissance du Bessin*, dont on fait afficher les numéros dans toute la zone libérée[12]. Les rapports américains les moins favorables parlent de « monopolisation du pouvoir par la fraction gaulliste et résistante ». Le plus explicite de ces rapports, qui est dû à l'O.S.S., fait le bilan du premier mois[13]. Après avoir rendu compte de la hausse des prix et signalé que le montant des dépôts dans les banques dépasse celui des retraits, il reconnaît que

la population a accepté sans problème l'autorité morale de la Résistance. C'est dû au fait que les chefs de la Résistance se sont montrés militairement utiles, efficaces et nullement fanatiques […]. Ils sont considérés politiquement comme « avancés pour des hommes de leur situation », mais hostiles à des représailles massives.

M. Coulet et les hommes qu'il a nommés font preuve d'une égale modération […].

Les représentants d'Alger ont de même reconnu l'autorité du groupe de la Résistance en tenant compte de ses avis pour nommer comme rédacteur en chef du journal qui remplace *Cherbourg-Éclair* le candidat du personnel, devant lequel le premier rédacteur en chef résistant désigné s'est effacé de bonne grâce.

La population s'inquiétait des tendances « Front populaire » d'Alger. Elle est rassurée. Elle ne souhaite pas une dictature gaulliste, mais un gouvernement fort qui garantisse la sécurité de la propriété. De Gaulle, du fait qu'il est le *leader* de la Résistance et que l'administration fonctionne, est considéré comme le seul dirigeant politique possible pour le moment.

La bonne entente des hommes d'Alger avec les officiers alliés des affaires civiles « prouve leur bon jugement… », conclut le rapport.

La coexistence n'est pourtant pas allée sans quelques froissements. Tels officiers alliés des affaires civiles se sont offusqués d'être supplantés ou ignorés ; l'équipe française libre s'est demandé un moment si on ne la renverrait pas *manu militari* à Londres. Le 19 juin, un général anglais flanqué d'officiers supérieurs du quartier général de Montgomery est venu s'enquérir avec quelque hauteur des intentions de Coulet. Celui-ci se flattera, dans ses *Mémoires*, de l'avoir fait battre en retraite. Finalement, l'objet de friction le plus sérieux aura été la « fausse monnaie ». Car si les Normands se laissent payer sans difficulté en « francs militaires », ils utilisent ceux-ci en priorité pour régler leurs impôts, comme ils le faisaient de la monnaie d'occupation allemande ; or, Coulet, fidèle aux consignes de De Gaulle, réagit en ordonnant aux comptables publics de refuser les « billets de l'étranger », ce qui indigne les états-majors voisins. On s'accorde néanmoins, le 27 juin, sur un *modus vivendi* provisoire[14].

La connivence du commandement en chef

Coulet et Boislambert érigeront ces incidents héroï-comiques en autant de victoires dans la reconquête de la souveraineté française. L'assertion ignore seulement un facteur essentiel. Ce facteur est que le haut commandement militaire allié a, dès le premier jour, non seulement avalisé, mais approuvé un fait accompli qui l'arrangeait.

Montgomery, commandant en chef des forces débarquées, avait reçu délégation d'Eisenhower en matière d'affaires civiles : les directives ambiguës qui lui avaient été données, sa commodité et les bons rapports qu'il entretenait avec Kœnig l'incitaient à fermer les yeux. Il le fit d'autant plus facilement que Bayeux était dans le secteur des troupes britanniques. Le capitaine Maurice Schumann en a la révélation dès le 14 juin, alors qu'il s'apprête à accueillir le général de Gaulle qui va débarquer à Courseulles. L'officier de l'état-major Montgomery qui l'escorte lui glisse négligemment : « *Now, everything is settled, sir !* Maintenant, tout est réglé, Monsieur ! »

L'échelon du « commandement suprême » est plus compréhensif encore. Eisenhower a assuré de Gaulle, avant que celui-ci ne reparte pour Alger le 16 juin, qu'il était « l'autorité qu'il reconnaissait en premier lieu en France[15] ». Le 16 juin au matin, le général Béthouart enregistre avec stupeur la réaction compréhensive du chef d'état-major américain Bedell Smith, quand il vient lui annoncer l'intronisation de Coulet et lui fait part de la dernière prétention de De Gaulle : le Général laissera partir pour la Normandie tous les officiers français de liaison administrative à la condition expresse qu'ils relèveront en France non pas du commandement allié, mais des autorités civiles et militaires françaises représentant le gouvernement provisoire. L'Américain donne libre cours à son soulagement : « Enfin, ce n'est pas trop tôt ! Et ce que nous pouvons nous foutre de vos préfets et de vos maires[16] ! » Il est d'accord sur tout[17] : c'est plus que l'acceptation du fait accompli de Bayeux, c'est l'engagement implicite que ce fait accompli pourra être renouvelé en tout point du territoire libéré.

Bedell Smith fait en même temps un autre pas, non moins décisif, dans la voie de la reconnaissance du pouvoir français : il consolide le statut du général Kœnig en sa qualité de commandant en chef des F.F.I. et élargit ses compétences ; il y est d'autant plus disposé qu'en dix jours les succès des F.F.I. sur les arrières ennemis ont dépassé tous les espoirs. Kœnig, placé sous les ordres directs d'Eisenhower, jouira des mêmes prérogatives que les généraux alliés commandants d'armées et son commandement englobera l'ensemble des réseaux de renseignements ou d'action, qu'ils soient français, britanniques ou américains[18]. Il y a plus, l'*establishment* militaire fait bloc ; les trois chefs d'état-major américains (qui sont à Londres à la mi-juin), à commencer par Marshall, non contents d'approuver ces initiatives, recommandent un minimum d'accord politique avec le Comité d'Alger[19] : car « le boycott diplomatique des Français et la collusion militaire » sont de moins en moins compatibles[20].

Après Londres, Washington

Un accord politique, c'est bien à quoi Eden continue, de son côté, de s'employer. Le 15 juin, il est venu voir de Gaulle à Carlton Gardens. Le Général lui a confirmé qu'il acceptait des pourparlers sur les affaires civiles sans les Américains, mais au niveau de Viénot. Le plan Eden, que de Gaulle rejetait avec indignation le 4 juin, est appliqué point pour point. Les négociations franco-britanniques s'engagent le 19 juin sur une base qui est pratiquement celle des propositions françaises de septembre 1943. Elles sont menées rondement. Viénot peut envoyer le 30 juin quatre projets d'accord pour approbation à Alger[21] :

> Je crois pouvoir dire que nous sommes arrivés à un accord à 90 %, un accord qui constitue en pratique une véritable reconnaissance du Gouvernement provisoire ; une affirmation catégorique de la souveraineté française ; la disparition de toute idée de « supervision » du commandant en chef, même dans la zone de l'avant ; l'affirmation d'une complète égalité du Gouvernement provisoire avec les gouvernements alliés.

On s'est entendu pour définir les compétences respectives de l'autorité militaire alliée et du pouvoir civil français dans les différentes zones. Une solution est même trouvée pour « la monnaie complémentaire[22] ».

L'artisan français des accords, Pierre Viénot, succombera, épuisé, à une crise cardiaque le 20 juillet, ayant mené sa mission à son terme, comme Jean Moulin un an plus tôt. Ce parlementaire démocrate aura été l'une des plus hautes figures d'idéalisme et de dévouement dont pût s'honorer la France Combattante. Il aura eu la force de transmettre, en un ultime télégramme à Alger, cette confidence d'Eden : « Nous n'accepterons des Américains aucune modification sur laquelle vous ne seriez pas d'accord[23]. »

Le plan Eden prévoyait, dans un second temps, la visite de De Gaulle à Washington où Roosevelt ne pourrait pas s'opposer aux propositions d'accord soutenues par l'Angleterre. Le scénario se réalise, avec seulement les variantes imposées par des acteurs aussi peu maniables.

De Gaulle avait vu d'abord dans l'invitation du Président un piège, au mieux une manœuvre de politique intérieure ; ses proches lui déconseillaient de s'y prêter. Le 24 juin, fort des succès acquis en France et des assurances reçues de Londres, il n'hésite plus à donner un accord de principe. La majorité des membres du gouvernement provisoire l'y encourage. Les échanges préalables avec Washington combinent de part et d'autre le souci du quant-à-soi et une déférence appliquée : aucun des interlocuteurs ne veut avoir pris l'initiative de la rencontre. Roosevelt ayant laissé au visiteur le choix des dates entre le 6 et le 14 juillet, de Gaulle fait savoir que, bien que la période ne lui convienne pas, il pourrait consacrer aux États-Unis trois journées pleines entre le 5 et le 9. On transige pour une visite du 6 au 9, avec étape à New York et retour par le Canada. Quant à l'objet des entretiens, un mémorandum d'un ton souverain spécifie que de Gaulle ne vient pas pour négocier[24] :

> Dans l'esprit du général de Gaulle, ce voyage serait avant tout un hommage rendu par la France en guerre au Président Roosevelt, ainsi qu'au peuple et aux armées américaines […].
>
> Considérant l'atmosphère assez obscure qui pèse depuis quelque temps sur les relations officielles franco-américaines […], le Président du Gouvernement provisoire de la République française estime essentiel que le programme de son voyage soit étudié et fixé à l'avance.
>
> Le général de Gaulle, pour sa part, n'exclut naturellement aucune question du cadre de ces entretiens […]. Il n'a cependant dans l'esprit aucune demande ou aucune recommandation spécifiques à présenter.
>
> La question notamment de la reconnaissance formelle du Gouvernement provisoire de la République française par le Gouvernement des États-Unis intéresse peu en elle-même le Général et il n'a pas l'intention de la soulever.

L'harmonie générale des rapports franco-américains lui paraît beaucoup plus importante et d'un intérêt plus urgent.

De Gaulle, venu avec Béthouart et Palewski, est hébergé, comme Giraud l'année précédente, à Blair House, la résidence des hôtes présidentiels, mais il est accueilli avec des honneurs dignes d'un chef d'État. Roosevelt est prodigue d'affabilité ; de Gaulle déploie sa bonne grâce et rend un hommage inhabituel au « prodigieux effort de guerre américain » et aux sacrifices consentis par les fils de la libre Amérique pour le salut commun. Le climat est jugé de part et d'autre excellent.

La visite est en premier lieu un examen de passage mutuel que couronne un succès de prestige. Les rencontres atténuent les préventions sans les dissiper. Roosevelt, Cordell Hull, l'amiral Leahy lui-même s'étonnent de découvrir un de Gaulle « plus traitable » qu'ils ne le prévoyaient, même si le doute à son égard — ou la méfiance — demeurent : le ministre de la Guerre Stimson, l'homme qui a le plus fait pour amener Roosevelt à « une attitude réaliste » à l'égard du Général, persiste à voir en lui « un orgueilleux aux idées surannées[25] ». De Gaulle, de son côté, sensible au charme et aux talents de Roosevelt auquel il rendra dans ses *Mémoires* un hommage magnanime, se défend d'être dupe : il perçoit chez le Président « idéalisme et volonté de puissance » et note que « l'optimisme va bien à qui en a les moyens ». À l'étape de New York, lorsque, après avoir reçu les acclamations populaires de foules agitant des drapeaux, criant « Vive de Gaulle ! Vive le père de Gaulle ! » et chantant *La Marseillaise*[26], il confie à Mendès France, venu participer à la conférence de Bretton Woods : « J'ai été acclamé par les nègres, les juifs, les estropiés et les cocus[27] », il mesure à quel point *l'establishment* washingtonien a gardé ses distances.

Ses proches notent cependant l'allégresse qui l'anime durant son séjour : il est sans aucun doute impressionné par la puissance et le formidable dynamisme américains, mais d'autant plus sensible à l'orgueilleuse satisfaction de s'être imposé malgré le chef d'État le plus puissant de la planète et sans lui avoir rien concédé. « Il n'aime pas gagner, il aime vaincre », disait de lui Alexis Leger, du temps de sa querelle avec Giraud. Outre la fierté de la revanche, le succès de prestige du général de Gaulle est aussi un hommage à la France, remontée grâce à lui de l'abîme. À l'hôtel *Waldorf Astoria* où il a reçu les Français et les Franco-Américains de New York et où il a parlé de la France, « la France de l'Histoire, la France éternelle », une partie de la salle a éclaté en sanglots « dans un paroxysme d'adoration patriotique ». « Ce n'était pas un simple mortel qui parlait, c'était la France. » Il n'était « pas seulement l'homme de la résistance, mais l'homme de la résurrection[28] ».

Le deuxième acquis du voyage — faut-il le tenir pour positif ? — est la confrontation des vues d'avenir entre l'Américain et le Français. Les propos de Roosevelt, même s'ils ne sont pas aussi explicites que de Gaulle les rapporte, le confirment dans sa volonté d'indépendance nationale :

> Sa conception me paraît grandiose autant qu'inquiétante pour l'Europe et pour la France [...]. Dans sa pensée, un directoire à quatre, Amérique, Russie soviétique, Chine, Grande-Bretagne, réglera les problèmes de l'univers [...]. Un parlement des Nations unies donnera un aspect démocratique à ce pouvoir des « quatre Grands ». La force américaine disposera de bases réparties dans toutes les régions du monde et dont certaines seront choisies en territoire français[29].

De Gaulle oppose à ces vœux la primauté due à l'Europe et les précautions à prendre à l'égard de l'Alle-

magne. La divergence est totale. Il est clair qu'elle
n'affectera pas plus qu'aucune autre sa fidélité à
l'alliance. Seule une allusion de sa part, lors de la conférence de presse qu'il donne avant de quitter Washington, laisse entendre qu'il n'est mûr ni pour l'atlantisme
ni pour la sécurité collective à la mode de Roosevelt[30].
Il aura soin en revanche, une fois revenu à Alger, de
faire instruire Churchill des visées mondiales du Président américain et de la « politique des bases » à
laquelle il songe : le vieux lutteur de Downing Street
accueillera la confidence en écumant de colère contre
de Gaulle, « cet éternel diviseur ».

Le troisième acquis du voyage, le plus substantiel, a
trait à l'administration des affaires civiles en France.
Le lendemain de son arrivée, de Gaulle a télégraphié à
Alger une bonne nouvelle : Hopkins, l'éminence grise
de Roosevelt, Morgenthau, le secrétaire au Trésor, et
McCloy, le secrétaire adjoint à la Guerre, lui ont fait
dire, « chacun de son côté, qu'ils viennent d'obtenir
l'approbation du Président pour un projet d'accord
très analogue au projet d'accord de Viénot avec les
Anglais »[31].

Le fait est que, le matin même, un mémorandum
paraphé par trois hommes d'influence, Morgenthau,
Hull et McCloy, et recommandant « une approche
nouvelle de la situation française », a eu raison de
l'entêtement de Roosevelt. Sans aller jusqu'à reconnaître le gouvernement provisoire, les États-Unis
doivent, affirment-ils, reconnaître le Comité français
comme « l'autorité *de facto* ayant qualité pour assurer la direction et la responsabilité des affaires civiles en France pendant la période de libération[32] ». La
notion d'« autorité *de facto* » fait partie de la tradition diplomatique américaine. En traitant seulement pour « la période de libération », soulignent-ils,
Washington réserverait l'avenir. Roosevelt se devait
de faire un geste ; il trouva la formule habile. Elle

donna lieu à une déclaration publiée le 13 juillet à Washington.

De Gaulle n'en eut connaissance qu'en arrivant à Alger. Il avait gagné la partie diplomatique engagée en septembre 1943. Accessoirement, la déclaration de Washington, amplifiée par la B.B.C., décontenancerait les derniers fidèles de Pétain et hâterait le ralliement des attentistes.

Enfin, il l'emportait[33].

L'initiation au secret atomique

À l'escale d'Ottawa où il avait été reçu, ici encore, en chef d'État, de Gaulle avait bénéficié d'une communication dont nous mesurons après coup l'importance.

Cinq savants français participaient à l'entreprise atomique anglaise qui se poursuivait en grand secret en Amérique : Hans Halban et Lev Kowarski avaient appartenu à l'équipe qui, dès 1939, avait, aux côtés de Frédéric Joliot, démontré la possibilité de réactions en chaîne et en avait défini les conditions ; ils avaient, en juin 1940, apporté en Angleterre le stock français d'eau lourde. Les trois autres, Pierre Auger, Bertrand Goldschmidt et Jules Guéron, avaient joué un rôle éminent dans les recherches menées à Montréal. La contribution de ces cinq savants, ralliés à la France Libre, avait été hors de proportion avec leur petit nombre. Bien qu'ayant participé aux seuls travaux sur les piles atomiques et l'extraction du plutonium, ils savaient l'importance de l'arme en préparation.

Le 11 juillet, Auger, Goldschmidt et Guéron, considérant comme un devoir impératif que de Gaulle

> pût à la fois tenir compte de l'avantage considérable que
> représenterait pour les États-Unis la possession de l'arme
> nouvelle, prendre en France les mesures nécessaires à

une rapide reprise des recherches atomiques et enfin connaître l'existence des ressources en uranium de Madagascar,

prirent sur eux de l'initier personnellement au secret le mieux gardé de la guerre[34].

38

Quand la résistance armée se dévoile

Militairement, tout s'est enclenché, pour l'ensemble de la Résistance, le 1er juin 1944 à 13 h 30, quand la B.B.C. a commencé à diffuser cent soixante « messages personnels » mettant « en alerte » à travers la France tous les responsables de l'action. Les messages ont été répétés par tranches échelonnées à 14 h 30, 17 h 30, 21 h 15, et aux mêmes heures le 2 juin. Puis plus rien ni le 3, ni le 4 juin, ni dans la journée du 5, sinon des faux messages. Jusqu'au 5 juin à 21 h 15, où les résistants ont entendu défiler, seize minutes durant, mêlés, cette fois encore, à des phrases vides, les messages d'« action » depuis si longtemps attendus : ordre était donné dans les douze régions militaires relevant de l'état-major des Forces Françaises de l'Intérieur et aux cinquante et un réseaux ou « organisateurs » sous contrôle britannique, d'appliquer immédiatement *tous les « plans »*, dans toute la France[1]. Les messages prescrivaient non seulement les sabotages convenus, mais le passage à la guérilla. Toutefois — et contrairement à ce qui a été publié à ce jour — les ordres de « prise de contrôle » de zones territoriales du Sud-Ouest, de l'Ain et des Alpes ainsi que du Vercors, que les messages d'alerte avaient laissé prévoir, n'étaient pas confirmés[2]. Sans doute le S.O.E. avait-il manifesté un ultime souci de prudence...

*Le soutien au débarquement
et l'embrasement du jour J*

Comment expliquer cet appel généralisé si contraire à toutes les intentions précédemment affichées et au schéma d'action progressive du Bloc Planning ? Le S.O.E. en avait-il pris l'initiative ? Généraliser l'explosion pouvait compléter le grand plan de ruse destiné à laisser les Allemands dans le doute sur le lieu réel du débarquement principal et à retarder leurs renforts. Eisenhower, consulté le 3 juin, a décidé en ce sens[3]. Kœnig et Passy, tardivement avertis, ont été stupéfaits et ont protesté[4]. Kœnig a estimé, en fin de compte, ne pouvoir dire non[5]. L'appel radiodiffusé du général de Gaulle soulignant, le 6 juin au soir, le devoir de *durer*, ne pouvait contrebalancer l'effet exaltant des messages mobilisateurs.

L'heure avait donc sonné ! La réponse de la France résistante allait dépasser tous les espoirs ; elle allait faire naître par là même tous les dangers. Les trois plans vert, violet et Bibendum avaient désigné 570 objectifs immédiats de sabotage ferroviaire, la coupure de trente itinéraires routiers importants et de trente lignes de télécommunications, à quoi s'ajoutaient de nombreux objectifs complémentaires là où l'on disposerait d'explosifs. Les télégrammes reçus signalent pour les premières vingt-quatre heures 486 coupures réussies de voies ferrées et 180 déraillements ; d'après l'historien Michael Foot, qui a disposé de toutes les sources du S.O.E., sur 1 050 coupures programmées, 950 sont réalisées.

L'embouteillage des centres ferroviaires — cinquante et un trains bloqués autour de Lille-Roubaix-Tourcoing — en fera des objectifs de choix pour l'aviation alliée. Le trafic sur l'ensemble des réseaux ferrés, déjà réduit par les 76 000 tonnes de bombes déversées les

semaines précédentes, tombe de 50 % entre le 19 mai
et le 9 juin. Les sabotages régulièrement entretenus et
la guérilla qui se développe vont stopper tout trafic sur
l'itinéraire Toulouse-Limoges-Orléans, dans la vallée
de la Garonne sur la ligne Toulouse-Montauban, dans
les Alpes sur la ligne de Briançon comme sur la ligne
principale vers l'Italie, qui est bloquée entre Chambéry
et Modane. Tout train quittant Marseille pour Lyon
après le 6 juin subit au moins un déraillement et les
perturbations se multiplient au nord de Lyon jusqu'à
Châlon. Le choix des cibles semble avoir été fait sur le
terrain plus souvent qu'en conformité au détail des
plans, mais Londres a conservé le contrôle stratégique
de l'action[6]. En arrière immédiat de la tête de pont,
toutes les lignes d'Ille-et-Vilaine sont coupées et recou-
pées. Les ruptures de voies, la chute des pylônes élec-
triques alimentant les réseaux ferrés d'Orléans et du
Midi et le manque de réserves de charbon pour les
locomotives contraignent les Allemands à se rabattre
plus qu'ils ne le voudraient sur les transports routiers :
ceux-ci sont ralentis par des barrages, des minibombes
antipneus, des destructions de ponts, des embuscades
d'importance parfois considérable sur le plan local,
mais dont l'impact stratégique semble avoir été plus
limité qu'on ne l'a cru à l'époque. Quant au sabotage
des télécommunications, il oblige de plus en plus le
commandement ennemi à recourir aux liaisons par
radio que les alliés interceptent et décryptent.

À Londres, des cartes de situation sont pendues
dans la salle des cartes, le « War Room » du Quartier
général des forces spéciales ; des jeunes filles en uniforme y pointent, à mesure qu'arrivent les télégrammes de France, les destructions accomplies et la
progression des renforts allemands : ces cartes stupé-
fient les chefs alliés. La 11e division blindée, ramenée
du front russe à Strasbourg en huit jours, en mettra
vingt-trois pour atteindre le champ de bataille de

Caen[7]. La *panzerdivision* S.S. « *Das Reich* », avec ses 15 000 hommes et ses 209 chars et canons, même si la part de la Résistance dans son retard est bien moindre qu'on ne l'a cru, met dix-sept jours pour se transporter en totalité d'Aquitaine en Normandie[8]. Le 11 juin, Kœnig peut rendre compte à de Gaulle que les plans relatifs à l'interruption des trafics routiers, ferroviaires et téléphoniques « ont pratiquement joué partout entre J et J + 2 » et que les *Panzerdivisions* que le commandement allié comptait voir arriver aux environs de la tête de pont entre J + 1 et J + 2 n'ont commencé à arriver qu'à J + 4.

L'action résistante va bien au-delà, écrit-il :

> Dans l'Ain, le Jura, l'Indre, la Dordogne, la Haute-Vienne, la Corrèze, les F.F.I. semblent avoir pris le contrôle de régions étendues comprenant des villes importantes. Dans toutes les régions présentant des couverts naturels, les patriotes affluent par milliers et commencent à s'organiser[9].

Le bulletin de renseignements qui lui est remis le 13 juin annonce que dans la région R1 (Rhône-Alpes) la guérilla se transforme en guerre, que la préfecture de Valence est aux mains des patriotes, que vingt-quatre compagnies assemblées dans le Vercors attendent des armes, enfin que le maquis tient Oyonnax, Nantua, Hauteville et Bellegarde :

> Les coupures ferroviaires qui isolent les régions obligent les maquis à prendre en main la question de l'administration des populations, du ravitaillement en vivres et des finances[10].

Des combats sont maintenant signalés dans six régions principales : Indre ; Haute-Vienne et Dordogne ; Cantal ; Savoies ; Jura et Ain ; Vosges. Les patriotes contrôleraient presque complètement la Dordogne, l'Ain

et les Vosges. Dans l'Ain, Romans-Petit, qui a toujours
été opposé à la notion de « réduit », commence à y
réaliser une « zone libérée ». C'est que, même chez les
résistants chevronnés,

> l'équation « *débarquement* = *libération* » est hâtivement
> faite : les symboles, les réminiscences historiques l'empor-
> tent sur [...] une analyse clairvoyante, pondérée, des sim-
> ples rapports de forces[11].

Ici et là, des bandes armées maîtresses des voies de
communication s'emparent du pouvoir civil, créant
une situation de fait que, le plus souvent, nul n'avait
prévue ni préparée. Encore mesure-t-on mal à Londres l'ampleur de la mobilisation qui, dans le Massif
central, a précipité des milliers de volontaires vers le
mont Mouchet ; et l'on saura seulement avec retard
que les résistants ont occupé Valréas, Manosque et
Forcalquier, qu'ils tiennent Mauriac, dans le Cantal,
qu'en Ardèche, où la République a été proclamée du
haut du balcon de la mairie d'Annonay, les patriotes
ont libéré les deux tiers du département et que, dans
l'Ain, Romans-Petit, à la tête de 5 500 maquisards puissamment armés grâce à un *organiser* du S.O.E., le
lieutenant-colonel Heslop, a pris le pouvoir dans une
« zone libérée » de 600 kilomètres carrés. À en croire
ce que le commissaire de la République désigné de
Toulouse, l'écrivain Jean Cassou, écrit à d'Astier : si
les patriotes avaient eu plus d'armes, ce sont les deux
tiers de la France qu'ils auraient libérés[12].

Le coup de frein de Kœnig

Mais très vite, à côté des comptes rendus triomphalistes qui acclament l'insurrection nationale commen-
cée, des télégrammes dénoncent comme « criminelles »

les consignes du 5 juin. Les « messages personnels » lancés par la B.B.C., en provoquant la levée en masse,

> ont attiré sur de petites villes, que les maquis sont incapables de tenir par leurs propres moyens, une répression féroce qui terrorise et annihile une population pleine d'espoir et de courage.

Le bulletin du B.C.R.A. du 13 juin, en même temps qu'il souligne les succès remportés, qualifie la « situation intérieure » de « très grave[13] » :

> Les effectifs ont crû dans des proportions considérables et le recrutement ne peut être limité. Les effectifs armés n'avaient pas de munitions suffisantes. Si un effort considérable n'est pas fait, nous allons assister au massacre de la Résistance française.
> Tous les groupes de partisans à travers la France demandent la même chose : des armes, des munitions, de l'argent, des pansements, tous indiquent qu'ils se tiennent en permanence sur les terrains de parachutage et que des envois peuvent leur être faits de jour et de nuit, avec ou sans balisage.

Déjà la levée en masse, les démonstrations claironnantes et la concentration des volontaires vers des « maquis mobilisateurs » suscitent d'atroces représailles. Sitôt averti, Kœnig a donné le 10 juin par voie clandestine un coup d'arrêt à la poussée insurrectionnelle :

> Ordre du général Kœnig
> Freinez au maximum activité guérilla Stop Impossible actuellement vous ravitailler en armes et en munitions en quantité suffisante Stop Rompre partout contact dans mesure du possible pour permettre phase réorganisation Stop Évitez gros rassemblements Formez petits groupes isolés.

Depuis le 9 juin, les émissions de la B.B.C. jouent elles aussi du frein plus que de l'accélérateur, tout en s'efforçant de ne pas démobiliser les énergies. « Harceler l'ennemi partout, en attendant le signal de la lutte ouverte », prescrit le porte-parole André Gillois : « Combattre, mais durer ! » Le résistant Jean-Jacques Mayoux, parlant au nom du gouvernement provisoire, est plus explicite le 12 :

> Partout la France se soulève contre l'Allemand [...]. Déjà vous avez fait pencher la bataille. Mais ne vous y jetez pas tous ensemble à moins d'être menacés, ne vous rassemblez pas trop tôt. Ne passez pas trop vite d'une guérilla de harcèlement [...] à la bataille ouverte[14].

Cependant, en sens inverse, de Paris, l'organe militaire du Conseil national de la Résistance, le C.O.M.A.C., auquel le télégramme-frein de Kœnig ne sera communiqué que tardivement, demande que la B.B.C. et les radios alliées ordonnent une intensification de l'action contre l'envahisseur et « partout où le rapport des forces le permet, la libération immédiate de portions de territoires[15] ».

Kœnig se garde bien d'accéder à la demande : avant tout, il faut durer. Il insiste pour que seuls rejoignent les maquis les hommes armés qui en ont reçu l'ordre. Il rompt le 17 juin avec la formule des « maquis mobilisateurs » en recommandant d'« éviter le rassemblement autour de forces armées de tous éléments qui ne le sont pas » et il lance le mot d'ordre de la « guérilla insaisissable » qui doit avoir pour objectifs prioritaires les lignes de communication ennemies, les voies ferrées et les lignes souterraines à grande distance[16]. Il ne s'efforce pas moins d'aider les zones présumées libérées : il fait pression sur Eisenhower pour qu'elles bénéficient par priorité de parachutages massifs.

Semaines interminables de juin et de juillet 1944 où les alliés piétinent dans la tête de pont normande sans parvenir à percer, tandis que les Allemands, revenus de leur première surprise, réagissent par la terreur. Alger peut bien officialiser par ordonnance l'existence des Forces Françaises de l'Intérieur en les dotant d'un statut, la B.B.C. a beau proclamer qu'elles « font partie intégrante de l'armée française » et que les patriotes combattants bénéficient à ce titre de « tous les avantages reconnus aux militaires par les lois en vigueur » et par la convention de La Haye, le commandant en chef allemand, le maréchal von Rundstedt, n'en a cure : Radio Paris a fait savoir qu'il tient cette ordonnance pour nulle et non avenue[17]. Ses divisions de renfort laissent sur leur passage un sillage sanglant, écrasant les maquisards auvergnats trop nombreux et mal armés du mont Mouchet, exécutant le 9 juin à Tulle 99 otages pendus aux arbres et aux balcons, massacrant et brûlant vifs le 10 juin 634 habitants d'Oradour-sur-Glane, balayant le 20 juin dans le Cantal les irréductibles de Chaudes-Aygues, mettant la Dordogne à feu et à sang, reprenant en juillet l'initiative en Ardèche, avant d'écraser le Vercors où des officiers traditionalistes s'accrochent au mythe du réduit inexpugnable sans que ni Alger ni l'état-major interallié les aident suffisamment ou les incitent à la prudence en attendant le débarquement d'août sur la côte méditerranéenne[18].

Pourtant, ces semaines de patience et d'impatience sont aussi des semaines de consolidation pour Kœnig et son état-major des Forces Françaises de l'Intérieur, une consolidation qui facilite l'implantation en territoire libéré d'autorités se réclamant du gouvernement provisoire. Le poids diplomatique de De Gaulle en sera renforcé d'autant.

L'état-major F.F.I.

Nulle part la connivence d'Eisenhower n'apparaît mieux que dans ses rapports avec l'état-major des For-

ces Françaises de l'Intérieur ou « l'E.M.F.F.I. ». On a
mentionné la reconnaissance dont il bénéficia. Elle
mérite qu'on en retrace les étapes.

L'état-major initial de Kœnig était purement français. Il comptait deux chefs d'état-major : le lieutenant-colonel de Chevigné pour les forces françaises de
Grande-Bretagne et le colonel Passy, auquel fut substitué progressivement l'ingénieur de l'aéronautique Ziegler, *alias* colonel Vernon, pour l'action en France.
L'E.M.F.F.I. se proposait d'assurer,

> en liaison avec le haut commandement allié, la mise en
> œuvre des décisions concernant l'intervention des organi-
> sations de Résistance sur les arrières de l'ennemi.

Or, le 1er mai, les Anglais et les Américains ont de
leur côté mis sur pied, sans y inclure les Français, un
quartier général dit « des Forces spéciales » (S.F.H.Q.),
qui devait être l'organe planificateur et coordinateur
de l'action militaire résistante.

Kœnig a écrit le 24 mai à Bedell Smith, le très compréhensif chef d'état-major d'Eisenhower, pour souligner les inconvénients de cette dualité ; il recommandait
d'inclure dans un état-major tripartite « les éléments
anglais, américains et français nécessaires pour action-
ner la Résistance française[19] ». « Si, comme je le pense »,
ajoutait-il,

> le Général commandant en chef estime, avec le C.F.L.N.,
> que le commandement en chef des Forces Françaises de
> l'Intérieur doit être confié à un officier général français et
> s'il veut me confier ce commandement, je suis prêt à
> l'assurer sous ses ordres. Ce commandement serait alors
> considéré comme celui d'une véritable armée en campa-
> gne.

Ce qui aurait passé six mois plus tôt pour une prétention exorbitante est accepté : le 30 mai, l'état-major

d'Eisenhower donne son accord à la nomination de Kœnig comme commandant en chef des F.F.I., admettant ainsi ce fait capital, « le principe du commandement français et du contrôle français de la Résistance », et il est décidé, comme Kœnig l'a demandé, que celui-ci disposera d'un état-major

> groupant, outre des officiers français, les représentants anglais et américains des services responsables, encore à ce jour, du ravitaillement, etc., des Forces Françaises de l'Intérieur.

Le commandement de Kœnig sera considéré comme effectif à compter du 6 juin et il recevra ses directives du haut commandement allié par l'entremise du « Quartier général des forces spéciales ».

La confiance qu'il inspire et les succès des résistants précipitent l'intégration ; le commandant en chef des F.F.I. obtient le 17 juin que son statut soit celui de tout commandant allié servant sous les ordres directs du S.H.A.E.F., c'est-à-dire d'Eisenhower. Un communiqué l'annonce le 24 juin. Kœnig aura en outre le devoir d'« aviser le Commandement suprême » si les ordres que celui-ci lui donne se trouvent en contradiction avec les directives qu'il aurait reçues du Comité français de la libération nationale[20]. C'était là depuis des mois une revendication de l'exécutif d'Alger : le droit lui est désormais reconnu de formuler ses propres conceptions politiques et stratégiques et de les faire valoir par l'un de ses généraux auprès du « Commandement suprême ».

C'est seulement à partir du 1er juillet que l'état-major F.F.I. est vraiment intégré dans la structure interalliée de commandement et, le 15 juillet, qu'il est habilité à constituer une section de liaison directe avec le commandement en chef. Mais dès le mois de juin, quelle étonnante symbiose ! Elle a pour seul précédent le

pilotage franco-britannique de la propagande radiophonique à la B.B.C. Fait inouï, les deux sections
d'action en France des services secrets britanniques
(« F » et « R.F. ») sont incorporées à l'état-major F.F.I.
au même titre que les sections « Action » et « Opérations » de l'ancien B.C.R.A.[21]. Kœnig a deux adjoints,
l'un anglais, l'autre américain ; son chef d'état-major
Vernon est flanqué lui aussi de deux représentants
alliés, dont l'Anglais Buckmaster, apparemment guéri
de trois années de coopération conflictuelle avec le
colonel Passy. L'effectif dépasse quatre cent cinquante
militaires et civils.

Sur les six bureaux de l'E.M.F.F.I., trois ont un rôle
clef : le 2e bureau est confié au commandant Gustave
Bertrand, qui jouit d'une estime exceptionnelle auprès
de l'Intelligence Service pour avoir réussi, avant la
guerre, à percer à l'aide de spécialistes polonais les
secrets d'Enigma, la machine à coder et à décoder de
l'armée allemande, pour en avoir apporté un exemplaire en Angleterre pendant la « drôle de guerre » et
pour avoir maintenu jusqu'à novembre 1942 une
liaison clandestine par radio avec Londres, dans le
cadre d'un service relevant d'un état-major de Vichy[22].

Le chef du 3e bureau, le plus important, qui est
chargé de la conduite des opérations, est un lieutenant-colonel français : il n'est autre que l'ingénieur
Fleury, celui-là même qui, après avoir piloté de France
les liaisons radio des réseaux de zone sud, est venu à
Londres réorganiser les transmissions, puis commander la section renseignements du B.C.R.A. Il est assisté
d'un des meilleurs spécialistes du S.O.E., le colonel
anglais Barry[23].

Le 6e bureau, dit des opérations spéciales, est, entre
autres tâches, responsable des missions Jedburgh et
des « groupes opérationnels » parachutés sur les arrières de l'ennemi.

Que cette intégration essentiellement franco-anglaise,

opérée en pleine bataille, soit cause de multiples frictions, comment s'en étonner ? On entreprend de faire coopérer à la fois des sections françaises et britanniques longtemps rivales, et, sur le plan purement français, des hommes du B.C.R.A. et de nouveaux venus dont un bon nombre ont été longtemps giraudistes ou sont issus de l'armée de l'armistice de Vichy[24]. Nul n'a mieux dit que l'historien du S.O.E., Michael Foot, les difficultés théoriquement insurmontables auxquelles se heurte le nouvel état-major : comme pour accroître la confusion, il est subordonné jusqu'à la mi-juillet à deux organismes, l'état-major d'Eisenhower (S.H.A.E.F.) et le « quartier général des Forces spéciales » (S.F.H.Q.) ; il ne peut envoyer en France ni un agent ni un conteneur d'armes sans l'aide de la R.A.F. ou de l'aviation américaine, qui sont des puissances indépendantes. Toute initiative de sa part ayant des implications politiques risque de se heurter à un veto anglais ou américain. « Qu'il ait fonctionné est un triomphe du système D ; et il a fonctionné exceptionnellement mal », conclut Michael Foot[25]. On l'a créé trois mois trop tard, dira Kœnig.

Pourtant, il fonctionne, comme une création continue. Il se débat dans l'urgence, improvisant aussi fiévreusement que naguère le B.C.R.A., handicapé par l'inégale compétence d'une équipe multilingue où les officiers d'état-major sont rares, craignant d'être débordé par la flambée insurrectionnelle, ayant souvent peine à reconnaître où sont les unités sur le terrain et qui commande qui, assailli de messages exaltés et de S.O.S. parfois indéchiffrables, troublé par les chamailleries des chefs locaux, incertain de ravitailler les plus efficaces ou les plus menacés, tandis que les dépôts alliés sont à court de parachutes et de containers et que l'emballage des armes ne suit pas la production.

Soixante opérateurs de radio, dont au moins quarante de service de jour, s'affairent en juillet 1944 en

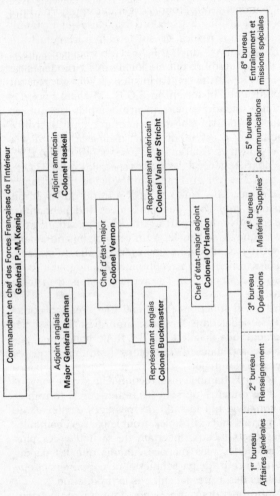

Source : AN, 72 AJ / 512.

Organigramme en juillet-août 1944, après que le colonel Passy,
chef de l'état-major particulier du général Kœnig, eut rejoint une unité combattante.

Commandant en chef des Forces Françaises de l'Intérieur
Général P.-M. Kœnig

Adjoint américain
Colonel Haskell

Adjoint anglais
Major Général Redman

Chef d'état-major
Colonel Vernon

Représentant américain
Colonel Van der Stricht

Représentant anglais
Colonel Buckmaster

Chef d'état-major adjoint
Colonel O'Hanlon

1er bureau	2e bureau	3e bureau	4e bureau	5e bureau	6e bureau
Affaires générales	Renseignement	Opérations	Matériel "Supplies"	Communications	Entraînement et missions spéciales

Grande-Bretagne à expédier ou à recevoir les télégrammes au bénéfice de l'état-major F.F.I., non compris les chefs de poste et les techniciens, mais le codage et le décodage ont peine à suivre[26].

Armer et encadrer la Résistance

Si compréhensibles que soient les récriminations des hommes du terrain, l'effort d'armement qu'obtient Kœnig est immense. L'E.M.F.F.I. n'aura jamais la maîtrise des transports. Néanmoins, le nombre de sorties réussies d'avions parachuteurs au départ d'Angleterre bondit de 550 à 600 pour l'ensemble du premier trimestre à plus de 1 300 par mois en juillet et en août[27]. Vernon persuade les Américains de faire des parachutages de jour ; ils avaient tenté l'expérience en février. Quatre opérations de masse mobilisant des Forteresses volantes en plein jour sont couronnées de succès[28] :

le 25 juin	176 sorties réussies	2 077 containers
le 14 juillet	320	3 791
le 1er août	192	2 281
le 8 septembre	68	810

Alors que moins de 3 000 containers avaient été « droppés » dans toute l'année 1943, plus de 50 000 containers et 15 000 « colis » le sont de juillet à fin septembre 1944[29]. Rien qu'en août, 3 690 tonnes d'armes sont parachutées en France. L'apport complémentaire au départ de l'Afrique du Nord n'aura pas dépassé 7 500 containers pour les trois mois de juin, juillet et août[30]. Dans un compte rendu de janvier 1945 au général de Gaulle, Kœnig conclura qu'il a été expédié par air à la Résistance l'armement de 425 000 hommes.

Consolider la Résistance armée, c'est aussi veiller à son unité et renforcer l'efficacité du commandement local. Dès juillet, on s'aperçoit que l'organisation du commandement local en France est insuffisante. L'afflux dans les maquis rend l'emprise des douze délégués militaires régionaux incertaine ; elle l'est d'autant plus que les nouveaux maquisards ne peuvent être encadrés tout en gardant une mobilité suffisante qu'à condition de rester en petits groupes ne dépassant pas l'effectif d'une compagnie, exceptionnellement d'un bataillon.

On en conclut qu'il faut décentraliser davantage : Kœnig se propose de renforcer l'encadrement au niveau départemental. Son idée est de le faire par l'envoi largement réparti de *jedburghs*[31], ces équipes trinationales en uniforme — un Français, un Anglais et un Américain dont deux ou trois officiers et un radio — qui ont été entraînées depuis des mois à l'organisation de la guérilla. Treize *jedburghs* ont été parachutés en juin dont six en Bretagne, soixante-dix autres le sont de juillet à septembre[32]. Mais le souci d'efficacité stratégique prévaudra sur la volonté de cohérence organisationnelle : outre la concentration de *jedburghs* sur la Bretagne, zone désignée par Eisenhower comme prioritaire dès le 17 juin et qui en recevra un total de onze, la majorité des *jedburghs* seront affectées au Berry-Poitou (Cher, Indre et Vienne) et au Morvan (Nièvre et Saône-et-Loire), c'est-à-dire aux flancs nord-ouest et nord-est du Massif central, car c'est de là que partiront en août les assauts des F.F.I. destinés à entraver dans leur retraite ou à attaquer sur leurs arrières les forces allemandes refluant du Midi. Que les *jedburghs* s'en tiennent au rôle d'instructeurs, s'imposent comme conseillers ou jouent aux chefs de bandes, ils apportent sur le terrain une présence alliée, la liaison directe avec le haut commandement et l'espoir de parachutages.

L'état-major F.F.I. multiplie les parachutages de saboteurs et d'instructeurs de sabotage recrutés soit par le S.O.E. soit surtout par le B.C.R.A. Il bénéficie, des possibilités offertes par la guerre subversive. Les alliés infléchissent, sur la recommandation de Kœnig, le planning des étapes suivantes dans le sens d'opérations combinées des forces régulières et des F.F.I. de Bretagne. Ils pourront compter fin juillet, principalement dans le Morbihan et les Côtes-du-Nord, sur l'appoint de 30 000 patriotes, dont 21 000 qu'ils auront armés[36].

Jedburghs, groupes opérationnels et S.A.S., c'est, pour l'ensemble de la France, un total de plus de trois mille militaires alliés venus d'Angleterre qui opéreront entre juin et août 1944 derrière les lignes ennemies en soutien à la Résistance, pour la plupart aux ordres de l'état-major F.F.I., joignant à une compétence quasi professionnelle une audace stupéfiante.

Peut-on prétendre que même avec ces renforts Kœnig *dirige* l'action résistante ? Sûrement non : personne n'en a les moyens, tant foisonnent localement les particularismes et les initiatives. On ne télécommande pas les maquisards comme on manœuvre des unités sur le champ de bataille. Mis à part l'énorme entreprise de sabotage des communications qui se poursuit conformément aux directives, Kœnig peut tout au plus appuyer, canaliser et orienter. Son ordre de freiner la guérilla n'est que faiblement suivi.

Peut-on en déduire, comme l'ont affirmé certains, qu'il se serait « déconsidéré par ses ordres contradictoires », qu'il n'aurait su bien agir que lorsqu'il se serait abstenu d'agir et que les équipes de Londres et d'Alger auraient prouvé leur incapacité dans de misérables querelles de pouvoir avec la Résistance intérieure ?

C'est là une vue étroitement partisane. À coup sûr il y a souvent un déphasage entre les résistants sur le terrain et ceux que Noguères appelle « les stratèges en chambre de Londres et d'Alger ». Ce déphasage ne fait que prolonger des discordances antérieures ; il les exaspère parfois. Bourgès-Maunoury, délégué militaire

pour la zone sud, qui, venu deux fois à Londres et à
Alger, parachuté deux fois, jouit de l'estime aussi bien
de l'équipe du B.C.R.A. que des cadres résistants, l'a
analysé en termes choisis[38] :

> À mesure de l'approche de la Libération, les organes de
> commandement situés à l'extérieur du territoire resser-
> raient leurs liens télégraphiques [au niveau régional] avec
> la France et rendaient le rôle de délégué militaire national
> plus difficile.
> Inversement, la Résistance métropolitaine, uniquement
> axée sur les problèmes intérieurs, n'ayant jamais été à
> l'étranger, était incapable de se hisser au niveau des pro-
> blèmes extérieurs et s'érigeait en gouvernement, faisant
> preuve d'une grande jeunesse dans les affaires publiques
> et diplomatiques.

L'homme de Bir Hakeim lui-même, s'il mérite par
son sérieux et sa modération la confiance des états-
majors anglo-américains, a une vue très militaire,
voire disciplinaire de l'action résistante. En quatre ans
d'Afrique, il n'y a jamais été mêlé. Bourgès-Maunoury
n'hésitera pas à dire qu'il n'y comprend rien.

Mais surtout, les chefs locaux ne peuvent pas soupçonner qu'il n'était pour rien dans les consignes
d'action du 5 juin et ne s'expliquent pas ses ordres
ultérieurs de freinage. Il s'y ajoute la rancœur de ceux
qui piétinent en attendant des armes ou qui se croient
brimés si d'autres groupes sont mieux servis, et la
colère ou la suspicion devant l'inévitable pagaille. Il s'y
ajoutera plus tard l'esprit de parti.

La tension E.M.F.F.I.-C.O.M.A.C.

C'est dans ce contexte que la dualité de commandement entre l'état-major F.F.I. de Londres et le Comité
militaire de la Résistance, le C.O.M.A.C., qui siège

clandestinement à Paris, tourne à l'opposition aiguë. Devant la lenteur de la progression alliée, le parti communiste, qui prétend mobiliser l'esprit jacobin, s'acharne à forcer la main de Kœnig et des alliés. La crise qui divisera la direction de la Résistance parisienne en août 1944 est en gestation dans les heurts de juillet.

Dominé maintenant par la forte personnalité du communiste Villon, le C.O.M.A.C. n'a jamais accepté que du bout des lèvres l'autorité de Kœnig. Il a condamné les ordres de freinage. Il s'est retrouvé autour du 20 juin à peu près d'accord avec Londres sur la tactique de la « guérilla insaisissable » (de la « guérilla mobile », dit le C.O.M.A.C.). Mais la divergence sur la stratégie va en s'aggravant. À partir du 21 juin, et avec une véhémence croissante le 26, le 29 et le 1er juillet, Villon la souligne en termes abrupts. Il affirme que les libérations déjà effectuées n'ont pas été prématurées, mais qu'elles doivent être « consolidées et étendues ». Il se dit certain que

> les alliés adapteront leur stratégie aux situations nouvelles créées à l'Intérieur et profiteront des possibilités qui leur seront offertes.

Selon lui, on est en présence

> non seulement d'une dualité de commandement, mais de deux conceptions différentes de l'action militaire de la Résistance [...]. Or il ne doit y en avoir qu'une [...].

Il affirme que

> le point de vue intérieur est nécessairement le plus conscient des nécessités vitales de l'intérêt national[39]

Le délégué militaire national Chaban réplique en vain que l'insurrection nationale est incapable, au stade actuel, de désorganiser l'armée allemande et de la faire battre en retraite. De séance en séance, Villon demande que les attributions du C.O.M.A.C. soient étendues et que le Comité reçoive délégation de commandement de Kœnig pour exercer le plein commandement effectif des forces de l'Intérieur. Le 1er juillet, la pression en faveur de l'insurrection généralisée s'accentue[40] :

> N'est-il pas évident que le rapport des forces peut singulièrement changer [...] par l'entrée en mouvement des masses populaires ?
> Ces changements dépendent de *nous*.

Le Front national, dont les chefs dénonceront par la suite « la folie des Glières » et « le crime du Vercors », se veut à la pointe de l'héroïsme patriotique :

> Il est indigne [...] de paraître reculer devant des sacrifices nécessaires que notre peuple est prêt à consentir [...].

Le groupe activiste de Paris n'hésite pas à se muer en accusateur : « La position prise est dictée par la peur du peuple. »

Le 4 juillet, Chaban rend compte télégraphiquement à Kœnig que les problèmes de l'insurrection et du commandement viennent une fois de plus de rebondir :

> C.O.M.A.C. estime
> 1) Succès soviétiques actuels modifient situation stratégique globale et constituent fait nouveau d'importance capitale.
> 2) Décision peut être proche et F.F.I. peuvent hâter libération en entraînant pays dans insurrection variable selon circonstances.
> 3) Trop tarder risque priver pays mérites autolibération.
> . . . .
> 5) Renforcement action intérieure et résultats sont susceptibles obtenir des alliés modification rythme des opérations Front Ouest permettant éviter ruines guerre longue.

La position du C.O.M.A.C. semble si grave au délégué militaire national le 12 juillet, bien qu'elle soit l'aboutissant de tendances anciennes,

> qu'elle risquerait maintenant d'entraîner la dissociation des F.F.I. si nous la négligions, et aussi une rupture avec les organismes militaires extérieurs[41].

La séance du 12 juillet est, en effet, celle du grand affrontement. Le C.O.M.A.C. demande à nouveau à bénéficier d'une délégation de commandement de la part de Kœnig « pour mettre en œuvre les F.F.I. ». Il réclame en outre l'attribution des moyens de transmission nécessaires pour exercer ce commandement, y compris l'accès à la B.B.C.

L'adjoint de Chaban, le colonel Ély, est en mesure, cette fois, de faire connaître la position télégraphiée par Kœnig. Elle est catégorique pour ce qui est du commandement :

> Les Forces Françaises de l'Intérieur font partie intégrante de l'armée française mobilisée.
> Je rappelle que chefs militaires régionaux ne peuvent recevoir leur commandement que de moi sur proposition délégué général Quartus [Parodi], ou par délégué militaire national Arc [Chaban].
> Chefs militaires départementaux ou locaux ne peuvent recevoir commandement que de chefs militaires régionaux, en accord avec délégués militaires régionaux qui me feront part des nominations.

Le message de Kœnig est tout aussi catégorique à propos de l'insurrection nationale :

> Pouvez promettre formellement à la Résistance que les armes lui parviendront en temps utile et en grande quantité. Des ordres d'action lui seront donnés quand ils seront jugés nécessaires par le commandement et

quand armement permettant action efficace sera ter-
miné[42].

Un télégramme du commissaire à l'Intérieur Emmanuel d'Astier confirme parallèlement à Parodi et à la
délégation générale clandestine qu'il est entièrement
solidaire de Kœnig[43] :

> [Alger] n'attribue au C.O.M.A.C. aucune part d'initiative
> et de direction militaire d'ensemble [...].
> Je me repose sur vous
> 1) pour que la Résistance ne soit pas heurtée par les
> choix du C.O.M.A.C. ;
> 2) pour faire comprendre aux F.F.I. l'importance de leur
> obéissance aux ordres du général Kœnig et l'importance
> d'une discipline librement acceptée et scrupuleusement
> observée.

Malgré tout, il n'est pas question de rompre. Les
communistes du C.O.M.A.C., tout en s'indignant, protestent de leur attachement au Comité d'Alger et de
leur respect à Kœnig. La réalité est qu'ils n'ont pas les
moyens de déclencher et moins encore de diriger une
insurrection à l'échelle de la nation : dépourvus des
moyens de transmission qui sont aux mains de la
Délégation générale et des délégués militaires régionaux, enfermés dans l'atmosphère factice de Paris,
devenus suspects aux socialistes et aux mouvements
de zone nord[44], ils n'ont pas d'autres forces sûres que
celles du parti et des Francs-Tireurs et Partisans et
leur capacité de mobilisation populaire est limitée à la
région parisienne. Et l'on sait aujourd'hui que, dès le
mois de mars 1944, Moscou a confirmé aux communistes français la voie du légalisme[45].
À Paris précisément, le 14 Juillet leur donne l'occasion de mesurer leur influence. Ils tentent d'en faire
une journée de manifestations qui sera « une préparation à l'insurrection nationale ». Villon fait approuver

par Bidault et le bureau du Conseil de la Résistance un texte qui évoque à tel point un appel à la levée en masse qu'il indigne Daniel Mayer, le représentant socialiste au C.N.R.[46]. Le texte de l'appel, envoyé à Alger, est diffusé par Radio Alger en l'absence de De Gaulle et d'Emmanuel d'Astier, mais à Londres le coup d'arrêt est instantané : avant même que Kœnig se prononce, le bureau « Opérations » de l'état-major Eisenhower met son veto à la diffusion. Néanmoins, les manifestations à Paris et en banlieue mobilisent cent mille, peut-être deux cent mille personnes.

Chaban et Parodi tiennent leur position un mois encore : Kœnig seul, répètent-ils, a qualité pour donner le signal de l'insurrection nationale, en fonction des plans alliés. Tout en veillant à sauvegarder l'unité des résistants, ils poursuivent leur effort

> afin de maintenir les F.F.I. dans le *cadre militaire* aussi longtemps que la répression qu'entraînerait le soulèvement populaire sera hors de proportion avec les résultats possibles[47].

Jusqu'à la percée alliée vers Avranches, Kœnig et son état-major à Londres, Parodi et Chaban à Paris, auront bloqué, du moins à l'échelon central, toutes les tentatives d'autonomie stratégique de la Résistance, qu'elles viennent des communistes ou, ce qui semble aussi le cas, de certains chefs de l'Organisation de résistance de l'armée, l'O.R.A., forts de leurs grades, sinon de leur passé[48].

39

Les libérations

Le 31 juillet 1944, la campagne change de rythme. La percée d'Avranches fait pendant à la percée de Sedan en 1940. La chevauchée des divisions blindées américaines, bientôt conjuguée avec l'offensive alliée partie de la côte des Maures, libérera en six semaines la France presque entière.

De Gaulle a dit et redit que les Français devraient contribuer à leur libération par un « apport national ». L'apport dépasse les espérances : à celui des F.F.I. s'ajoutera en août la force de choc des grandes unités venues d'outre-mer sous Leclerc et de Lattre. Août 1944, mois des libérations, verra la Résistance intérieure et la Résistance extérieure coalisées dans un même combat.

Huit divisions françaises sur le sol de France

L'armée française n'a fourni qu'une mince contribution à l'opération Overlord : outre un modeste appui naval et aérien, cent soixante-dix-sept hommes du 1er bataillon de commandos marins sous les ordres du commandant Kieffer ont débarqué près d'Ouistreham, se sont emparés de vive force du casino de Riva-Bella transformé en forteresse et ont participé à la prise des ponts de Bénouville-sur-l'Orne, tandis qu'une poignée de parachutistes, renforcée par la suite jusqu'à un effectif proche de cinq cents hommes, était larguée en Bretagne[1].

C'est seulement le 1er août que la division Leclerc commence à débarquer près de Saint-Martin-de-Varreville, dans le département de la Manche. Ils sont seize mille huit cents, alors que plus de deux millions de soldats alliés combattent sur notre sol. Mais leur présence se double d'un symbole. Dès janvier-février 1944, Eisenhower et Marshall, d'un côté, Churchill et Eden, de l'autre, sont convenus qu'il fallait une division française sur ce théâtre comme le voulait de Gaulle, et Eisenhower a implicitement promis qu'elle entrerait la première à Paris. On a trouvé le fret nécessaire pour la transporter d'Afrique du Nord en Angleterre avec son matériel lourd : elle ne devait être lancée dans la bataille que pour la phase d'exploitation, à partir de J + 60.

La 2e D.B. est la seule division à dominante largement européenne de la nouvelle armée française. Division arborant l'insigne à croix de Lorraine, les volontaires issus de la France Libre et les évadés de France y comptent pour un tiers. Elle est, avec près de cinq mille véhicules dont quatre cent cinquante chars et engins chenillés, une force de frappe puissante[2]. Pour ses premiers engagements, elle s'empare le 12 août d'Alençon et des ponts sur la Sarthe, puis resserre l'étau jusqu'aux abords d'Argentan sur les forces allemandes à demi encerclées, préparant de façon décisive la phase ultime de la bataille de Normandie[3]. Elle a un moral d'acier, un chef d'un talent manœuvrier et d'une indépendance éprouvés, un objectif maintenu envers et contre tous : Paris.

Autrement importantes en nombre sont les forces de l'« armée B », bientôt rebaptisée Ire armée française, qui débarquent à partir du 15 août 1944 sur le rivage méditerranéen sous le commandement de De Lattre. L'éclat de la 2e D.B. a fait pâlir leurs succès, de même que l'auréole de Leclerc, libérateur de Paris, éclipse le prestige de De Lattre[4] ; n'en doutons pas, cette promotion dans les hiérarchies de la mémoire répondait au vœu politique de De Gaulle lorsqu'en décembre 1943 il avait donné Paris comme objectif à Leclerc : il revenait à son premier compagnon, au plus sûr dépositaire de sa pensée depuis 1940, à l'homme du Tchad, de couronner la légende dorée de la France Libre.

Il reste que les forces de De Lattre qui prennent pied en Provence sont le gros de l'armée française ressuscitée. Elles ont prouvé leur valeur. Il y a là sept des huit divisions réarmées par les Américains[5] : trois divisions entraînées en Algérie sous l'impulsion directe de De Lattre dont deux divisions blindées, plus les quatre divisions qui viennent de s'illustrer avec Juin en Italie, rompant trois fois le front allemand. L'une de celles-ci, la 1re division motorisée d'infanterie, est l'ancienne D.F.L., la 1re division française libre de Kœnig et Larminat, la rescapée de Bir Hakeim dont les vétérans ont été de tous les combats depuis 1940, Érythrée, Levant, Libye, Tunisie, Italie. Les six autres divisions sont l'élite de l'armée d'Afrique de Giraud, revue et modernisée : tirailleurs algériens, tunisiens, marocains, tabors de l'Atlas, Sénégalais et autres autochtones d'Afrique noire, colons français du Maghreb et Français coloniaux, bref, l'Empire mobilisé pour libérer la métropole, soit, avec les services et les réserves, quelque deux cent mille hommes pour un même front.

Ainsi, pour la première fois depuis 1940, la France est en mesure de lancer toute une armée dans la bataille. Pour la première fois dans une opération alliée, les effectifs terrestres français sont majoritaires : sept divisions françaises pour trois divisions américaines précédées d'une division aéroportée. Pour la première fois, un commandant français de forces régulières a, dans la hiérarchie interalliée, comme Kœnig en tant que commandant des Forces Françaises de l'Intérieur, le titre et les prérogatives de général d'armée. Et pour la première fois, un état-major français aura été associé aux plans d'opérations.

Sur les cinq cents navires de guerre qui transportent ou protègent le corps expéditionnaire figurent trente-quatre bâtiments français sous commandement de l'amiral Lemonnier, dont le cuirassé *Lorraine*, six croiseurs lourds, trois croiseurs légers. Les Américains, experts en opérations amphibies, se sont réservés l'exécution du débarquement. L'Américain Patch commande l'ensemble des forces terrestres : c'est à lui que d'Argenlieu s'était affronté en Nouvelle-Calédonie, mais de Lattre a noué avec lui des relations confiantes. Dès le premier jour, des parachutistes français sont en action et mille hommes du groupe de commandos d'Afrique du lieutenant-colonel Bouvet prennent pied en avant-garde autour du cap Nègre, entre Le Lavandou et Cavalaire, pour protéger le flanc ouest du corps de débarquement et détruire les batteries côtières.

Tout va vite. En trois jours les Américains volatilisent les défenses allemandes sur quatre-vingts kilomètres de front et quatre-vingts kilomètres de profondeur. Hitler donne l'ordre à toutes ses forces de la moitié sud de la France de décrocher pour se rétablir sur une ligne Sens-Dijon-frontière suisse, à l'exception des unités gardant Toulon et Marseille. Ces deux places, c'est aux Français qu'il incombe de les prendre : « la part du lion », écrira de Lattre.

Toulon est le point le mieux défendu de la côte avec ses trente forts, ses batteries abandonnées intactes aux Allemands en novembre 1942, son camp retranché et une garnison qui a l'ordre de tenir jusqu'au dernier homme. Le succès plus rapide que prévu du débarquement, l'appel d'un émissaire de la résistance toulonnaise, l'enseigne de vaisseau Sanguinetti, l'impétuosité de deux divisionnaires en flèche, les généraux Brosset

et de Monsabert, amènent de Lattre à précipiter le
mouvement. Le 20 août, Toulon est investi ; le 23, trois
divisions sont à ses portes, ayant brisé les résistances
extérieures ; le 27, la division coloniale du général
Magnan achève de réduire les centres de résistance ;
l'amiral allemand Ruhfus capitule avec les 2 500 combattants d'élite qui défendent Saint-Mandrier. Les
combats, acharnés, ont coûté à l'armée de De Lattre
2 700 tués et blessés.

Entre-temps, Monsabert a pris sur lui de pousser
vers Marseille. Le 20 août, ses tabors ont enlevé Auba-
gne à la baïonnette après une marche de soixante kilomètres. Le 23, les F.F.I. de Marseille se soulèvent ; le
24, le commissaire de la République venu d'Alger, Raymond Aubrac, prend ses fonctions. « L'insurrection
aspire littéralement la 3ᵉ division algérienne qui se
répand dans la ville », racontera le général Saint-
Hillier[6]. Après cinq jours de rudes combats, le drapeau
blanc est hissé sur le fort Saint-Nicolas, dernier centre
de résistance. Marseille tombe avec vingt-six jours
d'avance sur les plans alliés. Toute la côte jusqu'au-
delà de Saint-Raphaël est libre. La prise de Marseille
donne un atout maître : son port, malgré les destructions que les Allemands y ont multipliées, devient le
second poumon des armées alliées ; de septembre à
décembre 1944, on y décharge plus de tonnage qu'en
aucun autre des ports accessibles sur le continent[7].

Les forces débarquées n'ont pas attendu pour se lancer vers le nord. Les rudes engagements qui visent à
couper les Allemands en retraite dans la vallée du
Rhône sont avant tout le fait des Américains, mais
l'armée de Lattre, après avoir occupé Saint-Étienne,
entre avec ces derniers à Lyon le 3 septembre. La progression franco-américaine qui se poursuit au nord de
Lyon garantit les forces alliées venues de Normandie
et de Bretagne contre des attaques de flanc. Le 11 septembre, l'escadron Savary, venu de la Méditerranée,

établira la liaison avec un escadron de la 2ᵉ D.B. de Leclerc près de Montbard : le hasard en fait une rencontre de vétérans de la France Libre.

Trois semaines encore et la Iʳᵉ armée française rassemblée tiendra, face à la Wehrmacht, un front de cent cinquante kilomètres de la frontière suisse au nord des Vosges.

L'action militaire de la Résistance

La contribution de la Résistance intérieure reste plus difficile à évaluer. L'éparpillement des actions obscurcit les bilans ; de même la conjonction fréquente des F.F.I. avec les unités régulières. Les études régionales privilégient normalement l'anecdote et l'exploit. Eisenhower, pour qui la Résistance armée fut une « divine surprise », évalue son appoint à l'équivalent de quinze divisions, ce qui est comparer des éléments peu comparables.

La mise en perspective que facilitent cinquante ans de recul oblige à rappeler qu'elle ne pouvait apporter qu'une contribution auxiliaire à l'action des forces alliées. Si efficaces qu'aient été, on l'a vu, les plans de soutien au débarquement en Normandie, presque nulle part pendant les deux premiers mois — juin et juillet 1944 — les Forces Françaises de l'Intérieur, tardivement organisées et pourvues surtout d'armes légères, n'ont été en mesure de faire plus que du harcèlement et de la « guérilla insaisissable » ; elles n'auront pu tenir aucun des « réduits » initiaux, mais elles ont paralysé les transports, désorganisé les transmissions et créé de multiples zones d'insécurité. Dans la phase nouvelle, surtout à partir du 15 août et de l'ordre allemand de retraite, elles se découvrent, multiplient les assauts et tiennent plus d'une fois devant les raids contre-offensifs allemands. Elles n'ont en général les moyens de l'emporter sur des unités combattantes qu'en s'attaquant à des éléments démoralisés, soit encerclés et isolés, soit en retraite ; dans assez peu de cas elles peuvent libérer durablement, à elles seules, des villes fortement tenues. Leur rôle d'auxiliaire n'en est pas moins capital et l'on peut en croire Eisenhower quand il conclut que

> sans les patriotes la Libération de la France et la défaite de l'ennemi auraient été bien plus longues et nous auraient coûté plus de pertes[8].

Les journaux de marches et rapports d'opérations des unités américaines en témoignent.

L'état-major Éon et les F.F.I. de Bretagne

Dès que commence la guerre de mouvement, au début d'août 1944, les maquisards sont associés à la reconquête de la Bretagne : le test est concluant[9].

La décision de combiner l'action des guérilleros bretons et des divisions américaines pour la deuxième phase de l'opération Overlord a pris effet le 3 juillet. Il s'agissait d'appliquer le plan « Bigot », dont la responsabilité était confiée au colonel Éon, assisté du colonel Passy et d'un état-major de trente officiers — dix Français, dix Anglais et dix Américains : sitôt le front allemand percé en Normandie, cet état-major devait être « droppé » avec quatre-vingt-dix containers d'armes dans les Côtes-du-Nord sous le nom de mission Aloès. Éon, officier d'état-major de l'armée d'Afrique, était une singularité dans les rangs français : spécialiste de la guerre subversive après un stage dans l'Armée Rouge effectué en U.R.S.S. en 1937, il avait été rattaché au B.C.R.A. et avait, dès le mois de mars 1944, déposé un rapport (qui n'avait pas été pris en considé-

ration) sur l'utilisation des Forces Françaises de l'Intérieur de l'ouest de la France à partir du jour J. C'est à
lui que Kœnig a fait appel pour prendre au moment
venu le commandement des F.F.I. de Bretagne et les
unifier. Kœnig l'a conduit en personne à l'état-major
Montgomery pour qu'on lui expose les plans d'attaque : le général Patton, débouchant d'Avranches avec
des blindés, devait « étrangler le sac breton », couper
leur ligne de retraite aux cent mille hommes de troupes allemandes de Bretagne et les détruire. Les maquis
devaient faciliter la mission de l'armée Patton. Tout au
long du mois de juillet, un effort sans précédent
d'armement des maquis bretons a été fait, onze *jedburghs* composés d'officiers spécialistes préparés par Éon
lui-même ont été parachutés pour instruire les combattants et treize liaisons radio ont été établies.

L'offensive commence le 1er août. Pour la première
fois, des F.F.I. interviennent en nombre dans la zone
d'opérations : vingt mille à vingt-cinq mille hommes et
femmes sont maintenant armés. Dès le 3 au soir,
Kœnig lance à la Résistance bretonne l'ordre de guérilla généralisée par un « message personnel » que diffuse la B.B.C. : « Le chapeau de Napoléon est-il
toujours à Perros-Guirec ? » Le 4 août, les Américains
sont à Rennes ; Éon, le colonel Passy, le commandant
aviateur Dupérier, un des as des Forces aériennes
Françaises Libres, et leur forte équipe de commandement sont parachutés dans la nuit du 4 au 5 au sud de
Guingamp. La nuit suivante, dix planeurs américains
remorqués par des bombardiers britanniques atterris-
sent entre Vannes et Lorient, avec un chargement de
jeeps, d'armes et de munitions : ils viennent renforcer
les solides F.F.I. du Morbihan qui se préparent à prendre l'aérodrome de Vannes.

Le message du 3 août au soir a déclenché une explosion de guérilla. Sitôt la péninsule coupée de Dol de
Bretagne à Rennes et Redon, deux divisions blindées

du général Patton peuvent traverser à toute allure la
Bretagne d'est en ouest sans avoir à se soucier, grâce
au concours des maquisards, de leurs flancs ni de
leurs arrières et en isolant les Allemands sur les côtes :
les F.F.I. les renseignent et les guident, occupent les
petites villes et les villages peu défendus, nettoient les
localités traversées par les avant-gardes où subsistent
des poches de résistance et se chargent des prisonniers. Les garnisons sont peu combatives. Le succès de
ces raids et l'ubiquité agissante de la Résistance sont
tels qu'ils permettent à l'audacieux Patton de retourner
sans risque le gros de ses forces vers l'est pour les
engager dans la bataille de Mortain où se joue à partir
du 8 août le sort de l'offensive alliée, puis de les lancer
vers le centre de la France.

En Bretagne Nord, base d'action de la mission parachutée, les maquisards, sans avoir aucun renseignement sur l'arrivée des forces américaines, prennent
possession le 6 août de Saint-Brieuc où le colonel Éon
installe le nouveau préfet des Côtes-du-Nord. Patton a
poussé en Bretagne Nord un détachement de trois
mille cinq cents Américains puissamment dotés de
tanks destroyers, la « force A », avec mission de foncer
en sauvegardant les ouvrages d'art de la voie ferrée,
mais cette « force A » n'a pas d'infanterie : les volontaires des F.F.I. lui en tiennent lieu. Ils se rendent maîtres non seulement de la ligne de chemin de fer, mais
des routes secondaires, sur lesquelles ils étendent progressivement leur contrôle depuis Dol de Bretagne
jusqu'aux approches de Brest. Ils sauvent le trait
d'union capital qu'est le viaduc de Morlaix. Du 14 au
17 août, une opération franco-américaine, associant
sous les ordres du colonel Passy deux mille cinq cents
F.F.I. à un détachement blindé et à une batterie d'artillerie de Patton, aboutit à la prise du camp retranché
de Plounez, puis à la libération de Paimpol et à la capture de deux mille prisonniers. Le même jour, les Alle-

mands, solidement retranchés dans la vieille ville de Saint-Malo qu'écrasent les bombes alliées, capitulent[10]. Il ne reste en Bretagne aux mains de l'ennemi que les poches de Lorient et de Saint-Nazaire et, jusqu'à mi-septembre, celle de Brest.

Eisenhower rendra hommage, dans son rapport sur la campagne à l'Ouest, aux « services inestimables » qu'ont rendus à ses forces les combattants F.F.I. bretons, sans omettre, « ce qui n'est pas le moins important », ajoute-t-il, qu'ils ont,

> par leur harcèlement incessant, entouré les Allemands d'une atmosphère intenable de danger et de haine qui sapait la confiance de leurs chefs et le courage de leurs soldats[11].

Le débarquement du Midi et l'opération alpine

Ce harcèlement caractérise de même les opérations du centre et de la moitié sud du pays : le général allemand von Blaskowitz l'y comparera à un essaim de guêpes multipliant leurs piqûres. L'essaim se déploie le plus souvent sans appui allié. Le relief le favorise. Dès le mois de juillet, le retrait de certaines des meilleures unités allemandes envoyées en Normandie et le regroupement des autres dans les villes principales et sur les grands axes ont laissé aux F.F.I. la maîtrise de vastes zones autolibérées où l'ennemi ne peut s'aventurer qu'en force. Quand les unités allemandes du Midi sont menacées d'être prises en tenaille entre le rouleau compresseur allié venant de Provence et l'offensive des blindés qui foncent des confins normands jusque vers la Bourgogne, la Résistance joue pleinement le rôle que les hypothèses les plus optimistes du « Bloc Planning » lui avaient assigné. C'est le cas dans les trois secteurs du Sud-Est alpin et rhodanien, du Mas-

sif central et du Sud-Ouest[12]. Elle le joue d'autant plus
hardiment que les forces allemandes du Midi de la
France ont reçu le 17 août l'ordre de retrait général. Et
l'appel que de Gaulle a lancé sur les ondes le 7 août
rompt avec une prudence que ses détracteurs activistes qualifiaient d'attentisme[13] :

> Il n'est pas un Français qui ne sente et qui ne sache que
> le devoir simple et sacré est de prendre part immédiate-
> ment à ce suprême effort guerrier du pays.
> Chacun peut combattre et chacun le doit.
> Ceux qui sont aptes doivent s'incorporer aux F.F.I. Tous
> les autres, où qu'ils soient, ont la possibilité d'aider nos
> combattants [...].
> Français, debout et au combat !

En Provence comme auparavant en Normandie, les
résistants ont facilité le succès du débarquement en
fournissant aux alliés « un ensemble prodigieux de
renseignements » qui ont été complétés et contrôlés
grâce aux innombrables photographies dues à l'aviation de reconnaissance[14].

Les informations dues à la Résistance contribuent
ensuite à infléchir la conduite des opérations. C'est, en
particulier, le cas de l'intervention du colonel Henri
Zeller, coordinateur des F.F.I. du Sud-Est. Zeller, venu
en liaison à Alger au début d'août, y voit Soustelle le 4
et est reçu le 5 par de Gaulle ; celui-ci lui donne à par-
courir le dossier du plan allié : ce plan prévoit, après le
débarquement, l'attaque en force de Toulon et de Marseille, puis la remontée de la vallée du Rhône, mais on
ne compte atteindre Grenoble que le 15 novembre.
Zeller proteste : le centre du massif alpin est pratiquement aux mains des F.F.I. Sitôt la côte occupée sur
vingt kilomètres de profondeur, il faut que les alliés
lancent sur tous les itinéraires sud-nord des colonnes
légères avec quelques blindés et canons. De Brignoles,
poste de commandement prévu de la VIIe armée amé-

ricaine, elles devraient être à Grenoble *en quarante-
huit heures* en cueillant les garnisons allemandes des
petites villes déjà pratiquement prisonnières des F.F.I.,
mais qui ne veulent se rendre qu'aux alliés — aux
« réguliers ». Et de Grenoble, elles pourraient se rabattre sur la vallée du Rhône pour couper la retraite des
Allemands à hauteur de Valence ou, si possible, de
Lyon.

De Gaulle dépêche Zeller le lendemain à Naples où
de Lattre et Patch ont leur quartier général. Il leur
expose la situation. On lui laisse ignorer que les Américains sont informés du vide alpin grâce au système
de décryptage des messages radio qu'échangent les
chefs d'unités allemandes. Du moins Zeller est-il
entendu quand il souligne la fragilité de la défense
allemande et l'ascendant croissant des F.F.I. : il conjure ses interlocuteurs de « foncer » sitôt qu'ils auront
débarqué[15].

C'est ce qui est décidé le 17 août et exécuté le 18,
après que les Anglais ont intercepté l'ordre de repli
général donné par Hitler[16]. Le détachement américain
lancé vers les Alpes — une brigade motorisée — est
trop léger pour que la manœuvre de rabattement sur
le Rhône et d'encerclement conçue par Zeller soit pleinement payante. L'opération est néanmoins jalonnée
de succès. D'Alger, le général Cochet, délégué militaire
du gouvernement provisoire pour le théâtre d'opérations méditerranéen, ordonne le 18 au soir aux F.F.I.
du Sud-Est de réduire l'Allemand à l'impuissance pour
« qu'il ne puisse s'opposer à l'avance alliée ni trouver
refuge hors de France ». Il en va ainsi dans tout le secteur alpin :

> Les Allemands sont pratiquement prisonniers dans
> leurs garnisons dont ils ne sortent qu'en force pour leur
> ravitaillement ou quelque expédition de représailles, et ces
> convois sont attaqués une fois sur deux par un ennemi

insaisissable. Les garnisons se rendent à peu près sans combat. Les deux mille hommes de la garnison de Gap, cernés et attaqués par les F.F.I., se rendent à trois officiers américains qu'il a fallu chercher à trente kilomètres de là. Grenoble est atteint le 22 août[17].

Les F.F.I. ont déjà pris possession de la ville évacuée la veille par les Allemands.

Sans attendre le repli des occupants, les maquisards des Savoies sont passés à l'attaque ; ils ont intercepté la garnison de Cluses le 17 août ; celle d'Annecy capitule le 19 ; le 20, ils comptent trois mille cinq cents prisonniers en Haute-Savoie libérée.

Dans la vallée du Rhône elle-même, les résistants se manifestent entre Valence et Montélimar en faisant sauter dans la nuit du 17 au 18 août à Livron, au confluent de la Drôme, le pont — incontournable — par lequel la route nationale et la voie ferrée franchissent la Drôme. Les équipages allemands qui remontent la rive est du Rhône s'entassent sur vingt kilomètres avant de pouvoir forcer le passage : pilonnés par l'aviation, attaqués de flanc par les Américains et les F.F.I. qui débouchent de la forêt de Marsanne, ils perdent en une semaine onze mille hommes et deux mille cinq cents véhicules dans la rude bataille de Montélimar[18].

Le verrouillage du Massif central

Le môle du Massif central lui aussi, malgré les raids de terreur allemands de juin, est, en août, presque entièrement tenu par les maquis. Certes, il ne joue pas le rôle de plaque tournante de l'insurrection nationale qu'aurait voulu l'équipe gaulliste d'Alger. Le plan Caïman ou plan « C », ébauché en mai, transformé et soumis à l'état-major Eisenhower à la mi-juin, ne visait à rien de moins, dans sa dernière version, qu'à transporter dix bataillons français aéroportés en Auvergne et dans les monts du Forez et du Velay, en liaison avec le débarquement de Provence[19]. L'objectif, politique autant que militaire, était, tout en contribuant au succès de ce débarquement, de nettoyer dix départements avec l'aide des F.F.I. et de créer au cœur de la France une zone libérée relevant du gouvernement provisoire qui pourrait y prendre pied[20]. Billotte devait commander l'opération, assisté d'un adjoint chef des services civils — Soustelle —, d'un état-major opérations et d'un « état-major de commandement territorial[21] ». À Londres au mois de juin, puis sans relâche durant tout le mois de juillet, tant à Alger qu'à Washington, de Gaulle avait plaidé en faveur du plan Caïman. Eisenhower, bien impressionné par l'intervention des parachutistes français en Bretagne aux côtés des F.F.I., aurait été tenté de renouveler la manœuvre sur une grande échelle dans le Massif central ; à Washington, le général Marshall en avait approuvé le principe. Pourtant, de Gaulle avait été avisé le 20 juillet du rejet de sa proposition. Il y avait naturellement vu l'effet d'un veto de Roosevelt, résolu à l'empêcher de prendre pied sur le sol de France, En fait, le projet, surgi trop tard, avait été écarté pour des raisons en premier lieu logistiques par le général anglais Maitland Wilson, commandant en chef des opérations en Méditerranée : l'aviation alliée n'avait pas les moyens d'assurer à la fois la couverture du débarquement de Provence et les treize cents sorties quotidiennes sur le centre de la France qu'exigeait le plan[22].

À défaut de celui-ci, le verrouillage de plus en plus efficace du Massif central par les F.F.I. entrave les mouvements adverses. Les unités allemandes en retraite doivent le contourner soit par l'est en gagnant la vallée du Rhône, soit par l'ouest en allant chercher un passage le long de la Loire. Entre le 15 et le 21 août, des garnisons qui ne sont pas évacuées sont encerclées et capitulent : c'est le cas à Brive, comme c'est le cas à

Limoges, que le chef des F.F.I. du Limousin, l'étonnant instituteur-colonel Georges Guingouin, « premier
maquisard de France », a eu la sagesse de ne pas attaquer de front. Dès le 19 août, à en croire le commissaire de la République de la région Auvergne Ingrand,
les occupants ne tiennent plus dans son ressort que
Millau, Saint-Flour, Le Puy et Clermont-Ferrand[23].

La libération du Sud-Ouest

Le retrait des forces allemandes donne plus encore
au Sud-Ouest une spécificité dans l'histoire de la Libération : la région se libère sans l'aide d'une quelconque
armée alliée.

Le commandant des F.F.I. de la région militaire de
Toulouse (R4) est depuis avril 1944 un polytechnicien
de vingt-quatre ans issu du mouvement Libération,
Serge Ravanel, qui a fait ses classes comme chef national des groupes francs des Mouvements unis de résistance ; il a su en trois mois s'imposer aux multiples
composantes de la Résistance militaire du Sud-Ouest :
recrues de l'armée secrète, maquisards du capitaine
Pommiès qui sont la fierté de l'O.R.A., « groupes Veni »,
d'inspiration primitivement socialiste, formations F.T.P.,
unités d'Espagnols rouges et jusqu'aux réseaux d'action
relevant du S.O.E., que coiffe le singulier agent anglais
George Starr, *alias* Hilaire. À défaut de les unifier, tâche
impossible à ce stade, il a réussi à coordonner assez
bien leurs opérations et à surmonter leurs rivalités.

Jusqu'à la mi-août, les résistants, sans s'abstenir de
sabotages et d'embuscades dispersées, sont sur la
défensive face aux raids d'intimidation ou de représailles. Leur offensive ouverte débute le 16 août par la
libération concertée de Carmaux, dans le Tarn, où ils
capturent une soixantaine de prisonniers, mais doivent faire front à une réaction brutale des Allemands.

À partir du 17 août, ils attaquent partout. Si les colonnes allemandes les plus fortes ou les premières à décrocher, comme le gros des troupes d'occupation de Toulouse, gagnent sans trop de peine la vallée du Rhône, des garnisons de moyennes et petites villes sont encerclées et réduites à se rendre. Les 20 et 21 août, le bataillon de l'Armagnac, formé dans le Gers par le capitaine Parisot et doté, grâce à George Starr et à S.O.E., d'un armement comparable à celui d'une unité d'une armée régulière coupe la retraite à la garnison d'Auch, lui infligeant 61 tués et faisant 191 prisonniers, libère Mont-de-Marsan et fait son entrée le 22 à Toulouse sur les traces des Allemands. À Castres, les F.F.I. font 4 300 prisonniers dont 71 officiers ; d'autres colonnes sont traquées dans leur retraite, fragmentées en tronçons, bloquées par la destruction des ponts. Quand, le 24 août, la région peut se considérer comme libérée, ses F.F.I. ont à leur actif 13 000 prisonniers[24]. La retraite des dernières unités allemandes contournant le Massif central par l'ouest s'achèvera, après un hallali de Châteauroux à Decize, par la reddition, le 10 septembre, des 19 800 traînards d'arrière-garde du général Elster, en bonne partie non combattants, épuisés sous les assauts des maquis de l'Indre, du Cher et de l'Allier, que secondent puissamment des parachutistes S.A.S. et des *jedburghs*.

Les unités ennemies en reflux, qu'elles viennent du Sud-Ouest ou aient remonté la vallée du Rhône, affrontent la guérilla jusqu'en Bourgogne : elle y prend la forme d'« opérations combinées » avec les premiers éléments des unités alliées, comme lors des combats des 9 et 10 septembre à Châtillon-sur-Seine, avant que ne se ferme la brèche entre les armées débarquées en Normandie et en Provence[25].

Les F.F.I. n'auront pu empêcher 130 000 Allemands d'échapper sur les 209 000 qui ont été englobés dans la retraite du Midi[26] : on dira tout aussi justement que ces derniers n'auraient pas eu près de 40 % de pertes sans le harcèlement des patriotes.

Le sens politique du « soulèvement national »

La résistance armée reste un phénomène extraordinaire. La montée en flèche de ses effectifs en mesure l'ampleur : ils ont bondi de quelque cent mille hommes en juin 1944 à vraisemblablement cinq cent mille au début de septembre, plus que ne le permettait l'armement disponible. Si ce n'est pas une nation qui se dresse, la guerre des maquis est devenue dans une large mesure la guerre des populations de régions entières : signe de l'honneur recouvré et preuve qu'après quatre ans la bourgeoisie pétainiste ne compte plus, que le temps est révolu de la paysannerie passive et qu'une époque nouvelle commence.

C'est en cela que les incidences de la Résistance militaire sont politiquement si importantes et si durables. La Résistance débouche dans sa phase ultime sur une restauration de l'identité nationale et sur une véritable reprise de possession du territoire. En ce sens, il y a effectivement « soulèvement *national* », comme de Gaulle l'avait annoncé, comme Boris et Kœnig en ont fait lancer le mot d'ordre par la B.B.C., le 4 août pour la Bretagne, le 12 pour les régions entre Loire et Garonne, et comme l'affirment les communiqués triomphalistes de l'état-major F.F.I.

Il y a soulèvement *national* parce que les Forces Françaises de l'Intérieur, après avoir versé leur sang, font une entrée victorieuse dans toutes les villes « libérées » par elles (même s'il en est peu qu'elles aient pris de vive force) et contribuent à y instaurer des autorités nouvelles.

Il y a soulèvement *national* dans la mesure où il y a partout changement de régime dans le climat classique d'une période révolutionnaire :

Désir de fête et souci de vengeance s'entremêlent dans ces foules rassemblées qui reconquièrent la rue, applaudissent des héros issus de l'ombre et investissent les organisations sorties de la clandestinité [...]. Dans la quasi-totalité des communes importantes, le pouvoir échoit aux mains des anciens résistants[27].

Et ceux-ci n'entendent pas être frustrés de leur victoire.

Dans cette France aux communications rompues et où il y a autant de libérations différentes que de régions, deux faits attestent la pérennité de l'unité nationale. S'il est vrai que les communistes ont été très souvent en flèche, s'ils ont partout poussé à l'action armée aussi ample et précoce que possible, le *soulèvement national*, retardé et endigué tel que l'a voulu de Gaulle et qui a pris seulement dans un nombre limité de villes la forme d'une *insurrection* urbaine, n'aboutit que rarement à la mise en place d'un pouvoir dominé par le P.C.F.[28].

Quant aux nouvelles autorités, qu'elles prennent leurs fonctions avec l'aval préalable du gouvernement provisoire ou soient issues d'une pression populaire, elles se réclament quasiment toutes et du général de Gaulle et de la République[29].

40

« *Paris, ah ! Paris...* »

Après le « miracle de la Marne », aucune bénédiction de l'Histoire de France en ce siècle n'aura été plus miraculeuse que la libération de Paris. On ne peut qu'admirer l'ajustement opportun des circonstances et des volontés qui l'ont si parfaitement accomplie.

L'impatience française et la stratégie américaine

Dès le succès de la percée de Patton, les Français de l'extérieur comme les dirigeants clandestins voient la libération de Paris à portée de main. Ils s'y préparent. Ils s'impatientent. Ils s'inquiètent qu'elle tarde. Un soupçon pointe parmi eux : et si les Américains se proposaient, en arrivant dans la capitale, de traiter avec des éléments suspects ? Parodi télégraphie le 8 août que Pétain aurait entamé des conversations avec le commandement américain et qu'on prépare l'Élysée pour l'y installer tandis que Laval essayerait, avec l'accord des Allemands, de pousser les parlementaires à se réunir au Palais-Bourbon et à siéger en Assemblée nationale[1] ; il ajoute, quelques jours plus tard, que Laval ferait pression sur Herriot pour qu'il forme un gouvernement de transition. On apprend en même temps que le Maréchal serait prêt à reconnaître de Gaulle pour son dauphin dans le respect de la souveraineté dont il s'estime le dépositaire légitime. Des manœuvres d'agonie ont, en effet, été ébauchées et par Laval et par le Maréchal ; il semble avéré que les Américains ne les ont ni inspirées ni encouragées. Dès le 16 août, le Comité conjoint des chefs d'état-major anglais et américains a informé Eisenhower que ceux-ci ne voyaient aucune objection à l'entrée du général de Gaulle à Paris : le message traduisait à l'évidence l'accord de leurs gouvernements. Telle est cependant la méfiance de De Gaulle et de ses proches à l'égard de Roosevelt qu'on croit aux complots, même si on les dédaigne. On va jusqu'à imaginer que certains clans allemands les favorisent. On répond à Parodi qu'on n'est « aucunement intéressé » par les palinodies du Maréchal : il devra être arrêté s'il tombe aux mains des F.F.I. ; quant aux parlementaires, inutile de s'opposer à la réunion d'une Assemblée nationale qui se discréditera d'elle-même ; toute équivoque sera dissipée par l'arrivée du général de Gaulle rapidement après la Libération[2]. De Gaulle accréditera pourtant la manigance américaine dans ses *Mémoires*, comme s'il avait dû jusqu'au bout en déjouer la perfidie.

Il se préoccupe toutefois davantage des menées communistes. Non qu'il croie à la possibilité d'une prise de pouvoir par le P.C.F., il n'a jamais douté que le rapport des forces fût largement défavorable à celui-ci. Mais Paris est le lieu du pouvoir, une insurrection peut y avoir des effets imprévisibles. Il s'en est expliqué dans ses *Mémoires de guerre*, qui, écrits en pleine guerre froide, dramatisent à coup sûr sa pensée de 1944, mais ne doivent pas la dénaturer[3] : il y montre les communistes prêts à

> tirer parti de l'exaltation, peut-être de l'état d'anarchie que la lutte provoquerait dans la capitale pour y saisir les leviers de commande avant que je ne les prenne [...].
> Jouant de l'équivoque en affichant leur adhésion au général de Gaulle, ils projetaient d'apparaître à la tête de

l'insurrection comme une sorte de Commune [...] qui, au
surplus, prendrait soin de ne chanter que *La Marseillaise*,
de n'arborer que le tricolore.

Avec cette intuition des pièges à redouter qui ne
cesse de guider ses décisions politiques, il entend les
prévenir.

Ce qui est sûr, c'est que les Américains sont loin de
presser l'avance vers Paris. Ils prennent Chartres et
atteignent Rambouillet le 17 août, ils sont le 19 à Man-
tes, ils franchissent la Seine le 20 à Rolleboise en
même temps qu'ils atteignent Melun. Ils prévoient de
contourner la capitale par l'est et par l'ouest et de l'isoler pour qu'elle tombe, vraisemblablement évacuée par
l'ennemi, sans doute au début de septembre[4]. Quel que
soit le retentissement qu'aurait une libération rapide
de Paris, la stratégie commande : Eisenhower ne veut
pas être retardé dans son offensive victorieuse par des
combats de rues dans la capitale, ni risquer de la
détruire. Il veut encore moins avoir la charge de la
nourrir : Paris n'a plus de réserves de vivres et les pla-
nificateurs militaires estiment que son ravitaillement
exigera quatre mille tonnes de livraisons quotidiennes,
soit l'équivalent en essence de « trois jours de progression des forces alliées vers la frontière allemande[5] ».
Paris attendra.

Le délégué militaire national Chaban-Delmas est
venu en liaison à Londres le 6 août et y est resté six
jours. Il a plaidé pour une intervention rapide, il n'a pas
été entendu par les chefs alliés. Kœnig lui a dit : « Pas
d'insurrection à Paris sans mon ordre ! » Chaban a
assuré qu'il comptait réussir « à ramener le C.O.M.A.C.
dans la limite de ses attributions d'origine », étant
entendu que celui-ci serait consulté sur « les affaires
militaires ayant des répercussions politiques[6] ».

Ainsi s'emploie-t-on, de Londres et d'Alger, à garder
le contrôle des opérations parisiennes. Le 12 août, on

avise Parodi que l'hôtel Matignon sera vraisemblablement le siège du gouvernement, on lui demande d'y prévoir son installation. Le même jour, Kœnig et Boris câblent à Alger qu'il est urgent de mettre au point les consignes radiophoniques à lancer aux ouvriers de Paris et des grandes villes. Emmanuel d'Astier fait immédiatement un projet auquel de Gaulle substitue les « cinq brèves » suivantes[7] :

> 1) Ne pas accomplir de travaux utiles pour l'ennemi. Si l'ennemi veut les imposer, faire grève ;
> 2) si l'ennemi fléchit, se saisir du personnel [allemand ou collaborationniste] qu'il emploie à n'importe quel titre dans l'usine. En faire des otages ;
> 3) surveiller les préparatifs de destruction de l'ennemi ; préparer les équipes de protection ; faire agir ces équipes à temps ;
> 4) de toute façon, empêcher l'ennemi en retraite de retirer son personnel et son matériel ;
> 5) reprendre le travail immédiatement et en ordre dès que les forces alliées arriveront.

Ce sont des consignes d'ordre professionnel qui restent bien en deçà d'un encouragement à l'insurrection urbaine : la B.B.C. les diffuse avec l'accord de l'état-major Eisenhower le 17 août sous une forme volontairement diluée. On ne souhaite pas une insurrection à Paris parce qu'elle serait prématurée, parce que les états-majors alliés y sont rigoureusement hostiles, parce qu'on craint qu'elle ne tourne mal et qu'on n'est pas sûr de pouvoir l'encadrer. Et l'on caresse toujours l'espoir d'un retrait spontané des Allemands. De Gaulle tient d'autant plus à affirmer l'autorité de l'État dans la capitale. Le 31 juillet, il a enjoint à Parodi de « parler toujours très haut et très net au nom de l'État[8] ». Le 14 août, il le fait nommer membre du gouvernement provisoire, commissaire d'État délégué en territoire occupé. Le 15, il lui adresse une remontrance parce qu'il a concédé la mission d'occuper, le moment venu, les édifices publics du secteur non gouvernemental au Comité parisien de libération[9] :

> Il ne peut être question de se dessaisir d'aucun pouvoir gouvernemental à son profit [...]. Toutes les tâches entreprises par les F.F.I. ou par les éléments rassemblés par le Comité parisien de libération doivent être déterminées par vous et effectuées dans le cadre des directives gouvernementales.

Le 17 août, Luizet, qui a été le préfet énergique et habile de la Corse libérée et que le gouvernement provisoire a nommé préfet de police de Paris, y arrive clandestinement d'Alger, prêt à y prendre ses fonctions. Le 22 août, la B.B.C. annonce la nomination de Kœnig comme gouverneur militaire de Paris.

Situation pré-insurrectionnelle
et retard des transmissions

Un chaînon défaillant risque toutefois de fausser le mécanisme du contrôle ; ainsi peuvent achopper les scénarios les mieux agencés de l'Histoire. Au moment où les événements parisiens se précipitent, Londres et Alger sont hors d'état d'en suivre le fil : l'engorgement des centres de décryptage de Londres aggravant les délais des transmissions clandestines, les télégrammes les plus importants venus de Paris n'atteignent leurs destinataires qu'après quarante-huit heures, sinon trois à quatre jours. Ce facteur d'incertitude n'apparaît pas dans la reconstruction superbe que de Gaulle fait des événements. Il faut en tenir compte pour apprécier les motifs et la logique des décisions prises : le général en chef, l'état-major F.F.I. et lui-même sont, pendant la phase où tout bascule, dans l'ignorance des derniers

événements de Paris, tandis que les responsables parisiens n'ont qu'une idée incertaine des intentions alliées.
    Pourtant le trafic radio est actif. Le 14 août, Parodi
télégraphie à Londres que les Allemands menacent de
massacrer les résistants prisonniers, qu'il n'a pas les
moyens de faire attaquer les prisons, qu'on s'efforcera
d'empêcher le départ des trains de déportés, et il
demande l'intervention d'Eisenhower. Le 15, il rend
compte que, depuis le matin, les gardiens de la paix
sont en grève et les commissariats fermés ; la population est tendue ; devant le risque de répression allemande violente, il demande un nouvel appel à la
population pour éviter un soulèvement populaire.
    Le 17 août, ses messages deviennent inquiétants :

> La grève des cheminots s'étend. L'ordre de grève géné-
> rale m'a été remis. La grève commence également dans
> les postes. Le C.N.R. s'est déclaré à l'unanimité favorable
> à l'extension de la grève qu'il considère comme applica-
> tion des appels à l'action diffusés par B.B.C. et comme
> préparation au soulèvement national.
>   À ma demande, le C.N.R. tiendra une réunion quoti-
> dienne et sera tenu au courant de toute extension de la
> grève. J'espère pouvoir tenir ainsi la situation et gagner
> du temps.

Second télégramme Parodi du même jour[10] :

> En raison de la grève, de l'arrêt des métros et de l'absence
> tardive d'électricité, les rues sont continuellement pleines
> de monde [...].
>   Si vous ajoutez l'espoir d'être très prochainement libéré
> et le passage continuel de camions de déménagement,
> preuve évidente du pillage total par les Allemands, atmos-
> phère tendue et situation inquiétante pour le cas où la
> Libération serait encore lointaine.
>   Sauf dans le cas où la Libération serait très proche, il
> est indispensable de faire un appel au calme et de rappeler
> que l'ordre de soulèvement national donné pour une par-

tie de la France n'est pas applicable encore à Paris et banlieue.

Le 18 août, Chaban-Delmas, qui, revenant de Londres,
a réussi à gagner Paris à bicyclette, télégraphie son
premier rapport :

> Ai trouvé situation à Paris très tendue. Grève police,
> postes et cheminots, avec tendance croissante à grève géné-
> rale. Toutes conditions préparatoires insurrection sont réa-
> lisées. Des incidents locaux, soit fortuits, soit provoqués par
> ennemi ou même groupements résistance impatients suf-
> firaient à entraîner troubles les plus graves avec repré-
> sailles sanglantes pour lesquelles Allemands semblent
> avoir pris décisions et réuni moyens.
> Situation aggravée sans cesse par paralysie services
> publics : plus de gaz, une heure et demie d'électricité par
> jour, eau manquante dans certains quartiers, ravitaille-
> ment calamiteux.
> Nécessaire vous interveniez auprès des alliés pour deman-
> der occupation rapide de Paris.
> Avertir population officiellement de façon nette et pré-
> cise par B.B.C. pour éviter un nouveau Varsovie[11].

Mais ces télégrammes ne parviennent à l'état-major
F.F.I. que dans la nuit du samedi 19 au dimanche
20 août. C'est seulement dans la journée du lundi 21
que Londres commence à être au courant de l'ensemble des événements qui se sont déroulés à Paris depuis
le 17[12]. Et quels événements ! On y est passé de la phase
pré-insurrectionnelle à un début d'insurrection ! La
température n'a cessé d'y monter. Les dirigeants communistes des F.F.I. d'Île-de-France, les membres communistes du C.N.R. et du Comité parisien de libération,
Villon, Marrane, Tollet, Rol-Tanguy, n'ont cessé de
réclamer le passage à l'action. Ils tiennent à devancer
les Américains qu'ils croient à la veille d'entrer dans
Paris. Ils s'indignent du modérantisme de la Délégation générale. Les communiqués de plus en plus triom-

phants de la B.B.C. portent à l'optimisme ; le désarroi
des occupants est visible. Le 18 août, le Comité parisien de libération ayant approuvé le *principe* de l'insurrection, le commandement régional F.F.I. a appelé à la
mobilisation, un appel des élus communistes à l'insurrection a été placardé et les F.T.P. ont occupé plusieurs mairies de banlieue[13]. Le 19, la décision, retardée
le plus possible par la Délégation, a fini par lui échapper : des tirs ont éclaté dans plusieurs quartiers ; en
début de matinée, provocation inouïe, des gardiens de
la paix ont occupé la préfecture de police à l'appel de
leurs organisations de résistance et s'y sont retranchés.
Des engagements sporadiques se sont propagés alen-
tour. À 11 heures du matin, au cours d'une réunion
commune du C.N.R. et du Comité parisien de libération, Parodi a accepté que soit lancé l'ordre d'insurrection[14]. Il a confirmé le commandement de toutes les
forces résistantes au chef clandestin qui a été promu
en juin colonel et chef régional des F.F.I. d'Île-de-
France, le métallo communiste Rol-Tanguy, ancien
des Brigades internationales en Espagne.

Les forces sont inégales. Les F.F.I., même renforcés
par la garde républicaine, les gardes mobiles et les
pompiers de Paris sont à peine armés : deux mille
fusils, deux cent cinquante mitraillettes, peu de munitions. À la préfecture de police, on a, le 19 au soir,
outre les pistolets, trente-deux fusils-mitrailleurs et
mitraillettes[15]. Le général von Choltitz, gouverneur du
« Gross Paris », dispose de vingt mille hommes, inéga-
lement motivés, de soixante canons et de plusieurs
dizaines de chars ; on suppose qu'il a soixante ou quatre-vingts avions.

Dans la soirée du 19 août, une trêve, consolidée
grâce à l'entremise du consul général de Suède Nordling, sauve la préfecture de police, assure aux résistants la possession des bâtiments qu'ils ont occupés et
constitue une reconnaissance implicite, mais officielle,

de l'autorité clandestine. Toute la journée du dimanche 20, Paris est un étrange *no man's land* où les autorités issues de la clandestinité se substituent aux
autorités de Vichy et où un détachement de résistants
conduit par un des *leaders* modérés du Comité parisien de libération, Léo Hamon, s'installe à l'Hôtel de
Ville et arrête le préfet. Le général von Choltitz, apparemment respectueux de la trêve, fait remettre en
liberté les trois principaux responsables civils de la
Délégation générale, Parodi et ses adjoints Laffon et
Roland Pré, tombés par hasard aux mains des Allemands.

Le lundi 21, Parodi fait un pas de plus : il ordonne
aux secrétaires généraux désignés par Alger de s'installer dans les ministères, le jeune Léon Morandat prend
possession de l'hôtel Matignon où se tient une première réunion plénière des secrétaires généraux.

Cependant, la trêve est fragile, souvent violée, sans
cesse contestée. Le dimanche 20, Choltitz a reçu de
Hitler l'ordre de tenir Paris à tout prix, « fût-ce au prix
de sa destruction », ordre qui sera renouvelé les 22 et
24 août[16]. Les blindés allemands patrouillent sur les
grandes artères. De leur côté, les activistes du C.N.R.
et du Comité parisien de libération aiguillonnés par les
chefs communistes s'indignent de la trêve comme
d'une trahison. Paris est à la merci d'une étincelle :
Paris peut être mis à feu et à sang.

De Gaulle, Kœnig et le revirement d'Eisenhower

De Gaulle ne sait rien du début d'insurrection lorsque, parti d'Alger, il atterrit le 20 août au matin à
Maupertuis, près de Saint-Lô, où l'attend Kœnig qui
en sait à peine plus, et qu'il se rend à Granville auprès
d'Eisenhower. Il vient lui demander de lancer la division Leclerc sur Paris[17] : l'affaire est d'une « telle impor

tance nationale » qu'il se déclare prêt, « si le commandement allié tardait trop, à lancer lui-même sur Paris la 2e D.B. ». Leclerc, toujours aux abords d'Argentan, à deux cents kilomètres de la capitale, attend l'ordre en piaffant.

Eisenhower renouvelle sa promesse : c'est bien Leclerc qui aura mission de libérer Paris ; mais il ne veut ni s'engager sur une date ni modifier ses plans.

Plus que jamais, de Gaulle craint que de sombres calculs ne visent à retarder son entrée à Paris. Le 21 août, toujours réduit aux supputations, il confirme ses vues à Eisenhower par une lettre écrite à Rennes que Kœnig et Juin portent le lendemain 22 au généralissime[18] :

> Étant donné la disparition presque complète des forces de police et des forces allemandes à Paris et dans l'état d'extrême disette alimentaire qui y règne, de graves troubles sont à prévoir dans la capitale dans très peu de temps.

Pour prévenir « une situation de désordre dans Paris », dont il serait ensuite « difficile de se rendre maître sans sérieux incidents », il confirme sa demande à Eisenhower de faire occuper la capitale « au plus tôt, même s'il devait se produire quelques combats et quelques dégâts à l'intérieur de la ville ». La même crainte du « désordre » que provoquerait une insurrection inspire à Kœnig l'appel totalement déphasé qu'il lance ce même 21 août sur les antennes bricolées de Radio Bretagne à Rennes : il demande aux Parisiens de « montrer les plus grandes qualités de discipline consentie afin de maintenir l'ordre dans la capitale ».

Les préoccupations de De Gaulle sont politiques autant que militaires. Celles d'Eisenhower sont militaires. De Gaulle l'a sans aucun doute ébranlé, mais il s'interdit de prendre des décisions pour des motifs politiques : c'est, depuis le début de la campagne, l'exigence de Roosevelt, elle répond à sa propre logique.

Il est conscient qu'il ne pourra pas indéfiniment retarder la marche sur Paris. Le 22 au matin, il rend compte à Marshall des données militaires du dilemme[19] :

> Il serait désirable, en raison des charges supplémentaires de ravitaillement qu'impliquerait l'occupation de Paris, d'en ajourner la capture pour atteindre l'objectif important qu'est la destruction des forces ennemies restantes jusqu'à la région du Pas-de-Calais.
>
> Je ne crois pas que cela soit possible. Si l'ennemi essaie de tenir Paris avec des forces vraiment importantes, il sera une menace constante pour notre flanc. S'il évacue en grande partie la place, celle-ci tombera entre nos mains que nous le voulions ou non.

Les nouvelles de Paris précipitent sa décision. L'état-major F.F.I., toujours à Londres, a appris en effet dans la nuit du 21 au 22 août l'occupation de la préfecture de police, l'ordre d'insurrection que Parodi a lancé le 19, les premiers succès des insurgés et la trêve du 19 au soir. Le chef d'état-major Ziegler (« colonel Vernon ») a envoyé aussitôt un officier à de Gaulle et Kœnig en France pour les en aviser et demander l'ordre immédiat de marche sur Paris ; ce messager ne les joindra pas. Mais simultanément, le général Redman, adjoint britannique de Kœnig, part porter les mêmes informations au quartier général d'Eisenhower. Celui-ci est mis au courant le 22 août avant huit heures du matin[20]. Il a convoqué Bradley, commandant du 12e groupe d'armées américaines qui, face à la situation nouvelle, est également d'avis d'intervenir. Kœnig et Juin, porteurs de la lettre de De Gaulle, arrivent sur ces entrefaites : ils renouvellent la pression. Le commandant en chef donne le feu vert[21]. Les insurgés « m'ont forcé la main », écrira-t-il[22].

LIBERTÉ, EGALITÉ, FRATERNITÉ OU LA MORT !

21 AOÛT 1944

N° 1

PRIX : 2 FRANCS

Edité par la Mission
de Presse des F.F.I.
Aspirant C.. B..
Rédacteur en chef :
Lieutenant J.. B..

Journal Officiel
DES FORCES FRANÇAISES DE L'INTÉRIEUR

PARIS RESSUSCITE

Paris, notre capitale, le cœur vivant de la France, Paris, seul siège possible du gouvernement, Paris a été libéré, et libéré par les Parisiens.

Pendant quatre ans, sous la botte allemande, la France a vécu sans capitale, et Vichy n'était que ce que l'on a pu l'appeler le plus apparent de l'asservissement de notre pays.

Le « débarquement » lui-même, les premières victoires, Cherbourg, Brest, Le Mans, Chartres libérés, tout cela n'était pour nous qu'un épisode magnifique, mais incomplet de la victoire.

Seule, la libération de Paris a rendu aux Français le sentiment d'une France vivante et pure, et le plus beau cadeau que les Parisiens pouvaient faire au Gouvernement provisoire du général de Gaulle, c'était lui offrir, eux-mêmes, la capitale reconquise comme jadis les échevins offraient au nouveau roi les clefs de leur bonne ville.

Samedi, au petit jour, des troupes des F.F.I. avaient occupé les édifices publics, le drapeau tricolore flottait à leurs frontons. Toutes les contre - attaques allemandes échouèrent devant une magnifique résistance qui renoue avec les grandes traditions militaires de la France.

Ainsi, l'insurrection ouvre la voie à un gouvernement né du courage de notre peuple de Paris, qui, ayant trouvé en soi-même ses origines, à l'appui d'aucune force étrangère, va savoir faire enfin l'union de tous les Français.

Une époque plus glorieuse de l'Histoire de Paris s'écrit.

Ces hommes, qui ont pris les rues pour en chasser la Wehrmacht de Paris, ne sont-ils pas égaux ? Il s'agit des soldats de Verdun, qui ont trouvé

dans cet ultime combat une occasion suprême de manifester leur patriotisme et leur valeur, se prouvent dès recrues de la veille, des jeunes gens des maquis, forts seulement de leur volonté inébranlable et du courage que leur donnait l'attitude résolue de la ville tout entière.

Deux générations ont combattu côte à côte, dans une fraternité ardente, les anciens de 14, pour la dernière fois, guidant les jeunes de 44 auxquels ils passaient le flambeau de la grandeur française. Une nouvelle génération s'est levée qui s'est formée dans l'héroïsme de la clandestinité : elle saura s'imposer.

Au cœur même de la France, de l'Ile de la Cité, au pied de Notre-Dame qui vit se dérouler les plus grandes journées de notre Histoire, les Parisiens, sans appel extérieur, ont gagné la bataille.

Ce sont eux qui par leur magnifique action ont mérité à la France un gouvernement libre. Ce gouvernement continue, plus fort que jamais, la lutte engagée depuis cinq ans contre l'Allemand.

Comme à toutes les grandes époques de notre Histoire, c'est la communion fervente du peuple et de l'armée qui sauvera la France.

De Gaulle assume aujourd'hui cette union. Général victorieux, il marche vers l'Hôtel de Ville libéré.

Il est d'ores et déjà le chef unique, le chef admiré de la France.

DERNIÈRE HEURE

Les forces alliées ont atteint la Seine en amont et en aval de Paris.

Elles sont aux portes de Melun, Fontainebleau, Versailles. Elles ont poussé leurs avant-gardes jusqu'à 6 kilomètres de la capitale.

COMMUNIQUÉS OFFICIELS

Ne nous bornons pas à de vains espoirs, la lutte continue à outrance.

1) Le Commissaire délégué par le Gouvernement provisoire de la République Française, en accord avec le Comité Parisien de la Libération, rappelle que toutes les formations organisées, faisant partie ou non des mouvements de résistance, font partie intégrante des F.F.I. Il en est de même des forces de police, de gendarmerie, etc. Toutes ces forces sont placées pour les départements de Seine, Seine-et-Oise, Seine-et-Marne et Oise, sous les ordres du COLONEL CHEF RÉGIONAL ROL.

2) Tous les Français et Françaises valides doivent se considérer comme mobilisés. Ils doivent rejoindre immédiatement leurs formations F.F.I. ou les Milices Patriotiques de leur quartier ou de leur usine.

3) Ils doivent s'armer par tous les moyens, en particulier en récupérant le matériel des soldats ennemis.

4) Ils attaqueront l'ennemi partout où il se trouvera, dans la rue, dans ses locaux. Ils attaqueront ses postes de garde, ses véhicules, ses dépôts de carburant. Ils s'empareront de ses dépôts de ravitaillement.

5) Ils protégeront les services publics (eau, gaz, électricité) contre toute tentative de destruction de l'ennemi.

FRANÇAIS, TOUS AU COMBAT !
OUVRONS LA ROUTE DE PARIS
AUX ARMÉES ALLIÉES VICTORIEUSES !
VIVE DE GAULLE !
VIVE LA RÉPUBLIQUE !
VIVE LA FRANCE !

Il n'est absolument pas question de cesser le feu. Les chefs sont invités en conséquence à s'en tenir aux ordres donnés précédemment.

Le Colonel Commandant les F.F.I. de Paris :
Signé : LIZET.

Un seul chef :
DE GAULLE

Un seul amour :
LA FRANCE

L'insurrection parisienne.
Cette publication semi-clandestine a été éditée et diffusée à Paris le 21 août 1944, pleine insurrection, vraisemblablement avant que le délégué général Parodi et le Conseil de la Résistance n'aient décidé — vers 19 heures — de rompre la trêve.
Le texte appelle à poursuivre les combats, implicitement au nom du colonel Rol, commandant (communiste) des F.F.I. d'Île-de-France, explicitement au nom du colonel de Margueritttes, dit Lizé, commandant (non communiste) des F.F.I. de Paris.

Les renseignements réunis dans la journée du 22 au quartier général de Bradley près de Laval, bien que contradictoires, justifient plus encore l'inquiétude : d'une part, le général von Choltitz serait prêt à évacuer Paris sans combat ; mais, d'autre part, on croit le délai de trêve sur le point d'expirer, avec le risque que les Allemands rassemblent des forces pour reprendre le contrôle de la ville, écraser la Résistance et détruire les ponts[23]. Dans les deux cas, une action immédiate s'impose. Bradley, de retour le soir à son quartier général, y trouve Leclerc et lui transmet la décision prise[24] : qu'il fonce ! La 4e division d'infanterie américaine le suivra et lui prêtera main-forte s'il le faut.

L'homme du Tchad rejoint à 21 heures son poste de commandement. Il n'a jamais été prodigue de mots. Il lance au chef de son bureau des opérations cet ordre qui dit tout : « Gribius, ... mouvement immédiat sur Paris ! »

La course de la 2e D. B.

La 2e D.B. s'ébranle le 23 août à 6 heures du matin ; ses 4 000 véhicules, ses 400 chars et engins chenillés couvrent en quinze heures près de 200 kilomètres sur deux itinéraires parallèles qui mènent une de ses colonnes au-delà de Rambouillet et l'autre à Limours. D'après les nouveaux renseignements qu'apportent des messagers venus de Paris, les insurgés ont rompu la trêve avec l'accord du délégué général, ils occupent toujours les principaux monuments publics et, à l'appel de Rol, ils multiplient les barricades dans le centre de la ville ; Choltitz de son côté tient une série de points forts ; il a en outre organisé une ceinture de défense bien pourvue d'artillerie dans les banlieues sud et sud-ouest.

Le 23 août, à 18 heures, Leclerc est à Rambouillet ;
il y est rejoint par de Gaulle. Il y signe son ordre d'opérations pour le lendemain :

MISSIONS :   1) s'emparer de Paris ;
              2) tenir Paris [...].

Le lendemain 24 août, les unités de la 2ᵉ D.B. progressent partout, mais elles se heurtent à de fortes
résistances. À la nuit, elles ne sont encore qu'aux portes de la capitale : le groupement Langlade au pont de
Sèvres, le groupement Billotte bloqué à La Croix-de-
Berny et à Fresnes.

Dans la ville, la guérilla sporadique a fait place à
l'insurrection : ce sont les « Trois Glorieuses de Paris »,
écrira l'historien Henri Michel. Mais si les Allemands ne
sont pas en mesure de mater les soldats F.F.I., ceux-ci
n'ont pas davantage les moyens de réduire les Allemands.

Les Américains s'inquiètent[25] et Leclerc s'impatiente.
À 19 h 30, au carrefour central d'Antony, il tombe sur
un de ses officiers, un F.F.L. de 1940, le capitaine
Dronne, administrateur colonial qui a fait toutes les
campagnes du Fezzan et à qui il a confié une unité
héroïque et rebelle, la 9ᵉ compagnie, celle qu'on appelle
« la *nueve* » parce qu'elle comprend cent trente républicains et anciens miliciens espagnols. Dronne, qui
vient de nettoyer la localité d'Antony, a manœuvré
habilement toute la journée ; il est sûr qu'en évitant les
grandes routes, on trouverait un accès vers Paris.
Leclerc le prend au mot : « Dronne, filez droit sur Paris,
entrez dans Paris. »

Dronne rassemble trois sections, une jeep, trois chars,
une quinzaine de *half-tracks*[26] — cent trente hommes au
total — et guidé par un habitant d'Antony se faufile
jusqu'à Paris ; puis, par un itinéraire contourné, il
atteint la place de l'Hôtel de Ville. À la grande horloge,
il est 21 h 22. Il dispose ses véhicules en demi-cercle

pour protéger le bâtiment. Par radio, il rend compte :
« Mission accomplie ». Autour de lui, *La Marseillaise*
retentit. Georges Bidault, président du C.N.R.,
l'accueille dans les salons de l'Hôtel de Ville. Dronne
l'informe que « le président de Gaulle sera là demain ».

À 22 heures, on appelle Dronne à la préfecture de
police. Parodi, Chaban et les principaux membres de
la Délégation générale y siègent autour du préfet Luizet, qui a pris ses fonctions. Il s'y rend, il annonce que
la 2e D.B. sera le lendemain dans la ville[27]. Parodi
l'entraîne à un micro et le présente aux Parisiens
suspendus à leur poste de radio (car les résistants disposent depuis la veille d'une station d'émissions clandestines). La voix de Parodi est éraillée par l'émotion :

> — J'ai là, devant moi, un capitaine français qui vient,
> le premier, sur son char, d'entrer dans Paris. Il est sale, il
> est hirsute, il est mort de fatigue, mais tel quel, je le trouve
> beau, et, en votre nom à tous, je l'embrasse comme notre
> libérateur.

À cet instant, raconte le secrétaire général aux
Finances Mönick, qui est lui aussi à la préfecture,

> je sentis un bras qui se glissait sous le mien. C'était Luizet.
> Il m'entraîna vers une fenêtre. Il l'entrouvrit. Il me dit :
> — Penchez-vous. Attendez un instant et écoutez.
> J'entendis d'abord un murmure qui passait dans le ciel
> de Paris, puis une rumeur qui allait grandissant, puis des
> ondes géantes qui s'entrechoquaient avec fracas comme
> si tout l'espace aérien était brassé par des milliers d'ailes
> invisibles…, peut-être les ailes de la victoire.
> Soudain, je compris. C'étaient toutes les cloches de la
> capitale que Luizet venait de déclencher et qui sonnaient
> à toute volée la délivrance de Paris[28].

Partout, au mépris du couvre-feu, des fenêtres s'éclairent. Et, dominant le tumulte, le bourdon de Notre-
Dame qu'on n'avait pas entendu depuis quatre ans…

25 août, journée de victoire

La progression dans Paris, le 25 août, comme déjà la veille en banlieue, est un mélange de liesse populaire et de combats[29]. « Embrassades et acclamations se mêlent aux tirs des mitrailleuses et des canons », raconte un des officiers de Leclerc, le futur général Compagnon. Dès le matin, les trois groupements Langlade, Billotte et Dio entrent sans résistance dans la ville, le premier par l'ouest, les deux autres par le sud, afin de converger finalement à la Concorde. À la mi-journée, la 4ᵉ division d'infanterie américaine s'adjoindra en soutien discret aux Français et nettoiera les quelques résistances à l'est de la ligne porte d'Italie-Bastille.

Des péripéties militaires de la journée, l'événement central est la capture du général von Choltitz, gouverneur du « Gross Paris ». Le colonel Billotte, qui a installé son poste de commandement à la préfecture de police, en est l'ordonnateur : quelle revanche pour cet évadé des Oflags de Poméranie ! Le commandant de La Horie et le capitaine Branet sont chargés de l'opération : elle ne se réduit pas à un baroud d'honneur. Le général allemand est fait prisonnier vers 15 heures à son bureau de l'hôtel *Meurice* ; conduit à la préfecture de police, il signe avec Leclerc la convention de reddition qui implique, pour toutes les unités allemandes de la capitale, la cessation du feu et la livraison de leurs armes. Leclerc l'emmène ensuite dans son *command-car* à son poste de commandement de la gare Montparnasse pour régler la reddition de la vingtaine de points d'appui allemands qui tiennent encore. Là, sous la pression des deux chefs militaires communistes, Kriegel-Valrimont et Rol-Tanguy, et sur l'intercession de Chaban, Leclerc consent que l'acte de reddition

soit modifié afin que Roi, en sa qualité de chef des
F.F.I. de l'Île-de-France, en soit également signataire.

La capitulation de Choltitz n'a pas dispensé la 2ᵉ D.B.
de combattre dans la capitale : des chars se sont
affrontés ; de solides points d'appui sont l'enjeu de
rudes engagements, en particulier l'hôtel *Crillon* et le
ministère de la Marine, place de la Concorde, la
caserne de la place de la République, l'École militaire,
le Palais-Bourbon, l'ensemble fortifié du Palais du
Sénat et du jardin du Luxembourg, autour duquel les
F.T.P. de celui qu'on appellera le colonel Fabien secondent les combattants de la 2ᵉ D.B. Dans la soirée, toutes les résistances au sud de l'Opéra et des grands
boulevards sont réduites. Les pertes de la division
Leclerc dans la journée sont de 45 tués et 140 blessés ;
on évalue pour la semaine les pertes des F.F.I. et des
civils parisiens à 1 000 tués, mais les Allemands ont
perdu 3 200 hommes et 13 000 prisonniers, Paris est
libéré, et sans graves dommages[30].

L'insurrection pouvait passer pour une folie, les
hésitations du commandement allemand l'ont favori-
sée. Le succès dû à l'héroïsme des Parisiens et à la
division Leclerc la justifie.

Et l'État est présent en la personne du général de
Gaulle.

De Gaulle à Paris

Car il n'a pas attendu la fin des combats pour entrer
dans Paris : il n'y aura aucune vacance du pouvoir. De
sa journée, si chargée d'événements connus, retenons
le récit le plus sec, celui d'un témoin qui l'a suivi pas
à pas, le directeur de l'Agence France Presse, Géraud
Jouve[31] :

Le 25 août, [à 17 heures], le général de Gaulle arrivant à Paris venant de Rambouillet est acclamé par la foule à la porte d'Orléans. Il reçoit à la gare Montparnasse, en présence du général Leclerc, l'acte de reddition du commandant du Gross Paris, Choltitz. Ayant embrassé son fils, lieutenant de fusiliers marins, qu'il n'a pas vu depuis plusieurs semaines, de Gaulle gagne l'hôtel du ministère de la Guerre quand, à hauteur de la rue Éblé, le cortège est disloqué par une fusillade venant des toits.

14 rue Saint-Dominique, les coups de feu se prolongent. On s'installe en camp volant. Il faut toute la persuasion de Parodi pour amener de Gaulle à l'Hôtel de Ville où les chefs de l'insurrection sont réunis.

Le général s'y rend à contrecœur, reste maussade tout au long des discours et s'en va sans avoir serré sur son cœur ces hommes qui, ayant combattu dans la fièvre pendant six jours, pensaient que cette embrassade allait sceller pour toujours le destin de la France.

Rentré à la présidence, le Général dîne en petit comité. Je lui demande ce qu'il pense des chefs de la Résistance :

— Ils ont besoin de dormir !

Faut-il remonter aux luttes qui se sont déroulées déjà autour de l'armistice manqué avec les occupants nazis à Paris ? De Gaulle est persuadé que les communistes ont voulu s'emparer du pouvoir. Ils n'y ont pas réussi, ils doivent être furieux.

Dès ce moment, la lutte est engagée à fond entre l'homme et le parti monolithique.

Ce que Jouve ne dit pas, c'est qu'à la gare Montparnasse de Gaulle, lisant l'exemplaire français de la capitulation ennemie, a désapprouvé Leclerc, lui, officier le plus élevé en grade et gouverneur militaire provisoire de Paris, d'avoir permis au chef des F.F.I. d'Île-de-France, Rol-Tanguy, d'en être cosignataire.

Ce que Jouve ne rapporte pas non plus, c'est qu'à l'Hôtel de Ville, où il a laissé les résistants l'attendre jusqu'aux abords de 20 heures, de Gaulle a « improvisé » un discours qui a éclipsé sans peine tous les autres protagonistes et fait de cette rencontre un des

grands moments de la Libération. Discours devenu
célèbre d'hommage à Paris,

> Paris outragé ! Paris brisé ! Paris martyrisé ! mais Paris
> libéré, libéré par son peuple, avec le concours des armées
> de la France et le concours de la France tout entière...

Discours aussi remarquable par ce qu'il ne dit pas
que par ce qu'il dit, car texte fondateur du mythe de la
France se libérant clle-même au point de sembler tenir
pour subsidiaire la contribution des alliés à la victoire.
Discours, enfin, d'un chef de gouvernement qui n'a
d'investiture à recevoir de personne sinon du peuple
souverain, qui ne prend pas la peine de mentionner le
C.N.R. et qui, après avoir souligné le devoir impérieux
d'unité nationale, définit le programme auquel il con-
vie la nation — « la guerre, l'unité et la grandeur » —
et les voies de l'avenir, par le retour au « libre suffrage
universel », vers un régime où « aucun homme,
aucune femme [ne] puisse redouter la faim, la misère,
les lendemains »[32].

Fidèle à la continuité qu'il estime avoir légitimement
incarnée, il a refusé de proclamer la République
comme Georges Bidault le lui demandait au nom du
Conseil national de la Résistance et du Comité parisien de libération[33], car, explique-t-il,

> la République n'a jamais cessé d'être. La France Libre, la
> France Combattante, le Comité français de la libération
> nationale l'ont, tour à tour, incorporée. Vichy est et
> demeure toujours nul et non avenu. Moi-même, je suis le
> président du Gouvernement de la République. Pourquoi
> irais-je la proclamer ?

Ce qu'enfin ni Jouve ni de Gaulle lui-même n'ont
relaté, c'est qu'après la chaleur des acclamations et le
départ du Général, le C.N.R. a tenu une réunion des
plus aigres : les communistes se sont indignés que de

Gaulle n'ait pas proclamé la République, Daniel Mayer a déclaré que c'était une faute et Saillant, représentant de la C.G.T. au Conseil de la Résistance, est allé jusqu'à proposer de convoquer le peuple de Paris le lendemain à 17 heures pour une proclamation de la République devant l'Hôtel de Ville : « Si le Général n'est pas là, on la proclamera sans lui[34] ! »

Le sacre

Mais de Gaulle est le maître de l'heure. Le lendemain sera le jour de l'apothéose qu'il a voulue « en donnant rendez-vous au peuple ». Les Allemands sont encore aux portes, à La Villette, à Saint-Denis ; le général américain Gerow, supérieur de Leclerc dans la hiérarchie militaire, peut s'indigner que la 2ᵉ D.B. s'attarde, contrairement à ses ordres, à protéger le défilé. N'importe ! La marche du 26 août 1944, de l'Étoile à Notre-Dame, « rejoint les grands moments d'unanimité nationale que les Français ont connus : février 1848, 2 août 1914, 11 novembre 1918[35] ». Impossible, au terme de ce livre, de ne pas l'évoquer à travers le récit d'un témoin historien[36] :

> Des ateliers de Montparnasse et des entrepôts de Bercy, des taudis de la rue Mouffetard et des boutiques du faubourg Saint-Antoine, des hôtels de l'avenue Foch et des baraquements de la zone, hommes, femmes, enfants, les Parisiens sont accourus, la croix de Lorraine à la boutonnière ou au corsage, de plus en plus nombreux à mesure qu'ils approchaient, s'agglutinant en une fourmilière intense.
>
> À quinze heures, c'est tout un peuple, pressé en gradins irréguliers formés de chaises de fer, d'escabeaux et d'échelles, qui attend le glorieux cortège, le long d'un parcours illuminé de tricolore. Toutes les fenêtres sont garnies de vieux drapeaux en chômage depuis quatre ans, ou de nouveaux, hâtivement préparés avec des mouchoirs, des serviettes, des morceaux de draps.

5 HEURES DU

l'Hum

ORGANE CENTRAL DU PARTI C

FONDATEUR : JEAN JAURÈS   REDA

Rédaction et administration : 16, rue d'Enghien, PARIS-X°
LE NUMÉRO : **DEUX FRANCS**

Direc
Marcel C
Sénateur de

Sur les Champs-Elysées, à la Concorde,

PARIS VAINQUEU
EN LA PERSONNE DU GÉNÉRA

la France maintenue, **la Résist**
la lutte armée qui a sau

LE PEUPLE DE LA CAPITALE A MANIFESTÉ DANS L'ALLÈGRE
SA VOLONTÉ DE VOIR LA GUERRE POUSSÉE JUSQU'A L'ÉCRASE
CHATIÉS, LE PAYS UNI ET MAITRE DE S

*Les bandits de la 5e colonne continuent les attaques perfides contr
sans pitié par les troupes, les F.F.I. et les Milices Populaires dans les r*

PRESSÉ hier tout au long de
l'avenue incomparable qui
mène des gloires de l'Arc
de Triomphe aux splendeurs de
Notre-Dame, du Louvre où sont les
trésors de notre génie national à
l'hôtel de ville témoin des épopées
populaires inoubliées, le peuple
de Paris unanime a applaudi, en
la personne du général de
Gaulle, la France maintenue, la
Résistance victorieuse, la lutte
armée qui a sauvé la capitale et
le pays.

Cette foule frémissante portait,
gravées dans le cœur, les paroles

ATIN

EDITION PARISIENNE

anité

...MUNISTE FRANÇAIS

...R EN CHEF (1926-1937) VAILLANT-COUTURIER

41ᵉ ANNÉE — N° 7 (Nouvelle série)
DIMANCHE 27 août 1944

l'Hôtel de Ville

...R SALUE
...DE GAULLE

...ce victorieuse
le pays

DE LA LIBERTÉ RETROUVÉE
...T DE L'ENNEMI, LES TRAITRES
...AVENIR

...patriotes, mais ils sont abattus
...esquelles affluent les Parisiens

...otre camarade
...ymond DEUDON
...chement assassiné
...agents de la Gestapo

... une victime qui s'ajoute
... déjà longue des martyrs
... au combat pour la libéra-
... la France : notre cama-
...eudon, délégué du Parti
...iste au Comité de Libéra-
...cien rédacteur à l'Human-
...tré dans un guet-apens à
...ur, a été tué par un
... la Gestapo, dans
...quisition de Créteil, qui

**Une délégation des femmes
et des F.T.P. du 19ᵉ
s'enquiert à "l'Humanité"
du retour de Thorez**

Hier, dans la soirée, une délégation des Femmes et des F.T.P.
du 19ᵉ arrondissement s'est présentée à l'Humanité, où elle a été
reçue par notre rédacteur en chef
Georges Cogniot, accompagné de
ses camarades Camus et Ma-
gnien.

La délégation s'est informée du
retour de Maurice Thorez à son
poste de combat en France. Elle

Des officiers du général Leclerc rendent visite à "l'Humanité"

Hier matin, des officiers de l'armée Leclerc sont venus, sur leur tank, nous rendre visite à notre journal. On peut les voir ici, montés sur leur char, devant l'Humanité, accompagnés de F.F.I. et de quelques-uns de nos rédacteurs, parmi lesquels Georges Cogniot et Albert Rigal.

Des prisonniers soviétiques, ayant participé à l'édification des barricades à Clichy, défilent rue de Rivoli au milieu de l'enthousiasme.

Vendredi après-midi. La Kommandantur vient de se rendre. Ayant dépouillé leur morgue, les officiers allemands prennent le chemin de la captivité.

À l'Étoile, un barrage de chars coupe la place par le milieu, face à la Concorde, laissant libre le côté des Champs-Élysées.

Les généraux Kœnig, Leclerc, Juin, l'amiral d'Argenlieu..., tout l'état-major de la France Combattante est là. La musique des gardiens de la paix ouvre le ban : c'est le général de Gaulle qui arrive. « Vive de Gaulle ! Vive de Gaulle ! » Il passe en revue les soldats du régiment de marche du Tchad qui font la haie et dépose une croix de Lorraine en glaïeuls roses sur la dalle sacrée. « Vive de Gaulle ! Vive de Gaulle ! »

Au spectacle du désordre, le Général s'exclame : « Quelle pagaille !... Qui est-ce qui est responsable de l'ordre ici ? » Prenant son parti de la pagaille, il ne va pas selon l'usage des cortèges officiels descendre en voiture l'avenue des Champs-Élysées. Des autos à haut-parleur sont passées dans la foule : « Le général de Gaulle confie sa sécurité au peuple de Paris. Il lui demande de faire lui-même le service d'ordre et d'aider dans cette tâche la police et les F.F.I. fatigués par cinq jours de combat. »

Quatre chars s'ébranlent, *Lauragais, Limagne, Limousin, Verdelon*. Derrière eux, barrant l'avenue, se tenant bras dessus, bras dessous, s'avance une chaîne d'agents, de F.F.I., de secouristes, de soldats [...]. En désordre suivent des motocyclettes, des side-cars, des jeeps surchargées, puis, après un espace vide, un huissier en habit noir, plastron blanc, chaîne d'argent, très solennel ; derrière lui, enfin, roule une cohue au milieu de laquelle sont noyés quelques militaires ; au premier rang, un homme qui dépasse les autres de la tête porte un uniforme.

« Vive de Gaulle ! Vive de Gaulle ! » hurle la foule.

Il marche d'un pas souple, un peu nonchalant, et répond inlassablement mais sans chaleur aux acclamations, de ce geste des deux bras dont il a salué Paris la veille à l'Hôtel de Ville. S'aperçoit-il qu'il est un peu en avant du cortège, il ralentit pour se mettre au niveau de ses compagnons. À vrai dire, les gens qui ne sont pas bien placés ne le voient pas, mais, comme les autres, ils crient de confiance : « Vive de Gaulle ! Vive de Gaulle ! »

Derrière lui, après deux ou trois rangs d'officiels silencieux, le troupeau humain gesticule, chante, s'en donne à cœur joie ; il en émerge des tourelles de chars hérissées de soldats et de demoiselles qui ne paraissent pas destinées à la vie contemplative, des voitures bondées, des pancartes, certaines aux inscriptions en espagnol, et une large banderole aux couleurs républicaines espagnoles, violet, jaune, rouge, qui barre toute l'avenue. C'est une foule qui s'écoule entre deux foules.

Ensuite, il y a le *Magnificat* à Notre-Dame, en l'absence du cardinal-archevêque jugé indésirable, et la fusillade dans la cathédrale, l'enthousiasme, la peur, la joie, tandis qu'à cinq kilomètres seulement de là un détachement de la 2e D.B. s'attaque aux éléments allemands irréductibles des faubourgs nord. Et vers minuit, un bombardement aveugle qui frappe Paris et sa banlieue pour rappeler que la guerre continue.

« Le plus grand jour depuis la prise de la Bastille », écrira le correspondant de l'hebdomadaire américain *Life*[37].

ÉPILOGUE

Paris libéré, espoir et symbole ! Une large fraction de la presse mondiale confirme — pour la dernière fois sans doute — l'adage dont nous ont réconfortés pendant la guerre des exilés bienveillants : « Tout homme a deux patries, la sienne et puis la France. » Aux sonneries de cloches parisiennes répondent les cloches de Londres et d'Alger, de Brazzaville et de Beyrouth, de Santiago et de Mexico pavoisées. À Buenos Aires, un peuple muselé par une dictature militaire manifeste avec enthousiasme pour la France de 1789 et de 1944 aux cris de « Argentine, oui ! Nazis, non ! » ou de « Démocratie ! Liberté ! Élections ! ».

Un curieux épisode fait que ces célébrations anticipent en bien des cas l'événement : car la B.B.C. a diffusé le 23 août à 12 h 40, alors que Leclerc n'avait même pas atteint Rambouillet, un communiqué claironnant qui, après avoir annoncé le soulèvement parisien, célébrait son succès :

> Hier, 22 août, après quatre jours de lutte, l'ennemi était partout battu. Les patriotes occupaient tous les édifices publics.

L'annonce concluait par ces mots volontairement ambigus : « Ainsi les Parisiens auront apporté une contribution décisive à leur libération ».

Ce communiqué, le délégué civil du Comité d'action

en France, Georges Boris, l'a concocté en accord avec
le chef d'état-major de Kœnig, Ziegler (colonel Vernon) et l'a fait passer sur les ondes en court-circuitant
la censure interalliée ; ils avaient espéré hâter ainsi
l'ordre de marche sur Paris — ordre déjà en cours
d'exécution, on l'a vu. L'annonce a été aussitôt reprise
par les émissions en danois de la B.B.C. sous la forme :
« Paris s'est libéré », puis par le journal parlé anglais de
13 heures qui a lancé un vigoureux *« Paris is free ! »*.
Dès l'après-midi, les journaux londoniens annonçaient
sous des titres énormes la libération de Paris, suivis le
24 à l'aube par les journaux new-yorkais. Le quartier
général interallié avait exigé en vain une rectification,
mais les cloches avaient donné le branle et les messages
de félicitations affluaient. Le roi d'Angleterre et Roosevelt lui-même s'y étaient joints le 24 août[1].

La libération de Paris clôt un chapitre de l'histoire
de France : un autre chapitre s'ouvre dont les pages
sont blanches. La victoire totale des alliés, maintenant
assurée, est moins proche qu'on ne le croit. De Gaulle-
Richelieu saura-t-il être le de Gaulle-Henri IV qu'ont
rêvé bien des Français Libres ?
Dans l'immédiat, les Allemands sont toujours aux
portes de Paris. Bien qu'en reflux ils sont encore présents à Lyon, à Dijon, à Lille, à Strasbourg, ils s'accrochent sur l'Atlantique à Brest, Lorient, Saint-Nazaire,
La Rochelle et Royan et aux îles du littoral ; un million
cinq cent mille prisonniers de guerre, déportés politiques ou raciaux et travailleurs transplantés sont encore
outre-Rhin ; la France recouvrée est un conglomérat
de terroirs morcelés par la rupture des ponts et des
voies, un archipel que dominent une pléiade de chefs
régionaux ; dans plus d'un tiers du pays, le pouvoir
reste partagé entre les préfets désignés, la Résistance,
les Comités de libération et les F.F.I., ceux-ci tout à
l'ivresse de leurs succès. Une vie quotidienne difficile,

un ravitaillement aléatoire, une industrie détruite. Et, sur le plan international, la perspective d'une Europe d'après-guerre et d'un ordre mondial régis selon les seules vues des trois Grands.

Deux priorités immédiates s'imposent : la première est d'établir l'autorité du gouvernement dans la confusion d'un changement de régime et d'une libération éclatée ; la seconde est de finir la guerre avec honneur et d'arracher pour la France un statut d'après-guerre digne, aux yeux du général de Gaulle, de la grandeur de la nation ; tout cela en veillant à nourrir le pays et en relevant ses ruines.

Du ministère de la Guerre où il occupe le bureau qui fut celui de Clemenceau, le Général s'emploie avant tout à restaurer l'État. Fort de l'appui visible d'Eisenhower, qui, en venant le saluer à Paris le 27 août, reconnaît *de facto* son autorité sur la France et accepte de faire défiler le 29 à travers la capitale deux divisions américaines avant qu'elles ne marchent à l'ennemi[2], il agit sans tarder. Il mettra progressivement un terme aux exécutions sauvages. Il préviendra les dissidences. Il réduira, s'il y en a, les oppositions. L'accueil sans ménagement qu'il réserve aux chefs de l'insurrection et au Conseil national de la Résistance leur signifie qu'il n'y a plus de rôle pour les hiérarchies parallèles : la Résistance, en tant que telle, n'a pas à se survivre. En revanche, il fait large place, dans son nouveau « gouvernement d'unanimité nationale », à toutes les composantes de la lutte pour la libération, communistes compris. Même dualisme volontariste dans le discours qu'il prononce le 12 septembre devant huit mille personnes au palais de Chaillot[3]. « Aucune latitude », affirme-t-il,

ne saurait être accordée à aucune organisation qui prétendrait, indépendamment de l'État, intervenir dans la justice et dans l'administration[4].

Mais, en même temps, il annonce un formidable programme d'action, la nationalisation des industries clefs, la sécurité sociale, la réforme de la fonction publique et l'École d'administration. Et il confirme, bien entendu, que la parole sera rendue dès que possible au peuple souverain.

Croit-il réellement qu'un complot communiste ait visé à prendre le pouvoir et qu'il l'ait prévenu, comme il le dit à plusieurs interlocuteurs et comme il l'écrira dans ses *Mémoires* ? ou ses propos sont-ils seulement dictés par la tactique ? Alors que les socialistes, qui ont formé peu de groupes d'action directe et ont orienté depuis 1941 leurs militants vers les mouvements de résistance, vont « être sanctionnés pour leur abnégation[5] », les communistes sont la force montante. Ils s'acharnent à maintenir l'autonomie du pouvoir résistant, moteur des transformations révolutionnaires. Si, de son côté, de Gaulle multiplie les gages de son républicanisme et de sa volonté de réformes, il ne transige pas avec eux sur l'autorité.

Les F.F.I. sont susceptibles d'être, au moins dans certaines régions, l'instrument du P.C.F., le fer de lance d'un deuxième pouvoir ayant à sa tête le C.N.R. et comme moyen d'exécution les divers comités de libération : il les fera rentrer dans le rang. On ne reverra pas le temps des grandes compagnies. Il signe dès le 26 août les règles d'incorporation des F.F.I. dans l'armée, le 28 août, il dissout leurs organes de commandement et leurs états-majors tant à l'échelon national qu'à l'échelon de l'Île-de-France pour transférer leurs attributions au gouverneur militaire de Paris. Dissolution de même des organes de commandement et des états-majors des F.F.I. dans les départements libérés[6]. Chaque volontaire incorporé devra souscrire un engagement individuel pour la durée de la guerre. Un décret du 19 septembre intègre les F.F.I. à l'armée en les soumettant aux mêmes règles d'organisation et de discipline que celle-ci. En Bretagne, à Bordeaux, à Marseille, les chefs F.F.I. et la Résistance locale regimbent ; quelques-uns parlent de refuser l'obéissance[7]. Le bruit court qu'à Toulouse une « République rouge » s'installerait autour du chef militaire qui a présidé à la libération du Sud-Ouest, Ravanel[8]. De Gaulle, avec rudesse, met tout le monde au garde-à-vous, en même temps qu'il ordonne l'expulsion du lieutenant-colonel anglais Starr (*Hilaire*), agent du S.O.E., coupable d'avoir pris trop d'autorité sur les maquis aquitains. Le parti communiste s'incline. Il s'inclinera de même — avec retard et non sans remous — quand de Gaulle dissoudra le 28 octobre les milices patriotiques.

De Gaulle acquitte cependant le prix à payer pour l'union : il fera amnistier Maurice Thorez, secrétaire général du parti communiste, déserteur en 1939, réfugié en U.R.S.S. et condamné à mort par contumace, il consentira à son retour en France à la fin de novembre 1944 et le fera entrer au gouvernement. Il n'estime pas le prix excessif. Comme il l'expliquera vingt ans plus tard à l'un de ses ministres, Alain Peyrefitte[9],

> sans le Conseil national de la Résistance, il n'y aurait pas eu *une* Résistance, il y aurait eu *des* résistances. À la Libération, il n'y aurait pas eu un peuple rassemblé, mais un pays éclaté. On n'aurait pas empêché les communistes de tenir des morceaux du territoire [...].
>
> Si je n'avais pas tendu la main aux communistes, y compris Thorez — bien qu'il ait mérité le poteau —, nous n'aurions pas évité la formation de milices, nous n'aurions pas réussi l'amalgame des combattants de l'intérieur et de l'extérieur. Si Thorez n'avait pas appelé les travailleurs à retrousser leurs manches, nous n'aurions pas relevé nos ruines comme nous l'avons fait.

Le bilan politique, surtout si on le dresse en 1945, quand la guerre prend fin, est extraordinairement positif. « Nous rapportons à la France l'Indépendance, l'Empire, l'Épée », écrit-il dans ses *Mémoires de guerre*.

Les « tronçons du glaive » ont été reforgés. L'armée qui a participé à la Libération se sera accrue en mai 1945 de cinq divisions en opérations, formées en grande partie de F.F.I. et déjà partiellement équipées, et de quarante régiments non endivisionnés. Elle aura eu la mission d'assiéger et de réduire les points d'appui allemands sur la côte atlantique. Elle aura reconquis l'Alsace et l'aura tenue. Dans l'assaut final contre le Reich, elle envahira 80 000 kilomètres carrés d'Allemagne où elle fera 300 000 prisonniers. La division Leclerc s'emparera du nid d'aigle de Hitler à Berchtesgaden tandis que l'armée de De Lattre prendra Karlsruhe, Stuttgart et Ulm et poussera jusqu'à l'Autriche. La 1re division française libre forcera les verrous des Alpes du Sud et marchera sur Turin.

Les domaines d'outre-mer, réunis dans la guerre dès 1943, font à nouveau de la France la seconde puissance coloniale ; il n'y manque que l'Indochine, pour laquelle se préparent deux divisions.

La reconnaissance *de jure* du gouvernement provisoire par les trois Grands, retardée du fait de Roosevelt jusqu'au 23 octobre, est en réalité acquise dès le lendemain de la libération de Paris. Bien que de Gaulle ne soit pas invité à Yalta, la France sera admise au statut de grande puissance victorieuse, cosignataire des deux armistices avec l'Allemagne nazie et avec le Japon, elle sera titulaire de zones d'occupation en Allemagne et en Autriche, membre de la commission de contrôle de l'Allemagne occupée et elle bénéficiera d'un siège permanent au conseil de sécurité des Nations unies.

Ces bénéfices sont le fruit de sa diplomatie ostentatoire. Il les doit pour la plus large part à l'Angleterre qui persiste à vouloir une France forte sur le continent, comme un point d'ancrage à côté d'une Allemagne imprévisible et d'une Union soviétique envahissante.

Mais, paradoxalement, Staline ne dit pas non parce qu'il estime qu'une France soucieuse de son indépendance peut être une alliée utile face à une emprise anglo-américaine menaçante.

Même la fraction de l'opinion dirigeante américaine précédemment la moins gaulliste admet que

> sans une France renaissante, aucun monde raisonnable d'après-guerre ne peut être construit,

et que

> la France est une trop grande nation pour utiliser ses talents exceptionnels à n'être qu'une tête de pont militaire des superpuissances anglo-saxonnes[10].

Sur le plan intérieur, enfin, le prestige de De Gaulle, couronné par la victoire, scelle autour de lui l'unité nationale comme la défaite l'avait scellée autour de Pétain. La victoire met en 1944 sur le pavois une figure telle que notre passé n'en avait jamais connue, celle du Héros doublement libérateur, familière à l'Amérique de Washington ou de Bolivar : le chef de guerre triomphant est aussi celui qui ouvre les voies de la démocratie. Après quatre ans d'une politique de collaboration qu'on rejette sans pouvoir l'effacer, la France semble avoir reconquis son avenir.

L'historien d'aujourd'hui — qui connaît cet avenir — discerne cependant dès les premiers mois de la Libération une trame sous-jacente de fragilités ou de menaces déjà perceptibles dans les épreuves de la France Libre : qu'il s'agisse de l'Empire, de la diplomatie, du relèvement économique ou de l'opinion publique, la Libération ouvre des champs d'incertitude qui hypothèquent l'immense espoir de renouveau et expliquent les déceptions et les soubresauts ultérieurs.

Mouvements des troupes françaises

✳ Poches de l'Atlantique

0   100   200   300   400   500 km

● PRAGUE
TCHÉCOSLOVAQUIE

VIENNE
● BUDAPEST
HONGRIE

Munich
Berchtesgaden
Innsbruck

Danube

BELGRADE

YOUGOSLAVIE

LIGNE GUSTAVE

MER ADRIATIQUE

ALBANIE

TIRANA

● ROME
Cassino
Tarente
Brindisi

Naples
Salerne

Corfou

MER

TYRRHÉNIENNE

Messine

Sicile
Licata

IONIENNE

TUNIS
Sousse

Malte

Sfax

LIGNE MARETH
Djerba

TRIPOLI
LIBYE

---

❶ MOYEN-ORIENT, LIBYE, TCHAD, TUNISIE
Juin 1941 - mai 1943
Forces Françaises Libres
Colonne Leclerc et 1re D.F.L.
13 000 hommes
Plus unités aériennes et navales

❷ CAMPAGNE DE TUNISIE
19 novembre 1942 - 13 mai 1943
Armée française d'Afrique
75 000 hommes

---

❸ SICILE
10 juillet - 16 août 1943
Tabors marocains
1 000 hommes

---

❹ CORSE
13 septembre - 4 octobre 1943
Éléments de l'armée d'Afrique
15 000 hommes
Plus unités aériennes et navales

---

❺ ITALIE
8 décembre 1943 - 23 juillet 1944
Corps expéditionnaire français
105 000 hommes
Plus unités aériennes et navales

---

❻ ÎLE D'ELBE
17 - 19 juin 1944
Éléments de l'armée d'Afrique
12 000 hommes

---

❼ CAMPAGNE DE FRANCE
6 août - 15 septembre 1944
2e D.B. et Armée B
200 000 hommes
Plus unités aériennes et navales

---

❽ FRANCE ET ALLEMAGNE
15 septembre - 7 mai 1944
1re Armée française et 2e D.B.
290 000 hommes
Plus unités aériennes et navales

---

orces armées françaises à l'assaut de l'Europe. Grandes unités (1943-1945).
ès *History of the Second World War*, Londres, H.M.S.O.

L'Empire ? Si de Gaulle a proclamé à Brazzaville le
devoir de conduire les peuples d'outre-mer « à un
niveau tel qu'ils puissent un jour être associés chez
eux à la gestion de leurs propres affaires », les deux
tendances contraires — maintenir et affranchir — que
le syncrétisme gaullien a voulu concilier laissent subsister une ambiguïté profonde : la suppression du
ministère des Affaires musulmanes de Catroux atteste
que la France libérée a de plus graves urgences
qu'outre-mer[11]. Malgré les promesses de Brazzaville, le
code de l'indigénat, c'est-à-dire le travail forcé, sera
maintenu en Afrique noire jusqu'à la fin de 1946. La
poussée émancipatrice du monde colonial va prendre
de vitesse tous les acteurs. Les émeutes de Sétif et le
soulèvement des nationalistes de Damas sont de
mai 1945. Dans un cas comme dans l'autre, de Gaulle
y voit la main de l'étranger. Mais sur les cent deux
Européens massacrés à Sétif, sur les 4 000, 8 000, plus
vraisemblablement 15 000 à 20 000 musulmans victimes du mouvement de subversion incontrôlé des
« pieds noirs », sonne pour la première fois le glas de
l'Algérie française dans l'ignorance ou l'indifférence de
la métropole, tandis qu'au même moment le bombardement de Damas par nos forces prélude à l'éviction
de la France du Levant.

Les ambitions internationales ? Si lucide qu'ait été
de Gaulle dans son appréciation des deux impérialis-
mes américain et soviétique, l'étonnante réussite de sa
diplomatie a peine à dissimuler le fait qu'entre
Washington et Moscou la marge de jeu des Européens
sera pour longtemps minime : la lecture comparée des
archives oblige à conclure qu'il aura été, bien que rétif,
l'allié le plus efficace et le meilleur instrument que les
Anglais et les Américains aient pu trouver, pour leurs
fins immédiates, dans le camp français ; pour l'avenir
roche, la France ne pourra ni relever ses ruines ni

tenter de récupérer l'Indochine sans l'appui américain ; et Staline ne lâchera rien à la France sinon donnant donnant : la visite de De Gaulle à Moscou de
décembre 1944 en fournit la preuve[12].

L'unité du tissu national ? S'il est vrai que la fracture creusée dans l'entre-deux-guerres est résorbée,
que la reprise du sentiment national, pour être moins
claironnante, n'est pas moins vigoureuse qu'après
1815 et 1870, que l'expérience de la Résistance et de la
France Libre va donner pour plusieurs décennies une
cohésion au nouveau personnel politique et qu'enfin
de Gaulle incarne l'union, des craquelures ne tarde-
ront pas à apparaître dans cette unanimité. Jacques
Bingen l'avait pressenti dans une lettre-testament[13] :

> Que Charles ne se croie pas attendu comme le Messie.
> Certes, il sera, à juste titre, très bien reçu ici et les espoirs
> de millions de Français et de Françaises sont attachés à
> ce qu'il fera. Mais son crédit n'est pas illimité, loin de là.

De Gaulle lui-même n'ignore pas que son parcours
est semé d'embûches. Le 28 août, après avoir signé la
dissolution des états-majors F.F.I., il s'est abandonné,
au cours d'un dîner, à des réflexions moroses sur les
Français « incorrigibles et ingouvernables… Mous-
caille de la France malgré tout… Resquille de tous
bords[14]… ». Et il a évoqué les rapports du peuple et du
Prince :

> J'admire la monarchie qui a pu se maintenir en France
> pendant si longtemps. C'est que les rois ont su rester popu-
> laires, ce qui les a sauvés dans les grandes crises, avec
> Louis XI, Henri IV.
> Avec Louis XIV, le pouvoir royal s'éloigne du peuple, et
> c'est la fin…

La prédiction de Brossolette s'accomplira. Déception
populaire parce que les conditions de vie restent

déplorables : il faudra des années pour supprimer les rationnements et relancer l'économie. Fêlures et amertume dans ce qui était la Résistance dont une large fraction ne comprend pas la rudesse avec laquelle il abaisse les féodalités et les cadres résistants, alors que se confirme autour de lui le ralliement contraint des bourgeoisies attentistes[15] : les résistants ont vite le sentiment d'être « noyés dans la légalité » et de voir leurs aspirations sacrifiées à l'union nationale[16]. Ambiguïtés du parti communiste qui, barré par lui de l'accès au pouvoir, escompte toujours l'instauration à terme d'une démocratie populaire. Incapacité des anciens résistants de se constituer en un parti neuf vraiment rénovateur. Frictions avec les notables des anciens partis qui se méfient toujours de son tempérament monarchique. Dès le 4 septembre 1944, Queuille, vice-président exemplaire du gouvernement provisoire jusqu'à la Libération, demande à ne pas être reconduit dans ses fonctions « pour raisons de santé » — mais tout en confiant à l'un de ses proches que « cet homme n'est pas un républicain », du moins, pas un républicain suivant le modèle radical-socialiste[17]. En fin de compte, la divergence de ses vues constitutionnelles avec celles de la nouvelle Assemblée élue ne pourra conduire qu'à un éclat. Son départ volontaire, en janvier 1946, est l'aboutissement d'une crise latente : celle du passage du gaullisme de guerre au gaullisme d'après-guerre, qui est nécessairement autre chose. Face à la conjonction de résistants déçus, de notables immobilistes, des partis reconstitués et des communistes, le Général-Président échouera dans le dessein, qui était dès le temps de guerre une de ses grandes ambitions : doter l'État

> d'institutions qui lui rendent [...] la stabilité et la continuité dont il était privé depuis cent soixante-neuf ans[18],

et, comme il l'a dit à Alger à Macmillan, « fermer la parenthèse ouverte par la Révolution française ». Il faudra son second principat pour qu'il y réussisse.

« La France Libre, c'est ce que nous aurons fait de mieux ! » confiera de Gaulle, peu de mois avant de mourir, au volontaire de juin 1940 Jean Marin[19]. Quarante ans et plus ont passé depuis cette confidence, et l'historien à son tour s'efforce de distinguer, avec le détachement que permet le temps, ce qui fait la singularité de la France Libre et ce qui, outre la geste héroïque, en subsiste d'exemplaire.

Naturellement, avant tout, le personnage du premier de Gaulle : il n'a ni la majesté ni l'expérience du Président des années soixante, ce général de brigade à titre temporaire si typiquement militaire avec sa raideur de susceptibilité et ses emportements, mais si inflexible dans sa résolution, prompt à révéler son non-conformisme, son exceptionnelle aptitude à devancer l'événement, sa constante rationalité jusque dans la passion et son talent d'expression qui renouvelle l'éloquence politique, bref, tout ce qui ferait de lui, suivant les termes de son plus récent biographe britannique, « le dernier grand Français[20] ».

Subsiste dans son ombre, bien que déjà décolorée par le temps, l'image de quelques-uns de ceux et de celles qu'il appelait ses « premiers compagnons », entendant qu'ils s'étaient engagés à ses côtés avant novembre 1942. De ce qu'ils furent et firent témoignent les noms de nos rues, Bir Hakeim, d'Estienne d'Orves ou Leclerc, Moulin ou Brossolette. Bien d'autres « F.F.L. » sont apparus dans les pages qui précèdent ou y auraient mérité une place pour leur courage et leurs talents. « J'ai fait la France Libre avec des bouts d'allumettes », s'est plu à dire de Gaulle, témoignant en cela moins de son mépris des hommes que de la solitude de ses débuts. L'histoire devrait retenir que ces hommes et ces femmes, mis à part une poignée de soldats

de carrière, étaient non des professionnels de l'héroïsme,
mais des Français moyens que la passion, l'événement
et le charisme de leur chef élevèrent au meilleur de ce
qu'un homme peut faire de sa vie — pour beaucoup
jusqu'au sacrifice.

De l'appel du 18 juin, le regard rétrospectif perçoit
mieux en quoi il fut un acte fondateur au plein sens du
mot, et non pas seulement une réaction militaire de
patriotisme outragé. En proclamant la dimension planétaire du conflit, il confirme la mission universaliste
de la France. Mais surtout, en rejetant par avance
l'armistice et les gouvernements qui en seront issus,
c'est-à-dire tout Vichy, toutes les compromissions, tous
les accommodements même à justification patriotique,
en refusant dès le premier jour les discriminations
antisémites, puis en condamnant les persécutions de
la Shoah, il amorce la chaîne des actes par lesquels
la France Libre prend en charge la filiation républicaine et s'investit d'une légitimité qu'attesteront le
soutien de la Résistance et le ralliement de l'opinion.
Si difficile qu'il soit de rayer Vichy de notre passé, la
France Libre perpétue les jalons d'une plus digne
continuité nationale. Le 18 juin est devenu un point
d'amarrage de notre histoire moderne au même titre,
sinon au même rang, que le 14 Juillet. Un décret de
mars 2006 en a fait une « journée nationale commé-
morative de l'appel historique du général de Gaulle à
refuser la défaite et à poursuivre le combat contre
l'ennemi ».

Quant à l'œuvre accomplie, l'historien que je me suis
efforcé d'être est tenté de privilégier, plus que les
empoignades avec Churchill et le défi à Roosevelt qui
nous comblèrent de fierté, la jonction avec la Résistance, l'intelligence que la France Libre eut des aspirations de la France captive et progressivement rebelle et
les étapes concomitantes du processus de démocratisation. La marche à la libération et à la légitimité,

menée conjointement à Alger et en France, l'encadrement de la résistance armée, conduit en parallèle avec
la mise en place de l'« État clandestin » et avec la tolérance chèrement acquise de Staline, voilà bien la
grande réussite, quels qu'aient été sur le moment les
malentendus et les griefs. Loin de moi de vouloir comparer les mérites de la France Libre et de la Résistance
intérieure, mais le temps arrive de reconnaître sans
préjugés leur part respective ; chacune eut sa dette
envers l'autre ; la Résistance intérieure, dont les souvenirs sont partout présents, tend à estomper l'image
d'une France Libre lointaine, dernière grande aventure
collective de notre Histoire, mais devenue indistincte
entre l'appel du 18 Juin et le défilé dans Paris libéré. Il
n'est pas iconoclaste de rappeler que la Résistance
n'aurait pas été ce qu'elle devint ni fait ce qu'elle fit
sans la France Libre à qui elle a dû sa très relative
unité et, grâce aux Anglais, ses moyens d'action, avec,
comme terme, les troubles civils limités au minimum,
l'État restauré et la démocratie renaissante.

Il y a en effet, dans ce qui reste de plus pertinent du
rêve londonien, ce qu'un analyste a appelé « l'art de
créer de l'unité, de l'intégration, par la citoyenneté[21] ».
On y ajoutera la leçon de l'honneur, qui n'est peut-être
pas vaine dans la mémoire collective, et le refus de la
résignation politique. La culture commune aux Français Libres aura reposé à la fois sur l'attachement à
« une certaine idée de la France » et sur la conviction
que l'énergie peut être plus forte que la force des choses et parfois même que ce que certains appelaient la
force du destin.

Porteurs d'avenir, bien entendu, les choix faits par
de Gaulle pour la France libérée, en conjonction avec
la Résistance, depuis la décision de consulter le peuple
sur les futures institutions plutôt que de s'en remettre
aux élus de la nation jusqu'aux réformes de structure
qui, dans un climat de consensus, mettront en applica-

tion tous les projets voulus naguère par le Front Populaire, à quoi s'ajoutent la création d'un commissariat
au Plan et d'un Commissariat à l'énergie atomique. On
n'oubliera pas non plus que des événements plus loin-
tains, décolonisation, passage de la IVe à la Ve République, « n'ont pu se produire que dans le sillage de son
rôle historique » des années quarante[22].

Reste enfin le mythe de la France Libre, tel que de
Gaulle nous l'a légué. Il est fondé, sous sa forme origi-
nelle, sur la triple assertion que la France Libre c'était
la France, qu'elle eut à résister avec autant d'acharne-
ment aux empiétements des Goliaths anglo-saxons
qu'elle en mettait à combattre le Léviathan nazi, et que
la France, guidée par elle, se libéra elle-même. Le
mythe a traversé le siècle, enrichi grâce au prestige et
aux célébrations des onze années du mandat présidentiel, pour ne pas parler du gaullisme posthume. On
en a mesuré l'efficacité politique. 3 633 avenues, rues et
places Charles-de-Gaulle en témoignent à travers la
France. Il fait, en tant que tel, partie de notre histoire[23].

ANNEXES

REMERCIEMENTS

Jean Richemont-Bozel et Pierre Laroque m'ont persuadé d'écrire ce livre : je ne m'y serais pas risqué sans leurs exhortations. Je leur en dois l'hommage. À Pierre Nora aussi, dont la confiance et les avis m'ont encouragé de bout en bout.

Parvenu au terme, je suis émerveillé du nombre de concours qui se sont offerts à moi.

Je suis redevable à tous ceux qui m'ont apporté sans lésiner leur témoignage, tels José Aboulker, Lucie et Raymond Aubrac, le général Alain de Boissieu, Claude Bouchinet-Serreulles, sir Brooks Richards, le général Georges Buis, Étienne Burin des Roziers, Geoffroy de Courcel, André Dewavrin, Raymond Dronne, Pierre Fourcaud, Pierre Laroque, Pierre Lefranc, Jean-Philippe Lepêtre, Jean-Pierre Lévy, Jacques Maillet, André Manuel, Leo Marks, Raymond Offroy, René Pleven, Maurice Schumann ou le général Jean Simon ; à mes camarades de guerre dont j'ai mis à contribution les souvenirs : je pense notamment à Albert Amelin, Barthélemy Borelly, Maurice Cornilliet, Jean Heurgon, Pierre Joriot, Raymond Meyer, Louis Mitelberg, Charles de Pampelonne, Jacques Soulas, François Thierry-Mieg, Philippe Valat ; aux survivants de l'épopée des Glières, notamment Alphonse Métrai et le colonel Louis Jourdan-Joubert ; qu'ils en soient ici remerciés.

Je sais gré, de même, à tous ceux et celles qui m'ont donné libéralement accès à leurs archives ou aux fonds privés dont ils étaient comptables, M. Christophe d'Astier de La Vigerie, le colonel J. A. Aylmer, le général Jacques Bourdis, Mme la générale Catroux, Mme le docteur Ciosi-Frenay, M. Philippe Comert, André Gillois, Mme Georges Gombault (Primerose Bordier), M. Yves Georges, Mme Yvonne Israël-Roques, Mme la maréchale Leclerc de Hauteclocque, M. Jules Meurillon, M. Roland Sadoun, Mme Georgette Soustelle, Mme Léon Teyssot et ses enfants, M. G. E. Thierry d'Argenlieu, Mme Paul Vignaux, comme aussi le colonel Maurice Courdesses et l'équipe du Mémorial Leclerc.

Je suis heureux de remercier les historiens amis avec lesquels j'ai eu le privilège de discuter des orientations de mon travail et de l'interprétation des faits, Jean-Pierre Azéma, Stéphane Courtois, Henri Lerner et surtout Daniel Cordier, historien et témoin avec lequel j'ai eu cinq ans d'échanges fructueux et cordiaux ; avec Philip Bell, Michael Foot et Donald Cameron Watt, qui m'ont, en Angleterre, ouvert tant de portes et signalé tant de pistes ; du côté américain, avec les peu conformistes Kim Munholland et Mario Rossi.

Dans notre pays où la consultation d'archives sensibles fait encore parfois problème et où le monde des bibliothèques n'a pas achevé son *aggiornamento*, je ne puis dire assez ma reconnaissance à M. Jean Favier, directeur général des Archives de France, qui m'a accordé toutes les autorisations de son ressort et à Mme Chantal de Tourtier-Bonazzi, conservateur en chef des archives contemporaines, dont les conseils bienveillants, la science et l'efficacité ont comme dissous les difficultés rencontrées ; à Jacqueline Dumaine et à Jean Astruc, respectivement conservateurs des bibliothèques de la Documentation française et de l'I.H.T.P., dont l'assistance éclairée ne s'est jamais démentie. Je n'ai garde d'oublier Mmes René-Bazin et Ducrot, MM. Cézard et Guillot aux Archives nationales, M. Joseph Hue et Mlle Odile Patrois à la B.D.I.C., Mlle Lavagna à la Documentation française, non plus que Mme Reinhard, directrice de la bibliothèque des Sciences politiques et M. Maupin, directeur de la bibliothèque de l'Assemblée nationale.

J'ai contracté en Grande-Bretagne une dette particulière de reconnaissance envers John Herman, excellent connaisseur des relations franco-britanniques, qui a complété avec flair et diligence mes propres recherches dans le dédale des archives anglaises. J'ai pu apprécier jusqu'à en abuser l'obligeance de M. Gervase Cowell, conservateur des archives du S.O.E., qui s'est efforcé de satisfaire toutes mes curiosités ; celle de M. Maurice Lévy, directeur de la Maison française d'Oxford, et de Mme Maurice Lévy, dont l'accueil et l'aide m'ont été précieux.

M. Alain Vivien, secrétaire d'État aux Affaires étrangères, Jean-Pierre Bédarida, Fabrizio Calvi, O. Karnowsky, Robert Paxton, J. Taylor, Robert Wolfe ont permis ou facilité mon séjour d'études aux États-Unis. Je les en remercie. Et qu'aurais-je fait sans Paul, Marianne et Miriam Meijer, qui m'ont si généreusement accueilli à Washington et m'ont apporté une aide à laquelle je n'ai jamais fait appel en vain ?

Comment remercier ceux qui, le manuscrit une fois achevé, m'ont fait l'amitié d'en relire d'un œil critique les principaux passages ? Outre ma femme, que ce livre a contrainte à une trop longue patience, je veux nommer Étienne Burin des Roziers, Francis-Louis Closon, Daniel Cordier, Khalil El Khoury, Stéphane Hessel et Paul-Louis Siriex.

Mes remerciements vont enfin à Ariane Azéma et à Delphine Bouffartigue pour leur aide documentaire, à Chantal Morelle, qui a bien voulu se charger de la chronologie, à Katia Schuchman, responsable de l'index, à Isabelle Châtelet qui a déployé compétence et vigilance pour préparer le manuscrit et à MM. Jean-Paul Arix-Pourtade, Malek Alloula et Philippe Bernier à qui est due la mise en forme de la présente édition.

LISTE DES ABRÉVIATIONS ET SIGLES

SOURCES LITTÉRAIRES

DM	*Discours et Messages* du général de Gaulle
FRUS	Foreign Relations of the United States
JOFL/JOFC	Journal officiel de la France Libre/de la France Combattante
JORF	Journal officiel de la République française
LNC	Lettres, notes et carnets du général de Gaulle
RFL	Revue de la France Libre
RHDGM	Revue d'histoire de la Deuxième Guerre mondiale
VL	Ici Londres..., Les Voix de la liberté

Les *Mémoires de guerre* du général de Gaulle sont référencés dans les notes sous les dénominations suivantes : *L'Appel* pour le tome I, *L'Unité* pour le tome II, *Le Salut* pour le tome III.

SOURCES D'ARCHIVES

AMEF	Archives du ministère de l'Économie et des Finances, Paris
AN	Archives nationales, Paris
ANOM	Archives nationales d'outre-mer, Aix-en-Provence
BBC/CAV	B.B.C., Written Archive Centre, Caversham

BDIC	Bibliothèque de documentation internationale contemporaine, Nanterre
CAB	Cabinet Papers, Londres
CCAC	Churchill College Archive Centre, Cambridge
FCG	Fondation Charles de Gaulle
FDLR	Franklin Delano Roosevelt Library, Hyde Park (N.Y.)
FL	Fonds Leclerc, Mémorial Maréchal Leclerc de Hauteclocque, Musée Jean Moulin
FNSP	Fondation nationale des sciences politiques
FO	Foreign Office
IHTP	Institut d'histoire du temps présent
MAE	Ministère des Affaires étrangères, Paris
NA	National Archives, Kew, Richmond, précédemment Public Record Office, Londres
PREM	Prime Minister's Papers, Londres
SHAT	Service historique de l'Armée de terre, Vincennes
USNA	United States National Archives et Records Administration, Washington

TERRITOIRES, UNITÉS, ORGANISMES ET SERVICES

A.É.F.	Afrique Équatoriale Française
A.F.I.	Agence Française Indépendante (Londres)
A.M.G.O.T.	Allied Military Government for Occupied Territories (Administration militaire alliée des territoires occupés)
A.O.F.	Afrique Occidentale Française
A.S.	Armée secrète
B.B.C.	British Broadcasting Corporation (Radiodiffusion britannique)
B.C.R.A.	Bureau central de renseignements et d'action
B.I.P.	Bureau (clandestin) d'information et de presse
B.R.A.A.	Bureau de renseignements et d'action, antenne d'Alger

B.R.A.L.	Bureau de renseignements et d'action, antenne de Londres
C.A.D.	Comité d'action contre la déportation
C.A.S.	Comité d'action socialiste
C.D.L.	Comité départemental de libération
C.F.L.N.	Comité français de la libération nationale
C.F.T.C.	Confédération française des travailleurs chrétiens
C.G.E.	Comité général d'études
C.G.T.	Confédération générale du travail
C.N.D	Réseau La Confrérie Notre-Dame
C.N.R.	Conseil national de la Résistance
C.O.F.I.	Comité financier (de la Résistance)
C.O.M.A.C.	Comité d'action militaire (de la Résistance)
C.O.M.I.D.A.C.	Comité d'action en France (siégeant à Alger)
C.P.L.	Comité parisien de libération
C.R.S.	Compagnie républicaine de sécurité (Vichy)
D.B.	Division blindée
D.B.L.E.	Demi-brigade de Légion étrangère
D.F.L.	Division française libre
D.G.S.S.	Direction générale des services spéciaux (Alger)
D.I.M.	Division d'infanterie motorisée
D.M.R.	Délégué militaire régional
E.M.F.F.I.	État-major des Forces Françaises de l'Intérieur (Londres)
F.A.F.L.	Forces Aériennes Françaises Libres
F.F.C.	Forces Françaises Combattantes
F.F.I.	Forces Françaises de l'Intérieur
F.F.L.	Forces Françaises Libres
F.N.	Front national
F.N.F.L.	Forces Navales Françaises Libres
F.T.P.	Francs-tireurs et partisans français
G.M.R.	Groupes mobiles de réserve (Vichy)
G.P.R.F.	Gouvernement provisoire de la République Française
M.I.6.	Service de renseignements britannique (Intelligence Service)
M.L.N.	Mouvement de la libération nationale
M.M.L.A.	Mission militaire de liaison administrative
M.U.R.	Mouvements unis de résistance
N.A.P.	Noyautage des administrations publiques

O.C.M.	Organisation civile et militaire
O.N.U.	Organisation des Nations Unies
O.R.A.	Organisation de résistance de l'armée
P.C.F.	Parti communiste français
P.W.E.	Political Warfare Executive (Services britanniques de la « guerre politique »)
Q.G.	Quartier général
R.A.F.	Royal Air Force (Armée de l'air britannique)
S.A.S.	Special Air Service (troupes aéroportées)
Section F	Section britannique d'action en France (S.O.E.)
Section NM	Section non militaire du B.C.R.A.
Section R	Section de renseignement du B.C.R.A.
Section RF	Section britannique de liaison avec le B.C.R.A. (S.O.E.)
S.H.A.E.F.	Quartier général des forces alliées (1944-1945)
S.F.H.Q.	Quartier général des forces spéciales
S.F.I.O.	Parti socialiste français (Section française de l'Internationale ouvrière)
S.O.E.	Special Operations Executive (Services secrets britanniques d'action et de subversion)
S.O.L.	Service d'ordre légionnaire (Vichy)
St. Dept.	State Department
S.T.O.	Service du travail obligatoire
U.R.S.S.	Union des Républiques socialistes soviétiques

BIBLIOGRAPHIE

(Les ouvrages cités dans les notes dont les références sont abrégées se trouvent en bibliographie.)

Sources littéraires
(ouvrages et périodiques)

OUVRAGES GÉNÉRAUX OU DE CONTEXTE

AZÉMA, Jean-Pierre, *De Munich à la Libération*, Paris, Éd. du Seuil, 1992.
— et BÉDARIDA, François (sous la direction de), *Vichy et les Français*, Paris, Fayard, 1992.
— et BÉDARIDA, François (sous la direction de), *La France des années noires*, 2 vol., Paris, Éd. du Seuil, 1993.
BUTLER, J.M.R., GWYER, J.M.A., HOWARD, Michael, EHRMAN John, *Grand Strategy, History of the Second World War*, t. II à V, Londres, H.M.S.O., 1957-1972.
COINTET, Michèle, *Nouvelle histoire de Vichy. 1940-1945*, Paris, Fayard, 2011.
C.R.H.Q. université de Caen et Mémorial de Caen, Actes des colloques internationaux de 1991 à 1994, *L'Année 1941, L'Année 1942, L'Année 1943, L'Année 1944*, Éd. du Lys/Mémorial, 1991-1995.
DEAR, Ian C. B., et FOOT, Michael R. D. (éds.), *The Oxford Companion to World War II*, Oxford, Oxford University Press, 2005.
DUROSELLE, Jean-Baptiste, *L'Abîme*, Paris, Imprimerie nationale, 1983.
JÄCKEL, Eberhard, *La France dans l'Europe de Hitler*, Paris, Fayard, 1968.
JACKSON, Julian, *La France sous l'Occupation. 1940-1944*, Paris, Flammarion, 2004.
KASPI, André, *La Deuxième Guerre mondiale* (chronologie commentée), Paris, Perrin, 1990.
LEFRANC, Pierre, avec la collaboration de Bruno LEROUX et Christian BACHELIER, *La France dans la guerre, 1940-1945. Jour après jour*, Paris, Plon, 1990.

MICHEL, Henri, *La Seconde Guerre mondiale*, 2 vol., Paris, P.U.F., 1977.

WIEVIORKA, Olivier, *Histoire du débarquement en Normandie. Des origines à la libération de Paris, 1941-1944*, Éd. du Seuil, 2007.

LA FRANCE LIBRE :
COLLOQUES, SYNTHÈSES, DICTIONNAIRES

ALBERTELLI, Sébastien, *Atlas de la France Libre. De Gaulle et la France Libre*, Paris, Autrement / Ministère de la Défense, Direction de la mémoire, du patrimoine et des archives, 2010.

Archives du général de Gaulle. 1940-1958 : la France libre, la France combattante, le gouvernement provisoire de la République française, les années 1946-1958, Paris, Centre historique des Archives nationales, 2003.

COINTET, Michèle et Jean-Paul, *La France à Londres, 1940-1943*, Paris, Complexe, 1990.

De Gaulle chef de guerre, de l'appel de Londres à la Libération de Paris. Colloque international, École militaire et Assemblée nationale, Paris, 18-20 octobre 2006 (organisé par la Fondation Charles de Gaulle), Paris, Plon, 2008.

Dictionnaire De Gaulle, sous la direction de Claire Andrieu, Philippe Braud et Guillaume Piketty, Paris, Robert Laffont, 2006.

Dictionnaire de la France libre, sous la direction de François Broche, Georges Caïtucoli et Jean-François Muracciole, Paris, Robert Laffont, 2010.

Dictionnaire historique de la Résistance. Résistance intérieure et France libre, sous la direction de François Marcot, avec la collaboration de Bruno Leroux et Christine Levisse-Touzé, Paris, Robert Laffont, 2006.

FLORY, Maurice, *Le Statut international des gouvernements réfugiés et le cas de la France Libre, 1939-1945*, Paris, Pédone, 1952.

La France libre. Actes du colloque international, Assemblée nationale, Paris, 15 et 16 juin 2004 (organisé par la Fondation de la France libre et la Fondation Charles de Gaulle), Panazol, Lavauzelle, 2005.

MICHEL, Henri, *Histoire de la France Libre*, Paris, P.U.F. (Que sais-je ? n° 126), 1980, 4ᵉ éd. corrigée.

Muracciole, Jean-François, *Les Français libres. L'autre Résistance*, Paris, Tallandier, 2009.

Trouplin, Vladimir, *Dictionnaire des Compagnons de la Libération*, Bordeaux, Elytis, 2010.

LE GÉNÉRAL DE GAULLE

Barré, Jean-Luc, *Devenir de Gaulle, 1939-1943. D'après les archives privées et inédites du général de Gaulle*, Paris, Perrin, 2003.

Barrès, Philippe, *Charles de Gaulle*, New York, Doubleday, 1941 ; Londres, Hachette, 1941, édition condensée en 1942 sous le titre *Si on l'avait écouté* par le Commissariat à l'Intérieur pour la diffusion clandestine en France.

Crémieux-Brilhac, Jean-Louis (éd.), *L'appel du 18 juin. Et les appels du général de Gaulle des mois de juin et juillet 1940*, Paris, Armand Colin, 2010.

Gaulle, Charles de, *Mémoires de guerre*, t. I : *L'Appel, 1940-1942* ; t. II : *L'Unité, 1942-1944* ; t. III : *Le Salut*, Paris, Plon, 1954, 1956, 1959.

— *Discours et messages*, t. I : *Pendant la guerre, juin 1940-janvier 1946*, Paris, Plon, 1970.

— *Lettres, notes et carnets*, 12 vol. et notamment, t. II : *1919-juin 1940* ; t. III : *Juin 1940-juillet 1941* ; t. IV : *Juillet 1941-mai 1943* ; t. V : *Juin 1943-mai 1945*, Paris, Plon, 1980-1988. Nouvelle édition revue et légèrement augmentée, 2 vol. (1905-1941 et 1942-mai 1958), Paris, Robert Laffont, 2010.

— *Mémoires*, introduction par Jean-Louis Crémieux-Brilhac, édition présentée, établie et annotée par Marius-François Guyard, chronologie et relevé de variantes par Jean-Luc Barré, Paris, Gallimard (Bibl. de la Pléiade), 2000.

Institut Charles de Gaulle, *L'Entourage et de Gaulle* (colloque universitaire), Paris, Plon, 1979.

— *De Gaulle en son siècle*, Actes du colloque de Paris, 1990, 6 vol., Paris, Plon et La Documentation française, 1990-1992.

Gaulle, Philippe de, *De Gaulle, mon père. Entretiens avec Michel Tauriac*, 2e éd., 2 vol., Paris, Plon, 2004.

Lacouture, Jean, *De Gaulle*, t. I : *Le Rebelle*, Paris, Éd. du Seuil, 1984.

La Gorce, Paul Marie de, *De Gaulle*, Paris, Perrin, 1999.

RAGACHE, Gilles, *Les appels du 18 juin*, Paris, Larousse, 2010.

ROUSSEL, Éric, *Charles de Gaulle*, Paris, Gallimard, 2002.

WILLIAMS, Charles, *The Last Great Frenchman : a Life of General de Gaulle*, Londres, Little Brown, 1993.

ACTEURS OU TÉMOINS FRANÇAIS

ALPHAND, Hervé, *L'Étonnement d'être*, Paris, Fayard, 1977.

André Philip, socialiste, patriote, chrétien. Actes du colloque « Redécouvrir André Philip », Assemblée nationale, Paris, 13 et 14 mars 2003 (organisé par le Centre d'histoire sociale du XXe siècle), Paris, Comité pour l'histoire économique et financière de la France, 2005.

ARON, Raymond, *Mémoires*, Paris, Julliard, 1983.

ASTIER, Emmanuel d', *Sept fois sept jours*, Paris, Éd. de Minuit, 1947.

— *Les Dieux et les Hommes, 1943-1944*, Paris, Julliard, 1952.

BENAMOU, Georges-Marc, *C'était un temps déraisonnable. Les premiers résistants français*, Paris, Laffont, 1999.

BÉTHOUART, Antoine (général), *Cinq années d'espérance. Mémoires de guerre, 1939-1945*, Paris, Plon, 1968.

BÉTHOUART, Bruno, DELANNOY, Francis, TELLIER, Thibault, *Maurice Schumann*, C.E.G.E.S., Université Charles-de-Gaulle-Lille 3, 2009.

BILLOTTE, Pierre, *Le Temps des armes*, Paris, Plon, 1972.

BLANCHET, Charles, *Jacques Maritain, 1940-1944. Le refus de la défaite et ses relations avec le général de Gaulle* [suivi de la correspondance Maritain-de Gaulle, 1941-1944], Cahiers Jacques Maritain, n° 16-17, 1988, pp. 39-90.

BOISSIEU, de (général), *Pour combattre avec de Gaulle*, Paris, Pion, 1981.

BORIS, Georges, *Servir la République*, Paris, Julliard, 1963.

BOUCHINET-SERREULLES, Claude, *Nous étions faits pour être libres. La Résistance avec de Gaulle et Jean Moulin*, Paris, Grasset, 2000.

BRET, Paul-Louis, *Au feu des événements. Mémoires d'un journaliste Londres-Alger, 1929-1944*, Paris, Pion, 1959.

BUIS, Georges (général), *Les Fanfares perdues. Entretiens avec Jean Lacouture*, Paris, Éd. du Seuil, 1975.

CASSIN, René, *Les Hommes partis de rien*, Paris, Plon, 1975.

CATROUX (général), *Dans la bataille de la Méditerranée*, Paris, Julliard, 1949.

CLOSON, Francis-Louis, *Le Temps des passions*, Paris, Presses de la Cité, 1974 ; rééd. Liberté-Mémoire / Le Félin, 1998.

COMPAGNON, Jean (général), *Leclerc, maréchal de France*, Paris, Flammarion, 1994.

COULET, François, *Vertu des temps difficiles*, Paris, Pion, 1967.

CRÉMIEUX-BRILHAC, Jean-Louis, *Georges Boris. Trente ans d'influence : Blum, de Gaulle, Mendès France*, Paris, Gallimard, 2010.

DELAVENAY, Émile, *Témoignage*, Aix-en-Provence, Édisud, 1992.

DENIS, Pierre (P. RAUZAN), *Souvenirs de la France Libre*, Paris, Berger-Levrault, 1947.

DRONNE, Raymond, *Carnets de route d'un croisé de la France Libre*, Paris, France-Empire, 1984.

Du capitaine de Hauteclocque au général Leclerc. Actes du colloque de Paris, Palais du Luxembourg, 19-21 novembre 1997 (organisé par le Mémorial du maréchal Leclerc de Hauteclocque — Musée Jean Moulin), sous la dir. de Christine Levisse-Touzé, Paris, Éditions Complexe, 2000.

GAULLE, Philippe de, *Mémoires accessoires*, t. I, Paris, Pion, 1997.

GILLOIS, André, *Histoire secrète des Français à Londres de 1940 à 1944*, Hachette, 1972.

GIRAUD, Henri (général), *Un seul but : la victoire*, Paris, Julliard, 1949.

HETTIER DE BOISLAMBERT, Claude, *Les Feux de l'espoir*, Paris, Pion, 1978.

ISRAËL, Gérard, *René Cassin*, Paris, Desclée de Brouwer, 1990.

JACOB, François, *La Statue intérieure*, Paris, Odile Jacob et Éd. du Seuil, 1987.

JUIN (maréchal), *Mémoires*, Paris, Fayard, 2 vol., 1959-1960.

LAPIE, Pierre-Olivier, *Les Déserts de l'action*, Paris, Flammarion, 1946.

LARMINAT, Edgar de, *Chroniques irrévérencieuses*, Paris, Pion, 1952.

LAROQUE, Pierre, *Au service de l'homme et du droit. Souvenirs et réflexions*, Paris, Association pour l'étude de l'histoire de la Sécurité sociale, 1993.

Le Général Koenig, maréchal de France, Actes du colloque organisé les 9-10 juin 1992 par la délégation à la Mémoire et à l'information historique, ministère des Anciens Combattants (multigraphiés).

Le Général Leclerc et l'Afrique française libre, 1940-1942, Actes du colloque international de Paris, 1987, Saint-Germain-en-Laye, Fondation maréchal Leclerc de Hauteclocque, s.d.

LERNER, Henri, *Catroux*, Paris, Albin Michel, 1990.

MARGERIE, Roland de, *Journal 1939-1940*, Paris, Grasset, 2010.

MARIN, Jean, *Petit bois pour un grand feu*, Paris, Fayard, 1994.

MARITAIN, Jacques, *Messages, 1941-1944*, New York, Maison française, 1945.

MAYER, René, *Études, témoignages, documents*, Paris, P.U.F., 1983.

MENDÈS FRANCE, Pierre, *Œuvres complètes*, 6 vol., t. I : *S'engager, 1922-1943* ; t. II : *Une politique de l'économie, 1943-1945*, Paris, Gallimard, 1984-1990.

MENGIN, Robert, *De Gaulle à Londres vu par un Français libre*, Paris, La Table ronde, 1965.

MESSMER, Pierre, *Après tant de batailles. Mémoires*, Paris, Albin Michel, 1992.

MIRIBEL, Élisabeth de, *La liberté souffre violence*, Paris, Pion, 1981.

MONNET, Jean, *Mémoires*, t. II, Paris, Fayard, 1976.

MORELLE, Chantal, *Louis Joxe, diplomate dans l'âme*, Bruxelles, André Versaille, 2010.

MOUCHOTTE, René, *Les Carnets de René Mouchotte, 1940-1943*, Paris, Flammarion, 1949.

MUSELIER, Émile (vice-amiral), *De Gaulle contre le gaullisme*, Paris, Éd. du Chêne, 1946.

MUSELIER, Renaud, *L'Amiral Muselier, le créateur de la croix de Lorraine*, Paris, Perrin, 2000.

NOTIN, Jean Christophe, *1 061 Compagnons : histoire des Compagnons de la Libération*, Paris, Perrin, 2000.

OFFROY, Raymond, *La France Combattante à l'étranger*, Londres, Éd. de la France Combattante, 1943.

— *Passer outre. Le génie du gaullisme*, Paris, France-Empire, 1989.

OULMONT, Philippe, *Pierre Denis. Français libre et citoyen du monde : entre Monnet et de Gaulle*, Paris, Nouveau monde, 2012.

PALEWSKI, Gaston, *Mémoires d'action, 1924-1974*, Paris, Plon, 1988.

PHILIP, Loïc, *André Philip*, Paris, Beauchesne, 1988.

PIERRE-BLOCH, Jean, *De Gaulle ou le temps des méprises*, Paris, La Table ronde, 1969.

— *Le vent souffle sur l'histoire. Témoignages et documents inédits*, Paris, Éd. S.I.P.E.P., 1956.

— *Londres capitale de la France Libre*, Paris, Carrère/Michel Lafon, 1986.

PIKETTY, Guillaume (éd.), *Français en résistance. Carnets de guerre, correspondances, journaux personnels*, Paris, Robert Laffont, 2009.

PROST, Antoine et WINTER, Jay, *René Cassin et les droits de l'homme. Le projet d'une génération*, Paris, Fayard, 2011.

QUEUILLE, Henri, *Journal de guerre, Londres-Alger, avril 1943-juillet 1944* (présentation et notes d'Olivier Dard et Hervé Bastien), Paris, Plon/Fondation Charles de Gaulle, 1995.

RÉMY, *Dix ans avec de Gaulle*, Paris, France-Empire, 1971.

ROBET, Charles (Dr), *Souvenirs d'un médecin de la France Libre*, Paris, S.I.D.E.S., 1994.

RONDEAU, Daniel, et STÉPHANE, Roger, *Des hommes libres. La France Libre par ceux qui l'ont faite*, Paris, Grasset, 1997.

SCAMARONI, Marie-Claire, *Fred Scamaroni, 1914-1943*, Paris, France-Empire, 1986.

SCHUMANN, Maurice, *Un certain 18 juin*, Paris, Plon, 1980.

SIRIEX, Paul-Henri, *Souvenirs en vérité... 1930-1980*, s.l.n.d. [1992].

SONNEVILLE, Pierre [capitaine de frégate], *Les Combattants de la liberté. Ils n'étaient pas 10 000*, Paris, La Table ronde, 1968.

SOUSTELLE, Jacques, *Envers et contre tout*, t. I et II, Paris, Laffont, 1947 et 1950.

THIERRY D'ARGENLIEU, Georges, *Souvenirs de guerre. Juin 1940-janvier 1941*, Paris, Pion, 1973.

ULRICH-PIER, Raphaële, *Correspondance Pierre Viénot — René Massigli. Londres-Alger, 1943-1944*, Paris, Armand Colin / Ministère de la Défense, 2012.

VILLEFOSSE, Louis [Héron] de, *Les Îles de la liberté. Aventures d'un marin de la France Libre*, Paris, Albin Michel, 1972.

WIEVIORKA, Olivier, *Nous entrerons dans la carrière*, Paris, Éd. du Seuil, 1993.

LES FORCES FRANÇAISES LIBRES ET L'ARMÉE FRANÇAISE

Annuaire de la 1re D.F.L., la première division française libre et ses unités dans la guerre 1939-1945, Paris, Imprimerie Fortin et fils, s.d.

Les Armées françaises pendant la Seconde Guerre mondiale, 1939-1945, Actes du colloque international de Paris, 7-10 mai 1985, organisé par la Fondation pour les études de Défense nationale, l'Institut d'histoire des conflits contemporains, le S.H.A.T., le S.H.A.M., le S.H.A.A., Paris, École nationale supérieure des techniques avancées, 1986.

BORIS, Jean-Mathieu, *Combattant de la France libre*, Paris, Perrin, 2012.

BROCHE, François, CAÏTUCOLI, Georges et MURACCIOLE, Jean-François, *La France au combat. De l'appel du 18 juin à la victoire*, Paris, Perrin, 2007.

BROCHE, François, *Bir Hakeim, mai-juin 1942. « La bataille qui réveilla les Français »*, Paris, Perrin, 2007.

CASALIS, André, *Cadets de la France Libre : l'École militaire*, Paris, Lavauzelle, 1994.

CHALINE, Émile et SANTARELLI, Pierre, *Historique des Forces Navales Françaises Libres*, 5 vol., Vincennes, S.H.A.M., 1990-2006, et plus particulièrement le Tome 4 : *La flotte française de la liberté* ; *La marine marchande FNFL*, 2002.

CHRISTIENNE, Charles (général) et LISSARAGUE, Pierre (général), *Histoire de l'aviation militaire. L'armée de l'air 1928-1981*, Paris et Limoges, Charles Lavauzelle, 1981.

COMOR, André-Paul, *La 13ᵉ D.B.L.E. pendant la Deuxième Guerre mondiale*, thèse de doctorat de 3ᵉ cycle, Montpellier, Université Paul-Valéry, 1985.

DUREAU, Anne, *L'Ordre des Compagnons de la Libération*, mémoire de maîtrise, Nanterre, octobre 1973.

L'Épopée de la 1ʳᵉ Division française libre par ceux qui en étaient, Paris, Amicale de la 1ʳᵉ DFL, 2010.

GAUJAC, Paul, *L'Armée de la victoire*, t. I à III, Paris et Limoges, Lavauzelle, 1984-1986.

INGOLD (général), *L'Épopée Leclerc au Sahara*, Paris, Berger-Levrault, 1945.

LE GAC, Julie, *Splendeurs et misères du Corps expéditionnaire français en Italie (novembre 1942 — juillet 1944)*, thèse de doctorat soutenue le 9 décembre 2011, ENS Cachan, 2 vol. multigraphiés, 793 p.

LE GOYET, Pierre (colonel), *La Participation française à la campagne d'Italie, 1943-1944*, Paris, Imprimerie nationale, 1969.

— *La Campagne d'Italie, une victoire quasi inutile*, Paris, Nouvelles Éditions latines, 1985.

MARTEL, André, *Leclerc. Le soldat et le politique*, Paris, Albin Michel, 1998.

SAINT-HILLIER (général). *La 1ʳᵉ D.F.L. et le général de Gaulle*, Paris, Éd. La Bruyère, 2000.

SCHLUMBERGER, Étienne et SCHLUMBERGER, Alain, *Les combats et l'honneur des Forces navales françaises libres*, Paris, Le Cherche-Midi, 2007.

SIMON, Jean (général), *La Saga de la France Libre*, Paris, Presses de la Cité, 2000.

SIMONNET, Stéphane, *Commandant Kieffer. Le Français du Jour J*, Paris, Tallandier, 2012.

SPIVAK, Marcel, et LÉONI, Armand (colonel), *Les Forces françaises dans la lutte contre l'Axe en Afrique*, t. II : *La Campagne de Tunisie, 1942-1943*, Vincennes, S.H.A.T., 1985.

Torrès, Tereska, *Une Française libre. Journal 1939-1945*, Paris, Phébus, 2007.

Vernet (chef de bataillon), *Le Réarmement et la réorganisation de l'armée de terre française, 1943-1946*, Vincennes, S.H.A.T., 1980.

Vincent, Jean-Noël, *Les Forces françaises dans la lutte contre l'Axe en Afrique*, t. I : *Les Forces Françaises Libres en Afrique*, Vincennes, S.H.A.T., 1983.

Wailly, Henri de, *Syrie 1941. La guerre occultée : vichystes contre gaullistes*, Paris, Perrin, 2006.

SUR L'EMPIRE FRANÇAIS LIBRE

La Conférence africaine, Brazzaville, 30 janvier 1944-8 février 1944, Alger, Commissariat aux Colonies, 1944.

La France et son empire dans la guerre, Paris, Éditions littéraires de France, 1947.

Ageron, Charles-Robert (sous la direction de), *Les Chemins de la décolonisation de l'Empire français (1936-1956)*, Actes du colloque I.H.T.P. des 4 et 5 octobre 1984, Paris, C.N.R.S., 1986.

Bourgi, Raymond, *Le Général de Gaulle et l'Afrique noire*, 1940-1969, Paris, Librairie générale de droit et de jurisprudence, 1980.

Sautot, Henri, *Grandeur et décadence du gaullisme dans le Pacifique*, Melbourne et Londres, Cheshire, 1949.

Sicé, A. (médecin-général), *L'A.É.F. et le Cameroun au service de la France*, Paris, P.U.F., 1946.

White, Dorothy Shipley, *Black Africa and de Gaulle : From the French Empire to Independence*, University Park et Londres, Pennsylvania University Press, 1979

SUR LES PROBLÈMES DU LEVANT

Davet, Michel-Christian, *La Double Affaire de Syrie*, Paris, Fayard, 1967.

GAUNSON, A.B., *The Anglo-French Clash in Lebanon and Syria, 1940-1945*, Londres, MacMillan, 1987.

LONGRIGG, Stephen Hemsley, *Syria and Lebanon under French Mandate*, Londres, New York, Toronto, Oxford University Press, 1958.

REPITON-PRÉNEUF, Paul, *L'Affaire de Syrie*, récit inédit, source privée.

SPEARS, sir Edward Louis (major général), *Fulfilment of a Mission : the Spears mission to Syria and Lebanon*, 1941-1944, Londres, L. Cooper, 1977.

SUR LES ÉVÉNEMENTS D'AFRIQUE DU NORD

PROBLÈMES GÉNÉRAUX DE L'AFRIQUE DU NORD

AGERON, Charles-Robert, *Histoire de l'Algérie contemporaine*, t. II : *De l'insurrection de 1871 au déclenchement de la guerre de libération* (1954), Paris, P.U.F., 1979.

— (sous la direction de), *Le Maghreb et la France de la fin du XIXᵉ siècle à la fin du XXᵉ*, Paris, Société française d'histoire d'outre-mer, 1982, 2 vol.

LEVISSE-TOUZÉ, Christine, *L'Afrique du Nord : recours ou secours ? septembre 1939-juin 1943*, thèse d'État, université Paris-I, Panthéon-Sorbonne, 3 vol., 1991.

— *L'Afrique du Nord dans la guerre*, Paris, Albin Michel, 1998.

« L'EXPÉDIENT TEMPORAIRE » ET LA « QUERELLE DES GÉNÉRAUX »

ABOULKER, José, *La Victoire du 8 novembre 1942. La Résistance et le débarquement des Alliés en Algérie*, Paris, Le Félin-Kiron, 2012.

ABOULKER, Marcel, *Alger et ses complots*, Paris, Fournier, 1945.

BARRÉ, Georges (général), *Tunisie, 1942-1943*, Paris, Berger-Levrault, 1950.

BOUSCAT, René (général), *De Gaulle-Giraud : dossiers d'une mission*, Paris, Flammarion, 1967.

CHAMINE [Geneviève DUNAIS, alias], *Suite française. La Conjuration d'Alger*, Paris, Albin Michel, 1946.

— *Suite française. La Querelle des généraux*, Paris, Albin Michel, 1952.

CLARK, Mark (général), *Calculated Risk*, New York, Harper, 1950.

COUTAU-BÉGARIE, Hervé, et HUAN, Claude, *Darlan*, Paris, Fayard, 1989.

CRUSOË [Jacques LEMAIGRE-DUBREUIL, *alias*], *Vicissitudes d'une victoire*, Paris, L'Âme française, 1946.

FUNK, Arthur Layton, *The Politics of « Torch »*, Lawrence/Manhattan/Wichita, University Press of Kansas, 1974.

GIRARD DE CHARBONNIÈRES, Guy, *Le Duel Giraud-de Gaulle*, Paris, Plon, 1984.

GIRAUD (général), *Discours et messages prononcés du 8 novembre 1942 au 30 mai 1943*, Alger, Commissariat à l'Information, 1943.

GOSSET, Renée, *Expédients provisoires. Le Coup d'Alger*, Paris, Fasquelle, s.d.

KASPI, André, *La Mission de Jean Monnet à Alger, mars-octobre 1943*, Paris, Éd. Richelieu et Publications de la Sorbonne, 1971.

LEMAIGRE-DUBREUIL, Jacques, *Les Relations franco-américaines et la politique des généraux, Alger, 1940-1943*, Paris, Publications Élysées, 1949.

MAST (général), *Histoire d'une rébellion, Alger, 8 novembre 1942*, Paris, Plon, 1969.

MURPHY, Robert, *Un diplomate parmi les guerriers*, Paris, Laffont, 1965.

ORDIONI, Pierre, *Le Secret de Darlan (1940-1942) : le vrai rival de De Gaulle*, Paris, Albatros, 1974.

— *Tout commence à Alger, 1940-1944*, Paris, Stock, 1972.

PAILLAT, Claude, *L'Échiquier d'Alger*, 2 vol., Paris, Laffont, 1966.

VOITURIEZ, Albert-Jean, *L'Affaire Darlan*, Paris, J.-Cl. Lattès, 1980.

LA RÉPUBLIQUE FRANÇAISE D'ALGER

CERF-FERRIÈRE, René, *L'Assemblée consultative vue de mon banc*, Paris, Éditeurs français réunis, 1974.

DANAN, Yves-Maxime, *La Vie politique à Alger de 1940 à 1944*, Paris, Librairie générale de droit et de jurisprudence, 1963.

Les débats de l'Assemblée consultative provisoire : Alger, 3 novembre 1943 — 25 juillet 1944, Direction des Journaux officiels, 2003.

De Gaulle et l'Algérie, 1943-1969. Actes du colloque tenu aux Invalides, Paris, 9 et 10 mars 2012, sous la dir. de Maurice Vaïsse, Paris, Armand Colin / Ministère de la Défense, 2012.

Joxe, Louis, *Victoires sur la nuit. Mémoires 1940-1946*, Paris, Flammarion, 1981.

Fondation Charles de Gaulle, *Le Rétablissement de la légalité républicaine, 1944*, Actes du colloque de Bayeux, 6-8 octobre 1994, Paris, Éditions Complexe, 1996.

ACTEURS OU TÉMOINS ANGLAIS ET AMÉRICAINS LES RELATIONS FRANCO-BRITANNIQUES ET FRANCO-AMÉRICAINES

Aglion, Raoul, *De Gaulle et Roosevelt. La France Libre aux États-Unis*, Paris, Plon, 1984 ; 2e éd. revue et augmentée, Paris, Éd. La Bruyère, 1997.

Barker, Elisabeth, *Churchill and Eden at War*, New York, St Martin's Press, 1978.

Bell, Philip M., *A Certain Eventuality : Britain and the Fall of France*, Farnborough, Saxon House, 1974.

Cadogan, sir Alexander, *Diaries*, Londres, Cassell, 1971.

Chandler, Alfred D. Jr. *et al.*, éd., *The Papers of Dwight David Eisenhower. The War Years*, 5 vol., Baltimore, Johns Hopkins, 1970.

Chandos, lord [Oliver Lyttelton], *Memoirs*, Londres, The Bodeley Head, 1962, New York, New American Library, 1963.

Charmley, John, *British Policy toward General de Gaulle, 1942-1944*, MS. D. Phil., C. 4174, Bodleian Library, Oxford.

— *Duff Cooper. The Authorized Biography*, Londres, Weidenfeld and Nicolson, 1986.

Churchill, Winston Spencer, *Complete Speeches, 1897-1963*, New York et Londres, 1974.

— *Mémoires sur la Deuxième Guerre mondiale*, 6 tomes en 12 volumes, Paris, Plon, 1948-1954.

— *Mémoires de guerre*, texte de la version abrégée traduit, présenté et annoté par François Kersaudy, 2 vol., Paris, Tallandier, 2009-2010.

Colville, sir John, *Footprints in Time*, Londres, Collins, 1976.

— *The Fringes of Power : 10 Downing Street Diaries*, 1939-1945, Londres, W. W. Norton, 1986.

[Cooper, Duff], *Old Men Forget. The Autobiography of Duff Cooper*, Londres, Rupert Hart-Davis, 1953.

Eden, Anthony, *Mémoires*, t. III : *L'Épreuve de force, 1938-1945*, Paris, Plon, 1965.

Egremont, Max, *Under Two Flags. The life of Major General sir Edward Spears*, Londres, Weidenfeld and Nicolson, 1999.

Foreign Relations of the United States, 1) Europe, Années 1941, 1942, 1943, 1944 ; 2) Conferences at Washington and Casablanca ; 3) Conferences at Cairo and Teheran, Washington, U.S. Government Printing Office, 1962-1967.

FRITSCH-ESTRANGIN, Guy, *New York entre de Gaulle et Pétain*, Paris, La Table ronde, 1969.

FUNK, Arthur Layton, *Charles de Gaulle. The Crucial Years, 1943-1944*, Norman, University of Oklahoma Press, 1959.

HULL, Cordell, *Memoirs*, Londres, Hodder and Stoughton, 1948.

HURSTFIELD, Julian G., *America and the French Nation, 1939-1945*, Chapell Hill et Londres, North Carolina University Press, 1986.

KASPI, André, *Franklin Roosevelt*, Paris, Fayard, 1988.

KERSAUDY, François, *De Gaulle et Churchill*, Paris, Plon, 1982.

KERSAUDY, François, *De Gaulle et Roosevelt. Le duel au sommet*, Paris, Perrin, 2004.

KIMBALL, Warren F. (éd.), *Churchill and Roosevelt, The Complete Correspondence*, 3 vol., Princeton, New Jersey, Princeton University Press, 1984.

LANGER, William L., *Le Jeu américain à Vichy*, Paris, Plon, 1948.

LEAHY, William D. (amiral), *J'étais là*, Paris, Plon, 1950.

LOYER, Emmanuelle, *Paris à New York. Intellectuels et artistes français en exil, 1940-1947*, Paris, Grasset, 2005.

MACMILLAN, Harold, *La Grande Tourmente. Mémoires de guerre*, Plon, 1968.

MUNHOLLAND, Kim, *Rock of contention : Free French and Americans at war in New Caledonia, 1940-1945*, New York, NY : Berghahn Books, 2005.

PAXTON, Robert et WAHL, Nicholas (éd.), *De Gaulle and the United States. A Centennial Reappraisal*, Oxford / Providence, Berg, 1994.

PENDAR, Kenneth, *Adventure in Diplomacy*, Londres, Cassell, 1966, incomplètement traduit sous le titre *Alger 1942*, Paris, La Table ronde, 1966.

ROSSI, Mario, *Roosevelt and the French*, Westport, Connecticut/Londres, Praeger, 1994.

Saint-John Perse et les États-Unis, ouvrage collectif, Fondation Saint-John Perse, Aix-en-Provence, 1981.

SHERWOOD, Robert Emmet, *Le Mémorial de Roosevelt*, d'après les papiers de Harry Hopkins, 2 vol., Paris, Plon, 1950.

SPEARS, sir Edward (major général), *Deux hommes qui sauvèrent la France : le général Pétain en 1917, le général de Gaulle en 1940*, Paris, Presses de la Cité, 1966.

— *Témoignage sur une catastrophe. La chute de la France*, Presses de la Cité, Paris, 1964.

TOMBS, Robert et TOMBS, Isabelle, *La France et le Royaume-Uni. Des ennemis intimes*, Paris, Armand Colin, 2012.

VIORST, Milton, *Les Alliés ennemis : de Gaulle-Roosevelt*, Paris, Denoël, 1967.

WELLES, Sumner, *L'Heure de la décision*, 2 vol., New York, Brentano's, 1946.

WHITE, Dorothy Shipley, *Les Origines de la discorde de Gaulle-la France Libre et les Alliés* (1940-1942), Paris, Éd. de Trévise, 1967.

WOODWARD, sir Llewellyn, *British Foreign Policy in the Second World War*, 5 vol., Londres, H.M.S.O., 1970-1976.

LES RELATIONS FRANCO-SOVIÉTIQUES

LÉVÊQUE, François, *Les Relations franco-soviétiques pendant la Deuxième Guerre mondiale, de la défaite à l'alliance*, thèse de doctorat, Paris-I, 1992, 4 vol.

VAÏSSE, Maurice (dir.), *De Gaulle et la Russie*, Paris, CNRS Éditions, 2006.

MÉDIAS ET OPINION

BRIGGS, Asa, *The History of Broadcasting in the U.K.*, vol. III, *The War of Words*, Londres, Oxford University Press, 1972.

British Broadcasting Corporation, *Scripts of broadcasts to France June 1940-September 1944*, Microfilmed by University Microfilms Limited, Tylers Green, High Wycombe, England.

CRÉMIEUX-BRILHAC, Jean-Louis (dir.), *Ici Londres... Les voix de la liberté, 1940-1944*, 5 vol. ill., Paris, La Documentation française et Club français des bibliophiles, 1975-1977.

ECK, Hélène (sous la direction de), *La Guerre des ondes*, Paris et Lausanne, Payot et Armand Colin, 1985.

GILLOIS, André, *De la résistance à l'insurrection*, éditoriaux du poste pseudo-clandestin Honneur et Patrie, Lyon, Sève, 1946.

HAZAREESINGH, Sudhir, *Le mythe gaullien*, Paris, Gallimard, 2010.

LABORIE, Pierre, *L'Opinion française sous Vichy*, Paris, Éd. du Seuil, 1990.

LUNEAU, Aurélie, *Radio Londres 1940-1944. Les voix de la liberté*, Paris, Perrin, 2005.

MICHEL, Henri, *Les Courants de pensée de la Résistance*, Paris, P.U.F., 1962.

OBERLÉ, Jean, *Jean Oberlé vous parle*, Paris, La Jeune Parque, 1945.

OULMONT, Philippe (dir.), *Les 18 Juin. Combats et commémorations*, Bruxelles, André Versaille, 2011.

POZNANSKI, Renée, *Propagandes et persécutions. La Résistance et le « problème juif »*, *1940-1944*, Paris, Fayard, 2008.

PESSIS, Jacques et CRÉMIEUX-BRILHAC, Jean-Louis (dir.), *Les Français parlent aux Français*, 2 vol., Paris, Omnibus, 2010-2011.

SCHUMANN, Maurice, *La Voix du couvre-feu. Cent allocutions 1940-1944*, Paris, Plon, 1964.

VAN MOPPÈS, Maurice, *Chansons de la B.B.C. illustrées par l'auteur*, brochure lancée sur la France par la R.A.F., 1943 ; réédition, Paris, Pierre Trémois, 1945.

WIEVIORKA, Olivier, *La mémoire désunie. Le souvenir politique des années sombres, de la Libération à nos jours*, Paris, Éditions du Seuil, 2010.

LA FRANCE LIBRE, L'ACTION CLANDESTINE EN FRANCE ET LA RÉSISTANCE

ALBERTELLI, Sébastien, *Les Services secrets du général de Gaulle. Le BCRA, 1940-1944*, Paris, Perrin, 2009 (condensé de la thèse de doctorat soutenue à l'Institut d'études politiques de Paris, 4 vol. multigraphiés, 2006, 1261 p.).

ALBERTELLI, Sébastien, *Les Services secrets de la France Libre. Le bras armé du général de Gaulle*, Paris, Nouveau monde / Ministère de la Défense, 2012.

ANDRÉ, Philippe, *La Résistance confisquée ? Les délégués militaires du général de Gaulle de Londres à la Libération*, Paris, Perrin / Ministère de la Défense, 2013.

ASTIER DE LA VIGERIE, Geoffroy d', *Emmanuel d'Astier de La Vigerie, combattant de la résistance et de la liberté*, 1940-1944, Chaintreaux, Éditions France-Empire, 2009.

AUBRAC, Lucie, *Ils partirent dans l'ivresse*, Paris, Éd. du Seuil, 1984.

Augeard, Michel Roger, « *Melpomène se parfume à l'héliotrope* ». *Ici Londres : le quotidien de la Résistance au fil des messages personnels*, Paris, J.-C. Lattès, 2012.

Azéma, Jean-Pierre (dir.), *Jean Moulin face à l'histoire*, Paris, Flammarion, 2000.

Azéma, Jean-Pierre, *Jean Moulin. Le politique, le rebelle, le résistant*, Paris, Perrin, 2003.

Barbier, Claude, *Des « événements de Haute-Savoie » à Glières, mars 1943 — mai 1944, Action et répression du maquis savoyard*, thèse de doctorat, Paris I Panthéon-Sorbonne, 2 vol . multigraphiés, 2012.

François Bédarida et Jean-Pierre Azéma (dir.), *Jean Moulin et le Conseil national de la Résistance*, Paris, I.H.T.P., C.N.R.S., 1983.

— *Jean Moulin. La République des catacombes*, Paris, Gallimard, 1999.

Belot, Robert et Karpman, Gilbert, *L'affaire suisse. La Résistance a-t-elle trahi de Gaulle ? 1943-1944*, Paris, Armand Colin, 2009.

Belot, Robert, *Henri Frenay, de la Résistance à l'Europe*, Paris, Éditions du Seuil, 2003.

— *La Résistance sans de Gaulle. Politique et gaullisme de guerre*, Paris, Fayard, 2006.

Bourdet, Claude, *L'Aventure incertaine*, Paris, Stock, 1975.

Buckmaster, Maurice, *Specially Employed. The Story of the British Aid to French Patriots of the Resistance*, Londres, Batchworth, 1952.

Cordier, Daniel, *Jean Moulin. L'Inconnu du Panthéon*, 3 vol. parus, Paris, J.-Cl. Lattès, 1989.

— *Jean Moulin et le Conseil national de la Résistance*, études et témoignages sous la direction de François Bédarida et Jean-Pierre Azéma, I.H.T.P., C.N.R.S., 1983.

— *Alias Caracalla*, Paris, Gallimard, 2009.

Dainville, Augustin de, *L'O.R.A., la résistance de l'Armée (guerre 1939-1945)*, Paris, Lavauzelle, 1974.

Douzou, Laurent, *Le Mouvement de la résistance Libération-Sud*, thèse, Paris-I, 1993, reprise sous le titre *La Désobéissance, histoire d'un mouvement et d'un journal clandestin : Libération-Sud*, Paris, Odile Jacob, 1995.

— *Lucie Aubrac*, Paris, Perrin, 2009.

Estienne d'Orves, Rose et Philippe Honoré d', *Honoré d'Estienne d'Orves, pionnier de la Résistance : papiers, carnets et lettres*, Paris, Éditions France-Empire, 2005.

Foot, Michael Richard, *Des Anglais dans la résistance. Le service secret britannique d'action (SOE) en France, 1940-1944*, Paris, Tallandier, 2008.

— *S.O.E. : An Outline History of the Special Operations Executive, 1940-1946*, Londres, B.B.C., 1984.

FOULON, Charles-Louis, *Jean Moulin. La passion de la République*, Rennes, Éditions Ouest-France, 2013.

FRENAY, Henri, *La nuit finira. Mémoires de Résistance, 1940-1945*, Paris, Robert Laffont, 1973.

GENET-ROUFFIAC, Nathalie et LONGUET, Stéphane, *Les Réseaux de Résistance de la France Combattante*, Paris, Economica, 2013.

GERMAIN, Michel, *Glières mars 1944*, Éd. La Fontaine de Siloé, 1994.

GRANET, Marie, et MICHEL, Henri, *Combat. Histoire d'un mouvement de résistance*, Paris, P.U.F., 1957.

GUILIN, François-Yves, *Le Général Delestraint*, Paris, Plon, 1995.

Henri Frenay, de la Résistance à l'Europe. Actes du colloque, Paris, Assemblée nationale, 19 octobre 1995 (organisé par l'Association Henri Frenay et par la Délégation à la mémoire et à l'information historique du ministère des Anciens combattants et Victimes de guerre), Paris, Secrétariat d'État aux Anciens Combattants, 1997.

HINSLEY, F.H., *British Intelligence in the Second World War*, 3 tomes en 4 vol., Londres, H.M.S.O., 1979-1988.

HOSTACHE, René, *De Gaulle 1944. Victoires de la légitimité*, Paris, Plon, 1978.

JEFFERY, Keith, *MI6 : the history of the Secret Intelligence Service, 1909-1949*, London, Bloomsbury, 2010.

JOURDAN, Louis, HELFGOTT, Julien, GOLLIET, Pierre, *Glières, première bataille de la Résistance*, Annecy, Association des rescapés des Glières, 1968.

LEVISSE-TOUZÉ, Christine, et VEILLON, Dominique, *Jean Moulin. Artiste, préfet, résistant*, Paris, Tallandier / Ministère de la Défense, 2013.

MARSHALL, Bruce, *Le Lapin blanc*, Paris, Gallimard, 1953.

MAYER, Daniel, *Les Socialistes dans la Résistance. Souvenirs et documents*, Paris, P.U.F., 1968.

MICHEL, Henri, *Jean Moulin l'unificateur*, Paris, Hachette, 1964.

Jean Moulin et la Résistance en 1943, Cahiers de l'I.H.T.P., n° 27, juin 1994.

Jean Moulin, le plus illustre des Héraultais, Études héraultaises, n° spécial, 2001.

NOGUÈRES, Henri, *Histoire de la Résistance en France*, Paris, Laffont, 1967-1981, 5 vol.

PAILLOLE, Paul, *Services spéciaux 1939-1945*, Paris, Laffont, 1975.

PASSY (colonel), *Souvenirs*, t. I : *2ᵉ Bureau Londres* ; t. II : *10 Duke Street Londres (le B.C.R.A.), Monte-Carlo, Raoul Solar, 1947 et 1948* ; t. III : *Missions secrètes en France (novembre 1942-juin 1943), Souvenirs du B.C.R.A.*, Paris, Plon, 1951.

— *Mémoires du chef des services secrets de la France Libre*, présentés et annotés par J.-L. Crémieux-Brilhac, Paris, Éd. Odile Jacob, 2000.

Péan, Pierre, *Vies et morts de Jean Moulin*, Paris, Fayard, 1998.

Perrier, Guy, *Le Colonel Passy et les services secrets de la France Libre*, Paris, Hachette, 1999.

Pichard, Michel, *L'Espoir des ténèbres. Parachutages sous l'Occupation : histoire du BOA*, Paris, ERTI, 1990.

Pierre-Brossolette, Gilberte, *Il s'appelait Pierre Brossolette*, Paris, Albin Michel, 1976.

Piketty, Guillaume, *Pierre Brossolette, un héros de la Résistance*, Paris, Éd. Odile Jacob, 1998.

Pineau, Christian, *La Simple Vérité (1940-1945)*, Paris, Julliard, 1961.

Rabino, Thomas, *Le réseau Carte. Histoire d'un réseau de la Résistance antiallemand, antigaulliste, anticommuniste et anticollaborationniste*, Paris, Perrin, 2008.

Rémy, *Mémoires d'un agent secret de la France Libre*, Monte Carlo, Raoul Solar, 3 vol., 1947.

Les Réseaux Action de la France combattante, 1940-1944, Paris, Amicale des réseaux Action de la France combattante, 1986.

La Résistance et les Français, lutte armée et maquis, Actes du colloque de Besançon, 15-17 juin 1995, Musée de la Résistance et de la Déportation, Besançon, Annales de l'Université de Franche-Comté/Paris, Belles Lettres, 1996.

La Résistance et les Français : villes, centres et logiques de décision, Actes du colloque international de l'I.H.T.P. à Cachan, 16-18 novembre 1995, Supplément au *Bulletin de l'I.H.T.P.*, n° 61.

Richards, Brooks, *Flottilles secrètes. Les liaisons clandestines en France et en Afrique du Nord 1940-1944*, Le Touvet, Marcel-Didier Vrac (M.D.V.), 2001.

Romans-Petit, Henri, *Les Maquis de l'Ain*, Paris, Hachette, 1974.

Roussel, Éric, *Pierre Brossolette*, Paris, Fayard / Perrin, 2010.

Sadoun, Marc, *Les Socialistes sous l'occupation*, Paris, Presses de la Fondation nationale des sciences politiques, 1982.

Stafford, David, *Britain and European Resistance 1940-1945. A Survey of the Special Operations Executive*, Londres, Macmillan, 1980.

Veillon, Dominique, *Le Franc-Tireur, un journal clandestin, un mouvement de résistance*, Paris, Flammarion, 1977.

Verity, Hugh, *Nous atterrissions de nuit*, 5e éd. revue et augmentée, Viverols, Vario, 2004.

Wieviorka, Olivier, *Histoire de la Résistance. 1940-1945*, Paris, Perrin, 2012.

LA FRANCE LIBRE ET LES COMMUNISTES

BOURDERON, Roger (documents présentés par), « *Le P.C.F. et le C.F.L.N. : les négociations de l'automne 1943* », Cahiers d'histoire de l'Institut de recherches marxistes, n° 23, 1985.

BUTON, Philippe, *Les lendemains qui déchantent*, Paris, Fondation nationale des sciences politiques, 1993.

COURTOIS, Stéphane, *Le P.C.F. dans la guerre*, Paris, Ramsay, 1980.

— et LAZAR, Marc (sous la direction de), *Cinquante ans d'une passion française. De Gaulle et les communistes*, Paris, Balland, 1991.

DURAND, Pierre, *Joseph et les hommes de Londres*, Paris, Le Temps des cerises, 1994.

GIRAUD, Henri-Christian, *De Gaulle et les communistes*, 2 vol., Paris, Albin Michel, 1988-1989.

GRENIER, Fernand, *Francs-Tireurs et partisans français*, Londres, Corbett, 1943.

— *C'était ainsi...*, Paris, Éditions sociales, 1959.

— et DUCLOS, Jacques, *Correspondance Londres-Paris 1943. Les relations de Gaulle P.C.F.*, Institut de recherches marxistes, Paris, 1994.

ROBRIEUX, Philippe, *Histoire intérieure du parti communiste*, Paris, Fayard, 1980-1984, 4 vol. et, notamment, t. I : *1920-1945*.

TILLON, Charles, *Les F.T.P.*, Paris, Julliard, 1962 (et 1967).

VILLON, Pierre, *Entretiens avec Claude Willard*, Paris, Éditions sociales, 1989.

DÉBARQUEMENTS ET LIBÉRATIONS

Comité d'histoire de la Deuxième Guerre mondiale, *La Libération de la France*, Actes du colloque international de Paris, 28-31 octobre 1974, Paris, C.N.R.S., 1976.

BLUMENSON, Martin, *La Libération, l'histoire officielle américaine. La percée, l'échappée et la poursuite*, Condé-sur-Noireau, Éd. Charles Corlet, 1993.

BUTON, Philippe, GUILLON, Jean-Marie, *Les Pouvoirs en France à la Libération*, Paris, Éd. Belin, 1990.

CLARKE, Joffrey J., et Ross SMITH, Robert, *Riviera to the Rhine*, Washington, D.C., Center of Military Studies, United States in World War II, 1993.

CRÉMIEUX, Francis, *La Vérité sur la libération de Paris*, Paris, Belfond, 1971.

DANSETTE, Adrien, *Histoire de la libération de Paris*, Paris, Fayard, 1966.

« *Le Débarquement en Provence et la libération du Sud-Est de la France, août 1944* », numéro spécial de Guerres mondiales et conflits contemporains, n° 174, avril 1994.

EISENHOWER, Dwight D. (général), *Les Opérations en Europe du corps expéditionnaire allié, 6 juin 1944-8 mai 1945. Rapport aux chefs d'état-major alliés*, suivi des rapports du général sir Maitland Wilson sur *Les Opérations dans le sud de la France, août 1944*, et du maréchal Montgomery sur *Les Opérations dans le nord-ouest de l'Europe, 4 juin 1944-5 mai 1945*, Paris, Berger-Levrault, 1947.

— *Croisade en Europe*, Paris, Laffont, 1949.

FOULON, Charles-Louis, *Le Pouvoir en province à la Libération. Les Commissaires de la République, 1943-1946*, Paris, Armand Colin, 1975.

FUNK, Arthur Layton, *Les Alliés et la Résistance. Un combat côte à côte pour libérer le sud-est de la France*, Aix-en-Provence, Édisud, 2001.

KASPI, André, *La Libération de la France, juin 1944-janvier 1946*, Paris, Perrin, 1995.

KAYSER, Jacques, *Un journaliste sur le front de Normandie. Carnet de route juillet-août 1944*, Paris, Arléa, 1991.

LATTRE DE TASSIGNY, de (général), *Histoire de la Première armée française Rhin et Danube*, Paris, Plon, 1949.

LEVISSE-TOUZÉ, Christine (sous la direction de), *Paris 1944 : les enjeux de la Libération*, Actes du colloque des 2-4 février 1994, Paris, Albin Michel, 1994.

MARTRES, Eugène, *Le Cantal de 1939 à 1945 : les troupes allemandes à travers le Massif central*, Cournon d'Auvergne, Éditions de Borée, 1993.

MICHEL, Henri, *La Libération de Paris*, Bruxelles, Complexe, 1980.

POGUE, Forrest C., *The Supreme Command*, Washington D.C., Office of the Chief of Military History Department of the Army, 1954.

RAVANEL, Serge, *L'Esprit de résistance*, Paris, Éd. du Seuil, 1995.

ROL-TANGUY, Henry, avec le concours de BOURDERON, Roger, *Libération de Paris : les cent documents*, Paris, Hachette, 1994.

SAINCLIVIER, Jacqueline, *La Bretagne dans la guerre 1939-1945*, Rennes, Ouest-France et Mémorial de Caen, 1994.

PÉRIODIQUES LE PLUS SOUVENT UTILISÉS
OU CITÉS

LES BULLETINS ET JOURNAUX OFFICIELS, À SAVOIR

Bulletin officiel des Forces Françaises Libres, n° 1, août 1940 ; *Journal officiel de la France Libre*, puis *de la France Combattante*, janvier 1941-septembre 1943, tous numéros reproduits fac-similé en volume : *Le Journal officiel de la France Libre*, Paris, direction des Journaux officiels, 1995 ;

Journal officiel du Haut-Commissariat de France en Afrique, devenu *Journal officiel du Commandement en chef français*, janvier-juin 1943 ;

Journal officiel de la République française, nouvelle série, Alger, juin 1943-août 1944.

ORGANES PUBLIÉS À LONDRES, ALGER ET NEW YORK.

France, journal quotidien, Londres, 1940-1945 ;

La France Libre, revue mensuelle, Londres, 1940-1945 ;

Les Documents, devenus *Les Documents français*, puis *Les Cahiers Français*, Londres, Commissariat à l'Information, Société des Éditions de la France Libre, 1941-1944 ;

Pour la Victoire, hebdomadaire, New York, années 1942-1944, V.

REVUES HISTORIQUES :

Les Cahiers de l'I.H.T.P. ; *Espoir* ; *Études gaulliennes* ; *Icare* (numéros spéciaux) ; *Guerres mondiales et conflits contemporains* ; *Revue de la France Libre* ; *Revue d'histoire de la Deuxième Guerre mondiale. Vingtième siècle* ; *L'Histoire.*

SOURCES D'ARCHIVES
ARCHIVES FRANÇAISES

ARCHIVES NATIONALES, PARIS

Série 72 AJ : Documentation du Comité d'histoire de la Deuxième
  Guerre mondiale
À signaler dans cette série :
72 AJ/408 à 410 : Papiers Emmanuel d'Astier ;
72 AJ/428 et 429 ; Papiers Catroux ;
72 AJ/461 : Papiers Comert ;
72 AJ/470 et 472 : Bloc Planning du B.C.R.A. ;
72 AJ/511 : Papiers Frenay ;
72 AJ/512 à 517 : Papiers Galimand ;
72 AJ/520 : Papiers Félix Gouin ;
72 AJ/535 et 538 : Papiers Laurentie ;
72 AJ/542 : Papiers Lecompte-Boinet ;
72 AJ/546 : Papiers Maisonneuve ;
72 AJ/567 : Papiers A. Philip ;
72 AJ/1915 à 1920 : Papiers Larminat ;
72 AJ/1922 : Papiers Parodi ;
72 AJ/1923 : Papiers Soustelle ;
72 AJ/1909 à 1913 : Enquêtes du Comité d'histoire de la Deuxième
  Guerre mondiale ;
72 AJ/1901-1903 : Dossiers Boris/d'Astier ;
72 AJ/2108 : Papiers Philippe Roques.

Série F60 : Dossiers de la présidence du Conseil
a. Commissariat à la coordination des Affaires musulmanes, Alger,
  1943-1944 : F60/805 à 832 ;
b. Secrétariat général du Gouvernement et commissions diverses,
  Alger, 1943-1944 : F60/889 à 925.

Série F1a : Commissariat national à l'Intérieur
a. Dossiers de Londres : F1a/3 710 à 3 799 ;
b. Dossiers d'Alger, 1943-1944 : F1a 3 800 à 3 825.
c. Mission militaire de liaison administrative : F1a/3835 à 4008.
d. Envois pour diffusion clandestine : 5206 à 5221.

Séries 3 AG2 : archives du B.C.R.A. et 3 AG3 : archives de guerre
  du général de Gaulle.

Archives privées
— 363 AP : Fonds René Mayer ;
— 382 AP : Fonds René Cassin ;
— 450 AP : Fonds Lecompte-Boinet (y compris son Journal de Résistance, Londres, Alger) ;
— 517 AP : Fonds Thierry d'Argenlieu ;
— 549 AP : Fonds Géraud Jouve.

Archives d'outre-mer, Aix-en-Provence

Dossiers de la direction des Affaires politiques de la France d'outre-mer
— Sur l'A.É.F. : 873, 875, 891, 2 101 ;
— Sur l'Afrique noire et l'Afrique du Nord : 877-878 ;
— Commission d'étude sur la réforme de la Constitution : 876 ;
— Sur la libération des Antilles : 409 et 1133 :
— Sur Saint-Pierre-et-Miquelon : 2818 ;
— Sur la Conférence de Brazzaville : notamment 2201, 2288, 2895.

Affaires politiques et administration générale de l'A.É.F.
— Rapports annuels et semestriels sur les territoires, série 4D ;
— Politique indigène, notables évolués : 5D/206.

Département d'Alger, rapports des sous-préfets (1943-1944) : IK/204.

Archives privées
— Fonds gouverneur général Boisson : 30/APC ;
— Cahiers du R.P. Théry sur les événements d'Alger en 1942 : 19/APOM.

Archives du ministère des Affaires étrangères, Paris

Guerre 1939-1945, Londres
a. Londres, affaires générales
— 29 : Presse française en Grande-Bretagne ;
— 36 à 38 : Télégrammes politiques du général de Gaulle ;
b. Problèmes de l'Empire Français Libre
— 39... 283 : Syrie-Liban ; Pacifique (Nouvelle-Calédonie) ; Afrique Équatoriale Française-Cameroun ; Saint-Pierre-et-Miquelon ; Tahiti ;
c. Commission pour l'étude des problèmes d'après-guerre

— notamment 172 et 183 ;
d. Relations avec les alliés
— 191-193 : Politique extérieure britannique ; 2096-213 : Politique extérieure américaine ; 220-223 : Politique extérieure soviétique ;
e. Délégations et comités à l'étranger
— notamment 309-314, 348-349, 382-384.

Guerre 1939-1945, Alger
a. Gouvernement français, affaires générales
— notamment 607, 617-621, 637.
b. Politique extérieure du C.F.L.N.
— Politique générale : 648-649 ;
— Internés et réfugiés en Espagne : 813-821
— Négociations avec les alliés en vue du débarquement : 698,699, 701, 704, 705 ;
— Crise libanaise de novembre 1943 : 999-1005 ;
— Questions économiques et financières interalliées : notamment 1054, 1056, 1058, 1185 ;
— Relations avec les États-Unis : 1212, 1215-1216, 1218, 1221-1224, 1229, 1230 ; avec l'Union soviétique : 1261-1268.

Dossiers Massigli
— 1457-1468 ; 1471-1474 ; 1478-1483 ; 1488-1489 ; 1501-1504 ; 1521 ;
— Papiers Alphand : notamment 1531-1533 ;
— Papiers Dejean : 11-13, 22, 24, 31, 37, 47.

Archives du ministère de l'Économie et des Finances
— B/12788 : Agence financière de Londres ;
— B/19711 à 19713, 19725, 19728 à 19731, 19733, 19739 et 19740 : Caisse centrale de la France Libre et Caisse centrale de la France d'outre-mer ;
— B/33000, B/33678 à 33683 : Missions françaises à Washington, 1943-1944 ;
— B/33936 à 33939, 33943, 33960 : Services financiers du Comité national français et du Comité français de la libération nationale. Préparation des budgets ;
— B/44610 et 44613 : Délégation à Londres du C.F.L.N., 1943-1944 ;
— B/50262 à 50267 : Direction de la Comptabilité publique, 1943-1953 (financement de la Résistance).

Service historique de l'armée de terre (S.H.A.T)
— série 1P : Alger, commandement en chef en Afrique du Nord ;

— série 4P : État-major du général de Gaulle, Commissariat national à la Guerre ;
— série 5P : État-major particulier du général Giraud ;
— série 8P : Missions de liaison ;
— série 10P : Corps expéditionnaire en Italie ;
— série 11P : Divisions et brigades ;
— série 12P : Petites unités ;
— série 13P : Résistance.

Fonds privés
— IK/95 : général Georges ;
— IK/227 : général Béthouart ;
— IK/229 : colonel Baril ;
— IK/230 : général Beynet ;
— IK/232 : général Catroux ;
— IK/236 : général de Guillebon ;
— IK/237 : général Kœnig ;
— IK/238 : général Juin ;
— IK/239 : général Leclerc ;
— IK/240 : général Legentilhomme ;
— IK/243 : général Mast ;
— IK/234 : l'O.R.A. ;
— IK/374 : colonel Henri Ziegler (Vernon) ;
— T/199 : Journal du général Hucher ;
— 1T/200 : Journal du colonel de Sairigné ;
— T/204 : Journal d'un diplomate à la colonne Leclerc, Christian Girard.

Bibliothèque de l'Assemblée nationale
— Félix Gouin, *Un certain goût de cendres...*, I, D'Istres à Londres ; II, De Londres à Paris, 4 volumes dactylographiés.

Mémorial du maréchal Leclerc de Hauteclocque et de la libération de Paris et mémorial Jean Moulin
— Correspondance du général Leclerc et archives de la 2e D.B.

Institut d'histoire du temps présent
— Fonds Émile Delavenay (ARC 042).

Fondation et institut Charles de Gaulle
— Entre autres, fonds Philippe Wolf-Desjardins sur Radio Brazzaville.

Fondation Saint-John Perse, Aix-en-Provence
— Archives et correspondance d'Alexis Leger.
Office universitaire de recherches socialistes (O.U.R.S.)
— Procès-verbaux du Groupe Jean-Jaurès.
Sources privées
— Carnets du général Georges, 1943-1944 ;
— Fonds Léon Teyssot.
— Carnets d'André Dewavrin (colonel Passy).

ARCHIVES BRITANNIQUES

Public Record Office / National Archives

— séries FO.371 et FO.660 : Foreign Office Correspondance ;
  FO.92 : Spears Mission ;
— FO.898 : Political Warfare Executive ;
— PREM.3 : Prime Minister's Papers ;
— CAB : Cabinet Papers.

London School of Economics
— Dalton Diaries.

Churchill College Archive Centre, Cambridge et St Antony's College, Oxford
— Spears Papers.

B.B.C. Written Archives Centre, Caversham
— Notamment séries E1/702, France ;
— European News Directives ;
— Monthly Intelligence Reports and Special Studies ;
— B.B.C. European Intelligence Department : Letters to the B.B.C. from listeners in France.

ARCHIVES AMÉRICAINES

National Archives and Records Administration, Washington
Diplomatic records
— State Department, notamment séries 851 et 711 ;
— Office of European Affairs, Files of Freeman Matthews ;
— O.S.S. RG/59 : Research and Analysis Reports.

Archives militaires (CRR)
— War Department, General and Special Staff, Civil Affairs Division 1943-1944, 014-France, Sec. 2, 3, 4 ;
— War Department, Operations Division, RG 145, OPD 381, New Caledonia ;
— O.S.S., RG 226, notamment Entry 97 Alger, Boxes 106-108 ;
— O.S.S., R.G. 226, Research and Analysis Reports, M. 1499 ;
— SHAEF, Office of the Chief of Staff, Secretary General Staff, OCS-SGS, Folders 014-1 France, vol. 1 et 2, Boxes 106-108 ; Folder 370-64, vol. 3 ; Folder 092, France, French relations, 1 à 4 ;
— SHAEF, RG 331, General Staff, G3 Division, Operations « C » Section, 1943-1944, 370-4-2 à 370-6, Box 130 ; 1943-1945, 091.711.12 à 322.7 (3), Box 128 ;
— American-British Conversations 1940-1944, notamment ABC, RG, 165-014, France, Sec. 1 ; 165/091 France, Sec. 7 ; 165-384 France, Sec. 1 ;
— AFHQ File, G2 Section, Daily Intelligence Reports, 1/11/42 à 7/5/45.

Franklin Delano Roosevelt Library, Hyde Park (NY)
— Map Rooms Papers, notamment Boxes 30,31, 72, 73, 11 à 13 ;
Presidential Secretary Files, Boxes 29-31, Diplomatic Correspondance, France ;
— Adolf A. Berle Papers, notamment « containers » 213-216, 58-59 ;
— Hopkins Papers, Sherwood Collection, notamment 330-332.

LISTE DES CARTES
ET ORGANIGRAMMES

(réalisés par André Leroux)

24. ALGER : LE POUVOIR BICÉPHALE

1. *L'Unité*, p. 104.
2. « Une nuit du 4 Août », assure Brossolette au micro de la B.B.C., *VL*, t. III, p. 172.
3. *L'Unité*, p. 104.
4. Bergeret, pétainiste hostile à la collaboration, a été secrétaire d'État à l'Air de Vichy jusqu'à avril 1942, puis, à Alger, secrétaire général du haut-commissariat de novembre 1942 à mars 1943. Prioux, major général des armées d'Afrique, déclarait fin mars 1943 à Dakar : « Que tous se tranquillisent, car le général Giraud travaille dans les lignes tracées par le Maréchal [...] : le Maréchal est inattaquable. » Il continue de tenir ce genre de propos, de même que Mendigal, chef d'état-major de l'Air à Alger. Quant à Michelier, il a lancé, du 8 au 10 novembre 1942, la marine française contre les Américains à Casablanca.
5. Fr. COULET, *Vertu des temps difficiles*, p. 194.
6. Général GEORGES, Carnets inédits.
7. Leclerc, venu à Alger, en a rapporté une version plus colorée de l'incident. Comme de Gaulle insistait pour l'éviction des sept indésirables, « Georges intervient :
— Général de Gaulle, il y a parmi les hommes dont vous venez de parler des personnes dont le patriotisme est aussi sincère que le vôtre. Ils ont seulement une conception différente du patriotisme.
Alors, le Général, se tournant à demi :
— Eh bien ! je le regrette !
Et il sort » (Journal de Chr. Girard, SHAT, 1K/204, p. 71). Sur les péripéties de ces premiers jours, cf. CATROUX, *Dans la bataille de la Méditerranée*, p. 364 sq.

8. « Villa vaste pour un particulier, bien insuffisante pour l'installation d'un chef de gouvernement [...], où, dans un décor très 1900, on lui aménagea en bureau un petit salon étroit et étouffant » (J. SOUSTELLE, *Envers et contre tout*, t. II, p. 247).

De Gaulle aura sa résidence particulière à la villa des Oliviers, elle aussi sur les hauts d'Alger.

9. P.-L. BRET, *Au feu des événements*, p. 408. Sur Bret, voir t. I, chap. 3, p. 104, et chap. 8, n. 3, p. 740.

10. Le Palais d'Été est le siège du commandement en chef, le lycée Fromentin, le siège du C.F.L.N. et des services centraux.

11. Reproduite dans *L'Unité*, pp. 487-488.

12. On peut en croire sur ce point le proche collaborateur de Muselier que fut L. HÉRON DE VILLEFOSSE, *Les îles de la liberté*, p. 277.

13. Comme l'affirme le 5 juin le commentateur de la radio américaine W. Burdett, repris par Reuter (AN, 72 AJ/223).

14. Cf. Cl. HETTIER DE BOISLAMBERT, *Les Feux de l'espoir*, p. 403.

15. Cf. l'échange de messages de Gaulle-Juin des 2 et 3 juin 1943, *L'Unité*, pp. 486-487. On admet à cette date que Juin a instantanément opté pour le camp allié en novembre 1942. Il a depuis commandé avec vigueur les forces françaises pendant la campagne de Tunisie. De Gaulle ignore, semble-t-il, qu'il a été mêlé aux tractations militaires franco-allemandes sur l'Afrique du Nord et, peut-être même, qu'il est allé, sur ordre de Darlan, conférer en décembre 1941 à Berlin. Cf. Y.-M. DANAN, *La Vie politique à Alger*, p. 183 ; E. JÄCKEL, *La France dans l'Europe de Hitler*, p. 299.

16. Télégramme de Philip à Boris, 8 juin 1943 : « Faites savoir Rex sera délégué du C.F.L.N. en territoire métropolitain. Fusion en bonne voie dans esprit et principes France Combattante. Je conserve Intérieur et direction Résistance. Dites aux amis prendre patience et faire confiance » (AN, 3 AG2/413).

17. *L'Unité*, p. 113.

18. J. MONNET, *Mémoires*, t. II, p. 242.

19. Lettre du 9 juin 1943, *L'Unité*, pp. 493-494.

20. Témoignage du général Pierre Billotte (AN, 72 AJ/220).

21. Voir t. I, chap. 21, pp. 636-637. Le total des désertions, en Algérie même, aurait été de 2 750 au 1er juillet. À en croire Giraud, seule l'énergie de Muselier aurait empêché le mouvement de se développer « suivant une progression géométrique » (cf. général GIRAUD, *Un seul but : la victoire*, pp. 368-371).

Les chefs F.F.L. ont toujours nié que des racoleurs aient appâté les transfuges par des primes d'engagement élevées, mais il est patent que certains leur ont promis de servir dans des unités pourvues d'équipements modernes, leur ont garanti l'impunité et les ont dotés de papiers à des noms d'emprunt.

22. Surtout après la découverte le 18 juin aux environs d'Alger d'un dépôt clandestin où sont réunis 600 soldats et marins transfuges, auxquels Muselier impose de regagner leurs unités. Cf. L. Héron de Villefosse, *Les îles de la liberté*, pp. 271-274.

D'après une « note de renseignements » remise à André Philip, Giraud aurait dès le 8 juin convoqué 80 officiers pour les aviser qu'en cas de nouvelles désertions les chefs d'unités seraient punis au même titre que les déserteurs. « Il a opposé deux armées, la sienne, 400 000 hommes, l'autre 15 000. Cette formation, a-t-il ajouté, n'est pas une armée, je ne puis donner le titre d'armée à une bande de soldats habillés en shorts et bas de laine et portant des insignes [...], commandés par des chefs qui n'ont pas l'expérience de l'âge. À quarante ans, je n'étais que commandant, mais, commandant à 3 000 hommes, je n'ai jamais eu de désertions » (AN, 72 AJ/243).

23. Télégramme à Soustelle et Cassin, 15 juin 1943, *L'Unité*, p. 498.

24. Cf. Carnets du général Georges.

25. L. Woodward, *British Foreign Policy*, t. III, p. 439.

26. Les journaux londoniens du 14 juin, bien que beaucoup plus nuancés, laissent entrevoir une intervention alliée. La note de Churchill était violente : « De Gaulle doit tout à l'aide et au soutien britanniques, mais on ne peut le considérer comme un ami digne de confiance de l'Angleterre. Partout où il est passé, il a laissé derrière lui un sillage d'anglophobie [...] » (NA, PREM.3/181/11). Le *Washington Post* du 12 juillet la rendit publique. De Gaulle ne la pardonna pas.

27. Rapport Viénot du 20 juin 1943 : « Modification de l'attitude du gouvernement britannique à l'égard du C.F.L.N. » (MAE, GU39-45, Londres, 1465).

28. Somme dont l'apurement aura lieu en mai 1945.

29. Cf. « Morton minute to P.M. », 18 juin 1943 ; « Selborne minute to P.M. », 18 juin ; « Churchill minute to Minister of Economic Warfare », 19 juin ; « Selborne minute to P.M. », 24 juin (NA, PREM.3/184/6).

30. Le débat rebondira à propos de l'envoi des fonds de juillet et Churchill se laissera fléchir une seconde fois par Selborne, moyennant de strictes conditions. À partir d'août, c'est grâce aux réserves de la Banque d'Algérie que Philip financera l'action en France.

31. Murphy a télégraphié le 16 juin à Roosevelt que « la trahison de Monnet » assurait le contrôle du C.F.L.N. à de Gaulle qui entreprenait maintenant de se saisir de l'armée.

32. W.F. Kimball, *Churchill and Roosevelt*, t. II, pp. 254-257.

33. A.D. Chandler, *The Papers of D. Eisenhower*, pp. 1192-1195.

34. D'après le résumé fait par le général de Gaulle (AN, 72 AJ/243), qui a servi de base au récit plus étoffé et littéraire qu'il donne dans *L'Unité*, pp. 114-117.

35. Carnets du général Georges.

36. Lors d'un exposé aux officiers d'Oran, le 21 juin 1943 (AN, 72 AJ/211). Cf. J. Soustelle, *Envers et contre tout*, t. II, p. 262.

37. Texte de cette communication dans *L'Unité*, pp. 500-501.

38. En particulier dans une interview immédiatement donnée au *Chicago Daily News* et reprise par les agences de presse.

39. *L'Unité*, p. 119.

40. Général A. Béthouart, *Cinq années d'espérance*, p. 208.

41. Journal de L. Teyssot, extraits publiés dans *Espoir*, n° 59, juin 1987.

42. Macmillan en prévient de Gaulle le 23 juin ; la licence de parution sera effectivement révoquée le 4 juillet.

43. Arguments que Churchill admet, malgré son souci de solidarité avec Roosevelt. Cf. A. Cadogan, *Diaries*, pp. 536-544, et un étonnant échange de notes du 13 juillet entre Eden et Churchill, NA, PREM.3/181/8, W.P. (43).

44. Comme le démontre très solidement M. Rossi, *Roosevelt and the French*, pp. 109-115.

45. Plus clairvoyant que Murphy, il expose dans son rapport du 14 juin à Stark que Giraud ne peut s'appuyer que sur d'anciens partisans de Vichy, alors que de Gaulle pourra disposer d'une large conjonction de soutiens, « des modérés aux communistes en passant par tous les éléments démocrates, syndicalistes et socialistes : en Afrique du Nord comme en France, le programme gaulliste semble représenter la majorité de l'opinion publique ». Cf. K. Munholland, « The United States and the Free French », communication citée t. I, chap. 19, n. 55, p. 810.

46. Télégramme du 22 juin 1943, A. D. Chandler, *The Papers of D. Eisenhower*, pp. 1204-1207.

47. « En bons Américains qui détestaient s'entêter dans une mauvaise affaire, Eisenhower, Bedell Smith (son chef d'état-major) et Murphy se préparaient à abandonner Giraud », écrit H. Macmillan, témoin privilégié, *La Grande Tourmente*, p. 397.

48. Murphy est venu au nom de Roosevelt demander à de Gaulle le maintien de Boisson ; le Général l'a prié de confirmer la demande par écrit et l'a avisé que le nouveau gouverneur général serait nommé le lendemain (témoignage d'Étienne Burin des Roziers).

49. Télégramme à Eisenhower du 24 juin, FDRL, MR, Box 30.

50. Le sultan sera fait compagnon de l'ordre de la Libération. De Gaulle évoque dans *L'Unité* (p. 127), publiée en mai 1956 alors que le sultan Mohammed, déposé en 1953, vient d'être restauré sur le trône du Maroc, leurs « liens d'amitié personnelle » et va jusqu'à parler d'« une sorte de contrat d'entente et d'action commune ». Voir plus loin, chap. 28, p. 995.

51. P.-L. BRET, *Au feu des événements*, p. 415.

52. Henri Bonnet, ancien directeur de l'Institut international de coopération intellectuelle de la Société des Nations, s'était replié en 1940 aux États-Unis.

53. H. BUTCHER, *My Three Years with Eisenhower, op. cit.* (t. I, chap. 21, n. 60, p. 827), à la date du 26 juin, p. 415.

54. Ch. Girard, Journal, 7 août 1943, SHAT, IK/204, p. 83.

55. Télégramme de Washington à Massigli, 9 juillet 1943, *L'Unité*, p. 511.

56. Lettre au secrétaire général du parti socialiste clandestin Daniel Mayer, 13 juillet 1943, AN, 3 AG2/387/3 (22).

57. Télégramme du 17 mars 1943, cité par l'amiral Robert dans son « Rapport sur les événements survenus aux Antilles françaises de 1940 à 1943 », ANOM, Affaires politiques, 409.

58. *Ibid*.

59. Réaction à noter, car Washington avait toujours refusé de transmettre à Alger les appels des opposants.

60. *L'Unité*, p. 509.

61. *Ibid.*, p. 130.

62. Cf. le rapport Hoppenot et la lettre de Victor Sévère du 26 août 1943, *L'Unité*, pp. 521-523.

63. Voir chap. 20, p. 596.

64. À en croire le Journal inédit du général Hucher, principal collaborateur de Larminat, le projet ne se serait pas limité à des propos de popote (SHAT, T/199, pp. 46-47).

65. Décrets du 4 août 1943, *JORF* du 7 août.

66. « Dans le cadre des directives du C.F.L.N., le Comité arrête les conditions générales de la répartition des forces françaises sur les divers théâtres d'opérations et les mesures propres à assurer la fusion de ces forces. Il délibère des plans généraux d'organisation et d'armement » (Décret du 4 août 1943 sur l'organisation du haut commandement, *JORF* du 7 août). D'ici août 1944, le Comité de défense nationale aura tenu soixante séances sous la présidence du général de Gaulle.

67. Depuis juin 1943, Radio Brazzaville, doté d'émetteurs puissants, est devenue une station internationale audible en France et couvrant l'Afrique et les Amériques.

68. Le *Casabianca*, commandant Lherminier, s'était illustré en s'échappant de Toulon lors du sabordage de la flotte.

69. Le 18 juin, le chef d'état-major d'Eisenhower avertit le général Giraud qu'« il est désirable que les forces françaises soient utilisées dans la conquête de la Corse, s'il est prouvé que cette opération est possible ». Et Churchill, dans une lettre à Roosevelt, donne son accord pour « laisser les braves Français libérer eux-mêmes la Corse » (Comité d'histoire de la Deuxième Guerre mondiale, *La Libération de la France*, p. 153).

70. En réalité, les Allemands n'envisagent pas de tenir la Corse, ils veulent seulement garder la maîtrise de l'axe sud-nord Bonifacio-Bastia assez longtemps pour évacuer, par Bastia, leurs troupes de Sardaigne que l'opération corse met en danger.

71. Général Giraud, *Un seul but : la victoire*, p. 254.

72. Exposé de Giovoni, dans Comité d'histoire de la Deuxième Guerre mondiale, *La Libération de la France*, p. 179.

73. Il s'en défendra en faisant valoir qu'il a informé de Gaulle douze heures avant les premiers mouvements de troupes.

74. Le comité directeur du Front national en Corse prétend représenter toutes les tendances et comprend même un cousin de De Gaulle ; en fait, il compte trois communistes sur cinq membres.

75. Le préfet n'a voulu reconnaître les comités locaux que comme des organismes de fait qu'il validerait ou non.

76. Cf. *L'Unité*, pp. 149-151 ; général Giraud, *Un seul but : la victoire*, pp. 262-264.

77. Catroux, *Dans la bataille de la Méditerranée*, pp. 379-382.

78. Six commissaires (Monnet, Mayer, Georges, Couve de Murville, Massigli et Abadie) se prononcent explicitement *contre*, trois seulement, Diethelm, Philip et Tixier, explicitement *pour* (Carnets de Georges, ff[os] 122-123).

79. *Journal de guerre* d'H. Queuille à Alger, pp. 85-90.

80. Contrairement à ce que laissent supposer le texte de l'ordonnance reproduit dans *L'Unité*, p. 533, et les Mémoires de Catroux.

81. *L'Unité*, p. 532 ; *LNC 1943-1945*, pp. 75-77 ; Carnets de Georges, f° 127.

82. Décrets du 2 octobre 1943, *JORF* du 7 octobre. Le général de Gaulle est chargé, et lui seul, « de la direction de l'action gouvernementale », qui s'étend « à tous les domaines » et pour laquelle il dispose des procédures et instruments adéquats.

83. La formule est du général Chambe.

84. C'est le sens d'un message qu'il adresse à Béthouart et qui atteindra Roosevelt le 26 octobre (USNA, PS/SMS, 851.01).

85. SHAT, fonds Mast, IK/243.

86. Dans son esprit, un remaniement ministériel n'autorise pas à supprimer le coprésident. Sur cet épisode, cf. J. Soustelle, *Envers et contre tout*, t. II, p. 339 ; général Georges, Carnets ; Cl. Paillat, *L'Échiquier d'Alger*, t. II, p. 354.

87. Cf. Y.-M. Danan, *La Vie politique à Alger*, p. 213 ; L. Philip, *André Philip*, p. 64.

25. LE GOUVERNEMENT DE LA FRANCE EN GUERRE :

1. Cf. A.L. Funk, « La "reconnaissance" du C.F.L.N. », *RHDGM*, n° 33, janvier 1959 ; note sur la reconnaissance du C.F.L.N., 28 août 1943, MAE, GU39-45, Londres, 627.

2. Textes des trois communiqués dans AN, 72 AJ/243.

3. Dès le mois de mai, de Gaulle a fait questionner par Moulin le Comité central clandestin du parti communiste sur l'éventuelle participation communiste au Comité national ou au futur « gouvernement provisoire d'Alger ». Télégramme de Philip à Rex, mai 1943, 3 AG2/358 (120). Par lettre du 25 août, il a prescrit de sonder Grenier, encore à Londres.

4. Annie Rey-Goldzeiguer, *Aux origines de la guerre d'Algérie, 1940-1945*, Paris, La Découverte, 2002, p. 134.

5. Une note du nouveau secrétariat général du C.F.L.N. aux commissaires fixe les modalités de préparation du travail du Comité (14 octobre 1943, AN, 72 AJ/408).

6. Ordonnance du 6 août 1943, *JORF*, 12 août.

7. Cf. R. Cassin à de Gaulle, 25 juin 1943, AN, 382 AP/30.

8. Le *Journal officiel* a repris le titre qui était le sien en France jusqu'à l'été 1940 dès la constitution du C.F.L.N. avec un numéro 1 daté du « 10 juin 1943, 75ᵉ année ».

9. Sur cette activité, cf. R. Offroy, *Passer outre*, pp. 57-65, et L. Joxe, *Victoires sur la nuit*, pp. 125-127. Un secrétariat général du gouvernement existait à Matignon depuis 1935, mais avec des fonctions et une mission fluctuantes. Cf. J. Massot, *Le Chef du gouvernement en France*, Paris, La Documentation française, 1979. Création aussi d'Alger, la Documentation française, due au pionnier alsacien Marcel Koch.

Sur Louis Joxe lui-même et son rôle, cf. Chantal Morelle, *Louis Joxe, diplomate dans l'âme*, Bruxelles, André Versaille, 2010, pp. 240-261.

10. « Le Comité nomme ses membres par décret. Les décisions du C.F.L.N. sont prises à la majorité des voix. Elles obligent tous ses membres et engagent sa responsabilité collective. Les commissaires sont responsables devant le Comité » (Décret du 2 octobre 1943, *JORF* 7 octobre). Fin juin 1943 encore, de Gaulle répugnait, malgré l'insistance de Massigli et de Philip, à accepter la responsabilité collective du Comité.

11. Cf. Massigli à de Gaulle, 22 septembre 1943, MAE, GU39-45,1479.

12. Journal inédit de Lecompte-Boinet, 23 novembre 1943, AN, 450 AP/2.

13. Colonel Passy, *Souvenirs*, t. III, p. 293.

14. Décision du C.F.L.N. du 6 novembre 1943, *JORF* du 13 novembre.

15. R. Offroy, *Passer outre*, p. 58.

16. Autour du 10 novembre 1943. Témoignage de Boris, qui craindra qu'après le virage démocratique de 1942, ne se prépare un virage conservateur (AN, 72 AJ/220).

17. *JORF*, 23 septembre 1943.

18. Privilège supplémentaire, les délégués de la Résistance métropolitaine, « quel que soit le nombre de leurs membres présents, disposent toujours au total de 40 voix ». Le nombre total des délégués permanents sera bientôt porté à 103, dont 49 pour la Résistance métropolitaine (Ordonnance du 6 décembre 1943, *JORF*, 16 décembre).

19. Répartis en fonction des groupes parlementaires existant à cette date : 5 socialistes, 5 radicaux et centre gauche, 3 communistes, 8 centre et droite.

20. Une dérogation est prévue pour faits de résistance : l'Assemblée en est juge. Elle invalide Max Hymans, bien que résistant de la première heure, et le vice-président du Sénat Farjon, bien que désigné par un mouvement.

21. Une cinquième catégorie de membres représente « les intérêts financiers nord-africains » lors des débats budgétaires : 6 membres des délégations financières algériennes, 4 membres du Conseil du gouvernement chérifien et 2 du Grand conseil tunisien.

22. Les critiques seront, en effet, peu nombreuses. La plus notable émane d'Henri de Kerillis qui, passé d'un gaullisme ardent à un antigaullisme forcené, écrit d'Amérique à Gouin qu'il refuse de venir siéger : « Aujourd'hui, le gouvernement d'Alger imite exactement le gouvernement de Vichy, supprime à son tour les assemblées parlementaires, les remplace par une Assemblée servile, violente et humilie la représentation du peuple » (Henri de

KERILLIS, *De Gaulle dictateur*, Montréal, Beauchemin, 1945, p. 317).

23. L'effectif des parlementaires hors de France est de 69 en 1943 ; il approchera 90 en 1944.

24. Télégramme d'Arquebuse (Passy) à Briand (Brossolette), 31 octobre 1943, AN, 3 AG2/317.

25. Francis RAOUL, « Il y a cinquante ans l'Assemblée consultative se réunissait à Alger », *Le Monde*, 7/8 novembre 1993.

26. Fonctions que l'Assemblée lui confirmera et qu'il exercera dans les assemblées des IVe et Ve Républiques.

27. Cf. R. CERF-FERRIÈRE, *L'Assemblée consultative vue de mon banc*, p. 54 ; J. PIERRE-BLOCH, *De Gaulle ou le temps des méprises*, pp. 178-185 ; H. MACMILLAN, *La Grande Tourmente*, p. 423.

28. Le 19 octobre 1943, devant le groupe parlementaire de la France Combattante à Alger, AN, 72 AJ/520.

29. Y.-M. DANAN, *La Vie politique à Alger*, p. 228.

30. *Ibid.*, p. 269.

31. AN, F60/127. À Londres même, en mai 1943, l'un des juristes du Comité national, Pierre Tissier, avait présenté un contre-projet de statut de l'Assemblée consultative prévoyant l'examen par celle-ci de toutes les ordonnances.

32. L. JOXE, *Victoires sur la nuit*, p. 181.

33. Cf. R. CERF-FERRIÈRE, *L'Assemblée consultative vue de mon banc*, pp. 184-185 ; Y.-M. DANAN, *La Vie politique à Alger*, p. 265.

34. En décembre encore, Massigli décrit de Gaulle à Macmillan comme « dérouté par la tension que lui impose l'action dans un organisme collectif : ni sa carrière militaire ni son action depuis 1940 ne l'y ont préparé » (NA, FO. 660/194/pt.IV). L'apprentissage sera rapide.

35. Lettre du 7 mars 1944 au général de Gaulle (L. PHILIP, *André Philip*, pp. 170-174).

36. Voir chap. 26, p. 912 *sq*.

37. Par décret du 29 avril 1944, *JORF*, 29 avril.

38. Giraud, sommé le 17 octobre par Cerf-Ferrière dans *Combat* d'Alger de désavouer Pétain, puis pressé au début de novembre de le faire lors d'un entretien avec trois délégués de la Résistance, Médéric-Védy, Brunschwig-Bordier et Defferre, s'y est refusé. Son image à l'Assemblée en a été en peu de jours sensiblement altérée (J. PIERRE-BLOCH, *De Gaulle ou le temps des méprises*, p. 183).

39. En mars 1944, NA, FO.371/41 877 (Z 1704/12/17).

40. 12 mai 1944, *JORF, Débats*, 1er juin. Récits et impressions de séance dans L. JOXE, *Victoires sur la nuit*, pp. 178-180.

41. Le mot est de Mayoux, Lecompte-Boinet, Journal, AN, 450 AP/2.

42. Le 26 mars 1944, *Combat* d'Alger, 2 avril 1944. Cf. déjà, dans le même esprit, son éditorial du 13 février 1944, « La Résistance et son destin », également dans *Combat* d'Alger.

43. Lecompte-Boinet, Journal, 6 novembre 1943.

44. « D'une nécessaire intransigeance » par « Un de juin 40 », *La Marseillaise*, 4 décembre 1943. Sur les premiers articles de Fouchet dans *La Marseillaise* de Londres, voir t. I, chap. 20, n. 69, pp. 820-821.

45. Supplément au *JORF*, 11/13 novembre 1943.

46. À savoir Légion tricolore, Phalange africaine, groupe « Collaboration », S.O.L., Milice, P.P.F., R.N.P., francisme.

47. Par ordonnance du 18 août *1943*, *JORF*, 11 septembre. Après le retrait du professeur à la faculté de droit d'Alger William Marçais, la commission a pour président le syndicaliste résistant Charles Laurent, délégué à l'Assemblée.

48. *JORF*, 7 et 21 octobre 1943.

49. Cf. Y.-M. DANAN, *La Vie politique à Alger*, p. 291 *sq*.

50. Décrets du 19 juillet, 12 et 18 août 1943, *JORF*, 22 juillet, 21 et 26 août.

51. À l'Assemblée, le 19 janvier 1944, supplément au *JORF*, 22 janvier 1944.

52. Cf. sa correspondance avec Leger, fondation Saint-John Perse, Aix-en-Provence.

53. Soustelle a un grief supplémentaire : Massigli a obtenu de De Gaulle que les Comités de la France Combattante dans les divers pays, dont le rôle patriotique a été si éminent depuis 1940 face aux ambassades du gouvernement de Vichy, soient subordonnés à la hiérarchie diplomatique en voie de reconstitution. Cf. J. SOUSTELLE, *Envers et contre tout*, t. II, pp. 274-275.

54. Lettre à Massigli, 5 décembre 1943, MAE, GU39-45, Alger, 1480.

55. MAE, GU39-45, Alger, 1479.

56. De Gaulle réagit avec véhémence : ce serait, estime-t-il, une indignité et un crime juridique.

57. Projet de décret déposé le 6 janvier 1944 par Pourtalet sur le bureau de l'Assemblée, MAE, GU39-45, Alger, 618.

58. Supplément au *JORF*, 15 janvier 1944.

59. Mais il veut « une Armée qui soit l'expression de la nation » et un cadre diplomatique patriote qui ne présente pas « un masque de scepticisme aimable, d'indifférence ou d'incurie » (séance du 22 novembre 1943, Supplt au *JORF* du 25 novembre 1943).

60. *Combat* d'Alger, 4 septembre 1943.

61. Simone WEIL, *Écrits de Londres et dernières lettres*, Paris, Gallimard, 1957, p. 117.

62. Séance de l'Assemblée du 19 janvier 1944. Insinuation non fondée, car le général Juin, prisonnier des Allemands, n'a pas eu à prendre un tel engagement quand il a été libéré en 1941.

63. Unique exemplaire subsistant, SHAT, 5 P/2.

64. R. CERF-FERRIÈRE, *L'Assemblée consultative vue de mon banc*, pp. 183-184.

65. P.-É. Flandin, ancien président du conseil, ministre des Affaires étrangères de Pétain de décembre 1940 à février 1941, fut condamné en 1946, après deux ans d'incarcération, à cinq ans d'indignité nationale dont la Haute Cour de justice le releva. Pierre Boisson, dont le crime était l'affaire de Dakar de septembre 1940, avait empêché toute installation allemande en Afrique noire ; il mourut en prison en 1948 avant d'avoir été jugé. Marcel Peyrouton, ministre de l'Intérieur d'août 1940 à février 1941, signataire et exécutant de la loi du 3 octobre 1940 portant sur le statut des juifs, fut acquitté en décembre 1948.

66. Cf. télégramme reçu du délégué général par intérim en France Bingen le 9 mars 1944 : « Si Pucheu n'est pas exécuté, je dis, si vous ne fusillez pas Pucheu, vous encouragez les chefs miliciens et policiers à multiplier leurs crimes et les menaces officielles des radios françaises et alliées seront considérées comme des manifestations verbales sans importance » (AN, Fla/3816).

67. Télégramme du 20 novembre 1943 au C.N.R., AN, 72 AJ/235.

68. De Gaulle s'en explique dans *L'Unité*, pp. 154-155.

26. LE GOUVERNEMENT DE LA FRANCE EN GUERRE : II. VERS UNE RÉPUBLIQUE NOUVELLE ?

1. Au quatuor initial de la France Libre — Pierre Denis (Rauzan), Étienne Hirsch (Ct Bernard), Robert Marjolin et Hervé Alphand — que renforce André Postel-Vinay, héros de la Résistance nommé directeur de la Caisse centrale de la France Combattante — s'ajoutent les arrivants de 1942-1943 : Couve de Murville, Gregh, Guindey, Largentaye et Ardant, ainsi qu'à Washington André Istel, de la banque Neuflize, le conseiller financier Christian

Valensi, enfin un revenant tardivement et discrètement employé, Paul Leroy-Beaulieu.

2. Outre son directeur de cabinet, le polytechnicien Pierre Lion, membre du corps des mines, le trio efficace que forment l'administratif Ricroch, Robert Lévi, grand ingénieur de la S.N.C.F., et Anduze-Faris pour la Marine marchande.

3. MAE, GU39-45, Mi P/1795.

4. Voir chap. 24, p. 841.

5. Le budget A (commandement en chef civil et militaire) est arrêté à 11 milliards 689 millions, le budget B (France Combattante) à 1 milliard 368 millions (ordonnance du 20 août 1943, *JORF*, 26 août).

6. La signification du collectif budgétaire de novembre 1943 est surtout politique : il fait glisser à l'actif du commissariat à la Défense l'essentiel des crédits du commandant en chef Giraud.

7. Budget arrêté à 41 milliards 488 millions de francs (ordonnance du 8 janvier 1944, *JORF*, 9 janvier, p. 295 *sq.*).

8. Cette dévaluation est réalisée au moment où intervient un accord financier entre l'Angleterre et le C.F.L.N., qui enlève à ce dernier tout souci immédiat sur la stabilité du franc. C'est aussi en février 1944 que la Caisse centrale de la France Libre est transformée en Caisse centrale de la France d'outre-mer. Cf. Pierre DENIS, « Les finances de la France Libre », *RHDGM*, n° 1, novembre 1950.

9. Suite à deux mesures malheureuses prises en mai 1943 : la taxation des céréales au prix de 1942 et la libre circulation des grains. Catroux doit suspendre le 6 août la libre circulation des grains (AN, F60/806).

10. Rapport Catroux au C.F.L.N., MAE, GU39-45, Alger, 1501.

11. Grâce aux Américains, l'Algérie a été délivrée de la peste, réapparue en 1942, le Maroc, au moins temporairement, des poux et du typhus, enrayés à l'aide du D.D.T.

12. Texte du *modus vivendi* du 25 septembre 1943 dans SHAT, 5P/48. Cf. aussi MAE, GU39-45, Alger, 621 et 1502.

13. Sur le conseil de son ami, le sous-secrétaire américain Stettinius, qui souhaite avoir devant lui un interlocuteur unique pour traiter des fournitures à l'armée et aux territoires français, Monnet fait créer à Alger un Comité des programmes pour centraliser les demandes et dresser l'état des besoins et, à Washington, le Supply French Center, conçu sur le modèle du Comité britannique des approvisionnements auquel lui-même avait participé et qui sera l'interlocuteur souhaité.

14. Lettre du 20 septembre 1943 au C.F.L.N. (J. MONNET, *Mémoires*, t. II, p. 249).

15. Cf. L. Joxe, *Victoires sur la nuit*, p. 211.

16. Rapport Monnet au C.F.L.N., 1er août 1944, AN, F60/920. Sur le détail des négociations financières avec les États-Unis, cf. Christian Valensi, *Un témoin sur l'autre rive : Washington 1943-1949*, Paris, Comité pour l'histoire économique et financière de la France, 1994.

17. Ce programme nous est connu dans sa première version par la note d'analyse qu'en fait Offroy le 1er mars 1944, note assortie d'un commentaire très prudent (AN, F60/914), puis par les projets successifs élaborés au cours du printemps 1944 (AMEF, 5A/181).

18. Selon Pleven, le lancement d'un emprunt, le blocage des prix et l'incitation à épargner suffiraient à résorber le pouvoir d'achat excédentaire.

19. Lettre au conseiller à la Cour des comptes François Walter, 31 juillet 1944, AMEF, BB/44 610.

20. Mendès France, *Œuvres complètes*, t. II, pp. 32-34.

21. *L'Unité*, p. 563.

22. Le gouvernement provisoire décide le 16 juillet 1944 qu'il sera procédé à la Libération « à une majoration immédiate et substantielle des salaires » ; il donne une demi-satisfaction à Mendès France en se prononçant pour une limitation de la circulation fiduciaire, mais sa décision est très ambiguë quant au blocage des dépôts en banque. Texte de la décision adoptée dans *L'Unité*, pp. 576-579. Cf. lettre à G. Boris, Mendès France, *Œuvres complètes*, t. II, p. 49.

23. Si l'on en croit Joxe, p. 216, qui rend compte avec précision de l'expérience menée en Corse. Cf. notamment à ce sujet les ordonnances des 2 octobre 1943, 6 mai et 24 juin 1944, *JORF*, 30 octobre 1943 et 29 juin 1944.

24. Mendès France, en butte à la fois aux critiques d'opportunité de Pleven et aux revendications ouvrières soutenues par le P.C.F., démissionnera en février 1945.

25. Sous la forme prudente et ambiguë d'un communiqué publié le 20 octobre 1943 par le C.F.L.N. Ce communiqué rappelait que l'ordonnance du général Giraud du 18 mars 1943 (renouvelant l'abrogation du décret Crémieux) prévoyait dans les trois mois la publication de textes qui en fixeraient les modalités d'application ; les décisions d'application n'ayant pas été prises, l'ordonnance se trouvait caduque. Le communiqué ajoutait la réserve suivante : « [La présente] déclaration laisse entière la liberté de décision future des pouvoirs publics qui auront à fixer non seulement le statut des Israélites algériens, mais aussi celui des autres catégories de la population algérienne. » Le général Catroux avait souligné les difficultés que pourrait causer, dans les milieux musulmans, le rétablissement

à titre définitif du décret si la mesure n'était pas accompagnée d'une extension des droits civils et civiques des indigènes (AN, F60/806). Cf. aussi Michel ABITBOL, *Les Juifs d'Afrique du Nord sous Vichy*, Paris, Maisonneuve et Larose, 1983, pp. 168-174.

26. L'ordonnance du 9 août 1944 porte déjà annulation d'un nombre important de textes des gouvernements de Vichy, *JORF*, 10 août 1944, pp. 688-694.

27. Dès le 6 juillet 1943, le C.F.L.N., siégeant sous la présidence du général de Gaulle en l'absence de Giraud, avait décidé que « pour tous les textes promulgués par le pouvoir de fait se disant État français, l'annulation de ces textes, lorsqu'elle serait prononcée, prendrait effet à partir du 17 juin 1940, date où a cessé l'indépendance du gouvernement français » (MAE, GU39-45, Alger, 1501).

28. Comme l'ont souligné Louis Favoreu et Odile Rudelle au colloque de Bayeux, du 6 octobre 1994, *Le Rétablissement de la légalité républicaine*, pp. 19-26 et 29-50

29. Ainsi l'ordonnance du 22 juin 1944 *(JORF* du 8 juillet), pratiquement dictée par la Résistance, et qui prévoit de suspendre tous les organes de presse ayant paru plus de quinze jours sous le régime de l'occupation et de mettre leurs biens sous séquestre.

30. Procédure que de Gaulle avait secrètement admise lors de ses négociations avec Giraud.

31. Ses travaux laisseraient peu de traces s'ils n'avaient donné lieu aux propositions et aux commentaires passionnés de Simone Weil, chercheuse d'absolu, que Philip avait hébergée tout le printemps 1943 dans les locaux de son commissariat à Hill Street. Cf. S. WEIL, *Écrits de Londres et dernières lettres, op. cit. supra* (p. 920, n. 60).

32. Giacobbi entre en avril 1944 au C.F.L.N. Cassin, qui est à la fois président du Comité juridique du C.F.L.N. et délégué à la « Consultative », le remplace à la présidence de la Commission de réforme de l'État de l'Assemblée.

33. Cf. les notes d'H. QUEUILLE sur les institutions, AN, F60/125, et sa « Deuxième note d'observation sur le projet de constitution du gouvernement de la République », décembre 1943, *Journal de guerre*, pp. 347-349.

34. Et dans une rédaction imposée en plusieurs occasions par René Cassin pour redresser les propositions de certains fonctionnaires du commissariat à la Justice, propositions dignes d'adeptes de la Révolution nationale. Cf. A. PROST et J. WINTER, *René Cassin et les droits de l'homme*, Paris, Fayard, 2011, pp. 236-242.

35. Chap. 32, p. 1096 *sq.*

36. Ordonnance du 7 janvier 1944, *JORF*, 6 juillet.

37. Ordonnance du 21 avril 1944, *JORF*, 22 avril.

38. Parmi les mouvements et partis politiques clandestins consultés, les vues sont là aussi divergentes. Cf. le compte rendu télégraphique que Boris adresse à d'Astier le 15 mars 1944, AN, 72 AJ/221,

39. Séances des 21 et 22 janvier 1944, Supplt au *JORF* du 27 janvier.

40. *JORF*, 30 mars 1944.

41. Le 12 avril, Bingen, délégué général par intérim en France occupée, consulté par E. d'Astier, a fait savoir qu'il y avait accord général du Conseil national de la Résistance pour a) des élections municipales aussi rapides que possible, avec vote des femmes, b) l'élection d'une assemblée « maîtresse et constituante » après le retour des prisonniers et déportés (AN, Fla/3816).

42. *L'Unité*, p. 567.

43. H. MACMILLAN, *La Grande Tourmente*, p. 425.

44. Seul s'en distingue le projet élaboré par, le mouvement clandestin de droite O.C.M. qui est articulé autour d'un « chef de l'État Président de France » (AN, Fla/3817). Le projet de Constitution envoyé à Alger en septembre 1943 par le Comité général d'études préconise l'élection du président de la République par un collège élargi (comprenant, outre les deux Assemblées, des représentants des conseils généraux et des grandes municipalités), mais considère que « l'élection par le peuple même, en régime parlementaire, expose aux plus graves inconvénients » ; il prévoit, d'autre part, une stricte définition des pouvoirs législatifs du Parlement et le droit pour le gouvernement de promulguer le budget par ordonnance s'il n'est pas voté au 31 décembre.

45. AN, Fla/3817 et cf., notamment, Freinette FERRY, *Le Problème constitutionnel et l'opinion publique de 1940 à 1946*, thèse de droit, Paris, 1947, pp. 130-132.

46. Ce que l'ex-directrice de la revue *L'Europe nouvelle*, Madeleine Le Verrier, familière du monde parlementaire, traduit en termes crus : « La France a envie de coucher avec de Gaulle : qu'elle couche, on verra bien après ! » (Lecompte-Boinet, Journal, AN, 450 AP/52).

La réticence est assez perceptible pour que le capitaine Alain de Boissieu, futur chef d'état-major de l'armée, qui fait alors la liaison entre de Gaulle et Leclerc, puisse écrire à ce dernier en décembre 1943 : « Les gens n'aiment pas les parlementaires [...], les parlementaires n'aiment pas le général de Gaulle, accusé par eux d'entraver le régime parlementaire, d'être un candidat au régime autoritaire » (FL, C.43, 07 003).

47. A. PEYREFITTE, avec cinquante ans de recul, se dit convaincu que le Général en aurait eu la possibilité. Cf. *C'était de Gaulle (op. cit.* t. I, p. 814, n. 90), pp. 33-34.

48. Sur la procédure de révision constitutionnelle, Henri QUEUILLE, prototype des « républicains de tradition », s'était prononcé catégoriquement dans une note de décembre 1943 : « Le Gouvernement ne saurait en aucun cas, ni directement, ni par participation à une Commission spécialement désignée à cet effet, prendre de décisions dans ce domaine, mais seulement préparer les délibérations issues de la volonté nationale qui doivent seules procéder à la réforme » (*Journal de guerre*, annexe 6, pp. 347-349).

49. 300 000 francs par mois pour le Front national et 1 500 000 pour les F.T.P., subvention que d'Astier augmentera en décembre de moitié. En outre, par accord avec le Comité clandestin d'action contre la déportation (C.A.D.), plusieurs millions sont remis mensuellement aux F.T.P. pour leurs réfractaires (Télégramme de Philip, 3 AG2/313 ; rapport Serreulles, 10 septembre 1943, AN, 3 AG2/397/2).

50. *FRUS 1943, II, Europe*, pp. 142-143.

51. Télégramme Murphy, *ibid.*, p. 187.

52. *Ibid.*, pp. 188-192.

53. H. MACMILLAN, *La Grande Tourmente*, p. 422.

54. Cf. « Les leçons à tirer de l'expérience corse », 28 septembre 1943, AN, 382 AP/79 ; note d'E. d'Astier en réponse à une demande de renseignement du 8 octobre 1943 de Baudouin (Bollaert), délégué général en France, AN, Fla/3728.

55. Officier mécanicien qui a été condamné pour provocation à la mutinerie sur son navire, opérant en mer Noire contre les bolcheviks en 1919, Marty (1886-1956), amnistié en 1923, a été depuis député de Paris, rédacteur en chef de *L'Humanité* en 1934-1935 et inspecteur général des brigades internationales en Espagne où il passe pour avoir présidé à de nombreuses exécutions sommaires. Il est pour beaucoup le prototype de l'épouvantail communiste.

56. AN, 3 AG2/385.

57. Télégramme n° 27 de R. Garreau, 23 janvier 1944, MAE, GU39-45, Alger, 620.

58. Cité par Ph. BUTON, *Les lendemains qui déchantent*, p. 62, d'après les archives soviétiques aujourd'hui accessibles.

59. Joanny Berlioz, session de la délégation du Comité central, 30/31 mars 1944, cité par BUTON, *ibid.*, p. 65.

60. Supplt au *JORF*, 20 janvier 1944.

61. Grenier à Duclos, 1er septembre 1943, F. GRENIER-J. DUCLOS, *Correspondance Londres-Paris 1943. Les relations de Gaulle-P.C.F.*, p. 161.

62. Lettre de Closon à Philip, 27 octobre 1943, AN, 3 AG2/387/3 (31).

63. Rapport de Cléante (Bingen), courrier de février 1944, AN, 3 AG2/398(44).

64. AN, 3 AG2/385.

65. Lettre à de Gaulle, AN, 72 AJ/243.

66. Sur les incertitudes des socialistes d'Alger, cf. le troisième rapport du groupe S.F.I.O. au parti clandestin, 10 juin 1944, AN, 546 AP/4.

67. Instructions de Georges Dimitrov, ex-secrétaire de l'Internationale communiste (officiellement dissoute), transmises par le leader communiste italien Togliatti. Texte cité par Mikhaïl NARINSKI, « La politique soviétique à l'égard des pays d'Europe occidentale de 1941 à 1945 », *Matériaux pour l'histoire de notre temps*, BDIC, n° 37-38, janvier-juin 1995. Ces directives de ralliement à l'union nationale autour de De Gaulle répondent à la fois à un souci tactique de prudence et aux vues géopolitiques de Staline de plus en plus méfiant envers les Anglais et qui espère limiter, grâce à de Gaulle, leur tutelle sur l'Europe occidentale libérée.

68. On ne connaîtra qu'après-guerre la lettre de l'automne 1940 de Billoux au maréchal Pétain demandant à être cité comme témoin à charge au procès de Riom.

69. Alain de SÉRIGNY, *Échos d'Alger*, Paris, Presses de la Cité, 1972, pp. 231-232.

70. A. GILLOIS, *Histoire secrète des Français à Londres*, p. 368.

71. Voir chap. 35, p. 1219.

72. Opération tumultueuse, car les chefs de service de l'agence se solidarisent avec leur directeur, les Anglais exigent le remboursement des émetteurs fournis à l'A.F.I., l'affaire donne lieu à de médiocres polémiques dans la presse d'Alger et à une condamnation sévère par la presse britannique (fonds Jouve, AN, 549 AP/3/3 ; P.-L. BRET, *Au feu des événements*, p. 434 ; P.-H. SIRIEX, communication au colloque *De Gaulle et les médias*, pp. 47-50).

73. Ordonnance du 22 juin 1944, *JORF*, 8 juillet.

74. Les rancunes du général Giraud seront aggravées par un épisode tragique : le 28 août, un tirailleur algérien de garde près de sa villa, frappé, dit-on, d'une crise de démence ou islamiste illuminé, tire sur lui ; la balle lui traverse la joue. Il ne doutera pas d'avoir été victime d'un attentat fomenté par les services secrets de Soustelle. Le dossier d'enquête, hâtivement bouclé, reste inaccessible. Cf. général CATROUX, *Dans la bataille de la Méditerranée*, pp. 390-392 ; Cl. PAILLAT, *L'Échiquier d'Alger*, t. II, p. 389.

75. Le général Cochet, commandant de l'aviation de la Vᵉ armée en mai-juin 1940, a été un pionnier de la résistance militaire en métropole. Il a diffusé dès juillet 1940 des appels par tracts et conférences ; il a été emprisonné à deux reprises par Vichy. Ayant pu gagner Londres, puis Alger, il a été nommé en septembre 1943 par les généraux Giraud et de Gaulle chef d'état-major de la « Force F », avec mission de coordonner l'action des services secrets ; il n'a pu s'imposer et a été remplacé en novembre par Soustelle à la direction effective de ces services.

27. FAIRE L'ARMÉE DE LA LIBÉRATION

1. MAE, GU39-45,1501.

2. Cf. J. Le Gac, *Splendeurs et misères du Corps expéditionnaire français en Italie*, thèse de doctorat soutenue le 9 décembre 2011, ENS Cachan, pp. 80-88 ; C. Levisse-Touzé, *L'Afrique du Nord dans la guerre*, pp. 366-367.

3. J. Frémeaux, « La participation des contingents d'outremer aux opérations militaires », *Les Armées françaises pendant la Seconde Guerre mondiale*, pp. 358-359.

4. Ahmed Ben Bella (1916-2012), premier président de la République populaire algérienne (1963-1965), affecté au 5ᵉ régiment de tirailleurs marocains incorporé à la 2ᵉ DMI, a été un héros de la bataille du Mont Cassin avant de participer aux combats de France et d'Allemagne. Adjudant quatre fois cité dont deux fois à l'ordre de l'armée, il a été décoré en Italie de la Médaille militaire par de Gaulle.

5. Général de Boissieu, *Pour combattre avec de Gaulle*, pp. 215-216.

6. Voir t. I, chap. 21, pp. 653-657.

7. SHAT, 11P/257.

8. Après le débarquement de novembre 1942, des navigants s'étaient demandé où était leur devoir ; un équipage avait spectaculairement ramené son appareil en France occupée ; la coopération entre le général Mendigal, commandant des forces aériennes de Giraud, et les Américains avait été médiocre.

9. Rappelons, entre autres, les noms de Demozay-Morlaix, Fayolle, du Fretay, Max Guedj, Maridor, Lionel de Marmier, Mouchotte, Pijeaud, Tulasne, parmi ceux qui moururent pour la

France, et parmi les survivants ceux de Clostermann, l'as aux trente-trois victoires, Corniglion-Molinier, Duperier, Fourquet, Livry-Level, Pouyade, Soufflet...

10. Suivant les normes des alliés, une formation n'est considérée comme « réarmée » que si elle dispose des réserves en personnel et en matériel lui permettant chaque matin d'engager un nombre d'avions correspondant à sa dotation théorique.

11. Cf. général BOUSCAT, *De Gaulle-Giraud*, p. 172 *sq.* et pp. 202-222 ; Patrick FALCON, « Le plan VII », *Revue historique des armées*, n° 3 spécial, 1979.

12. Jean PLANCHAIS, *Une histoire politique de l'armée, 1940-1967*, Paris, Éd. du Seuil, t. II, 1967, pp. 70-72.

13. Témoignage Auboyneau, 72AJ/228.

14. Cependant que l'ingénieur général F.F.L. Louis Kahn, fils d'un rabbin alsacien, force le respect par sa compétence de reconstructeur de la flotte.

15. J. PLANCHAIS, *Une histoire politique de l'armée, op. cit.*, p. 55.

16. Notes du 15 juin 1943, plusieurs fois diffusée, et du 14 août 1943, SHAT, 11P/1/1.

17. Ch. Girard, Journal, 15 août 1943, SHAT, 1K/204.

18. R. DRONNE, *Carnets de route d'un croisé de la France Libre*, p. 244.

19. Témoignage du général Buis recueilli par l'auteur. De multiples incidents les opposent à Rabat à des officiers, notamment du 12e R.C.A. et du 12e C.U.I.R. qui ont combattu contre eux en Syrie (témoignage de J. Herry).

20. Les officiers gaullistes reçus en octobre 1943 à Témara dans la salle d'honneur du 1er régiment de spahis marocains, auquel ils ont été opposés durant la campagne de Syrie de 1941, s'indignent de même d'y voir placardés des trophées arrachés à l'époque aux F.F.L. et aux Britanniques (témoignage d'É. Burin des Roziers).

21. Lecompte-Boinet, Journal, 29 novembre 1943, AN, 450 AP/2.

22. Général COMPAGNON, *Leclerc, maréchal de France*, p. 324.

23. Lecompte-Boinet, Journal cité.

24. FL, note du 5 octobre 1943 sur le 16e R.T.S.

25. MAE, GU39-45, Alger, 1482.

26. Note de service du 23 mai 1943 et directives du 5 août 1943, citées par A. COUSINE, « La participation française à la campagne d'Italie », *Les Armées françaises pendant la Seconde Guerre mondiale*, p. 368.

27. Voir t. I, chap. 21, p. 639.

28. Elle ne compte encore qu'un peu moins de 6 000 hommes dont 2 000 Noirs. Ces derniers, étant jugés impropres à servir dans

une division blindée en Europe, seront renvoyés en Afrique Équatoriale.

29. Général COMPAGNON, *Leclerc, maréchal de France*, p. 334.

30. Lettre à Billotte, 22 octobre 1943, FL, GL. 43017.

31. Général Buis, *Les Fanfares perdues*, pp. 81-85.

32. Cf. ses lettres du 22 octobre 1943 à Billotte ou du 22 décembre 1943 à de Gaulle : il se dit « barré par des erreurs de l'état-major ou des obstructions ». « Comment expliquer cette politique à notre égard ? Où s'arrêtent les Vichystes, où commencent les Français ? » (FL, GL. 43017). Même son de cloche dans le Journal de Girard, pp. 6-7.

33. Général COMPAGNON, *Leclerc, maréchal de France*, p. 337 *sq*.

34. Témoignage de Raymond Meyer, F.F.L. de souche, évadé d'Allemagne par la Russie, lieutenant de chars à la 2e D.B., futur croix de la Libération.

35. Général DE LATTRE DE TASSIGNY, *Histoire de la Ire armée française*, p. 3.

36. Ce que de Gaulle a rappelé à Eisenhower dès leur difficile entretien du 19 juin 1943, cf. chap. 24, p. 869-872.

37. À savoir, l'équipement, la maintenance et les soutiens des huit divisions formées en Afrique du Nord, soit 250 000 hommes, et de 3 divisions et 40 unités de soutien formées en France, soit 50 000 hommes ; plus des uniformes usagés, machines et équipements pour 200 000 hommes des forces territoriales en France et 200 000 hommes des forces de souveraineté en Afrique ; en outre, des millions de rations, de paquets de cigarettes, matériel pharmaceutique, pénicilline (VIGNERAS, *Rearming the French, United Forces Army in World War II*, Office of the Chief of Military History, Department of the Army, Washington D.C., 1957, pp. 245 et 401).

38. SHAT, 7P/35.

39. Les « services » de l'armée de type américain (Matériels, Essences, Main-d'œuvre, Santé, Intendance) sont sans commune mesure avec ceux de l'armée d'Afrique. Quant aux « soutiens », ils sont constitués non seulement par des éléments de réserve générale pouvant atteindre 20 % des effectifs combattants, mais aussi par de nombreuses unités spécialisées telles que régiments de reconnaissance, régiments de tanks destroyers (chasseurs de chars), génie, artillerie antiaérienne, compagnies de transport, compagnies de récupération et de réparation des engins blindés, etc. (général DE LATTRE DE TASSIGNY, *Histoire de la Ire armée française*, p. 6).

40. VIGNERAS, *Rearming the French, op. cit.*, p. 106. Même après l'éviction totale de Giraud, l'état-major français, soucieux de porter

au maximum les effectifs combattants, continua de donner la dernière priorité aux « services et soutiens ».

41. *Ibid.*, p. 107 *sq*. C'est l'avis de Bedell Smith dès le 15 octobre 1943 (USNA, 851.01/3 105). Les Américains se tiendront d'autant plus fermement à cette position qu'ils ont accepté et ont commencé de fournir, indépendamment du programme initial des 11 divisions, l'équipement de nombreuses formations non endivisionnées.

42. Dès juillet 1943, l'état-major Giraud a signalé au commandement allié qu'il y aurait intérêt à utiliser les forces françaises en Italie, notamment en montagne. Le 6 septembre, après la conférence anglo-américaine de Québec, le général Bedell Smith, chef d'état-major d'Eisenhower, l'a avisé qu'il était « dans les intentions » de ce dernier d'utiliser deux divisions françaises en Italie dans l'hiver et de faire participer les forces françaises aux opérations qui seraient lancées en 1944 dans le sud de la France. La demande américaine a été rapidement portée à quatre divisions. Giraud a acquiescé avec satisfaction.

43. La 1re D.F.L., contrairement à la 2e D.B., n'a pas eu besoin de recourir à des formations d'Afrique du Nord pour compléter ses effectifs : elle s'enorgueillira d'avoir été jusqu'à 1945 la seule grande unité « intégralement F.F.L. ».

44. Cf. maréchal Juin, Rapport sur la participation française à la campagne d'Italie, SHAT, 1K/238/4, et VIGNERAS, *Rearming the French*, *op. cit.*, p. 116, qui a disposé des correspondances Giraud-Bedell Smith.

45. Décision prise en application de l'article 6 du décret du 2 octobre 1943 : « Dans le cadre des directives du C.F.L.N., le Comité de défense nationale arrête les plans d'ensemble concernant l'organisation, la répartition et l'emploi des forces françaises » *(JORF*, 7 octobre 1943).

46. Texte intégral dans A. CHANDLER, *The Papers of D. Eisenhower*, pp. 1591-1593.

47. Le Comité conjoint des chefs d'état-major (the Combined Chiefs of Staff), est, auprès de Churchill et Roosevelt, l'instance militaire supérieure de l'alliance anglo-américaine.

48. Toutes décisions concernant les plans d'emploi et de répartition des forces armées ainsi que les programmes généraux d'armement et d'organisation sont transférées de la compétence du commandant en chef à celle du Comité de défense nationale *(JORF*, 13 janvier 1944).

49. L'état-major d'Eisenhower, tenant Giraud pour toujours « responsable de la liaison » *(sic)*, admet de continuer à traiter avec

lui « jusqu'à ce que les relations paraissent totalement inefficaces »
(Vigneras, *Rearming the French, op. cit.*, p. 119).

50. *L'Unité*, pp. 668-670.

51. Procès-verbal du Comité de défense nationale du 3 novembre 1943, cité par Le Goyet, « La participation française à la campagne d'Italie », dans Comité d'histoire de la Deuxième Guerre mondiale, *La Guerre en Méditerranée*, Paris, C.N.R.S., 1971, p. 411.

52. Compte rendu dans *L'Unité*, pp. 670-674.

53. C'est ce que Massigli confirme par lettres du 30 décembre à l'ambassadeur Wilson et à Macmillan. Cf. ses dépêches du 8 janvier 1944 à Viénot (MAE, GU3945, 1480, f° 117). et à Hoppenot (1467, f° 65) ; télégramme Eisenhower NAF.578 du 4 janvier 1944, FDRL, Map Room, Box 30, French Committee, sec.1.

54. *L'Unité*, pp. 247 et 677.

55. Sur le détail des inutiles marchandages de janvier 1944, Cf. Vigneras, *Rearming the French, op. cit.*, pp. 123-129.

56. Un contre-projet rédigé par les *combined chiefs of staff* est remis le 14 mars 1944 à de Gaulle qui refuse de le signer. Le C.F.L.N. maintient le 23 mars la position française. Celle-ci est confirmée dans une note aux alliés en date du 4 avril 1944 qui n'aura pas de suite. Cf. annexes au rapport Juin, cité *supra* sur la participation française à la campagne d'Italie, SHAT, 1K/238/4, *LNC 1943-1945*, p. 169 ; *FRUS 1944*, III, pp. 668-669.

57. On trouvera le compte rendu intégral de l'entretien dans *L'Unité*, pp. 674-676. Les extraits ci-dessus sont tirés de la version originale du texte, plus rugueuse (fonds Massigli, MAE, GU39-45, Alger, 1467).

58. Comme l'a mis en évidence l'historien américain M. Rossi, *Roosevelt and the French*, pp. 109 et 122 *sq*.

59. Sur ces paradoxes et contradictions, cf. l'excellente analyse de J. Frémeaux, dans *Les Armées françaises pendant la Seconde Guerre mondiale*, p. 360.

60. Plenary Session, 29 novembre 1943, conférence Eureka, cité par Vigneras, *Rearming the French, op. cit.*, p. 111.

61. A. Cousine, « La participation française à la campagne d'Italie… », *Les Armées françaises pendant la Seconde Guerre mondiale*, p. 372.

62. SHAT, IK/238/4. Le récit le plus clair et le plus brillant de la campagne reste celui de De Gaulle qui y consacre douze pages dans *L'Unité*, pp. 266-275.

63. Du Garigliano au débouché en Toscane, la 1ʳᵉ D.F.L. à elle seule aura perdu 673 tués dont 49 officiers et 2 066 blessés. C'est elle qui fournira le détachement qui rendra les honneurs à de

Gaulle lors de sa visite à Rome le 30 juin 1944 (général SAINT-HILLIER, « La 1re D.F.L. en Italie », *RFL*, n° 284,1993/4, pp. 4-7).

64. *Les Armées françaises pendant la Seconde Guerre mondiale*, p. 373.

65. L'offensive du 12 mai 1944 est précédée par le tir de 2 000 canons de la mer Tyrrhénienne au mont Cassin.

66. Rapport Kesselring du 29 mai 1944.

67. Cf. J. LE GAC, *Splendeurs et misères du Corps expéditionnaire français en Italie*, pp. 526-586.

68. Cf. ses lettres à de Gaulle des 26 mai et 14 juin 1944, *L'Unité*, pp. 693 et 695 ; ses *Mémoires*, t. I, pp. 338-345.

69. Général GIRAUD, *Un seul but : la victoire*, p. 93.

70. Cf. de Gaulle à Juin, 17 juin 1943, *LNC 1943-1945*, p. 251. Cette décision, qui n'était évidemment pas sans implications politiques, concordait avec le vœu des Soviétiques qui tenaient à toute force à écarter les alliés occidentaux de l'Europe centrale et des Balkans et qui avaient fait pression dans ce sens, dès l'été 1943, sur un de Gaulle très réceptif. Selon le petit-fils du général Giraud, Henri-Christian Giraud (dans S. COURTOIS et M. LAZAR, *Cinquante ans d'une passion française*, « Les relations de Gaulle-Staline », p. 66-70), il n'y aurait guère de doute que le choix ainsi fait par de Gaulle en mai-juin 1944, au détriment de la stratégie churchillienne d'offensive vers le Danube, était un gage qu'il donnait aux Soviétiques, dans le cadre d'une politique visant à s'assurer le concours des communistes français. Si la concordance n'est pas niable, l'ensemble des documents de contexte me paraît prouver que la décision de De Gaulle répondait avant tout à des motifs d'intérêt national différents et plus pressants.

71. Message Harriman à Roosevelt, Le Caire, 30 mai 1944, FDRL, Map Room, Box 31, France, Civil Affairs, 011.

72. *Ibid.* : « *Because of his association with Weygand, de Gaulle has so far refused to allow him to enter France.* »

73. Bien qu'il déplore d'« avoir dû boire le calice le plus amer pour un soldat », Juin s'incline par « notion du devoir » et par « volonté de servir » son ancien condisciple, de le « servir avec un dévouement d'autant plus grand que nous allons tous avoir à nous pencher sur la chair abominablement meurtrie de notre malheureux pays ». C'est ce qu'il expose dans une longue lettre manuscrite du 27 juillet 1944 à de Gaulle, SHAT, 1K/238.

28. DÉCOLONISATION
OU CONSOLIDATION IMPÉRIALE ?

1. MAE, GU39-45, Alger, 41.

2. Général CATROUX, *Dans la bataille de la Méditerranée*, p. 401.

3. *Ibid.*, p. 411.

4. *FRUS, 1943*, IV, p. 1022 ; MAE, GU39-45,1473.

5. *LNC 1943-1945*, pp. 106-107.

6. Massigli à Viénot, 5 avril 1944, MAE, GU39-45, Alger, 1480.

7. Mémorandum à Eden, 5 juillet 1943, NA, FO.371/35 178, E.3893/27/89.

8. Comme en témoigne son mémorandum du 13 juillet 1943 au cabinet britannique, Anglo-French Relations to Syria/Lebanon, NA, *ibid.*

9. Rapport du cabinet politique de la Délégation générale, AN, F60/823.

10. Général CATROUX, *Dans la bataille de la Méditerranée*, p. 417 ; Ed. SPEARS, *Fulfilment of a Mission*, pp. 222, 253-254 ; Mary BORDEN (Lady SPEARS), *Journey down a Blind Alley*, New York, Harper, 1946, pp. 226-235.

11. L'influent chef de la sécurité Gauthier a partie liée avec l'ancien président Eddé, « homme des Français », que Helleu rappelle au pouvoir ; Helleu est gouverné par deux jeunes diplomates « durs », Baelen et Jean-Marc Boegner, venus de l'ambassade d'Ankara.

12. C'est ce qu'affirme R. OFFROY, témoin quotidien des prises de décision d'Alger (*Passer outre*, pp. 66-67). C'est aussi la conclusion des deux plus solides historiens anglais de la crise, St. H. LONGRIGG, *Syria and Lebanon under French Mandate*, p. 331, et A.B. GAUNSON, *The Anglo-French Clash in Lebanon and Syria*, p. 126.

13. Général CATROUX, *Dans la bataille de la Méditerranée*, pp. 416-422.

14. Télégramme Viénot, 16 novembre 1943, MAE, GU39-45, Alger, 1468, f° 26.

15. Général CATROUX, *Dans la bataille de la Méditerranée*, pp. 424.

16. Télégramme n° 1614, MAE, GU39-45, Alger, 1468, f° 58, déchiffré à Alger le 24 novembre à 10 heures. Catroux, qui, dans ses Mémoires, le date du 22 novembre, ne l'y reproduit que partiellement, écartant un passage où il met en cause avec une extrême violence Helleu et son entourage.

17. Churchill est, de son côté, d'autant plus acharné qu'il en veut à de Gaulle d'avoir exclu Giraud du C.F.L.N.

18. Télégramme n° 450, *LNC 1943-1945*, pp. 115-116.

19. Télégramme Catroux n° 497, MAE GU39-45, Alger, f° 62.

20. Selon les télégrammes du 23 novembre au soir et du 24 novembre du nouveau ministre-résident américain Wilson, USNA, State Dept., 851.01/3237 et 3198.

21. Lettres de Massigli à Viénot, 24 novembre 1943, MAE, GU39-45, Alger, 1480, f° 100, et à Catroux, 25 novembre 1943, *ibid.*, 1468, fol. 72.

22. Conformément aux instructions du C.F.L.N. du 8 novembre 1943 et les questions litigieuses étant réservées (MAE, GU39-45, Alger, 1468).

23. Il a révoqué les arrêtés pris le 11 novembre par Helleu, *sauf* celui qui annulait les amendements à la Constitution.

24. Rapport du 31 décembre 1943, AN, F60/823.

25. Témoignage de mon camarade Pierre Joriot, alors lieutenant à Beyrouth.

26. Churchill imposera alors l'évacuation des forces françaises. « En d'autres temps, nous vous aurions déclaré la guerre », dira de Gaulle à l'ambassadeur Duff Cooper. L'historien anglais A.B. Gaunson note à ce propos (*The Anglo-French Clash in Lebanon and Syria*, p. *190 sq.*) que sa politique arabe paraît aujourd'hui aussi anachronique que celle de la France.

27. Jacques Berque, contrôleur civil au Maroc en 1942, *Mémoires des deux rives*, Paris, Éd. du Seuil, 1989, p. 101.

28. MAE, GU39-45, Londres, 863.

29. Cf. Annie Rey-Goldzinguer, « L'occupation germano-italienne de la Tunisie, un tournant », et Juliette Bessis, « L'opposition France-États-Unis au Maghreb, 1941-1956 », *in* Ch.-R. Ageron (éd.), *Les Chemins de la décolonisation*, pp. 325-340 et 345.

30. Conférence du général Mast au Comité de l'Empire français, 20 mars 1945, SHAT, IK/243.

31. *FRUS 1943*, IV, pp. 738-739.

32. L'expression est du résident général Gabriel Puaux, qui attribue son attitude à la vanité (Conférence des résidents du 22 octobre 1943, SHAT, 1K/243).

33. Les deux *leaders* El Ouazzani et Allal al Fassi sont en relégation l'un dans le Sud algérien, l'autre au Gabon.

34. Messali Hadj, condamné le 17 mars 1940 à seize ans de travaux forcés par le tribunal militaire d'Alger, est incarcéré en 1943-1944 à In-Salah.

35. Ce rappel historique est basé sur l'ouvrage fondamental de Ch.-R. AGERON, *Histoire de l'Algérie contemporaine*, t. II, pp. 556-563.

36. Analyse de l'état d'esprit en décembre 1943, selon le rapport Catroux au conseil des ministres du 23 octobre 1944, AN, F60/808.

37. Chr. LEVISSE-TOUZÉ, *L'Afrique du Nord : recours ou secours ?*, pp. 390-393.

38. Cf. notes Murray à Berle, 11 octobre 1943, et Stettinius à Roosevelt, State Dept. 881.00/2678 PS/MO, DNA et 881.00/2680 PS/CF, DNA.

39. Il va jusqu'à imposer le rappel du consul général à Tunis Doolittle et du propre neveu du Président, le lieutenant Archie Roosevelt. « La coopération totale des Français dans tous les domaines », avait signifié Murphy à Doolittle, « est plus importante que la situation du bey aussi longtemps que le protectorat est maintenu » (USNA, State Dept., 851S.00/255, DNA). Ce qui n'empêche pas Roosevelt de recevoir longuement Doolittle à son retour à Washington.

40. Fonds Mast, SHAT, IK/243.

41. J. BERQUE, *Mémoires des deux rives*, *op. cit. supra*, p. 106.

42. Instructions au général Henry Martin, commandant le 19e corps d'armée (Chr. LEVISSE-TOUZÉ, *L'Afrique du Nord : recours ou secours ?*, p. 929).

43. Note sur la situation marocaine au 1er septembre 1944, fonds Catroux, SHAT, IK/232. Le résident général Gabriel Puaux a été nommé contre l'avis de Catroux, qui juge le programme de réformes proposé par lui en octobre 1944 très décevant. Cf. H. LERNIER, *Catroux*, pp. 236-239. L'homme fort de la résidence générale, le directeur des affaires politiques Boniface, allait être l'un des artisans de la destitution du sultan en 1953.

44. Cf. H. LERNER, p. 240.

45. Cf. Général CATROUX, *Dans la bataille de la Méditerranée*, p. 438, et fonds Mast, SHAT, 1K/243. Quelques pouvoirs sont reconnus au Conseil des ministres tunisiens, Tunis est pourvu d'une municipalité élue, la composition du Grand Conseil est élargie et son rôle accru, un programme important de relèvement économique est mis en œuvre.

46. Cf. H. LERNER, *Catroux*, pp. 228-229, 264-265.

47. MAE, GU39-45, Alger, 995.

48. *France*, 9 décembre 1943.

49. Conférence intermaghrébine du 10 décembre 1943, SHAT, 1K/243.

50. De Gaulle a tenu à leur participation, car eux, du moins, seraient impartiaux. Ainsi le rapporteur de la commission est un parlementaire incontesté, Giacobbi.

51. Notamment Messali Hadj, amené pour l'occasion de sa résidence forcée saharienne, et Ferhat Abbâs. Ce dernier expose que « l'autonomie politique, qui doit être substituée au vieux système colonial brutal et inhumain, doit être la base de la rénovation de la France et de l'Algérie. En limitant les revendications de notre peuple aux libertés locales et à la reconnaissance d'une nationalité algérienne, elle met la France à l'abri d'une invasion de citoyens coloniaux plus ou moins qualifiés pour gérer le patrimoine français » (AN, F60/809).

52. AN, F60/808.

53. MAE, GU39-45, Alger, 995.

54. Les Français auront les trois cinquièmes des sièges dans les conseils municipaux et généraux et les Délégations financières.

55. Voir plus loin, p. 1009 *sq*.

56. C'est ce que rapporte Géraud Jouve, très proche alors et de De Gaulle et de Catroux (AN, 549 AP/4/1).

57. Cité par Jean-Pierre PEYROULOU, « La politique algérienne du général de Gaulle, 1943-1946 », in *De Gaulle et l'Algérie*, sous la direction de Maurice Vaïsse, Armand Colin / Ministère de la Défense, 2012, p. 31.

58. MAE, GU39-45, Alger, 995.

59. C'est ce que m'en a dit Mendès France.

60. *JORF*, 18 mars 1944.

61. Rapport du général Henry Martin, SHAT, 1H 2887.

62. Le C.F.L.N. voit s'opposer à lui un gaulliste aussi marquant que P. E. Viard, professeur à la faculté de droit d'Alger, et en vient à assigner à résidence le sénateur Mallarmé, ancien ministre de Tardieu, auteur de libelles hostiles. Le préfet d'Oran note le 19 juillet qu'une consultation populaire ne désignerait pas une majorité se réclamant du régime actuel et que des minorités « non négligeables » écoutent Philippe Henriot (AN, Fla/3803).

63. AN, F60/807 ; Fla/3803 ; ANOM, 880. Cf. parmi de nombreux autres ouvrages Charles-Robert AGERON, *Histoire de l'Algérie contemporaine*, 2 tomes, Paris, P.U.F., 1979, et son article « Les troubles du Nord-Constantinois en mai 1945, une tentative insurrectionnelle ? », *Vingtième siècle*, octobre 1984 ; Annie REY-GOLDZEIGUER, *Aux origines de la guerre d'Algérie, 1940-1945. De Mers el-Kébir aux massacres du nord-constantinois*, Paris, La Découverte, 2002.

64. Note (du préfet de Constamine ?) au ministre de l'Intérieur ; lettre du général Catroux au ministre de l'Intérieur, 14 août 1944, AN, F60/807.

65. AN, F60/808.

66. Cf. Guy Pervillé, « La commission des réformes musulmanes de 1944 », dans Ch.-R. Ageron (éd.), *Les Chemins de la décolonisation*, pp. 357-365.

67. ANOM, 5D/201.

68. Lettre d'Éboué, 30 mai 1943, AN, 72 AJ/535.

69. L'influent sénateur Russell a déclaré le 28 octobre 1943 au Sénat que l'Amérique « avait, sur les îles du Pacifique et notamment la Nouvelle-Calédonie, des droits achetés par le sang américain ». La presse conservatrice a approuvé.

70. Interview dans *Life, 28* décembre 1942, aggravée par plusieurs discours de 1942 et 1943. Cf. ANOM, Affaires politiques, 880.

71. Le texte ci-dessus est celui qui fut prononcé, moins parfaitement littéraire que la version authentifiée des *Discours et messages*.

72. Cité par J. Lacouture, *De Gaulle*, t. I, p. 751. Cf. J. Berque, *Mémoires des deux rives, op. cit. supra* (p. 993, n. 27), p. 109 *sq*.

73. P.-H. Siriex, *Souvenirs en vérité*, pp. 391-397.

74. On compte une quarantaine d'autres participants : délégués de l'Assemblée d'Alger dont Gouin et le communiste Mercier, hauts fonctionnaires, observateurs des administrations du Maghreb, présidents des chambres de commerce de l'Afrique Équatoriale et du Cameroun et l'évêque de Brazzaville.

75. Le 13 janvier 1944, Supplt au *JORF* du 15 janvier.

76. Entretien Lacouture et Lapie cité par J. Lacouture, *De Gaulle*, t. I, p. 750. Plus conforme, semble-t-il, à la pensée du Général dans cette période est sa déclaration du 27 août 1946 dénonçant le principe de « libre disposition » contenue dans le projet de Constitution : « Cela, dans l'état du développement des territoires d'outre-mer et étant donné la concurrence des autres grandes puissances, ne pourrait mener les populations qu'à l'agitation, à la dislocation et, finalement, à la domination étrangère. »

77. Cf. les débats des 13 et 20 janvier 1944 à l'Assemblée consultative, Supplt aux *JORF* des 15 et 22 janvier.

78. Programme général de la conférence de Brazzaville, p. 13.

79. Le journaliste Pertinax ayant publié dans le *New York Times* que de Gaulle souhaitait restaurer la monarchie en France, Laurentie a écrit au Général le 15 septembre 1941 que « l'homme du 18 Juin » ne pouvait se permettre un tel faux pas (AN, 72 AJ/41).

80. Datée du 8 novembre 1941, elle a été, en A.É.F., le fruit d'une discussion largement ouverte. Cf. notamment R. Bourgi, *Le Général de Gaulle et l'Afrique noire*, p. 107.

81. Décrets du 29 juillet 1942, *J.O. de l'A.É.F.*, 1er novembre 1942.

82. Circulaire Éboué n° 191 du 10 juin 1943, ANOM, 5D/206.

83. « Il existe un intérêt considérable », écrit-il le 31 mars aux gouverneurs généraux de l'A.O.F. et du Cameroun, « au moment surtout où la récente ordonnance relative aux Musulmans d'Algérie a créé dans l'opinion publique une grosse émotion, de mettre en train sans délai les réformes proposées à Brazzaville. Il est indispensable de traduire dans un texte, pour chacune de nos colonies, les conceptions originales et réalistes du gouverneur général Éboué » (ANOM, Aff. Pol., 878/3). Il se heurte toutefois à de vives réticences de l'administration coloniale, notamment à Madagascar, cf. ANOM, Aff. Pol., 15819 ; P.-H. SIRIEX, *Souvenirs en vérité*, p. 391 *sq*.

84. Conférence à l'École de la France d'outre-mer, 13 novembre 1944, AN, 72 AR 535.

85. Séance du 15 mars 1944, Supplt au *JORF*, du 25 mars.

86. Procès-verbal de la conférence du 4 juillet 1944, AN, 382 AP/71.

87. Programme général de la Conférence de Brazzaville, p. 1.

88. Par ordonnance du 2 février 1944, *JORF*, 10 février. Le maintien d'une institution financière propre aux territoires d'outre-mer et qui leur soit commune n'est pas une conséquence de la conférence de Brazzaville, mais répond au même ensemble de préoccupations. La Caisse sera, à partir de 1946, sous l'impulsion de son directeur André Postel-Vinay, l'instrument de financement du développement.

89. Selon le mot de Pierre-Henri Teitgen, ministre de la France d'outre-mer, devant l'Assemblée de l'Union française, en 1955.

90. Paul ISOART, dans Ch.-R. AGERON (éd.), *Les Chemins de la décolonisation*, p. 18.

29. ACCORDS
OU DÉSACCORDS DE DÉBARQUEMENT ?

1. Sur les circonstances et la formulation différente des textes de reconnaissance anglais, américain et soviétique, voir chap. 25, p. 992 *sq*.

2. Il a été premier lord de l'Amirauté dans le cabinet Chamberlain et il a démissionné en 1938 pour protester contre la politique d'apaisement envers Hitler, il était ministre de l'Information en juin 1940.

3. Murphy réapparaîtra épisodiquement à Alger à partir d'avril 1944 en l'absence de Wilson malade.

4. Cf. *L'Unité*, pp. 186-193.

5. Cf. H. ALPHAND, *L'Étonnement d'être*, pp. 168-169 ; René MASSIGLI, *Une comédie des erreurs*, Paris, Plon, 1978, p. 37 *sq.*

6. Cf. le discours du général de Gaulle à l'Alliance française, le 31 octobre 1944. Cette action conduira à la création, au ministère des Affaires étrangères, dès le lendemain de la Libération, d'une direction générale des Relations culturelles dont le physiologiste Henri Laugier, recteur de l'académie d'Alger en 1943-1944, a ébauché le programme.

7. Voir chap. 27, pp. 974-976.

8. USNA, ABC, RG 165, 334-08 CT L.N. Cf. aussi F. C. POGUE, *The Supreme Command*, p. 141-142.

9. Sur ces négociations, MAE, C.F.L.N., 1229.

10. *FRUS 1944*, III, p. 687.

11. C'est ce que le directeur du Commissariat à l'Intérieur à Londres, Georges Boris, expose, par un message du 3 septembre 1943, au successeur intérimaire de Jean Moulin en France, Claude Bouchinet-Serreulles. Il ajoute cet avertissement plein de sous-entendus : « Plus que jamais, il faut se dire que ce qui se passera dans les premières heures, dans les premiers jours qui suivront le départ des Allemands sera déterminant » (AN, F/la/3728).

12. Sur l'origine de la mission Laroque, cf. MAE, Alger, 698 et AN, F/la/3836.

13. SHAT, 8 P/43, et Cl. HETTIER DE BOISLAMBERT, *Les Feux de l'espoir*, pp. 408-413.

14. MAE, Alger, 698.

15. Cinq projets annexes donnent la trame d'accords particuliers : ils ont trait aux prestations et services à fournir à l'autorité alliée, à l'organisation de la défense passive, aux mesures de police et au fonctionnement des juridictions militaires, à la réparation des dommages causés par les forces alliées ou leurs membres, enfin aux dépenses des forces alliées et à la circulation monétaire. Cette dernière question allait donner lieu à un différend franco-allié aigu : le projet français stipule que les dépenses des forces alliées en territoire libéré seront exclusivement payées en billets en francs, émis par le C.F.L.N. et que ce dernier s'engagerait à fournir aux forces alliées.

16. Cf., dès le 20 septembre 1943, la communication faite à P. Laroque par le commander Kittredge (MAE, GU39-45, Alger, 698).

17. NA, U.4540/385/17/4. L'incident est relaté par L. WOODWARD, *British Foreign Policy*, t. III, p. 11.

18. Il y figure sous le titre : « Mémorandum concernant la participation française à l'administration du territoire libéré en France métropolitaine, remis par le Gouvernement des États-Unis au Gouvernement britannique et parvenu à la connaissance du C.F.L.N. » (*L'Unité*, pp. 591-592). De multiples projets relatifs aux affaires civiles en France ont circulé entre Londres et Washington d'août à octobre 1943, cf. notamment USNA, SHAEF, SGS, 0.14-1, vol. 1, pp. 51 776 à 51 785. L'un de ces projets, approuvé par Churchill et Roosevelt, a même été communiqué en octobre à la conférence de Moscou. Il prévoyait la désignation par le commandant en chef interallié d'un directeur des affaires civiles en France : celui-ci devait être un officier français appartenant aux Forces Françaises ou à la Mission militaire française de liaison. Cette clause semblait admettre une large délégation de pouvoirs de la part du commandant en chef. Elle traduisait manifestement l'espoir que gardaient alors Roosevelt et Churchill de confier, dans le cadre de l'état-major interallié, la supervision des affaires civiles en France à un officier supérieur français proposé par Giraud (cf. *FRUS 1943*, I, pp. 720, 751, 760-761). Roosevelt écarta cette disposition après l'exclusion de Giraud du C.F.L.N.

19. Un rectangle blanc initialement prévu devait permettre de surimprimer : République française, Trésorerie centrale, sitôt le C.F.L.N. reconnu, ce qui ne fut pas le cas. Monnet donna son accord en janvier 1944 à cet arrangement typographique, ce qui permit à Roosevelt d'affirmer en juin que les billets avaient eu l'aval des représentants français. Cf. MAE, GU39-45, Alger, 1222, p. 42 et AMEF, 44 610 et 5A/181.

20. Note de Jacques-Camille Paris, 14 janvier 1944, MAE, GU39-45, Alger 1480. Sur ces péripéties, cf. MAE, Alger 698 et 1480 ; *FRUS 1944*, III, pp. 649 et 651-652.

21. Note H. Alphand, 21 mars 1944, MAE, Alger, 1466.

22. Télégramme Viénot, 23 mars 1944, MAE, GU39-45, Alger, 1944. Le texte complet du projet d'instruction est dans *FRUS 1944*, III, pp. 675-677. Eisenhower peut « consulter le C.F.L.N. et l'autoriser à sa discrétion à choisir et à installer le personnel nécessaire à l'administration civile », mais « il n'est pas tenu de traiter à cet effet exclusivement avec ledit Comité, au cas où il jugerait en conscience préférable, à tel moment, de procéder autrement ». Il doit, de plus, se réserver en France « le droit de faire, à tout moment, tous changements qui paraîtraient nécessaires a) pour la conduite de la guerre ; b) pour le maintien de l'ordre ; c) pour le maintien des libertés civiles ».

23. « Eden to Duff Cooper », 30 mars 1944, cité par Fr. Kersaudy, *De Gaulle et Churchill*, p. 273, et Viénot au général de
Gaulle, 31 mars 1944, MAE, Papiers Massigli, Alger, 1464.

24. Télégramme Viénot, 27 mars 1944, MAE, *ibid*.

25. « Nous sommes disposés, affirme Hull, à voir le C.F.L.N.
présider au rétablissement de l'ordre et de la légalité en France
sous la supervision, aussi longtemps que l'exigeront les opérations
militaires, du commandant en chef des armées alliées. »

26. La phrase est de Viénot, dans son télégramme du 27 mars
1944, MAE, Alger, 1464.

27. Le colonel Pierre Billotte, chef de l'état-major particulier du
général de Gaulle en 1942-1943, n'hésitera pas à dire, évoquant ces
épisodes après la Libération : « Le malheur pour nous tous fut qu'il
y avait à la tête de l'Amérique un gangster au sourire d'ange » (AN,
72 AJ/220).

28. Murphy s'en plaint dans plusieurs communications d'Alger.
Selon lui, l'anti-américanisme est alimenté par le cabinet du général de Gaulle (*FRUS 1944*, III, p. 170).

29. Notamment lorsque Viénot tente de s'expliquer avec lui le
4 avril (MAE, Alger, 1480).

30. Cf. le rapport du 14 mars 1943 de Serguéev, chef du
1er département européen à Moscou, suite aux travaux de la commission Vorochilov concernant l'étude du « Schéma [anglo-améri-
cain] général d'administration de la France libérée » (cité par
François Lévêque, « La place de la France dans la stratégie soviétique de la fin de la guerre en Europe », *Matériaux pour l'histoire
de notre temps*, BDIC, n° 36, octobre-décembre 1994.

31. Télégramme de Massigli à Hoppenot et Viénot, 23 mars
1944, MAE, Alger, 198. Comme à toutes les étapes de l'histoire de
la France Libre, l'évolution du vocabulaire du général de Gaulle
anticipe sur l'événement et le prépare. Le 25 novembre, il a déclaré
devant l'Assemblée consultative : « Le Comité, qui sous le couvert
de son titre du moment, sent qu'il a l'honneur et porte la charge
d'être dans la période la plus dure de toute notre histoire, le *Gouvernement provisoire de la République Française*. » À partir du discours qu'il prononce à Constantine le 12 décembre 1943, il ne
mentionne plus que rarement le « C.F.L.N. » ou le « Comité » mais
parle presque toujours du « gouvernement ». Le 30 janvier 1944,
en ouvrant la conférence de Brazzaville, et le 18 mars, lors du
débat de politique générale à l'Assemblée, il emploie la formule :
« *le gouvernement français* ». Dans son discours du 27 mars, toujours devant l'Assemblée, il franchit la dernière étape à la fois
sémantique et dialectique : « *Quant au Gouvernement provisoire de*

la République, lui qui, depuis juin 1940 n'a pas cessé, non plus que ses prédécesseurs de se tenir fermement sur le terrain de la démocratie en même temps que dans la guerre, il se passe de toutes leçons qui ne lui viendraient pas de la nation française qu'il est, au surplus, seul qualifié pour diriger. »

32. *DM*, pp. 380-390.

33. *DM*, pp. 397-398.

34. Police, justice, ravitaillement, organisation industrielle du travail, forêts, assistance médicale et sociale, travaux publics et transports (AN, FIa/3836). Une section indépendante « Presse-radio-cinéma », inspirée par le politologue et journaliste Jacques Kayser, est également constituée sous la direction de Michel Bréal (Desjardins).

35. Cl. HETTIER DE BOISLAMBERT, *Les Feux de l'espoir*, pp. 425-429 ; P. LAROQUE, *Au service de l'homme et du droit*, pp. 173 et 176-179.

36. Cela, sans préjudice des mesures — dont on verra l'importance au chapitre 32 — visant à organiser clandestinement la prise du pouvoir dans les zones encore occupées.

37. F. C. POGUE, *The Supreme Command*, p. 147, et USNA, SHAEF OCS/SGS 092 France, vol. I, French Relations, I.

38. Non pas tous les problèmes, mais, par exemple, la fourniture des biens et services, y compris les prestations de main-d'œuvre civile, le fonctionnement des banques et les transactions sur les valeurs mobilières, les transferts de propriétés, le séquestre des biens ennemis, les problèmes de sécurité publique et de santé publique, le ravitaillement de civils, le déplacement des personnes, etc. (USNA, SHAEF, OCS/SGS, 092 France, vol. II, French Relations).

39. AN, FIa/3835.

30. LES GRANDES BATAILLES
DE LA GUERRE DES ONDES

1. C'est l'expression employée à l'époque pour qualifier les envois par force de travailleurs outre-Rhin (Pierre LIMAGNE, *Éphémérides de quatre années tragiques*, Paris, Bonne Presse, 1945-1947, 4 vol.).

2. *VL*, t. IV, p. 8.

3. Notamment les 22 juin, 25 juillet, 9 septembre 1943, *VL*, t. III, p. 188, t. IV, pp. 11 et 42.

4. *VL*, t. IV, pp. 56-57.

5. *VL*, t. IV, p. 61.

6. Rapport du préfet du Rhône pour novembre 1943, AN, F1C3/1183.

7. Cf., notamment, Marcel BAUDOT, *L'Opinion publique sous l'Occupation*, Paris, P.U.F., 1960, p. 103.

8. Rapport au secrétaire général auprès du chef du gouvernement, AN F 60/570.

9. AN, FKI/59. Cité dans H. ECK (éd.), *La Guerre des ondes*, p. 101.

10. Sur l'épopée qu'a été la construction de Radio Brazzaville, poste mondial, cf. H. ECK (éd.), *La Guerre des ondes*, pp. 106-108.

11. Au point que les Allemands cherchent à en exploiter le nom : ils ont créé à l'ombre de Radio Paris une station pseudogaulliste baptisée Radio Brazzaville II, afin de semer la confusion par des émissions de provocation.

12. Les Américains ont, en outre, leurs émetteurs qui font en 1943 d'Alger leur principale base de propagande vers la France. Enfin, l'Union soviétique a renforcé les émissions de Moscou en français qui sont diffusées, comme celles d'Alger, sous l'appellation de Radio France et auxquelles le romancier Jean-Richard Bloch apporte depuis 1941 la ferveur de son patriotisme et de sa foi communiste.

13. Seules les émissions de Radio Sottens (Suisse romande), très écoutées dans l'est de la France, ont un crédit comparable.

14. Première diffusion le 19 décembre 1943. Texte intégral dans *Ici Londres. Les voix de la liberté*, t. IV, p. 126, ouvrage auquel sont empruntés tous les extraits d'émissions de la B.B.C. reproduits dans ce chapitre (abrégé ici *VL*).

15. Courrier Libé III BD du 14 février 1943, NM 94.

16. Pour les seuls services des Renseignements généraux, l'équipe londonienne du commissariat à l'Intérieur dispose des synthèses des rapports de zone nord et de zone sud et des bulletins hebdomadaires des R.G. de Clermont-Ferrand, Marseille, Montauban, Moulins, Nîmes, Rouen et Toulouse, le tout dans un délai inférieur à un mois.

17. « Bingen chassait l'information », écrira Yves FARGE, futur commissaire de la République de Lyon, « et au temps où il fut à nos côtés, la B.B.C. a fait des étincelles » *(Rebelles, soldats et citoyens*, Paris, Grasset, 1946, p. 26).

18. C.A.D. = Comité clandestin d'action contre la « déportation ».

19. AN, Fla/3717-3719.

20. Avec un délai variable selon les périodes, mais de plus en plus bref. Le 14 octobre 1943, Schumann peut révéler que Laval a

convoqué pour le lendemain matin les procureurs généraux de la République à l'hôtel Thermal de Vichy, ce qui lui permet de leur adresser une solennelle mise en garde *(VL,* t. IV, p. 73).

21. Political Warfare Executive, cf. t. I, chap. 9, p. 296.

22. On relève dans les procès-verbaux la présence de résistants tels que Claudius-Petit (de Franc-Tireur), Michel Brault (chef national des maquis), Médéric (Ceux de la Libération), Léon Morandat (Libération), Jacques Simon (O.C.M.), Van Wolput (La Voix du Nord), Raymond et Lucie Aubrac (Libération/Armée secrète) ; du juriste Pierre Laroque, de parlementaires comme Pierre-Bloch, Max Hymans, Jules Moch ou le vétéran du radicalisme Henri Queuille ; parmi les syndicalistes, les noms de Buisson et Gazier pour la C.G.T., Poimbœuf pour la C.F.T.C.

23. Voir t. I, chap. 18, pp. 538-539 et chap. 19, pp. 569-570.

24. À la direction, un homme de radio de grand talent, Maurice Diamant-Berger alias André Gillois, assisté du futur académicien Maurice Druon, coauteur du *Chant des partisans,* de l'acteur vedette Claude Dauphin et du journaliste Robert Nivelle.

25. Plusieurs rapports de France soulignent que la propagande ferait le jeu de l'ennemi si elle laissait entendre que le monde libre se bat pour le salut des juifs. C'est le cas d'un rapport de Combat zone nord envoyé par Frenay et reçu le 14 avril 1943, « Question juive : bien que notre devoir soit de supprimer toute distinction "raciale", il faut, dans la pratique, tenir compte de l'attitude de la population [...]. Il ne faut pas que le Général soit l'homme qui *ramène les Juifs* », AN, 3 AG2/376/2 (22). Un rapport du début 1944 du Mouvement de résistance des prisonniers de guerre va dans le même sens (AN, Fla/3765). Contrairement aux assertions de certains historiens des générations suivantes, si la campagne radiophonique dénonçant les persécutions s'est diluée en 1943-1944, c'est beaucoup moins en raison d'un « impératif de discrétion » dû à la crainte de heurter un antisémitisme diffus de l'opinion publique française, et qu'auraient entretenu des messages reçus de France, que du fait de la primauté obsédante imposée par la répression sanglante de la Résistance et par la préparation militaire de la Libération. Cf. Jean-Louis CRÉMIEUX-BRILHAC, « La France Libre et le "problème juif" », *Le Débat,* n° 162, novembre-décembre 2010, pp. 53-70.

26. Suite aux recommandations reçues de Bingen dans son deuxième rapport (AN, 3 AG2/397).

27. Extraits d'un appel du Conseil national de la Résistance diffusé par la B.B.C. le 2 décembre 1943.

28. Par une équipe de patriotes conduits par Léo Hamon.

29. Appel de Waldeck Rochet, 11 mars 1944.

30. Michel Brault, *alias* Jérôme, chef national des maquis, 5 mars 1944 (*VL*, t. IV, p. 192).

31. Maurice MARTIN DU GARD, *La Chronique de Vichy*, Paris, Flammarion, 1946, p. 311.

32. 6 mars 1944. « Éditoriaux prononcés à la radio par Ph. Henriot, secrétaire d'État à l'information et à la propagande », *Bulletin trimestriel publié par le ministère de l'Information* (avril-juin 1944), Paris.

33. Cf. Rapport Cléante (Bingen) de janvier 1944, AN, Fla/3728. Une note de « Losange » (Louis-Eugène Mangin, alors délégué militaire national) reçue par Schumann au début de février 1944 lui demande de « publier à grand fracas les exécutions de pillards auxquels a dû procéder ces derniers temps la Résistance. Les pillages vont diminuant à mesure que l'organisation des maquis progresse. Rien ne nuisait plus à la Résistance dans l'opinion publique » (AN, FIa/3728).

34. Boutade ? L'exécution ne fut en tout cas pas celle qui avait été suggérée : Henriot fut abattu le 28 juin par un groupe franc du Mouvement de libération nationale.

35. Synthèse des rapports des préfets, mars 1944, AN, Fla/3705.

36. Sondages effectués en France occupée d'avril à juillet 1944, reproduits dans C.-L. FOULON, *Les Commissaires de la République*, thèse F.N.S.P. multigraphiée, Paris, 1973, p. 333.

31. L'ACTION EN FRANCE :
I. LE B.C.R.A. EN QUESTION

1. On trouvera certaines précisions sur la vie du commissariat à l'Intérieur dans un mémoire de DEA soutenu à l'Institut d'études politiques de Paris par Patrice MERLOT, *19 Hill Street. Des Français Libres au « service d'action politique en France »*, 2000.

2. Pour qu'un lieutenant chef de service puisse traiter d'égal à égal avec un interlocuteur anglais haut gradé.

3. Diffusion clandestine en France et secrétariat du Comité exécutif de propagande : Jean Brilhac, assisté du poète Jean-Paul de Dadelsen et de Louis Vermorel ; Documentation sur la France : Madeleine Le Verrier ; Écoutes radiophoniques : Angélina de Kerguelen ; Bulletin semi-confidentiel intitulé *Courrier de France* pour

Alger, le Parlement et les grands journaux anglais : Pierre Bertrand/Denise Van Moppès.

Sur un effectif de 123 personnes en décembre 1943, les secrétariats et le personnel des écoutes radiophoniques comptent pour une centaine.

4. Voir chap. 29, pp. 1001-1002 et 1010-1011. Un troisième directeur, Closon, est en mission en France à partir d'août 1943.

5. D'Astier aura été de 1940 à 1944 le seul commissaire national invité par Churchill aux Chequers.

6. La difficulté de communiquer entre Londres et Alger ne s'atténuera pas. Au 7 janvier 1944, il y a à Hill Street cent kilos de courrier en souffrance pour Alger. Une lettre du B.C.R.A./Alger du 28 novembre 1943 met quarante jours à parvenir à Londres.

7. Sur le rôle de Serreulles et de Bingen, voir chap. 32.

8. Laffon, ingénieur des mines, eut à charge la préparation administrative de la Libération à la Délégation générale clandestine (voir chap. 32, p. 1125), le polytechnicien Maillet la préparation économique de la Libération, avant d'être délégué du C.F.L.N. pour la zone sud ; Pré fut, à partir d'avril 1944, délégué pour la zone nord.

9. 7 officiers supérieurs, 32 officiers subalternes, 11 aspirants et sous-officiers, 14 caporaux et soldats, 7 volontaires françaises, 4 rédacteurs, 51 secrétaires et sténos bilingues, 5 expéditionnaires (AMEF, B/33 939).

10. Sur les quelque 350 personnes de fin 1943, les personnels d'exécution, dactylos, dessinateurs, chiffreurs, etc., comptent pour plus de 250.

11. Cf. S. ALBERTELLI, *op. cit.*, p. 400.

12. Seul le contre-espionnage est réellement unifié sous la direction d'un homme de Giraud, le commandant Paillole, de compétence indiscutable.

13. Sur cette expansion de la base londonienne, cf. S. ALBERTELLI, *op. cit.*, pp. 391 et 400.

14. Sur le rôle du « Bloc Planning », voir chap. 33, p. 1148 *sq.*

15. Rapport de mars 1944 du général d'Astier, délégué militaire à Londres, qui était censé contrôler le B.C.R.A. — et s'en montra bien incapable (E. D'ASTIER, *Les Dieux et les Hommes*, p. 183).

16. Colonel PASSY, *Souvenirs*, t. II, p. 13.

17. Il est sans cesse déchiré « entre ceux qui lui reprochent d'être un service secret, donc mystérieux, voire dangereux, et ceux qui lui font grief de n'être pas assez secret », note le colonel PASSY (*Souvenirs*, t. II, p. 13).

18. « On comprend mieux les drames de la résistance métropolitaine » lorsqu'on a connu « la légèreté légendaire » du B.C.R.A., écrit D. MAYER *(Les Socialistes dans la Résistance*, p. 96).

Il en donne ce fait pour preuve : lors de sa venue clandestine à Londres sous le pseudonyme de Villiers, en avril 1943, il reçoit à son hôtel un coup de téléphone : « Allô, Daniel Mayer ? Il s'agit d'une amie très sûre. Elle était en haut d'un bus, m'aperçoit dans la rue, téléphone aux services secrets qui, tout de suite, sans difficulté, lui disent mon pseudo, mon hôtel, et voilà ! »

Voilà plutôt comment se perpétuent les légendes. « L'amie très sûre » était ma femme, récemment évadée elle-même de France par l'Espagne, et j'étais, de par mes fonctions au commissariat à l'Intérieur, accrédité pour voir les clandestins politiques. J'avais normalement eu connaissance du pseudonyme et de l'hôtel.

19. Ainsi Comert et l'équipe du journal *France* ont été informés en mars 1943 que le colonel Passy était en mission en France.

20. Le commandant de sous-marin Pierre SONNEVILLE, venu créer en France le réseau Marco Polo, raconte sa stupeur en découvrant « la hargne générale des mouvements contre le B.C.R.A. » (*Les Combattants de la liberté*, pp. 232-233).

21. Même réaction de certains résistants à l'égard du commissariat à l'Intérieur, tels Jacques Simon (Sermois) de l'O.C.M. (qui allait être peu après fusillé par les Allemands) et Lecompte-Boinet.

22. Sur l'air d'une chanson alors bien connue à Londres. « Bernard », « Charvet » et « Nef », « Lenoir » sont les pseudonymes respectifs d'Emmanuel d'Astier, Henri Frenay et Jean-Pierre Lévy.

23. Rapport personnel du lieutenant-colonel Passy au général de Gaulle, 16 août 1943, AN, 3 AG2/2/IV.

24. Témoignage de 1947 d'André Philip, 72 AJ/220.

25. Soixante-cinq télégrammes envoyés de France entre le 15 novembre et le 1er décembre 1943, « dont certains de Cléante à Merlin » (de Bingen à d'Astier) ne lui seraient pas parvenus (Note d'E. d'Astier du 14 mars 1944, AN, 72 AJ/1903). Il finira par obtenir que de Gaulle relève Passy de ses fonctions, mais ce sera pour le voir bientôt chargé de responsabilités équivalentes auprès du général Kœnig, commandant en chef des F.F.I.

26. Ainsi le télégramme de Bingen du 22 novembre 1943 annonçant que les maquisards de Romans-Petit ont défilé dans Oyonnax le 11 novembre précédent n'est jamais parvenu à Hill Street, de sorte que l'événement ne fut connu à Londres qu'à l'arrivée du courrier de France de février 1944. Faut-il imaginer que le S.O.E. ou le B.C.R.A. aient craint de voir la B.B.C. donner une publicité à cet exploit qui fut, en tout état de cause, suivi de sévères représailles ?

27. D'après un échange de télégrammes entre Boris et Pierre-Bloch des 2 et 3 décembre 1943. Cf. S. ALBERTELLI, *Les Services secrets du général de Gaulle*, Paris, Perrin, 2009, p. 410.

28. « Le commissaire à l'Intérieur peut se faire communiquer toutes pièces et tous documents de toute nature émanant [des services secrets].

« Les dispositions relatives à l'action militaire et susceptibles d'affecter les relations avec des organisations de Résistance ou d'avoir des répercussions politiques sont portées à la connaissance du commissaire à l'Intérieur » (E. D'ASTIER, *Les Dieux et les Hommes*, p. 105).

29. Sur le duel Passy-d'Astier et le caractère politique de ses enjeux, cf. Sébastien LAURENT, « Les services spéciaux de la France Libre », dans l'ouvrage collectif de Georges-Henri SOUTOU, Jacques FRÉMEAUX et Olivier FORCADE, *L'Exploitation du renseignement*, Paris, Economica, 2001, pp. 148-157.

30. Cf. colonel PASSY, *Souvenirs*, t. I, pp. 50-51. La campagne occulte a pris en outre pour justificatif une émission de Passy à la B.B.C. le 16 mars 1941 : « On nous reproche le recrutement des Forces Françaises Libres. On prétend que nous ne sommes composés que de juifs et de francs-maçons et que nous ramènerons les erreurs et les équipes du passé. Cela est faux [...] L'énorme majorité des Forces Françaises Libres est composée d'honnêtes gens [...]. » Cet extrait, subtilement allégé d'une phrase intermédiaire et détaché de son contexte, fut mis, à son arrivée à Londres, sous les yeux de Gouin qui en fit largement usage, le reproduisit dans son rapport à Léon Blum du 11 septembre 1942 (cf. F. GOUIN, *Un certain goût des cendres*, vol. II/1, pp. 10-11) et le publia le 20 décembre 1967 dans le *Journal du Parlement*, que *Le Canard enchaîné* s'empressa de citer.

31. Les affabulations vont loin. Selon le Département d'État, le B.C.R.A. exigerait de tous ses agents le serment suivant : « Je jure de travailler sous les ordres des chefs qui me seront donnés avant comme après la Libération. Je jure de reconnaître le général de Gaulle pour seul chef légitime des Français et de me consacrer à le faire reconnaître pour tel en employant à cette fin les moyens et méthodes que j'aurais employés contre les Allemands », NA, FO.371/36047 (Z 6026/14/17), Memo C, 17 mai 1943.

32. Les 30 juin et 1er juillet 1944, les hebdomadaires de gauche *Tribune* et *New Statesman* affirment encore que Passy a été avant-guerre « le secrétaire du chef de la Cagoule ». Passy veut les poursuivre en diffamation, de Gaulle s'y oppose.

33. Qui a rendu un hommage sans réserve à Passy dans *Le temps d'y penser encore* (Paris, Jean-Claude Simoën, 1977), p. 219.

34. Lorsque, à Duke Street, le 28 février 1943, un résistant notable, Jacques Simon (Sermois), de l'O.C.M., recommande à Manuel, Bingen (responsable de la section « non militaire »), Mella (chef de la section Renseignements) et Lagier-Bienvenüe (chef de la section Missions) que de Gaulle dote, à la Libération, la France d'une Constitution octroyée, ses interlocuteurs se récrient, de même que Moulin, tout juste arrivé à Londres et présent à la réunion : la future Constitution devra être votée par une assemblée élue (AN, 3 AG/2).

35. E. D'ASTIER, *Les Dieux et les Hommes*, p. 19 ; *Les Grands*, Paris, Gallimard, 1961, p. 99

36. *L'Unité*, pp. 216-219 et 593-595.

37. Témoignage de Fr. Thierry-Mieg recueilli par l'auteur. Cf. J. SOUSTELLE, *Envers et contre tout*, t. I, pp. 314-317.

38. NA, FO.371/36031 (Z 5050). Cf. J. CHARMLEY, *British Policy*, p. 171 *sq*.

39. En fait, on le retrouvera rédacteur à Radio Beyrouth.

40. E. DELAVENAY, *Témoignage*, p. 247. L'incident remonte à fin juin ou début juillet 1942. Il est plausible que Mantoux, engagé dans les Forces Aériennes Françaises Libres, ait été soumis à un interrogatoire inhabituellement prolongé par la section contre-espionnage du B.C.R.A., celle-ci voulant obtenir de lui l'exposé des tenants et aboutissants de réseaux du S.O.E. et de M.I. 6 en Algérie, composés en grande partie de Français qui croyaient œuvrer pour la France Libre. Depuis août 1942, le « disparu » participe aux opérations du groupe Bretagne au Tchad et au Fezzan et on le retrouvera en 1944 attaché au cabinet de Pleven à Alger.

41. On ne s'étonne dans ces conditions qu'à moitié de la lettre adressée le 2 juin 1943 par Giraud à de Gaulle sous l'inspiration de Labarthe (voir chap. 24, p. 861) affirmant que « l'organisation dirigée par le colonel Passy a adopté les méthodes de la Gestapo », que l'entreprise tend « à établir en France un régime copié sur le nazisme » et demandant à de Gaulle de désavouer ces projets et d'écarter leurs auteurs. Cf. *L'Unité*, pp. 487-488.

42. La plainte de Dufour est reproduite dans K. W. PENDAR, *Adventure in Diplomacy*, p. 315 *sq*.

43. Les sources les plus sûres font apparaître deux autres « interrogatoires poussés » ; l'un avait amené aux aveux un agent du B.C.R.A. en France, « Laroche », qui avait livré plusieurs membres de son réseau et regagné l'Angleterre avec une mission des Allemands. Cf. le témoignage de Stanislas Mangin, AN, 72 AJ/1912.

44. Colonel PASSY, *Souvenirs*, t. II, pp. 20-24 et 252-253 ; NA, CAB.66/50, W.P.(44)286, 31 mai 1944.

45. Télégramme à Viénot, 25 octobre 1943 (*L'Unité*, p. 594).

46. Procès-verbal dans PRO, FO.371/41908 (Z 385/83/17).

47. J. CHARMLEY, *British Policy*, p. 172. La source des informations est un jeune journaliste à l'affût de scandales, mais protégé par Churchill, Alistair Forbes, dont la sœur travaillait au B.C.R.A. Cf. NA, FO.371/41904 (Z 82/82/17).

48. NA, CAB.66/50, W.P.(44) 286.

49. Lettre de Mack, chef de la section française, 26 janvier 1944, NA, FO. 37141908 (Z 183/83/17).

50. NA, FO.371/41909 (Z 3711/83/17) ; CAB.66/51, W.P.(44) 325 ; cf. aussi A. CADOGAN, *Diaries*, p. 633. Viénot garantit en contrepartie que l'engagement de Dufour est rétroactivement annulé et l'instance en désertion abandonnée.

51. Un rapport de Kaltenbrunner à Ribbentrop et Hitler du 27 mai 1943 analyse et commente le rapport de Frenay. Cf. AN, 3 AG2/377 ; D. CORDIER, *Jean Moulin*, t. I, pp. 244-247 ; Emmanuel D'ASTIER, *De la chute à la libération de Paris (25 août 1944)*, Paris, Gallimard, 1965, pp. 274-276.

52. Au total, vingt-sept officiers généraux français auront été arrêtés et déportés, membres de l'A.S., de l'O.R.A., de réseaux, ou soupçonnés d'activisme, la plupart en 1943.

53. Cf. Note Serreulles du 17 mars 1944, AN, Fla/3728.

54. L'attaque, menée le 21 octobre 1943, a permis la libération de Raymond Aubrac, adjoint au chef de l'A.S. et d'un groupe de résistants (L. AUBRAC, *Ils partirent dans l'ivresse*, p. 178).

55. Jean-Marie GUILLON, « La résistance en France du Sud en 1943 », *La Provence et la France de Munich à la Libération*, Rencontres de Salon-de-Provence, 21/22 mai 1993, Aix-en-Provence, Édisud, 1994 ; cf., du même auteur, « La Résistance au lendemain de la mort de Moulin », *CIHTP*, n° 27, p. 45 *sq*.

56. Sur l'action et le rôle clandestins des postiers, cf. *L'Œil et l'oreille de la Résistance*, Actes du colloque I.H.T.P./P.E.T. de 1984, Toulouse, Erès, 1986, p. 121-126.

57. Rapport au général de Gaulle, 16 août 1943, AN, 3 AG2/2/IV. Les archives de M.I.6 étant inaccessibles, on ignore quelle est la part des renseignements provenant de ses réseaux propres. Seul est bien connu le réseau Alliance, qui se rattachera en 1944 au B.C.R.A. Cf. Marie-Madeleine FOURCADE, *L'Arche de Noë*, Paris, Plon, 1982.

Quant à l'interception et au décryptage par les Anglais des messages radio échangés par les états-majors allemands en France, ils n'apporteront au commandement une contribution capitale qu'à partir du printemps 1944.

58. Auquel est en grande partie consacré le livre de F. CALVI, *L'O.S.S.*, *op. cit.* (t. I, p. 834, n. 63).

59. Ses filiales ou réseaux associés portent les noms d'unités de l'armée romaine : Cohors, Centurie, Manipule, puis de provinces ibériques : Castille, Léon, Asturies, Andalousie, voire Béarn.

60. Parmi tant de morts, rappelons au moins le nom de Jean Cavaillès (1903-1944), le plus grand philosophe des sciences de l'entre-deux-guerres, cofondateur de Libération, chef du réseau de renseignements Cohors, arrêté en août 1943 et fusillé en janvier 1944.

61. Fondé par Boris Fourcaud, frère de Pierre Fourcaud et André Boyer (Brémond), puis, après l'arrestation de celui-ci, animé par Gaston Defferre.

62. Successivement par Jacques Robert, Chavagnac, Antoine Mazurel et le médecin-colonel Lormeau.

63. Créé par Albert Kohan (Bertal), remplacé par Henri Jacquier (Garnier).

64. Création d'Henri Gorce (Franklin), assisté d'abord par Albert Kohan, puis par le colonel Louis Gentil. Cf. Jean-Philippe MEISSONNIER, « Le réseau Gallia à Lyon, 1943-1944 », *La Résistance et les Français : villes, centres et logiques de décision*, p. 83 *sq*. Gallia a, fin 1943, sa centrale à Lyon, sept centres régionaux et une série de réseaux sous contrôle (Noël, Marguerite, Dupleix).

65. Les précisions ci-dessus sur les réseaux proviennent, sauf indication contraire, de Stéphane Hessel et du « Livre blanc du B.C.R.A. », toujours inédit (AN, 3 AG2/2/IV).

66. Sur les négociations et conditions de ce rattachement, cf. S. ALBERTELLI, *Les Services secrets du général de Gaulle, op. cit.*, pp. 383-384.

67. William Donovan à Franklin Roosevelt, 6 avril 1945, cité par S. ALBERTELLI, *Les Services secrets de la France Libre, op. cit.*, p. 242.

68. J.-M. RÉMY, « Le réseau Transmissions-Action de la France combattante », *Espoir*, n° 127, juin 2001, pp. 65-89.

69. Laval et Bousquet ont autorisé la Funkabwehr à fonctionner et sévir en zone non occupée dès l'été 1942.

70. Sur cette bataille des transmissions et le réseau Électre, cf. *L'Œil et l'oreille de la Résistance, op. cit. supra* (p. 1089, n. 53), pp. 121-126 ; *Les Réseaux Action*, pp. 227-256.

71. Onze Françaises, pour la plupart radios, ont été parachutées en France, dont six postérieurement au débarquement en Normandie.

72. Cf. Georges BROUSSINE, *L'Évadé de la France Libre. Le réseau Bourgogne*, Paris, Taillandier, 2000.

73. J. Soustelle, *Envers et contre tout*, t. II, p. 311 ; *Livre d'or de l'Amicale Action de la France Libre*, Paris, O.R.I., 1953.

74. *Les Réseaux Action*, pp. 217-219 ; M. Foot, *S.O.E. in France*, pp. 248-250.

75. J. Soustelle, *Envers et contre tout*, t. II, pp. 314-319.

76. S. Albertelli, *Les Services secrets du général de Gaulle*, p. 455, d'après les archives de la S.N.C.F.

77. AN, 72 AJ/220 ; cf. Jeanne Bohec, *La Plastiqueuse à bicyclette*, Paris, Mercure de France, 1975, réédition Éditions du Félin, 1999.

78. Dans la région R6 (Toulouse), écrit Bingen le 31 octobre 1943, « onze des volontaires qui travaillent avec Jac (Grout de Beaufort), l'excellent chef des opérations aériennes parachuté de Londres, ont été fusillés et cinq sont aux mains de la Gestapo ». Le chef des opérations de R4 (Rateau) est « un garçon très bien placé dans sa région, un sportif, un courageux. Son calme est exemplaire. Depuis six mois, cinq parachutages en tout ont été faits dans sa région tandis que douze de ses collaborateurs étaient arrêtés par les Allemands. Ses équipes passent depuis plusieurs mois jusqu'à quinze nuits par mois dans l'attente des parachutages, parfois sur le terrain même » (AN, Fla/3728 111).

79. Hugh Verity, *Nous atterrissions de nuit*, Paris, France-Empire, 1986 ; Viverols, Éditions Vario, 2004.

80. D'après l'historien du S.O.E., M. Foot, ce service aurait envoyé en France 470 agents au titre de sa section française, et 400 au titre de la section Action du B.C.R.A. jusqu'à une date non précisée, vraisemblablement mi-septembre 1944. Sur le détail des opérations par mer, cf. Brooks Richards, *Flottilles secrètes. Les liaisons clandestines en France et en Afrique du Nord 1940-1944*, Le Touvet, Marcel-Didier Vrac (M.D.V.), 2001, ouvrage exhaustif reproduisant des rapports du S.O.E. et de M.I.6 autrement inaccessibles.

81. S. Albertelli, *Les Services secrets du général de Gaulle*, p. 146 ; H. Verity, *Nous atterrissions de nuit*, p. 242.

82. Inconnus en France, mais morts aussi pour notre liberté, telle la ravissante Indienne Inayat Khan dont l'Angleterre continue d'honorer la mémoire. Descendante du grand sultan de Mysore du XVIIIe siècle Tippoo-Sahib, bilingue pour avoir passé sa jeunesse à Paris, elle fut parachutée comme radio pour le S.O.E. en juin 1943 et assura à elle seule, émettant du quartier des Ternes, les transmissions du réseau britannique Prosper en péril. Vendue à la Gestapo pour 100 000 francs et arrêtée en octobre, elle fut abattue à Dachau, en septembre 1944, d'une balle dans la nuque.

32. L'ACTION EN FRANCE : II. LA MISE EN PLACE DES CADRES DE LA LIBÉRATION

1. D. CORDIER, « Jean Moulin était-il le chef de la Résistance ? », *CIHTP*, n° 27, juin 1994, p. 153.

2. Cf. télégramme B.C.R.A. à Serreulles et à BIP (Bidault), les 2 et 6 juillet 1943 : « Si Didot libre, mesures prudence nécessaires, car avons contre lui très fortes présomptions. Avertissez [...] tous nos agents » (AN, 3 AG2/40 1).

3. Dominique VEILLON et Jean-Pierre AZÉMA, « Le point sur Caluire », *CIHTP*, n° 27, p. 143 ; J.-P. AZÉMA, *Jean Moulin*, Paris, Perrin, 2003, pp. 404-424.

4. Lecompte-Boinet, AN, 450 AP/1.

5. AN, 3 AG2/401.

6. Boris à Philip, 29 juin 1943, Fla/3815.

7. Proche d'Herriot, il s'est permis, de surcroît, de faire lire en sa présence, devant les élèves réunis de deux écoles de Lyon, la nouvelle d'Alphonse Daudet *La Dernière Classe*, symbole du patriotisme des lendemains de 1870.

8. Respectivement chefs de Libération-Sud, Franc-Tireur et Ceux de la Libération. La R.A.F. utilise en 1943 pour les atterrissages clandestins non plus seulement les Lysander, mais des bombardiers Hudson portant huit à onze passagers.

9. Frenay, malgré son formidable dynamisme, s'est aliéné la direction de la France Combattante qui lui reproche de s'être dressé contre Moulin et surtout d'avoir traité en Suisse avec les Américains. Il songe de plus à remplacer le général Delestraint à la tête de l'A.S., ce à quoi d'Astier et J.-P. Lévy s'opposent vivement. « Le grabuge qu'il peut faire en France dépasse l'imagination », écrit Boris à Philip, le 23 juin (AN, Fla/3815). Frenay rongera son frein jusqu'à son entrée au C.F.L.N. en novembre 1943, en qualité de commissaire aux Prisonniers et Déportés.

10. Bingen pour le secrétariat sud, Closon et Laffon, chargés de la préparation administrative de la Libération. Suivront Jacques Maillet (étude des besoins économiques), José Aboulker (mission « Trompette », médicale et sanitaire) et Jean-Louis Fraval (problèmes de la jeunesse).

11. Témoignage Lecompte-Boinet, AN, 450 AP/2.

12. Courriers « Sophie » des 19 juillet et 1er août 1943, AN, 3 AG2/397.

13. AN, 3 AG2/401.

14. Cf. *infra*, pp. 1121-1122, 1136-1137.

15. AN, 3 AG2/401. Cf. également G. Bidault, *D'une résistance à l'autre*, *op. cit.* (t. I, p. 756, n. 3), pp. 40-48.

16. Rapport Sophie (Serreulles), 16 août 1943, AN, 3 AG2/397.

17. Bidault est à la fois membre du Comité directeur de Combat et du Front national.

18. Témoignage de Lecompte-Boinet, AN, 450 AP/1. Selon Pierre Meunier (*Jean Moulin, mon ami*, Paris, L'Armançon, 1993, pp. 127-128), l'élection fut entérinée par le C.N.R. lors de sa seconde séance plénière, en octobre 1943.

19. Journal de Lecompte-Boinet, AN, 450 AP/1.

20. G. Bidault, *D'une résistance à l'autre*, *op. cit. supra*, p. 46.

21. Boris à Sophie (Serreulles), 7 septembre 1943 : quelles que soient les décisions d'Alger, « il importe que les légitimes susceptibilités de Rousseau [Bidault] soient ménagées et que, d'une manière ou d'une autre, il soit placé à un rang digne du rôle qu'il joue effectivement » (AN, 3 AG2/409). Le 10 septembre, Boris reçoit à Londres l'annonce de la désignation de Bollaert et de l'élection de Bidault. Il ne peut que les féliciter (AN, 3 AG2/396/79).

22. Télégramme Sermois à Sophie, Alger, 23 septembre 1943, AN, 3 AG2/401.

23. En élisant Bidault, « les membres du Conseil ont tenu à ce qu'il fût précisé leur désir que le président du Conseil de la Résistance gardât à l'égard d'Alger toute son indépendance et ne reçût du C.F.L.N. aucune délégation » (courrier Sophie n° 6 du 10 septembre 1943, reçu à Londres le 17 septembre, AN, 3 AG2/397).

24. AN, 72 AJ/220.

25. *L'Unité*, p. 164.

26. Ces péripéties sont connues depuis peu grâce à Daniel Cordier, *Jean Moulin. La République des catacombes*, pp. 490-503.

27. « Il est très vieux jeu et découvre chaque jour des vérités de 1940, 41, 42, quand elles ne sont pas de 38, ou 36, ou 34 ! » écrit Bingen à Boris le 8 novembre 1943 (AN, Fla/3728).

28. Bingen a reçu pour mission de présider le Comité directeur des mouvements de zone sud, mais ce Comité ayant quitté Lyon pour Paris, Serreulles et lui résident surtout dans la capitale. Ils ne gardent un secrétariat à Lyon (Secsud) que comme quartier général de secours, précaution utile, car Paris et Lyon ont des moyens de transmission distincts et un système distinct de liaisons aériennes.

29. Voir t. I, chap. 21, p. 662 *sq*.

30. H. Noguères, *Histoire de la Résistance en France*, t. III, pp. 510-511.

31. Yeo Thomas a reçu du S.O.E. une mission propre qui est de s'enquérir des moyens de l'action armée en France et des besoins d'armes des maquis.

32. H. Noguères, *Histoire de la Résistance en France*, t. IV, pp. 54-62.

33. Sur cette crise et les incidents dramatiques qui la jalonnent, cf. Daniel Cordier, *Jean Moulin. La République des catacombes*, pp. 507-534 ; Guillaume Piketty, *Pierre Brossolette*, pp. 312-334 ; Claude Bouchinet-Serreulles, *Nous étions faits pour être libres*, pp. 327-341.

34. AN, Fla/3728.

35. Cf., notamment, lettre Bingen à Boris, 8 novembre 1943, AN, FIa/3728 ; rapport Serreulles, 31 décembre 1943, AN, 72 AJ/234. Sur ces épisodes, cf. Bruce Marshall, *Le Lapin blanc*, Paris, Gallimard, 1953.

36. Télégramme à Cléante (Bingen) et à Pedro (Brossolette), AN, 72AJ/235.

37. Yeo Thomas s'était fait parachuter en France pour tenter de le sauver. Il fut lui-même arrêté et déporté.

38. Aucun document à ce jour ne prouve que l'identification ait été due à une imprudence de la Délégation générale.

39. Sur l'embarquement, l'arrestation et les derniers jours de « Pedro », cf. G. Pierre-Brossolette, *Il s'appelait Pierre Brossolette*, pp. 221-222 et 234-253.

40. Outre la séance constitutive, il ne tiendra que deux réunions plénières, début octobre et fin novembre 1943.

41. Philip et peut-être de Gaulle se sont inquiétés non de la constitution d'un bureau du C.N.R., « nécessaire » pour qu'il exerce « la charge de la direction politique de la Résistance », mais des conditions dans lesquelles avaient été désignés ses membres (télégramme Boris à Sophie, 10 septembre 1943, AN, 3 AG2/396/79).

42. Les délégués des mouvements et les communistes ont été d'accord pour en refuser l'accès au parti socialiste qui ne s'est pas doté des éléments distinctifs d'un « mouvement de résistance ».

43. Roger Gintzburger, *alias* Villon, architecte, est permanent du parti communiste depuis 1934 et a été pendant la drôle de guerre le rédacteur en chef et l'éditeur de *L'Humanité* clandestine. Il a exprimé plusieurs fois dans sa correspondance privée le ferme espoir que la France d'après la Libération devienne une République soviétique.

44. Les lettres de Copeau à d'Astier le montrent alors très opposé aux communistes. Cf. aussi L. Douzou, *Le Mouvement de résistance*

Libération-Sud, p. 745 *sq*. Il ne devint compagnon de route qu'après la Libération, pendant la « guerre froide ».

45. Rapport Cléante de février 1944, AN, Fla/3728.

46. Encore que le libellé de l'ordre de mission de Rex fixant le rôle du Conseil de la Résistance n'ait pas été exempt d'ambiguïté.

47. AN, FIa/3728.

48. Lettre à François de Menthon, 8 octobre 1943, AN, 3 AG2/409.

49. Comme l'écrit R. HOSTACHE, *De Gaulle 1944*, p. 107.

50. Cf., par exemple, les avis de Fairlie et Beck, responsables de la section française du P.W.E., NA, FO.898/206.

51. Texte légèrement amendé tel qu'il a paru dans *L'Humanité* clandestine du 15 août 1943. Passages soulignés par moi. Sur cet épisode, cf. télégramme Rex/Sophie, 10 août 1943, AN, 3 AG2/400 ; courrier Sophie, 19 juillet 1943, 3 AG2/397, et D. CORDIER, *Jean Moulin*, t. I, p. 270.

52. Comme le montre Claire ANDRIEU, *Le Programme commun de la Résistance*, Paris, L'Érudit, 1984. L'idée d'une Charte économique et sociale de la Résistance venait d'un délégué de Londres, Émile Laffon, qui en avait rédigé le projet initial en accord et avec la participation de Georges Boris ; son texte avait été rejeté à la fois par les communistes et par la droite résistante, mais le projet avait été repris par les communistes au point que le texte définitif a été en partie rédigé par Duclos, chef du parti clandestin.

53. Décision communiquée à Londres par Serreulles, AN, 3 AG2/409. Ici encore, il faut faire la part du jeu communiste, mais ne pas sous-estimer le particularisme des mouvements qui se sont, dès octobre 1943, vivement opposés à la décentralisation militaire et à la mise en place des délégués militaires régionaux. Bingen toutefois ne s'émeut pas : « L'état-major national a surtout une vertu symbolique » (AN, 72 AJ/1922).

54. Télégramme Manuel à Cléante (Bingen), 14 mars 1944, AN, 3 AG2/397.

55. Closon à Philip, 27 octobre 1943, AN, 3 AG2/387/3/381.

56. Rapport de novembre 1943 reçu à Londres et Alger en février 1944, AN, 3 AG2 397 et Fla/3728.

57. Il solde les arriérés financiers dus au Front national et aux Francs-Tireurs et Partisans, insiste pour qu'un poste émetteur soit fourni au service de renseignements des F.T.P., demande que la B.B.C. mentionne « les exploits des F.T.P. » en utilisant au besoin le terme indéterminé de « patriotes » et tente de faciliter les contacts locaux nécessaires pour alimenter les F.T.P. en armes.

58. Télégrammes Cléante du 11 mars 1944, reçus le 30 mars, AN, Fla/3719.

59. Voir ci-dessous p. 1110 et n. 85, p. 1391.

60. Ph. BUTON, *Les lendemains qui déchantent*, p. 69.

61. Délégué civil pour la zone nord de mars à août 1944.

62. Rapport du 20 juillet 1944, AN, Fla/3728.

63. Selon l'expression popularisée par René Hostache.

64. Mentionnons les principaux responsables du secrétariat clandestin après Daniel Cordier : Maurice de Graaf, Lambert (Lemaraîcher) et Roger Chevrier, venu de l'équipe « Les Français parlent aux Français » de la B.B.C.

65. D'Astier a voulu la nomination de Parodi dès l'arrestation de Bollaert sinon plus tôt. Cf. AN, 3 AG2/396/80. Sur les péripéties de cette nomination : AN, Fla/3728/10.

66. Sur Bingen, cf. *Cahier Jacques Bingen, compagnon de la Libération, 1908-1944, Espoir*, numéro spécial, n° 48, octobre 1984.

67. Note à Rex, AN, 3 AG2/398/159.

68. Cf. Michel DEBRÉ, *Trois Républiques pour une France*, t. I, Paris, Albin Michel, 1984, pp. 229-250.

69. Laffon, mort prématurément, fut à la Libération directeur des affaires départementales et communales au ministère de l'Intérieur, puis délégué civil du Gouvernement provisoire dans la zone française d'occupation en Allemagne.

70. Guizot (Laffon) à d'Astier, 11 janvier 1944, AN, 72 AJ/1902. Sur la difficulté des choix, cf. aussi Fr.-L. CLOSON, *Le Temps des passions*, pp. 135-136.

71. Selon le rapport de Closon du 11 novembre 1943, AN, 72 AJ/410.

72. Lyon, Marseille, Montpellier, Toulouse, Clermont-Ferrand, Limoges, Bordeaux, Angers, Rennes, Rouen. Poitiers est sur le point d'être pourvu. Rapport Guizot (Laffon), 28 mai 1944, AN, 3 AG2/397.

73. *Les Réseaux Action de la France Combattante*, p. 81.

74. Rapport Closon du 10 octobre 1943, AN, 72 AJ/410.

75. Il est entériné par l'article 19 de l'ordonnance du 21 avril 1944 relative au « rétablissement des pouvoirs publics en France libérée » (*JORF*, 22 avril). Texte complet du statut dans Fr.-L. CLOSON, *Le Temps des passions*, pp. 239-245.

76. *L'Unité*, p. 176.

77. « S.O.E. activities in France », NA, CAB.79/63, annexe au procès-verbal COS Meeting 2.8.43, COS(43) 178[th](0).

78. En décembre 1943 encore, une haute instance militaire britannique condamnera « l'hypercentralisation » des groupes résistants relevant du C.F.L.N. Cf. D. STAFFORD, *Britain and European Resistance*, pp. 129, 138.

79. Témoignage recueilli par l'auteur. Le chercheur et le curieux trouveront enfin sur les D.M.R. une documentation approfondie et révélatrice dans l'ouvrage récent de Philippe ANDRÉ, *La Résistance confisquée ? Les délégués militaire du général de Gaulle, de Londres à la Libération*, Paris, Perrin, 2013 ; condensé d'un mémoire de Master 2, *Les ambassadeurs de l'ombre, les délégués militaires régionaux du général de Gaulle*, Paris I Panthéon-Sorbonne, 2011.

80. 2 délégués de zone, 12 D.M.R., 12 chefs d'opérations, 36 opérateurs radio, 36 saboteurs ou instructeurs de sabotage, 4 inspecteurs des « plans », AN, 3 AG2/2 (IV/16). De son côté, Bourgès-Maunoury, retourné en France, recrutera sur place 5 D.M.R., tous polytechniciens des promotions 1929 à 1933.

81. Voir chap. 24, p. 867-868.

82. Sur la carrière de Bonnier (Hypoténuse), gendre du député socialiste Renaudel et ancien chef de cabinet de Déat, D.M.R. pour le Sud-Ouest, cf. Jean-Louis CRÉMIEUX-BRILHAC, *Les Français de l'an 40*, Paris, Gallimard, t. II, 1990, p. 311.

83. L'envoi en France de Mangin et de Marchal avec mission secrète de délégués de zone « en abusant de la bonne foi anglaise » provoque une crise entre le B.C.R.A. et le S.O.E. Celui-ci fait savoir qu'il a décrypté le code français, décide de ne plus accepter de télégrammes en code français et fait fouiller des officiers français sur les terrains au départ. Cf. lettre C Mc VG/6265 à Passy, 10 octobre 1943, AN, 3 AG2/16. Cf., sur cet incident, M. FOOT, *S.O.E. in France*, p. 241.

84. La fonction est créée par l'instruction du 10 mars 1944 du général de Gaulle sur l'organisation de la Résistance, qui précise les rôles respectifs du C.N.R., du C.O.M.A.C., des C.D.L., des D.M.R. et de l'« état-major national des Forces françaises de l'Intérieur ».

85. Le représentant de la zone sud au C.O.M.A.C., Chevance-Bertin, étant parti pour Alger en avril 1944, son successeur agréé est un délégué des M.U.R. qui a dissimulé son appartenance communiste, Kriegel-Valrimont, ce qui donne au parti communiste deux voix sur trois au C.O.M.A.C. Qui plus est, le chef de l'état-major national Dejussieu ayant été arrêté le 5 mai 1944, Villon et Kriegel-Valrimont le remplaceront par un autre communiste venu des M.U.R., Malleret, dit Joinville, ancien chef régional de l'A.S. ; celui-ci, à son tour, imposera un chef F.T.P., Rol-Tanguy, au commandement des F.F.I. de la région parisienne. Cf. R. HOSTACHE, *De Gaulle 1944*, pp. 146-147 ; Ph. BUTON, *Les lendemains qui déchantent*, p. 67.

86. Il est en outre avisé que toute tendance de sa part à suppléer ou à devancer l'action du C.F.L.N. ou des autorités civiles de la

Résistance en matière de maintien de l'ordre « serait inévitablement interprétée comme une manœuvre à buts politiques et rencontrerait comme telle la méfiance déclarée des patriotes » (Le Président du C.N.R. au général Rival (Revers), 22 février 1944, SHAT, 13P/15).

87. Encore Soustelle et le colonel Manuel au nom du B.C.R.A. s'opposent-ils à ce que Revers siège au C.O.M.A.C. sur le même plan que le délégué militaire national ou puisse lui être assimilé (AN, 72 AJ/243 et 1901).

88. Le jeu très personnel du général Revers, les initiatives et l'insubordination du colonel Malaise, représentant de Giraud à Madrid et trait d'union entre ce dernier et Revers, l'obstination avec laquelle Giraud lui-même garde des contacts occultes avec l'O.R.A., semblent bien être des causes majeures de l'éviction totale de ce dernier en avril 1944. Cf. J. SOUSTELLE, *Envers et contre tout*, t. II, p. 375.

89. Par décision du 28 mars 1944, le général Kœnig a été nommé délégué militaire du C.F.L.N. pour le théâtre d'opérations nord et le général Cochet pour le théâtre d'opérations sud, comme on l'a vu, pp. 925 et 1012.

33. L'INSURRECTION NATIONALE AURA-T-ELLE LIEU ?

1. Note de Cléante du 31 octobre 1943, AN, Fla/3728/11 (les italiques sont de Bingen).

2. Sur les calculs stratégiques anglais et l'armement des maquis européens, voir t. I, chap. 22, pp. 660-662.

3. D. STAFFORD, *Britain and European Resistance*, pp. 147-149.

4. E. D'ASTIER, *Les Dieux et les Hommes*, p. 21.

5. Cf. M. FOOT, *S.O.E. in France*, p. 353.

6. Procès-verbal dans NA, CAB.80/78, COS(44)92(0) ; PREM.3/185/1,144-146 ; et dans *Les Dieux et les Hommes* d'E. D'ASTIER (p. 76 *sq.*) qui donne en outre une relation colorée de la séance.

7. E. D'ASTIER, *Les Dieux et les Hommes*, pp. 91-92 ; M. FOOT, *S.O.E. in France*, pp. 222-223 ; D. STAFFORD, *Britain and European Resistance*, pp. 150-152.

8. Comptes rendus français, SHAT, 237 K/2.

9. Voir chap. 34, pp. 1152-1153.

10. Télégramme Boris à d'Astier, 5 mars 1944, AN, 72 AJ/1903.

11. Les chiffres sont discordants. Les évaluations retenues ici sont les plus prudentes, d'après M. Foot, *S.O.E. in France*, pp. 472-474 ; AN, 3 AG2/204 et 72 AJ/512. D'après un compte rendu d'Eisenhower à Marshall en date du 6 mai 1944, les livraisons à la Résistance française au départ de Grande-Bretagne auraient atteint 277 tonnes en février, 566 en mars, 469 en avril, NA, FO.371/41905 (Z 3159)/136712.

12. Ainsi les maquis de l'Ain sont favorisés parce que leur chef, Romans-Petit, a auprès de lui un « organisateur » anglais, le colonel Heslop.

13. Jusqu'au 31 août 1944, selon les sources, de 155 000 à 170 000 mitraillettes (« Sten »), de 136 000 à 151 000 fusils et carabines, de 52 000 à 86 000 pistolets, de 20 000 à 38 000 fusils-mitrailleurs (« Brenguns »), de 2 500 à 3 500 bazookas et 600 kilos d'explosifs. De janvier à fin septembre 1944, entre 68 000 à 77 000 containers de 150 kilos et entre 19 700 et 30 000 colis de 45 à 50 kilos auront été « droppés » au départ des seules bases de Grande-Bretagne, soit un total de l'ordre d'une douzaine de milliers de tonnes. Voir ci-dessous, chap. 38, p. 1235.

14. Voir t. I, chap. 14, p. 422.

15. *L'Unité*, p. 477. Cf. t. I, chap. 22, p. 696.

16. Télégramme Philip à Rex, 3 avril 1943, AN, 3 AG2/398. Dans le même sens, un télégramme du 4 septembre 1943 à Serreulles et Bingen fait savoir qu'« il n'est pas question d'invasion » et qu'« il ne serait pas prudent, par une désobéissance ouverte, de découvrir votre force » (AN, 3 AG2/401).

17. Rapport du 15 septembre 1943, AN, Fla/3754. Au 26 janvier 1944, le S.O.E., se fondant sur ses propres sources et celles du B.C.R.A., évalue les effectifs des maquis, y compris les sédentaires associés et facilement mobilisables, à 41 400, non compris l'Aude, le Doubs et la Dordogne « où il y aurait des groupes de taille inconnue » (NA, FO.371/41904/136712). Au 9 mars 1944, après la décrue de l'hiver, le chef national maquis Brault évalue les groupes en camps et les groupes francs à 36 800, plus 18 000 placés en fermes ou en entreprises (AN, 3 AG2/411). Il évalue à 120 000 l'ensemble des sédentaires, qui conservent leur métier et leur domicile, ne reçoivent souvent qu'une instruction théorique sommaire et des consignes dans l'attente du Jour J.

18. Le 2 février 1944, Emmanuel d'Astier évalue en présence de Churchill les effectifs armés des maquis à moins de 5 000 hom-

mes ; Yeo Thomas, présent à l'entretien, les situe entre 3 500 et 4 000 hommes (*Les Dieux et les Hommes*, p. 92).

19. Cf. E. d'Astier, *Les Dieux et les Hommes*, pp. 120-121.

20. Rapport Cléante (Bingen) de novembre 1943, AN, 3 AG2/397.

21. M. Foot, *S.O.E. in France*, p. 357.

22. AN, 72 AJ/1922/1.

23. *Ibid*.

24. *Ibid*.

25. Archives de l'auteur.

26. Sur ces plans et la succession des instructions émanant concurremment du B.R.A.L. à Londres et du C.O.M.I.D.A.C. à Alger, cf. Colonel Jean Delmas, « Conceptions et préparation de l'insurrection nationale », *in* Actes du colloque *La Libération de la France*, Paris, 28-31 octobre 1974, CNRS, 1976, pp. 442-446 ; Jean-Louis Crémieux-Brilhac, « Le Bloc Planning et l'insurrection nationale, Une stratégie militaire pour la Résistance », *Espoir*, n° 139, juin 2004, pp. 41-57 ; et Général Gilles Lévy, « La genèse du groupe "Auvergne" du Réduit du Massif Central (avril-août 1944) », *Le Lien des Amitiés de la Résistance. Forces Combattantes de la Résistance*, Paris, 2012, 62 p. multig.

27. Il est dirigé par le lieutenant-colonel Combaux, polytechnicien, officier du génie, ingénieur des télécommunications, assisté du capitaine tchèque Miksche, ancien combattant de la guerre d'Espagne engagé dans les F.F.L., du capitaine Lucien Galimand, député radical de Dieppe écarté de l'Assemblée d'Alger pour avoir voté Pétain en juillet 1940, chargé plus spécialement de la zone nord, et de l'agent de change d'Amérique latine Brisac, chargé de la zone sud.

28. Rondenay (pseudonymes Sapeur et Lemniscate), promu délégué militaire régional de l'Île-de-France, fut arrêté fin juillet 1944 et fusillé le 15 août.

29. Combaux, spécialiste des télécommunications, avait été associé à la mise sur écoutes clandestines, par l'ingénieur Keller, des liaisons allemandes sur le câble souterrain Paris-Metz.

30. « Planning Conference held on 20.5.44 », SHAT.

31. AN, 72 AJ/512 et 243.

32. Il a également pour mission d'introniser le nouveau délégué général Parodi et de promouvoir les ultimes désignations des cadres civils de la Libération. Cf. *LNC 1943-1945*, pp. 204-205.

33. Ély, découvrant à son arrivée à Paris que le délégué militaire national par intérim Chaban-Delmas est mieux au courant que lui des problèmes, décidera de n'être que son second.

34. Colonel Delmas, « Conceptions et préparations... », art. cité *supra* (p. 1149, n. 26), p. 448.

35. AN, 72 AJ/243.

36. Mémoire concernant les opérations à mener par les Forces Françaises de l'Intérieur en vue de libérer le territoire national — plan Caïman, AN, 3AG2/457.

37. Voir chap. 36, pp. 1202-1203.

38. *Ibid.* Les mots en italique sont soulignés dans le texte original.

39. Et d'expliquer qu'elle aura pour but « 1) de paralyser à la fois l'appareil de défense allemand et l'appareil de commandement vichyssois ; il s'agit de rendre impossible toute tentative de retournement de Pétain et de Laval ; 2) de garantir l'élimination, en quelques heures, de tous les fonctionnaires d'autorité et leur remplacement [...] ; 3) de garantir, *en quelques heures*, la répression révolutionnaire de la trahison [...] ; 4) de donner [...] une base populaire et démocratique au gouvernement provisoire et d'assurer, grâce à l'expression d'une volonté manifestement nationale, la reconnaissance internationale du gouvernement de fait du général de Gaulle ; 5) d'engager le C.F.L.N. à s'inspirer de la volonté nationale [...] » (AN, 3 AG2/376/4).

40. AN, 3 AG2/411. Le mot entre crochets, illisible dans le texte, peut être « livre » ou « articule ».

41. De Merlin à Quartus, Fla/3728.

42. Archives de l'auteur.

43. L'Organisation de résistance de l'armée, dont le rôle va croissant, et l'O.C.M. refusent l'insurrection ; les communistes en sont ardemment partisans, les M.U.R. la jugent également indispensable, sans toutefois céder au mythe de l'insurrection générale et immédiate.

44. Voir plus haut p. 1135, n. 84 ; chap. 32, p. 1109 et note 84, p. 1391.

45. Colonel Delmas, « Conceptions et préparations... », art. cité *supra*, pp. 439-440.

46. C'est ainsi qu'en novembre 1943 sont expédiés quatre-vingt-douze millions de francs et vingt-cinq mille dollars à la Délégation générale clandestine, à quoi s'ajoutent dix millions deux cent mille francs acheminés directement aux officiers d'opérations et D.M.R. Cf. AN, 72 AJ/1923.

47. Télégrammes n°s 57,66, 69, 83, échelonnés du 11 au 22 janvier 1944, AN, 75 AJ/1901

48. AN, Fonds Frenay, 72 AJ/511 ; Boris à Sudsec pour Cléante du 22 janvier 1944, AN, 72 AJ/235.

49. Les envois en francs français faits par le B.C.R.A. pour le renseignement étaient de 16,2 millions en juillet 1943 ; ils sont

passés à 38,3 millions en décembre 1943 et continueront de progresser jusqu'à la fin de juin (AN, 3 AG 2/377 et 378).

50. AN, Fla/3713 ; AMEF, B/50 265.

51. Rien que dans la région R1 (Rhône-Alpes), en avril 1944, les M.U.R. et le C.O.S.O.R. ont en charge 2 700 emprisonnés et aident financièrement 640 familles ; ils estiment décent de laisser 5 000 F à la première visite faite à une famille de fusillé (AN, Fonds Frenay, 72 AJ/511).

52. Cf. rapports Cléante (Bingen) d'avril 1944, AN, Fla/3728. La Délégation clandestine demandera en mai que soit accordé un secours de 2 000 F par mois aux familles des gardes mobiles prêts à passer au maquis.

53. Note Soustelle, Fla/3815.

54. Boris et Kœnig à C.O.M.I.D.A.C. Alger, 20 mai 1944, AN, 72 AJ/1901 et Fla/3815.

55. AN, 72 AJ/410.

56. Le colonel Passy avait jugé la détention de titres de paiement sur Alger trop dangereuse pour les prêteurs.

57. Sur son montage et son fonctionnement clandestins, cf. l'article capital de François BLOCH-LAÎNÉ, « Le financement de la Résistance », *RHDGM*, n° 1, novembre 1950, complété par la contribution du même auteur à *Espoir*, n° 98,1994.

58. Lettre à d'Astier, 24 juin 1944, AN, 72 AJ/1902.

59. Boris à d'Astier, 16 juin 1944, AN, 72 AJ/410.

60. AN, 3 AG2/411. En fait, les chèques imprimés à Alger se révéleront inutilisables.

61. AMEF, B/50 266.

62. AN, Fla/3713.

63. Le S.O.E. a importé pour ses propres correspondants et agents depuis 1941 l'équivalent de 401 millions de francs, dont 139 millions fournis en 1944 par l'état-major F.F.I. (M. FOOT, *S.O.E. in France*, p. 470). Les importations faites par M.I.6 et l'O.S.S. restent inconnues.

64. Boris autorisera la Résistance à utiliser les billets provenant de la plus importante saisie faite par la Résistance, un convoi de 2 milliards 280 millions de billets de la Banque de France intercepté par les F.F.I. le 26 juillet 1944 en gare de Neuvic, en Dordogne.

Ne sont pas inclus dans le montant imputé par l'État au compte des « Dépenses de financement des organisations de Résistance » les prélèvements « manifestement dus à des malfaiteurs de droit commun » (AMEF, B/50 264).

34. GLIÈRES

1. *VL*, t. IV, pp. 172-174.
2. Voir chap. 32, pp. 1109-1111.
3. AN, 72 AJ/188/1, traduction de l'allemand de Bob. 56, OKW 29.
4. Cf. L. JOURDAN, J. HELFGOTT, P. GOLLIET, *Glières, première bataille de la Résistance*, p. 38.
5. Lettre de Romans-Petit à l'auteur, 17 septembre 1970.
6. Voir chap. 33, p. 1141.
7. SHAT, 1K/237/2.
8. Cf. le rapport Polygone (Bourgès-Maunoury) du 5 février 1944, AN, 3 AG2/229, et le télégramme commun Losange (Louis Mangin)-Apothème (Rosenthal) du 2 février 1944, AN, 3 AG2/523.
9. SHAT, 1 K/237/2.
10. AN, Fla/3816.
11. S. ALBERTELLI, *Les Services secrets du général de Gaulle*, p. 448 ; AN. 3 AG2/175/d.3.
12. Les « nouvelles consignes » suivantes sont élaborées pour les maquis de Haute-Savoie :
« 1) Le but des Allemands est de déclencher une insurrection et un combat général prématurés. Ils cherchent à vous accrocher pour vous détruire. L'heure n'est pas venue d'accepter ce combat.
» Sachez vous décrocher. Sachez, suivant le cas, éviter ou rompre le combat. Dispersez-vous pour vous reformer ensuite, en vue de harceler l'ennemi à bon escient et au moment venu.
» 2) La mobilité dans les "maquis" est un élément essentiel. L'augmentation des effectifs armés, suivant la consigne déjà donnée, est souhaitable, mais elle ne doit, en aucun cas, diminuer votre mobilité. Vous devez même, si c'est nécessaire, être en mesure de changer complètement de région. »
Ces consignes sont confirmées et étendues à l'ensemble des maquis au cours de la réunion hebdomadaire franco-britannique du 9 février à laquelle sont associés Waldeck Rochet et Morin-Forestier. Cf. AN, Fla/3726 ; NA, FO.371/904 (136712).
13. Cf. chap. 33, pp. 1120-1121.
14. Rapport sur l'O.R.A., SHAT, 13P/15.
15. AN, 3 AG2/524. Cf. Jean-Louis CRÉMIEUX-BRILHAC, « La bataille des Glières et la guerre psychologique », *RHDGM*, n° 99, juillet 1975, où sont reproduits la plupart des télégrammes de Rosenthal.
16. *Log book* du B.C.R.A., 3 AG2/198.

17. La tradition locale fait état de 584 containers, soit quatre-vingt-dix tonnes de matériel, le double de ce qu'on peut déduire des registres londoniens.

18. Claude ANTOINE, *Un village dans la bataille des Glières. Capitaine Anjot : l'honneur d'un chasseur alpin*, Meythet, Association des rescapés des Glières, 1992, p. 23.

19. Peter LIEB, *Konventioneller Krieg oder NS-Weltanschauungskrieg*, München, Oldenburg, 2007, p. 323.

20. C. TILLON, *Les F.T.P.*, p. 282 *sq.*

21. Télégramme à Bingen, AN, 72 AJ/1922/1.

22. Le général François d'Astier et le délégué des M.U.R., Morin-Forestier.

23. Sur la notion de réduit telle qu'elle résulte des études du « Bloc Planning » du B.C.R.A., voir chap. 33, p. 1125.

24. AN, 3 AG2/198.

25. Témoignage de Guidollet, chef départemental des M.U.R.

26. AN, 3 AG2/524.

27. *VL*, t. IV, pp. 217-218.

28. Cl. ANTOINE, *Un village dans la bataille des Glières, op. cit. supra*, p. 41.

29. Sur l'intervention allemande, le combat du 26 mars, la traque et la répression ultérieure, on se référera, en tenant comte de la différence des points de vue, à M. GERMAIN, *Glières, mars 1944*, Montmélian, La Fontaine de Siloé, 1994, pp. 148-282, et à la thèse de Claude BARBIER mentionnée ci-dessous.

30. Cf. Peter LIEB, *op. cit.*, p. 325, chronologie reprise et argumentée par Claude BARBIER dans sa thèse de doctorat de 2012, *Des « événements de Haute-Savoie » à Glières, mars 1943-mai 1944*, riche en précisions tirées de sources multiples et qui réduit l'intervention allemande à l'accrochage local du 26 mars 1944. Cette révision ne justifie pas la prétention de l'auteur à « démystifier » l'épisode des Glières.

31. Un tué « par accident » et quelques blessés dans les rangs allemands, à en croire le rapport n° 369 du 4 mai 1944 du préfet (AN, F1c3/1187). D'après les sources militaires allemandes, les pertes — peut-être légèrement minorées — de la 157e division à l'occasion de l'opération Glières entre le 24 mars et le 1er avril, auraient été de trois tués (les 24, 30 et 31 mars) et cinq blessés dont quatre par accident, l'un de ceux-ci étant décédé de ses blessures. Cf. P. LIEB, *op. cit.*, p. 326, et informations communiquées par Peter Lieb, reproduites dans C. BARBIER, *op. cit.*, p. 615.

32. 122 fusils-mitrailleurs, 1 011 pistolets mitrailleurs, 722 fusils, 160 revolvers. Cf. H. AMOUROUX, *op. cit.*, t. VII, p. 295.

33. Claude BARBIER, *op. cit.*, p. 751, évalue le nombre des tués ou exécutés sur place entre 128 et 133, auxquels s'ajouteraient 75 déportés ou envoyés en Allemagne au titre du STO. « Au total, près de 210 personnes furent des victimes directes des événements de Glières pour avoir participé à ceux-ci », soit l'équivalent de 46,7 à 52,5 % des maquisards présents sur le plateau le 26 mars 1944.

34. Le préfet signalera dans son rapport du 4 juillet 1944 que « le maquis contrôle toujours les arrondissements de Thonon et de Bonneville où les bandes armées F.T.P. continuent à faire la loi. L'A.S., plus sévèrement touchée par l'opération des Glières, continue son travail en profondeur. Elle avait recouvré tout son dynamisme bien avant la dissolution de l'intendance de police d'Annecy » (AN, F1c3/1187).

35. *VL*, t. IV, p. 230.

36. Alain DALOTEL, *Le Maquis des Glières*, Paris, Plon, 1992, p. 243.

35. DANS LES COULISSES DE LONDRES ET DE WASHINGTON

1. Sur ces péripéties, cf. notamment *L'Unité*, pp. 220-222 ; L. WOODWARD, *British Foreign Policy*, t. III, pp. 46-50.

2. En réalité, l'amiral Fénard, inquiet de la prolongation de la discorde, a fait accroire à Washington que de Gaulle souhaitait rencontrer le Président.

3. « Il n'est pas douteux, a dit Churchill, que le Comité français de la libération nationale dirige à l'heure actuelle des forces qui lui donnent la quatrième place au sein de la grande alliance contre Hitler en Europe.

» Si les États-Unis et la Grande-Bretagne n'ont pas encore été en mesure de le reconnaître comme gouvernement, ou même comme gouvernement provisoire de la France, c'est parce que nous ne sommes pas sûrs qu'il représente la nation française de la même façon que les gouvernements de la Grande-Bretagne, des États-Unis et de l'Union soviétique représentent l'ensemble de leurs peuples.

» Bien entendu, c'est le Comité qui présidera au rétablissement de la loi et de l'ordre en France, sous la supervision du commandement en chef allié, pendant toute la durée des combats. Mais nous ne voulons pas prendre, à ce stade, la responsabilité d'imposer l'autorité du Comité français à toutes les régions de France susceptibles de tomber entre nos mains, et cela, jusqu'à ce que nous soyons mieux informés des conditions qui prévalent en France » (House of Commons, *Parl. Deb.*, May 24, 1944, vol. 400, col. 780-781).

4. D'après le Journal de René Mayer (R. Mayer, *Études, témoignages, documents*, p. 314).

5. « *Come please now with your colleagues at the earliest possible moment and in the deepest secrecy. I give you my personal assurance that this is in the interests of France* » (L. Woodward, *British Foreign Policy*, t. III, p. 49).

6. R. Mayer, *Études, témoignages, documents*, p. 316. Sur le vœu émis par l'Assemblée, voir chap. 25, p. 909-911.

7. *Ibid*.

8. *FRUS 1943*, p. 188 *sq*.

9. Le 14 novembre 1943, Journal de Lecompte-Boinet, AN, 450 AP/2. Le lecteur se souviendra du contexte qui est celui de la crise libanaise.

10. De Gaulle, *L'Unité*, p. 213.

11. Télégramme à Viénot, 25 mai 1944, *ibid*., p. 637.

12. « Roosevelt to Wilson », FDRL, PSF Diplomatie France 1944, Box 29.

13. « Entretien avec Arthur Schlesinger Jr. », *Espoir*, n° 83, juin 1992.

14. FDRL, Map Room, Box 30, French National Committee 1, Sec. 3.

15. En février 1944 encore, Leahy affirme à Roosevelt que les Américains, pour rallier les Français quand leurs troupes débarqueront, ne pourraient se fier à personne mieux qu'à Pétain (A. Eden, *Mémoires*, t. III, p. 452, d'après un télégramme de Halifax).

16. La crainte d'une révolution en France est devenue pour lui une hantise, rappelle M. Rossi dans son *Roosevelt and the French*, p. 128.

17. W. F. Kimball, *Churchill and Roosevelt*, t. III, p. 84.

18. « Roosevelt to Eisenhower », 22 décembre, *FRUS 1943*, II, p. 195. Sur cet épisode, cf. notamment L. Woodward, *British Foreign Policy*, t. III, p. 6. On voit mal ce qu'a été la contribution de Flandin.

19. C'est ce qu'expose A. L. Funk (*Charles de Gaulle. The Crucial Years*, p. 271), thèse poussée à l'extrême par Robert Dallek, « Roosevelt et de Gaulle », *Espoir*, n° 79, mars 1992, p. 80 *sq*.

L'importance que Washington attache à « la politique des bases » apparaît curieusement dans un mémorandum de McCloy en date du 19 juin 1944. Il en tire argument pour recommander une fois de plus un accord avec de Gaulle avec qui le gouvernement américain devrait se concerter sur les grands problèmes mondiaux : faute de quoi, écrit-il, « il sera extrêmement difficile d'obtenir de la France les concessions intéressant son empire que, j'imagine, nous aimerions beaucoup obtenir, telles que la concession de bases portuaires ou aériennes en Afrique et peut-être des bases ou des droits en Nouvelle-Calédonie, Indochine, etc. » (USNA, RG. 165, War Dept. General and Special Staff, Civil Affairs Division, 014-France, Sec. 3 to 4, Box 16).

20. J. G. Hurstfield, *America and the French Nation*, pp. 198-199. L'auteur invoque en outre, pour expliquer la fixité du comportement de Roosevelt, une considération de politique intérieure : c'est que le courant progaulliste, vigoureux aux États-Unis pendant l'affaire Darlan, ne constitue en 1943-1944 ni une force politique ni un lobby influent.

21. Les ragots concernant le « B.C.R.A.-Gestapo », signalés dès 1942 par des représentants américains à Londres, répandus à Alger au printemps 1943 par le transfuge André Labarthe, repris en compte en juin 1943 par Giraud lui-même, ont été relancés à partir de l'automne 1943 par l'affaire Dufour (voir chap. 31, p. 1055 *sq.*). Kerillis en tire, dans *Pour la victoire*, des conclusions délirantes.

22. L'Office des relations interaméricaines souscrit depuis juin 1943, avec l'accord personnel de Roosevelt, sept mille, puis neuf mille exemplaires de chaque numéro de *Pour la victoire* moyennant 1 000 dollars par semaine, pour diffusion en Amérique latine (USNA, Freeman Matthews Files).

23. Lettre au président Roosevelt (sur le maintien des États-Unis dans une politique de sécurité collective), 3 novembre 1943 (Saint-John Perse, *Œuvres complètes*, Paris, Gallimard, 1972, pp. 617-618). Sur l'attitude antérieure de Leger et sa communication d'août 1942 au Département d'État et à Roosevelt, voir t. 1, chap. 11, p. 364.

24. *Ibid.*, pp. 619-627. Si la note juridique n'est pas l'œuvre de Leger, comme l'assure R. Massigli (*Une comédie des erreurs, op. cit. supra* [p. 1022, n. 5], p. 18), il l'a faite sienne.

25. USNA, SHAEF, OCS/SGS, 092 France, French Relations December 1943 to May 1944. L'exposé de Roosevelt est si proche de la thèse développée par Alexis Leger dans sa lettre du 31 janvier au Président que la filiation de l'une à l'autre ne paraît guère douteuse.

26. Ses assertions semblent avoir pour origine un message de l'antenne de l'O.S.S. à Berne signalant avoir été en contact avec un « Comité national des élus de la République », composé de trois

cents parlementaires français qui, tout en reconnaissant de Gaulle comme chef militaire, se considérerait comme « le représentant constitutionnel de la France jusqu'à ce que des élections puissent avoir lieu ». Le message indiquait qu'on devait prendre cet organisme au sérieux, mais pas au risque de s'aliéner de Gaulle (FDRL, PSF, Box 6, O.S.S. Memo, 19 juin 1944).

Le « Comité », qui aurait assuré pouvoir compter sur l'Organisation de résistance de l'armée du général Revers, aurait proposé d'envoyer une délégation à Londres. Le Foreign Office et l'état-major d'Eisenhower mirent Kœnig au courant et refusèrent de donner suite. Cf. J. CHARMLEY, *British Policy*, pp. 270 et 276 ; AN, 72 AJ/512 et 72 AJ/1901(416). À propos de ce « Comité », voir chap. 38, p. 1274, n. 46.

27. J. CHARMLEY, *Duff Cooper*, 1986, p. 170.

28. L. WOODWARD, *British Foreign Policy*, t. III, pp. 8-9.

29. AN, 72 AJ/221.

30. J. CHARMLEY, *Duff Cooper*, p. 169.

31. A. CADOGAN, *Diaries*, p. 628.

32. Cité par E. BARKER, *Churchill and Eden at War*, p. 100, note 5.

33. Comme Bedell Smith l'explique dans un long télégramme du 15 mai 1944 au général Marshall que celui-ci transmet à Roosevelt, FDRL, Map Room, 011, France Civil Affairs, Box 31.

34. C'est ce qu'il note dans son Journal le 4 mars 1944. Cf. A. EDEN, *Mémoires*, t. III, p. 453.

35. USNA, SD, 851.01/3 711. Sur cette action en coulisse, cf., outre les *Mémoires* d'A. EDEN (t. III), L. WOODWARD, *British Foreign Policy*, t. III, pp. 14-40.

36. House of Commons, *Parliamentary Debates*, 5th Ser., vol. 400, col. 771/781.

37. E. BARKER, *Churchill and Eden at War*, p. 107, note 29.

38. *Ibid*, p. 108.

39. Dès le mois d'avril 1944, un sondage d'opinion donne, en réponse à la question : « Les alliés devraient-ils reconnaître le Comité d'Alger comme gouvernement provisoire de la France ? » Oui : 44 % ; non : 15 % ; sans opinion : 41 % (British Institute of Public Opinion, Survey 108).

40. Notamment M. Rossi, *Roosevelt and the French*, pp. 103-104 et 114-117, et K. MUNHOLLAND, « The United States and the Free French », communication citée t. I, p. 810, n. 55.

41. A. D. CHANDLER, *The Papers of D. Eisenhower*, pp. 1667-1668.

42. Voir chap. 29, p. 1007.

43. Roosevelt a stipulé que les arrangements à conclure avec Kœnig ne pouvaient être que « conditionnels » *(tentative)* ; le

C.F.L.N. devait être avisé que « ces arrangements n'excluaient pas la consultation et le concours d'autres éléments français avec lesquels [le commandant en chef] jugerait nécessaire ou avantageux de traiter quand ses forces seraient en France » (From the President to General Marshall, May 3, 1944, FDRL, Map Room, 011, France Civil Affairs, Box 31).

44. A. D. CHANDLER, *The Papers of D. Eisenhower*, pp. 1857-1858.

45. « Le général Eisenhower attache une grande importance à l'action des groupes de résistance à partir du jour J », télégraphie Churchill à Roosevelt. « Le Comité français assure que l'armée de la Résistance compte 175 000 hommes » (W. F. KIMBALL, *Churchill and Roosevelt*, t. III, p. 129).

46. FDRL, Map Room, 011, France Civil Affairs, Box 31.

47. *Ibid.*

48. Dans une première version de son télégramme, Eisenhower avait écrit : « et dont l'autre semble caractérisé par un culte presque idolâtre de De Gaulle » (A. D. CHANDLER, *The Papers of D. Eisenhower*, pp. 1866-1867).

49. *Ibid.*, p. 1904.

50. W. F. KIMBALL, *Churchill and Roosevelt*, t. III, p. 129.

51. Churchill à Roosevelt, 27 mai 1944 *(ibid.*, p. 148).

52. Selon la formule de l'historien anglais J. G. Hurstfield.

53. Cl. HETTIER DE BOISLAMBERT, *Les Feux de l'espoir*, p. 430.

54. Le délégué du C.F.L.N. auprès de la B.B.C., J.-J. Mayoux, a pu, avec l'accord du Foreign Office, annoncer dans l'émission radiodiffusée du 9 mai au soir : « En écoutant *Les Français parlent aux Français*, vous entendrez des voix autorisées et l'écho direct des décisions prises par *votre gouvernement.* »

36. UN CERTAIN 6 JUIN

1. C'est la thèse que développe, non sans acrimonie envers de Gaulle, l'éminent historien L. WOODWARD dans sa monumentale histoire diplomatique de l'Angleterre en guerre (*British Foreign Policy*, t. III, p. 5 1).

2. *L'Unité*, p. 694.

3. A. EDEN, *Mémoires*, t. III, p. 458.

4. Les deux principales sources françaises des entretiens du 4 juin 1944 sont *L'Unité*, pp. 223-224, et les souvenirs du général

A. Béthouart, Cinq *années d'espérance*, pp. 240-244. Le récit le plus complet est celui de Fr. Kersaudy *(De Gaulle et Churchill*, pp. 290-295), qui a disposé des comptes rendus britanniques.

5. Fr. Kersaudy, *De Gaulle et Churchill*, p. 292, d'après NA, FO 954/9.

6. *L'Unité*, pp. 223-224.

7. A. Béthouart, Cinq *années d'espérance*, p. 243.

8. *L'Unité*, p. 224.

9. L. Woodward, *British Foreign Policy*, t. III, p. 56, d'après le compte rendu original britannique.

10. A. Béthouart, Cinq *années d'espérance*, p. 245.

11. USNA, State Dept. 851.01/3 758. Le projet initial rédigé par l'état-major d'Eisenhower contenait le paragraphe suivant : « Je serai secondé dans ma tâche par des représentants et des experts français appartenant à la mission militaire française. Cette mission a été attachée auprès de nous à ma demande par le C.F.L.N. qui, appuyé par l'Assemblée nationale consultative, a vaillamment soutenu la cause de la liberté française et dont le président vous a fait un vibrant appel avec lequel je suis pleinement d'accord. »

12. Voir chap. 29, pp. 1001-1002.

13. AN, Fla/3835 et 3836 ; Cl. Hettier de Boislambert, *Les Feux de l'espoir*, p. 238.

14. USNA, RG 331, SHAEF G3, Op. « C » Section, Box 128.

15. A. Cadogan, *Diaries*, p. 634.

16. Stephen Ambrose, *Eisenhower, op. cit.*, t. I (p. 808, n. 30), p. 167.

17. Le récit de cette nuit dramatique, fait le 6 juin au matin par Pierre Viénot à son collaborateur et ami Jacques Kayser et immédiatement retranscrit, a été publié par *Le Monde*, 6 juin 1974, p. 13. Les épisodes relatés ici y sont empruntés.

18. A. Gillois, *Histoire secrète des Français à Londres*, p. 24.

19. J. Charmley, *Duff Cooper*, p. 179.

20. Cl. Hettier de Boislambert, *Les Feux de l'espoir*, p. 436.

21. NA, Prem.3/177/4, f° 488.

22. Sur cet épisode, cf. A. Cadogan, *Diaries*, p. 635 ; Bruce Lockhart, *Comes the Reckoning*, Londres, Putnam, 1947, pp. 301-305 ; A. Gillois, *Histoire secrète des Français à Londres*, pp. 25-31. L'appel du Général est diffusé à 17 h 30, et de nouveau à 19 h 30, 21 h 35, 0 h 30 et 1 h 30 du matin.

23. *DM*, p. 407.

24. W. F. Kimball, *Churchill and Roosevelt*, p. 170. Churchill télégraphie le 7 juin à Roosevelt : « Son discours est d'autant plus remarquable qu'il n'a pas un seul soldat dans la bataille en cours »

(*ibid.*, p. 171). Ce qui ne l'a pas rendu plus indulgent pour « les faiblesses et les excès » [sic] de De Gaulle et ne l'a pas empêché, une demi-heure après l'émission, de téléphoner à Eden pour lui redire que de Gaulle devait s'en aller.

37. DE BAYEUX À WASHINGTON

1. AN, 72 AJ/410.
2. R. Mayer, *Études, témoignages, documents*, p. 318.
3. *L'Unité*, pp. 643-644.
4. E. Barker, *Churchill and Eden at War*, p. 109.
5. Télégramme à Queuille et Massigli, 9 juin 1944, dans *L'Unité*, pp. 642-643.
6. Sur les premières semaines à Bayeux, cf. SHAT, 8P/2, et Fr. Coulet, *Vertu des temps difficiles*, pp. 28-259 ; également, Raymond Triboulet, *Un gaulliste de la IVᵉ*, Paris, Plon, 1985.
7. Fr. Coulet, *Vertu des temps difficiles*, p. 228.
8. *Ibid.*, pp. 229-230.
9. *Ibid.*, p. 231.
10. *L'Unité*, p. 231.
11. Lettre à Massigli, 16 juin 1944, MAE, Alger, 1480.
12. En juillet, à mesure que la zone s'élargira, de nouveaux journaux y verront le jour sous l'impulsion du chef en France de la section presse-radio-cinéma de la Mission française de liaison, Lepêtre. Cf. Jean-Philippe Lepêtre, « 1944 : la résurrection de l'État, le retour à la liberté de la presse », *Espoir*, n° 98, juillet 1994.
13. USNA, State Dept., Intelligence Reports 1941/61, RG 59, M 1221, n° 2375.
14. AN, F11a/3727. Aux termes de l'accord conclu localement et que les deux parties s'engagent à maintenir confidentiel, les caisses publiques continueront d'accepter la « monnaie complémentaire », étant entendu que les forces alliées en assureront l'échange contre des billets de banque français. Accord confirmé et officialisé à Londres grâce au chef de la mission Finances, Gabriel Ardant.
15. Viénot à Massigli, 16 juin 1944, MAE, Alger, 1480.
16. Général A. Béthouart, *Cinq années d'espérance*, p. 252.
17. Cf. Instruction manuscrite du général de Gaulle en date du 15 juin 1944, SHAT, 8P/1 ; compte rendu de la réunion du 16 juin 1944 entre le général Béthouart et le général Bedell Smith, SHAT,

13 P/2 ; Minutes of Meeting, SHAEF/OCS, 17.6.44., USNA, RG 331, SHAEF, G-3 Div., « C » Section 1943-1945,091-711-5, Box 128 ; du général Kœnig au chef d'état-major de la Défense nationale, 20 juin 1944, SHAT, 13 P/2.

18. *Ibid.*, SHAT, 13P/2.

19. K. Munholland, « The United States and the Force French », art. cité t. I (p. 810, n. 55). Le 16 juin, ils ont télégraphié à Roosevelt que l'accueil fait à de Gaulle en France avait été « cordial et enthousiaste » *(cordial and fairly enthusiastic)* (USNA, War Department, RG.218, Records of the Joint Chiefs of Staff, Chairman's File Admiral Leahy 1942-48, Folders 20-25).

20. J. G. Hurstfield, *America and the French Nation*, p. 213.

21. Viénot à Massigli, MAE, Alger, 1480. Cf. aussi L. Woodward, *British Foreign* Policy, t. III, p. 66. Les quatre projets portent sur les affaires administratives et juridictionnelles, la monnaie, l'aide mutuelle et l'information ; ils doivent être validés par un échange de lettres entre Eden et Viénot.

22. L'affaire serait réglée, dans le cadre d'un accord général d'aide mutuelle, par une disposition reconnaissant les Français comme l'autorité émettrice et stipulant qu'ils mettraient à la disposition des forces alliées les montants de monnaie française que celles-ci leur demanderaient. Les réserves de billets français trouvées à la Banque de France de Cherbourg permettront de faire face aux demandes.

23. MAE, Alger, 1465.

24. FDRL, PSF Diplomatic, « De Gaulle, Charles », Box 31. Le mémorandum est calqué sur un télégramme du général de Gaulle à Hoppenot (*L'Unité*, pp. 648-649).

25. Henry L. Stimson et McGeorge Bundy, *Faut-il recommencer la guerre ?*, Paris, L'Élan, 1949, p. 349.

26. « Notes to visit to United States of General de Gaulle », USNA, Operations Division, War department General Staff, Records section, OPD 336 France, Box 926.

27. Témoignage recueilli par l'auteur. J. Lacouture donne une version voisine *(De Gaulle*, t. I, p. 797).

28. « Notes to visit to United States... », cité *supra* (p. 1246, n. 26).

29. *L'Unité*, pp. 237-238.

30. À un journaliste qui lui demande si, selon lui, « les États-Unis ont l'intention de porter atteinte à la souveraineté française », il répond : « Je suis convaincu que ni le Président américain, ni le gouvernement américain, ni le peuple américain n'ont l'intention d'annexer aucun territoire français, et tous les Français sont con-

vaincus de cela. Mais l'organisation de la sécurité internationale, qui intéresse tous les territoires, et en particulier les territoires français, pourra donner lieu à des discussions amicales » (cité par J. LACOUTURE, *De Gaulle*, t. I, p. 794).

31. *LNC 1943-1945*, p. 262.

32. FDRL, Map Room, France, Civil Affairs, Box 31.

33. Les négociations sur le texte des accords Eden-Viénot traînèrent encore un mois à Washington. C'est seulement le 25 août que les accords furent signés par Eden et Massigli à Londres et quelques jours plus tard, en termes identiques, par Eisenhower et Kœnig en France. C'était, estimait-on à Washington, un simple arrangement entre militaires, mais qu'on appliquait sur le terrain depuis six semaines et qui reconnaissait la France comme un allié pleinement indépendant.

34. Bertrand GOLDSCHMIDT, *Le Complexe atomique*, Paris, Fayard, 1980, pp. 71-72.

38. QUAND LA RÉSISTANCE ARMÉE SE DÉVOILE

1. Les messages conventionnels « Les sanglots longs des violons de l'automne » et « Bercent mon cœur d'une langueur monotone », (citation fautive de Verlaine), connus des Allemands et repérés dans la soirée du 5 juin à Paris par la section radio de leur contre-espionnage, le « S.D. », visaient le seul réseau « Ventriloque », contrôlé par le S.O.E. et actif dans l'Indre, qui devait en conséquence exécuter des sabotages ferroviaires. Le S.D. donna l'alarme, croyant qu'il s'agissait de l'ordre d'action généralisée accompagnant le débarquement des alliés. La chance de ceux-ci voulut qu'en l'absence de Rommel, parti en permission, la VIIe armée allemande, chargée de défendre la Normandie, ne prît aucune précaution.

2. Les archives écrites de la B.B.C. sont probantes à ce sujet. Information recueillie lors d'un entretien avec Sylvie Young et lord Paddy Ashdown, en relation avec l'ouvrage que prépare ce dernier sur les événements du Vercors de 1941 à 1944, *A Terrible Victory*, à paraître à Londres en 2014 aux éditions Collins Publishers.

3. M. FOOT, *S.O.E, an Outline History, 1940-1946*, p. 226.

4. Le colonel Passy rapporte que les généraux Gubbins et Mocklar Ferryman (du S.O.E.) et le colonel David Bruce (de l'O.S.S.) sont venus en informer Kœnig en sa présence. Cf. André DEWAVRIN (colo-

nel Passy), *Le Journal de Neuilly*, numéro spécial, juin 1994. La version que donne Michael Foot d'après le témoignage, recueilli en 1978, du général Mocklar Ferryman, est différente (*S.O.E., an Outline History*, p. 226). Le silence public de Kœnig et de De Gaulle ne valait en tout cas aucunement approbation, contrairement à ce qu'écrit H. Noguères (*Histoire de la Résistance en France*, t. V. pp. 34-37). Je peux témoigner, pour ma part, de la stupeur et de l'incompréhension du commissariat à l'Intérieur les 5 et 6 juin.

On notera que le S.O.E. avait fait diffuser une première fois une suite de messages d'alerte « par erreur » le 1er mai.

5. Selon le témoignage écrit, recueilli par l'auteur, du général Le Ray, l'un des chefs du maquis de l'Isère, qui eut à ce sujet, après la guerre, un échange de correspondance avec Kœnig.

6. S. Albertelli, *Les Services secrets du général de Gaulle*, *op. cit.*, p. 497.

7. Retard qui semble également dû, au moins dans la première phase, aux incertitudes du commandement allemand, ensuite aux bombardements de l'aviation alliée alertée par la Résistance locale.

8. Général Kœnig, *Historique succinct des F.F.I.*, SHAT, 13P/2 ; War Cabinet, S.O.E. Assistance to Overlord, NA, CAB.66/56, W.P.(44) 570.

Pour ce qui est de la division *Das Reich*, unité d'élite qui avait enfoncé le front russe à Smolensk et défendu victorieusement le bassin du Donetz, l'historien allemand E. Jäckel a ramené la légende à ses justes proportions dans son ouvrage *La France dans l'Europe de Hitler* (pp. 458-460). Il reste que l'ordre donné à la division d'écraser en cours de route les « bandes », c'est-à-dire la Résistance, lui a imposé un itinéraire plus long et une progression échelonnée, sans doute un retard de l'ordre de deux jours.

Le trouble du commandement allemand à ce sujet apparaît clairement dans les extraits du « Journal de marche du groupe d'armées G », choisis et traduits par le général de Nanteuil et le commandant Even, Vincennes, SHAT, 1974.

9. AN, 3 AG2/413/5.

10. *Ibid.*

11. Yves Martin, *L'Ain dans la guerre 1939-1944*, Le Coteau, Horvath, 1989, p. 183.

12. AN, 72 AJ/409.

13. AN, 3 AG2/413/5.

14. *VL*, t. V, pp. 54-59.

15. Télégramme reçu le 12 juin 44, SHAT, 13P/1.

16. Reproduit dans H. Noguères, *Histoire de la Résistance en France*, t. V, p. 158.

17. Ordonnance du 9 juin 1944 fixant le statut des F.F.I., *JORF*, 10 juin. Cf. *VL*, t. V, p. 60. Et le lendemain est constitué au commissariat de la Guerre un bureau F.F.I. avec deux résistants de marque alors à Alger, Chevance-Bertin et Guillain de Bénouville.

18. Suivant l'appréciation pondérée d'un ancien commandant en 1944 des F.F.I. de l'Isère, le général Alain Le Ray, dans la revue *Le Pionnier*, et du colloque sur « Le rôle des maquis dans la Libération de la France », Paris, Sénat, 19 octobre 1994. Sur le drame, ses raisons plausibles et les polémiques ultérieures, cf. notamment Gilles VERGNON, *Le Vercors. Histoire et mémoire d'un maquis*, Paris, Éditions de l'Atelier, 2002.

19. AN, 72 AJ/512.

20. L'accord sur cette clause, acquis le 17 juin, n'aboutit à un accord en bonne et due forme que le 7 juillet.

Les diplomates américains associés à la négociation exigèrent que le gouvernement provisoire reste désigné comme le « C.F.L.N. ».

21. La section londonienne de l'ex-B.C.R.A., le « B.R.A.L. » subsiste, mais cantonnée dans l'activité de service de renseignements.

22. Cf. G. BERTRAND, *Enigma, op. cit* t. I (p. 761, n. 5), et F.H. HINSLEY, *British Intelligence*, vol. I, pp. 487-495.

23. Sous leurs ordres, la zone nord est confiée aux commandants Galimand et Mouchon, la zone sud au commandant Lejeune.

24. Tels Galimand, Bertrand et Lejeune. Passy demandera au plus tôt à être parachuté en Bretagne.

25. M. FOOT, *Des Anglais dans la Résistance. Le service secret britannique d'action (SOE) en France, 1940-1944*, Paris, Tallandier, 2008, pp. 95 et 517-518.

26. SHAT, fonds Ziegler, 1K/374.

27. Ces chiffres comprennent les parachutages faits au bénéfice des paratroupes du S.A.S. sur les arrières allemands, soit 657 sorties entre juin et septembre avec livraison de 3 609 containers. Cf. M. FOOT, *S.O.E. in France*, pp. 473-474 ; AN, 3 AG2/204.

28. Cf. *Les Réseaux Action*, pp. 265-266.

29. Containers de 150 kilos, colis de 45 à 50 kilos.

30. AN, 72 AJ/83. Pour autant qu'on puisse concilier les différentes sources.

31. AN, 72 AJ/1901 ; Fla/3727.

32. L'effectif total des *jedburghs* parachutés comprend 109 Français, 88 Britanniques et 78 Américains. Sur leur action, William Irwin, *Les Jedburghs. L'histoire secrète des Forces spéciales alliées en 1944*, Paris, Perrin, 2008.

33. C'est en septembre 1940 que Muselier avait créé la « Ière compagnie d'infanterie de l'air » de la France Libre, commandée par le capitaine Bergé. Ses membres s'étaient illustrés en 1941, en France occupée, par le sabotage de Pessac (voir t. I, chap. 10, pp. 305-306), puis en Libye sur les arrières de Rommel, en Crète, où Bergé fut fait prisonnier, en Tripolitaine, en Tunisie et en Italie. Cf. Georges CAITUCOLI, « L'épopée des S.A.S. », *RFL*, n° 287, 1994/111.

34. Rapport S.F.H.Q. du 7 septembre 1944 cité par M. FOOT, *S.O.E. in France*, p. 402.

35. M. FOOT, *Des Anglais dans la Résistance*, p. 545 ; H. NOGUÈRES, *Histoire de la Résistance en France*, t. V, p. 80.

36. Cf. R. LEROUX, « Le combat de Saint-Marcel », *RHDGM*, juillet 1964 ; général KŒNIG, *Historique succinct des F.F.I.*, SHAT, 13P/2. *Dictionnaire historique de la Résistance*, pp. 761-762. Sur l'extension et la réorientation de l'aide à la Résistance bretonne, voir chap. 39, p. 1281-1284.

37. Tels H. NOGUÈRES, dans son *Histoire de la Résistance en France*, et plusieurs mémorialistes communistes.

38. AN, 72 AJ/512.

39. Séance du 29 juin 1944, AN, 72 AJ/3.

40. Mémoire présenté par le Front national, 1^{er}juillet 1944, AN, 72 AJ/3.

41. Télégramme de Londres à Alger, AN, 72 AJ/1901.

42. Extraits empruntés aux procès-verbaux des séances, AN, 72 AJ/3 et SHAT, 13 P/1.

43. Télégrammes des 13 et 18 juillet 1944, AN, 72 AJ/235.

44. Seul parmi les mouvements de résistance, le Mouvement de libération nationale, pris en main par Pascal Copeau et le communiste Degliame-Fouché, soutient les prétentions du C.O.M.A.C. Le bureau du Conseil national de la Résistance, devant l'impossibilité d'un vote unanime, décide de procéder à une consultation écrite de ses membres (AN, 3 AG2/411/5/93).

45. Voir chap. 26, p. 922, et note 67, p. 1359.

46. Cf. Constantin [Bidault] à Villiers [D. Mayer], 14 juillet 1944, AN, 450 AP/2.

47. Télégramme de Londres à Alger du 27 juillet, AN, 72 AJ/1901.

48. Kœnig rappelle à l'ordre fin juin le général Revers, chef de l'Organisation de résistance de l'armée, qui semble vouloir n'en faire qu'à sa tête et s'associer par anticommunisme à des « tractations politiques douteuses », en liaison avec un certain « Comité des corps élus de la nation » (voir à ce propos chap. 35, n. 26, pp. 1401-1402). Le Foreign Office et l'état-major d'Eisenhower appuient totalement Kœnig en la circonstance (AN, 3 AG2/413).

Chaban, lors d'un voyage rapide à Londres le 11 août, rassure ses interlocuteurs français libres : « Revers se rend parfaitement compte de la faiblesse de la position O.R.A. dans le pays et ne cherche pas à obtenir pour l'O.R.A. des pouvoirs ou une influence politique qu'elle n'est pas capable d'exercer. Revers n'ignore pas que si la question de l'O.R.A. vient à être posée, elle deviendrait une question de force et serait vite tranchée » (AN, 72 AJ/1902).

Malgré des difficultés locales, les officiers de l'O.R.A. prendront pleinement leur part aux combats de la Libération, comme l'a montré A. de DAINVILLE, *L'O.R.A. La résistance de l'Armée*.

39. LES LIBÉRATIONS

1. Héroïsme et sacrifices méconnus, unité oubliée. Cf. Stéphane SIMONNET, *Commandant Kieffer. Le Français du Jour J*, Paris, Tallandier, 2012, notamment pp. 194-282 ; « Cinquantenaire des débarquements », *RFL*, n° 287, 1994/3, et Guy HATTU, *Journal d'un commando français*, Troyes, Librairie Bleue, 1994.

2. Sur la constitution et le transport de la division, cf. général J. COMPAGNON, *Leclerc, maréchal de France*, pp. 331-366.

3. Leclerc, dans une lettre du 21 août 1944 à de Gaulle, fait état de 80 chars ennemis homologués détruits. Le général DE BOISSIEU, dans *Pour combattre avec de Gaulle* (p. 244), précise comme suit les pertes allemandes : 4 500 tués, 8 800 prisonniers, 117 chars, 25 canons automoteurs et 700 véhicules détruits ou capturés.

4. Comme le souligne A. KASPI, dans *La Libération de la France*, p. 68.

5. Ainsi que des unités non endivisionnées, tabors marocains, commandos d'Afrique et bataillon de choc.

6. Général SAINT-HILLIER, « La Ire armée française dans la libération de la France », *Espoir*, n° 47, juin 1984, p. 38.

7. C'est seulement en janvier 1945 qu'Anvers deviendra le port principal des forces alliées. Cf. A. L. FUNK, « Considérations stratégiques sur l'invasion du sud de la France », dans *La Guerre en Méditerranée, op. cit. supra* (p. 971, n. 49), pp. 461-462.

8. Général D. EISENHOWER, *Croisade en Europe*, p. 348.

9. Cf. Journal des marches et opérations du commandement des F.F.I. en Bretagne (4 juillet-10 septembre 1944), SHAT, 13P/34, et *Libération de la Bretagne*, étude du général Éon, SHAT, 13P/35 :

deux relations hyperboliques des événements ; M. Blumenson, *La Libération*, p. 557 *sq.* ; Marcel Baudot, *Libération de la Bretagne*, Paris, Hachette, 1973, pp. 152-153.

10. Les 373 défenseurs de l'îlot voisin, Cézembre, ne baisseront les armes que le 2 septembre.

11. Généraux Eisenhower, Maitland Wilson et Montgomery, *Les Opérations en Europe du corps expéditionnaire allié*, p. 80.

12. Cf. chap. 33, pp. 1127-1128.

13. *DM*, pp. 436-438.

14. Général De Lattre de Tassigny, *Histoire de la Iʳᵉ armée française*, p. 35.

15. Sur le rôle de la Résistance armée et ses dessous, cf. le livre exemplaire d'A. L. Funk, *Les Alliés et la Résistance*, p. 195 *sq.*

16. F.H. Hinsley, *British Intelligence*, vol. III, pp. 272-274.

17. Récit du général Aller, dans Comité d'histoire de la Deuxième Guerre mondiale, *La Libération de la France*, pp. 469-472 ; son témoignage, AN, 72 AJ/66. Sur la coopération entre les forces débarquées et les maquis du Sud-Est, et notamment l'aide que ceux-ci ont apportée au « combat command » de la VIIᵉ armée américaine dans sa marche vers Grenoble, cf. Paul Gaujac, *La Guerre en Provence, 1944-1945*, Lyon, Presses universitaires de Lyon, 1999.

18. Sur Livron, cf. *Les Réseaux Action*, pp. 277-281 ; sur la bataille de Montélimar, J. Clarke et R. Ross Smith, *Riviera to the Rhine*, p. 167 *sq.*

19: AN 3 AG2/457.

20. J. Soustelle, *Envers et contre tout*, t. II, pp. 399-400 ; SHAT, 13P/14 ; A. L. Funk, « De Gaulle, Eisenhower et la Résistance en 1944 », *Espoir*, n° 79, mars 1992.

21. Décision SGC/928 du général de Gaulle, 2 juillet 1944, SHAT, 13P/1.

22. USNA, RG 331 SHAEF, G.3 Div., « C » Section, 1943-45, 370-4-3 Op/C, Box 130. Le soupçon d'arrière-pensées politiques de la part de certains décideurs américains n'était pas totalement dénué de fondement. Avant le rejet du plan Caïman, le 20 juillet 1944, le bureau des opérations de S.H.A.E.F. avait fait valoir auprès du général Bedell Smith l'argument complémentaire suivant (*ibid.*, 370-4-2 Op/C to 370-6) : « Le colonel Billotte n'est pas *persona grata* à nos yeux pour ce commandement étant donné son peu d'expérience militaire et sa totale inexpérience d'un commandement de cette nature. On peut aussi se demander s'il obéira à S.H.A.E.F. et au général Kœnig ou ne prendra pas directement ses ordres de De Gaulle, à l'état-major particulier duquel il appartient. Ce qui aurait

pour effet de remettre la Résistance du sud de la France au commandement personnel de De Gaulle »

23. AN, 72 AJ/1901.

24. Sur le déroulement de ces actions et le climat du Sud-Ouest, cf. S. RAVANEL, *L'Esprit de la Résistance*, pp. 304-320. Sur le rôle de George Starr (*Hilaire*) et les combats du Gers, outre l'ouvrage de M. FOOT, *Des Anglais dans la Résistance*, cf. Jacques POTET (dir.), *Le Bataillon de guérilla de l'Armagnac*, Panjas, Amicale du Bataillon de l'Armagnac, 2002 ; et Raymond ESCHOLIER, *Maquis de Gascogne*, Genève, Milieu du monde, 1945.

25. D'après le compte rendu (dans *Espoir*, n° 104, novembre 1995) du livre de Claude MONOD, *La Région D. Rapport d'activité des maquis de Bourgogne-Franche-Comté*, Saint-Étienne-Vallée française, A.I.O.U., 1994.

26. Ce qui a pu être considéré comme un fait d'armes par l'historiographie allemande ainsi que par l'historien américain D. WINGEATE PIKE, « La retraite des forces allemandes du sud-ouest de la France », *GMCC*, n° 164, octobre 1991, p. 72.

27. Ph. BUTON, *Les lendemains qui déchantent*, p. 107.

28. Cf., *ibid.*, pp. 82-106.

29. Dans quelques départements, le préfet désigné est récusé : ces querelles n'affectent nulle part l'obéissance au gouvernement provisoire.

40. « PARIS, AH ! PARIS... »

1. Télégramme reçu le 16 août 1944, AN, 72 AJ/235.

2. Télégramme du 14 août de la délégation en zone sud, *L'Unité*, p. 701 ; télégrammes Boris à Belladone (Parodi), 17 août 1944, AN, 72 AJ/235 ; d'Astier à Mazières (Ingrand), AN, 72 AJ/1923.

3. *L'Unité*, pp. 291-292.

4. F. C. POGUE, *The Supreme Command*, p. 240.

5. M. BLUMENSON, *La Libération*, p. 821.

6. Entretien Chaban-Boris, 11 août 1944, AN, 72 AJ/1902 ; conférence de J. CHABAN-DELMAS, « 40e anniversaire de la libération de Paris », *Espoir*, n° 51, juin 1985.

7. AN, 72 AJ/1901 ; Fla/3723.

8. *LNC 1943-1945*, p. 275.

9. Télégramme Merlin (d'Astier) à Quartus (Parodi), d'Alger, 17 août 1944, AN, 72 AJ/1901.

10. Télégramme de Belladone, AN, 72 AJ/235.

11. A. Dansette, *Histoire de la libération de Paris*, p. 373. Le 19 août, Chaban, en accord avec Parodi et le colonel Ély, renouvelle la demande presque dans les mêmes termes : « Nécessaire que vous interveniez pour demander l'occupation rapide de Paris. Si impossible, il serait urgent [...] d'avertir la population de façon nette pour éviter un second Varsovie » (SHAT, fonds Ziegler, 1K/374/3, source irremplaçable de la chronologie des messages).

Tous les regards, à Londres, sont fixés sur Varsovie qui s'est soulevée au début d'août contre les occupants allemands et que depuis trois semaines les troupes russes, à portée de la ville, ne secourent pas. Le 20 août, Churchill et Roosevelt pressent en vain Staline de hâter l'avance de ses troupes. Varsovie abandonnée sera noyée dans le sang.

12. Le 18 août, Parodi télégraphie que le C.N.R. décidera vraisemblablement le lendemain 19 l'ordre de soulèvement dans la capitale, mais c'est seulement le 20 août à 20 heures que l'état-major F.F.I. à Londres en reçoit la nouvelle (SHAT, 1K/374/1).

13. Cf. A. Dansette, *Histoire de la libération de Paris*, pp. 371-373.

14. Décision nécessaire pour maintenir l'unité de la Résistance, expliquera Parodi (Fr. Crémieux, *La Vérité sur la libération de Paris*, pp. 40-48).

15. A. Dansette, *Histoire de la libération de Paris*, p. 152.

16. Klaus J. Muller, « Le développement des opérations du groupe d'armées B », *in* Chr. Levisse-Touzé, *Paris 1944*, pp. 104-111 ; M. Blumenson, *La Libération*, p. 831.

17. *L'Unité*, pp. 295-297.

18. *L'Unité*, pp. 702-703. Il ne soupçonne pas davantage le début d'insurrection et l'étrange situation due à la trêve lorsqu'il télégraphie à *23* heures au gouvernement à Alger (*ibid.*, p. 703).

19. A. Chandler, *The Papers of D. Eisenhower*, p. 2088. On souhaiterait pouvoir vérifier l'heure de rédaction et l'heure d'envoi de ce télégramme.

20. Fonds Ziegler, SHAT, IK/374 ; M. Blumenson, *La Libération*, p. 839 ; A. Dansette, *Histoire de la libération de Paris*, p. 252.

21. Il écrit au crayon à l'attention de Bedell Smith, son chef d'état-major, sur la lettre de De Gaulle. « J'ai parlé de cela à Kœnig. Il semble maintenant que nous soyons forcés d'entrer dans Paris. Bradley et son 2e Bureau pensent que nous le pouvons et le *devons* » (A. Chandler, *The Papers of D. Eisenhower*, p. 2089).

22. Général D. Eisenhower, *Croisade en Europe*, p. 346.

23. M. BLUMENSON, *La Libération*, pp. 839-843. Au quartier général de Bradley se trouve depuis le matin le commandant Gallois-Cocteau, chef d'état-major de Rol-Tanguy, que celui-ci a envoyé le 20 août de Paris pour alerter les Américains et qui y a conféré avec les chefs du 2ᵉ Bureau de Bradley, puis avec Leclerc. L'influence qu'a pu avoir la mission Gallois sur la prise de décision reste controversée : cf. les témoignages de Rol-Tanguy et du général de Boissieu *in* Chr. LEVISSE-TOUZÉ (éd.), *Paris 1944*, pp. 80-83. Il semble, comme le pense le général de Boissieu et comme conclut A. KASPI *(La Libération de la France*, p. 125), qu'elle ait confirmé des renseignements que détenait l'état-major allié et n'ait pas suscité une décision déjà prise. L'étude critique des dossiers de renseignements reçus par l'état-major Eisenhower et par le 2ᵉ Bureau de Bradley reste à faire.

24. Leclerc a pris sur lui la veille au soir 21 août de lancer vers Paris un détachement précurseur sous les ordres du lieutenant-colonel de Guillebon, à la fureur de son supérieur américain, le général Gerow. Ce ne sera ni la première ni la dernière de ses initiatives ou de ses « désobéissances » en vue d'atteindre l'objectif que lui a attribué de Gaulle, Paris. André Kaspi note qu'en dépit de ses accrochages avec Gerow le haut commandement américain a toléré de lui ce qu'il n'aurait jamais admis d'un général américain.

25. D'autant que les services secrets alliés ont décrypté, ce même 24 août, le radiogramme allemand transmettant l'ordre qu'avait donné Hitler de tenir Paris, même au risque de le détruire (F.H. HINSLEY, *British Intelligence*, vol. III, p. 371).

26. Véhicules de combat tout terrain semi-chenillés, blindés sur les côtés, transport normal de l'infanterie et du génie.

27. R. DRONNE, *Carnets de route d'un croisé de la France Libre*, pp. 329-337.

28. Emmanuel MÖNICK, *Pour mémoire*, Paris, 1970, p. 133.

29. Général A. COMPAGNON, *Leclerc, maréchal de France*, p. 406.

30. Cf., sur ces événements, colonel Maurice COURDESSES, « Les combats de la 2ᵉ division blindée dans Paris », *in* Chr. LEVISSE-TOUZÉ (éd.), *Paris 1944*, pp. 298-315.

31. AN, 549 AP/4/2.

32. Texte originel radiodiffusé, *VL*, t. V, pp. 214-216. Par une décision inhabituelle, le Général a supprimé la partie politique de son allocution dans *L'Unité*, pp. 711-712, et dans l'édition authentifiée de ses *Discours*, pp. 439-440.

33. *L'Unité*, pp. 307-308.

34. Léo HAMON, *Vivre ses choix*, Paris, Laffont, 1991, p. 209.

35. René RÉMOND, *Notre siècle, 1918-1988*, Paris, Fayard, 1988, p. 344. Cf. Pierre LABORIE, *in* Chr. LEVISSE-TOUZÉ, « Les manifestations du 26 août », *Paris 1944*, pp. 377-386.

36. A. DANSETTE, *Histoire de la libération de Paris*, pp. 326-327.

37. *Life*, 11 septembre 1944, cité par Mario Rossi, « Les réactions anglo-américaines... », *in* Chr. LEVISSE-TOUZÉ (éd.), *Paris 1944*, p. 407.

ÉPILOGUE

1. Sur l'épisode de ce communiqué « où rien n'était absolument faux ni rien absolument vrai », cf. *VL*, t. V, p. 202 *sq.* ; A. DANSETTE, *Histoire de la libération de Paris*, p. 255 ; A. GILLOIS, *Histoire secrète des Français à Londres*, pp. 369-371 ; Marcel BLEUSTEIN-BLANCHET, *Les Ondes de la liberté*, Paris, J.-Cl. Lattès, 1984, p. 270 *sq* ; Jean-Louis Crémieux-Brilhac, *Georges Boris*, pp. 298-303.

2. De Gaulle a contesté en avoir fait la demande. Les sources américaines ne laissent aucun doute sur celle-ci.

3. *DM*, pp. 443-451.

4. *Le Salut*, p. 6.

5. La formule, due à Maurice Schumann au printemps 1943, a été plus d'une fois reprise par les *leaders* socialistes.

6. Cf. colonel P. LE GOYET, « Quelques aspects du problème militaire pendant la libération du territoire », *in* Comité d'histoire de la Deuxième Guerre mondiale, *La Libération de la France*.

7. Ainsi le commandant F.F.I. de la région M comprenant quatorze départements de l'Ouest normand, breton et vendéen, décide le 6 septembre 1944 : « 1) de tenir bon et de résister à la dissolution des états-majors F.F.I. ; 2) de suspendre toutes les opérations d'engagement et d'incorporation ; 3) de continuer la lutte contre l'ennemi sans accepter le contrôle des commandements militaires territoriaux ».

« Tous nos cadres et nos troupes », écrit-il au chef d'état-major national F.F.I., le communiste Malleret-Joinville, « sont prêts à seconder les efforts de l'état-major national, du C.O.M.A.C. et du C.N.R. Considérez que vous avez 85 000 hommes derrière vous. » Le 14 septembre, Malleret-Joinville confirme aux états-majors F.F.I. de toutes les régions militaires que telle est bien sa position et celle du Comité militaire de la Résistance. Cf. P. DURAND, *Joseph et les hommes de Londres*, pp. 241-245.

8. Cf. *Le Salut*, p. 13 ; S. RAVANEL, *L'Esprit de résistance*, pp. 378-398 ; M. FOOT, *Des Anglais dans la Résistance*, pp. 562-563.

9. A. PEYREFITTE, *C'était de Gaulle*, *op. cit.* t. I (p. 814, n. 90), pp. 142-143.

10. *Life*, 11 septembre 1944.

11. Catroux a toutefois tenu, avant de quitter son poste ministériel, à faire créer un Comité interministériel pour l'Afrique du Nord rattaché directement au secrétariat général du gouvernement provisoire et à qui de Gaulle demande de l'informer « immédiatement et très exactement » de la situation du ravitaillement en Afrique du Nord. Cf. [général] Georges SPILLMANN, *De l'Empire à l'Hexagone*, Paris, Perrin, 1981, pp. 221-224.

12. La signature du pacte franco-soviétique de sécurité mutuelle a pour contrepartie l'envoi d'observateurs officieux auprès du Comité polonais libre de Lublin, rival du gouvernement polonais de Londres. Cf. la mise au point d'É. BURIN DES ROZIERS, *Espoir*, n° 50, mars 1985, p. 65. Mais Staline a donné comme instructions à Thorez de rester dans la voie de la légalité, tout en cachant les armes détenues par les milices du parti, de jouer le jeu de l'union nationale et d'appeler à la reconstruction. Cf. « Entretien de Staline avec le secrétaire général du P.C.F. le camarade Thorez », 19 novembre 1944, *Communisme*, n° 45/46, 1996.

13. *Espoir*, n° 48, p. 56.

14. Fonds Jouve, AN, 549 AP/5.

15. Ce qui inspirera quelques mois plus tard à Philippe Viannay, fondateur du mouvement de résistance Défense de la France — qui, à vrai dire, n'a jamais été très gaulliste —, un pamphlet amer sous le pseudonyme Indomitus, *Nous sommes les rebelles* : « Si le gouvernement veut essayer de tuer la Résistance, il suffit qu'il aille jusqu'au bout de la logique du système déjà amorcé, *il lui suffit de jouer la nation contre la Résistance*. C'est-à-dire qu'il lui suffit, sur le plan intérieur, *de prendre la suite du gouvernement Pétain* [...]. Les désirs secrets de beaucoup, parmi la population, vont encore vers ce qu'il représentait. Une telle politique recevrait l'adhésion en masse des bien-pensants » (cité par J. LACOUTURE, *De Gaulle*, t. II, pp. 28-29).

16. Comme l'a souligné Ch.-L. FOULON, *Le Pouvoir en province à la Libération*, p. 219.

17. Fr. de TARR, *Henri Queuille en son temps*, *op. cit.* t. I (p. 820, n. 67), p. 464.

18. Général de Gaulle, *Mémoires d'espoir*, Paris, Pion, 1970, I, p. 23. La phrase s'applique à la situation de 1958 ; je ne doute pas qu'elle ait correspondu aussi bien à sa pensée de 1945.

19. J. Marin, *Petit bois pour un grand feu*, p. 538.

20. *The Last Great Frenchman*, par C. Williams, historien et lord travailliste.

21. Paul Thibaud, « La République et ses héros », *Esprit*, n° 198, 1994/1, p. 83.

22. René Rémond, « De Gaulle », *in* Jean-Pierre Azéma et François Bédarida, *1938-1948. Les années de tourmente de Munich à Prague. Dictionnaire critique*, Paris, Flammarion, 1995.

23. Sur ce « cas étrange d'une mémoire historique mythifiée », cf. Pierre Nora, « Gaullistes et communistes », *Les Lieux de mémoire*, Paris, Gallimard, t. III, vol. 1, 1992, p. 348 *sq*. Cf. également Philippe Oulmont (dir.), *Les voies « de Gaulle » en France. Le Général dans l'espace et la mémoire des communes*, Paris, Plon, 2009, p. 238 ; et la remarquable synthèse rétrospective de Sudhir Hazareesingh, *Le mythe gaullien*, Paris, Gallimard, 2010.

INDEX GÉNÉRAL

Le général de Gaulle ne figure pas dans cet index :
il eût fallu faire référence presque à chaque page du livre.

Ghadamès : 614, 626.
GIACOBBI, Paul : 909, 1356 n. 32.
Gibraltar : 91, 102-103, 118, 120, 149, 172, 450 n. 69, 493, 503, 526, 544, 569, 774 n. 50, 788 n. 69, 920-921.
GIDE, André : 1024.
GIFFARD, George : 144-145.
GILLIE, Darsie : 275, 293, 1030.
GILLIOT, Auguste : 1061.
GILLOIS, André (Maurice DIAMANT-BERGER, dit) : 526, 774 n. 50, 778 n. 31, 1377 n. 24.
GIOVONI, Arthur : 858-859.
GIRARD, André (Carte) : 48, 524-527, 555, 661, 780 n. 52 et 57, 804 n. 43, 806 n. 62.
GIRARD, Christian : 97, 627, 799 n. 46.
GIRAUD, Henri : 43, 47, 240, 248, 342, 345, 517-521, 526, 531, 543-545, 549, 551, 554, 562, 570-571, 573-574, 576-578, 580-587, 590-602, 604-613, 615, 626, 632-640, 651, 654, 657, 661, 664, 674, 681-683, 685-691, 694-695, 698, 700, 704, 732 n. 2, 779 n. 34, 783 n. 2 et 13, 784 n. 46, 47 et 53, 788 n. 67, 791 n. 11-13 et 26, 792 n. 31, 793 n. 47, 50 et 51, 795 n. 73, 799 n. 42, 44, 46, 47 et 53, 800 n. 55, 806 n. 63 et 67, 807 n. 4, 808 n. 10, 809 n. 22, 831-838, 840, 842-843, 845-852, 855-865, 867, 870, 872-874, 877, 881, 888, 890, 894-895, 897-899, 907, 919, 923-928, 930-931, 935, 939-942, 944-947, 953, 956, 960, 968, 974, 996-997, 1036, 1044-1046, 1048, 1055, 1057, 1063, 1106, 1110-1111, 1123, 1172, 1176, 1178, 1180, 1217-1218, 1248, 1344-1345 n. 21 et 22, 1346 n. 45 et 47, 1348 n. 69 et 76, 1351 n. 37, 1354 n. 6, 1355-1356 n. 25, 27 et 30, 1359 n. 74, 1360 n. 5, 8 et 74, 1362 n. 40, 1363 n. 42 et 49, 1365 n. 70, 1367 n. 17, 1373 n. 18, 1379 n. 11, 1382 n. 38, 1392 n. 88, 1396 n. 63, 1401 n. 21.
GIRAUD, Henri-Christian : 1365 n. 70.
Glières : 803 n. 38, 1121, 1146, 1149-1152, 1154-1156, 1158-1161, 1163-1166, 1242, 1399 n. 30.
GLUBB, John Bagot, dit GLUBB PACHA : 208, 210.
GODFROY, René : 186, 562, 700, 725 n. 32, 852.
GOÉAU-BRISSONNIÈRE, Armand, dit RONNELIÈRE : 746 n. 49.
Gold Coast : 113, 143-145, 161, 760 n. 58.
GOLDSCHMIDT, Bertrand : 1220.
GOMBAULT, Charles : 249, 740 n. 8.
GOMBAULT, Georges : 75, 248-249, 740 n. 8.
GORCE, Henri (Franklin) : 1384 n. 61.
GORSE, Georges : 107, 187, 333, 1024.
GORT, John Standish : 76.

HULL, Cordell : 348-349, 365, 367, 369, 372, 408, 563-564, 689, 757 n. 39, 983, 1008, 1187, 1217, 1219, 1374 n. 25.
HURSTFIELD, Julian G. : 347, 1178, 1401 n. 20.
HUSSON (gouverneur général) : 147.
HUYSMANS, Camille : 246.
HYMANS, Max : 705, 795 n. 68, 1350 n. 19, 1377 n. 22.

Icare (réseau) : 1064.
ICKES, Harold : 353, 474.
INAYAT KHAN, N. : 1385 n. 74.
Inde française : 82, 134-135.
Indochine : 113, 120, 140, 163, 188, 223, 231, 796 n. 75, 868, 982-983, 1294, 1299.
Indonésie : 359, 384, 506.
INGOLD, Joseph Jean François : 627.
INGRAND, Henri : 1260.
Insurrection nationale : 524, 650, 1054-1055, 1093, 1111, 1118, 1122-1123, 1126-1127, 1130-1131, 1133-1135, 1198, 1241, 1243-1245, 1250, 1258, 1263, 1270-1274, 1277, 1280-1281, 1291, 1395 n. 37 et 41.
Intelligence Service : 228, 291, 299-303, 308-309, 311, 516-518, 520, 742 n. 44, 748 n. 26, 778 n. 26, 779 n. 40, 781 n. 65, 787 n. 62, 1038, 1067, 1104, 1127, 1206, 1232.
Irak : 192, 197, 201, 208, 507, 511, 513.
IRWIN, David : 150.
ISMAY, Hastings Lionel : 82, 153, 516, 543, 747 n. 1, 1194, 1203.
ISTEL, André : 344, 766 n. 40, 1353 n. 1.
Italie : 197, 300, 468, 473, 689, 695, 795 n. 73, 843, 851, 860, 893, 927-929, 941-942, 944, 949-950, 952, 993, 995, 998-1000, 1096, 1182, 1185, 1248, 1279, 1363 n. 42.

JÄCKEL, Eberhard : 1408 n. 6.
JACOB, François : 128, 160, 626, 638.
JACQUIER, Henri (Garnier) : 1384 n. 60.
JACQUINOT, Louis : 589, 869, 889, 930, 1170.
JARROT, André : 1072.
Jean-Jaurès (groupe) : 267, 494, 502, 652, 743 n. 50.
JEANNENEY, Jules : 408, 444, 487, 490, 589, 782 n. 83.
Jérusalem : 163, 188, 412.
JOLIOT, Frédéric : 1220.
JONAS, Édouard : 343.
JORIOT, Pierre : 1367 n. 25.
JOUGUET, Pierre : 187.

Mouvements unis de résistance (M.U.R.) [Combat, Libération sud,
  Franc-Tireur] : 670-672, 675, 679, 1065, 1078, 1260, 1391 n. 85,
  1395 n. 41, 1398 n. 20.
MUNHOLLAND, Kim : 848.
MURACCIOLE, Jean-François : 697, 702, 709.
MURPHY, Robert : 366, 517, 573-574, 577, 582, 593, 600, 604, 689,
  789 n. 89, 842, 852, 867, 877, 916, 971, 993, 997-998, 1003, 1176,
  1345 n. 31, 1346 n. 45, 47 et 48, 1368 n. 39, 1372 n. 3, 1374 n. 28.
MUSELIER, Émile : 99-100, 113, 117-119, 123, 154, 170, 220-221,
  225-228, 232-233, 242, 249, 257-259, 261-267, 360, 362-365, 369,
  373-378, 405, 435, 546, 605, 703, 737 n. 3, 739 n. 21, 740 n. 21,
  742 n. 43, 755 n. 17, 757 n. 56, 758 n. 14, 791 n. 26, 835-836,
  848, 1344 n. 12, 21 et 22, 1345 n. 21 et 22, 1410 n. 31.
MUSSOLINI, Benito : 469, 549, 852, 859, 998, 1023.

NACCACHE, Alfred : 512, 777 n. 12.
NAHAS PACHA, Mustafa al : 332.
Nantes : 285, 320, 546.
Narval, Le (sous-marin) : 117, 546.
Nestlé (réseau) : 1065.
New York : 90, 106, 342, 345-346, 349, 353-354, 474, 594, 753 n. 44,
  763 n. 80, 890, 1216-1217.
NICOLSON, Harold : 291, 558, 741 n. 16, 746 n. 38, 1185.
Niger (territoire du) : 400, 402, 548, 614, 797 n. 1 et 2, 760 n. 58.
Nigeria : 113, 141, 143-145, 161, 169, 236, 988.
NIVELLE, Robert : 1377 n. 24.
NOAILLES (comtesse de) : 482.
NOCHER, Jean : 525.
NOGUÈRES, Henri : 677, 1239, 1408 n. 3.
NOGUÈS, Charles : 63-64, 66, 75-76, 172, 548, 551, 576, 593, 595,
  598, 601, 720 n. 30, 783 n. 13, 833, 836, 967.
NORDLING, Raoul : 1271.
Normandie : 93, 172-173 n. 1, 175 n. 1, 701, 877, 882, 923, 992,
  1004, 1013, 1059, 1066, 1069-1070, 1100, 1108, 1114, 1143, 1150,
  1180, 1207, 1213, 1235, 1237-1238, 1247, 1250-1252, 1255-1256,
  1261, 1407 n. 1.
Normandie (groupe d'aviation Normandie [-Niémen]) : 416, 420,
  920, 929.
Norvège : 53, 99-100, 106, 109, 569, 653, 699, 1013.
Nouméa : 138-140, 386, 389-390, 392-393, 457, 759 n. 30.
Nouvelle-Calédonie : 134-136, 140, 351, 381, 384-388, 390, 395,
  405, 709, 727 n. 4, 762 n. 69, 1249, 1370 n. 69.
Nouvelle-Zélande : 135-136, 268, 389-390.

1460 *Annexes*

VI. DÉBARQUEMENTS, LIBÉRATIONS,
SOUVERAINETÉ NATIONALE
(JUIN-AOÛT 1944)

ANNEXES

DANS LA COLLECTION FOLIO / HISTOIRE

HISTOIRE DE FRANCE

Jean-Philippe Domecq : *Robespierre, derniers temps*, n° 186.

Jean-Marie Donegani, Marc Sadoun : *La Ve République. Naissance et mort*, n° 95.

Georges Duby : *L'An Mil*, n° 52.

Georges Duby : *Dames du XIIe siècle I. Héloïse, Aliénor, Iseut et quelques autres*, n° 84.

Georges Duby : *Dames du XIIe siècle II. Le souvenir des aïeules*, n° 89.

Georges Duby : *Dames du XIIe siècle III. Ève et les prêtres*, n° 96.

Georges Duby : *Le dimanche de Bouvines. 27 juillet 1214*, n° 1.

Georges Duby, Andrée Duby : *Les procès de Jeanne d'Arc*, n° 69.

Claude Dulong : *Anne d'Autriche. Mère de Louis XIV*, n° 8.

Alphonse Dupront : *Qu'est-ce que les Lumières ?*, n° 76.

Roger Dupuy : *La Garde nationale. 1789-1872*, n° 181.

Philippe Erlanger : *Henri III*, n° 21.

Arlette Farge : *Vivre dans la rue à Paris au XVIIIe siècle*, n° 43.

Lucien Febvre : *Amour sacré, amour profane. Autour de* L'Heptaméron, n° 74.

Hector Feliciano : *Le musée disparu. Enquête sur le pillage d'œuvres d'art en France par les nazis*, n° 197.

Jean-Louis Flandrin : *Les amours paysannes. XVIe-XIXe siècle*, n° 53.

Robert Folz : *Le couronnement impérial de Charlemagne. 25 décembre 800*, n° 26.

Michel Foucault (dir.) : *Moi, Pierre Rivière, ayant égorgé ma mère, ma sœur et mon frère... Un cas de parricide au XIXe siècle*, n° 57.

Geneviève Fraisse : *Muse de la Raison. Démocratie et exclusion des femmes en France*, n° 68.

Marc Fumaroli : *Trois institutions littéraires. La Coupole, la conversation, « le génie de la langue française »*, n° 62.

François Furet : *Penser la Révolution française*, n° 3.

François Furet : *La Révolution en débat*, n° 92.

Benoît Garnot : *Histoire de la justice. France, XVIe-XXIe siècle*, n° 173.

Robert Gauthier : *« Dreyfusards ! ». Souvenirs de Mathieu Dreyfus et autres inédits*, n° 140.

Gérard Gayot : *La franc-maçonnerie française. Textes et pratiques (XVIIIe-XIXe siècles)*, n° 37.

Jean Giono : *Le désastre de Pavie. 24 février 1525*, n° 204.

Jacques Godechot : *La prise de la Bastille. 14 juillet 1789*, n° 24.

Pierre Goubert, Michel Denis : *1789 Les Français ont la parole. Cahiers de doléances des États généraux*, n° 210.

Grégoire de Tours : *L'Histoire des rois francs*, n° 187.

Philippe Joutard : *Les Camisards*, n° 60.

Jacques Le Goff : *Saint Louis*, n° 205.

Emmanuel Le Roy Ladurie : *Le Carnaval de Romans. De la Chandeleur au mercredi des Cendres (1579-1580)*, n° 10.

Emmanuel Le Roy Ladurie : *Montaillou, village occitan de 1294 à 1324*, n° 9.

André Loez : *14-18. Les refus de la guerre. Une histoire des mutins*, n° 174.

Jean Maitron : *Ravachol et les anarchistes*, n° 41.

Manufacture Française des Pneumatiques Michelin : *Les lieux de l'histoire de France. De la Préhistoire à 1945*, n° 189.

Karl Marx : *Les Luttes de classes en France*, suivi de *La Constitution de la République française adoptée le 4 novembre 1848* et de *Le 18 Brumaire de Louis Bonaparte*, n° 108.

Jules Michelet : *Histoire de la Révolution française I, vol. 1*, n° 151.

Jules Michelet : *Histoire de la Révolution française I, vol. 2*, n° 152.

Jules Michelet : *Histoire de la Révolution française II, vol. 1*, n° 153.

Jules Michelet : *Histoire de la Révolution française II, vol. 2*, n° 154.

Gérard Monnier : *L'art et ses institutions en France. De la Révolution à nos jours*, n° 66.

Paul Morand : *Fouquet ou le Soleil offusqué*, n° 7.

Roland Mousnier : *L'assassinat d'Henri IV. 14 mai 1610*, n° 45.

Robert Muchembled : *La sorcière au village. XVe-XVIIIe siècle*, n° 36.

Jean Nicolas : *La rébellion française. Mouvements populaires et conscience sociale (1661-1789)*, n° 165.

Gérard Noiriel : *État, nation et immigration. Vers une histoire du pouvoir*, n° 137.

David O'Connell : *Les propos de Saint Louis*, n° 212.

Zoé Oldenbourg : *Le bûcher de Montségur. 16 mars 1244*, n° 23.

Pascal Ory : *La France allemande. 1933-1945*, n° 67.

Jacques Ozouf : *Nous les maîtres d'école. Autobiographies d'instituteurs de la Belle Époque*, n° 50.

Mona Ozouf : *La Fête révolutionnaire. 1789-1799*, n° 22.

Mona Ozouf : *Varennes. La mort de la royauté (21 juin 1791)*, n° 193.

Miguel Rodriguez : *Le 1er Mai*, n° 213.

Pierre Rosanvallon : *La démocratie inachevée. Histoire de la souveraineté du peuple en France*, n° 126.

Pierre Rosanvallon : *Le peuple introuvable. Histoire de la représentation démocratique en France*, n° 118.

Pierre Rosanvallon : *Le sacre du citoyen. Histoire du suffrage universel en France*, n° 100.

Henry Rousso : *Vichy. L'événement, la mémoire, l'histoire*, n° 102.

Antoine-Louis de Saint-Just : *Œuvres complètes*, nº 131.

Jean-François Sirinelli (dir.) : *Les droites françaises. De la Révolution à nos jours*, nº 63.

Jean-François Sirinelli : *Intellectuels et passions françaises. Manifestes et pétitions au xxᵉ siècle*, nº 72.

Zeev Sternhell : *La droite révolutionnaire (1885-1914). Les origines françaises du fascisme*, nº 85.

Zeev Sternhell : *Ni droite ni gauche. L'idéologie fasciste en France*, nº 203.

Alexis de Tocqueville : *L'Ancien Régime et la Révolution*, nº 5.

Alexis de Tocqueville : *Souvenirs*, nº 94.

Jean Tulard : *L'anti-Napoléon. La légende noire de l'Empereur*, nº 214.

Michel Vovelle : *Mourir autrefois. Attitudes collectives devant la mort aux xviiᵉ et xviiiᵉ siècles*, nº 28.

Patrick Weil : *La France et ses étrangers. L'aventure d'une politique de l'immigration de 1938 à nos jours*, nº 135.

Patrick Weil : *Liberté, égalité, discriminations. L'«identité nationale» au regard de l'histoire*, nº 168.

Patrick Weil : *Qu'est-ce qu'un Français? Histoire de la nationalité française depuis la Révolution*, nº 134.

Michel Winock : *L'agonie de la IVᵉ République. 13 mai 1958*, nº 206.

Michel Winock : *La République se meurt. 1956-1958*, nº 4.

ANTIQUITÉ ET MOYEN ÂGE

Jérôme Baschet : *L'iconographie médiévale*, nº 161.

Marie-Françoise Baslez : *Bible et Histoire. Judaïsme, hellénisme, christianisme*, nº 121.

Pierre Bordreuil, Françoise Briquel-Chatonnet : *Le temps de la Bible*, nº 122.

Jean Bottéro : *Mésopotamie. L'écriture, la raison et les dieux*, nº 81.

Jean Bottéro : *Naissance de Dieu. La Bible et l'historien*, nº 49.

Jean Bottéro : *La plus vieille religion. En Mésopotamie*, nº 82.

Collectif : *Aux origines du christianisme*, nº 98.

Collectif : *Le monde de la Bible*, nº 88.

Collectif : *Les premiers temps de l'Église. De saint Paul à saint Augustin*, nº 124.

Marcel Detienne : *Les dieux d'Orphée*, nº 150.

Marcel Detienne : *Les jardins d'Adonis. La mythologie des parfums et des aromates en Grèce*, nº 149.

MONDE MODERNE ET CONTEMPORAIN

Jean Poirier (dir.) : *Histoire des mœurs I, Les coordonnées de l'homme et la culture matérielle, vol. 2*, nº 110.

Jean Poirier (dir.) : *Histoire des mœurs II, Modes et modèles, vol. 1*, nº 111.

Jean Poirier (dir.) : *Histoire des mœurs II, Modes et modèles, vol. 2*, nº 112.

Jean Poirier (dir.) : *Histoire des mœurs III, Thèmes et systèmes culturels, vol. 1*, nº 113.

Jean Poirier (dir.) : *Histoire des mœurs III, Thèmes et systèmes culturels, vol. 2*, nº 114.

Léon Poliakov : *Auschwitz*, nº 145.

Michael Pollack : *Vienne 1900. Une identité blessée*, nº 46.

Jacques Solé : *Révolutions et révolutionnaires en Europe. 1789-1918*, nº 163.

Zeev Sternhell : *Les anti-Lumières. Une tradition du XVIIIᵉ siècle à la guerre froide*, nº 176.

Zeev Sternhell : *Aux origines d'Israël. Entre nationalisme et socialisme*, nº 132.

Zeev Sternhell, Mario Sznajder, Maia Ashéri : *Naissance de l'idéologie fasciste*, nº 58.

Alexandre Sumpf : *De Lénine à Gagarine. Une histoire sociale de l'Union soviétique*, nº 207.

Wassyla Tamzali : *Une éducation algérienne. De la révolution à la décennie noire*, nº 196.

Alexis de Tocqueville : *De la Démocratie en Amérique I*, nº 12.

Alexis de Tocqueville : *De la Démocratie en Amérique II*, nº 13.

Patrick Verley : *La Révolution industrielle*, nº 77.

Nathan Wachtel : *La vision des vaincus. Les Indiens du Pérou devant la Conquête espagnole 1530-1570*, nº 47.

Henri Wesseling : *Les empires coloniaux européens. 1815-1919*, nº 166.

Henri Wesseling : *Le partage de l'Afrique. 1880-1914*, nº 107.

L'HISTOIRE ET SES MÉTHODES

Michel de Certeau : *L'écriture de l'histoire*, nº 115.

Michel de Certeau : *Histoire et psychanalyse entre science et fiction*, nº 116.

Christian Delacroix, François Dosse, Patrick Garcia, Nicolas Offenstadt (dir.) : *Historiographies. Concepts et débats I*, nº 179.

Christian Delacroix, François Dosse, Patrick Garcia, Nicolas Offenstadt (dir.) : *Historiographies. Concepts et débats II*, nº 180.

Christian Delacroix, François Dosse et Patrick Garcia : *Les courants historiques en France. XIXe-XXe siècle*, n° 158.

Christian Delage, Vincent Guigueno : *L'historien et le film*, n° 129.

Marc Ferro : *Cinéma et Histoire*, n° 55.

Marc Ferro : *L'histoire sous surveillance. Science et conscience de l'histoire*, n° 19.

Geneviève Fraisse : *Les femmes et leur histoire*, n° 90.

François Hartog : *Évidence de l'histoire. Ce que voient les historiens*, n° 157.

François Hartog : *Le miroir d'Hérodote. Essai sur la représentation de l'autre*, n° 101.

Christian Jouhaud, Dinah Ribard, Nicolas Schapira : *Histoire, Littérature, Témoignage. Écrire les malheurs du temps*, n° 167.

Jacques Le Goff : *Histoire et mémoire*, n° 20.

Jacques Le Goff, Pierre Nora (dir.) : *Faire de l'histoire. Nouveaux problèmes, nouvelles approches, nouveaux objets*, n° 188.

Gérard Noiriel : *Sur la « crise » de l'histoire*, n° 136.

Krzysztof Pomian : *Sur l'histoire*, n° 97.

Michel Vovelle : *Idéologies et mentalités*, n° 48.

Composition Nord Compo
Impression Novoprint
à Barcelone, le 3 janvier 2014
Dépôt légal : janvier 2014

ISBN 978-2-07-045470-9/Imprimé en Espagne.